W0205533

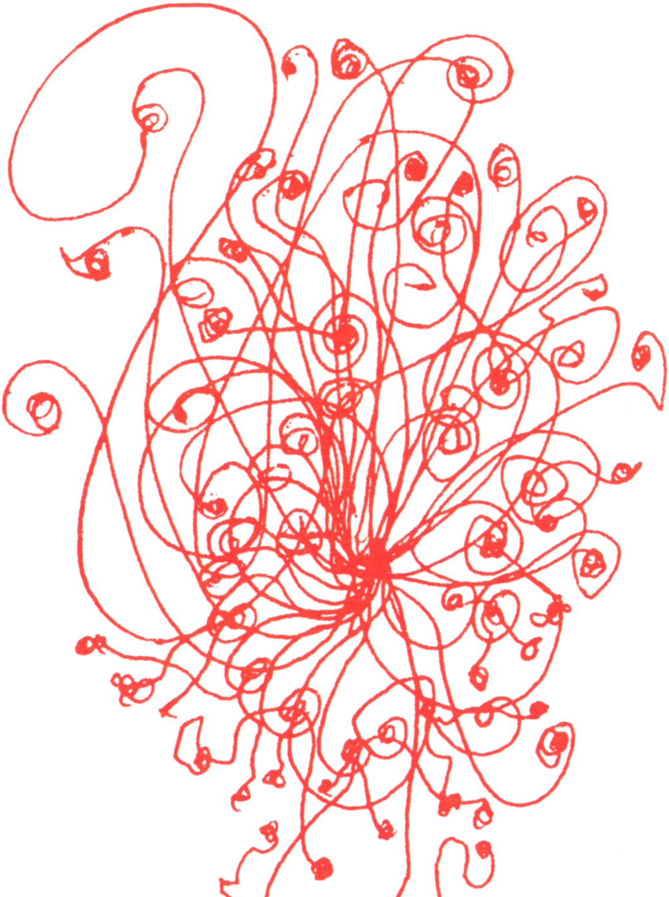

rowohlt

MARTIN WALSER

Leben und Schreiben

TAGEBÜCHER
1963–1973

ROWOHLT

1. Auflage September 2007
Copyright © 2007 by Rowohlt Verlag GmbH,
Reinbek bei Hamburg
Alle Rechte vorbehalten
Satz aus der Bembo BQ CB, PageOne
von Dörlemann Satz, Lemförde
Druck und Bindung Clausen & Bosse, Leck
Printed in Germany
ISBN 978 3 498 07358 9

INHALT

1963

1. 1. 1963
Schlampige Elegie
Ein rhetorischer Versuch nur über die Kürze des Lebens
Redend, aber sprachlos,
befristet, aber langweilig,
erschreckend die Bahnschranke,
die zwei Minuten kostet.

3. 1. 1963
Von der Lebensdauer der Beispiele.

9. 1. 1963
Contergan: Robbenhände.

Schlampige Elegie
Ich, der Letzte des Mittelalters,
mit Hexen und so,
und erschnuppernd das neue Mittelalter,
mit ganz neuen Hexen und so.

14. 1. 1963, Ravensburg.
Lesung für Janker.

15. 1. 1963
Besuch Hamm und Sinkel.

16. 1. 1963
Beim Kaiser hat's gebrannt
Da sind wir hingerannt
Da wollten wir was klauen
Da hat er uns verhauen
O Petersilie aus Friedrichshafen

Wir schlafen nicht in Betten
Wir schlafen nicht auf Stroh
Wir schlafen unter den Treppen
Da beißt uns auch kein Floh
O Petersilie aus Friedrichshafen

18. bis 20. 1. 1963, Zürich.
Diskussion über eine internationale Literaturzeitschrift: «Gulliver».

Wasserburg

Dahlien, lückenlos Dahlien, nur bei der Weinhandlung Greising ein schmiedeeiserner Christus auf granitenem Sockel, der härteste Christus, den ich je sah.

Der Postbote eierte auf seinem schlechten Fahrrad nur als Vorname zu den Türen, schwang vor jeder Tür sein kurzes Bein, es länger machend, durch die Luft.

26. 1. 1963
Abends Besuch Saueressig.

Choral des unrentabel gewordenen Krott
In meiner Achselhöhle
wächst jetzt ein schwarzes Kraut,
das wird kein Schachtelhalm,
wird nichts, worauf es taut.

Ich wär jetzt soweit,
das sag ich Ihnen,
jetzt wär ich soweit
wie ein Pfund Apfelsinen
im Januar.
Ich rentiere mich nicht mehr,
Leute, wenn ich das sag,
dann weiß ich, was ich sag.
Auf Rendite versteh ich mich sehr.

28. und 29. 1. 1963, Zürich.
Theater am Hechtplatz, *Abstecher*-Proben.

Das ist so ein fast feiertäglicher Wunsch, den ich mir immer wieder ausschlug, aufzuschreiben, was einer verstehen soll, einer, den ich kenne, den ich so anspreche, weil jede andere Form zu erniedrigend wäre. Für mich. So aber liest er es als ein Veröffentlichtes. Wenn er mich sehen wird und sagt: Du meinst mich, dann kann ich ja ausweichen: Das kann jeder sagen. Und so muß ich diese Eingeständnisse halten, daß ich sagen kann: Viele können sich angesprochen fühlen. Gemeint ist aber nur er. Bist nur du. Dich bitte ich um Nachsicht. Um Gnade sozusagen. Vernichte mich nicht, wie du könntest.

Allerdings: Weil ich weiß, daß du es doch tun wirst, unter allen Umständen, deshalb ist diese Bitte so verhüllt und scheinbar an viele gerichtet. So kann ich auch noch mitteilen, daß ich mich wappne, daß ich übe. Du wirst mich nicht unvorbereitet treffen. Vielleicht enttäuscht es dich sogar, daß ich schon soweit bin, ich bin einverstanden. Ich bin durch. Du vernichtest noch, weil du noch marschierst, Provinzen sammelst und so Kram. Ich bin gerade dabei, das Verschenken zu üben. Falls du mich dabei überraschst, wisse, es ist meine liebste Übung geworden. Und weil ich weiß, daß ich unter denen, die du nicht existieren lassen kannst, nur einer bin, überlasse ich es dir, ob du dieses Manifest auffassen willst als einen Kniefall um Gnade oder als eine Meldung, als einen Hinweis auf mich. Ein Opfer, das du sonst vielleicht übersehen hättest, hebt den Finger, um auf sich aufmerksam zu machen. Wie du willst, wie auch immer du vorgehen wirst, du wirst mich gefügig finden. Aber mein Hund wird unantastbar sein. Den Gegner zum Gott machen und dann Atheist werden. Das ist die Lösung.

Das Angenehme bei den Schwierigkeiten ist, daß jede die größte sein will. Das müßte man ausnützen können. Wenn man das ausnützen könnte.

Kinderspiel
Das ist der Daumerich
das ist der Zeigerich
das der lange Stangenfinger
das der Ringolino
und das der kleine Butzefritz.

Sie: Ich dreh mich um, und, das sag ich dir, schon haust du mir ab, o du, so geht es auch nicht.
Er: Frau, laß dir's doch sagen, von mir zum Beispiel, ich war überhaupt nicht auf'm Gelände, schau, die Hände sind doch noch katzengut.
Sie: Also, dann dispensier ich dich, Otto, aber renn nicht gleich ins Desaster.
Er: Glaubst du, ich hab jetzt noch Durst.
Sie: Nein, aber ich kenn dich.
Er: Eben nicht.
Sie: Dann eben nicht.
Er: Leider.
Sie: Ja.

12. bis 16. 2. 1963, München.
Bavaria.

In der Kleinstadt, in der die Filialen zweier erbittert konkurrierenden Konzerne ein einträchtiges Leben führen, immer wieder die Revisoren überlistend.

Nahm den Beißer vom Kolben, ließ den Tabaksaft aussaichen …

Mutlos wie ein Besitzender.

Zur Naivität gehört nicht Mut, sondern Naivität.

Matrosenleben

Der Großvater kam heim von einer Niederlage im Gemeinderat, da fiel ihm ein, welches Schwein er schlachten müsse.

Der Sohn verrät allmählich, daß er auch Boote baut. Er glaubt, die seinen seien nicht so rührend verschroben wie die seines Vaters. Er ist der Realist. Aber man spürt, sehr viel Unterschied ist da nicht. Es ist nur der Unterschied der Generationen. Die Art ist die gleiche.

Domenico

Domenico horcht die Leute aus, wie sie von Albert sprechen. Alle sind ganz weich, wenn sie von ihm sprechen, sie werden wie Engel, wenn sie ihn erwähnen, so etwas geht von ihm aus. Domenico bekommt Anfälle. Das Denkmal will er nicht.

Dann, in der zweiten Stufe, das Denkmal soll für Albert sein.

Überall läßt er Albert hineinwählen. Alles tut er für Albert. Und so schafft er ihn. Vor allem über Alberts Frau. Alberts Feigheit, letzten Endes. Domenico macht eine Schau, lockt Albert auf die Bretter und begräbt ihn im Spott der Zuschauer. Aber Albert

Unterwegs
was begegnet
wie das wirkt
keine Veränderung
nur die schlimmste Möglichkeit
~~eigentlich wollte der anders~~ sein.

Tod, Perlen, Musik oder bloß
Metronom
Unverzügliche Halte
Jeder Herbst vorbei
Zufälle ausgestorben

gibt zu, gesteht. Also ist Domenico jetzt der Verlierer. Also sind beide hin. Sie haben einander zerfleischt. Das Ganze spielt in München-Süd. (Falls es das nicht gibt.)

Die Substanz: Wie nah man dem kommt, den man haßt.

Beginn: Frühstück bei Albert. Er liest in der Zeitung: Domenico kommt.

Die wilde Verehrungsbereitschaft der Leute. Wie groß sie einen machen, wenn sie zu ihm aufschauen wollen!

Konzert für Streicher

Die beiden Partner der Blinden beschließen, eine Autotour zu machen, darum geht es die ganze Zeit, sie bleiben aber auf der Bank, schauen mal auf die Uhr, ob sie ihre Blinden schon abholen müssen, der meine findet her, die meine auch.

Sie rühmen einander ihre Partner mit dem berühmten Aber. Am Ende kommen die zwei Blinden.

Er will sich melden, da hält sie ihm die Hand vor den Mund.

Die Blinden setzen sich in die Autos.

Die beiden küssen sich; zum ersten Mal.

Dann gehen sie nach links und rechts.

Motoren anwerfen, rauh.

Der Vorhang fällt.

5. 3. 1963, Zürich.

Lesung.

6. 3. 1963, Winterthur.

Lesung.

7. 3. 1963, Kreuzlingen.

Lesung.

8. 3. 1963, Weinfelden.
Lesung.

10. 3. 1963
Zappels Glück

Sie gehen nicht zu Benno.

Sie machen Autarkie, warten auf den Anruf, dann auf den zweiten, horchen, ob Lugers ausgegangen sind, machen mit Alkohol und Musik Versuche, sagen immer wieder, daß es ein Glück ist, daß sie glücklich sind.

Dann horchen sie auf Lugers Geräusche.

Zappel kämpft mit Musik gegen die Geräusche.

Als Hals-Nasen-Ohren-Ärztin ist seiner Frau etwas an Stimmbändern passiert.

Sie kann die Fischgesichter bei den Mandeloperationen nicht mehr sehen.

Immer wieder aufflackernd das Ungenügen. Immer wieder der Zwang zur Versöhnung, weil die Umwelt feindlich ist. Ein Nest, ein Nest. Anklammern, anklammern. Fasten your seat belt. Kinder anschauen. Trösten über das beginnende Versagen der Kinder.

Und jeder, dem du das Stimmband berührst, wär ein Sänger geworden.

Sie riecht aus dem Mund.

Trude: Erst seit ich diese blöden Zähne habe.

In Brotzeks Hafenstube geht es zu wie im Leben. Ich bin entschlossen, eine Theorie zu verfassen über Brotzecks Hafenstube.

Einsam wie Männer am Heiligen Abend

Das Kind hustet so. Das nimmt mich mit. Es zerreißt mir die Lunge.

Gesund fährt die Lokomotive vorbei. Neulich, ja neulich. Einverstanden.

Wenn ich auch so klein wäre, aus rechtwinklig zusammengesetzten Knochen bestünde, interessant klappern könnte wie er. Oder eine Fleischkugel, rund und wälzend, allmählich eine Lawine.

Aber ich schwanke zwischen allem.

Diese maulende Art, der ich angehöre. Pingpong mit Golgatha.

Schwarzer Schacher. Gelächter in Öl.

Hübsche Särge im Wappen. In jeder Apotheke daheim. Ach Mäuse wir. Freunde, Auswanderer, von Postboten gepäppelt. Fernmündlich sündigen. Überhaupt Wörter. Schlangentanz. Goebbels-Tagebücher. Wessen Figuren sind wir im Augenblick. Wer möchte nicht singen, den Mund grasgrün. Die Papageienkrankheit. Wer beobachtet uns, notiert die Ergebnisse. Kladden-Onanie. Malaria, dies schöne Gerücht. Schlampig gelebt. O Heiland, reiß den Himmel auf. Uns verlangt nach Frau Holle. Wir können uns nicht helfen, bloß weil wir hilfsbedürftig sind. Wir spielen, verstehst du. Kurz vor der Ernte verduften wir. Die Geduld der Bahnbeamten ist erstaunlich. Wahrscheinlich kennt man uns nicht. Sonst, liebes Haupt. Das gäb ein Pogrom. Aber wir verduften ja. Unter bloßem Himmel. Eure Nasen gehören uns. Gesundheit.

23. 3. 1963, Überlingen, Meersburg.

Das Keltische

Hans sagt es zu jedem: Das Keltische ist zum Teufel gegangen. Ich kämpfe für das Keltische.

Und verzierte alles, baute seine Frau ein in die Hecke, die Frau schrie. Was wird er mit den Kindern machen? Er schnitzte sie ein in seine Stühle, die ihn berühmt machten. Bloß mit sich selber wußte er nichts anzufangen. Er paßte in keines seiner Muster. Noch nicht, sagte er und fing von vorne an. Das ist noch nicht das Keltische. In ein keltisches Muster werde ich hineinpassen.

24. 3. 1963
Wenn er an sein Leben denkt, spürt er sofort Magenschmerzen.

Woran soll er denken? Er hat alles vorbereitet. Die Konkurrenz übernimmt sein Geschäft. Für alle ist gesorgt. Liebe Frau, du mußt bleiben. Er ist ein Deserteur. Aber die Kinder vereiteln immer wieder seinen Plan. Sie holen ihn ab. Sie spielen, sie beziehen, was er tut, sofort in ein Spiel ein. Die Frau organisiert, ohne es zu wissen, fröhlich eine Rettung nach der anderen. Was soll er noch versuchen? Die Glocken läuten. Ihn zieht es fort. Und wenn er wieder soweit wäre, dann hat er wieder etwas vergessen, was für die Frau, für die Kinder wichtig ist. Er schläft zum letzten, immer wieder zum letzten Mal mit seiner Frau. Das ist sehr schön.

Matrosenleben
Der erste Parteiredner aus der Stadt kommt in die Wirtschaft. Alle gehen hin. Dann allmählich tarocken sie. Am Ende der Rede nur noch Tarockpartien. Die drei, die für ihre Höfe die versprochene Umschuldung brauchen, die drei hören noch zu. Das wird erzählt.

Die Schweiz durfte kein Kriegsmaterial liefern. Aber Luxus. Also verzierte man die Binden mit Stickereien. Im Thurgau.

Der alte geizige Bauer wird auf dem Feld von Hornissen gestochen, gleich ohnmächtig. Der Arzt kommt, sieht, daß in eine Vene gestochen wurde, gibt Calcium, trägt ihn ins Auto, trägt ihn heim und hinauf, legt ihn ins Bett und entkleidet ihn. Als der Bauer zu sich kommt und hört, was geschah, sagt er: Dazu hätt's keinen Doktor gebraucht.

Witwe mit Warze: Zuerst will sie die nicht weghaben. Aber dann im Fasching lernt sie einen kennen. Kommt in der Fastenzeit zum Doktor und sagt: Jetzt doch. Warum jetzt? Ja, sie will in der Fastenzeit auch ein Opfer bringen.

Als die Frau im Sterben liegt, sagt sie zur Tochter: Da sind aus dem Krieg noch drei Leichenhemden, schlechter Stoff, vergilbt. Davon eins für mich, das andere für Papa und aus dem dritten zwei Sargkissen nähen. Aber sofort. Sie will sie noch sehen. Dann erst stirbt sie.

In der Buchhandlung Gess in Konstanz an einem Nazitag zwanzig Exemplare *Götz* im Schaufenster, überall die Seite aufgeschlagen, die das Zitat zeigt.

Die Nazigrößen mit Gauleiter Wagner fahren im April 45 von Konstanz aus am Schweizer Ufer nach Bregenz. Die Schweizer müssen sie hinausdrängen.

Zweihundert Französinnen werden aus dem Frauen-KZ Ravensbrück über Konstanz (nach einer Mission C. J. Burckhardts) in die Schweiz gebracht. In Fetzen. Fallen auf die Erde.

Ein Austausch von achthundert Verwundeten über Kreuzlingen: Deutsche gegen Engländer.

Fremdarbeiter mit Booten über den See, als die Front heranrückt.

Wer war 1945 in Wasserburg: Rifkabylen, Chinesen, Jugoslawen, Russen, Polen, Franzosen, Algerier, Rheinländer, Ungarn.

25. 3. 1963
Besuch Peter Hamm.

Der Besuch bei Leuten, über die sie sich im klaren sind. Er wirbt um eine Kuh, vor der eigenen Frau. Deren Mann hält es für schmeichelhaft, weil er nicht bemerkt, daß er seine Frau wirklich verliert.

Auf dem Heimweg ist er traurig. Er weiß ja alles selber. Er ist ein Kind. Ein Schimpanse. Das weiß sie. Trotzdem schreit sie auf dem Heimweg und setzt ihn dadurch mehr ins Recht, als er verdient. Er hat es nur getan, weil ihn jener Mann durch eine Kleinigkeit ärgerte. Ja, es war gekränkte Eitelkeit.

Er fragt nicht, was in dem Brief steht, als sie auch etwas ins Feld führen will.

27. 3. 1963

Die Freunde

Der in Frankfurt ist ein Reitergeneral. Der in München spielt im Orchester. Er ist so musikalisch, daß er so gut wie jedes Instrument spielen kann. Sein Kummer ist (und darum auch mein Kummer), daß er nie alle Instrumente zugleich spielen kann. Und wie es sich gehört, ist er dann sozusagen nicht der gleiche Mensch. Ich will nicht sagen, daß ich, wenn ich nach München komme und ihn besuche, sofort sagen kann: Ach, zur Zeit spielt er Oboe. Das nicht. Aber mit Sicherheit kann ich sagen: Geige spielt er zur Zeit nicht. Allerdings kann ich das nur sagen, wenn er zu der Zeit meines letzten Besuches Geige gespielt hat. Er ist immer ein anderer. Ob er verläßlich ist usw.? Er bewacht den in Frankfurt von München aus. Der Reitergeneral in Frankfurt sitzt sehr viel. Er ist schwer. Die Pferde, die ihn tragen könnten, sind wohl ausgestorben. Er trägt rote Hemden, den obersten Knopf schließt er auch dann nicht, wenn dieser Knopf nicht fehlt. Es sind die einzigen Menschen auf der Welt, die meine Freunde sind. Ich bin mir dessen bewußt. Der Reitergeneral baut Gemüse an. Das verschenkt er dann. Des Musikers Kopf ist nie ruhig. Das verdankt er dem schlanken, ganz außerordentlich beweglichen

Hals. Er sagte mir einmal, ich sei der einzige, der bemerkt habe, wieviel des Eindrucks, den er mache, seinem Hals zu verdanken sei. Den sehe zwar jeder. Aber nicht jeder könne ihn beurteilen.

Wenn ich nun den Reitergeneral in München treffe und den Musiker in Frankfurt. Am Anfang macht einen das unsicher. Aber wer einige Erfahrungen mit Freundschaften hat, weiß, man darf Freunde nicht einmauern. Sie wollen sich bewegen können. Kritischer wurde es für mich, als ich hörte, sie seien beide in Karlsruhe. Historisch sind sie beide. Der Reitergeneral wird sicher in Büchern beschrieben werden. Entweder in solchen über Gemüse oder Wohltätigkeit oder Mode oder gar in einem Werk über die Freundschaft. Und an dem Musiker kann die Geschichte aus ebenso vielen Gründen nicht vorbeisehen. Ich will nur das erzählen, was ich selber erlebte mit ihnen, weil das außer mir ja keiner tun kann. Und auch ich kann es eigentlich nicht. Es war so: Ich fuhr …

Dann das System unserer Beziehung. Dann taten sie etwas mit mir, und am Ende vermittelten sie mir zwei neue Freunde. Die Ablösung. Die neuen Freunde will ich nicht mehr sehen. Ich habe doch genug Stoff für mein Leben, was Freundschaften angeht.

Domenico

Bei der Gartengesellschaft (mit Wohnzimmer-Möbeln) fordert Domenico plötzlich eine Gedenkminute für die Toten des II. Weltkriegs und beobachtet wollüstig die hilflose Fügsamkeit. Das gehört bei ihm zu Terror und Charme.

Er fragt einen Richter nach einem Fall, spielt Salomo, fragt frech nach den vermutbaren Eheschwierigkeiten, sagt den Leuten alles, fast alles, auf den Kopf zu, versöhnt sie sofort wieder durch Charme. Wer hat ihn eingeladen? Es gab Widerstände. Das sagt heimlich der, der ihn eingeladen hat. Domenico fragt gleich ganz offen, wer das war, der widersprochen hat. Peinlichkeit. Es war der OB. Glänzend, sagt Domenico und hält eine Rede zur Begründung der ablehnenden Haltung des OB: Ihr lacht mit mir usw., aber ich bin eine Gefahr. Es ist schlimm, daß ihr mich ertragt. Nur Albert spürt es. Nur Albert. Darum werde ich ihn vernichten.

Domenico sagt immer alles, was er denkt. Er kennt keine Tuschelei. Dadurch wirkt er.

Auch in Mann-Frau-Beziehungen. Die Peinlichkeit, die er anrichtet, kann er aber sofort wieder auffangen, wenn er will: Er kann schmeichelhafte Motive erfinden für den, den er gerade bloßgestellt hat. Am geplant Bösen hat er Freude, nicht am spontan Bösen. Mir rutscht die Hand nie aus. Das nähm ich mir übel. Nur der geplante Schlag gibt ein gutes Gefühl.

Zum Beispiel dem Albert die Frau wegnehmen. Das ist Alberts letzter Halt. Aber das ist zu einfach. Er will ihn mit allen seinen Bedingungen brechen.

Matrosenleben

1937: Am Fasnachtssonntag beim Umzug stürzen sich die Gockelmetzger auf den schlimmsten NS-Bonzen und erstechen ihn. Wer war es? Vielleicht mein Vater. Ein normales Gockelmetzgermesser, aber ein scharfes, keine Attrappe; zwar ein Papp-Silberüberzug, darunter aber ein echtes, die Pappattrappe wurde weggestreift, hing blutig noch am Messer. Nachher hat jeder noch sein Messer. Also war es keiner. Das ist die Kehrseite zur Kreuzigung einer Katze. Der Bonze ist nicht tot. Aber schwer verwundet. Es ist der SS-Werber und Gendarm, der den Bauernsöhnen die Erbhöfe in der Ukraine versprochen hat.

Ein großes Fasnachtsfest. Gummimenschen. Churchill, Stalin und Judenpuppen an Galgen mit Raben. Eine Van-der-Lubbe-Puppe und Zarah Leander und Quax, der Bruchpilot.

Abends tanzt jemand Charlestone, das ist wie ein Signal, ein Fieber, ein Schrei in der Turnhalle.

U-Boote und Bomber. Galland, Mölders und Dietl. Narvik-Wagen.

Und während sich das alles vollzieht, stirbt Nikolaus im Spital, wird das Mädchen von dem Jungen mit Abziehbildern beklebt im Gebüsch, wo noch die Liebesrequisiten vom vergangenen Jahr liegen. Das Kapitel könnte heißen: Die Gockelmetzger.

Gelbe Anzüge mit roten Tuch-Henkersmasken, die Nähte mit Gockelkamm-Lappen besetzt.

Grasdämonen, Schellen-Narren. Aus Ailingen Gerenmännlein. Aus Waldsee Hexen mit feist-gelben Sonnengesichtern. Apfelmänner, Birnenmänner.

Die Hexen, die die Frauen oder Mädchen aus der Menge reißen, sie auf ihre Besenstiele setzen und reiten lassen, bis sie schreien. Ich weiß, worauf die reiten, auf ihren Zwetschgen. Peitschenkerle mit langen Peitschen. Der rote Tod von Versailles ist wieder dabei. Und der Lehrer mit seinem Propaganda-Aufgebot.

29. und 30. 3. 1963, Frankfurt.
Mädchenleben

Sie saß in der siebenstämmigen Thuja. Besonders wenn es regnete. Saß und schaute. Auch noch im Dunkeln. Vor sich auf dem Boden mit Steinen ein Rechteck ausgelegt und dieses Rechteck mit Thujenzweigen bedeckt und eine Astgabel eingesteckt als Kreuz. Naß wurde sie nicht in der Thuja. Man kann über sie nichts erfinden. Nur das erzählen, was man weiß. Ob es sozusagen zusammenpaßt oder nicht, es war so.

Weg muß die mechanische Feierlichkeit der Gedichte, der schönlichen Prosa, das unteilbare Gefühl, das sich durch uns fortlügt. Das lebt doch alles von Konserven.

31. 3. 1963, Wiesbaden.
Diskussion über *Eiche und Angora* im «Kleinen Haus».

1. 4. 1963, Stuttgart.
Lesung.

2. 4. 1963, Bad Wildungen.
Lesung. Hotel Kaiserhof. Höchste Räume. Die über den Buckel gestülpte Stadt. Sich hinziehende Joyce-Diskussionen. Ich sage mehr, als ich weiß.

3. 4. 1963, Kassel.
Lesung. Hotel vis-à-vis vom Bahnhof. Nichts als Lärm und Radieschen. Die hier überraschen. Vollkornbrot, Butter und Radieschen. Schon ist man versöhnt.

Mädchenleben

Das Kapitel mit der Jungfer, die alle Märchengrausamkeiten und erotischen Spiele an Sirte verwendet. Sie schlachtet sie wollüstig. Zerlegt sie in alle Teile, die man vom Metzger und von Sittlichkeitsverbrechen her kennt. Das Benennen macht beiden gleich viel Spaß. Das Kind ist in der Phase, in der man vor allem die Innereien gierig und unersättlich zitiert. Ein großartiges Zusammenspiel. Eine scheußliche Ergänzung zweier Lebensalter. Später entzieht sich Sirte, und die Alte bleibt verstört zurück. Das paßt zu allen ihren anderen Lebenserfahrungen: Man bleibt sitzen.

Sie bittet Zürn um weitere Kinder, daß sie weitere Opfer und noch Futter hat für die letzten Jahre.

Die Mutter hatte die Flasche noch mit dreizehn. Kein Telephon anrühren. Nie ins Wasser baden gehen. Keinen Arzt bemühen. Eine Heilige.

Die Frau mit der gelähmten Zunge ißt Sahne zum Kuchen. Was die Lippen übernehmen müssen und die Kiefer, wenn die Zunge ausfällt. Die Sahne muß in mahlenden Bewegungen bis zum Gaumen befördert werden, dann geht es schnell weiter.

Die Beerdigung oder das Telegramm

Muß schließlich aussteigen, das Auto stehen lassen, denn in jeder Straße die Beerdigung, ihm entgegen. Zu Fuß schutzlos. Sieht nur Bekannte, die ihn nicht sehen. Sogar seine Frau und die Kinder. Das kann täuschen. Die schwarzen Schleier. Die gleichen Kleider. Aber sein Hund. Ja, sein Hund. Kommt er noch durch? Er verbirgt sich. Und dann gibt er endlich nach vielen Listen das Telegramm auf: Ankunft Köln 23 Uhr 14.

Der Fliehende

Die Kamera spürt ihn immer wieder auf. Er will nicht. Er hat abgeschlossen. Er will seine Ruhe. Draußen. Er haut ab. Man verfolgt ihn als Exemplar. Man verspricht sich was. Er ist aber nicht sensationell. Er hat nur die Nase voll. Er ist einfach fertig. Und er sagt nicht ganz klar, warum. Es bleiben Bruchstellen.

Wenn er von seiner Frau erzählt, kommt heraus: Das wäre doch gegangen. Das wäre doch zumutbar gewesen.

Wenn er vom Beruf erzählt: Das wäre doch gegangen. Das wäre doch zumutbar gewesen.

Und dann geht er, bevor er fertig erzählt hat. Scheu haut er ab. Man bleibt traurig zurück und empfindet den perfekten Betrieb als nicht mehr so perfekt.

Jagd wie auf ein Tier. Eine Campinggesellschaft, die voll ausgerüstet ist mit Lust und Technik, die jagt ihn.

Die traurigen Märchen aus St. Gallen und dem Appenzeller Land.

Zu dem, der Zeit hat, kommen die Elenden, er hört sie an und unterhält sich nebenher mit Gott, leitet alles weiter an den da droben, aber der will nichts wissen davon.

4. 4. 1963, Kiel.
Lesung. Hotel Flensburger Hof.

Kiel oder der Scheitel der Kurve.

Erwartungen, einen Tag lang unbewacht, wachsen sich aus. Jeder, der dir über den Weg läuft, eignet sich für deine Bestrafung. Auch der Harmloseste riecht deine Verwundbarkeit.

Verschwinden. Verschwinden. Unter die Erde, zum Beispiel, oder quer durchs Licht, aufgelöst.

Wir sind empfindliche Jäger. Von Tierliebe ergriffen, schonen wir das Wild. Aber wie von selbst beginnen wir, einander zu jagen.

Weil das Erlegtwerden bei uns auch noch Schande bringt, wäre es besser, nicht mehr abzuwarten, sondern aus dem Revier zu verschwinden.

5. 4. 1963, Itzehoe.
Lesung. Hotel Breitenberger Hof. Die tüchtige Gerberfamilie. Bei Gerbers gegessen: Blutsuppe mit weißen Knödeln. Ein junger Lehrer, der von einer Insel kommt, wo er das ganze Jahr unter Heiden lehrt.

Ich verließ die Versammlung.
Schwer und gemein.
Wer zeigt schon.
Und die Schreie.
Die Anforderung an die Teilnahme.
Was verließ ich. Die Versammlung.

Zappels Glück

Sie hat eine Warze. Er hat Krampfadern. Beide haben eine Zeit lang nichts als ihren Makel, bis sie diesen Makel aufnehmen und irrsinnig verklären und eine Liebe ausbricht zu diesen Makeln wie zu großen Auszeichnungen. Zappel ist nicht behaart auf der Brust und an den Händen. Darüber kann seine Frau einfach nicht hinwegkommen. Ihm fallen die Augenbrauen aus. Sie hat einen unendlichen Schuppenregen. Er nennt das Sternstaub, wenn sie sich bis zur Verklärung von allem durchgerungen haben.

Von der Fasnacht noch Augenbrauen.

Sollen sie für diesen Abend die Wohnung an ein junges Paar vermietet haben?

Der Wunsch, diese Welt zu verlassen wie ein Stockwerk mit einem Lift oder über eine verführerische Treppe, der alte Wunsch. Aber immer bietet jemand noch rasch Süßigkeiten an, Namenslisten werden herumgereicht, auch soll man tapfer sein. Nun gut. Gehen wir ins Kino und lassen uns zwei Stunden lang Trost ins Gesicht blenden.

Atemzüge zählen, man soll das gar nicht erst anfangen.

Fahr langsam durch Alleen. Du brauchst einen Souffleur, der dir Mut einsagt. Ausreden. Ohne Beispiel.

6. 4. 1963, Brunsbüttelkoog, Lotsensiedlung.
In der Lesung vor allem Lotsenfrauen. Arme, geduckte Häuser. Die mutige junge Buchhändlerin. Der Jurist. Der immer dabei ist. Die Finnin, die vital protzt. Der Mann, der sich brüstet, es gehe nur um Geschlechtsstärke. Krabbenbrot. Monate mit -r-. Oder ohne? Gestrüpp. Leuchtzeichen. Kleine Schiffe. Weil der Himmel so hoch ist. In der Schleuse der große rostigschwarze Russe, der dann durch die Wiese fährt.

Ein halbhoher Hund, braunschwarz, eine wilde Mischung mit einem lächerlich bösen Gesicht. Wäre er ein großer Hund, würde man sich vor der Bösartigkeit seines Gesichtes ängstlich verneigen. Aber weil er klein ist, wirkt er bloß lächerlich. Trabt allein auf dem Trottoir her. In der Schnauze trägt er eine Kalbsgurgel, schon ziemlich dunkel. Obwohl er den Kopf hochstreckt, so gut es geht, schleift ein langer Fetzen Gurgel im Staub. Plötzlich überquert er die Straße. Ein Laster drüber. Als der Laster die Stelle freigibt, wo der Hund verschwand, ist zwischen Hund und Gurgel kein Unterschied mehr. Jetzt ist der Hund zu bedauern. Den Blutmatsch im Gedächtnis, eilen wir auseinander, unseren Gegnern entgegen.

7. 4. 1963, Lübeck.
Lesung, Kammerspiele. Am Sonntagmorgen. In einer winzigen dunklen Beiz, viele beim Kartenspiel, und Geschrei. Schmutzige Toilette.

8. 4. 1963, Hamburg.
Bad im Alster-Hotel. Telephonat. Gebadet, in der Sonne auf dem Bett. Sehr schön, sozusagen. Niemand da. Abends Graham Greene bei Bucerius. Ledig-Rowohlt groß in Englisch. Danach fort nach St. Pauli. Ledig-Rowohlt bezahlt 1700. Die junge Schwarze. Aber die Großmutter kettet uns an sich. Also wird die Mulattin nicht beachtet. Man tut treu dieser Blödhure gegenüber und sieht gegen 7 Uhr ein, daß sich das nicht rentiert. Die Poulette ist mit ihrer Mulattenfreundin gegangen. Poule ist uns geblieben. Habe den ohnmächtigen Spender ins Taxi getragen. Dann ins Bett. Grau frierend, stechend müde und bös. Nichts als ein Fluch. Abends Lesung. Die richtigen sind nicht da. Nur ein Journalist, der frech fragt und einen dummen Geschmack beweist, so daß man eigentlich nicht beleidigt sein müßte. Allein ins Hotel.

Wer es ernst meint, wäre besser nicht geboren worden. Wenn ich König wäre, wüßte ich das auch nicht. Bei uns herunten bleibt nur Gelächter.

Im Lehrerzimmer immer noch keine Aschenbecher. Lehrer müssen im Hof rauchen. Daß sie Brote auspacken, das Papier zur Wiederverwendung sorgfältig zusammenlegen und wieder in die Tasche stecken, geht noch. Wenn aber einer hastig raucht, verliert er an Autorität. Man weiß nicht, warum. Er kann sich so wenig beherrschen wie man selber. Das spürt man.

Die Aussichten der Söhne. Das Gewitter. Der Vater kommt. Um gut Wetter bitten. Sorgsam zerstör ich den Nachmittag. Wie zur Probe. Aber ohne Vorsicht. Der Abend ist wie nicht erlebbar. Kann man sich entfernen? Häuser. Ein Fenster geht auf. Die Schnelligkeit meiner Hoffnung. Ich bin schon bereit. Und gehe weiter. Es kommt einem auf nichts mehr an. Die Schachteln. Die Schnecken. Der Sand. Sonne und Sonne. Wenn einer morgen beginnen könnte?

Ein Pferd aus Berlin

Der Kandidat der Bürgerlichen hat Untreue in Tateinheit mit Betrug, der Raiffeisenkasse gegenüber oder sowas. Seit 12 Jahren im Parlament. Die Ermittlungen können nicht eingeleitet werden, solange er die Immunität genießt. Eigentlich verjährt, aber weil keine Ermittlungen, deshalb auch keine Verjährung. Wird er nicht wiedergewählt, dann sofort Ermittlungen, sofort ein Verfahren. Deshalb muß er wiedergewählt werden.

Es muß ein harmloses Verbrechen sein. Der Staatsanwalt wartet schon. Er ist ein Sadist. Der Kandidat hat längst keine Lust mehr auf Politik. Aber er ist gezwungen. Deshalb will er sein Mandat mit dem Pferd aus Berlin erhalten. Der Knecht als Ostagent. Er muß dafür sorgen, daß die CDU gewinnt. Deshalb unterstützt der Agent die SPD, das bringt sie in Verruf. Dafür soll er von der CDU das Pferd bekommen. Der SPD-Mann entlarvt das, da muß das Pferd über die Grenze. Über den Sender die Nachricht, daß es glückt.

Einmal Heimfahrt im Mai, um 5 Uhr 15, von Lindau nach Wasserburg. Nach meinem Chamäleon-Kabarett. Im Zug mit Käthe. Das weite weiße Kleid über allem. Der Schaffner. Die Fortsetzung im Hausgang. Der Ruf der Mutter von oben. Wie im Paradies. Aber der Hausgang einer Wirtschaft, mit Asche, Biergeruch, Stühlen.

Die schweren Augen der Tauben. Die Pupillen werden immer größer. Sie sprechen, als hätten sie Schnupfen. Vor allem die Frauen. Frau Renz. Bei der Geburt das Gehör verloren. Man kann sie nicht mehr in ein Lokal mitnehmen, weil sie so laut spricht. Das tut sie nicht, wie manche glauben, um die anderen aufzufordern zu lautem Sprechen, sondern weil sie sich selber nicht hört. Und man kann nicht mehr sprechen, wenn man sich nicht hört. Man verlernt das Sprechen. Man weiß nicht mehr, was man sagt. Der Taube zerfällt rascher als der Blinde, sagt der Psychiater.

9. 4. 1963, Osnabrück.

Lesung. Hotel Reichshof. Lebergallekranker Veranstalter. Seine Klagen und Vorwürfe füllen das Abendessen. Ein Problem wurde gelöst. Wie man daneben oder gegenüber etwas Zerbombtes durch etwas ganz Neues ersetzt. Im Zug nach Köln. Bis nachts um zwei mit einer Hotelsekretärin aus Stuttgart. Meistens war sie in Zermatt und will da wieder hin. Ganz auf der Seite der Gäste, von denen sie manchmal etwas hat.

Die gefährliche Zeit, der Nachmittag. Sie saßen im Bahnhofsrestaurant. Erster Klasse. Da soll man nicht merken, wo man ist. Die Scheiben sind blank. Die Gardinen sauber. Wird die schwerhörige Schwägerin kommen.

Matrosenleben

Die Beerdigung des Vaters: ein leerer Sarg. Der Vater ist ja verschwunden. Aber der Sohn will endlich einen Schluß haben. Sollte der Vater noch einmal auftauchen, so wird er zartfühlend genug sein, die Beerdigung nicht zu widerrufen.

Der Gockelmetzger: Er sagt, ich müsse für ihn auf den Politikerwagen, in seiner Maske, ich muß Roosevelt und Churchill beuteln. Er muß weg. Deshalb weiß ich, daß der Vater der Gockelmetzger war. Er hat den SS-Werber umgebracht, weil der hinter meinem älteren Bruder her war. Das Feilschen um den Bruder. Weil die SS als Ehre geschildert wird, kann man kaum nein sagen. Der Werber: Das mit der Kirche stimmt doch gar nicht. Himmler ist auch katholisch getraut usw. Und wenn der Bruder keinen Erbhof in der Ukraine will, kann er dort eine Wirtschaft bekommen. Die Kleinen nehmen wir ja gar nicht. Aber Ihr Sohn ist nun einmal 1,87, was wollen Sie. Da gehört er dazu. Das muß sein. Der Vater widersteht.

Die Kreuzigung der Katze. Keine Juden-Austreibung aus Wasserburg. Obwohl es Haß gegen die Juden gibt. Vieh und Hopfen und Mehljuden und Schnapsjuden. Andererseits der theosophisch-anthroposophische Umgang des Vaters mit den Fräulein Hörenberg. Meine Mutter eifersüchtig auf die Gespräche, denen sie nicht folgen kann.

Die Rassekommission von der Uni Tübingen im Dorf.

Der Großvater läßt sich nicht untersuchen. Der Vater ist da noch ganz dafür. Das Ergebnis: Einer der Schlimmsten schneidet am besten ab.

Wie die Professoren aus Berlin mitmachen bei der Färbung des Dorfes. Jetzt ist Berlin dran. Jetzt sind sie hier die Herren. Das imponiert der Bevölkerung, daß Professoren mitmachen. Und die zwei jüdischen Villen, nun ja, Opfer muß man bringen.

Jede Erinnerung an damals ist Samstags-Süße, Reishaufen usw., aber jetzt weiß man, das war Mordzeit, also hat man keine Süße mehr. Das ist das Schlimmste. Und doch siegt das Süße.

Die Frau, die durch die Entdeckung der Eigenheiten ihres Mannes (durch den Brief einer Frau) sofort und ganz das Gedächtnis verliert. Name, Wohnung usw., sie steht da. Geschlagen.

Einer, der nicht mehr weiß, was er gerade gesagt hat, und der sofort fürchtet, er habe etwas Unanständiges gesagt. Immer nur das. Daß er etwas anderes gesagt haben könnte, darauf kommt er nicht. Er fürchtet, keine Kontrolle mehr zu haben über seinen Mund. Er liest etwas vor, versteht es nicht. Wahrscheinlich weil er an etwas anderes denkt beim Lesen. Und dann glaubt er, er habe jetzt schon nicht mehr gelesen, sondern gesagt, was er dachte.

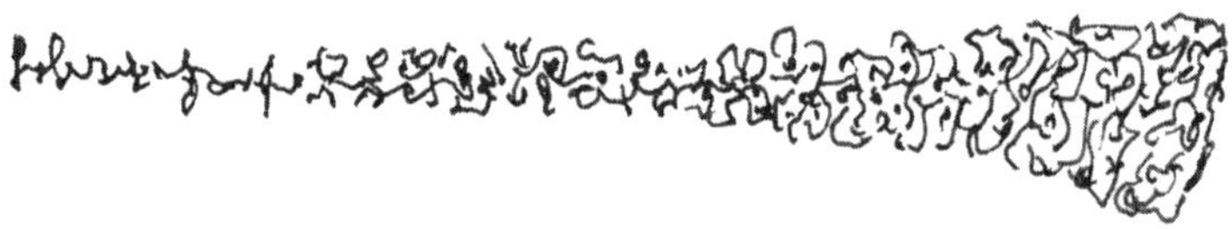

Wasserburg war damals noch einfach. Ein Kreuz. Wo der Balken den Stamm quert, da steht die Linde. Unten am Stamm die Kirche, oben der Bahnhof. Auf ein Kreuzholz läßt sich dieses Dorf spannen.

Matrosenleben

Wenn der Vater von der Kreuzigung der Katze heimfährt, sieht er Siglinde Hörenberg mit mir. Die Feierlichkeit an den Turngeräten beim Werbeabend.

Mädchenleben

Sirte gräbt sich im Sand ein. Man kommt heim, sieht sie bewegungslos bis über die Hüften im Sand. Wieder sieht sie so gesammelt aus.

Wie sie Speichel schleudern und zurückholen kann durch die Zahnlücke unten. Wie die Schlangenzunge schießt der solide weiße Faden heraus und wieder zurück. Dabei bleibt sie ganz ernst.

Sirtes Schneckenfarm. Fürsorge für die Regenwürmer. Sie will alles retten und zerstört dadurch manches.

16. 4. 1963, Brüssel.
Lesung. Hotel Astoria.
Am Empfang die Fürstin von Liechtenstein.

Unmeßbar, ein Temperatureffekt
Sagen der Zukunft stellen sich ein,
hungrige Zaungäste
wollen gefüttert werden
mit meiner Zeit.
Die Klage gilt für alle,
jeder mästet mit seinem Fleisch
die gefräßige Zukunft.
Wir schreien zwar
vom Schmerz der Reise,
aber wir reisen
blutend.
So erfüll ich die Spezialaufgabe
etwa meiner Leber
und opfere sorgfältig mein Herz.

Goldlack in Gierers Garten.
Dazwischen der alte Gierer am Weißen Sonntag.
Bei uns KdF.

Piß-Manneken.
Saublatern im *Roi d'Espagne*. Und Ardenner Schinken.

Professor Plart, Dr. Plinke, Jean Améry, Frau Morgenstern, Frau Kinkin, Rosemarie Lederer, Familie Levy. Pater Boone fehlt, und das tut weh. Frau Morgenstern spricht immer wieder von ihrem Mann, alles erinnert sie an ihn. Pfeife: Am Volant rauchte er immer so ein kurzes Pfeifchen. Auto: Im Taxi fuhr er immer mit, bremste mit beiden Beinen. Ich sagte immer: Laß doch, das geht dich doch nichts an. Er konnte es nicht lassen. Bücher: Er hatte 5000 Bände. Ließ Besucher nicht an die Regale. Sagte immer: An den Wäscheschrank läßt man sie doch auch nicht. Zigaretten: Wenn ich Zigaretten in der Handtasche hatte, rauchte er keine mehr, die riechen alle nach deinem Parfum, sagte er immer. Eine komische Witwe, denkt man. Wahrscheinlich ist ihr Mann vor eineinhalb Monaten gestorben, denkt man, sie kommt noch nicht darüber hinweg. Alles ist noch zu frisch. Da man ihren Mann nicht gekannt hat und sie auch kaum kennt, empfindet man die hartnäckigen Assoziationen als ein bißchen lästig. Am anderen Morgen erfährt man: Der Mann wurde in Auschwitz ermordet.

17. 4. 1963, Rotterdam.
Lesung. Hotel van Walsum.

Der Kanzler des Konsulats: Ich esse spanisches Omelett, weil mir nichts einfällt. Er kann Russisch, Polnisch, Holländisch, Englisch, Französisch, Spanisch, Italienisch. Im Krieg hat er immer gelernt, wenn die anderen im Kasino soffen. Pro Fremdsprache 150 Mark Zulage. Er will noch mehr lernen. Wünsche für Versetzung äußert er nicht. Er will sich da oben (in Bonn) nicht unbeliebt machen. Seine Aufgabe erfüllt er korrekt: Als ich endlich die frischen Erdbeeren sehe, die überall rundum gegessen werden, sogar an einer langen Gemeinschaftstafel, wo eine Industrie- und Handelskammer Lehrlinge bewirtet, da will ich Erdbeeren, schwärme davon, frage in allen Sprachen nach Erdbeeren, aber wir haben schon Suppe, Mahlzeit und Nachtisch bestellt, er kann dem Konsulat keinen Beleg vorlegen mit einem zusätzlichen Erdbeer-Luxus-Posten. Und selber bestellen wäre unhöflich.

Im Hotel eine Deutsche, die alles mögliche wert wäre, aber sie hat zwei, und sie entscheidet sich endlich für einen, haut ab und ist beim Frühstück immer noch gut anzusehen.

Sieg über Kreide. Konkurrenz mit Kreide. Überall in der Stadt Kreidezeichen. Dann jeden Tag herumrennen oder spazieren und zusehen, wie die Kreidezeichen verblassen. Der Genuß, Kreidezeichen zu überleben.

Gestern in Brüssel die übliche Demütigung, von den anderen als Erfolg empfunden und mir als solcher zugedacht.

Nicht auftauchen in einer Stadt. Gar nicht erst auftauchen. Den Bestand des Vernichtbaren gar nicht erst vermehren.

Hochzeitsblumen werden mit großer Sorgfalt aus dem Hotel in das wartende Auto getragen. Die Verladung dauert. Leute warten auf dem Trottoir, bis die Braut kommt. Das Auto wird schwer von den Blumen. Die Braut kommt nicht. Das Auto fährt endlich ganz vorsichtig ab. Die Leute gehen weiter. Enttäuschend ist das, wenn man eine Hochzeit wittert und sieht die Braut nicht. Was empfindet man, wenn man eine Braut sieht?

Rotterdam schüttelt mein Hirn, als wär ich selbst ein Fall-
schirmjäger.
Der Regen lehrt mich Holländisch sprechen.
Ich pfeif auf die Maas,
streichle aber die Kräneschar,
diese Hühner von Klee.
Aus den Bäuchen fauler Schiffe
picken sie Mais und Salpeter,
und eines entnimmt dem Salpeter aus Dakar

einen toten Neger,
mit dem Fuß hängt der Neger dem Kranhuhn im Schnabel,
weit von Dakar wird er pfleglich
auf Beton gelegt,
der Regen lehrt ihn Holländisch sprechen.
Eine himmlische Sprache für einen aus Afrika,
dieser Regen,
die polyglotte Leichenfrau,
der Regen, meine Muttersprache
in Rotterdam, da regnet es keine Fallschirmseide,
Salpeter und Salut sind naß,
da regnet es Holländisch vom Himmel,
eine himmlische Sprache für einen aus Afrika
und für mich.
Die Kranhühner weinen,
wenn man über uns die Decke wirft
und uns ins trockene Auto schiebt für einige Zeit.
Morgen trocknen die Kräne im nachgeschickten Wind aus Afrika.
Morgen schnattern hier wieder
feindlich die Sprachen,
morgen regnet es nicht mehr in Rotterdam.

Über Amsterdam nach Oberhausen.

18. 4. 1963, Oberhausen.
Lesung. Hotel Ruhrland.
Der Kulturmanager, sonst nichts.

Domenico

Domenico nennt sich jetzt Max. Nichts als Max. So müssen ihn seine Leute nennen. An Sonntagen dürfen sie Maximus sagen zu ihm. Der magere Vaterspieler kündigt am Anfang. Er will erpressen, höhere Gage, weil er glaubt, Domenico finde keinen so dürren Schauspieler mehr. Gut, dann stellen wir um: Einen ganz fetten, der immer fressen muß, das ist genau so ein Bild der Qual. Sogar noch besser, sagt Domenico-M.

Seine Frau, kühl, überlegen, durchschaut ihn. Er wirft sich hin vor ihr. Was soll er denn tun? Sie bleibt kalt und hart, nimmt ihn nicht auf. Er ist ihr gegenüber wie ein Kind.

Alberts Frau ist ein dummes Weibchen, das zu Domenico überläuft.

Albert ist in den ersten Stock zur Mutter geflohen, als er wieder herunterkommt, ist seine Frau mit Domenico weg.

Matrosenleben

Von einer Feier heimkehrend: leicht betrunken, Tagesrausch.

Die Schwarzschlachtung immer an Tagen, da er unterwegs ist. Also nur die Mutter schuldig.

Der Ortsgruppenleiter ist harmlos, auch nur ein Nebenherparteigenosse. Schlimm, der Parteiredner, der Studienrat aus Lindau und der Gendarm aus Bodolz.

Die großen schönen Tanten, die dann später ruiniert werden. Anna (durch Zürn), Magda (durch den Sommergast), Agathe (durch sich selbst).

Die Aufbahrung des bewußtlos Betrunkenen Julius Kristlein in SA-Uniform (auch der Großvater heißt Julius: das ist die julische Linie der Kristlein. Die andere ist die anselmische).

Der Schwärmer Julius Kristlein.

Holzey und sein tägliches Bier.

Mischung aus Tatsachen und Vermutungen. Fragmente aus dieser Zeit, zugegebene Lücken. Plötzliche, ganz konkrete Einsätze, dann bricht es wieder ab. Dann muß man springen. Man kann versprechen, Lücken zu füllen, dann gelingt es doch nicht. Der Erzähler heißt auch Julius.

Exekution des Polen auf dem Sonnwendfeierplatz oder des

Jugoslawen, der bei Kristlein gearbeitet hat und mit der Französin und mit einer aus dem Dorf was hatte. Der Gendarm ist der Antreiber.

Anfang: Waibels Pferd geht durch, bis es vor meinem Vater stehenbleibt. Das als Überlieferung. Ich habe es nicht erlebt. Wie so vieles, was ich da erzählen werde. Es ist fast alles Überlieferung.

19. 4. 1963, Dorsten.
Lesung.

Spaziergang im schwarzen Sand auf dem Trottoir. Jemand erklärt etwas Kommunalpolitisches.

Ein Wort wie Tod. Aussprechbar bei Lebzeiten. Das schriftliche Beichten und das Schöne. Überhaupt die Glaubensfähigkeit der Schreibenden. Wörterarmeen werden da befehligt, der Rhythmus, die große Geißel, kann fast und immer durch ein rotes Meer, und immer die Wundertäter als ihre eigenen Gläubigen. Das überzeugt dann auch Leute, die eigentlich etwas anderes vorhatten. Auf so vielen Seiten noch immer keine Sprache, die den Zweifel enthält. Sie nährt sich von jeder Verletzung, die sie der Welt beibringt. Sie frißt sich voll an allem, was sie haßt, und mästet sich.

Vor sich hin schreiben. Alles gleichermaßen durchschaubar. Programm-Musik. Hörst du, wie stark ich bin. Wenn du's hörst, bist du auch schon ein bißchen stärker. Und wie schön. Schon ein bißchen schöner. Es wird eben immer noch von Engeln geredet. Und alles Gemachte ist immer noch glaubhaft. Durchschaubarkeit erhöht in der Kunst die Glaubhaftigkeit. Grad bloß so die schnöde Lage dieses ebenen Nachmittags aufs Papier bringen, das geht nicht. Da müßte man eine Sprache zurichten, die wirkliche Übel enthielte, solche ohne klingende Wüste und so was. Empörung ist etwas Schönes. Jubel, oder wie das Blut wörtlich rinnt, Härte, fast Unglaubliches, den Lese-Sessel erschütternd Exotisches, also da gibt's viel, was in den ermatteten Zivilisationen Thermostaten sprengend ankommt. Das täuscht über die Lage. Das ist mögliche Weise. Das innerviert wie Tanz-Besuch aus Nigeria. Durchblutung. Was die Lotions versprechen, hier geschieht's. Haben wir nicht selber einmal etwas umgebracht? Ach, die vage Erinnerung. Das Scheußliche jetzt endlich einwandfrei für jeden Vorurteilslosen. Und aus der politischen Dünne befreit. Eine Sauce jetzt, eine jauchzende. Stichwörter. Rudelinstinkt. Wer will noch eine Peitsche. Für wenig Eintritt. Hier, liebe Gläubige. Die Villa glaubt. Der Dekorateur glaubt. Dies ist ein Zeitalter wie um 1200. Das Sagenhafte mit Elektrisch.

Somnambul wie gewünscht. Haifischaugen und ein kindliches Lächeln. Wollen Sie widerstehen? Welch eine Saison. Grübchen und Mord. Ach, dieser Instinkt. Und es riecht nach blutiger Erbsünde. Kein Zweifel. Hier stimmt jedes Wort. Das beste Persil, das es je gab. Von einem armen Pfarrer zu einem reichen Pfarrer. Ein Eisprung. Eiter in Kunststoffverpackung. Eiter in der Klarsicht-Dose. Luzide Brut. Ich bete, sagen wir, lieber zu Bäumen, die auf der Liste stehen, für morgen, weil Holz gebraucht wird für die Möbelfabrik in Nürnberg. Kälte gibt es nicht in der Sprache. Kann man offensichtlich nicht erzeugen. Nur beschreiben. Oder gar nachzittern. Das aber wär's. Kälte erzeugen. So viel Kälte, wie einer erzeugt, der zur Tür hereintritt und sagt, warum er kommt. Es gibt ein paar weitreichende Wörter, die ziemlich genau stimmen. Denen Geltung verschaffen. Niedertracht, zum Beispiel. Gemeinheit, zum Beispiel. Last auch. Schwere auch. Wer aber könnte ohne weiteres «Freude» gebrauchen. Oder «Hilfe»! Hilfe schon eher. Das überschlägt sich fast und endet dann doch rasch und schwach mit seinem -e-, dem das -f- allen Atem weggesogen hat. Stichwörter. Menschliche Erklärungen. Nicht das vollschöne Fahnenschwingen, das zweifelsfreie. Versengte Ränder. Bittergrüne Magengrube.

22. 4. 1963, Marl.
Lesung. Hotel Loemühle. Schwäne. Schön verrottet. Postkarte mit Parkplatz.

Eine Grubenlampe, ein Kulturzentrum, die Insel, Film, Plastik, Malerei: Hier wird alles versucht von der Bevölkerung. Nachher: Historische Gaststätte, mit Bernd Sinkel.

So ein Tier.
Er bellt plötzlich nachts und erschreckt mich. Bevor ich ihn strafe, fällt mir ein, wie er zusammenzuckte, als ich vor einer halben Stunde plötzlich nieste.

23. 4. 1963, Duisburg.
Lesung.
Interview mit der Inspektorin. Dann im Nachtlokal: Düster, eng, Schamschürzchen über Strumpfhosen, und Pullover, ausgeschnitten, daß hochquillt, was da ist. Qual, wenn man nicht mitmacht, nicht Ernst macht. Nur fingiert. Und nicht einmal das.

24. 4. 1963, Lüdenscheid.
Lesung.
Elende Fahrt dahin. Ähnlich den Fahrten nach Hagen, Solingen, Remscheid. Der kleine Kreis mit Selbstbedienung. Ohne jede Ernte.

Der Besucher, der ein schlechtes Gedächtnis vorschützt und dadurch rechtfertigt, daß er alles, was dem Hausherrn heilig ist, parodiert durch Entstellung. (Eichmann und Andorra.)

25. 4. 1963, Burscheid.
Lesung. Hotel Schützenhof.
Eine große, traditionelle Fabrik, ein Sohn mit dem Flugzeug abgestürzt, das ehemalige Gründervilla-Haus bewohnen jetzt niedere Abteilungsleiter. Fußschmerzen. Der graue Ort. Am

Abend die Überraschung, weil so viele sympathische Leute da sind. Die können nicht in diesen ärmlichen Häusern wohnen. Arme sind nicht so entspannt. Keine Geselligkeit. So weit reicht's nicht. Der nächste Tag braucht alles.

Der schwache, miserable Hausherr, der nachträglich jede Beleidigung speichert und auf die Zeit der Revanche wartet. Schon seit Jahrzehnten. Sein Vorrat an Beleidigungen ist schon unendlich. Er freut sich über dieses Material. Obwohl er längst einsehen müßte, daß er nur noch speichert, aber nie mehr zurückschlagen kann. Das ist vorbei. Er ist einfach der Beleidigte, so lang er leben wird.

26. 4. 1963, Düsseldorf.
Lesung.

Photographin: Verrückt, berufskrank, redet ununterbrochen, will einen das Photographiertwerden nicht merken lassen, wahrscheinlich lesbisch, hat viel geleistet, Bücher herausgegeben, beschämt einen, beweist, daß man weder Gesicht noch Natur hat, hier hält nichts stand.

Er sagt: Drückt mich ein Stein im Schuh, zieh ich den Schuh aus, werf ihn fort und geh barfuß auf den Steinen. Ich habe die Eigenschaft, daß ich immer wissen will, woran ich bin. Nachts schreie ich laut, um eventuelle Zudringlinge zu erschrecken. Am schlimmsten ist es doch, wenn alles so leise vor sich geht. Bitte, sprechen Sie laut, wenn Sie eintreten. Nicht herschleichen und mich plötzlich am Genick packen. Ich setze mich jetzt so, daß ich die Türe sehen kann. Ich werde die Türe nicht mehr aus den Augen lassen. Und pfeifen werde ich auch. So.

29. 4. 1963, Erkelenz.
Lesung.

Regenfahrt dahin. Gespräch über Gott mit Theologen und einer dafür begabten Frau.

30. 4. 1963, Homburg, Saar.
Lesung.

Regenfahrt. Und nachts heim, ohne Kontakt.

2. und 3. 5. 1963, Zürich.
In der Aufführung von *Eiche und Angora.* Schauspielhaus.

7. 5. 1963, Dornbirn.
Rundfunk, Aufnahme.

13. und 14. 5. 1963, München.
Bavaria.

Der Vater

Drei Kinder. Eines kommt um (durchs Auto), also sitzt er nur noch beim zweiten, aber es wird trotzdem getötet. Da erschießt er das dritte. Um sicher zu sein. Schließlich hat er jetzt eine Tendenz erkannt.

19. 5. 1963, Meersburg.
Droste-Preis.

21. 5. 1963
In Weingarten bei Peter Hamm.

22. 5. 1963.
In Hagnau bei Wolf Schmidt.

24. 5. 1963
Dr. Pigge und Rainer Wolffhardt wegen der Fernsehfassung von *Eiche und Angora.*

29. und 30. 5. 1963, Stuttgart.
Staatstheater. Vorbereitung der Uraufführung von *Überlebensgroß Herr Krott.*

8. und 9. 6. 1963
Carlo Schellemann, Klaus Nonnenmann, Paul Nizon und Dr. Sperr.

5. bis 8. 6. 1963, Pfeffers.
Wanderung.

11. und 12. 6. 1963, Stuttgart.
Abstecher-Aufführung im Theater in der Altstadt und Besprechung im Staatstheater wegen *Krott.*

16. und 17. 6. 1963
Zu Besuch: Michael Pfleghar.

18. 6. 1963
Dr. Wagenbach vom S. Fischer Verlag.

In der Friedrichstraße immer zu beobachten, wie die Vollstrekker durcheinanderlaufen, jeder mit dem Instinkt für sein Opfer begabt. Sie grüßen einander flüchtig, einige kehren schon zurück von einer Vollstreckung. Ein bißchen unglücklich, ein bißchen satt. Selten, daß sich einer wirklich verhindern läßt, bevor er fertig ist. Und wenn er aufatmend wegeilt vom Opfer, halb unglücklich, halb satt, begegnet er seinem Vollstrecker, der schon ungeduldig wurde. Jetzt schütteln sie einander die Hände, nennen sich zur Vergewisserung noch ihre Namen, das in Form von Grüßen. Dann geht es los. Unterm allmählich grau gewordenen Morgenrot.

24. und 25. 6. 1963
Peter Palitzsch und Hellmuth Karasek zur Vorbereitung der *Krott*-Uraufführung.

Indem er schreibt, beweist er die Unmöglichkeit von Hoffnung, schreibend gesteht er sie ein.

Mir zum Beispiel ist nichts deutlich geworden als andauernde Änderung, ohne daß sich etwas veränderte.

27. und 28. 6. 1963, Tübingen.
Diskussion an der Universität über *Eiche und Angora.* Geleitet von Walter Jens.

Jens klagt sein Leid, begreift nicht, daß das sein Thema wäre: an Themenlosigkeit leiden.

5. 7. 1963
30 d ist gleich 1 l in den Bodensee und dann gerührt. Homöopathische Verdünnung.

Es graupelt diesen Sommer jeden Tag.
Das Moos in meinen Ohren wird früher grau, als ich dachte.
Die Beine, o Schneiderin, was machen wir mit Ihren Beinen,
wenn das Eis steigt.
Dann begleiten Sie mich doch gleich nach Spanien.

Aufruf an alle Eltern

Die Kinder dieses Jahrgangs zeigen sich widerspenstig. Offenbar wird ihnen zu Hause der Rücken gestärkt. Wir verlangen aber, daß die Eltern die Hand reichen bei der Zurichtung der Kinder. Andernfalls wird es nicht gelingen, aus ihnen erwachsene Menschen zu machen. Flausen im Kopf und krause Überhänge, das laßt uns gemeinsam wegräumen, ausreißen. Die Mathematik ist bereit. Wir bitten, nicht länger zu säumen. Es wartet die Grammatik. Helft uns, sonst fehlt uns dieser Jahrgang in wenigen Jahren. Einen solchen Ausfall können wir uns nicht leisten. Reißt den Kleinen die Nase aus dem Traum. Biegt ihnen das Rückgrat ordentlich über die Zahlen. Wie soll es sonst weitergehen. Die Aufgaben sind ungeduldig. Sie wollen gelöst werden. Oder sie brechen aus und zertrümmern uns die ganze Einrichtung. Wär das nicht sehr schade?

Gezeichnet: Der Rektor.

Hin
ge
streckt
ge
mein
sam.

6. 7. 1963

Domenico

Kick ist sein magerer schneller Begleiter, der sich für ihn opfert, der seine Professur aufgegeben hat, den festen Lehrstuhl, und der jetzt für Domenico schreibt und wirbt. Kick hat wenig eigenes Leben gehabt. Er erhofft sich ein Leben durch Domenico. Er ist noch grausamer als Domenico, weil er arm ist. Er ist aus Notwehr und Rachsucht grausam. Obwohl er es viel schlimmer treibt, mag man ihn lieber, weil man begreift, er tut es nicht so freiwillig. Das wird im Mittelteil bei der großen Gesellschaft deutlich. Er versucht einfach, an Frauen zu kommen. Das hat er von Anfang an erhofft, Domenico soll ihm Frauen bringen. Er hustet oft. Und mit den Fingern macht er Knackgeräusche. Er erzählt von seinem Leben mit Domenico.

Domenico hört zu. Demütigt ihn auch schon mal. Sobald sie zu zweit sind, ist Domenico weniger überlegen.

Mittelteil: Eine sterbende Gesellschaft, die nur noch von irren Reizen lebt. Asozial. Dr. de Meul ist der wichtigste Mann. Unterschiede zwischen Töchtern und Frauen verlieren sich.

Was früher abendfüllende Konflikte gewesen wären, sind jetzt müde Aperçus. Treulosigkeiten unter Männern. Albert war hier auch schon. Dr. de Meul fördert ihn. Aber jetzt ist Domenico da. Und wie sie von ihren Eltern sprechen. Keiner ist über vierzig in diesem Kreis. Sie beherrschen alles. Jung. Geschmack. Kraft. Leere. Lauernd auf den möglichen Reiz. Ärzte, Architekten, Fabrikanten, Künstler. Man weiß nie, was einer ist. Jeder ist alles. Sie können natürlich nicht in die Stadthalle gehen. Der Bürgermeister gehört auch dazu (OB). Die eigentliche Clique dieser Zeit.

Der Mittelteil beginnt ganz selbständig. Ein Drama für sich. Steht zwar unter dem Zeichen Domenicos. Aber er kommt erst später mit Kick. Sie kennen ihn von früher. Jetzt sind sie stolz und überheblich. Er ist nur zu ihrem Amusement da. Später dann unterwirft er sie alle. Seiner Offenheit sind sie nicht gewachsen. Sie verdienen seine Behandlung. Sie sind in ihrer ganzen Ungebundenheit und Liberalität die wahren Bürger. Keine Vorurteile mehr. Keine Spießer mehr. Viel schlimmer. Sie sind nichts mehr.

Ihre Fragen an ihn sind absurd. Pressefragen. Nach der Echtheit seines Vaters. Schamlos nach seiner Frau, die er mitgebracht hat. Kick muß sich um sie kümmern und möchte doch selber etwas ergattern.

Domenico gesteht, daß er seinen Vater umgebracht hat. Das ist auch seine Nummer, aber eben bloß eine Nummer.

Kick wird Dozent genannt, Herr Dozent. Oder Herr Professor.

Domenico: Aus seiner Haut kommt schöner Schmutz. Kick kann nie dreckig werden, so sehr er sich auch anstrengt.

Im Mittelteil: Sie möchten einander aufessen oder umbringen oder in die Luft sprengen.

Die Gefährlichkeit von Leuten, die nichts mehr zu tun haben.

Die Geschichten ihrer Dienstboten und Angestellten spielen kontrastierend dazwischen. Sie beneiden die um ihre Konflikte, aber sie verachten sie auch wegen der Einfachheit dieser Konflikte.

Ihre Themen sind Sport, ihre Tiere und der Mangel an Liebe beziehungsweise der Ersatz für sie: die Arrangements. Großräumig. Überall in der Welt waren sie schon.

Albert ist der, der sich entzieht. In der Gesellschaft weist Domenico beziehungsweise Kick für Domenico nach, daß der wahre Asoziale Albert ist, denn er ist unabhängig. So scheint es. Dabei ist er nur demütig und verzagt.

Im Park der Gothein-Villa kein Baum zweimal, ungefähr dreihundert Bäume. Ein Baum: mit der Faust dagegen: es hallt.

Im Zimmer: «Das Leben» von Picasso, eine symbolische Darstellung in blaugrauem Jugendstil.

7. 7. 1963

Karl Markus Michel vom Suhrkamp Verlag. Wegen der Anthologie *Vorzeichen,* die ich herausgeben soll.

Das Tintenglas im Pferdehuf, mit dem Silberhelmdeckel.

Umständlicher Bericht:

Das Ineinanderfließen von allem nicht durch Nacheinander trennen: Das, was jetzt noch gilt von dem Sommertag.

Die zwei Freunde in München und in Frankfurt.

Allmählich stellt sich heraus, es handelt sich um einen, und das ist mein Feind.

Es geht dem Kritiker nicht besser als dem Autor: Schreibend bleibt er hinter sich zurück.

Dank der in zwei Weltkriegen gewonnenen Erfahrung ist die Kieferchirurgie heute in der Lage …

Matrosenleben

Er baut kein Boot. Er trägt nur ein in ein Buch, was er erfährt. Er schreibt ein Buch über Bootsbau. Das Skelett des Bootes ist so unvollkommen wie am siebten oder achten Tag.

Erzählt wird nur, was übriggeblieben ist. Kein solides Bild. Zuerst ein Anschein. Dann das aufhebende Geflecht. Keine Mühe für nichtige Rettung.

14. und 15. 7. 1963
Michael Pfleghar und Klaus Munro. Reine Freundschaft.

16. bis 20. 7. 1963, Frankfurt und Düsseldorf.
Gewerkschaftstagung und Verlag und Hessischer Rundfunk.

Monolog und Damenbein

Er weiß nicht, was das ist. Er fühlt sich frei, läuft hin und her, allmählich senkt sich der Schuh und zertritt ihn; das hat er schon formuliert, als benanntes Zeremoniell (falsch) bewältigt, seine Vernichtung ist ein Ereignis, das er mit Sinn versehen hat, ohne zu wissen, daß er vernichtet wird. Oben Gelächter: wie ein schriller Donner. Und ein Prost, ein überirdisches.

Verhältnisse von einem Punkt aus darstellen, von dem aus sie beurteilt werden können.

Schatten und Gelächter geben die obere Welt wieder.

Er ist ein Forscher, der für die Erscheinung eine perfekte Erklärung hat.

21. 7. 1963
Wie in ein Gebüsch fährt Käthe mit ihren Händen ins Klavier, und die Töne stürzen wie Vögel mit Not und Genauigkeit davon.

25. 7. bis 2. 8. 1963, Erlangen.
Bei den Tagen des Studenten-Theaters.

Die Hitze auf dem Bahnsteig um 16 Uhr 30. Jeder Pfeilerschatten, belegt. In Erlangen die junge Medizinerin mit altrotem Naturseideschlafanzug durch die Straßen, quälend und ausnützend und eine Rivalin verhöhnend, die sich Blößen gibt vor Eifer.

3. bis 5. 8. 1963
Bei Adlers in Grünenbach.

Freiübungen II. Vorwort für die Anthologie *Vorzeichen.*

Über die geborgten Konflikte, die ethische Pfandleihe. Über Politik: Souffleure und hautnahe Gesellschaft, Liebe usw.

Freiübungen III.

Loslösung aus dem Gesellschaftlichen. Ich muß es mir leisten können, nachdem ich verschiedene Versuche machte, mich zu beteiligen. Der Rückzug ist nicht rosig. Es handelt sich nur darum, mich der Möglichkeit zu berauben, an den notwendigen Grausamkeiten teilzunehmen.

Prinz Helmut

Der nur an sich interessierte junge Kerl, der dadurch der christlichste und sympathischste von allen ist, weil er nichts sagt, was er nicht halten kann. Er, der Leichte und zugleich der Schwere! Er hat eine nachlässig leise Sprache. Wenn ein Gefühl kommt oder fällig ist, spielt er es. Er hat nichts mehr von selbst.

Ihm fällt gleich auf, wenn etwas Spontanes passiert mit ihm, und dann ist es schon nicht mehr spontan, dann spielt er weiter. Deshalb gibt er das Mädchen dann gern dem Schwager und geht zu seiner Schwester, um sie zu trösten. Ohne ihr die Wahrheit zu sagen. Da fürchtet man, daß er immer die Wahrheit sagt. Aber das hat er gelernt: Anderen darf man das nicht antun, nur sich selber. Das Kaufhausmädchen ist das Soziale, sie plappert auf ihre sentimentale Weise von der alltäglichen Arbeit und «Not», aber das interessiert ihn nicht. Er tut zuerst so, als ob, dann sieht er, daß es nicht echt ist bei ihm. Politik usw., das geht ihn nichts an. Die Wirtschaft auch nicht. Wahrscheinlich wird er entmündigt werden von seinem Schwager, seiner Schwester, den beiden Prokuristen. Ihm ist es egal. Er wirft Bonbons auftragsgemäß unters Volk. Er ist einfach der Inbegriff des Untergehenden, an Verfeinerung und Schönheit Sterbenden: er ist die feinste Version des Europäers. Auch Religion ist nur so eine hübsche Wolke für ihn. Er möchte nicht ohne heilige Maria sein und nicht ohne den heiligen Franz. Das sind doch immer noch die besten Märchen. Weil man sie noch glauben kann. Nun ja, glauben, so halt, nicht wahr, du weißt schon.

Er hat keinen Horatio. Er hat nur seine Schwester Wiltrud. Die ist religiös und etwas derber. Aber ein Opfer ihres wilden Mannes. Sie reagiert religiös. Als Prinz Helmut ihr verschweigt, wo ihr Mann ist (nämlich beim Kaufhausmädchen), da sagt sie ihm, daß sie das weiß. Er ist erstaunt. Er ist alterslos. Vielleicht 34, vielleicht erst 24. Er überrascht durch seine Reaktionen. Spielt sich auf. Schämt sich. Zieht sich zurück. Wird vielleicht doch entmündigt. Das Stück findet immer nur ihm zuliebe statt. Nie der Handlung wegen. Entscheidungen und Handlungen sind einfach lächerlich. Es ist, wie es ist.

Keine Kamele, keine Zelte, keine Autos, keine Heiligen … Eine komische Geschäftigkeit um ihn herum. Musik … nein, das macht ihn so mies.

Sein Vokabular muß ordinärer sein als jedes andere Vokabular (etwa das künstlich gewählte der Verkäuferin).

Er muß mein Held werden, mein wirklicher Held. Sogar mit Masken kann er ein Spiel haben. Fischer, Soldaten, Proletarier, Künstler, Weiber, Huren usw. Er distanziert sie alle auf die zarteste und ordinärste Weise. Jeder von euch ein Schwanz! Und was habt IHR anzubieten, liebe Mädchen? Ein Bett, eine Schatulle, eine Garage, ein Etui, einen Sarg, aber mir ist nicht kalt, ich such mir einen anderen Sarg, euer kleiner haariger Sarg zwischen den Beinen, nein, das ist nicht das, was ich suche auf die Dauer ... also bitte, liebe Schwänze, stellt euch auf, zur Schwanzparade, wer Lust hat, ist immer noch ein König, Servus.

Er ist süddeutsch. Nee, sagt er spielerisch und überlegt: Nee, sagt man in Berlin. Ach mein Berlin. Und dann tötet er eine Papierschlange und sagt etwas Süddeutsches.

Nur jetzt keinen Mut. Das könnt mich das Leben kosten.

Also einen Krieg möchte ich nicht erleben. Ich würde mich da nicht besonders bewähren. Und eine Ehe, o je, nein, bitte keine Ehe. Ich stamme nämlich aus einer Ehe, müssen Sie wissen. Doch, doch, ob Sie's glauben oder nicht, mein Vater war mit meiner Mutter verheiratet, also da weiß ich, wie das zugeht. Wie sie auf einander los sind, nackt und angezogen. Und meine Mutter war resolut und fromm, also durchaus gewappnet. Es hat nichts genützt. Er war ihr immer über. Auch wenn er sich unter sie gelegt hat. Sakra, sakra. Nein, bitte, seid lieb mit mir, keine Ehe, bitte. Ich will mein Zeug nicht so mißbrauchen. Ich will nichts verrichten. Die Zeit ist zu kurz oder zu lang. Also Schluß.

Er hat auch Fremdsprachen zu seiner Verfügung, kann aber keine richtig. For your greater (smoking) pleasure. Discretamente bene. Er sehnt sich nach Fremdsprachen und aufsteigenden Küsten, nach Mahlzeiten aus dem Meer, und weiß, es würde ihm nicht schmecken, wenn er dort wäre.

Mit der Verkäuferin tut er manchmal so ein bißchen … berührt, läßt sich berühren, aber nicht zuviel, nicht zu stark. Enthaltsamkeit ist die größte Lust. Das Leiden, etwas nicht zu tun, ist das beste. Ganz konkret spielt er die Liebe mit ihr. Wo sie ihn hinküssen soll und wie lang. Und er spielt an ihrer Brust. An den Schenkeln. Aber dann hört er auf. Schläft aber doch einmal mit ihr. Reagiert darauf lustig und beschämt. Der Vater nimmt sie ihm dann ab. Und der Schwager.

Geschichten

Solange die Naturwissenschaft noch zögert, erzählen wir Geschichten.

Es gibt Geschichten, denen die Wirklichkeit nicht zu geschehen erlaubt, weil die Wirklichkeit in diesen Geschichten zu deutlich würde. Diese Geschichten soll man erzählen.

Homers Großmutter soll gesagt haben: Wer ehrlich ist, gibt zu, daß er lügt.

In einer Geschichte gibt es keinen Zufall. Was in einer Geschichte passiert, ist die Regel.

Eine Lüge ist der Versuch, einen Sachverhalt nicht anzuerkennen.

Wahrheit und Wirklichkeit haben sich mit einander verabredet. Sind verheiratet. Deutlich werden sie nur durch ihr legitimes Kind, die Lüge.

Die Erzählung beweist, was in ihr möglich ist. Die Geschichte hat das nicht nötig. Sie erzählt lieber gleich etwas Exemplarisches.

In Wirklichkeit hat alles einen Grund. Sobald man die Gründe wegnimmt, wird die Wirklichkeit für Geschichten tauglich. Die Gründe verhindern die Deutlichkeit. Ohne Gründe wird alles gleich ein Bild, also deutlich.

Alles Wirkliche lebt von Begründungen. Die Gründe sollen die Wirklichkeit nicht erklären, sondern entschuldigen.

Die Geschichte erzählt sich so, daß die Wirklichkeit in ihr deutlicher stattfindet als in Wirklichkeit.

Die Geschichte läßt sich von der Wirklichkeit nichts vormachen, sie macht vielmehr der Wirklichkeit was vor, sie macht ihr vor, wie die Wirklichkeit ist.

Eine Geschichte tut so, als sähe sie schlecht.

Prinz Helmut

Alles findet simultan statt für Helmut. Eine vollkommene Information über seine Welt. Das macht das Handeln unmöglicher als jede bloße Eigenschaft. Der Vater stirbt, sie wollen es verheimlichen, aber der Vater ist ja auf der Bühne gestorben. Der Vater nimmt ihm das Mädchen, will es ihm verheimlichen, obwohl er es vor ihm tat und sich, während er mit ihr schläft, mit seinem Sohn unterhält.

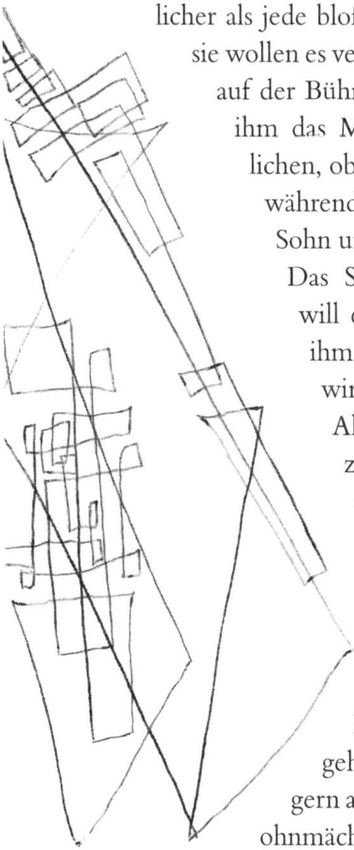

Das Schicksal seiner Schwester: Sie will es verdecken, tut zufrieden vor ihm, er sieht aber, wie sie behandelt wird von ihrem Mann.

Alles schreit danach, verhindert zu werden, aber zuviel schreit danach. Eine rasche Folge sehr kurzer Szenen. Manchmal nur zwei Personen auf der Bühne, dann wieder ein Fries, alle nebeneinander.

In die Oper kann er nicht mehr gehen, weil er immer mit den Sängern atmet, dann wird er in der *Ariadne* ohnmächtig.

9. und 10. 8. 1963
Peter Palitzsch, Regie-Besprechung für die *Krott*-Uraufführung.

Am 16. 8. 1963 war die Beerdigung von Paul Adler, 89, in Schmalegg.

Das Trio Pia, Paul jun. und Paul sen.

Der Alte hat oft heimlich gegessen. Der junge Paul ist von der Leiter gefallen, ist verkrümmt, die Nerven klemmen, er ist böse, wehleidig, traurig; ißt nicht, was es gibt. Der Honig ist alt. Die Marmelade sauer, gesalzenes Brot will er nicht. Überhaupt nicht Brot aus der Bäckerei. Er wird ein Gnom. Wenn er sich in seiner Beeren-Anlage auf schwarze Johannisbeeren umstellt, kosten sie nur noch sechzig Pfennig, ein Jahr vorher noch eine Mark zwanzig. Solange der Alte im Sterben liegt, müssen Pauls Kartoffeln heraus.

Pia: Kropfoperation mit 18, seitdem keine Entwicklung mehr. Nach 1945 wollte sie ins Kloster nach Ellwangen, wurde abgewiesen, Hungerstreik, und weil keine Kommunion in Schmalegg, jeden Morgen zu Fuß nach Ravensburg. Der Pfarrer mußte sie wieder halbwegs beruhigen. Solange der Alte lag, kam sie nie vor 11 Uhr aus der Kirche zurück. Am Sonntag wartet sie noch auf Taufen, obwohl das den jeweiligen Eltern nicht recht ist, wenn sie zuschaut. Sie betet nie mit den Lippen. Die Hostie schnappt sie beiläufig, bissig, wie etwas, was nur ihr zusteht, was sie jeden Tag eigentlich doppelt verdiente und nur einmal kriegt. Sie ließ den Alten verkommen. Tante Emmy kam, Hilde kam. Klistiere, putzten das Bett aus, das Klo, öffneten die Fenster. Paul jun. sah zu. Sohn Hugo steht mit den Männern der Töchter im Zimmer: Wie lange geht es wohl noch? Der Alte hört das wahrscheinlich.

8 Uhr 45 Ankunft. 16 Musiker, 12 Choristen, ein Grabkreuzträger. Unser Kranz: Isländisches Moos und drei rote Nelken. Ein Ford-Kombi. Darin der Sarg und die Kränze. In der Stube

Kaffee und Würstchen. Der Zimmermann: Nein, keine Würstchen, ich fang jetzt an beten.

Zuerst drei Vaterunser und Ave Maria, dann ein Vaterunser für den Nächststerbenden, dann: O Herr, gib ihm die ewige Ruhe, das ewige Licht leuchte ihm, Amen.

Marsch bis zur Hauskapelle (Kappele), die an der Einmündung des Weges zur Hauptstraße unter zwei Linden steht. Außen Kapellenbau, innen Grottengewölbe. Mehrere Gipsmadonnen. Wieder drei Vaterunser wie oben. Auf der Straße nach Schmalegg. Voraus die Musik, der Chor, das Grabkreuz, der Kombi, vier Sargträger mit Zylinder, und auf schwarzen Anzügen noch seidene Armbinden, die in Schleifchen gebunden sind.

Dann die Söhne, die Schwiegersöhne. Links Joseph von Unterwolfsberg, dann der Schwiegervater, dann ich. Gelegentlich ein Wort über den Toten und über die Felder. Rechts neben mir Gutöhrlein: Was macht Ihr Fiat, ich bin mit einer Stirnwunde aus dem Wagen geflogen, meine Frau mit Brustquetschung, zuerst dachten wir jetzt Krebs, eine mandarinengroße Geschwulst, sehen Sie den Hasen da, jetzt hat er seinen Neunzigsten nicht mehr erlebt, am 2. November wäre er 90 geworden, meine Mutter ist 91, sie hat mir ins Krankenhaus eine Torte gebracht und mich ausgelacht, weil ich das nicht essen durfte, ich hatte doch Zucker, bei meiner Frau ist jetzt auch was an der Bauchspeicheldrüse, das heißt man hier eine Fabrik, Fallschirmseide ... Einer von links: Nein, Morgenmäntel, das ist eine Stepperei. Wieder von rechts: Der Strauß hat sein Comeback, daß das so schnell geht, also da besuch ich doch neulich den Oberamtsrichter, bei dem ich mein Referendarjahr gemacht habe, und da sagte er: Jetzt bin ich aber froh, daß Sie auch den *Spiegel* lesen. Meinen Sie, das Wetter hält? Meine Frau sagte heute morgen: Hoffentlich hält das Wetter. Inge kam doch gestern abend erst spät. Dann noch die ganze Wäsche in die Waschmaschine und heute morgen rausgehängt.

Die Musik spielt einen milden Marsch, vier Trompeten, zwei Hörner, drei Posaunen, drei Klarinetten, zwei Tuben und eine Trommel und der Dirigent. Der Chorleiter hat ein Pfeifchen, wenn er die drei Töne für den Einsatz angibt, klingt es, als seien Haferflocken ins Pfeifchen gerutscht. Die Kirche auf dem höchsten Hügel des Dorfes. Combi kurvt hoch, wir nach, Kombi hält, der einfache Sarg raus, die Kränze auf die Friedhofsmauer gewuchtet, vorherrschend Nelken, die sich aus dem Kranzgrün wie Schlangenköpfe hochrecken. Früher dicht und eng in den Kranz geflochten, heute diese Schlangennester an einem Punkt des Kranzes, und Gladiolen. Ein Bock im Friedhofstor, darauf wird der Sarg gestellt, dann mild eilig mit zwei Ministranten und mit dem Mesmer, der noch junge Pfarrer. Zirka fünfunddreißig. Schwarzsilbernsteifer Umhang. Der Grabkreuzträger, ein Schuljunge, postiert sich neben den Sarg. Der Pfarrer liest aus einem dünnen schwarzen Büchlein schöne Sätze. Wolltest du, Herr, unserer Sünden gedenken, wer würde dann vor dir bestehen. Wir haben ihn wieder (Pause) heimgebracht zu dir, deinen Diener Paul, der durch Schwäche gefehlt, aber du, Herr, tilgest alle Missetat. Bevor der Pfarrer überhaupt zu reden beginnt, schaut er zum Sarg hin und hinab und über ihn hin, wirklich mit ein wenig Befriedigung. Nicht böse oder so. Aber er weiß, das war ein guter Christ. Also ist es eine schöne Sache heute. Wir haben ihn wieder. Hugo mußte zum Pfarrer. Ich hab ihn beauftragt, es kurz und gut zu machen. Der Vater war ein Christ und basta. Am Friedhofstor auch wieder für den Nächststerbenden. Aber der Pfarrer sagt: Für den, der als nächster vor Gottes Angesicht treten wird.

Dann zum Grab und gleich auf die Seile und gleich hinab. Dann wieder Sätze aus dem Buch, Weihwasser und Weihrauch, wie schon am Tor, drei Musikstücke, Chorlieder: Du hast geduldet, hast gelitten. Dann die Rede des Pfarrers: Ein offenes Grab stellt eine Frage an uns. Das Grab wird plötzlich ein Mund. Ein ganz dummer Spruch heißt: Daß dir die Erde leicht werden möge. Das ist töricht. Die Erde ist weder leicht noch schwer. Allein Gott … Draußen, wo jetzt die Ernte zur Reife ansteht. Du bist aus Staub und wirst nun wieder Staub. Und der jüngste Tag … Eine Wespe plagt Trauernde. Eine Schwalbe fliegt dreimal ganz niedrig über uns. Ach es ist so schwer, sich zu merken, was ein Pfarrer bei so einer Gelegenheit sagt. Fromme Schmierseife. Ohne Skelett und Façon. Das geht einfach so hin. Dann noch ein Klumpen Erde hinab. Die Töchter heulen, die Schwiegersöhne sind ernst. Die Söhne auch. Zuletzt wird Hugo ein bißchen weich. Der Erregliche beschämt und beleidigt alle. Dann der Pfarrer ab. Und jetzt alle zum Weihwasser. Zwei Kessel, 1 Liter für Frauen, 1 Liter für Männer. Dann in die Kirche. Die Messe, der Pfarrer kippt den Meßwein, putzt den Kelch wie ein Schankkellner. Er will nichts Symbolisches aufkommen lassen. Übrigens: Beim ersten Annähern an die Kirche die Glocken. Die hohen kleinen schon fest hin und her bimmelnd, die größeren dunklen schlugen erst an einem Rand an, fanden spät zum vollen Bimbam. Das wirkte hektisch durch die zwei kleineren Glokken. Der Mesmer informiert die vorderen Bänke. Dann ziehen die Frauen vor und werfen Geld in ein Körbchen und machen Kniebeugen, dann alle Männer. Das beginnt beim Evangelium. Der Pfarrer liest die Messe, die Kirche marschiert ununterbrochen. Bei der Wandlung wird das Geldabwerfen unterbrochen. Wer grad im Gang ist, verharrt. Danach wird weitermarschiert. Bis die Kommunion gereicht wird, sind wir durch, Gott sei Dank, sonst hätte es Schwierigkeiten gegeben, denn jetzt marschierten die, die kommunizieren wollten. Der Orgelmotor wurde schon bei der Wandlung abgestellt, dadurch wird es zum ersten Mal so still, wie es in einer Dorfkirche sein soll. Voher war immer noch dieses Drehbankgeräusch. Jetzt erst merkt man, es war die Orgel.

Symbolischer Sarg im Schiff.

Mittagessen in der Traube vis-à-vis. Nudelsuppe mit Ochsenfleisch. Roastbeef mit Gurken-, Tomaten-, grünem und Kartoffelsalat und Teigwaren in der Form von Spiroziten gedrillt.

Der Pfarrer betet wieder mit uns. Nach dem Essen auch wieder für *das Nächststerbende*. Dann zurück zum Hof. Dort Kaffee. Heiter. Keine Schwierigkeit mit soviel Tassen. Zichorie im Kaffee. Der Bulle mit Nasenring (vierjährig), der Bulle ohne Nasenring. Die Mädchen drängen in den Stall. Eine Häsin kurz vor dem Werfen. Die Kühe sind draußen. Der Hund will sich an seiner Kette erhängen, was ihm nicht gelingt. Drei kleine Katzen sippen Milch und werden von den Kindern dabei gestört. Der ausgestopfte Eichelhäher im Schuppen: Von seinem Kopf zum nächsten Balken dichtes Spinnweb, darunter denkt er offenbar nach.

Es sind noch zwei Stühle im Hof vom Alten, von seiner Frau, rotes Plüsch mit Muster, kaum abgeschabt. Zigeuner mochte er nicht, aber Fremdarbeiter, Polen und Jugoslawen wurden wie eigene gehalten. Die Töchter, drei, haben Gallensteine. Sie machen einander den Schmerzensrang streitig. Verteilen sich, weil sie einsehen, daß jede zu kurz kommt, solange zwei am gleichen Tisch auspacken wollen. Eine seit Januar schon zum vierten Mal im Krankenhaus. Eine schwört auf Steinauflösen mit Öl- und Teekur. Die andere sagt: Das ist ganz gefährlich, ruiniert die Leber. Und wenn die Leber hin ist, ist es aus. Die Dritte, das ist die mit der Bauchspeicheldrüse, sagt: Sie hat seit drei Wochen nichts mehr gegessen. Wenn die Kuchen und der Kaffee da sind, essen alle drei mit, weil man doch nicht immer bloß zuschauen könne. Der Mann von Tante Luise ist bei Hösel in Ulm: Operieren geht nicht, totsicher Fettembolie, also die Nierensteine so raus. Die Fünfzehnjährige fragt: Wie macht man das. So genau weiß sie das auch nicht. Mit Schlingen, dann kleine Scheren rein, irgendwie drin zerkleinert und dann ausgespült. Aber doch mit Betäubung. Das hofft sie. Aber es ist doch nett, sagt sie, daß der Professor meinen Mann nicht einfach operierte. Das findet man auch.

Wenn die Ferneren weg und nur noch die Kinder da sind des Alten: Was wird mit Paul und Pia? Hugo sagt (er kommt erst später dazu und ist mißtrauisch): Überlaßt das mir. Die sind krank. Redet nicht drein. Also einen Streit gibt es da nicht zwischen uns, wegen denen. Pia in einen Haushalt. Ich habe den Pfarrer beauftragt. Irgendwo wird man schon eine Pflegerin brauchen. Auf dem Hof nützt sie ja nichts, das müßt ihr zugeben. Und Paul ist unerträglich, wenn sie da ist. Wer wird putzen. Hilde? Sie kann das nicht mehr. Vierzehn Tage, sagt sie, braucht man, um diesen Saustall aufzuräumen. Was wird mit den Betten? Anni: Die Unterbetten verbrennen. Ihr habt doch Platz hier auf dem Land, wo man was verbrennen kann. Hilde: Die Oberbetten auch. Emmy: Und die Bettgestelle. Mehrere: Wieso die Bettgestelle? Du bist ja nicht recht, Vaters und Mutters Bettgestelle? Ergebnis: Also nur alles, was Tuch, Gewebe und Feder ist, wird verbrannt. Und die alten Kleider auch. Auch Pia muß man das sagen. Seit Jahren bringen alle alte Sachen. Pia sammelt und sammelt in Schränken und Kisten, das wird nie angezogen. Nie gelüftet. Das ist muffig. Das ganze Haus stinkt danach. Das muß auch verbrannt werden. Aber sie gibt es doch nicht her. Hugo: Laßt mich nur machen, auch mit Paul, ein Kranker, das muß man richtig anpacken, je nachdem wie sein Humor gerade ist. Nur nicht dreinreden. Das ist das Schlimmste. Und Paul will seine Felder verpachten. Er kann sie ja selber doch nicht mehr bewirtschaften. Immer holt er Hilfe im Hof. Die Kinder zum Kartoffellesen usw. Und dann beschimpft er sie, sie seien faul, lägen der Länge nach im Acker. Dann weinen die Kinder. Also jetzt will er verpachten. Hugo: Solang ich da bin, kommt kein zweiter Bauer auf den Hof! Nichts wird verpachtet. Ich treib ihm die Felder schon um. Laßt mich nur machen. Und was rauskommt, soll er haben. Er kann auch selber kochen. Soll er doch. Dann kann er sich selber beschimpfen. Dann hat er niemanden mehr, den er beschimpfen kann. Das ist überhaupt Hugos Devise: Paul darf niemanden haben, den er beschimpfen kann. Fast tut einem Paul leid. Wie Hugo das sagt, gönnt man Paul jemanden, den er endlos beschimpfen kann. Wer das sein soll, kann man sich allerdings nicht vorstellen. Diplomatisch, sagt Hugo. Einen Kranken kannst du nur diplomatisch pakken. Als man vor die Tür tritt: Paul schon wieder in verfetzter Kleidung, krumm in der Sonne, Johannisbeeren (rote) aus einer Steige in Mehltüten abfüllend. Jedem, der geht, gibt er eine Mehltüte voller Johannisbeeren mit und flüstert scharf: Nicht jetzt wegbleiben, weil der Vater tot ist. Solang ich noch da bin, ist die Heimat noch da.

Heimat ist da kein Land oder sonstwas Großes, das ist das Gelände der gemeinsamen Jugend. Er schaut bei seinen Bestechungs- oder Werbeparolen auf Hugos Residenz. Eigentlich möchte man ihn, angesichts der bevorstehenden diplomatischen Campagne Hugos, mitnehmen. Aber man könnte wirklich nichts Schlimmeres tun, als Paul mitzunehmen. Mit ihm zusammenleben? Dann schon lieber gleich zum Alten auf den Friedhof als jeden Tag dieses Gequengel.

Annemie hat geheiratet. Wen? Einen vom großen Vaterland. Daumenbewegung nordwärts. Inge heiratet im Herbst. Nur so. Weil es jetzt doch einmal sein muß.

Vor dem Krieg waren sechs Pferde da. Inge hat Käthe zweispännig in Ravensburg abgeholt am Samstag, und am Sonntagabend zweispännig wieder zum Bahnhof gebracht. Alle haben sich nach ihr umgedreht. Inge ist jetzt die, die heiratet im Herbst.

Ein Sohn der Bächebäurin hat sich sechsundwanzigjährig umgebracht. Mit dreiundzwanzig einen Bauchschuß, 1945. Der Darm wurde in der Hüftgegend ausgeführt. Kein Mann mehr. Es war ihm zuviel. Eine schöne alte Bäuerin, die von Bäche.

Und die vom Zinsländer-Hof, die vom Nestbühl-Hof, die von Unterwolfsberg, die vom Harzer-Hof und August Jehle vom Schlenkerhof in Alberskirch und die vom Briel-Hof, die Adler von Trutzenweiler, die von Spascholl, agnus dei qui tollis peccata mundi.

Der Garten des Altenteil-Hauses ist wild aufgeblüht, Unkraut und Blumen durcheinander, hoch wie der Gartenzaun: da wurde er herausgetragen. Eine Hochsommerwildnis und Unordnung. Pia und Paul können offenbar nicht Herr werden über den Garten. Und beide brauchen Führung, sagt Hugo, eine starke Hand. Beide waren nie in der Fremde, und beide sind krank. Hugo selber war 27 km nördlich von Okartreute einige Jahre Verwalter eines Brauereigutes. Und doch ist das keine Übertreibung mit der Fremde. Wer auf einem solchen Hof aufgewachsen ist, muß offenbar nicht weiter weg sein, um in der Fremde zu sein.

Fünf Gebäude hat der Hof, ein Altenteil-Haus mit einem Schuppen.

Der amerikanische Corvair einer Verwandten: Witwe. Esso-Handel. Mit weizenblonder Tochter, die fährt. Diese feinste Frau ist mit dem Stöpselkopf Hugo sehr intim. Sie trägt nachmittags, als sie die Kostümjacke ablegt, eine ärmellose schwarze Bluse, und die Achselhöhle quetscht kein Haar bei ihr.

Der Schlenker hat Ärger mit dem Hörapparat. Andauernd dreht er an einem Rädchen und schimpft, weil er nie die richtige Einstellung findet: Entweder ist es zu laut oder zu leise. Mehr Geräusch als Reden. Es funktioniert nur, wenn er einem gegenüber sitzt. Sobald es viele Stimmen sind, geht es nicht mehr. Nur noch Geräusch.

23. 8. 1963, Nürnberg.
Vor Ausländern.

Das heilige Sakrament der Ehe haben sich gespendet: Gebhard Linsenboll, Schrankenwärter, und Josefa Mrosek, Hollerith-Locherin.

Ein Schreiber ist so lang jung, als ihm etwas einfällt, was ihm, als er noch jünger war, nicht einfallen konnte.

Es regnet in die Bäume
es regnet in die Stadt
es regnet in die Träume
und in den Träumen regnet es auch.

Ich würde gern eine Lebensart, auf die ich angewiesen bin, verständlich machen. Falls das nicht gelingt, begnüge ich mich damit, mich auszudrücken. Falls auch das unmöglich ist, möchte ich meinen Mangel beschreiben. Sollte auch das nicht gelingen, werde ich ihn verschweigen und ersatzweise weiterreden.

Kinderverse
Ich bin der Räuber Jaromir
hab Gewehre drei oder vier
weiß nicht genau, wieviel es sind
aber sie schießen so schnell wie der Wind.

Ich bin der blaue Theodor
und bin ein Polizist
mir kommt manches komisch vor
was gar nicht komisch ist.

Der Vati mit der Kati
geht auf eine Cocktailparty
und bestellt sich Eis
und zweimal Zarti-zarti.

Der Rudi mit der Trudi
geht in eine Würstchenbude
und bestellt sich Senf
und zweimal Krude-Krude.

Romanseiten

Einfach gefüllt mit Feststellungen und Fetzen von Einbildungen. Ein Gewebe, das sich in der Luft hält und noch eine geringe Lust weckt auf das Kommende. Keine Sache, die auf Handlung baut. Handlung als schöne Schlacke mitgeführt. Allenfalls tendenziöses Fieber. Kein Sitzfleisch.

Stückerfindung

Was kann ich alles?

Ich bin der und der, aber ich spiele heute zuerst den, dann den, dann den und bin jedes Mal besser als der Richtige, weil ich ihn nur spiele. Woran fehlt es denn? An Spielmöglichkeit.

27. 8. 1963

Schulklasse aus Flensburg. Frau Martins und Fräulein Grasse.

Morgen werde ich reisen. Blut. Blut. Blut.

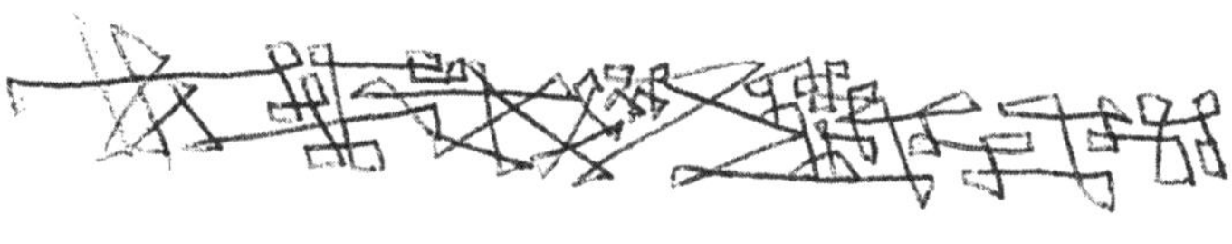

28. 8. 1963, London.

29. 8. 1963

Flug nach Edinburgh. Mit Erich Fried, der mich gleich ins Festivalbüro führt und überhaupt die Führung übernimmt. Mit drolligen Einlagen.

Drama-Festival mit der Aufführung von *Rabbit Race, Eiche und Angora.*

1. 9. 1963, Edinburgh.

Abends mit Gläsern in der Hand in größeren Kreisen. Ich brauch wahrscheinlich mehr Whiskey, um reden zu können, als Max Frisch, Harold Pinter und andere. Die von mir hilflos, willenlos, wehrlos Angeschaute heißt Fanny. Fanny Lichtveld. Aus Amsterdam. Hier zu Besuch bei ihrer mit einem schottischen Arzt verheirateten Schwester. Sie ist groß. Eine überraschend hohe Stimme. Aber durch ihre Stimme wird sie klein. Eine Wüstenschönheit. Von schwarzen Haaren überflutet. Die täglichen Diskussionen über das Drama, schon vorher ein unguter Sport, jetzt nur noch lästig.

Ich hab einen Fisch im Bauch,
der will mit mir schwimmen.
In meinem Kopf der Vogel sagt: Flieg.
In England rät mir ein Regenwurm:
Postpone.

4. 9. 1963, Edinburgh.

BBC-Aufnahme.

Gestern abend hat der Whiskey bewirkt, daß mir der Vorname meiner Mutter nicht mehr einfiel. Augusta. Auf der ersten Silbe betont. Ich versuche, mich durch Vieltrinken unempfindlich zu machen.

Die *Rabbit Race*-Aufführung ist gerade noch davongekommen. Eine miserable Übersetzung. Der oberste Theaterzensor Lord Chamberlain hat, steht in der Zeitung, Kraftausdrücke gestrichen. Die müssen durch die Übersetzung hineingekommen sein. Aber auch er konnte den Text nicht besser machen.

Jeden Tag treffe ich mindestens einmal Anthony Asquith. Von seinen vielen Filmen habe ich nur einen gesehen, *The Two Young Lovers*, mit Marina Vlady. Er ist der Freund meines Hauptdarstellers Paul Massie. Paul Massie muß vielleicht mitspielen, weil man ihn vom Fernsehen kennt. Er ist schön, jung, ein herzlicher Kerl, aber kein Alois Grübel. Ein Schauspieler, der meinen Alois spielen will, darf nicht auffällig gut aussehen, er muß ein bißchen verrückt sein, innen und außen asymmetrisch. Horst Bollmann in Berlin war ein echter Alois.

Anthony Asquith bringt mir jeden Tag eine Packung orientalische Zigaretten mit, die man an einem goldenen Ende in den Mund nimmt. Als er sah, daß ich auch Pfeife rauche, erweiterte er die täglichen Geschenke um den Tabak Balkan Sobranie. Anthony Asquiths Vater war Premierminister und hat, heißt es, 1912 im Parlament einen Satz gesagt, der in den Alltagswortschatz einging: Wait and see. Anthony hat mich eingeladen, noch ein paar Tage in London zu bleiben. Paul habe eine riesige Wohnung. Sechs Zimmer in South Kensington. Da ich hier überall und immer den Eindruck eines ungeheuer Verfügbaren mache, ist diese Einladung nichts Sensationelles. Diese angeberisch präsentierte Verfügbarkeit hat die Darstellerin der Anna dazu verführt, mich zu verführen. In der letzten Edinburgher Nacht. Nach noch mehr Whiskey transportierte sie sich und mich gegen vier Uhr morgens – so lange hat eben getrunken werden müssen – in einem Kleinauto hinaus aus der Stadt zu einem Fußballstadion – es regnete heftig und war sehr kühl –, und sie wäre sicher enttäuscht und deprimiert gewesen, wenn ich uns auf diesen eben so harten wie unebenen Sitzgelegenheiten nicht zu einer Art Geschlechtsverkehr vereinigt hätte.

Diese Erfahrung kommt mir wertvoll vor. Zwei Unterleiber finden zu einander, die Münder und die Augen wirken wichtigtuerisch mit. Regen, vier Uhr morgens, Fußballstadion, inniger, unschuldiger können zwei Menschen einander nicht behilflich sein. Und es bedarf dazu doch nicht der Liebe.

Fanny Lichtveld hat mich verwundet. Fühlt sich an, als könne es nie mehr heilen. Man ist einander gegenübergestanden. Im Abstand von zwei Metern. Als alle sich von allen verabschiedeten, ließ sie mich wissen, sie werde nicht direkt nach Amsterdam zurückfliegen, sondern noch drei Tage in London bleiben. Ich sagte, ich auch. Ich sagte, ich sei bei Paul Massie erreichbar.

8. bis 14. 9. 1963, London.
Sechs ganz weiße Zimmer mit roten, aber teppichbelegten Böden und mattschschwarze Möbel. Hier wohnen Paul und sein Freund Richard, der auch ein Schauspieler ist, aber Richtung Musical. Anthony wohnt in seiner Stadtvilla am Thurloe Square.

Fannys Mantel war hängengeblieben? Kellner wie träumende Polizisten. Was darf es sein? Schwer schleppt ein Italiener aus der Küche Wasser herbei, um den plötzlich brennenden Mantel zu löschen. Ja, jetzt brannte dieser Mantel auch noch. Vernahm jemand eine Stimme aus dem aufflammenden Kleidungsstück? Wasser half nicht. Der endlich gefundene Schaumlöscher verpustete sich. Blubberte leer, ohne daß die Flammen um eine einzige Zunge ärmer geworden wären. Eine Art Gesang war jetzt nicht mehr zu überhören. Laßt uns, bitte, an etwas Überirdisches glauben. Es wäre entsetzlich, ließe sich dieses Vorkommnis auf eine einfache Weise erklären.

Ein Telephongespräch. Morgen abend ins Theater. Joan Littlewoods *Oh What a Lovely War.* Sie wird nicht allein sein. Ein satirisches Antikriegsstück. Ihr Mann will das sehen.

Dann saß sie zwischen ihrem Mann und mir, im I. Rang, vorn an der Brüstung, die für Extradunkelheit sorgte. Unsere Hände und unsere Knie kamen zusammen. Ihr Mann ist ein holländischer Schriftsteller. Vom Stück kriegte ich nichts mit. Nachher wieder Whiskey. Fanny sprach souverän zwischen ihrem Mann und mir hin und her. Sie machte ein Gespräch möglich und versorgte mich mit einem Briefchen. Adresse und Telephonnummer.

Jetzt ist sie in Amsterdam. Ich weiß nicht mehr, wie ihr Mann aussieht. Sie sprengt alles, was ich habe und was ich bin. Es darf nicht wahr sein.

Candle Light Dinner bei Paul und Richard. Zu Gast Anthony und James. Vor dem Essen singt Richard (weicher Bariton) Schubert. James, dunkelhaarig, weiß- und weichhäutig, zart vergrämt, begleitet am Flügel. Die siebenbändige Ausgabe der Schubertlieder steht bereit. Er beginnt mit *Über allen Gipfeln ist Ruh*, weil Paul das als Alois Grübel in Edinburgh gesungen hat: Alois soll hingerichtet werden, und sein letzter Wunsch, sagt er, wäre, dieses Lied zu singen. Richard, eher derb als feinnervig wirkend, wird, wenn er Schubert singt, ein anderer Mensch. Er leidet überzeugend. Wir erklatschen eine Zugabe nach der anderen. Anthony küßt ihn für uns alle. Ich drücke James ergriffen die Begleiterhände. Inzwischen hat Raymond, der Diener und Koch, das Dinner serviert. Man geht hinüber zu dem der ganzen Länge nach mit brennenden Kerzen bestellten Tisch. Blanke, dunkel spiegelnde Tischplatte, jeder hat ein Gedeck für sich. Anthony präsidiert. Ich bin offenbar der Tischherr von James. Ich trinke wieder sehr viel. Diesmal Bordeaux. Ich will nicht verantwortlich sein für das, was ich sage. Die haben aus meiner leichtfertig angebotenen Verfügbarkeit geschlossen, daß ich genau so gut in London leben und arbeiten kann wie am Bodensee. Ich flüchte in eine Metapher, die ich dann beibehalte, ausbaue, in die ich alles hineinzwänge, was ich an Inhalt loswerden muß. Ich habe am Bodensee eine chickenfarm, die braucht mich, ohne mich ist die chickenfarm eine Katastrophe. Also nicht von drei Kindern und der Frau ist die Rede, sondern von einer rührenden chickenfarm usw. Sie nehmen, was ich sage, nicht ernst. Irgendwie komme ich in mein Zimmer. Ich schließe ab. Am hellen Vormittag klopft Paul und erkundigt sich, ob ich noch lebe. Ich öffne die Tür, entschuldige mich für das Abschließen, Paranoia, eine bei Schriftstellern nicht seltene Disposition.

Paul und Anthony bringen mich zum Flughafen. Der Abschied ist herzzerreißend. Anthony tut, als glaube er, ich käme schon bald wieder zurück. Oder ich glaube, daß er das glaubt. Ich tue alles, den Eindruck zu befestigen, ich käme schon sehr bald wieder. Seine Abschiedsgeschenke: ein bordeauxroter Schal aus einer Seide so leicht wie ein Hauch. Das Rautenmuster ahnt man mehr, als daß man es sieht. Meine Schreckvorstellung sofort: Hoffentlich lasse ich dieses Gewebe nie irgendwo liegen. Und eine Schallplatte. Karl Erb singt Schubert. Daß Karl Erb mein Seelensänger ist, hatte ich erwähnt.

Einen lieberen Menschen als diesen Anthony habe ich noch nicht getroffen. Einmal war ich bei ihm am Thurloe Square. Da sieht es aus, als sei in diesem Haus außer dem elektrischen Strom seit 1740 nichts hinzugekommen, aber auch nichts verkommen. Aber daß nichts, was einen hier umgibt, aus dem 20. Jahrhundert stammt, ist sicher. Er mußte mir natürlich auch diesmal etwas schenken. Und es war das schönste Geschenk überhaupt. *The Autobiography of Margot Asquith,* vor einem Jahr erst erschienen. Hineingeschrieben hat er:

For Martin
with affection
from the author's son
Puffin.
September 1963

Seine Freunde nannten ihn, durften ihn Puffin nennen. Ich also auch. Im Buch seiner Mutter lese ich gleich, daß offenbar sie es war, die für ihren Sohn diesen extravaganten Vogelnamen fand. Puffin ist, hat mir Paul erklärt, ein schöner Vogel am Nordatlantik. Eisvogel vielleicht. Was für eine Mutter! Da steht: *Rich men's houses are seldom beautiful, rarely comfortable, and never original. It is a constant source of surprise to people of moderate means to observe how little a big fortune contributes to Beauty.* Das schreibt sie in ihr Tagebuch, als Henry Asquith, ihr Mann, Premierminister wird und sie aus ihrem ganz von ihr selbst bestimmten Heim am Cavendish Square umziehen muß in das Haus 10 Downing Street.

Sie habe, schreibt sie, nur drei oder vier Menschen gefunden, die ihr lebenslänglich treu geblieben seien (tenacious of life), dazu zählt sie ihren Sohn Anthony. Was für eine Mutter!

16. 9. 1963
Ich bin zurück bin ich.

Wer? Ich. Wer sonst.

24. und 25. 9. 1963
Paul Nizon und Louis Jent.

26. und 27. 9. 1963
Hellmuth Karasek. Vorbereitung der *Krott*-Uraufführung.

1. 10. 1963
Besuch von Herrn Saueressig.

Matrosenleben

Das Ich notiert seine Situation, tagebuchhaft, wie an der Erinnerung an den Vater gearbeitet werden muß. Dazwischen dann die errungenen Kapitel. In den Notizen wird immer deutlicher, daß das Ich die Erfahrungen des Vaters wiederholt. Die Konstellationen wiederholen sich, aber unter weniger Not, äußerlich. Wer ist glücklicher? Er oder ich. Wer hat mehr Distanz? Ist alles gleich?

Disproportion der Gegenstände

Das Ich hat keinen Freund gefunden. Einen Zeitungsbesitzer, der das Ich zwar nicht sehr achtet, aber unterstützt. Das Ich wohnt in der kleinen Stadt (Lindau) und fährt immer wieder hinaus in das Land, um nach dem Vater zu suchen. Nach einem Grab. Oder nach anderen Spuren. Es gibt ein Grab. Aber ist das glaubhaft? Das Unternehmen ist von Anfang an der Widerspruch gegen ein Grab. Am Ende hat das Ich auch ein Matrosenleben. Die Suche wird aufgegeben. Überwindung aller möglichen Feinde durch Basteln. Schuppen-Existenz. Nichts Gesundes. Das Gesunde ist nicht erreichbar gewesen. Das Aufhören der Bemühung um den Vater ist kein Einlenken, kein Verzicht, es ist nur ein momentanes Aufhören. Wirklich. Das Ich hat seine Klientel. Das sind lauter Vaterfiguren. Das sind die Brüder, die schlimmen Brüder seines Vaters. Seine Liebe zum Vater ist die Liebe überhaupt. Was soll das Ich mit seiner Liebe tun, wenn es nichts findet für sie? Es wendet sie dem Vater zu. Der zieht das Ich mehr an als alles.

Kapitel Aufrichtsschmaus

Der Vater wird nicht Herr über die Streitenden. Eine große Schlacht. Der Großvater höhnisch-triumphal schreitet ein und erledigt alles. Die pädagogische Rache des Vaters: der ironisch gefärbte Spruch am Grab des Großvaters. Die Großmutter säuft sich zu Tode. Von ihr hat der Vater den Durst, der nicht mit Getränken zu stillen ist. Es muß ein Dokument des Vaters erhalten sein, ein Geschäftsbuch mit einer Aufzeichung, die ist denkbar schön, daran könnte man zugrunde gehen.

Ein Ergebnis: Noch kein Mensch hat seinen Vater gekannt oder gar durchschaut. Lächerlich ist Auflehnung usw.

Zuerst die Versuche, den Vater zu durchschauen, dann wird das Dickicht zugegeben, das jeder Vater ist. Einen Namen hat man dafür, wo doch tausend Namen nicht ausreichen würden.

2. Könige 6: schwimmendes Eisen.

12. 10. 1963, Frankfurt.
Buchmesse: *Vorzeichen.*

Fanny am Flughafen abgeholt. Ihr schwarzer Mantel reicht fast zu den Schuhen. Ich habe noch nie einen so weit hinabreichenden Mantel gesehen. Mein Fiat 2100, weiße Karosserie, schwarzes Dach, paßt wie noch nie.

Ahlsfeld. Euro-Motel.

13. 10. 1963, Bielefeld.
Hospiz. Aufführung von *Eiche und Angora,* mit Diskussion. Nachher noch mit den Schauspielern. Ich als Dolmetscher. Ein bißchen versteht sie. Den Rest nimmt sie untrübbar heiter.

14. 10. 1963
Zurück. In Paderborn biegt ein Langholzwagen ab und schert mit seinen Stämmen viel weiter aus, als ich, zu dicht auffahrend, gedacht habe. Beinahe ein schlimmer Unfall. In der Raststätte Montabaur gehe ich, die Autoschlüssel am Zeigefinger kreisen lassend, stolz vor Fanny durchs Lokal. Als gehörte sie mir.

Karlsruhe. City-Hotel.

15. 10. 1963
Weiter nach Stuttgart. Hotel am Schloßgarten.

Besprechung wegen *Krott*-Uraufführung.

Fanny in der Stadt. Dann Zeit für uns. Für unseren Ernst. Ihr Ernst vielleicht noch ernster als meiner.

16. 10. 1963, Waldhotel Schatten.

17. 10. 1963
Sie muß zurück. Ich muß zurück. Wir müssen zurück. Wir fühlen uns einander versprochen.

23. bis 25. 10. 1963, Stuttgart.
Theater. Wegen *Krott*-Uraufführung.

26. und 27. 10. 1963, Saulgau.
Mit Peter Palitzsch zur Tagung der Gruppe 47.

Das war wieder so ein Tag: Völliger Identitäsverlust. Jeder Blickwechsel. Ich tauche denen in die Augen. Mache dann ihren Tag mit. Es ist wieder ein Zufall, daß ich abends heimkomme..

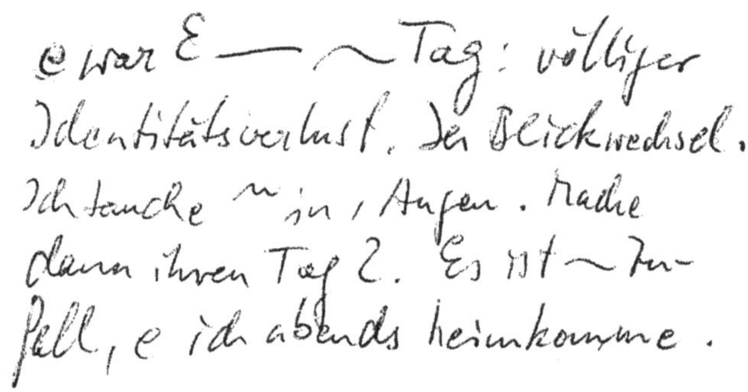

Ab 28. 10. 63, Stuttgart.
Krott-Proben.

Anselm Kristlein sieht ein, daß einen Nomaden seiner Art so etwas treffen muß. Er hat sich ausgesetzt, gespielt, und jetzt trifft es ihn. Das ist allerdings nur eine der vielen Auslegungen.

Aufsatz über den Helden als einen Helden für Frauen

Der Held hat nur an Frauen einen Halt und Widerhalt. Er leistet nur etwas, wenn Frauen betroffen sind. Aber die Wirklichkeit seiner Erlebnisse ist oft so, daß er sich zu erhöhender Darstellung gezwungen sieht. Er ist scheu. Er ist kein Obszöner. Nicht mehr als normal. Er ist abhängig vom Kommenden, vom Erwünschten. Alles kann ein Anlaß sein. Und alle Frauen sind seine Frau. Es gibt nicht viel Unterschiede. Erst im Lauf der Affäre entdeckt er Zug um Zug wieder seine Frau in der Neuen. Das geht immer so weit, daß er die Neue anredet mit dem Namen seiner Frau. Dann ist es meistens Schluß. Daß er untreu sei, kann man also nicht sagen. Männer liebt er erst, wenn er in ihnen die Frau entdeckt. Das ist seine Homoerotik. Da kann er sehr zärtlich sein und betrogen werden. Wie er Eifersucht erlebt und meistens bloß spielt. Politik gibt es nicht. Er tut aber so. Ruft etwas, aber gesteht sich ein, es interessiert ihn nicht. Literatur undsoweiter. Wenn er den anderen zuschaut, wie gesittet sie haushalten mit Kraft undsoweiter, daß es vorwärtsgeht. Wie wenig Liebe sie verbrauchen. Alles lassen sie ihrer Arbeit zugutekommen. Er wechselt die Biographien. Entschließt sich zu keiner. Keine Karriere. Hitler sackt zusammen, wenn er aus den Sälen kommt, in kleiner Gesellschaft unbrauchbar. So geht es ihm, wenn keine Frauen da sind. Ist aber ein Mann da, der einer Frau von ihm erzählen könnte, dann spielt er zielbewußt. Oder wenn ein Mann da ist, den er liebt. Ist aber einer da für sein berufliches Fortkommen, dann schläft er ein. Geld braucht er nur für Frauen. Deshalb kommt oft seine Familie zu kurz. Er kauft Geschenke für die Neue, die er schon übermorgen verläßt. Sein Politisches: Mehr Geld, um bessere Hotels zu haben. Mehr Freiheit mit seinen Frauen. Er brüstet sich nicht vor Männern. Das mag er nicht, diese Teilhabe. Er weiß, daß er genauso ist wie alle. Sein Genuß ist nicht mehr seine Körperempfindung, sondern der Genuß, den er bereitet. Er tut es für die Frauen und aus Eigenliebe. Das ist sein Stolz. Kein Denkmal wird von ihm künden.

4. 11. 1963
Auf dem Boden
dieses Sees
haut einer
und einer weint,
der Zuschauer überlegt es sich.

Die Erfindung des Radiergummis. Ein Stück des Zufalls.

Durch die Wände das Nachbarnchinesisch.

Morgens mal ich mir Sorgen
auf die Stirn und binde mich
ins Warme einer Stube voller Kinder
laß sie reiten auf mir in den Tag.

Stich mich nicht in die Hüfte, Freund
zapf mich nirgends an, ich wehre
mich nicht, ich bin bedacht und will
bis zum letzten Abend leben.

Jemand, dem man über längere Zeit Briefe schreibt, wird unwirklich. Er könnte ihr nicht so schreiben, wenn er wüßte, er sieht sie am Samstag.

Alte, die sich den Kindern gegenüber totstellen. Vorher oft erklärt, daß sie plötzlich tot sein können. So erpressen sie die Kinder. Machen ihnen angst.

Am Morgen, noch nicht per Du mit dem Licht, noch kein getaufter Tag, aber unumgänglich, will man einen nächsten erreichen.

10. 11. 1963

Immer wieder gelingt etwas, das ist doch das Täuschende, darum macht man ja weiter und versieht sich nicht.

Im Bus ein Knie,
das Drama per Fahrrad,
Chopin am Stengel,
der Gully lutscht Novemberschnee,
Damenleder abenteuert hoch am Bein,
ich pump den lieben Himmel auf,
Wolken schluckend,
zu langsam lebend,
mein Sarg fault schon,
gib mir das Knie,
ich muß mich eilen.

206

Es wird ihm schon
grauen wenn er sich
sehen wird
so
wie er gern wäre
ist er nämlich
und weiß es bloß
nicht

Sein Atem ging, als versuche jemand, ein Streichholz auf einer naß gewordenen Reibfläche anzuzünden, immer hastiger pfiff, rieb, rutschte es.

Die Personen eines Stücks werden vor allem durch die zugewiesenen Räume bestimmt. Glaswände, Höhenstege, Klüfte: Die räumliche Anordnung ist unabänderlich, und sie ist so, daß sich während des ganzen Stücks niemals zwei Personen berühren können. Natürlich gibt es Versuche, das zu ändern, diese Versuche sind überhaupt das Stück. Aber diese Versuche enden in schlimmen Verletzungen. Stottern, Gesang, Heilgymnastik als Zwang. Sie tun alles Normale, machen einen Ausflug, lieben einander, essen miteinander, sie tun, als bemerkten sie die Getrenntheit nicht. Aber durch die immer sinnfällig räumliche Getrenntheit wird das Unwirkliche des Gemeinsamkeit Genannten deutlich.

16. bis 18. 11. 1963, Stuttgart, Hotel am Schloßgarten.
Deine Augen hängen durch,
ein Wäscheseil,
es tropft.
Du bist kein Hund,
aber dein Herr ist gestorben,
hau ab,
es wimmelt von Feinden
und Feuerzungen.
Trab aufwärts,
in der Wolke
wart ich,
ein bauchiger Schmerz,
gelb,
dann hageln wir zusammen,
wir,

wir hassen die Schirme
und die stechenden Augen
und die trockenen Herrschaften,
denen überall ein Schäfchen blüht
und ein Freudenfeuer für nichts.

30. 11. 1963, Stuttgart.
Uraufführung *Überlebensgroß Herr Krott.* Geplant war der 23., dann die Verschiebung, weil am 23. J. F. Kennedey ermordet wurde.

9. und 10. 12. 1963, Stuttgart, Flughafen-Hotel.
Er liebt Flugplätze. Die Maschinen, landend und startend, unterstützen ihn bei der Arbeit.

11. 12. 1963, München, Hotel Metropol.
F. sitzt die ganze Nacht auf dem Sofa. Dreimal weckt sie ihn. Dreimal sackt er weg. Da schämt er sich. Sie rettet ihn vor dem Zimmerbrand.

12. 12. 1963
Sie muß zurück. Ich auch.
Abhängigkeit + Angst = Hoffnung und Trauer.

16. und 17. 12. 1963
Paul Nizon.

Mädchenleben
Sie war drei Jahre, 8 Monate und 17 Tage, als sie ohne Aufforderung von außen begann, die S-Laute zu korrigieren. Das spitze Kinder-s, das bisher für alles herhalten mußte, wurde abgeschafft. Alles mit -sch- überzogen. Schon nach ein paar Tagen soviel verschiedene sch-Laute, wie bei einer Schneeschmelze tropfen, zischen, schmelzen.

Orli Laks

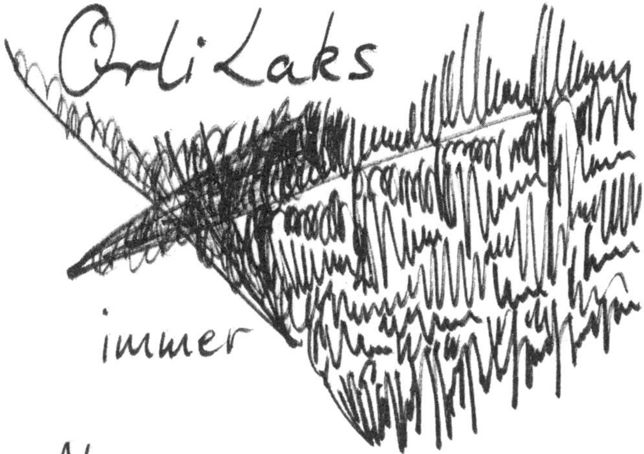

immer

Also
blöken Schiffe wo im Nebel
verloren für sich
also
komm

Am Tisch eine häßliche Dame, die eine Stunde lang Tierquälereien aufzählen kann: In Frankreich werden den jungen Karnikkeln die Augen ausgestochen, dann müssen sie sich langsam bewegen, und so bleibt ihr Fleisch weiß.

An den Stierkämpfen sind ihrer Ansicht nach nur die Deutschen schuld. Die werden nur für Deutsche veranstaltet. Jedes Reisebüro bucht doch gleich einen Stierkampf mit. Das Tier tötet nur aus Notwendigkeit, sagt sie, aber der Mensch!

Für AK III

Kristlein rächt sich an diesem Mädchen, das nichts weiß. Er macht sich vor, er tue alles aus Willkür. Dabei ist das auch nur eine Begründung, um das Unmögliche zu tun. Es ist die unmöglichste Begründung und kommt daher seinem Empfinden entgegen. Er nimmt sie einem jüngeren weg. Sie ist gut und ahnungslos, wenn auch vielleicht nicht so gut und ahnungslos, wie er denkt. Er denkt, er ruiniere ein vollkommenes Geschöpf. Ihr Kampf ist aber um so schlimmer, weil sie kein so vollkommenes Geschöpf ist. Es endet mit seinem Tod und ihrer Bestrafung. Nebenher vernichtet er noch eine ältere, die ihm alles opfert, die Geschenke bringt für die junge, um ihm zu gefallen. Sie weiß, daß er nicht viel Geld hat und deshalb geizig wurde.

Alle Beteiligten sprechen aus, wie wichtig Geld für ihr Leben ist, was alles um seinetwillen geschieht: Das genügt.

Ein Draht, ein Stück Holz,
Papiermanschetten, und in den Wald,
eine rostige Quelle,
Herz, was willst du,
hat der Mond gestern nacht
nicht genug Radau gemacht,
bleichen Radau.

O Morgengebet
meiner Kaffeemaschine,
wie reimt sich in dir
Drahtpapiermanschette,
waldbleiches Mondherz
mit nur zweihundertzwanzig Volt.

Härtere Zähne kaufen, zum Beispiel,
ein rosarotes Fell, Saumenschen,
ein neues Sternzeichen.
Wer bringt uns um?

Der Gefangene

Freiwillig sozusagen. Man schlägt ihm Reisen vor. Er war schon fast überall. Wo er noch nicht war, will er nicht hin, weil ihm bei der Anpreisung das Vergleichen auffällt, es ist dort wie ... eine Luft wie in Ceylon ... Berge wie in den Anden. Also kann er es sich selber zusammensetzen. Ob die keine Angst haben, daß er ausbleibt. Das ist ihr Risiko, sagen sie lachend. Angst hätten sie schon. Weinen würden sie sogar. Unglücklich sein. Für immer vielleicht. Wer weiß, ob sie je wieder so einen Gefangenen kriegten. Aber andererseits sei er ja gerade deswegen ein so guter Gefangener, weil er sicher wiederkäme. Er sei eben doch ein sehr sehr guter Gefangener.

Am äußersten Punkt kommt immer ganz zufällig und plötzlich die Mutter herein und leidet. Tut aber so, als suche sie etwas. Links Frau und Familie. Rechts die Mutter mit dem nie auftretenden Vater.

Nach hinten die Welt.

Die Travestie

Nach dem Stück einfach die Geschlechter umkehren.

Der Autor stellt den AK hin, er sagt: Dies ist Anselm Kristlein. Theorie: Komposition gibt es nicht! Es verläuft eben so und so. Ich will mich mit Anselm Kristlein von viel Gemeinheit befreien. Wenn einer Handlung sagt, sage ich: Es ist ein Sachverhalt zur Erlösung. Seine politischen Träumereien sind unvereinbar mit seinen Gängen zum Fabrikanten. Seine Rechtfertigung: Er ist schwach, kann nichts ändern, also wird er radikal. Er betreibt alles, was Erfolg verspricht. Er ist eine ganze Religion.

Der Autor erlaubt Anselm Kristlein den Monolog, er kommentiert ihn, beschimpft ihn, lobt ihn, bedauert ihn, läßt plötzlich für zwanzig Seiten allen Abstand verschwinden und den Kristlein distanzlos erleben, dann behandelt er ihn ganz als Demonstrationsgeschöpf, als Darstellungsfall für «Liebe». Er macht ironische Konzessionen an den Roman. Er sagt: Ich kann nicht so tun, als wäre ich nicht der Autor, der einen Roman schreibt. Er sagt: Ich bin im Zimmer, der Held ist an der Front, im Außendienst.

Bedauerlich das Geräusch kleiner Flugzeuge.

Siebzehn Klaviere,
keines zu verkaufen.
Im Zimmer
die Geneigtheit der Umgebung,
das Gutenmorgengeräusch der Gegenstände,
die ohnehin mein Eigentum sind,
der Abfluß aller Aktion,
die andauernde Verhinderungsmehrheit,
das Männchen vom Dienst, das sofort auf
meinem Schenkel sitzt, sobald ich eine
Hand beauftrage, nach etwas zu greifen.
Die eingebaute Erinnerung beginnt wie
wild zu klirren. Frost oder Fieber.
Es schüttelt mich. Ich kratze.

Du bist ein Riese, flüstert das Inventar.
Ach Majestät, macht der Papierkorb. Ich
fluche. Das Männchen dirigiert ein
vielstimmiges Gelächter. Das Männchen
verneigt sich. Ich bitte die Tapete um
Aufnahme. Es wird mir ein Platz angewiesen im Muster.
Ein Schnörkel, der sich wiederholen muß.
O Augen, wandert aus. Ich gehöre in die Musik.
Man wird mich hören.

Regen könnte mir einfallen oder Regen,
vielleicht sogar, wenn ich Glück hätte,
Regen, aber in meiner Lage wär ich
schon dankbar, wenn mir
bloß Regen einfiele,
es muß ja nicht immer gleich Regen sein,
zur Not genügte auch Regen.

Für AK III

Der Bademeisterkoloß, seine katzenfreudige Frau, überall Katzen, der blinde, fette Hund.

Der Bademeister hat nur ein Bein. Seine zwei jungen herrlichen Schwimmlehrer und Aufpasser.

Die ersten 50 Meter Wasser: der Knabensaich. Anselm Kristlein krault. Jeden Morgen. Dann in die arme Pension. Der Mann, der nur noch den Daumen hat, aber einen Daumen von doppelter Länge. Fleisch vom Handballen zugezogen, den Handballen hübsch vernäht, der Stolz des Chirurgen, das sieht man noch. Die Frau mit dem Brandmal vom Ohr bis zum Hals, das sie durch die Frisur verbirgt. Die dilettantische Pension. Die Unmöglichkeit, etwas in dieser Pension zu tun. Die dünnen Wände. Man hört den Angestellten mit Frau nebenan. Der erspart etwas im Urlaub, darum in diese billige Pension.

Anselm Kristlein muß auf den Schnapsfabrikanten lauern. Für die Werbung.

Beschleicht die Villa. Nur Hecken, Thujen, nichts, was auf Bewohntheit deutet. Also nimmt er ein Boot. Beobachtet von dort aus die Seeseite. Da liegt die Villa weit im Land, und raffinierte Bepflanzung verhindert die Sicht. Nur das Badehaus mit Steg und die zwei entblößten Yachten (Motor und Segel) zeigen nackt den Genuß, der hier möglich ist. Die vier Jungen mit zwei Zelten auf dem Campingplatz. Orli ist arm, aber luxuriös. Sie hat auch in ihren Kleidern und Schmuck Luxus. Die Jungen wirken verwöhnt. Lachen. Sie rechnen mit strahlenden Gesichtern in ihren kleinen Summen herum.

Er setzt sich so, daß er nicht unter dem Sonnenschirm sitzt. Alle anderen sitzen unterm Sonnenschirm. Er leidet. Aber er will bewundert werden. Ganz sinnlos bewundert werden. Aber sie lachen nur. Insgeheim bewundern sie ihn vielleicht doch. Schnitzel und Bier. Das Schlimmste: In der Sprache, die er nicht versteht, klingt Orli viel inniger, zärtlicher. Krautblätter, junge Salatblätter von Wörtern werden da getauscht, und er ein Kaninchen, das nicht mitmachen darf. Ihr Englisch ist besser als das seine, aber seit er sie ihre eigene Sprache sprechen hörte, weiß er, wer sie ist. Seine Minderwertigkeit: älter, keine Sprache, kein Erfolg.

Am letzten Tag gewinnt er alles gegen die Jungen. Die sind aus Brabant. Er hört viel, was er nicht versteht. Sie lachen usw., nur das Mädchen (Orli) spricht vermittelnd englisch, zwingt die anderen, höflich zu sein. Anselm bleibt in der Sonne, wenn es allen zu heiß ist. Wird diesig. Verrückt. Ruft ein Hotel an und bestellt zwei Einzelzimmer. Und reißt sie von den Jungen weg: Wir heiraten. Jetzt muß sie keine Rücksicht mehr nehmen und nicht mehr kalkulieren. Jetzt bricht sie mit den Jungen. Ihr Freund ist traurig oder nicht?

Sie trinken Whisky im Hotel, essen groß. Dann noch Zimmerservice. Der Kellner ist in Orlis Alter. Anselm behandelt ihn trotzdem gut. Ihm gefällt er ja auch. Und so geht es weiter: Von Sport, Sonne, halbem Sonnenstich, Irrsinnsentschluß, Hotel, Radikalität, «Ehrlichkeit», Alkohol, bis ins Zimmer, ins Bett, sie hält alles für Hochzeitsnacht … und er rast. Seine Ausstattung funktioniert wie noch nie, er kann und kann. Schweiß als das höchste Angenehme. Das Hotelzimmer erlaubt mehr, weil es mehr kostet. Sein Geld ist ohnehin gleich zu Ende. Und keinen Auftrag. Er hält ihr den reifen Vortrag über Liebe und Geld.

Oft spricht er einfach deutsch. Sie kann ein bißchen.

Beide haben als Verbindung nur die Fremdsprache, beide mit amerikanischem Akzent.

Dann sein 17-Seiten-Monolog gegen die Liebe.

Alles in diesem Kurort ist häßlich, für ihn, auch das Schöne, das besonders. Das hat mit Geld und mehr zu tun.

Die Alissa-Schübe.

Er hat einen falschen Ruf, deshalb hat er diesen Auftrag bekommen, und er fühlte sich geschmeichelt, deshalb hat er den Auftrag angenommen. Jetzt sieht er, was er erfinden muß, wenn er den Auftrag erfüllen will. Es fehlt ihm die Grausamkeit. Er hat zuviel Gedächtnis, also ist er nie frei, immer ist alles Vergangene parat und stört ihn.

Wenn er den Auftrag bekommt, kann er sich scheiden lassen. Er weiß, daß er es nicht tun wird, und er muß jetzt hoffen, daß er den Auftrag nicht bekommt. Ihr hat er gesagt: Wenn er den Auftrag bekommt, fährt sie gar nicht mehr zurück mit denen. Er hat den Auftrag hochstilisiert.

Alissa-Besuch mit den Kindern, das ist das Kapitel von der Unvereinbarkeit. Das ist das vorletzte Kapitel. Dann weiß er, es geht nicht, es geht nichts. Alissa hat einen großen Hut auf, wenn sie kommt. Der macht sie lächerlich, und das zieht ihn an, er will sie beschützen vor allen Augen, will sich identifizieren mit ihr, will ganz bei ihr sein, aber dann probiert er es und bleibt stumm. Er

Montag

kann nicht sprechen. Den ganzen Nachmittag kann er nicht sprechen. Im Wasser greift sie nach ihm. Noch wehrt er sich. Aber er kann den Signalen auf die Dauer nicht widerstehen. Obwohl es beiden weh tut, findet es im Wasser statt. Das ist herb und ohne Freude.

Alissa zurück in München. Jetzt betrügt er. Er gibt vor, daß es zündet, und liegt eiskalt am Telephon. Er muß die Rückkehr hinausschieben, also sagt er: Der Auftrag ist noch nicht da. Alissa soll Geld bei ihren Eltern holen. Ihm muß Edmund helfen. Der ist aus der DDR zurück. Hat immer Geld. Aber er ist vollkommen durchgedreht, seit er drüben erfahren hat, daß er dort nicht leben kann.

Bis zum Schlaganfall ist es seine siebzehnte Ejakulation. Sie hat mitgezählt. Er rührt sich nicht mehr, und sie kleidet ihn an. Schlafanzug. Dann ein Arzt. Dann den Leichenbeschauer mit Schein. Dann die Papiere. Im Notizbuch entdeckt sie alles. Von der Autoschlüsselnummer bis zu Alissas Geburtsdatum. Dann ruft sie Alissa an. Er hatte immer gesagt, er sei Witwer.

Der unerschütterliche Verkäufer

Der Verkäufer, der nicht kündigt und der, wenn man ihm kündigt, nicht geht, der immer sagt: Es ist ein Mißverständnis, ganz gewiß, es muß ein Mißverständnis sein. Der Chef muß nachgeben. Der Hartnäckige bleibt wie durch ein Wunder. Und der Chef paßt sich ihm an und sieht ein: Ja, es war ein Mißverständnis.

Abend mit dem Chef.

Zürns laden den Chef ein, es gelingt wider jedes Erwarten, er kommt vorbei mit dem Chauffeur: Vater, Mutter, Tochter sind im Fieber. Man trinkt, der Chef ist nett.

Der Mann will eine Nachricht loswerden. Der Chef ist abgespannt und erholt sich gern einmal mit einem Angestellten. Der

Chef hat genug getrunken. Jetzt kann man's sagen, ohne daß man deshalb mit der Tür ins Haus fiele. Aber der Chef hat schon zu viel getrunken. Er will die Aufmerksamkeit der Tochter. Die kriegt er. Viel will er ja auch gar nicht. Jetzt aber ... Nein, der Chef hört nicht. Also trinkt der Vater rasch. Ein Nüchterner kann nicht sprechen mit einem Chef, der etwas getrunken hat. Also betrinkt er sich. Macht sich Mut. Letzter Start. Da ist der Chef schon ganz hinüber. Der Vater gibt auf, bricht zusammen. Mutter und Tochter sind allein. Der Chauffeur holt den Chef. Er ist das gewöhnt. Mutter und Tochter tragen den Vater hinaus ins Schlafzimmer. Die Tochter kommt zurück und sitzt einen Augenblick lang ganz still. Vielleicht muß man gar nie genau erfahren, was Zürns wollen. Nur Fragmente. Gerede vom Chef über völlige Beseitigung der sozialen Spannungen. Der Betriebsrat hat sich aufgelöst. Der Chef weiß, wie die Leute am besten dran sind. Die Mittelbetriebe machen's. Die sind wichtig. Zürn wird dem Chef alles sagen, was er bisher getan hat für den Chef, ohne daß es der erfuhr.

27. bis 30. 12. 1963, Basel.
Aufführung *Eiche und Angora.* Stadttheater.

Vorübergehend
gleichbleibend
eine Norm
durchsichtig.
Der Effekt
verkäuflich
als Sternstunde
jedes Mal.

Der Hund in der Vulkanisieranstalt.

Ein Reiter um ein
Feld in dem ein Storch
gründlich auf und abgeht.

Liste der Aufführungen: SCHWARZER SCHWAN

1. Stuttgart, 16. 10. 64
2. Rheydt, Stadttheater, 4. 3. 65
3. Rostock, 9. 5. 65
4. Heidelberg, 14. 3. 66
5. Hannover, 7. 9. 65
6. Dresden, 16. 5. 65
7. Liberec (Reichenberg) ČSSR
8. Berlin (Dt. Theater: Lesebühne), April 65
9. Dortmund, 12. 3. 66
10. Frankfurt (TAT Landesbühne), 31. 10. 65
11. Wilhelmshaven, Oktober 66
12. Hamburg (Junges Theater), Sept. 66
13. Paris (Théâtre Moderne), November 68
14. Oslo
15. Halle
16. Frankfurt / Oder und Berlin, Volksbühne, und Prag, Burian-Theater.

1964

2. 1. 1964
Pfarrer Grübel

Prügelt, beleidigt feine Leute. Ein Outlaw. Aber es sind immer die Richtigen. Er kommt in schlimme Geschichten. Er bestraft sich sozusagen selber, wenn er seinen jähen Anwandlungen nachgibt. Heimlich nachts prügelt er die, mit denen er am Tag zusammenarbeiten muß, weil die Kirche nun einmal von denen abhängt. Aber nachts verkleidet er sich und prügelt und prügelt darauf los. Die Honoratioren. Die Intellektuellen. Die Gottlosen. Die Gewerkschaftsfunktionäre. Das in einer Kleinstadt in Baden-Württemberg. Die Köchin kommt ihm drauf. Er will sich durch radikales Fasten schwächen. Aber je mehr er hungert, desto stärker wird er. Es ist ein Wunder. Darin sieht er einen Fingerzeig Gottes. Er entschuldigt sich mit Magenverstimmung. Gastritis. Will keinen Arzt.

Der Journalist wird auch verprügelt. Alle, die am Bau der neuen Kirche beteiligt sind. Im Jahr 1960 wurden im Bistum Rottenburg 160 Kirchen fertiggestellt.

Auch der Arzt, der nicht abtreibt bei Armen, wird verprügelt, weil er es bei Reichen tut.

Am Anfang weiß man natürlich nicht, wer der Prügler ist.

Es gibt Verletzungen, Gehirnerschütterungen, Zähne usw.

Der Architekt wird verprügelt.

Der Bauunternehmer. Die Handwerker.

Wie sie alle kommen und von ihren Überkalkulationen nachlassen. Der Kirchenstiftungsrat.

Die neue Kirche soll dem heiligen Franziskus geweiht sein.

Es kommt ein indischer Pfarrer. Latein können beide nicht

genug. Also englisch. Der soll eine Schau machen. Der Inder ist sich bewußt, was er tut. Beide finden es traurig. Eine Abendgesellschaft mit dem Inder. Der Manager des indischen Priesters.

Der Empfang als Höhepunkt. Kurz vor der Einweihung. Der Kaplan verrät den Pfarrer. Der Kaplan will die Kirche selber einweihen. Nach dem Empfang: die Verhaftung. Eine Ölberg-Szene. Der Kaplan, ein armer Hund. Er wird vom Weihbischof versetzt. Seine Taten bereut Grübel. Er ist nicht mit Gott per Du. Ihm war es ernst. Kein Spaß!!

Das Huhn im Hauseingang, das nicht weiß, ob es sich noch weiter hineinwagen soll oder wieder zurück soll in den Hof.

Für AK III

Das soll seine letzte Geschichte sein, deshalb ist er so. Eine Bilanzparodie des Clowns, dem es ernst war. Er liegt im Sommerquartier und denkt an die Junge im Bad. Er soll nicht hingehen. Er hat den Auftrag, er muß verdienen, jeder Tag kostet, das ist das Wichtigste, alles kostet etwas, dafür muß er etwas tun, was er nicht will, das ist wohl Arbeit. Sobald er mit Frauen Geld ausgibt, spürt er es nicht mehr, daß er Geld ausgibt. Geld braucht er nur dafür. Er könnte in einer Hütte ohne Boden leben. Nur für seine Frauen verlangt er mehr.

5. und 6. 1. 1964

Hans Gottschalk zu Besuch.

7. 1. 1964

Die Chauffeure

Während die Herren zusammensitzen, streiten sich die Chauffeure. Aber die Chauffeure imitieren die Herrschaften, sie spielen sie so sehr, daß man den Unterschied vergißt: Gnädige Frau … Aber alles ein bißchen parodistisch. Konversation über

Literatur. Sie machen einander fertig. Sie sind unterwegs. Tagungen. Sie halten streng auf Unterschiede. Das ist besonders leicht bei ihnen durch die PS-Zahlen. Der Stärkste ist noch nicht da. Gegen den sind sie alle. Und wenn er dann kommt, beherrscht er sie alle. Er hat keine Ansichten. Er ist das Tier, der Hai, der Anti-Ideologe, er hat die tollsten Bedingungen von allen, alle beneiden ihn. Der ganze Kampf um Details, die durch Verengung und Nahaufnahme aufgewertet werden. Und um zwei Frauen im Lokal. Der Unterlegene will zuletzt die Muskelentscheidung, die lehnt der Starke als zu primitiv ab. Schlägt dann aber den Unterlegenen doch noch nieder, daß der auch das noch hat und weiß, es gibt keine Chance.

Zeitvertreib
Weil ich
wie mit dünner Haut,
eine Schnecke,
das Aufeinandertreffen mit Menschen
nicht mehr ertrage,
andererseits allein nicht weiß,
vor mich hin zu leben,
mach ich mir aus Papier Figuren
mit Leim und Tinte und Zeitungen,
das bißchen Haß zu betätigen
zum Zeitvertreib,
bis zum Letzten
ungeduldig, lieblos.

Ich liege,
bin unten durch,
friere.

Sagenhaft auf Photographien
von damals
die Sonne von damals.
jetzt schmerzt in den Schulterblättern
das Eis.

Bist du bedient,
die Rechnung geht auf,
du bist bedient,
also geh
und halt's Maul,
bis du draußen bist.
Ich maul bloß noch so,
weil ich nicht gehen kann,

ohne zu maulen,
daß ich maule, bedeutet nichts.
Ich weiß und will es nicht hoffen.

Die Tänzer haben eng,
die Straßenkehrer nehmen es genau,
mich treibt die Kälte,
die ich erzeuge,
zu den Hochöfen meiner Feinde.

Morgens meistens haltlos,
die Zähne frieren,
Anhänger fällen
das Rückgrat,
der Briefträger schluchzt,
wenn er mir die Briefe gibt.

Nasty naughty ragged for fun,
seasoned and clever shrewdly homespun,
stone or dancer cunning a while,
stuffy passion no style.

Unser alltäglich Brot gib uns
und die Ruhe, ruhig zu zergehen.

10. 1. 1964

Zappels Glück

Felix entwirft immer wieder Eingaben:

An den Oberschulrat.

Zwei Anlässe hat dieses dringende Gesuch.

Dieses Gesuch, sehr geehrter Herr, ist ein dringendes Gesuch. Befreien Sie mich vom Geschichtsunterricht. Es erniedrigt den Erdkundelehrer, wenn er Geschichte unterrichtet. Das Wort

Nebenfach ist schrecklich genug. Ich habe in die Scheidung eingewilligt, die meine Frau mit Tränen in den Augen verlangte von mir. Geologische Exkursionen machen ein Eheleben unmöglich. Ich sah das ein. Gut, ich habe Opfer gebracht. Jetzt verlange ich auch, daß die Erdkunde aufgewertet wird. Kollege Dämpfel, der Mathematiklehrer, sieht das nicht ein. Ich sage aber, was der Mathematik recht ist, das muß der Erdkunde billig sein. Und sollten Sie die Versetzungen jener fünfzehn Schüler zulassen gegen meinen ausdrücklichen Protest, dann weiß ich, wohin ich mich wenden muß. Wer in Erdkunde 5 oder 6 hat, kann nicht versetzt werden. Das hat es noch nie gegeben, hör ich, 5 und 6 in Erdkunde. Ja, leider, sag ich da, leider haben meine Kollegen, die bisher Erdkunde unterrichteten, kein Vertrauen zu diesem Fach gehabt. Schlechten Gewissens haben sie Erdkunde gegeben. Jene fünfzehn mangelhaften bzw. ungenügenden Schüler sind die Opfer. Moränen sind Gesteinsablagerungen aus der Steinzeit. Das ist ungefähr alles, was sie von der Entstehung unserer Landschaft wissen. Gesteinsmehl hat dazu geführt …

Ich werde heute in einer Woche den Kollegen Dämpfel mit in die Breitachklamm nehmen, werde ihn das große Buch der Gesteinsablagerungen und Verwerfungen studieren lassen, werde ein letztes Mal versuchen, in ihm einen Begriff zu erwecken von der Wichtigkeit der Erdkunde. Erdkunde heißt nicht: In Sibirien wird vor allem Weizen angebaut. Begreifen Sie das. Die Einwohnerzahlen von Caracas und Bombay sind hier ganz unwichtig. Kollege Dämpfel aber weiß nichts Besseres, als mich im Lehrerzimmer vor allen Kollegen zu fragen: Wie viele Einwohner hat eigentlich Grönland. Das ist Provokation. Das zeigt den Stand der Dinge. Damit werde ich fertig. Dämpfel hat schon zugesagt. Er geht mit in die Breitachklamm. Sollte er sich dort, wenn er selbst der erschütternden Genauigkeit der Natur gegenübersteht, immer noch weigern, meinem Fach Größe zuzugestehen, so weiß ich, was ich zu tun habe. Ich werde ihn an den Granitsturz führen und hinabstoßen in den Klammstrudel. Sein letzter Schrei wird die lächerliche Kundgebung eines Mathematiklehrers sein. Die Breitach, die sich vor 250 000 Jahren den Durchbruch durch Gneis und Granit erzwungen hat, wird Herrn Dämpfel herumwirbeln und ihn dann zerreißen. Sollten Sie, Herr Rektor, sich immer noch weigern, muß ich Sie bitten, uns am nächsten Freitag in die Breitachklamm zu begleiten.

Die Dialekte, die Tänze, die Schreie der Frauen nachts in den Dörfern, das Gestein, die Blumen, die Bäume, alles ist aus der Haut der Erde ... und die Kunde davon: ein Nebenfach. Na ja. Ich protestiere. Wenn andere sich das gefallen lassen, ich nicht. Ich verlange die Freigabe. Geschichte, lächerlich. Heute so, morgen so. Verfassungen auswendig lernen, die nie Wirklichkeit waren. Geschichte ist nur Geschichte, soweit sie Erdgeschichte ist, Gesteinsgeschichte. Was sonst als Geschichte gelehrt wird, sollte man dem Kino überlassen. Der Kollege Neumerkel, unser Physiker, ein lächerlicher Mensch. Was wäre denn Physik, wenn nicht Erdkunde. Woher kommt denn die Schwere, ha? Und Chemie! Wo ist denn das größte und erste und ewigste Labor? Doch wohl im Schoß der Erde. Alles ist im Schoß der Erde, was ist. Wir alle sind nichts als Bewuchs. Wechselnd, welkend, Dung. So! Ammoniten.

Ich muß in anderen Zeitabmessungen denken als eine Frau, die nichts hat als dieses kurze Frauenleben. Ich weigere mich, die Jahreszeiten anzusehen als einen Kreislauf. Die Zeit ist eine Funktion der Gesteinsveränderung. Gestein allein kann Zeit annähernd messen. Da geht Zeit auf. Da werden Proportionen sichtbar. Und was Genauigkeit angeht, so ist es immer noch die Quarzuhr, die am verläßlichsten ist. Mein Gott, die Metalle, das Holz, der Diamant, das Feuer: ist das nicht alles ein Prozeß nur der Erde, nur des Gesteins. Also am nächsten Freitag in der Breitachklamm. Granitsturz. Der Volksmund nennt die Stelle Teufelsklaue. Die Echsen und jetzt wir. Und nach uns? Ich erwarte eine neue Erdfaltung durch Abkühlung. Die Entropie wird die nächste Stufe der Ordnung bringen. Ohne den Menschen. Aber solang wir da sind, was! Ameisen und wir. Ach Herr Rektor, ich weiß, Sie sind katholisch, aber davon muß ich absehen. Der Herr ist das Gestein. Und alles andere ist Funktion. Auch die so gepriesene Temperatur. Physik, Biologie, Geschichte … all diese monomanen Sackgassen … es gibt nur eine universale Wissenschaft, und das ist die Erdkunde. Und ich werde nicht ruhen, bis sie Hauptfach ist. Nächste Woche Dämpfel. Und wenn er beseitigt ist, kommt Neumerkel dran. Zeigt er, daß er unbelehrbar ist, dann ist es besser, er lebt nicht weiter. Es ist doch bloß Ärgernis, was er da als Physik ausgibt. Er täuscht einen Jahrgang nach dem anderen über die wahren Zusammenhänge hinweg. Tut, als sei Physik nichts als eine Bastelstunde, Zündelei und Kügelchenschieben … nichts von der Erdkraft … Ärgernis, sag ich. Und Sie wissen ja, was dem zugedacht ist, der Ärgernis gibt vor einem jungen Menschen. Also weg mit Neumerkel. Und so werde ich alle meine Kollegen prüfen an der Teufelsklaue. Und wenn sie alle versagen und ich sie hinunterstürzen muß, werde ich die Schule übernehmen und es wird dann nur noch ein Fach geben, aber dieses Fach wird alle Fächer in sich schließen: und das wird Erdkunde genannt sein.

Zappels Glück

F: Weinst du etwa, Trude.

T: Nein, Felix, das nicht.

F: Das möchte ich dir auch nicht geraten haben.

T: Wenn du willst, weine ich.

Die Phase des Entgegenkommens: Er spielt den Grausamen, sie läßt ihn. Das scheitert, weil es ihn nicht mehr befriedigt, wenn er sieht, sie macht alles nur ihm zuliebe und glaubt nicht, was er spielt. So ist es immer. Einer merkt, der andere tut das ihm zuliebe, ist aber gar nicht so. Das Spiel verbraucht sich dadurch.

Felix ist Erdkundelehrer. Trude Hals-Nasen-Ohren-Ärztin.

Felix spricht manchmal englisch. Dann ist Trude hilflos. Das feuert ihn an. Er spricht noch viel feuriger englisch. In der Kolonialszene nämlich. Wenn möglich in der flachen, tonarmen, harten Aussprache der asiatischen oder afrikanischen Völker.

Felix: Bis man seine Frau findet, hat man schon eine.

19. bis 27. 1. 1964, München.
Bavaria. Hotel Württemberger Hof.

Wie die Alten sich nach den Tischkarten bücken, mit zwei Brillen probieren sie.

Instrie, Exetive. Ich brauche nicht zu betonen, daß das auf dem Boden der Demkratie geschieht. Zur Kapazitätsausweitung.

Requiem

Einer kommt zu einem Ehepaar, bringt die Nachricht, daß Gustav tot ist. Die Eheleute erschrecken. Man reagiert den Schock ab, die wirkliche Gänsehaut.

Die Frau hat den geliebt. Das wird leise deutlich. Man wollte an diesem Abend etwas ganz anderes tun.

Von einem Auto überfahren, mitgeschleift usw. Das Wichtigste ist, was man tun wollte. Den Geburtstag von Herbert feiern. Herbert war ein Konkurrent von Gustav. Max (der, der die Nachricht überbracht hat) ist im Feuilleton. Gustav war Chefreporter. Jetzt kann Herbert Chefreporter werden. Wenn Max gegangen ist, will Herbert triumphal mit seiner Frau Jutta schlafen. Er ist gewachsen während dieses Abends, ständig gewachsen, obwohl er am meisten auf Pietät hielt.

Der Taugenichts

Begeisterungsfähig, will immer alles, was er sieht, nachmachen, also ein Oblomov ist er nicht, aber er kann nicht. Er hat einen irrsinnigen Imitationstrieb, Glück in jeder fremden Beschäftigung witternd, aber es mißlingt, was er anfängt. Was soll er also tun? Er stellt ganz genau durch Erfahrung fest, daß er nichts Eigenes hat, nur die Lust, ein anderer zu sein, der er aber dauerhaft nicht werden kann.

Endlich entdeckt er einen, der alles, was er machen möchte, gut macht. Den beobachtet er, tut nichts mehr, sondern schreibt nur noch auf, was der andere tut. Dem folgt er schreibend in alle normalen Gemeinheiten, voll Verständnis und Neid und Trauer.

17. und 18. 2. 1964, Berlin.

Lesung. Pension Aida. Besuch einer Schauspielerin am Vormittag. Sie kommt, dann geht sie.

19. 2. 1964, Stuttgart.

Befürchtungen einer Figur

Der Rache-Kalender. Seit fünfzehn oder mehr Jahren peinlich genau geführt, alle Verletzungen sorgfältig registriert mit den entsprechenden Bestrafungen, die stattfinden sollen, sobald er die Macht dazu hat. Ein Dokument der Hoffnungslosigkeit, der Lächerlichkeit, der Trauer. Das führt der Halbierer, Dr. Felix Fürst. Der Erdkundelehrer.

Wichtig sind die Beleidigungen, die von den anderen als Hilfe, Freundschaft, Zuvorkommenheit gedacht sind: was sie ihm anbieten, zeigt ihm, wie sie von ihm denken. Seine Freunde sind die wichtigsten Lieferanten. Am Ende überlegt er, daß er nicht mehr so alt werden wird, das alles heimzuzahlen. Kinder hat er nicht, und wenn er sie hat, soll er sie damit nicht belasten. Es war umsonst, daß er das alles aufgeschrieben hat.

Dr. Felix Fürst:

Ich kann nicht so tun, als wäre ich wirklich. Also anspucken, zum Beispiel, kann ich Sie nicht. Auch in manch anderer Hinsicht sind Sie sicher vor mir. Ich bin bloß auf dem Papier. Da allerdings bin ich. Wie sonst müßte ich befürchten, daß man mich mißversteht.

27. bis 29. 2. 1964, Frankfurt.
Auschwitz-Prozeß.

Josef Klehr liebte runde Zahlen, rundete Selektierte auf, wenn der SS-Arzt gerade eine ungerade Zahl ausgesucht hatte. Wenn einer von den Spritzen nicht tot war, erschießt er ihn. Weihnachten 42 abends: Pausenlos spritzte er Häftlinge ab.

Zeuge Hirsch: Das Arbeitskommando Bischoff trägt einen belgischen Ingenieur abends herein, legt ihn in der Nähe der Wäscherei auf den Boden. Bischoff stellt sich mit beiden Füßen auf den Brustkörper und wippte mit seinem ganzen Gewicht auf diesem herum, bis der Brustkörper eingedrückt war. Dann stellte er sich mit einem Fuß auf den Hals. Anschließend rieb er sich die Hände und sagte: Mit dem bin ich fertig. Das sagte er zu Aron Jablonovski, der ihm seine Schuhe, Größe 48, repariert hatte. Ein Häftling wollte im Winter in der Fabrikhalle, wo Flakgeschütze montiert wurden, Holz mitnehmen. Bischoff war Kommandoführer, schießt, der Häftling taumelt, stürzt, lebt noch, Bischoff hin, Genickschuß. Aus dem Genick des Häftlings schoß ein Blutstrahl heraus, einen halben Meter in die Höhe. So etwas hatte ich noch nie gesehen. Bischoff beauftragte mich, das Blut aus den Schienenrillen wegzuspülen, und die Nummer des Häftlings sollte ich feststellen. Das war schwierig, weil alles mit Blut verschmiert war.

Heinrich Bischoff, zirka einsneunzig groß, Bergmannssohn, Vater 1926 verunglückt, Mutter 1931 gestorben, acht Jahre Hohenzollernvolksschule, mit 13 auf der Zeche «Heinrich», ab 1920 unter Tage, 1931 bis 33 arbeitslos, Oktober 31 in die

NSDAP und SA, 1934 aus beiden ausgeschlossen. Man hatte ihm ein Ehestandsdarlehen abgelehnt, weil er als kinderlos Verheirateter ein «bevölkerungspolitischer Blindgänger» war. Also zahlte er keine Beiträge mehr, also wurde er ausgeschlossen. Er solle sich scheiden lassen und neu heiraten. Das tat er. April 40 eingezogen, dann 42 zu den SS-Totenkopfverbänden in Oranienburg, nach wenigen Tagen von dort nach Auschwitz.

Wilhelm Boger, 57. Häftling Kowalczyk konnte einmal seine Karteikarte nicht schnell genug vorlegen, Boger nahm ihn mit, Kowalczyk wurde erschossen. Einen sechzigjährigen polnischen Geistlichen so lange unter Wasser gedrückt, bis er tot war. «Der Tod betritt das Lager», sagten die Häftlinge, wenn Boger kam. Die Boger-Schaukel und Daumenschrauben. Ein Jude kam aus Bogers Zimmer. Er kam wankend heraus, war blutig geschlagen und blutete aus den Hosenbeinen. Mir sind dort drin eben die Hoden zerschlagen worden. Ein paar Tage später war er tot. Boger: Der Zeuge schildert in ziemlich objektiver Weise die Fälle von seiner Sicht aus. In dem Moment, wo das Blut aus den Hosen herauslief, ist die Vernehmung abgebrochen worden. Es dürfte sich um Widerstandsfälle gehandelt haben. Der Häftling ist wohl mit Sicherheit erschossen worden. Der Vorsitzende: Auf Befehl? Boger: Ich hatte den Befehl, eine verschärfte Vernehmung zu führen.

Boger wirkt anmaßend, herrisch, scharf. Der Vorsitzende: Ob man berechtigt gewesen sei, all diese Todesurteile zu fällen. Boger: Na klar.

Häftling Farber, aus Prag, sagt aus: An der Wand von Block 11 im Oktober 43, ganz früh, ein kleines Mädchen, bordeauxrotes Kleidchen, einen kleinen Zopf, Händchen an der Seite wie ein Soldat, schaut einmal an sich hinunter, wischt Staub von den Schuhen, steht wieder ganz still, dann kommt Boger, nimmt sie an der Hand, sie geht brav mit, er stellt sie mit dem Gesicht zur Schwarzen Wand, sie schaut sich noch einmal um, Boger dreht ihr den Kopf wieder zur Wand, geht zurück und erschießt das Kind mit seinem Gewehr. Die Leichenträger sagten, es sei ein polnisches Kind gewesen, die Eltern seien ein paar Tage vorher auch dort erschossen worden.

Oswald Kaduk, 57, Metzger und Krankenpfleger. SS-Unterscharführer. Hat Häftlingen den Bergsteigerstock über den Hals gelegt und sich darauf gestellt. Hat, um Häftlinge zu erhängen, den Schemel weggezogen, Genickschuß an der Schwarzen Wand mit der Pistole 08 mit Einstecklauf, mit dem Motorrad Häftlinge überfahren, Häftlinge selektiert und zur Vergasung geführt. Kaduk: Hohes Gericht, wenn ich hier stehe, dann weil ich zu Unrecht sitze. Ich bedauere ja, daß ich rübergeflüchtet bin, da hier solche Ungerechtigkeit herrscht. Von den Sowjets zum Tode verurteilt, dann zu 25 Jahren Zuchthaus, 1956 aus Bautzen entlassen, die sagen, er soll bleiben, sie würden einen Schlußstrich machen. Ich habe aber die Mücke gemacht. In West-Berlin im Notaufnahmelager gibt er an 25 Jahre Strafe wegen Ost-Einsatz, wird als Flüchtling anerkannt, die Verhandlung hier nennt er einen «Racheakt».

Kaduk: In meinem ganzen Leben habe ich nicht so viel getrunken wie in Auschwitz. Wir wollten weg, aber wir waren so wie angewachsen.

Zeuge Professor Władysław Fejkiel: Am 20. Juli, nach dem Attentat, war Kaduk völlig blau, gab den Häftlingen Pistole und Koppel und wollte nach Hause gehen. Nach seiner Beförderung zum SS-Unterscharführer wird er von den Häftlingen der «heilige Dr. Kaduk» genannt.

In der Pause. Ein Journalist zeigt ein altes Photo und sagt: Kaduk als Feuerwehrmann, die polnische Uniform, in Königshütte, da hamse den Schlüssel zu Kaduk in der Hand, er wollte ein

Deutscher sein, deshalb hat er sich so benommen, wollte beweisen, dass er ein Deutscher ist.

Schülerinnen und Schüler einer Oberschulklasse lachen und scherzen miteinander in der Pause.

Was sollen sie auch sonst tun. Aber die, die neben der Lehrerin sitzen, machen ein ernstes Gesicht.

Kaduk wie immer, lehnt sich weit nach vorne in seiner Schulbank, lacht, sagt etwas zu Dr. Capesius hin, ausgreifende Handbewegungen.

Victor Capesius: Sucht im Frauenlager nach Frauen, die sich versteckten, und selektiert. Dolmetscher von Mengele im Frauenlager, ins Ungarische. Kranke Frauen, die sich meldeten, wurden vergast.

Eine Zeugin: Fräulein Szabo hat mir gesagt, der Capesius hat gesagt: In mir werdet ihr den Teufel kennenlernen. Der Verteidiger: In welcher Sprache? Sie: Ungarisch.

Eine Frau: Im Waggon Goldzähne gezogen, um Wasser für die Kinder zu kriegen. Urin getrunken.

Stefan Baretzki, 44. Friseurlehre. Dort sollte ich die Spucknäpfe leeren, aber das konnte ich nicht, da wurde mir übel. Hatte noch nie von der SS gehört, als er zur SS eingezogen wurde. Wurde gefürchtet wegen seines «Handkantenschlags». Der war tödlich.

Alex Rosenstock: Nicht alle Kapos mordeten. Ein SS-Mann warf mehrere Häftlingsmützen fort. Der Kapo rief: Keiner holt die Mützen. Er holte sie dann selber, der SS-Mann schoß nicht. Alex Rosenstock weint, wenn er die Peiniger sieht. Seine Frau führt ihn aus dem Saal. Draußen bricht er zusammen.

Der Vorsitzende zu Dr. Paczula: Bitte, nennen Sie die Angeklagten nicht Mörder, solange sie nicht in einem Urteil als Mörder bezeichnet werden. Dr. Paczula: Für mich ist jeder ein Mörder, wenn ich ihn selbst beim Morden gesehen habe.

Zeuge Philipp Müller: Unterscharführer Stark von der Lagergestapo schlug uns gleich mit der Peitsche und schrie: Herein, ihr Schweinehunde. Ich hatte noch nie Leichen gesehen. Da waren siebenhundert, wie Pakete, rechts noch circa einhundert Leichen mit dem Streifen SU. Los, die Leichen ausziehen, rief Stark. Die Leichen waren steif. Wenn wir die Kleider zerrissen, schlug uns Stark wieder. Vor den Ventilatoren standen dicht gedrängt die Leichen. Sie waren im Stehen gestorben. Eine Mutter hielt noch ihr Kind an der Brust. Auf dem Boden lagen grüne Kristalle. Es roch nach Mandeln. Wir mußten die Leichen ausziehen. Dann die Öfen entschlacken. Als wir ankamen, waren zwei Öfen im Betrieb, später sechs. Je drei Leichen auf einem Karren, der auf Schienen lief, in die Verbrennungsöfen. Gleich am ersten Tag verbrannten die Ventilatoren durch die große Hitze. Wir bemühten uns vergeblich zu löschen. Als drei Kameraden vor Erschöpfung zusammenbrachen, zog Stark den Revolver und erschoß sie. Wir anderen vier mußten die noch nicht verbrannten Leichen auf einen LKW laden und außerhalb des Lagers in einen mit Wasser gefüllten Graben werfen. Dann wurden wir in eine Zelle im Arrestbunker gesperrt. Am nächsten Tag kamen drei französische Häftlinge als Ersatz für die drei Erschossenen in die Zelle. In der nächsten Nacht mußten wir die Leichen wieder aus dem Wassergraben ziehen. Die Leichen gingen in Stücke, Arme rissen aus. Zwei Franzosen konnten nicht mehr. Was ist los, ihr Moritze, schrie Stark und erschoß die zwei. Sie wurden durch zwei Slowaken ersetzt. Jetzt waren wir wieder sieben. Stark stellte uns an die Wand des Krematoriums und sagte: Mit niemand sprechen, sonst werdet ihr erschossen. Die Hoftore wurden geöffnet, und dreihundertfünfzig jüdische Frauen und Männer kamen herein, Stark rief: Los, alle ausziehen. Die wußten nicht, was werden würde. Aber sie spürten, es ist nicht gut. Sie ziehen sich ganz langsam aus. Stark schlägt mit zwei anderen SS-Männern auf sie ein. Die kleinen Kinder gehen zu ihren Eltern, aber sie weinen nicht. Dann gehen sie alle durch eine kleine Stube hindurch in die Gaskammern. Stark rief: Die Klamotten einsammeln. Dann gingen die Hoftore wieder auf, und dreihundertfünfzig neue Menschen kamen. Einmal hat Stark einen Bibelforscher zwei Stunden lang gemartert, bevor er ihn erschoß.

Kaduk liest die Zeitung. Der Vorsitzende: Legen Sie die Zeitung weg. So langweilig ist es hier gar nicht.

Hans Stark, Jahrgang 21, mit sechzehn zur SS-Totenkopfstandarte, über Sachsenhausen, Buchenwald und Dachau nach Auschwitz. Von Weihnachten 41 bis März 42 Abitur an der Justus-Liebig-Oberschule in Darmstadt.

Philipp Müller: Ich sehe mein ganzes Leben Stark, immer Stark, wo ich stehe. Furchtbar.

Stark: Ich schäme mich dafür, dass ich diese Befehle damals für unausweichlich gehalten habe.

Hans Hoffmann, Preisboxerfigur. Sowjetische Kriegsgefangene mußten im Winter nackt im Freien stehen, so daß sie erfroren. Sein Strafexerzieren nennt er «Sport machen». Mit Todesfolge. Hoffmann: Es waren Freiübungen, anders kann ich es nicht ausdrücken. Mit einer Flasche schlug er auf den Kopf eines Häftlings ein, daß der starb. 1932 in die NSDAP eingetreten, dann in die SS, weil sein Bruder aus der SS ausgestoßen wurde und die Uniform noch im Schrank hing: Da machte es keine Unkosten.

Einer: Nach der Angliederung des Sudetengaus bin ich wie alle Turner automatisch in die SS übernommen worden.

Einer: Es ist von uns verlangt worden.

Die Fassungskraft fehlt, die Fähigkeit, sich vorzustellen, wie es dem anderen geht in Auschwitz.

Philipp Müller: Wer nicht im Lager gewesen ist, kann sich von der Prozedur keine Vorstellung machen.

Johannes Wrobel über die zwei Auschwitzchargen Sorge und Schubert: Als ich im Fernsehen Sorge und Schubert sah, mußte ich weinen.

Auschwitz ohne Kaduks Bergsteigerstock, ohne Bogers Schaukel, ohne Bischoffs Schaufelstiel, ohne Brods Eifer, die hübschesten Frauen immer zuerst zu erschießen, ohne Hoffmanns Sportmachen, ohne Baretzkis tödlichen Spezialschlag mit der Handkante, ohne Starks politischen Eifer gegen SU-Kommissare, ohne Capesius' Fleddereien der Effekten, ohne Klehrs professorale Akademikerimitation, ohne Bednareks Lust, mit Stühlen totzuschlagen, dann bleibt Eichmanns, Himmlers, Heydrichs, Unser Auschwitz.

Der Zufall, der zu diesem größten Prozeß vor einem deutschen Gericht führte: Der ehemalige KZ-Häftling Vulkan fand im brennenden Breslauer Rathaus ein Bündel Blätter, Erschießungslisten. Die kamen durch einen Journalisten an den hessischen Generalstaatsanwalt Dr. Bauer. Dann wurde seit 1959 ermittelt.

Carl J. Burckhardt über Heydrich: «Zackig und wiederum weich und morbid betrat dieser berühmte Henker den Salon des Herzogs.» «Seine Hände fielen mir auf, präraffaelitische Lilienhände, zum hinauszögernden Würgen geschaffen.»

Auschwitz, das Gedächtnis, das Bewußtsein, das Zitat, die Gegenwehr.

1. und 2. 3. 1964, Stuttgart.
Theater. Besprechung: *Der Schwarze Schwan.*

5. 3. 1964
Schüttle den Kopf für mich, mein Handtuch, so blutig, wie im Märchen.

15. und 16. 3. 1964, Hannover, Kastens Hotel Luisenhof.
Kalte Sonne. Die Badewanne schlürft noch lange an meinem Wasser.

Kiesinger und Schröder treten aus dem Hotel. Beifall. Der Intellektuelle wird ergriffen. Warnt sich. Das ist doch deine bekannte Anfälligkeit für Mächtige. Dann Adenauer aus dem Aufzug: wie eine Mumie in der Vitrine, sehr gut, sogar ausgezeichnet konserviert.

Eine Sammlung von Notizen zu einem Ende. Das ist das, was von einem Roman übrig bleibt. Tolldreiste Zettel. Innige Versuche. Erinnerungen. Nachdem alles vorbei ist, sammelt er die Fragmente. Es läßt sich zusammenhängend nicht darstellen. Beschreibt und bricht aus aus der Beschreibung. Er will doch keinen Roman, sondern ein Dokument herstellen.

28. und 29. 3. 1964
Hellmuth Karasek, Peter Palitzsch und Schauspieldirektor Viebach zu Besuch. Zur Uraufführung des *Schwarzen Schwans.*

31. 3. bis 5. 4. 1964
Mit Siegfried Unseld in St. Christoph.

Im Aufwachen sortierte mein Bewußtsein die Vergangenheit, teilte Augenblicke der Jugend ein in solche in der prallen Sonne und in solche im Schatten. Quer durch die Jahre. Ich war Zuschauer dieser sinnlosen Ordnungsbemühung. Sah mich an die Bahnhofswand gelehnt, sah mich auf dem Platz stehen auf

Hannover Kastens Luisenhof 15/16. III 64

, kalte Sonne

Die Badewanne schlürft/ Schlange an Wasser

Kiesinger u. Schröder treten i. Hotel / Beifall
Intellektuelle wird ergriffen. Warnt, eine bekannte Auffällige, Mädelige.
Dann Adenauer im Aufzug: eine Mumie in Vitrine, sehr gut, ausgezeichnet konserviert.

Rückblick auf Gefühle.

Gefühle | Lebensgefühl

Bemerkg | e Leben im Sommer

Betrachtung des Gefühls

Die Wiederholung

Rügen, wartend auf den Großadmiral Raeder oder auf Dönitz, sah mich unter der zerbombten Überdachung im August 43 auf einem Bahnsteig des Anhalter Bahnhofs stehen und im Schatten der Eisenbahner-Gartenlaube von Stempfles.

6. 4. 1964

Oben und unten

Dem Publikum sagen, was geschieht. Den Verräter spielen. Das Publikum beschimpfen, weil es nichts merkt. Nachweisen, daß es nur oben und unten gibt. Keine andere Teilung. Es ist egal, wofür einer in der ersten Klasse reist, ob für die SPD oder für die Kirche, wichtig ist, daß man in der ersten Klasse reist.

Der Verräter gehört zu den Siegreichen. Überall begegnet er Dienstboten, vor denen er sich geniert. Zu Hause hatte man Dienstboten. Allerdings aß man an einem Tisch und der Unterschied war gering, ein winziger Unterschied. Auch in der Arbeit kein Unterschied. Seitdem wachsen die Unterschiede. Es wird immer gleich bleiben für die, die unten sind. Egal, wer oben ist. Die oben beschimpfen einander öffentlich. Schaukämpfer. Vielleicht ohne es zu wissen. Vielleicht geben sie einander die Hand nicht, obwohl sie ruhig Brüderschaft trinken könnten, so nahe sind sie einander. Es ist gleichgültig, ob man die Dreitausend im Monat von der Gewerkschaft, der Kirche, der Industrie oder von der Allianz erhält.

Unter Haifischen darf man nicht bluten.

Aldous Huxley, Literatur und Wissenschaft.

Bischof Rovenius pflückte aus der mystischen Literatur seiner Zeit (17. Jahrhundert).

Inflaming transsubstantiations (entflammende Verwandlungen).

Super-essential unions (überwesentliche Einungen).

Absorbent enthusiasms (aufsaugende Begeisterungen).

Abysmal liquid factions (abgrundtiefe Verflüssigungen).
Deific confrications (vergöttlichende Einreibungen).
Insupportable assaults (unerträgliche Bestürmungen).
Hypercelestial penetrations (überhimmlische Durchdringungen).
Spiritual shamelessnes (geistige Schamlosigkeit).
Meridian holocausts in a visceral and medullar penetrability (mittägliche Massenverbrennung in einer eingeweidlichen und marklichen Durchdringbarkeit).

Haiku von Basche
Es ist so still,
die Stimme der Zikade
durchdringt
die Felsen.

Huxley: Keats trank auf den Untergang des Mannes, der den Regenbogen erklärt und ihn so seiner Poesie beraubt hatte (Newton).

Goethe an Schiller, 6. 9. 1798

Freund Richter versicherte, daß es mit der Stimmung Narrenspossen seyen, er brauche nur Kaffee zu trinken, um so grade von heiler Haut Sachen zu schreiben, worüber die Christenheit sich entzücke. Dieses und seine fernere Versicherung, daß alles körperlich sey, lassen Sie uns künftig zu Herzen nehmen, da wir dann das Duplum und Triplum von Productionen wohl an das Tageslicht fördern werden.

4. 5. 1964, München.

Mit Ivan Nagel über den *Schwarzen Schwan.*

5. 5. 1964
Bavaria. Mit Dr. Jedele und Hans Gottschalk.

Sie träumt eine Frühgeburt, richtet sich auf, schaut hinab und sieht, sie hat eine Madonna geboren aus blutigem Gips.

14. und 15. 5. 1964, Stuttgart.
Theater. Über den *Schwarzen Schwan.*

Wenn das Land hinter dem Bug des anderen verschwindet, kommt er vor uns vorbei. Wenn das Land am Bug des anderen auftaucht, also immer mehr Land hervorkommt, dann kommen wir vor ihm durch. Verschwindet weder Land, noch kommt Land hervor, dann stoßen wir zusammen.

Backbordlage hat Vorfahrt, wenn beide gleich hoch am Wind sind. Sonst der, der höher am Wind ist (bei Regatten immer Backbordlage).

Befürchtungen

Der einzige Grund dafür, daß ich jetzt anfange, alles aufzuschreiben, ist mein 50. Geburtstag. Ich fürchte, ich komme nicht mehr dazu, meine Pläne zu verwirklichen, also möchte ich wenigstens aufschreiben, wie ich es dachte und wie es dazu kam, daß meine Pläne immer noch Pläne sind …

11. 6. 1964
Besuch Dr. Wunder mit der Schulklasse.

Der verheerende Einbruch des allwissenden Arztes, der mich besiegt, obwohl ich Satz für Satz widerstehe, aber am Ende behauptet er, was er will. Ich habe offenbar jedem Satz zugestimmt. Sub oculos quartos. Er hat nie einen Schnupfen. (Aber er hat ihn gerade.) Er stemmt den Zeigefinger auf die Nase, die sowieso viel zu groß ist, ich muß das anschauen. Wilde Verformung dieser Nase. Dürfte ich bitten, diese Nase zu betasten, ob er überhaupt einen Nasenknochen hat. Meine Fahrlässigkeit im Entgegenkommen: Ich erzähle etwas Persönliches und sollte ihn doch nur in Rüstung behandeln. Schon dringt er ganz ein.

13. und 14. 6. 1964, Stuttgart.
Theater. Über die Uraufführung des *Schwarzen Schwans.*

Prinz Helmut

Es fehlt mir an Verachtung. Wie soll ich meinen Vater verachten, ich bitte Sie. Er ist tatsächlich ein Mensch. Jetzt soll ich mehr von ihm verlangen. Ich weigere mich. Das ist eine Anstrengung, von einem anderen etwas zu verlangen. Mir wird schwindlig, wenn ich mir vorstelle, was ich von anderen verlangen soll. Und die Angst, daß die dann von mir etwas verlangen.

Sie ging in die Garderobe, schminkte sich ab und war fertig zum Auftritt.

22. und 23. 6. 1964, Mainau.
Buchhändler. Diskussion. Nachts, gegen Morgen, betrunken geschwommen. Nackt.

Befürchtungen

Was soll sich auch geändert haben? Wozu die Neugier? Horch nicht zum Fenster hinaus, bitte. Sollte sich etwas zu deinen Gunsten ändern, wird es schon hereindringen, dir schon mitgeteilt werden. Aber wie sollte sich etwas ändern, du bist doch auch immer derselbe. Mein Gott. Diese Neugier. Die man nur erträgt, weil sie so wenig angenehm ist.

Ich armes welsches Teufeli
bin müde vom Marschieren.
Hab verloren mein kleins Pfeifeli
aus meinem Mantelsack.

30. 6. 1964
Gestern abend hat ein Gewitter die in vier Wochen gewachsene Wärme vernichtet. Die warmen Schwaden weg. Jetzt ein klarblauer Himmel. Die Geräusche hart. Wie geschliffen.

Ich blätterte meine Telephonnummern durch, und siehe da, es waren lauter Feinde.

11. 7. bis 4. 8. 1964
Mit Peter Palitzsch die Regie für die Uraufführung des *Schwarzen Schwans* vorbereitet.

Abends zwischen 6 und 8 regnet es hier zur Erfrischung. Erst wenn man die Erfrischung braucht nach dem heißen Tag, erst wenn Regen willkommen ist, regnet es hier. Es regnet wild und schnell, es regnet das Gewitter in Grund und Boden, der Blitz wird gelöscht, der Donner ersäuft, eine Stunde lang prasselt es, wie vom Kurdirektor verordnet, ein richtiger Kurvereinsregen. Selbstverständlich hört die Sonne nicht auf zu scheinen während dieses Platzregens. Sie zieht sich ein wenig zurück, läßt den Regen geräuschvoll agieren, dann, gegen Ende des Regens, wenn das Prasseln in ein Tropfenspiel übergeht, macht sich die Sonne von Westen her fett, malt alle Farben leuchtend, das Grün goldgrün, das Rot rotgold, und sie beschließt die Regenvorführung mit einem sechsfarbigen Regenbogen, den sie vom Pfänderrükken in riesigem Schwung und sechsfarbig bis in die Seemitte stellt: violett, grün, gelb, rosa, rot, violett. Aber nicht lange, nur so rasch, daß man weiß, man muß Augen und Maul aufsperren, es handelt sich um eine Kostbarkeit. Heute allerdings schlug der

Blitz in das Rehrudel am Krebsbach. Das ist das Rudel, bei dem ich mit Orli lag. 5 Rehe zerrissen. Wo ist jetzt das sechste, das uns so nahe kam? Also alles wieder frisch. Die Haut spannt sich, man spürt die Muskeln, eine Kraft für den Abend, ein Bedürfnis nach Kleidung, nach Haut, nach Haut mit Kleidung und nach Haut ohne Kleidung. In den Zimmern ist die Luft taufrisch, das Bettzeug ist die reinste Reklame für was für was für was, ich weiß nicht für was.

Das Bundeskabinett berät über Eiereinfuhren aus Drittländern.

Das verstehe ich so sehr, daß ich fürchte, verrückt zu werden, wenn ich den Satz ein zweites Mal lesen müßte.

Das Klagelied der deutschen Werften.

Erzählen, der Versuch, mit geschlossenem Mund zu singen.

Mädchenleben

Das Zahlungsziel? Der Notar, ohne Jacke, weißes offenes Hemd, ohne Ärmel, weiße, stockfleckige Haut, Magermilchadern, auffallend eher durch ihren runden strickhaften Reliefcharakter als durch Farbe. Der Oberstudienrat: Anzug wie jeden Tag. Ich in Boutique-Mode.

Die Wildnis oder das Reservoir oder die Brunnenstube:

A will das von B kaufen.

B hat aber den Deserteur da begraben lassen. Er will die Parzelle nicht hergeben. A's Frau weiß nur, daß der aus dem Haus lief, als die Soldaten kamen.

A ist damals nicht dagewesen. B war da.

A's Frau war mit dem Deserteur. Die Kinder sind unterschiedlich.

Schließlich bekommt A die Wildnis und läßt alles gartenmäßig schön machen.

B ist seine Vergangenheit los.

Jetzt fängt es bei A an. Frau A weiß also doch. Aber sie und B haben beide gleich viel Grund, nichts zu sagen. Frau A will den Kauf nicht. Sie verrät sich. Sie will es hinter sich haben. Als der Kauf ihrem Mann gelingt und alles ein Garten wird, hält sie das nicht aus.

Frau A u. Herr B, eine Szene.

Der Rachekalender.

25. 7. 1964

Dr. Felix Fürst:

Heute hat mich keiner angerufen. Gegen fünf rief ich Benno an. Hätte er sich gemeldet, hätte ich, ohne ein Wort zu sagen, wieder aufgehängt. Aber er war nicht zu Hause. Also war er bei Mengel oder Neumerkel. Seit zwei Tagen ist die schlimmste Hitze vorbei. Ich habe mich zweimal geduscht. Ließ aber die Tür zum Bad offen und drehte die Dusche nicht völlig auf. Also das Telephon hätte ich gehört. Trude wollte spazieren gehen. Ich weigerte mich. Sagte, ich müsse arbeiten. Blieb am Schreibtisch. Aber keiner rief an. Ich werde nicht zuerst anrufen. Sollte von denen keiner anrufen, so werden wir nie mehr von einander hören.

27. 7. 1964

Zimmerschlacht

Ich rief Benno an. Wieso soll ich mich quälen seinetwegen. Dadurch mache ich ihn überlegen. Ich fragte nach einem Dichtungsmittel für Heizkörper. Er merkte nichts. Daß er ein schlechtes Gewissen hat, zeigte seine Bemerkung, er sei zwei Tage in der Schweiz gewesen. Ich bin sicher, er war nicht in der Schweiz.

28. 7. 1964, Konstanz.

29. 7. 1964
«Stern». Stefan Moses. Karasek, Palitzsch.

Zimmerschlacht
A beweist, daß ich kein Snob bin. Als B sagte, ich sei ein Snob, widersprach ich. Als A mir half und ganz klar bewies, ich sei kein Snob, war es mir nicht recht. Er setzte mich herab, um zu beweisen, daß ich kein Snob bin. Er sagte auch nicht, was ich dann sei, wenn ich kein Snob sei. Er sagte nur, daß ich das Gegenteil von einem Snob sei. Als ich fragte, was das sei, das Gegenteil von einem Snob, da wußte er es nicht. Ein Snob, sagte er, hat eine ganz andere Figur. Klein und dick, damit könne einer kein Snob sein. Ich dachte darüber nach, ob ich klein und dick bin? Ich glaube nicht. Ich werde überlegen, wie ich A das zurückzahlen kann. Ich bin größer als A und keinesfalls dicker. Aber ich weiß, A hält sich selber für einen Snob. Ich werde ihm nie sagen, daß er ein Snob ist. Wahrscheinlich wartet er darauf und hat alles nur gesagt, weil ich nicht sagte, er sei ein Snob. Er hat zuerst aufgegeben zu hoffen, vielleicht hätte ich es noch gesagt. Jetzt nicht mehr. Nie mehr. A tritt auf und erzählt, wieviel er verdient. 52000 im letzten Jahr. Trude bewundert ihn. Trude stimmt blödsinnig zu. So sehr, daß es auch A nicht recht ist, das sehe ich. Er schätzt sie deshalb überhaupt nicht höher. Im Gegenteil, ich spüre, er verachtet sie. Ich versuchte ihr das zu erklären, als er gegangen war. Sie behauptete, ich wolle sie gegen A aufhetzen. Also gab ich es auf und entschuldigte mich für meinen Irrtum.

Über längere Strecken
ähnlich der Mittagsstunde
Fliegen mit Geduld
ein Schmerz zu beobachten

der Kopf hängt geknickt nach vorne
in den Schläfen nimmt etwas zu
ich habe wenig Recht
Nerven hat jeder
laß mich leben
so bitte ich gewöhnlich
und beobachte das Telephon
in meine Augen sinkt Untergehendes
ich sage Ewige Ruhe
Fraß.

5. 8. 1964
Befürchtungen

Alle, die ich jetzt kenne, kenne ich fast zu gut. Soll ich abbrechen? Was mich mit meinen Freunden oder Bekannten verbindet, ist eine Serie von Stillhalte-Konventionen. Wir haben uns, ohne je darüber zu sprechen, darauf geeinigt, einander nur das zu sagen, was gesagt werden kann, ohne daß wir uns sofort und für immer trennen. Ich werde wahrscheinlich nie erfahren, wieviel sie mir verschweigen müssen, um mit mir umgehen zu können. Manchmal gleißt hinter unseren freundlichen Rüstungen für Augenblicke die wirkliche Feindseligkeit auf. Wir schließen die Augen, bis wieder das schummrige Licht der Duldung zurückgekehrt ist, bis sich wieder jeder als der virtuose Samariter des anderen fühlt und, ernährt von diesem Gefühl, etwas Freundliches sagt. Nur Gleichgültigkeit gegen einander kann uns auf die Dauer zusammenhalten. Liebte man einen Freund, hielte man es nicht für immer aus, ihm das zu verschweigen, was ihn oft unerträglich macht.

Ich bin eine Romanfigur. So groß, wie man sich's wünschte, ist der Unterschied nicht. Allenfalls in der Berufswahl hat man Vorteile. Ich kann mir jeden Beruf wählen und muß ihn nur so lange ausüben, als ich Lust dazu habe. Dafür kann ich ihn sozusagen nur auf dem Papier ausüben. Das ist ein Nachteil, etwa wenn man an den Beruf des Segelschiffkapitäns denkt. Denkt man aber ans Bergwerk, und das tut man doch öfter, dann ist es ein ungeheurer Vorteil, auf das Papier verwiesen zu sein. Ich bin also eine Romanfigur. Kein lebenswahrer Mensch. Dieses Geständnis kommt spät genug. Wer lesen kann, hat das sicher schon längst bemerkt. Darf ich Ihnen, gnädige Frau, jetzt die Hand küssen. So hat Ihnen noch niemand die Hand geküßt, das geben Sie zu. Meine Lippen bleiben viel länger in jenem idealen, membranfeinen Abstand über Ihrer Haut, als es jedem wirklichen Mund möglich ist. Was soll ich Ihnen noch küssen, Gnädigste?

Das Fest, Dachterrasse, Panorama

War ein Fest? Steht eins bevor? Was ist in der Stadt? Ein Umzug? Ein Fußballendspiel? Eine Massenveranstaltung? Man kommt vorerst nicht durch mit dem Auto. Also bleibt man zusammen. Obwohl alles schon vorbei ist. Die Nachmittags- oder Abendzusammenkunft. Und da wird aus Langeweile ihm die Frau genommen. Er legt sich sofort ins Bett. Wird todkrank. Aber das reißt die Frau nicht mehr zurück. Er hat es zwar längst verdient, aber jetzt ist es doch komisch, daß er es so miterleben muß. Und auch noch vor Zeugen. Es fehlt denen nichts. Es gibt nur noch Sport und Erotik. Nachlässiges, phantastisches Sprechen. Eine Folge von Mechanismen als ein Bildgrund, vor dem sich die Handlung abhebt.

7. 8. 1964

Wenn die Fische mitten im See neben mir springen, schwimme ich zurück. Es hat mich beruhigt zu lesen, daß man wohl versuchen kann, den Wahn zu verstehen, nicht aber die Ursachen des Wahns. Das Physiogene kann man noch nicht einmal beschreiben. Gastritis kann man auch nicht verstehen. Nur das schlechte Verhältnis zum Chef. Die eine winzige soziale Seite, die pickt man heraus, um überhaupt etwas Verständliches zu haben.

Normal, das wär's, ach ja, normal, die Milchkanne wiegt, was sie wiegt, der Postbote freut sich schon morgens auf die Pensionierung. Wirf mir den Teller zu. Wer kullert denn da? Meine Ohren spüren eine Strömung. Wieviel Weiches. Nackt. Kein Beil humpelt vom Schuppen her. Soll ich die Fahne hissen auf dem Pfannenstiel? Transportier mich im Schmalz vor die Tür. Mein Blut ist auf Weltreise. Ich huste Mückenschwärme ins Abendlicht und laß mir von Schwalben in die Zeitung scheißen. Kein Grund. Aber vor Musik warne ich mich. Jetzt ein Blumentopf, morgen ein Blitzlicht. Von den Bergen stürzt das Wasser. Kälte wartet geduldig in den Karpathen, bis ich das Fenster öffne und sage: Herein. O Feuerstelle, wo die Hitze mit den Steinen singt. Bohr mich an, Wurm. Ich bin es, den du suchst.

12. 8. 1964, München.
Heiße Heimfahrt: Alle hatten eine naß-glänzende Haut. Der Zugführer trug sein rotes Lackband auf dem weißen Hemd. Wer aufstand, löste die klebrigen Hosen vom Kunststoffsitz. Fische im Korb. Köpfe, Blicke durcheinander, und eine laute Stimme aus Augsburg: Milchtrinken hat er auf einem Winzerlehrgang gelernt. Noch nie so viel Milch getrunken. Einer war 1942 in Stettin, da sei es noch heißer gewesen.

15. 8. 1964
Der Haß in Texas gegen Kennedy und Familie.

Man kann ganz anders anfangen, dann wird einem doch der Haß gelehrt. Gelehrig ist man, weil man mehr wollte, als man bekommt. Weil man sich so hoch stellt und dann Stufe um Stufe zurück und herabsteigen muß. Und der Haß richtet sich gegen die, die unschuldig damit beschäftigt sind, uns im Auftrag allgemeiner Regeln und Gesetze von Stufe zu Stufe zu vertreiben. Warum man sich nicht selber hinabstürzt? Warum kämpft man um jede Stufe?

Ein Liliputaner in der Küche.

Die Figur hat von sich selbst eine Meinung, die von keinem anderen geteilt werden kann.

Jahrelang hofft die Figur blindlings und mit fröhlicher Kraft, daß die Welt eines Tages ganz von selber begreifen wird, mit wem man es in der Figur zu tun hat. Es ist nur eine Frage der Zeit, wann es soweit sein wird. Die Figur sieht die Ereignisse eintreten, die das bewirken werden. Leistungen schweben ihr vor. Es wird dann nur noch Verehrung oder Liebe geben.

Die Figur wird das Nötige vollbringen. Dann bleibt eine Vollbringung nach der anderen hinter den Erwartungen der Figur zurück. Sie enttäuscht sich von Mal zu Mal. Von der Welt aber erwartet sie ein Echo, als seien alle Produktionen so geworden, wie die Figur das in Träumen sich vorstellte. Die Welt ist zwar nicht enttäuscht von der Figur, denn die Welt belastet Unbekannte nicht mit Erwartungen, die Welt reagiert nur völlig angemessen auf das, was da hervortritt und erscheint. Diese Reaktion ist aber für die Figur eine schreckliche Enttäuschung. Jede Reaktion der Welt empfindet die Figur als eine Niederlage. Die Figur übersieht dann, daß sie sich selber ja auch enttäuschte. Sie erwartete von der Welt eine Zustimmung, als wäre alles nach Erwartung der Figur geglückt. So beginnt der Haß der Figur gegen die Welt, die nichts weiß, die nicht ahnt, was die Figur eigentlich werden wollte. Die Welt soll die Figur empfangen, wie die Figur empfangen sein wollte, obwohl die Figur alles das nicht leistete, was den erträumten Empfang berechtigen würde.

Jetzt sieht es so aus (in den Betrachtungen der Figur), als habe die Welt versagt und nicht die Figur. Das zeigt sich Tag für Tag, im Beruf, mit der Frau, mit den Frauen.

Albert ist diese Figur: alle halten ihn für einen Studienrat, er hält sich für Nietzsche usw.

20. 8. 1964

Anfänge

Nichts darf, was Wirkungslosigkeit angeht, mit dem Schreiben verglichen werden. Also gibt es kein Geschäft, das mit so wenig Mut betrieben werden kann wie das Schreiben. Wahrscheinlich habe ich deshalb eine Arbeit nach der anderen fahrenlassen … Wahrscheinlich habe ich deshalb in alle möglichen Berufe nur hineingeschmeckt und die Nase immer wieder rasch zurückgezogen, verletzt von den Anforderungen so eines Berufs, erschreckt von dem scharfen Geruch, den jeder dieser Berufe ausströmte. Was wird da nicht alles verlangt. Unsäglicher Mut, scheint mir, ist nötig für alles, außer fürs Schreiben. Papier, dir allein bin ich gewachsen. Papier, mein Element. Mit dir hat alles, was mich angeht, sein Bewenden. Du sargst mich ein. Nichts dringt hinaus über dich. Nichts dringt herein. Die mutige Welt und alle ihre Beschäftigungen … ich bin zu dir zurückgekehrt. Nicht freiwillig, und schon gar nicht mutwillig. Die Anforderungen waren mir überall zu gewaltig. Die Verantwortung war mir überall zu groß. Einer Schwerkraft folgend, allmählich aufs Papier beschränkt. Auf dieses flache Gefängnis, das so unumgrenzt scheint, so, als ließe sich damit und darauf alles anfangen, und dann ist es eine einzige Möglichkeit, ein Nasebohren, ein Immer-dieselbe-Stelle-Kratzen, eine lichtlose Trübsal, ein Tunnel ohne Ende, eine elende Onanie, das nichtsnutzigste Geschäft, das herrlicher ist als alles andere, weil es nichtsnutziger ist als alles andere. So recht die Beschäftigung für mich, die ja, das muß jetzt endlich eingestanden werden, gar keine wirkliche Existenz hat, sondern nur eine papierene. Einem Schreiber verdanke ich mich, einem, der womöglich aus ebenden Gründen aufs Papier angewiesen ist wie ich selber.

Mädchenleben

Sie beobachtet es, wenn der Metzger Glocker nachmittags um drei abfährt mit leerem Anhänger und Strick; er wird Kälber holen. Sie liegt auf der Lauer. Sieht ihn fahren, sieht ihn kommen, sieht die zwei Kälber in der Metzgerei verschwinden. Dann geht sie heim und hält sich die Ohren zu und ekelt sich beim Essen; niemand begreift ihre Appetitlosigkeit.

Und während die Kälber in das Schlachthaus geführt werden, spielt Glockers zarter Sohn hinter den Vorhängen Chopin-Préludes oder Schubert. Er geht aufs Gymnasium und soll kein Metzger werden.

Befürchtungen

Allmählich stellt sich heraus, daß die anderen ähnlich denken. Anstatt mich darüber zu freuen, fürchte ich, der Grund schwinde, der Grund zu leben. Warum soll gerade ich leben, wenn es so viele gibt, die meine Stelle einnehmen könnten. Ich wollte mein Leben nur auf Einzigartigkeit gründen. Die ist nun längst dahin. Ich werde immer undeutlicher. Verwechselbarer.

Um einen Tisch. L. C. F.

Pfarrer Merz mit dem gebrochenen rechten Arm, in Gips: an der Speiche zweimal glatt gebrochen, in Holland, weil ein Bauer mit seinem Traktor quer in die Straße fuhr.

Herr Müller: Der in den Graben mußte, weil drei junge Burschen drei Mädchen winkten und so auf die linke Fahrbahn lenkten.

Herr Dr. Brass: Der in der *Reichsstadt* von seinen Gefängnissen erzählt: 1934–35 von den Tschechen. 1939 von den Nazis. Dann zur Abwehr. Ölfelder in Rumänien. Dann 1945 von den Franzosen in Lindau eingesperrt. Er sagt immer mehr, als er sagen will, und leidet unter der Vorstellung, daß die anderen das Erzählte gegen ihn benützen. Trotzdem erzählt er jedesmal etwas, was ihm hier schaden kann. Jedesmal muß er dann betteln, doch bitte nichts weiterzuerzählen

Dr. Winter: Hört zu, lacht, hört zu, dann geht er, weil es so spät ist.

Herr Ficus: Möchte leben können. Er bejaht, was ihm hilft; egal, was.

Herr Probst: Ist unsicher. Versucht Angriffe, sucht wunde Punkte, will scharf sein, aber wenn er merkt, daß er einen angreift, der sich nicht wehren kann, verstummt er ganz ängstlich, kapituliert sofort.

Herr Bauer: War auf der Kö, 17 Uhr, Freitag, zwei Mädchen. Plötzlich die Photographen, eine zieht die Jacke aus, busenfrei, Blitzlichter, dann zieht sie die Jacke wieder an.

25. 8. 1964

Teppiche

Herr Levavis, der die Räume seiner Kunden gern komplett machen will und sagt, daß er deshalb gern Verluste in Kauf nimmt. Er kann es z. B. nicht sehen, wenn der Keshan neben einem Vorwerk-Teppich liegt. Deshalb legt oder läßt er legen einen Kirman daneben. Es ist, als leide er darunter, seine Teppiche in schlechter Umgebung zu sehen. Oder: Er weiß, wieviel wir bezahlen können, also bietet er uns seine schönsten und teuersten Teppiche gar nicht erst an. Er kombiniert rasch und überraschend 5200 plus 4800, der für 4800 kann nicht gesenkt werden. Aber beide für 9000, das geht. Und die Kirmanbrücke für 670? Für unseren Afghan kann er höchstens 500 geben. Morgen können Sie ihn bei mir wieder für 300 kaufen. Ich schreib das dem Finanzamt ab. Also, ich tausche die Kirmanbrücke gegen die Afghanbrücke. So gibt er praktisch 670 für die Afghanbrücke und schenkt eine winzige Kirmanbrücke für 170 noch drein. So rasch rutschen die Zahlen durcheinander, daß der Kunde Zahlen schließlich gar nicht mehr für so wichtig hält. 3000 anzahlen, 6000 in 12 Monatsraten. Was bleibt, sind die Teppiche. Ab 1. 9. sowieso um 40 % teurer. Er zeigt zweimal (ohne es zu merken) den Durchschlag, liest den Text vor, den er an die Druckerei schickte: Er macht die Kunden (Händler) darauf aufmerksam, daß sie vorsichtig sein sollen mit Verkaufen, wegen der kommenden Verteuerung. Daß er hier verkauft, kommt, weil er die Ausstellung schon lange voher terminierte.

Er nimmt Seidenteppiche usw. rasch aus Häusern, woher, weiß man nicht, wahrscheinlich von Ärzten. Und bringt sie mit, wenn er merkt, hier ist einer für Seidenteppiche oder für Kirmans.

Los, Jungens, tragen wir den Tisch auf die Seite, los, los.

Und auf dem Höhepunkt der Finanzverhandlungen preßt er plötzlich die Hand in die Magengrube, haucht Mein Magen hervor und geht ins Nebenzimmer. Kommt nach drei Minuten zurück und sagt, er sei bei Dr. Winter zur Generalinspektion gewesen. Aber er weiß noch nicht, was es ist. Sobald er draußen war, begann ich das Scheckformular auszufüllen. Er hat am Tag der Mauer einen Platz am Ku'Damm gekauft für 200000. Er hat immer an Berlin geglaubt. Jetzt für 2 Millionen verkauft. Im Europa-Center wird er eine Filiale einrichten. Er hat schließlich für 12000 an uns verkauft. Wir haben es kaum bemerkt. Stehen jetzt stumm auf den Teppichen herum und schauen die schönen Muster an. Die Zinsen für die 6000 berechne ich lieber nicht.

Tischreden, Partyreden

Unser Freund XY hat den Anstoß gegeben ...

XY: Diese Art Anstoß gebe ich gern ...

Handwerk

Gesimsehobel, Hirnholz (das Rahmenbrett an der Tür, das senkrechte, das Begrenzungsbrett).

Wenn man das Bohrloch vorstechen kann, zwingt man die Schraube besser.

Madenschraube, Zylinderkopfschraube.

Psalm

O Herr, Du prüfst mich und durchschaust mich, ob ich mich setze oder steh, Du weißt es.

Stieg ich hinauf zum Himmel, Du bist da, stieg ich hinab zur Hölle, Du bist da ... vor Dir ist Finsternis, soviel wie Licht ...

30. 8. 1964

Die zweite Hälfte des Jahrhunderts, die Hochfläche, die ruhig sein soll, ein ebener Fortgang. Die Unerfüllten, die quälen wollen. Seien wir doch ein bißchen brutal mit einander.

Schon zwanzig Jahre kein Krieg mehr. In Gärten, an Stränden, vor allem auf Dachterrassen dieses Bedürfnis nach Grausamkeit. Es fehlt uns die Anwendung unserer Kräfte, also wenden sie sich gegen uns selbst. Dabei tut jeder, als veranstalte er Grausamkeit den anderen zum Nutzen. In Wirklichkeit tut er es für sich selber; aus Unglück über sein unersättliches Bedürfnis. Er möchte herrschen über das Bewußtsein der anderen, und die Inhalte fehlen, also veranstaltet er einfach das Schlimmste, das pure Wüste, macht Erotik usw.

Wachtraum: Die bühnenfüllende Dame, die Forscher in den Höhlen und Bergen der Dame, der niedertretende Fuß, ich.

Rachekalender

Eine heftige Unterhaltung unter Hiesigen über Männer, die in Frage kommen (für dieses und jenes): Sie unterhalten sich so ungeduldig, der setzt sich rasend für den ein, der andere für jenen, ebenso rasend. Daß sie selber in Frage kommen sollten, davon ist überhaupt nicht die Rede. Sie verzichten völlig auf sich zugunsten ihrer Protagonisten. Von mir verlangen sie auch eine Entscheidung für einen dieser Protagonisten. Daß ich mich selber für einen halten könnte, ist ihnen offenbar unerdenklich. So weit unten rangiere ich in ihrem Urteil. Es liegt keine Beleidigungsabsicht in ihrer Heftigkeit. Sie sind ganz unschuldig. Ich soll rächen das, was man in mir verkennt, obwohl dieses Verkannte nichts zuwege bringt, was anerkannt zu werden verdiente. Da ist lediglich ein Bedürfnis, eine Ehrsüchtigkeit, die ganz unfruchtbar ist, die mich noch zugrunde richten wird. Heute muß ich noch so tun, als hätte ich nichts gehört. Aber ich merke mir jedes Wort, jeden Satz, in dem ich nicht vorkam. Und eines Tages werde ich denen diese Sätze um die Ohren hauen. Werde auf den Beifall von hoffentlich mehreren Kontinenten verweisen und diese Kerle ganz scharf erledigen. Aber dazu müssen wir Freunde bleiben, diese Kerle und ich, begreife, liebe Ehrsüchtigkeit. Die Beschämung wird um so radikaler und seelenmordender sein, je deutlicher ist, daß es ein Freund war, den sie so unerwähnt ließen. Glücklicherweise ist meine Ehrsüchtigkeit ein bißchen dumm und läßt sich so einwickeln. Andererseits ist sie auch klug. Vielleicht tut sie nur so, als ließe sie sich vertrösten, weil sie überleben will. Wenn ich mich ihretwegen noch umbringe, denkt sie vielleicht, davon hat sie ja auch nichts.

2. 9. 1964

Freundschaft, Ehen, jegliche Art menschlicher Verbindung, dazu gehören gut verteilte Mängel. Jeder ist ein Krüppel. Aber wenn zwei zusammenkommen, denen die rechten Hände fehlen, wird es nicht lange gehen, bis einer dem anderen vorwirft, daß dem die rechte Hand fehlt.

Wir sind alle Funktionäre. Jeder, dem die Gesellschaft gestattet, etwas anderes zu tun, als er ist, ist ein Funktionär. Von den Pfarrern wird noch verlangt, daß sie glauben, was sie sagen. Wo Glauben und Handeln eins sind, kann kein Funktionär entstehen. Aber ein Schriftsteller, der so tut, als ginge es ihm um die menschliche Gesellschaft, um das Wohl der Menschen, um das Soziale, der solche Bücher schreibt mit menschenfreundlicher

Tendenz und der selber doch weiß, daß es ihm nur auf sich selber ankommt (– und das schreibt er nicht –), das ist ein Funktionär. Er steht im Dienst der Verbreitung menschenfreundlicher Ideen, ein ganz sinnloser Dienst. Franz von Assisi war kein Funktionär. Kafka auch nicht. Sicher, Thomas Mann, Benn und andere Schriftsteller sind zwar unglückliche Funktionäre, aber trotzdem Funktionäre.

3. 9. 1964

Zerlaut Benedikt, Amann Baptist, Gomm Wendelin, Grabherr Josef, Fießinger Lorenz, Dr. Gelb Ernst, Endrass Josef, Igel August, Jarde Felix, Untermoorweiler, Kalbrecht Benno, Kegel Maria, Kocherhof, Jakob Josef, Gemischtwaren Schwarzenbach, Josef Lingg, Flaschnerei, Fidel Leib jun., Magnus Mager, Gemischtwaren, Franz Magino, Wasserzinseinnehmer und Streckenwärter Vordereschach, Pia Kolb, Konrad Knill, Bauer, Oberrussenried, Joh. Bapt. Klas, Malermeister, Ludwig Knolmayer, Haslach, Anton Jayrock, Zementwerk Schwarzenbach, Anton Müller, Haslach, Anton Nassal, Hafnermeister, Erwin Riedesser, Alois Rimmele, Franz Schiele, Senze Schlatterer, Emil Schlupp, Josef Schupp, Albert Schweinberger, Eugen Sparke, Volk, Traut, Weishaupt, Berta Wespel, Milch, Josef Bendel, Bentele.

Steinenbach, Gunzenweiler, Primisweiler, Hiltensweiler, Litzelmannshof, Neuravensburg, Bettensweiler, Goppertsweiler, Wildpoltsweiler, Schauwies, Ruppertsweiler, Untermoorweiler, Mehetsweiler, Dietmannsweiler, Dabetsweiler, Flunau, Roggenzell, Loderhof, Unterlangensee, Lustensbach, Schomburg, Elmenau, Batzenweiler, Behweiler, Furatweiler, Habratsweiler, Wannenhäusern, Fuchstobel, Ramsenbühl …

Ein Anlaß

Er hat einen Leserbrief geschrieben, und als er die seinen wiedertrifft, spricht nicht ein Einziger von diesem Leserbrief. Er geht nur deswegen hin. Wartet nur darauf. Wagt keine Anspielung zu machen. Schon wenn er von der Zeitung spräche, fürchtet er, würden alle das so empfinden, als wolle er mit Gewalt das Gespräch auf seinen Leserbrief bringen.

Ein neues Kleid seiner Frau. Keiner sagt was. Er haßt alle deswegen und am Ende auch seine Frau.

Zürn hat einen Kunden, der sich kaputtmacht mit Grundstückskäufen. Der eine Sucht hat nach Grundstücken wie ein Spieler nach dem Spiel, wie nach Frauen usw., der zum Betrüger wird durch seine Grundstückskäufe und der deshalb Zürn mit hineinreißt in seinen Untergang.

Wasserburg

Aufgewachsen in einem Haus, dessen Haustüre nach Osten ging, da fielen herein in den Hausgang die kalten violetten Märzmorgen, die gelbgrellen Sommerfrühen. Die Tür in den Hof ging nach Westen, auch die zwei Fenster der Küche, da dauerten die goldgrünen Sommerabende lange und die hart gleißenden Winternachmittage. Samstags, auf den empfangsbereiten sauberen Steinfußboden fielen die Nachmittage, verweilten, ein Apfelbaum als Astschattenwerk vor diesen Fenstern. Jetzt in einem Haus mit Nord-Süd-Türen.

Rachekalender

Vor seiner Frau hält er viele Niederlagen geheim. Sie soll nicht wissen, wie er da und dort wieder besiegt wurde. Das bringt Spannungen, weil immer wieder Entdeckungen drohen, und dafür will er sich auch an denen rächen, die dafür nicht verantwortlich sind.

Rührend und mehr ist sein Zug, vor seiner Frau gut dazustehen. Er fürchtet in jeder Niederlage die Möglichkeit, daß seine Frau sich in den Sieger verliebt, sich mit dem verbünden könnte gegen ihn. Er vermutet, daß seine Frau sich allmählich auch einmal an ihm rächen möchte für alles, was er ihr zufügte.

Wie er sie braucht nach Niederlagen. Wie unabhängig er sich fühlt in den Sekunden der Ruhe, wenn er sich vormacht, daß alles gutgehen könnte.

Sein Gedächtnis wird immer schärfer. Telephon-Nummern usw., er kann nichts mehr vergessen, Beleidigungen und was er dafür hält. Sobald er Ruhe hat, marschieren die Sätze wie große Schauspieler auf und tragen sich vor.

Mädchenleben

Schulkinder kommen an der Küferei vorbei, hören Geschrei, gehen hin, aus dem Ofen kommt es, machen die Klappe auf, finden auf dem Rost, in der Asche liegend, das Gesicht nach unten, ein nacktes, blutiges Kind. Holen den Küfer, der holt seine Frau, die Kinder schickt er zum Gendarm. Anzeige. Alle Frauen des Dorfes werden untersucht. Seine eigene Tochter war es. Gastarbeiter. Die Mutter wahrscheinlich mit im Bund. Die Tochter hat aber allein entbunden, hat die Nabelschnur durchgebissen, hat sich drei Stunden mit dem Kind beschäftigt, es geliebt für immer, dann, die Reden der Mutter im Ohr (was passieren wird, wenn sie mit so was kommt), trägt sie es hinunter, weil sie weiß, der Vater wird Hobelspäne in den Ofen hineinwerfen und anzünden und damit wird es sich haben.

Wenn Sirte das gehört haben konnte …

28. 9. 1964, Königstein.

29. 9. 1964, Frankfurt.
Dramaturgentagung.

1. bis 16. 10. 1964, Stuttgart.
Theater, *Der Schwarze Schwan*. Uraufführung am 16. Oktober.

Etwas Rostiges. Die Metallplastik, in der herum die Herbstblätter liegen.

Ob man schon herausgefunden hat, warum die Nachtfalter immer ans Licht wollen. Hat das mit Nahrung oder mit Liebe zu tun? Kaum. Wahrscheinlich dürfte es überhaupt kein Licht geben in deren Welt. Licht ist für sie eine Katastrophe. Sie fliegen hin und verrecken. Die Kerzen waren gnädiger. An einer Glühbirne dauert es doch ziemlich lang, bis so ein Falter tot ist.

23. 11. 1964, Gießen.
Lesung.

Bei Vollgas erigiert er. Auch im Zug durch das Ratata und gleichbleibende Stoßen.

24. 11. 1964, Bonn.
Vortrag (Uni).

25. 11. 1964
Colloquium.

26. 11. 1964
Diskussion.

27. 11. 1964
Lesung. Abendessen mit Benno von Wiese.

FAZ-Wochenendbeilage

Happenings: blutiges Fleisch mit dem Citroën zerquetschen, Autos von Lokomotiven zermalmen lassen usw. Conterganbinderbericht. 150. Todestag de Sade. Bombay als Ziel einer Papstreise (Ökumen. Kongreß).

Die Gruppe, die nachts nicht nur Menschen angreift, sondern auch Häßliches aufbaut und Schönes zerstört, eine Art Popart. Sie organisieren Contergan-Kinder zu einem Umzug.

Bonn, Hofgarten am kühlen, sonnigen Sonntagmorgen, Spaziergänger in Mänteln, viel Licht zwischen den kahlen Bäumen, aber wie hell es ist, sieht man erst, als eine Kirche mit einer Glocke ruhig gemessen zu läuten beginnt. Ein Schäferhund läuft ins Bild, bremst, läuft langsamer, dann von links ein riesiger schwarzer Neufundländer, der aber, als er den Schäferhund sieht, wie ein Pferd vorne hochgeht, also fast auf den Hinterbeinen dreht er ab. Jetzt natürlich der Schäferhund nach.

Ein Mädchen mit pupertärer Akne, sonst aber überall eine Frau (anscheinend), kommt mit ihrem Zimmerschlüssel in die Halle, hat ein Buch dabei, ein Schrägblick, es ist ein Schulbuch, Fremdsprache, sie lernt Wörter und atmet manchmal bös laut und hörbar, wahrscheinlich hat sie wieder ein Wort nicht gewußt, das sie eigentlich wissen müßte, das sie von sich verlangen kann.

29. 11. 1964, Köln.

Wenn im Film ein Schauspieler, den wir sofort als den Hauptdarsteller kennen, sich einem Mädchen nähert, einer Schauspielerin, die, wie wir wissen, nur Hauptrollen spielt, wenn sie sich dann seinen Annäherungen widersetzt, kann er sich alles alles leisten. Er muß nicht weitergehen, die Passantenblicke, die schadenfrohen, ertragen, er muß sich nicht entschuldigen dafür, daß er das Mädchen angesprochen hat, er kann ganz dumm und frech grinsen und Sätze sagen wie: Lachen Sie eigentlich nie? Er kann sagen, was er will, schließlich ist er der Hauptdarsteller und sie die Hauptdarstellerin, und was immer er Dämliches tut, sie werden einander finden. Das wissen wir zwar, aber im Augenblick, als sie wie ein mittleres Pferd den Kopf nach oben reckt und den Schritt beschleunigt, also ihm wegzulaufen droht, da bangen wir doch für ihn und hoffen, er finde den Mut zu einem neuen Angriff, einen Mut, den es nicht gibt in Wirklichkeit und den er, da es sich ja um einen Film handelt, auch gar nicht braucht. Er braucht nur eine neue Kameraeinstellung.

Thomas Kanza ist nicht mehr in Stanleyville, sondern in Nairobi, also vorerst gerettet. Er hat Nachricht von den Rebellen, daß sie sich der nördlichen Grenze nähern und in den Sudan wollen.

Die Amerikaner haben ihre Maschinen den belgischen Paras von Ascension aus nur zur Verfügung gestellt, heißt es, um die weißen Geiseln zu retten. Aber gleichzeitig ist jetzt Stanleyville in der Hand der Belgier, also Tschombés. 80 Geiseln seien tot. Vor dem Lumumba-Denkmal gemetzelt. Die Tagesschau zeigt weinende Gerettete auf dem Flughafen in Brüssel. Frauen mit zerschlagenen Nasen. Einen weißen Vater, der Auskunft gibt über die Anti-Tschombé-Rebellen, daß sie von ihren Anführern belogen würden, sie seien unverwundbar, Fetisch und Zauber und Lumumbakult, Kugeln würden abgleiten an ihnen wie Regentropfen, und wenn einer falle, stehe er am 3. Tag wieder auf. Erstens ist seltsam, daß der Pater das in einem harten baierisch-fränkischen Dialekt erzählt (der eignet sich schlecht, um über den Kongo zu sprechen), zweitens wundert man sich, daß er diese Praktik so ablehnt; was hat man bei uns für ewige Seligkeiten versprochen, in Kreuzzügen und Glaubenskriegen! Daß die Neger schon am 3. Tag wieder aufstehen dürfen und wir erst am Jüngsten, das ist doch nur ein gradueller Unterschied.

30. 11. 1964, Hildesheim.
Lesung. Dann bei Olms.

1. und 2. 12. 1964, Hamburg, Kiel.
Lesungen. *Lügengeschichten.* In Hamburg: «Eine Pflicht in Stuttgart», «Eine unerhörte Gelegenheit» und «Rohrzucker». In Kiel: «Nach Siegfrieds Tod», «Ein schöner Sieg» und «Bolzer, ein Familienleben».

4. bis 8. 12. 1964, Berlin.
Pension Aida. Lesung und SFB.

6. 12. 1964, Ost-Berlin.

Auschwitz
Diese Mörder sind also Anachronismen; so sind wir jetzt nicht mehr. Biologisch sind wir nicht mehr dazu imstande. Sie sind von uns getrennt. Sie sind aber auch die Vollzieher eines Hasses, den man 1000 Jahre lang genährt hat. Juden und Slawen, daß das ausgerottet gehört, das haben nicht diese Auschwitz-Mörder erfunden. Das haben wir in der Geschichte gelernt. Unsere Sympathien waren immer auf der Seite christlicher und deutscher oder zumindest germanischer Heere und Mörder. Es ist gut, daß wir uns jetzt getrennt fühlen. Und es ist ziemlich sicher, daß sich dieser Hass jetzt ausgeblutet hat! Die Darstellbarkeit dieser Geschehnisse durch das Zitat ist gefährlich. Das Zitat ist ein Reiz. Würde etwa ein Schriftsteller wie H. Kipphardt die Akten des Auschwitz-Prozesses in die Hand nehmen und ein Bühnenstück daraus entwickeln, er hätte einen Welterfolg. Ich bin ziemlich sicher, daß er es nicht tun wird. Daß Auschwitz nicht als Großes auf der Bühne aufzubauen ist, mit rhythmisch lodernden Flammen im Hintergrund, ist beweisbar oder ohne Beweis verständlich. Daß aber der Prozeß (oder ein anderer Ort) zum Vehikel

gemacht werden könnte, scheint näherliegend. Und diesmal würde nicht Jean Vilar Kipphardt beerben, sondern Peter Brook, das Theater der Grausamkeit.

Das Zitat

Man weigert sich gegen die Begreifbarkeit. Man ist überwältigt von der Ungeheuerlichkeit dessen, was da passiert sein soll oder passiert ist. Aber man ist ja nicht Zeuge. Man schaut dem Angeklagten Boger nicht mehr zu, wenn er seine Schaukel praktiziert, man sieht auch das Opfer nicht mehr, sondern einen Zeugen, einen Gerichtssaal, einen Angeklagten. Wir tun so oder glauben zu empfinden, wir nähmen teil an der Tat in Auschwitz. Wenn wir im Gerichtssaal zuhören, wenn die Zitate ihre unbegreifbare und betäubende Gewalt entfalten ... aber wäre denn einer von uns imstande, einem solchen Vorgang als Augenzeuge beizuwohnen ... So wie wir jetzt sind, so wie wir jetzt glauben, wir nähmen teil? Es hat während des Prozesses Weinkrämpfe, Nervenzusammenbrüche gegeben. Aber eigentlich selten genug. Das heißt, die meisten von uns, die dort waren, haben die Zitate geschluckt, ertragen, ja sie haben mit intensivem Interesse das Fürchterliche zur Kenntnis genommen. Wir verurteilen die Angeklagten, das tun wir heftig, aber wir nehmen fast gierig auf, was da zitiert wird an Wirklichkeit. Und vielleicht werden wir irgendwann sogar diesen Zitaten in Gedichten wieder begegnen. Celans «Todesfuge» reicht nicht aus. Das ist schön und ohne wirkliche Verbindung zu Auschwitz. Der Tod ein Meister aus Deutschland. Und das Zitat ist kulinarisch. Es ist keine Sprache vorstellbar für diese Vorgänge. Man könnte versuchen zu beschreiben, wie diese Angeklagten zu Vollziehern einer uralten Meinung wurden, was ihnen eingebleut worden ist, ihnen und ihren Vätern und Vorvätern ... aber die schauerliche Bündigkeit des Zitats, die groteske Unbeholfenheit des Mörderjargons, die zu einer Deutlichkeit und Unverhülltheit führt und doch täuscht, denn es handelt sich ja hier im Saal um Wörter, um nichts als Wörter. Und es sind immer die richtigen Wörter. Da gibt es keinen schiefen Ausdruck. Kein falsches Bild. Die Einfachheit der Mörder vergreift sich nicht, hat gar keine Wahl. Wer einem anderen außerhalb des Saals so ein Zitat mitteilt, der tut es mit einer Art Grimm und er versucht beim Zitieren seinen Mund zu beherrschen. Man kann ja nicht lachen oder grinsen, wenn man so ein Kaduk-Zitat weiterreicht. Man kann auch nicht weinen. Das Zitat ist komisch wie ein Affe, der einen Chirurgen imitiert, oder wie ein Affe, der einen trauernden Menschen imitiert … das Zitat ist ein Affe, eine Imitation, eine Decke über die Wirklichkeit, das Zitat verbirgt, was in Auschwitz wirklich war. Es gibt keine Sprache für Auschwitz. Auch die Statistiken sind kein Ausdruck für Auschwitz. Die Sprache der Staatsanwälte ist eine menschliche Sprache, sie versuchen das Geschehene gegenwärtig zu machen, eindringlich, sie reden den Angeklagten ins Gewissen, scharf, milde, geduldig, empört, je nachdem. Aber die Angeklagten weigern sich, die Auschwitz-Zeit wieder auferstehen zu lassen. Kein Mensch weiß, wie die Angeklagten jetzt darüber denken. Vielleicht könnten Psychiater eine Sprache zur Verfügung stellen, die uns die Angeklagten verständlich machen würde.

Staatsanwälte reden von heute aus, sie sprechen in der Vergangenheitsform, sie appellieren an Auschwitz, Erinnerung, Gedächtnis, vielleicht sogar an Gewissen … Die Zeugen liefern das Geschehene als Zitat. Nur für die Zeugen, die Opfer in Auschwitz waren, hat Auschwitz Realität, nur sie finden Auschwitz so unerträglich, wie es war und ist. Sie tragen an ihren Zitaten wie an einer Last, für sie ist es nicht leicht, die Zitate hier vorzubringen, sie können oft nicht weitersprechen … Alle anderen sind Zuschauer, wir, die Gerichtspersonen, ja sogar die Angeklagten gebärden sich als Zuschauer … welches Verhältnis sie zu den Zitaten haben, läßt sich nicht sehen.

Das Zitat als das Lebendige. Das Bleibende. Das Täuschende. Auch dem Zitat gegenüber nur Zuschauer.

Unser Interesse am Grausamen. Das Interesse an Auschwitz. Voraussetzung: Wir haben Schuldige, und wir wissen: Wir gehören nicht zu den Schuldigen.

Kongo, Vietnam ... da ist es schon schwieriger, weil man da noch streitet: Wo stehe ich? Auf der Seite der Union Minière und Tschombés. Und zwar: Weil doch die Gegner Kommunisten sind. Oder stehe ich auf Seiten der armen Rebellen? Das ist zwiespältig, selbst wenn es mir durch Nachdenken gelingt, mich ganz und gar gegen Tschombé zu stellen. Afrika wird immer zwischen einem Tschombé und einem Lumumba zu sehen sein.

Aber Auschwitz: Die bloße Grausamkeit, die von aller Diskussion befreite Aufnahme einer Bestialität sondergleichen.

Auschwitz war das Resultat einer langen Erziehungsarbeit, einer jahrhundertelangen Gegenaufklärung.

9. bis 12. 12. 1964, Frankfurt.

Im Zug

Die Südamerikanerin: Deutsche Männer hören zu schnell auf. Zu Hause, mit 13, wurde sie ein für alle Mal verdorben. Sie fragt, ob nur Homos anal verkehren. Das ist doch angenehm. Das tut so schön weh. Eine posteriore Nummer. Vielleicht meint sie nur a posteriori.

Gehört:

Nein, ich habe drei Schlaftabletten genommen. Ich glaub schon. Anfangs Zweifel, weil der Apparat besetzt war. Wieso pervers. (Lachen) Ah ... (Kehllachen) Ich wußte schon ... so in einem Hotel ... ja, ja, genau ... bitte ... und ich liege auf meinem Bett und habe einen Scotch. Schätzchen, wir werden uns eines Tages dem Trunk ... nein, nein, das bildest du dir nur ein ... Vielen Dank, was du mir da sagst ... ich weiß nicht, ob es fair war ...

im übrigen mag ich … Warum hast du Sehnsucht nicht nach N., weil du N. zehn Jahre kennst und mich zwei Jahre … wenn du noch einmal so jung wärst wie damals, als du N. kennenlerntest, wen würdest du … ich würde mich ja auch nicht heiraten … du interessierst mich jetzt (Lachen) … Was weiß ich, werde Pferdepfleger. Ich hab sehr gut gegessen. In einem ital. Restaurant, Rotwein getrunken … nnnein … wenn du mich anrufst, nicht zu spät, weil ich sonst Schlaftabletten genommen habe und dann … hm …

23. 12. 1964
Bewundert und bewundernd kommt man in die Welt, verachtet und verachtend verläßt man sie. Wenn alles normal verläuft.

1965

2. 1. 1965

Wenn sich einer mir gegenübersetzt, obwohl er noch einen Platz finden könnte ohne Gegenüber.

5. 1. 1965

Kratz mir den Schnee
der fällt
von der Mondscheinsonate
aus den Ohren
und die Sterne aus den Augen
und aus dem Angesicht der Welt
daß es endlich dunkel wäre
und still
ich kratz mir den Schorf
vom Grind den Schnee
rechts und links von den Schläfen
fallen die Schuppen
mir in die Augen die Sternschnuppen
ich kratz die Sternschnuppen
mir aus den Augen
und schau mit zerkratzten Augen
hinaus.

Wer Angst hat, will Schrecken verbreiten. Der Ängstliche spielt sich so lange in den Terror hinein, bis er seine Angst überwunden hat und nur noch Terror verbreitet. Angst macht starr und empfindlich gegen die, vor denen man sich ängstigt. Wer Angst hat, imitiert die, die aussehen, als hätten sie keine Angst. Wer Angst hat, hat einen Feind. Der Ängstliche kommt seinem Feind zuvor. Am schlimmsten ist, wer Angst hat, ohne es zu wissen. Er handelt. Wer aus Angst handelt, der hört nicht auf, bevor er den Feind vernichtet hat. Mit seiner Angst rechtfertigt der Ängstliche alles. Alle haben Angst. Vor einander. Um sich. Vor sich selber hat keiner Angst.

Jeder Winter kostet Haare. Obwohl man sie im Winter bräuchte.

Nebenher sollte das Wichtigste entstehen. Von selbst. Verlaß ist nur auf das, was von selbst entsteht.

Ich schau nachts hinaus. Wenn ich Schritte hör, marschier ich in Strümpfen nach dem Takt der fremden Schritte im Zimmer herum, bis ich die Schritte nicht mehr höre. Dann bleib ich stehen. Schleich ans Fenster. Schau hinaus. Ich seh nicht viel. Fast nichts. Aber ab und zu hör ich was. Und solang ich gar nichts hör, leb ich gewissermaßen nicht. Diese Zeit sollte mir eigentlich geschenkt werden. Aber nein. So ist die Welt. Auch in den Stunden, in denen ich reglos warte, werde ich älter.

Die Kinder, die Dreizehnjährige, das Fünfjährige. Das Fünfjährige zeichnet.

Die Dreizehnjährige: Was soll jetzt das wieder sein?

Das Fünfjährige: Ein Pferd.

Die Dreizehnjährige: Der Bauch schwarz und der Rücken weiß?

Das Fünfjährige: Ja.

Die Dreizehnjährige: Dann ist eben der Bauch dreckig.

Das Fünfjährige: Nein.

Die Dreizehnjährige: Dann mach doch den Bauch weiß.

Das Fünfjährige: Nein.

Die Dreizehnjährige: Dann ist er eben dreckig.

Das Fünfjährige: Nein.

Die Dreizehnjährige: Wenn du den Rücken weiß machst und den Bauch so schwarz, dann meint man, der Bauch sei dreckig.

Das Fünfjährige (verzweifelt): Es ist doch ein Hengst.

Die Dreizehnjährige lacht und erzählt allen anderen die unzureichende Erklärung, die sie selber in dem fünfjährigen Kind produzierte.

8. 1. 1965

6 Uhr, Fähre nach Romanshorn.

Die Junge mit dem ungleich durchbluteten Gesicht, ganz blaßgelbe Stellen und bläulich-rötliche, liest Zeitung, eine kleine Zeitung, sie hat ungeheure Hände, die Sehnen im Handrücken, die Finger und die Nägel, sie hat fast nur diese Hände, ihr Körperchen steckt in einem mit narrenhaft weißen Rauten gemusterten Norweger. Zwei Alte setzen sich zu ihr und fangen gleich an zu stricken. Die fahren in den gleichen Betrieb in die Schweiz. Aber außer Guten Morgen kein Wort. Nicht ein einziges. Wenn die Junge die Zeitung gelesen hat, nimmt sie ein Romanheftchen, schiebt die Zeitung beiseite. Die beiden können, wenn sie die Köpfe schief halten und das Gesicht verdrehen, in der beiseitegeschobenen Zeitung lesen. Zuerst probiert das eine, als deren Kopf nicht mehr in die Normale zurückkehrt, auch die andere. Dann hängen beide Köpfe verdreht über den Tisch und die Zeitung. Die Hände hören allmählich zu stricken auf, stricken gar nicht mehr, die beiden lesen. Dann haben sie gelesen, was sie fixierte. Zuerst löst die eine ihren Kopf aus, dann die andere. Außerdem noch eine Art Geistlicher. Er ist keiner. Aber dunkel gekleidet, Hosen mit Aufschlägen, jung, Brille, fromm-streng. Er trinkt Kaffee, geht zum Mantel, holt eine dunkelgrüne Flasche aus der Tasche, gießt etwas in den Kaffee. Einer mit Baskenmütze hält die Hand vor die Augen,

Ellbogen ausgewinkelt, einfach die Hand, die rechte, quer vor die Augen, die Finger scheinen einen gewissen Druck auf die Augen auszuüben. Der Geistliche steht auf, schaut zum dunklen Fenster hinaus. Der mit der Baskenmütze hat die Hand von den Augen genommen und sagt: Encore vingt minutes. In der Schweiz ein Licht, das winkt. Der Pfarrer spricht vor dem Aussteigen die im Rautenpullover an. Er nimmt ihre Hand und kitzelt sie in der Handfläche. Sie ist erstaunt, unwillig, so früh am Tag, und wie sie aussieht, ist ihr das überhaupt noch nie passiert. Er läßt die Hand nicht los, da entreißt sie sie ihm. Er sagt betreten Auf Wiedersehn (französischer Akzent). Dann steht er verlegen, murmelt vor sich hin.

6 Uhr 40 Romanshorn, ab 6 Uhr 48, an Rorschach 7 Uhr 11, ab 7 Uhr 16, an Landquart 8 Uhr 36, ab 8 Uhr 41, an Davos 10 Uhr 25.

Davoser Hof. Siegfried. Ski. Rückfahrt 11. 1. 65.

18. auf 19. 1. 1965

Von abends sieben Uhr bis nachmittags zwei Uhr ein Föhnsturm. Zuerst in der Altstadt, wie der Wind den Regen hereinträgt und ihn hinwirft. Die ganze Nacht singt das Haus, brüllen die Bäume, man wacht auf, die Bäume sind immer noch im gleichen Kampf, erst nachmittags das Schweizer Ufer, es wird herangewuchtet, scheint losgerissen, kommt auf der dunkelgrünen und gischtweißen Brodelmasse des Sees näher, Föhn … und als es aufhört hier unten, geht es droben weiter, hinter dem Haus Armeen schmutzig braungrauer Wolken, vor dem Haus schon Fetzen Blaus.

Bis Mitternacht Arbeit, im Bett starr, die Kopfkugel schmerzt, wo sie liegt, Pulsation, die Bettdecke wird an fünf bis fünfzehn Stellen von meinen Pulsen geschlagen, raschelt, vibriert, schlägt mit, ein Aufladungseffekt, der Puls wird multipliziert, wird heftiger, wenn das so weitergeht, zerreißt dieser Puls mich und das Haus, und wenn die Weltdecke nicht nachgibt, auch noch die Welt.

Das tapfere Schneiderlein

Woran denken, um die Ejakulation noch hinauszuschieben. An das tapfere Schneiderlein, an seinen Schrecken.

Die Versuchung, eine schlechtere Manier nachzuahmen, bloß weil sie nicht die eigene ist.

Für AK III

Anselm: Aus dem Mißtrauen seiner Jugend nimmt er jede Frau dankbar an, er glaubt immer noch nicht, daß sie wirklich wollen, das ist immer noch ein Wunder für ihn, jedes Mal, die wollen tatsächlich Unkeusches mit ihm tun, und das nicht nur mit den Matrosen und Fischern und Bauarbeitern und Fliegeroffizieren, sondern mit ihm.

6. 2. 1965

Der Winter tritt hier gern als Penelope auf, wirft einen Tag lang Schnee her, und nachts schmilzt er alles wieder ein und läßt es als Wasser verlaufen.

Die Vögel eng ums Haus, jeden Tag enger, auch fremde Vögel, die nicht zu unserem Garten gehören: zwei Paare, größer als Amseln, aber so gebaut.

Etwas stimmt nicht in diesem Schneefall. Große nasse, schwere Flocken, die fast senkrecht fallen, und dazwischen kleine, rasche, schrägtreibende Flocken.

Am Horizont, am violettroten, kardinalfarbenen, wachten blauschwarze Wolkenfinger über uns oder über den Himmel.

Im Radio werden wir gleich hören von Rachmaninov: O du mein wogendes Kornfeld.

Fasnacht

Daß du mich liebst, das weiß ich, auf deine Liebe scheint der Mond.

Wer soll das bezahlen, wer hat so viel Geld, wer hat so viel Pinke-Pinke, wer hat so viel Geld.

Wir gehören zusammen, wie der Wind und das Meer, von dir mich zu trennen, ja das fällt mir so schwer.

Willy Brandt in Wildbad Kreuth mit den Millionären und den reichsten Intellektuellen. Beweis: Egal welche Seite, man muß nur oben sein. Es kommt darauf an, in welchem Hotel man sich erholt, nicht, für wen man kämpft.

19. 2. 1965

Mit Adlers in Bregenz. Weinstube Meßmer.

24. 2. 1965

Sirenenprobe: Eine nahe, hoch auf und ab, eine fernere, tiefer auf und ab, dann stöhnen beide leer ins Aufhören. Sonnenschein, Kälte, Schnee, Amseln, Gimpel, Meisen und die Sirenen. Die tun noch gleich wie die vor zwanzig und fünfundzwanzig Jahren. Der Ton hat sich offenbar bewährt. Es klingt, als wollten sie etwas abschütteln oder als wollten sie sich in einen höheren Ton hinaufschwingen, auf jeden Fall eine Bemühung, die erfolglos bleibt. Dann, das vierte Mal, gelingt ein hoher, gleichbleibender Ton, der nie mehr aufhören wird, und dann sackt er doch zusammen.

Wenn ich einmal so viel Geld haben werde, daß ich ein Buch schreiben kann über die lebenslängliche Hochstapelei als Schriftsteller. Ich mußte davon leben. Jetzt habe ich davon gelebt, jetzt kann ich gestehen, wie das war (wenn ich es dann noch weiß).

Josef W. Janker: Er hat einen Keniabericht an einen FAZ-Redaktor geschickt, der schon zwei Jahre tot ist, der Nachfolger schreibt, wir haben so viele schon umbrochene Artikel aus Regners Zeit, aber wenn die alle einmal weg sind, bringen wir Ihren. Dann trifft Janker Loetscher von der Weltwoche, der sagt: Loseisen, loseisen, her mit dem Artikel. Janker: Sie haben ihn ja noch gar nicht gelesen. Loetscher: Ich kenne Sie, her mit dem Artikel. Janker an die FAZ: Bitte zurück. FAZ: Wir hätten ihn später gebracht, aber bitte. Artikel an Loetscher, Janker hört nichts mehr davon. Einen Artikel an K. M. Michel, der gibt (obwohl Janker schrieb, 1. Fassung, noch nicht fertig, Sie kennen mich ja) den an die SZ, dort kommt er. Aber Janker hatte ihn an Gräfin Merveldt geschickt, die ist jetzt böse oder tut so, und H. M. Enzensberger schickt ihn zurück als zu impressionistisch. Ein großes Durcheinander. Ich kann es leider nur so schildern, daß man es versteht. Er schilderte es mir so, wie es war, da verstand ich es nicht.

Herr Saueressig: Als er den Wissenschaftler, den Dermatologen, draußen hat, steigert er den Umsatz um 18%. Es gibt schon 160 Kortikostereoide, also das 161. Als winzigen Vorteil: Es ist nicht nur antibakteriell und antibiotisch, sondern auch antimykotisch. Das trifft als Breitbandwirkung unter 300 vielleicht nur einen Kranken, aber den Ärzten wird Differentialdiagnose erspart; unter 50000 Ärzten nur drei, die sagen: Der Arzt ist doch da für Diagnose, die anderen sind froh, daß sie das breite Mittel haben. Man schickt zuerst eine Broschüre und einen Diakasten mit der Warenprobebestellkarte. Die Karten kommen zurück, die Ärzte sind neugierig, dann kommt ein Diakasten mit den Präparatproben, genau in dem Kasten, den die Ärzte dann für 36 Dias brauchen können. 150000 solche Kästen à 35 Pfennig, ein Arzt bestellt 50, kriegt 30, ein Arztbesuch für den Vertreter kostet 20 DM, 30 Kästen kosten nur 30 mal 35 Pfennig.

Für 75000 DM wird im 1. Jahr verkauft. Der Markt ist so: 30000 Aknekunden, meist durch Pubertät, die wachsen aber selber davon, werden die Akne los, wie bekommt man von den nachwachsenden Pubertären 60000, daß man die 20% Marktanteil behält.

Er kriegt keine neuen Präparate, soll aber den Umsatz steigern. Das geht ihm auf die Nerven. Mit den Koryphäen in einem Modebad Gespräche über die Haarschuppenflechte, wovon in Österreich, Schweiz und Deutschland ca. 4–500000 befallen sind, vor allem Intellektuelle.

Für AK III

Die Fäden rinnen zusammen. Alle untüchtigen Figuren aus den vorangegangenen Büchern kommen zusammen und bilden eine Narbensammlung, die sich der Herr Blomich anlegt, weil er selber so verletzt ist.

Traum: Die *Halbzeit*-Melitta und Adlers und Käthe im Park einer Aeschacher Villa. Ich in der Luft. Zuerst auf der Straße, schlechtes Wetter. Ich fliege jetzt ab. Einer sagt: Das ist so wahr wie alles, was Sie sagen. Da spring ich hoch und paddle wieder durch die Luft, auf dem Rücken, immer in Gefahr, zu wenig Luft zu atmen, ich halte mich nur in der Luft, wenn ich die Lungen ganz voll habe, also ausatmen darf ich nicht, sonst stürze ich. Der Mann bewundert mich von unten. Das hat er nicht für möglich gehalten. Ich lasse ihn zurück. Steure auf jene Villa zu, weiß nicht, warum. Es wäre noch schöner, wenn ich atmen dürfte. Rasch erlaube ich mir einen blitzschnellen Atemzug, erneuere die Luft, stürze, fange mich an einem Ast, schwinge weg vom Baum, segle mit neuer Luft weiter. Dann zwischen den Bäumen des Parks, da steht Melitta, hoffentlich sieht sie meine Landung, ich komme neben ihr zu Boden, hart, umarme sie sofort, sie ist unsäglich erwartungsvoll, es ist die Sekunde, auf die sie gewartet hat und auf die ich gewartet habe, aber noch bevor ich mit meinem Mund ihr Ohr erreicht habe, steht schon ihr kleiner Mann neben mir, also lachen Melitta und ich, als hätte ich ihr gerade eine witzige Banalität zugeflüstert. Wir werden einander nie das sagen, was wir wollen, weil eben immer zuerst der Mann da ist oder meine Frau oder meine Freunde. Ich erwache mit Priapismus. Schlafe ein. Erwache wieder an meiner Erektion. Schlafe wieder ein. Erwache wieder. Bleibe wach, um sie durch Wegdenken loszuwerden. Es gelingt nicht. Ich schlafe wieder ein, und als ich spät im Vormittag erwache, immer noch der steile Priap.

Wieviel mehr vermag doch der Traum als die Erinnerung. Er benützt den ganzen Körper, erfüllt ihn mit Schmerz und Lust, verglichen mit der Erinnerung ist er ein Riese.

Sind Sie Hypo- oder Hypertoniker? So scharf gefragt (und vorher naseweis medizinisch gewesen), wagte ich nicht zu gestehen, daß ich den Unterschied nicht wußte.

Waldo Emerson, das ist doch der, der die falschen Goethezitate in Umlauf setzte, oder? Ja, ja. Obwohl wieder keine Kenntnis.

So etwas könnte einer planmäßig machen: Basil Schlupp etwa oder Edmund: Kleiner Terror, dem nur NDB widersteht. Für AK III.

Swift (Bd. II, 275/279) schlecht behandelt zwischen Whigs und Torys.

S. 308: Schreibt nicht, wie er sollte, weil er nicht im Bett liegt.
S. 309: Regenbogengedicht.
S. 290: Betrachtung unter den Besen.
S. 310: Liest Kohlen aus dem Kamin, bevor er ins Bett geht.
S. 316: Vierzig mal mehr umschmeichelt von den Torys.
S. 316: Eine kleine Rache.
S. 325: Gicht durch Erwähnung eines anderen.
S. 326: Er will MD auspeitschen lassen.

1. bis 6. 3. 1965, St. Moritz.
Ski mit Siegfried, abends öfter mit Max Frisch.

20. 3. 1965
Saueressig und Janker.

28. 3. 1965
März oder November, Dunst, feuchte Erde, in den Gärten liegen die Boote stumm auf dem Mund.

Niederschlag
Silberregen im Aprillicht, kräftig, den ganzen Tag, lauter runde straffe Tropfen, eine Perlenschnur dicht neben der anderen steil schräg herab. Wenn man nicht genau hinschaut, ist das ein so helles Herabregnen, daß man noch glauben könnte, es schneit … es ist aber schon Regen, höchstens für eine halbe Stunde wird das rückfällig Schnee, dann aber gleich wieder Regen. Erst abends entschied es sich höheren Orts, weil man ja in der Dämmerung den Silberregen nicht mehr gesehen hätte, für Schnee, aber auch nur für Luftschnee. Auf dem Boden traf die reine Flocke ihre Vorgängerin noch an, da war alles schon Wasser.

7. bis 10. 4. 1965, Davos.
Ski mit Siegfried.

Befürchtungen einer Figur
Jeder häkelt heimlich Verrat, überwacht die anderen, wo werden die eingeladen, was verdienen die, hat da einer Aussicht hochzukommen? Auf welchen Wegen probieren die das? Über Illustrierte, Touristen im Sommer, vor allem Touristinnen, da gibt es schamlose Geschichten von solchen alten Kerlen, was die sich gestatten älteren reichen Damen gegenüber.

Ende April / Anf. Mai 1965, Wasserburg.

Zwei Ärzte: Soll die Mutter die Gallenblase operieren lassen oder nicht. Nötig wäre es schon. Sobald die Venenentzündung vorbei ist.

Dann plötzlich nach acht Tagen (an einem Freitag): Am Montag ins Krankenhaus. Wir hinauf. Karl sagt: Sie sitzt im Zimmer und spricht mit niemandem mehr. Wir wollten gerade zum Skifahren. Ich hinein. Sie sagt sofort heftig: Also das ist nicht bloß meine Schuld, wenn ich jetzt ins Krankenhaus muß, da sind auch noch andere daran beteiligt, vielleicht sogar sehr. Ich will dir bloß ein Beispiel sagen ... Wir fahren ab (es ist Freitag, 30. 4.), am Sonntag kommen wir zurück. Sie schläft. Sollen wir weiterfahren? Wir bleiben, bis sie wach ist. Reden. Sie ist vernünftig. Das darf sie der Sophie gar nicht sagen, wie geschickt Hiltrud am Buffet ist. Und im Gesicht sieht sie auch besser aus, dicker, nicht mehr so hart, seit sie das Kind trägt. Am Freitag noch: Und krank ist sie auch (weil Hiltrud gerade wegen schwangerschaftsbedingtem Eisenmangel im Blut bettlägerig war mit Schwindel). Am Sonntagmorgen war die Mutter beichten und kommunizieren. Daher wohl die Wiedergutmachungsmilde. Wir fahren froh ab. Morgen ins Krankenhaus. Sie weint erst ganz am Schluß. Zuerst noch so: Der Doktor wollte, daß sie gleich am Freitag gehe. Nehmen Sie Ihre Zahnbürste und das Fahrrad und hin. Sie: Den Waschlappen möchte ich auch noch gern mitnehmen. Der Doktor: Frau Sowieso ist auf dem Leichtmotorrad hin. Sie aber: Glauben Sie, nach fünfundvierzig Jahren renn ich jetzt einfach fort, nein, nein. Also in Ruhe am Montag. Sie weint erst, als sie sich vom letzten von uns, von Käthe, verabschiedet. Dreht sich aber weg. Stützt eine Hand auf den Tisch. Wir also heim. Am anderen Morgen läßt sich die Mutter vom Koch zum Friseur fahren, vom Metzger Meyer ins Krankenhaus.

7. 5. 1965
Frau Ilmensee in der Krankenhaus-Kapelle nickt allen Eintretenden zu und sagt leise: Grüß Gott – Grüß Gott. Genau so, wie sie früher jeden, der in den Laden trat, mit dieser neigenden Kopfbewegung begrüßte. Damals rief sie lauter, sonst ist alles geblieben.

Sie sagt zu Mama: Bleiben Sie jetzt ganz hier? Nein, nein. Und nach fünf Minuten fragt sie schon wieder: Bleiben Sie jetzt ganz hier?

Sie konnte dann nicht operiert werden, wegen Herzerweiterung. Das dick aufgeschwollene Knie wird entwässert. Ein Liter gelbliche Flüssigkeit. Der Arzt sagt, er riskiert das nur, wenn sie mit einer akuten Gallenblasenentzündung kommt, sonst aber nicht. Also muß sie nach drei Wochen wieder unverrichteter Dinge heim.

Sie in die Küche: Ich weiß, kein Tag ist euch zu früh, daß ich nicht mehr da bin, ich habe mein ganzes Leben umsonst gearbeitet, jetzt werden die Gäste vernachlässigt, sobald ich nicht mehr da bin. Geht in ihr Zimmer. Ich hole sie nachmittags zurück. Karl wird es zuviel. Er geht ins Bett. Sie schaut verdutzt. Allmählich sieht sie ein, daß sie ihn quält. Er mag sie, und sie macht es ihm so schwer. Sie sagt: Ich kann jetzt ja nicht hinein und etwas sagen, geh du. Ich geh, aber Karl will jetzt nicht mehr. Da sitzt sie traurig, fast kindlich. Sie beklagt vor allem: Ich kann kein Wort mit Karl sprechen, gleich kommt sie, oder sie ist dazwischen. Und den ganzen Tag tut sie ihm schön, flattiert an ihm hinauf und hin und her und ein Getue. Also das hat es bei mir nicht gegeben, so ein Getue! Und ich gelte nichts mehr.

Die Mutter ist nie im Freien gewesen, 40 Jahre lang im Haus, nur im Haus, manchmal in der Kirche, meistens im Winter in den Frühmessen um 7 Uhr 15, wenn es noch dunkel und neblig war. Im Sommer hatte sie auch dazu keine Zeit. Und jetzt, nur noch die Salate, wer putzt den Salat, die hudeln doch alle, die nehmen doch die grünen geschmacklosen Blätter, lassen die braunen Ränder, man darf doch bloß die Herzblätter, die gelben knusprigen nehmen, und so weiter. Sie legt sich ganz in den Salat, das ist ihre Lebensberechtigung, das muß sie beweisen, das kann Hiltrud noch nicht, kann sie auch noch nicht können, woher denn auch, kann man noch nicht von ihr verlangen! So sichert sie sich ihre Notwendigkeit. Also jetzt könnte sie ins Freie.

Ein Versuch bei uns im Garten: Wir locken sie hinaus, gut, also zwei oder drei Schritte tut sie, man sieht, sie weiß nicht mehr weiter. Jetzt gehen, herumgehen. Sie ist unsicher. Wie ein Wassertier, das an Land ist. Also keinen modernen Liegestuhl, in dem man auch zurückgelehnt sitzen kann. Nein, nein, nie. Nach langen Anpreisungen gibt sie stöhnend nach. Aber sie kann nicht hineinsitzen. Sie weiß nicht, wie man sich in einen Liegestuhl hinunterläßt. Sie stellt sich rückwärts zum Stuhl, greift hinter sich, findet nichts. Dreht sich, vorwärts geht es überhaupt nicht. Dann an die Seite. Da kann sie sich setzen, wie aber jetzt die Beine heraufbringen? Sie müßte sich zur Lehne hinfallen lassen. Das kommt ihr unmöglich vor. Wir halten sie, senken sie ganz langsam hinein, hieven die Beine, legen die Beine aus. Jetzt liegt sie so steif verkrampft, atmet kaum, schaut uns ängstlich an, bittet mit winziger Stimme, wir möchten ihr doch bitte sofort wieder hochhelfen, sie kriegt keine Luft mehr. Acht Tage später sagt sie: Nie mehr, ich bin mir vorgekommen wie eine Verrückte.

Um sich wieder besser vorzukommen, lobt die Mutter Hiltrud plötzlich ganz heftig. Sie kann alles besser als Sophie, hat das schneller erlernt, das darf ich Sophie gar nicht sagen. Das erfährt natürlich Sophie, und sie spricht seitdem nichts mehr mit der Mutter. Die Mutter wundert sich, steht rührend verwundert herum, heult kleinlaut, sie weiß, daß sie es nicht so gemeint hat, aber die anderen wissen das nicht. Sie kann es jetzt nicht zurücknehmen. Sie müßte mit Hiltrud Krach machen, dann wäre Sophie wahrscheinlich wieder zufrieden.

Wer wird das tun, wenn ich nicht mehr da bin, die Salate anmachen? Sie sieht keine Lösung. Sollte sich aber an ihren Onkel erinnern, Anselm, der immer sagte, wenn er mit Schaufel und Besen ums Haus werkelte: Wer wird, wenn ich nicht mehr da bin, die Roßbollen zusammenkehren? Das hat sich im Zuge der Motorisierung von selbst erledigt. Vielleicht wird es auch mit den Salaten eine heute noch nicht vorstellbare Lösung geben.

3. 5. 1965
Mit Adlers in Lochau. Weinstube Meßmer.

Swift: *Sermon. The Difficulty of Knowing One's Self.*

Thus, Stealing is a Vice that few Gentlemen are inclined to; and they justly think it below the Dignity of Man to stoop to so base and low a Sin; but no Principle of Honour, no Workings of the Mind and Conscience, not the still Voice of Mercy, not the dreadful Call of Judgement, nor any Considerations whatever, can put a Stop to that Violence and Oppression, that Pride and Ambition, that Revelling and Wantonness, which we every Day meet with in the World. … (he) is not the Person he took himself to be … very little Pain, for instance, putteth him out of all Patience, and as little Pleasure softens and disarms him into Ease and Wantonness.

10. 5. 1965, Frankfurt.
Diskussion, Hessischer Rundfunk.

Ein 15jähriger, braun im Netzhemd, hat in der Gartenvorstadt einen 8jährigen im Griff, nur eine Hand von ihm, der 8jährige lacht aber, es ist aber auch schon ein Heulen und Glück, und spricht, quasselt ununterbrochen, der 15jährige klein, selten ein Wort, er drückt so, daß der Kleine auf den Boden muß, dann wieder hoch usw., und alle neuen Häuser dieser schönen kleinen Vorstadt am Sommerabend sind wie verlassen, zwar aus allen Fenstern ein wenig Licht und der Lärm eines einzigen Kriminalfilms.

14. 5. 1965

Der Gefangene

Jeder berichtet über den anderen in wissenschaftlicher Weise, jeder behauptet, er habe den Auftrag. Der Gefangene sagt, er sei nur zum Schein Gefangener, deshalb natürlich trotzdem ein wirklich Gefangener, da er ja in Gefangenschaft lebe und die Aufgabe so schwierig sei, daß er am nächsten Ersten, vielleicht überhaupt nie mehr fertig sei. Nur: Es ist kein Zwang. Ich kann mir nichts anderes mehr vorstellen, ich will herausbringen, wieso einer ein Wärter ist. Der Wärter fühlt sich vom Gefangenen am wenigsten beobachtet. Das ist die beste Situation. So meint auch der Wärter, der eigentlich was anderes ist, nämlich ein Wissenschaftler, und der in der Wärtersituation die beste Möglichkeit sieht, einen zu beobachten, den er gefangen hat. Eingefangen, kann man sagen. Denn der Gefangene hatte (wie sich aus der Untersuchung ergibt) ein Wildbahnleben usw.

18. 5. 1965

Eine Komödie ist jetzt ganz deutlich das Traurigste, eine Tragödie ebenso einfach das Komischste, was passieren kann. Das müßte man endlich klarmachen. Keine Entstellung durch den Willen, dann kommt das von selbst heraus.

24. 5. 1965

Schon immer die Furcht vor der Erektion, jede Turnstunde, jedes Ausziehen im Bubenbad, das HJ- und JV-Turnen, und dann bei den ärztlichen Untersuchungen. Ich meldete mich, wenn möglich, krank, weil es mir unmöglich erschien, nackt und doch ruhig zu sein mit anderen in einem Raum, womöglich noch mit weiblichem Personal der Ärzte. Heute noch nicht. Seit einmal ein Arzt in Gegenwart seiner Sekretärin von mir verlangte, die Hose zu öffnen. Sind denn die alle verrückt!

Hans Krahl

Mittagessenszeit. Käthe will ihn abfertigen. Ich frage, wie sieht er aus? Verkommen, stinkt, Rufen usw. Ich hinaus. Er ist braungebrannt. Hellblonder Stoppelbart. Ja, Rufen schon. Hellblauer Pullover mit so großem Ausschnitt, daß darunter noch zwei dunklere Pullover zu sehen sind, der letzte hat keinen Ausschnitt mehr, rund am Hals. Der hellblaue außen einen gelben Brandflecken. Er gleich: Am Ofen im Winter. Mit seinen violetten, kardinalroten Fingern zeigt er eine Schuhschachtel vor, von einer Papierserviette bedeckt Steine, meist weiße, fettig aussehende Steine. Der lag im Fluß und der in dem und dem See. Sehen Sie, das ist Blei. Als Käthe wieder herauskommt, unterbricht er, holt wieder den winzigen Stein mit dem noch winzigeren Bleipünktchen: Sehen Sie, Frau Walser, das ist Blei. Er hat drei Hobbys: Sammeln, Schach und vor allem Kreuzworträtsel lösen. Einmal in der Woche für 50 Pf. die PRZ, 50 Rätsel, da hat er zu tun. Und er schreibt ein Buch, Penner, Pfarrer und Beamte. Will Herrn Jaeger den Rang ablaufen. Und sonst? Ja, die Bettnässerei. Das ist es eben. Ab vier Uhr darf er nichts mehr trinken. Aber wenn man bis 10 oder 11 abends in der heißen Küche steht an der Spülmaschine. Manchmal wird man eben schwach, verstehen Sie. Kein Fisch, nichts, was Durst macht. Er verliert jede Stellung letzten Endes wegen seiner Blase. War bei Hösel, war in Freiburg, in Heidelberg, überall der gleiche Befund. Zwei ungleiche Schließmuskeln, wahrscheinlich durch Rachitis. Einer wie bei einem 12jährigen, einer normal. Sie haben schon 3 mal was weggeschnitten. Aber immer noch nicht genug. Sollte Elektromassage bekommen, für die Nerven. Ist ja eine Nervensache, zeigt in die Lendengegend, kramt wieder in Papieren. Aber alles weg, die Schulden weg. Photos: In der Metzgerei, Eis pickeln im Schwarzwald, Staubsauger in der Sparkasse Konstanz. Seine Rufen: Erträgt keine Spritze, gleich Rufen. Das Blut. Die Mutter an einer Blutkrankheit gestorben, eine Schwester auch, zu wenig weiße Blutkörperchen. Bei ihm nicht schlimm, bloß keine Spritzen. Und wenn er sich jetzt rasiert, dann bluten die Rufen. Wieder: Also entschuldigen Sie das bitte. Die Schwester im Mutterhaus Lauffen kommt jetzt wahrscheinlich mit zehn anderen nach Borneo, weil sie so gesund ist. In der Brieftasche noch zwei Rasierklingen, die immer rutschen, wenn er mit seinen Gichtkloben etwas herausziehen will. Ich bin jetzt bald durch. Manchmal wird der Mensch eben schwach, verstehen Sie. Der Umgang, verstehen Sie. Aber ich bleib jetzt für mich. Hab manche Tür zugeschlagen. Wenn die Kerle wieder kommen. Solang man Geld hat, hat man Freunde. Dann lassen sie einen hocken in der Patsche. Ich weiß das doch. Jetzt hab ich es bald. Ich komme schon durch. Es dauert zwar noch. Momentan keine Stellung, von hundert Stellen höchstens zwei, weil ich natürlich gleich sage: blasenkrank. Ich lüg jetzt nicht mehr. Ich schaff es schon.

30. 5. 1965

Befürchtungen

Der Onkel, der allmählich unsere Kinder immer mehr liebt, sich nicht mehr trennen will, durch alle Phasen des Verdachts, bis wir einsehen, das können wir nicht ergründen, der kann einfach ohne unsere Kinder nicht mehr leben, größer werden dürfen sie eigentlich auch nicht mehr, fortfahren kann er auch nicht mehr, er verlegt seine Tätigkeit in unsere Stadt und geht dann gar nicht mehr aus dem Haus, er bleibt, da hilft kein Messer, kein Wort, wir sehen zu und überlegen, welche Katastrophe wohl vorgesehen ist, diese vier zu trennen. Sicher gibt es für einen solchen Fall eine genau passende Katastrophe. Aber es hat keinen Sinn, darüber nachzudenken. Durch Nachdenken kommen wir nicht drauf. Die Katastrophe wird von selbst eintreten und uns mit ihrem Schrecken überraschen.

10. 6. 1965
Hitzer, Voß, Karsunke.

20. bis 24. 6. 1965
Mit Siegfried in Berzona. Besuch bei Max Frisch.

25. 6. 1965
Karasek.

26. und 27. 6. 1965
Karasek und Hamm.

11. 7. 1965, Festsonntag (Seehasenfest).
Ein kleiner Fliegermotor surrt, wenig schwellend, wenig schwindend, eine Lautsprecherstimme hallt dann und wann, das primitive Marschgetrommel … damm-damm dadedadedamm und gelegentlich Fanfaren oder Pfeifen, sonst alles still wie nie sonst, aber das Trommeln ist gleich wieder dominierend, als schlüge ein riesiger Hammer auf die Stadt ein und träfe auf Splitterndes, nicht ganz Kompaktes, es sirrt.

Wasserburg
Die Nacht des 16jährigen im Schwarzwald oder in einer näheren Stadt. Er kommt mit einer Gleichaltrigen in ein Zimmer, redet acht Stunden lang Blume, gezielt, aber immer verhüllt, zwingt sie dadurch, ihre Weigerung in eben diesem Blumenjargon zu liefern. Das kann sie weniger als er. Ihre Antworten sind

zwar im selben Code, aber immer kürzer, sie ist logischer, intelligenter als er. Und so geht das, bis sie aneinander einschlafen.

AK III

Manche Genossen erwirbt Blomich einfach an der Tür, wenn sie ihr Sprüchlein besonders traurig und schlecht aufsagen, also auf einem Ton wie der mit den Heften. Sieghafte nimmt er nicht, denen kauft er auch nichts ab. Aber diese spontanen Erwerbungen sind oft Enttäuschungen, die hauen am schnellsten wieder ab. Die stehlen auch usw.

AK III

Anselm gibt jedem recht, nein: Jeder hat recht. Das sieht man, hört man doch. Er sagt, was er muß, er sagt das nicht absichtlich, selbst wenn er glaubt, er sage das willkürlich, dann weiß er bloß noch nicht, was er muss. Es handelt sich immer um den anderen, der kommt und etwas sagt. Nicht Anselm geht zu anderen, sondern die kommen zu ihm und tragen sich vor. Soll er jetzt sagen, entschuldigen Sie, ich denke da ganz anders darüber, Sie irren sich, Sie müssen Ihre Meinung ändern? Das wäre eine schöne Bescherung, als könnte jemand seine Meinung ändern! Einer kann so tun, als sagte er eine Zeit lang etwas anderes, aber dann wird, was er sagt, doch wieder seine Meinung, das, was ihm zu sagen möglich ist. Jeder sagt das Äußerstmögliche. Das was ihm erlaubt wird. Im Lauf der Zeit hat sich herausgestellt, wieviel von seiner Person die Welt gestattet. Und soll sich Anselm dieser seit Jahren und Jahrzehnten von der Welt bestätigten Person widersetzen und sagen: Sie müssen sich noch einmal ändern. Nein. Anselm redet ihm nach dem Mund. Wenn der geht, ist er befriedigt. Er hat recht gehabt. Anselm hat ihn bestätigt. Erst wenn der mit anderen spricht, die ihm widersprechen und sich auf Anselm berufen. Er doch auch. Ja, wie dann? Mir hat er zugestimmt. Und mir auch. Und sogar mir. Also dieser Mensch hat keinen Charakter. Kämen sie doch alle her und sagten es Anselm als Chor ins Gesicht: Du hast keinen Charakter! Dann könnte Anselm wenigstens antworten: Was ist das, Charakter. Und sie könnten's Anselm endlich erklären, was das ist, Charakter. Das ist, wenn man eine Meinung hat usw., wenn man ... ach ich weiß es nicht, was Charakter ist, sie kommen ja nicht, um es mir zu sagen, sie einigen sich lediglich über alle ihre bestehenden Gegensätze hinweg, daß ich keinen Charakter habe. Nun gut, seht aber doch, jeder, der zu mir kommt, hat offenbar Charakter, jeder dieser Charaktere freut sich, wenn ich ihm recht gebe. Ist das nicht eine kleine Rechtfertigung, daß ich denen, die Charakter haben, eine Freude machen kann! Ist das nicht fast ein Sinn?

Einer kauft Land, schuftet in der Stadt, kauft immer mehr Land zu Hause, da, wo er her ist, aber Land bringt nichts, so macht er sich kaputt, weil er Geld nicht arbeiten läßt, sondern Land kauft und immer selber arbeitet.

14. 7. 1965, Recklinghausen.

15. 7. 1965, Köln.

16. 7. 1965, Frankfurt.
Einer hat über etwas geschrieben (ein kleines Buch), jetzt durchforscht er jeden Tag alle Zeitungen und Zeitschriften, ob er erwähnt wird. Wenn sich jemand über sein Thema äußert, und das geschieht unentwegt, dann wird er nie erwähnt, und das martert ihn, er muß andauernd davon erzählen. Sein Spezialgebiet: Die Furcht, alt zu werden oder so etwas. Daß andere auch über das nachdenken ohne ihn, das bringt ihn fast um. Darüber kann man doch nur auf ihm «fußend» nachdenken. Hat denn jemand so viel Ahnung davon wie er? Hat er umsonst gelebt? Sein Buch ist nicht schlecht. Es warnt davor, sich selber zu beobachten beim

Altwerden. Und er tut nichts anderes, als auszurufen: Ich bin überholt, das ist allerhand, das ist unmenschlich! Manchmal schreibt ihm einer. Er bewahrt alles auf. Er registriert unheimlich.

Für AK III

Der Angreifer ist ein Doppelgänger. Alle sagen, daß B. ganz toll ist, aber A. hält ihn für einen Doppelgänger. Die anderen finden das überhaupt nicht. A. käme sich vor, als rühmte er sich unbescheiden, wenn er den großen B. als Doppelgänger bezeichnete. Obwohl er in seinen Papieren dessen Aktionen schon genau beschrieben hat. Wenn er das jetzt mitteilte, würde man sagen, das hat er dem abgeschrieben. Also ist er ein Plagiat von dem, den er als seinen Doppelgänger empfindet.

1. 8. 1964

Wolkenbruch, Wasserschwall und Brausen und Klatschen und Platschen und ein rasendes Wassergitter senkrecht herab. Die Bäume winden sich zuerst noch in diesem herabtreibenden Wasser, dann halten sie plötzlich ganz still, als ließen sie sich's gefallen. Nach zehn Minuten der erste Blitz. Der Regen, so ein Regen ist tatsächlich ein Verführer zur Erinnerung. Mit wem schon unter einem Vordach, auf porches, abwartend in Amerika, wo man kein Dach hatte. Der Regen wird dünner, wir können gehen.

4. und 5. 8. 1965

Adlers.

11. 8. 1965, Konstanz.

Willy Brandt spricht. Nachher auf der Fähre verabredete Audienz. Ich frage wegen Vietnam. Er weicht aus. Der englische Außenminister werde das alles klären, im September, in Moskau.

12. bis 14. 8. 1965
Reinhard Baumgart. Am 14. noch Janker und Andrzej Wirth.

19. 8. 1964
Dieter Götz. Nur ein Krächzen im Telephon. Götz ... Kenne keinen dieses Namens mit einer solchen Stimme. Stimme eines 92jährigen, ein gehauchtes, nur noch hauchendes Krächzen. Dann: Ich habe zur Zeit nur eine halbe Stimme, ja, fünf Wochen im Krankenhaus, Bestrahlung, einen Tumor im Hals, eben Krebs im Lymphsystem, und überall, wo das eine Rolle spielt, kommt der Krebs hin, das letzte Mal waren's die Nieren, eine ist jetzt schon hin. Ich empfehle Professor Bauer. Der nimmt keine Patienten mehr an. Er fand einen Kontakt, dem Professor wurde der Fall vorgetragen, er empfahl radikale Durchtrennung des Lymphsystems, daß sich die Metastasen nur noch in einer Hälfte ereignen könnten. Aber so eine Operation würde Dieter Götz längst nicht mehr aushalten. Bis jetzt bei Hösel in Ulm, der zieht jetzt nach München, und das ist zu weit, so weit kann er sich nicht mehr transportieren lassen. Und hätte so tolle Aufträge im Geschäft, so schöne Sachen. Manchmal gibt es Tage, da kann er zwei bis drei Stunden arbeiten, beratend tätig sein, die Frau gesund, der Bub gesund und dann diese Sauerei. Er heult halt manchmal wieder, lacht er kichernd, krächzend, dann geht es wieder. Also besuch mich mal, wenn du nach Stuttgart kommst. Es kann mich ja gleich putzen in jeder Stunde, aber auch erst in drei Jahren. Das weiß man nicht. Es ist halt eine Sauerei. Lymphkrebs, verstehst du. Eine Sauerei. Na ja, Servus. Sobald ich was Dummes sagen will, sagt er rasch, offenbar ist er darin schon erfahren: Schon gut, laß nur. Aber sehr schnell und unaufdringlich. Er will zum nächsten konkreten Punkt kommen. Sicher ist ihm Teilnahme nicht unangenehm, aber er will sie dosiert sehen in einer für den Gesunden unvorstellbaren Weise.

21. 8. 1965
Beim *Einhorn*-Schreiben, mitten im Satz, in dem Satz, in dem erzählt werden muß, daß Anselm seit dem Augenblick unter dem Apfelbaum das Bewußtsein nicht mehr erlangt hat, ein Anfall von Schwindel, der nicht mehr aufhören will.

23. 8. 1965
Wichtigste Funktion des Hausarztes: mitzuteilen, daß die Symptome, die er bei uns feststellt, zur Zeit überall in der Umgebung auftreten. Er hat immer gleich eine Reihe von Parallelfällen. Unsere Krankheiten sind also gleich eingebettet. Wir sind nichts Besonderes. Eine Sucht, die gerade herum ist. Kein ausgesuchter Angriffspunkt des Schicksals, sondern nur Teilhaber am Allgemeinen. Das beruhigt mehr als alles andere. Vor allem bei Nausea und kaum noch vermeidbaren Ohnmachten.

25. 8. 1965
Das Kristlein-Syndrom: Er kann nur noch das denken, was er sieht, alles andere tut weh. Er kann nicht die Bäume im Garten anschauen und dabei an seine Mutter denken oder an Bonn. Ihm wird schlecht, wenn er es probiert.

Ab 29. 8. 1965, Frankfurt-Sachsenhausen.
Krankenhaus, Privatstation von Dr. Schäfer.
Jedes Geräusch durchzieht den Kopf als eine Ader, jedes Geräusch beansprucht eine Ader für sich, das Kopfinnere besteht nur noch aus Geräuschen, die den Kopf nicht mehr verlassen können, die nicht in einander münden, sich nicht verbinden zu einem großen allgemeinen Geräusch, jedes Geräusch will für sich bestehen, dieses kleine Flugzeug, jenes sehr große, sehr hoch fliegende, die zufallende eiserne Gartentür, dieses Auto schaltet vom vierten in den dritten Gang, dieses Bierauto mit 2000 leeren, hochklirrenden Flaschen, dieser Riesenlaster, eine breite don-

nernde Geräuschwalze, da werden alle anderen Geräusche zu Mücken … Einmal waren die Geräusche noch zählbar, jedes war bekannt, das Dengeln der Sensen im Nachbarhof, das war eine Jahreszeit, die Beschäftigung eines Großvaters, der die Sensen für alle Schmieds dengelte, eine zimbalische Schlagzeugveranstaltung von komplizierten Rhythmen; das samtige und doch harte Tappen der aus den Feldern heimkehrenden Kühe. Die Kreissäge war Herbst und Winter und Frühjahr. Die fallenden Reishacken.

30. 8. 1965

Es kamen vier verschiedene Schwestern und aus der Küche die Italienerin, ein Maikäfer von Pfleger: Alle gleich häßlich, falsche Zähne, rote Knollengesichter, ein schöner Mensch arbeitet nicht mehr für andere, pflegt nicht. Nur Häßliche pflegen noch Normale oder gar Schöne. Zum Bettmachen der Pfleger mit der Roten, sie haben die Hände schon in den Kissen, bis sie bemerken und das gleich zusammen und überlaut ausrufen: Noch gar nicht benützt, da sind Sie ja noch gar nicht drin gelegen. Ich gebe ihnen recht. Ja, dann können wir da gar nichts machen, sagt der Pfleger. Nein, ruft sie, dann allerdings nicht.

Jeder sagt mir seinen Namen. Auch der Pfleger. Wenn etwas sei, was ihn betreffe, dann möge ich ihn sofort verständigen. Ich verspreche es. Leider weiß ich nicht, was ihn betrifft.

Dr. Schäfer und ein Fräulein oder eine Frau Doktor. Er fragt mich aus, sie setzt sich, eine Kladde auf den Knien, sie schreibt mit, sozusagen unmerklich. Ich erzähle. Dann fällt ihr die Kappe ihres schwarzen Schreibers auf den Boden. Sie bückt sich nach rechts, wo ich die Kappe, schon zur Ruhe gekommen, liegen sehe, aber bevor sie mit der Hand drunten ist, poltert etwas Schweres links hinunter, da fährt sie auf und hinüber und links hinunter und holt ein glänzendes Metallrund an zwei roten Schläuchen, aber dadurch fällt das Papier mit der Unterlage rechts hinunter, sie begleitet das durch erschreckte Kommentare von Stufe zu Stufe, es ist ihr viel viel peinlicher, als es ihr nach meinem Gefühl sein müßte. Vielleicht ist es ihr ihres Chefs wegen so peinlich, der hat nämlich, seit die Gegenstände von ihr zu fallen begannen, nicht mehr weitergefragt, sondern jeden Gegenstand so lange als möglich mit den Augen verfolgt. Als sie alles wieder eingefangen und unter Kontrolle gebracht hat, betrachten wir ihre Erschrockenheit, dann stellt Dr. Schäfer die nächste Frage.

Abends kommt Fräulein Doktor mit Beruhigung. Erste Ergebnisse: EKG-Beute. Also kein Herzblock, wo die Herzreizleitung nur bis in den Vorhof reicht und die Kammer selber einen Ersatzrhythmus bilden muß, der dann von doch noch durchdringenden Reizen aus dem Vorhof gestört wird, dadurch Anfälle usw. Und das ist schwer zu beeinflussen. Also das ist es nicht. Das dachten wir zuerst. Auch nicht ein abgelaufener Infarkt, der die Herzreizleitung stellenweise zum Absterben gebracht haben könnte. Das dachten wir wegen der Herzschmerzen. Es ist eine Herzreizleitungsstörung.

Ich, Vagotoniker, also Überwiegen des Vagus, des beruhigenden ableitenden Nervs, im Gegensatz zum Sympathikus. Vagotoniker neigen zu Magen-, Gallenaffairen, niederem Blutdruck. Sympathikotoniker zu Infarkten.

Man kannte noch nicht einmal die Namen der schlimmen Krankheiten, die man jetzt zum Glück nicht hat. Daß man sie nicht hat, wirkt wie eine Leistung der Ärzte, die einem mitteilen, daß man sie nicht hat.

Soviel einer aushält, tut er auch. Was er noch aushält, unterläßt er nicht. Die sogenannte Moral ist nur körperlich zu umschreiben: Was einem möglich ist, das rechtfertigt er, auch wenn er es strengstens verurteilt. Jeder tut, was ihm möglich ist. Erst das, was einem nicht mehr möglich ist, wird zum Inhalt der Moral. Der ganz persönlichen Moral. Der wirklich praktizierten. Die öffentliche oder allgemeine Moral verurteilt und verbietet auch das, was diesem oder jenem noch möglich ist, und genau deshalb kann sie nicht befolgt werden. Was einem noch möglich ist, kann man sich nicht verbieten lassen. Deshalb ist Blomich jetzt so moralisch: ein Schwächevertrag.

Anselms Klaustrophilie wird von ihm durchschaut als das Gegenteil von Menschenfeindlichkeit. Wenn er Menschen zur Zeit auch nicht ertragen kann, wenn er sich so geschwächt sieht, daß ihm übel wird, wenn er sich bloß in seiner Vorstellung in Gesellschaft gewisser Menschen begibt, dann ist das nicht Menschenfeindlichkeit, sondern der Beweis seiner Schwäche und seiner übergroßen Abhängigkeit von Menschen. Jedes Wort, das er in seiner Bettwüstenei und Betteinsiedelei hin- und herbetet, ist gerichtet an die Menschengemeinschaft, die er nicht entbehren kann. Und wenn er spürt, er möchte nie mehr einen sehen von denen, die er schon kennt, und er hofft nicht mehr, daß es noch welche gibt, die wären, wie er nicht weiß, welche, die er immer noch sehen möchte, trotzdem möchte er sich jede Sekunde den Menschen zuwenden, als ein Abwesender gehört er doch zu ihnen, vielleicht noch inniger, noch abhängiger als einer, der sich unbedacht immer im Kern des großen Menschenwirbels befindet. Misanthropie ist das, was ihm wohl am fremdesten ist von allen Fremdwörtern, die er mit den Ohren kennenlernen mußte.

Die Wand, auf die ich vom Bett aus schauen muß, beginnt aufzuweichen, gerät in Wellenbewegung, das Tapetenmuster ist nicht zu halten, es wogt immer heftiger. Der wiederkehrende Zweig mit seinen Rundungen, die Ballungen, die weißen Blätter, ich sehe ihn nicht mehr, kein Zweig mehr, nur noch die Wellen, und auf allen Wellen treiben ähnliche Formen, wiederkehrende Zweige, ich weiß noch von früher, daß es Zweige sind, aber erkennen kann ich das nicht mehr, dazu ist der Seegang schon zu stark. Wie es kommt, daß ich von diesem Seegang mitgeschaukelt werde, immer höher auf und ab, weiß ich nicht. Aber wenn das nicht sofort nachläßt, werde ich mehr als seekrank sein. Und da rutscht in höchster Not mein Blick in die weiße musterlose Decke hinein, und es ist stabil und fest und bewegungslos, da droht kein Seegang, der mich um den Atem bringt, da hat mein Blick Ruhe.

Bei den letzten Anfällen denkt Anselm: Es überrascht mich nicht, daß zuerst die Lippen sterben, die waren wahrscheinlich auch zuerst am Leben. Und sie waren immer sein Lebendigstes. Jetzt pelzig, immer fremder, eine rissige Wachsschicht über den Lippen, jetzt schon fast keine Empfindung mehr, der Mund ein großes Loch, plötzlich aus der Mundhöhle schießende Zahnschmerzpfeile, die aber die Mundhöhle doch nicht verlassen. Die Hände, die Arme, immer mehr wird von einer fremden Macht erobert. Der Schweiß, den er noch erkalten fühlt als eine Art letzte Meldung aus einzelnen Regionen, dann hört der Funkverkehr auf. Er schnauft dagegen an. Er spürt, wenn er jetzt nicht aufpassen würde, würde er nicht mehr atmen. Da ist also schon tiefer drinnen eine Verschwörung, da soll er von innen erledigt werden. Also atmet er mit Mut und Macht. Das läßt er sich nicht gefallen. Die Luft läßt er sich nicht nehmen. Er wird die Stellen drinnen mitreißen, wenn da nicht freiwillig mitgeatmet wird, dann wird er eben selber weiteratmen. Aber wie lang. Es tut weh, weh, an jeden Atemzug denken zu müssen. Falls da drin nicht mitgemacht wird, kann er nie mehr an etwas anderes als ans Atmen denken, denn sobald er an etwas anderes denkt, hört er auf zu atmen. Atmet er jetzt zu schnell? Er schnauft ja wie beim Bergsteigen. Ja wie. So kriegt er doch keine Luft mehr. Langsam. Aber wie langsam, daß es nicht zu langsam ist. Er hat keine Vorstellung, in welchem Takt er atmen soll. Da ist kein Taktgeber weit und breit, seit innen diese Stelle, die er nicht kennt, ihm diesen Dienst nicht mehr erweist. Wenn er außen einen Dirigenten, einen Sportlehrer oder wenigstens einen Metronom hätte. Schon wieder zu hastig, so atmet er sich doch kaputt, das hält er nicht durch. Aber braucht er nicht so viel Luft? Wie käme er sonst dazu, so wild zu schnaufen? Aber wieso diese Schnauferei? Also zähle ruhig einundzwanzig. Aber wie schnell ist einundzwanzig? 21 ist nichts, wenn es einem nicht vorgesagt wird vom Taktgeber!

31. 8. 1965

Die Nacht mit Angst und Flattern und kleiner werdendem Herzen, ein sich zusammenziehender Stein.

Sammeln Sie keinen Urin?

Doch-doch, natürlich.

Joseph, das nackte Tier, ist aus dem Bett. Sie wollen es wieder fangen. Es liegt auf der Couch oder auf dem Teppich, ein großer Bogen, hingestreckt, leckt sein Geschlecht, schlüpft, sobald die Schwestern kommen, an der Wand hoch in die oberste Ecke, schaut die drei Bilder an: Colorierte Handzeichnung, Hamburg-Jungfernstieg, gestrichelte Wolken, und wild große Sonnenblumen, die aus einer lächerlich kleinen, kugelförmigen Glasvase hoch- und ausbrechen. Und über dem Schreibtisch hinter Glas und eingerahmt:

Jesus Christus spricht:
Ich bin das Brot des Lebens.
Ich bin das Licht der Welt.
Ich bin die Tür.
Ich bin der gute Hirte.
Ich bin die Auferstehung und das Leben.

Ich bin der Weg, die Wahrheit und das Leben.
Ich bin der rechte Weinstock.
Joh. Ev.

Steinnelken und Enzian in steilen Glastäfelchen.

31. 8. 1965

Das große Gehirn im Remstal mit Mais und Mond und Korber Kopf. Die Eile der Gedanken, die jeden Gegenstand sofort wieder verläßt, weil er hinführen kann zu dem Punkt, vor dem man auf der Flucht ist … und tatsächlich ist es so: Alles dient diesem Punkt als Unterschlupf.

1. 9. 1965

Vorstellung beim Zusammenbruch: Er wird von Josef und Maria, diesen zwei braven Hausärzten, am Weg gefunden und gestreichelt, gewaschen, gefüttert und bedauert und besprochen. Dann wird er denen abgejagt vom Professor, der will ein Buch schreiben über diese Krankheit, das sieht er gleich. Aber der Professor heilt ihn. Nützt ihn aus und heilt ihn. Er geht dann zu Josef und Maria und bedankt sich.

Heute keine Unterlegenheit und Labilität und keine atemraubenden Gedanken. Die junge zarte Ärztin hat oft nachts Pulsjagen, 140, muß auf und ab gehen, der Atem gibt auch bei ihr nicht aus, dabei ist ihr EKG usw. alles normal, also lediglich funktionelle Störung. Aber da stehen Sie da, da können Ihnen die Ärzte nichts sagen, aber auch gar nichts. Plötzlich hat sie vergessen, daß sie als Ärztin bei mir am Bett sitzt. Sie ist Patientin geworden. Dann: Sie ist vegetarisch aufgewachsen, heiratet, muß Fleisch essen, jetzt bringt sie durch Nahrungsexperimente heraus, daß ihre Schilddrüsen eine Überfunktion haben durch die ungewohnt hohe Eiweißzufuhr durch die Fleischnahrung. An diese Eiweißmengen ist ihr Körper nicht gewöhnt, das hat er nicht gelernt. Also baut sie wieder um auf vegetarisch und wird so wieder gesund. Für ihren Mann aber kocht sie Fleisch.

Aufgabe: Von dem linken Rand zum rechten Rand kommen mit dem Schreiber. Wie macht das jeder, und dann zwei übereinanderliegende Linien verbinden.

Sie kommen und kommen und hacken mir in die Fingerspitzen und saugen die quellfrischen Tropfen fort mit ihrem Röhrchen. Eine Alte, mit der gefederten Spitze ritzt sie nur eben, also zieht sie die Feder stärker an, daß die Harpune beim nächsten Schuß weiter heraustritt, und tatsächlich, sie schlägt mir ein schönes Loch in den Finger. Da quillt jetzt zehnmal soviel, als sie braucht. Aber bis die nächste zum Blut kommt, ist die Stelle doch wieder vertrocknet. Und diese Schwester ist sowieso eine Individualistin, sie benutzt nicht die Harpune, sondern das gute alte Messerchen, so groß wie eine Schulfeder, vorne spitz wie ein Pfeil, und damit sticht sie von Hand zu.

Weil ich eine solche Nacht hinter mir hatte, weil ich einmal sogar die Nachtschwester rief und den Arzt, deshalb kommt jetzt gegen 7 Uhr der Pfleger breit baltisch grinsend, die Spritze vor sich, ich drehe mich gleich, er haut sie hinein, ohne zu mucksen bin ich 12 Stunden weg. Am 2. Tag frag ich, was er mir da hineinhaue: Depot Novadar, verstehe ich.

Die rote Schwester (22 Jahre, natürlich auch mit falschen Zähnen, ein grün-gelb-graues Gebiß), fragt mich, was Scaliger heißt, das kommt vor in einer Novelle von Meyer, die sie gerade lese. Da träten Verschiedene gleich am Anfang an ein Feuer, Fürsten, Herren jedenfalls, und einer wird Scaliger genannt. Ich weiß das auch nicht.

Wenn dir einer den Staat, in dem er lebt, laut lobt, frag ihn zuerst, was er verdient. Wer lobt unsere Art von Demokratie am schönsten? Leute, die über 100000 Mark verdienen. Auch für 50000 natürlich kann man einen Staat schon loben. Bitte, im Augenblick. In 10 Jahren, wenn die meisten von uns 50000 verdienen werden, weil ein Ei eine Mark kosten wird und das Haarschneiden 9.30, dann werden unsere Lobredner 250000 verdienen. Man lobt den Staat nämlich immer dann, wenn man 5 × soviel verdient als die meisten. Und dagegen kann man nichts einwenden. Es ist einfach natürlich, daß einer den Staat lobt, weil er ihn so gut leben läßt. Weniger natürlich scheint es mir zu sein, daß die Lobredner unserer Demokratie von uns allen verlangen, wir sollten einstimmen in ihr teures Lied. Meine Herren, meine Herren, singen Sie ruhig weiter, aber begreifen Sie bitte, uns kommt diese Demokratie teurer zu stehen als Sie. Professor Schiller gleich, daß die SPD keine Gewinnsteuer für Grundstücke wolle, als Nevermann das erwähnte.

DAS EINHORN. ZÄHMUNG DES EINHORNS.

Das Licht unter Menschen.

Gon wir al lago, lake Lache. The lake schwappt nach mir, die Lache. Messe mit deinem Messer die Meter bis zu ihrer Mittze, ptitange.

Aussichtslos, die Welt auf dich zu dressieren, also dressier dich (unser Sprüchemacher). Wenn Anselm, mißachtet, unterschätzt, hintergangen, sich ungerecht behandelt fühlt, versucht er nicht mehr, dem jeweiligen Exekutor zu widersprechen und der Welt ein besseres Urteil über sich aufzuzwingen; er registriert jede sogenannte Ungerechtigkeit und jede sogenannte falsche Einschätzung seiner Person, richtet sich danach, das heißt, er versucht den Unterschied zwischen seiner Selbsteinschätzung und den Einschätzungen der anderen dadurch zu annullieren, daß er sich die Urteile der Welt und Umwelt über sich zu eigen macht und ernsthaft versucht, sich selber als so belanglos zu empfinden, wie ihn die anderen empfinden. Das ist, betreibt man es ernsthaft, sehr schwer. Läßt man nur eine Sekunde nach in der Verminderungsarbeit, hält man sich natürlich sofort wieder für den Erlöser.

7. 9. 1965
Ich weiß den Namen nicht dieser Frau Doktor. Abends kommt sie und fragt: Haben Sie noch einen Wunsch für diese Nacht? Und weil sie so frei heraus mich fragt, obwohl wir zwei allein sind in einem dämmrigen Zimmer und es ist immerhin September, habe ich keine Hoffnung, sie ist nicht befangen, ich aber sehr.

8. 9. 1965
Sag doch zum Beispiel deinen Namen, bitte. Den würde ich in einen Bauer sperren, bis er sänge. Sicher kann man ihn streicheln, deinen Namen, ihn in die Hand nehmen, eine Mulde machen mit der Hand und dahinein deinen Namen setzen, ihn behandeln, daß er sich rührt in seinem Flaum, aber nur ein wenig, ich will nicht, daß er mir erschrickt, von der Hand hüpft und unter den Reifen des nächsten Autos zermalmt wird. Ich will, daß dein Name atmet in meiner Hand, wenn auch stumm. So lang will ich ihn hätscheln in meiner Hand, bis du kommst und dich eintauschst gegen deinen Namen. Oder gibt's so was nie und nirgends? Man sollte doch meinen, daß ich, wenn ich deinen Namen in meiner Hand hüte, einige Macht erringe über dich. Natürlich nur ein Winziges von der Macht, die du ausübst über mich. Aber da ich deinen Namen nicht habe und nicht weiß, wie ich seiner habhaft werden könnte, werde ich vorläufig die Handmulde für nichts machen und sie oft in der Luft herumschwenken, als hoffte ich, deinen Namen zu fangen durch einen Zufall.

12. 9. 1965

Über die Verwendung von Metzgern in Gedichten

Hommage à Günter Grass

In der Metzger Namen bitte ich Dichter,
nicht die Metzger zu verletzen durch Gedichte.
Ach. Ich weiß, die Poesie braucht Metzger,
Messer, Blutgeruch für feines Beispiel.
Was aber, wenn ein Metzger abends liest?

Neon macht im Schlachthof nachts das Blut blaß,
macht den Metzger blaß, der nachts noch schlachtet,
daß sich mittags Zunge, Leber, Nieren
colorful auf unserer Zunge reimen.
Was aber, wenn ein Metzger abends liest?

Sind nicht Dichter gern berühmt dafür,
daß ihr Appetit auf Stelzen geht?
Ohne sozialdemokratische Metzgerkollegen
sängen Meisterzungen bloß Gemüse.
Was aber, wenn ein Metzger abends liest,

Was Dichter roh verfassen über Metzger?
Meinst du, wird der Metzger fragen, wirklich
mich? Ich schlachte nachts für dich, und du
läßt mich auf deiner schönen Zunge in all-
gemeinem Schimpf zergehn. Warum? Weil ich schlachte?
Ich schlachte für dich, Kollege, für wen schlachtest du?

13. 9. 1965

Seidenweber Herbst ist über Nacht eingetroffen. Webt die Bäume zusammen mit den Häusern und Türmen in ein Tuch als ein Muster für die Wintermode.

14. 9. 1965

Das ist das Schöne im Theater

Für das neue Dortmunder Schauspielhaus

Das ist das Schöne im Theater:
Mit kostbaren Wörtern sagt Iphigenie dir,
daß du nicht Iphigenie bist.
Hamlet hält es aus, daß du überlegst,
ob er Bier trinke nachher.
Draußen wiegen sie uns, wir sind gering.
Gering ist hier Woyzek.
Der Vorhang geht nicht wie die Sonne auf
zugunsten der Starken.
Das ist das Schöne im Theater: Der Vorhang
geht auf für die Schwächeren.

18. 9. 1965

Zurück.

19. bis 25. 9. 1965

Jeden Tag drei bis vier Stunden zu Fuß durch die Wälder.

26. 9. 1965, Sonntag, Bad Wörishofen, Kurhotel Kreuzer.

27. 9. 1965

Dr. H. Chytraeus, Badearzt. Schlesier, ein lappendes Lid.

Vormittags noch Armwechselguß, nachmittags Heublumenfußbad.

28. 9. 1965

Bademeister Wessel um 5 Uhr morgens ins Zimmer, ich muß aufstehen, nackt, er wäscht mich kalt ab, wieder ins Bett, er deckt mich noch zu. Später Rosmarinbad.

5. 10. 1965
Aus der kranken Bauernfamilie, die immer zwischen Gehirnhautentzündung und Schwindsucht hindurchzielen mußte, um es zu einer weiteren Generation zu bringen.

Käthe macht inzwischen den Führerschein.

Hier sagt jeder zu dir: Das erste ist innen Harmonie, Ausgleich mit der Welt, Neid und Ehrgeiz sind die schlimmsten Herzfeinde: nach Pearl S. Buck.

Der kranke Masseur, der stirbt am gesunden Objekt.

Unternehmungen gegen die, die sonst nicht bestraft werden. Kann erst am See mit Wassergeräusch geschrieben werden.

14. und 15. 10. 1965, Frankfurt.

16. bis 18. 10. 1965, Zürich.

20. 10. 1965, Wasserburg.
Ewald Bauer

Der Ärmere (Hermann): Da, bitte, er kann am Abend auch nicht mehr saufen als ich.

Ewald Bauer, der Reichere: Bloß was Bessers.

Ewald rühmt sich: Vorgewärmten Beton (mit 50 PS-Motor-Gebläse) zur Baustelle, so daß er auch bei bis zu 10 Grad Kälte gerade noch abbinden kann. Beim Abbinden erwärmt er sich ja selber noch ein wenig.

Ewald sagt es uns: Mir Ditsche sind Siache, mir machand anand seall.

Frommknecht sitzt dabei und rechnet aus, oder der in der Auktion hat ihm ausgerechnet, wieviel er für die Golden Delicious kriegt, danach richtet er seinen Weinkonsum.

Schwer gegen mich die Wand
drückt mich vorrückend schwer
gegen die andere Wand die
nicht vorrückt aber auch nicht
nachgibt so bin ich also fein heraus
laß mich bis zur Grenze der
Wörtlichkeit weiterleben verpflege
mich mit Stille ich kenne mich
sowieso schon aus in der Unerfüll-
barkeit eines jeden erdenklichen
Wunsches

Vorgerückt die Wand eine Art Zeit
oder doch so massiv wie Zeit
zum Zerquetschen ähnlich empfiehlt
die Härte das Vergleichen als eine
Tätigkeit zur Verhinderung wörtlicher
Wünsche.

Mir kann es egal sein, wenn die Felsen sich lösen und ein anerkannter Herr schreit schon im stürzenden Schatten vorlaut um sein Leben, ich bin ja nicht beteiligt bei seiner Anerkennung und Vernichtung. Ich kann sagen: Mir ist es wirklich egal, was dem und jenem passiert, solange ich derart strampeln muß, mich als Zuschauer über Wasser zu halten. Sorge des papiernen Wesens.

Ich habe keine leichte Hand, nur eine schwere, rasche Hand habe ich, eine fortwachsende Hand, das heißt die Entfernung zwischen mir und meiner Hand wird größer, mir sogar zu groß, die Hand winkt mir, als gehörte sie zu allem, was mich verläßt.

Ich bleibe zurück. Dafür gibt es jetzt immer mehr Beweise. Ich bleibe hinter mir zurück. Wüßte jeder, was ich mit mir vorhatte, lobte mich jeder, daß ich jetzt versage.

Ein Bettnässer zum Beispiel ist in dieser Gesellschaft verloren. Hans Krahl.

Ein kleiner Simpel hat eine ungeheure Frau und das völlig ohne Staunen.

21. 10. 1965

Thaddee

Beim Streuaufladen sagt er plötzlich: Zilli, ich kann es nicht mehr, ich kann nicht mehr stehen, läßt das Stroh nicht fallen, wuchtet es noch hinauf mit einem ungeheuren Schmerz, den er aber gleich nicht mehr spürt, es geht schon hinab, das spürt er noch, daß er sich hinlegt, oder fällt er, er liegt ... dann wieder Zilli, sie ist da mit dem Auto, nach dreimaligen Versuchen gelingt es, ihn ins Auto zu bringen, dann heimfahren, Feldweg, jede Unebenheit ein schier unerträglicher Herzschmerz ... Er kommt heim, fühlt sich naß, denkt, das ist die nasse Streuwiese, in der er lag, dann aber, als er sich auszieht, um sich ins Bett zu legen, sieht er, daß er die Hose voll hat. Er geniert sich noch. Legt sich aber dann, wacht eine Stunde später auf und ist gesund. Vierzehn Tage später erfährt er, daß er wahrscheinlich einen Herzinfarkt hatte. Muß ins Krankenhaus. Er weiß: In unserer Familie ist noch keiner am Herzschlag gestorben. Alle haben Herzerweiterung. Sagt der Doktor doch am Röntgenschirm: Aha, das stößt ja fast an, so breit. Thaddee schließt das Zimmer ab, Zilli klopft, er fällt drin um, sie hinaus zum Telephon, zum Nachbarn, den Doktor zu rufen, sie kommt zurück, Thaddee ist fort, 1 ½ Stunden später, der Doktor war schon da, hat die Polizei verständigt, die sucht schon mit Lampen im Wald und Wasser, kommt Götte und meldet, Thaddee sei eingetroffen in Kümmertsweiler um 0 Uhr 30, im Schlafanzug, barfuß, mit Mantel, sie hätten ihn aufs Sofa gelegt. Bis Götte heimkommt, ist Thaddee weg, Zettel da, er verschwinde für acht Tage.

Mädchenleben

Sirte wird vom Facharzt, der die Heiligsprechung untersucht, lediglich eine Anorexia mentalis et nervosa zugebilligt.

28. 10. 1965

Man kommt nach München und erfährt während drei Tagen beiläufig von dem und jenem, daß XY, von dem man in jeder Woche etwas in den großen Zeitungen liest, daß der jetzt nicht mehr schreiben könne. Wieso, was ist los, seit wann, ich lese doch jede Woche das und das von ihm. Ja eben, dann haben Sie's doch selber bemerkt. Es ist aus. Er kann nicht mehr. Aus. Ach, sagt man dann. Jaja, das stimmt schon, also neulich, das über Musik für Holzinstrumente, das war schon ein wenig seltsam. Was heißt seltsam? Sie sind gut, bankrott, aus, er kann nicht mehr. Wenn man zu Hause den Arzt trifft oder den Rechtsanwalt, dann hört man sich während des Gesprächs einwerfen: Der XY kann leider auch nicht mehr, mit dem ist es aus, also schreiben kann er nicht mehr, das haben Sie sicher auch bemerkt. Und er, der weiß, daß man erst neulich wieder in München war, hat es natürlich auch schon bemerkt.

Feuerrot flammende Kirschbäume. Dieses Jahr verlieren sie das Laub sehr spät. Feuerrote Blätter. Feuerrot und flammenförmig die Blätter des Kirschbaums, und wenn es regnet, hängen die Flammen dunkel und schwer im Regen.

Befürchtungen

Daß hier im Quartier jeder den anderen haßt, mein Gott, das wird uns nur übelnehmen, wer nie hereingeschaut hat in unsere paradiesische Enge, erdrückend ausgefüllt von Menschen, ja vollgestopft mit Menschen, das ist nicht leicht zu ertragen, also z. B. fröhlich vor sich hin zu pfeifen fällt hier schwer, man trifft kaum einen hier, der fröhlich vor sich hin pfeift, obwohl es keineswegs verboten ist, auch sind wir sozusagen alle gesund, mehr oder weniger, aber zum Pfeifen müßte es reichen, und trotzdem ist es in dieser Hinsicht, ich meine, was das fröhliche Pfeifen angeht, ziemlich stumm unter uns, in unserer paradiesischen Enge.

Helme, herbstfarben, dünnes Geklirr, Murmelstimme, eine Dame lacht, eine reife Dame, eine, die weiß, was es heißt, wenn sie lacht, dann ist es im Wald wieder still, es sei denn, man empfände die Farben als laut. Das nützt aber nichts.

7. 11. 1965, Sonntag.
Jungejunge, wie und wieviel
was noch und durch wen
ganz neue Anfänge mit uns und
von dir zumindest ein Versprechen
daß du das, was zurückliegt, nicht mehr für wiederholenswert
hältst. Das ist doch schon
etwas.
Oder nicht.

Helme Nacken Nachlaß der Sünden
Abfall der Blätter Aufmerksamkeit der
Hunde Sorge des Gärtners Gebete
für eine sterbende Hecke an der
man entlanggeht mit gezogenem Hut.
Helme im zähen Gras der Pferdeweide
Äpfel von Kindern geworfen klopfen
aber das Mampfen der Pferdegebisse

und der grüne Saft aus den Mäulern
und was sonst noch über den Helmen
Häusern Kirchdächern vom Wind
verständigt wird, aber das ist doch
allerhand oder nicht.
Helme über Hecken und Häusern
und herbstfarbenen Hunden
klopfen brennen klirren oder nicht.
Das nützt auch nichts. Zieh deinen Hut.

AK III

Im Novemberwind setzt einer im blauen Anton Fuß vor Fuß in der Dachrinne droben am Villendach und bückt sich und kehrt mit einem Besen, den er, ohne Stiel, in der Hand hält, die Blätter, das brennende Herbstlaub aus der Rinne. Michel Enzinger, der nichts sieht, und deshalb ist er, sagt er, schwindelfrei.

12. bis 15. 11. 1965, Stuttgart.

17. 11. 1965, Scheidegg.
Mit Adlers.

18. 11. 1965
Es hat geschneit. Die Amseln fallen auf.

AK III

Wenn A. die Reise durch die Verwandtschaft macht, tragen sie in Ramsegg gerade die Kirchenbänke heraus aus dem Friedhof und verladen sie. A. wagt nicht, nach seinen Eintragungen zu suchen.

21. 11. 1965
Berge als heroische Bilder heranrückend auf der optischen Bank. Der Föhnsturm macht an jedem Vorsprung Krach, murrt an der Ecke, klirrt über der Dachluke, pfeift, heult mit der Antenne, sausebrausrauscht mit den Bäumen. Warm und heftig. Nun übersteht wirklich kein Blatt. Er ist ein radikaler Leerfeger. Die letzten, allerletzten Goldflammen löscht er in den Bäumen. Die gelblodernde Lärche zerrupft er, wenn er ihr auch nicht gar alle Nadeln rauben kann. Sturm, der auf den Wellen Arbon hertreibt, als würde es gleich gegen unser Ufer prallen und zerschellen. Und Sonnenglast, das pure blendende Gleißen, flüssiges Metall der ganze Obersee.

11. 12. 1965, Oberreute, Weiler.
Häuser anschauen.

21. 12. 1965
Seit vier Wochen ein Föhneinbruch nach dem anderen, so warm wie noch nie und kaum zu atmen. Nur den Mund kann man aufreißen und sich bis zum Platzen füllen lassen.

Man telephoniert mit einander, erwähnt den Tod von Dreißigjährigen.

Um (also) vormittags in Telephongesprächen vorzukommen, müßte man mit dreißig ausrutschen, so unglücklich hinfallen und tot sein. Wie H. D. Roos. Aber nach diesen Erwähnungen ist es wie nach einem gedruckten Nachruf endgültig Schluß mit diesem Toten.

23. 12. 1965
Befürchtungen

Wieviel kostet mein Umbau? Wer ist nicht mit mir zufrieden, hätte mich gern anders? Der und der und der. Eine endlose

Reihe. Was schlagen Sie vor? Das Treppenhaus heizbar oder den Keller gepolstert? Nein, ernste Schäden und Mängel. Also fangen wir an. Bauen wir um. Es kostet wahrscheinlich mich. Aber genau das scheint, wenn man alle prüft, die unabhängig von einander Änderungsvorschläge machen, verlangt zu werden.

Du hast heute geweint, hab ich gehört? Es wird so viel geredet.

Ein Ort, in dem jeder schon einen berühmten Namen hat.
Sie brauchen also neue Namen, Hausnamen.

23. 12. 1965
Ich werde versuchen, mich gegen alles zu wappnen, bis auf den Erfolg. Erstens ist das nicht nötig, und zweitens wäre es aussichtslos.

Der Gefangene
Josef, das nackte Wild in der oberen Ecke. Oft die Angehörigen, auf jeden Fall sehr Teilnehmende, feiern draußen, er schlüpft hastig ins Klo, an der lauten Tür vorbei, oft lachen, toben sie, Brüder usw., oft weinen und klagen sie in einer offenbar vorgeschriebenen Art, zumindest wiederholt sich viel. Die Klagen wirken, trotz aller Schrille und Heuchelei, geordnet, aufgebaut, geradezu komponiert. Er horcht, um wen die wohl klagen. Plötzlich Schüsse, nach vorausgehenden Schreien, Gebrüll usw., Autos fahren ab, Bremsen quietschen, Türen fallen ins Schloß. Vier stählerne Absätze schlagen durch eine harte Nachtstraße. Ein Stöhnen. Ein Klicken. Ein Schuß. Fernsehen. Die lassen die TV-Schlacht neben der eigenen herlaufen für die Kinder. Die Erwachsenen schauen nicht hin.

26. 12. 1965
Der Immobiliensüchtige, der bekannt ist bei den Händlern, er schaut und schaut an, bis in den Dachboden hinauf, aha, Wespen-

nester, schön, herrlich, ich bin begeistert von diesen ungeheuer genau gebauten Wespennestern an Ihren Dachbalken, ich werde dieses Haus nehmen, wenn ich auch mit dieser Überlaufanlage nicht so zufrieden bin.

Geheizter Marmorboden. Natursteinmauer, echt oder bloß verblendet? Echt, von Tessinern gemacht. 50 cm Mauerwerk. Hohlblock oder Beton? Beton, gegossen. Fensterbänke aus Marmor. Thermopenscheiben, Diawand aus dem Kasten für die Rollläden. Lautsprecher. Sakristeitüren, eingebaute Bauernschränke. Hier schon die Röhren für die Swimmingpoolheizung. Eine alte Klosterbadewanne, dunkelgrün, die will er als Sofa polstern lassen. Ein riesiger Engel mit blutrot geblähtem Mantelfallschirm, Goldgewand und erschreckten Augen, schreckliches Rosagesicht, so nah dürfte man ihm nie kommen, das ist schon allerhand. Er erschrickt, wir erschrecken, was soll's. Flaschenbibliothek. Kartei in die Wand führend, also keine exponierten, im Weg stehenden Kästen, sondern in die Mauer, aus der Mauer auszufahren, also das nehm ich. 300000, gut.

Wie ungern der sich davon trennt. Wahrhaftig, dazu hat er es nicht gebaut. Und würde ihm jetzt beruflich nicht ein solcher Umschwung geschehen, eine Wende, der er sich nicht widersetzen darf (offenbar handelt es sich um die Entdeckung seiner Berufung, das ist einmalig, da darf er sich nicht widersetzen), dann würde er doch hier nie herausgehen. Gedacht an alles. Wie die Sonne um wieviel Uhr der Frau auf die Nasenspitze fällt im Bett und sie weckt. Und von Mai bis Oktober muß die Sonne nachmittags spät noch an der Hausecke vorbei ganz noch einmal in den Garten hinein, ganz in seinem Dienst. Und das ganze Jahr über, so ist der Dachwinkel, die Firsthöhe, muß sie den und den Teil bewärmen in seinem Dienst. Sie kann gar nicht anders. Also die Sonne hat er unterworfen, das sieht man. Und der Lärm und die Luft. Alle Elemente. Und das Glück. Und das will er alles mir so gut wie schenken.

Ach, mein Herr. Danke … Und dann immer diese schrecklichen Absagen. Und alle Immobilienhändler sagen, wer kriegt ihn dran? Sie tun sich zusammen. Einer und noch einer, die kriegen ihn dran, in einer Woche kauft er plötzlich zweimal etwas. Das läßt ihn nachdenklich werden. Er hat ja kaum Geld. Was tut er? Das war ein Einbruch der Sterblichkeit und Schwäche. Die Immo's triumphieren. Eine große Nachricht. Sie geben ein Fest. Die zwei Sieger werden ausgezeichnet. Bravo. Er zu Hause, erschlagen, gelähmt, dem Selbstmord nahe, er beschließt, selber Immobilienhändler zu werden. Das wird eine Nachricht. Das wird sein Triumph.

Den «Gegner» innerhalb von 1 oder 2 Stunden um 15 oder 35 000 Mark zu bringen (durch Herunterhandeln)! Schwer erträglich. Also am besten, man macht es wie ich und gesteht das dem Gegner.

Manche laufen noch vom Notar weg. Rennen einfach hinaus. Vor dem Zeremoniell (wie bei einer Eheschließung).

Der Mittelstand, vom Kapitalismus und Sozialismus gleichermaßen bedroht.

Einer will ein Grundstück verkaufen, das ist die Bedingung für den Anfang eines neuen Lebens. Genaue Beschreibung des Grundstücks. Die Büsche, die Vertiefungen, das Panorama, die Sonnenuhr, die Berge, der See, die Bäume, ja die Bäume und die Gräser, Erdbeeren, Palmen, Krippen, Dome, Schachtelhalme, Mönche, Moschusochsen, Gletscher, Farne, Moose, Echsen, Saurier, Museen und Kindergärten und Pissoire. Er kann dieses Grundstück nicht verkaufen. Er kommt nicht los davon. Aber er will nichts anderes als es verkaufen. Und dann wird er auswandern. In die Neue Welt. Wenn er das Grundstück verkaufen könnte, wenn es wirklich soweit wäre, dann bringt er es nicht über sich. Also wird der Anfang des neuen Lebens immer wieder hinausgeschoben. Bis er beerdigt wird in seinem Grundstück.

Mein Name ist Albert Grübel. Man nennt mich den Verteidiger von Friedrichshafen. Das klingt übertriebener, als es ist.

Stützungsbedürftig wie eine Regierungsanleihe.

Leute kennenlernen, das ist wie Zigarettenrauchen. Man raucht und raucht.

Der Immo-Süchtige kann es nicht aushalten, daß über die Feiertage das Besichtigen ruht. Er ruft auch am 1. und 2. Weihnachtsfeiertag seine Händler an und verlangt Besichtigungen.

29. 12. 1965

Matrosenleben

Ein Neuner-Bruder in Chicago, Metzgerei mit 77 Filialen, kinderlos wie der in Stuttgart, schickt Fahrkarte 1. Klasse und deponiert 5000 Dollar in New York. Aber die Verlobte von Karl Jehle: Bleibe im Lande und ernähre dich redlich. Seitdem nie mehr etwas gehört von Chicago. Ein Brennereirecht und eine Brennerei gekauft und das Obst zusammengekauft, das auf dem Bahnhof nicht mehr weitertransportiert werden konnte, weil aus den Waggons schon der Saft herausläuft. Auch die wilden Kirschen um den Hohen Neuffen, einmal werden die eingeschlagenen Kirschen ihm weggeholt. Beschlagnahmt! Sagt der vom Zollamt, weil Eßkirschen. Werden zu Hirsch und Lichter (Verschluß-Brennerei) gebracht, dort gebrannt. Er prozessiert. Ein alter Rechtsanwalt mit versabbertem Kittel gewinnt nach drei Verhandlungen, weil dann der Zollbeamte, der versetzte, wieder hergeschafft wird, der bestätigt, daß er selber die eingeschlagenen Kirschen als wilde bestätigt hat mit Unterschrift. Also muß ihm der Schnaps ausgeliefert werden von Hirsch und Lichter. Den gebrannten Trester an Schweine. Oft drei bis vier Brände von Uhrzeit zu Uhrzeit. Wenn nur ein bis zwei angemeldet waren. Man tut Obstsaft, vergorenen, dazu, dann läuft der Brand schneller. Und wenn die zum Probebrand kommen, heißt es: Faß 17, also leert man Wasser in Faß 17, dann laufen da nur ein bis zwei Liter Alkohol auf 100 Liter, bei allen anderen Fässern aber vier bis sieben auf 100 Liter.

Neuner 1914 aus USA zu Besuch, muß bleiben, läßt sich anno 1917 wieder als Deutscher eintragen, dadurch gehen alle seine Auslandswerte kaputt, die er hat, die Naphta-Aktien, die amerikanischen Stahlpapiere usw. K. J. kauft Frau Neuner den Besitz zum Einheitswert ab, 28000, und nach dem bezahlt er die Verwandten aus. Das sind Summen von je 2 bis 3000 Mark. Die alte Frau hat das selber vorgeschlagen, weil die Verwandten immer drängten.

So einen Handel einmal darstellen von der Seite dessen aus, den man sonst immer als den Bösen verachtet. Der unangefochtene Triumph des Unrechts, wenn man selber zu dieser Seite gehört.

Poincaré: Tautologie: alle Sätze mit Ausnahme derer, die durch mathemat. Induktion bewiesen werden, proportionist. Theorie. Alle mechan. entscheidbaren Theoreme sind tautologisch.

Der Indio (1-Akter, die Elenden)

Die spielen Tischtennis oder sonstwas, dann wird der Indio abgeliefert von den Eltern oder den Schwiegereltern, ein Geschenk, der kann nicht reden, er kommt direkt aus dem Urwald. Er friert. Man wärmt ihn. Fängt an, Lévy-Strauss-haft zu denken usw. Alles, was vorher war, ist irgendwie gerichtet. Die beiden Konkurrenten sind wieder anders zu sehen dadurch. Gegen Ende dieses Aktes stirbt der Indio. Es ist nicht gelungen, ihn zu erwärmen. Er ist in einem Daunenbett erfroren. Grau und steif liegt er da. Das muß natürlich bei dem Gewaltigen spielen. Die Feinen hatten inzwischen ein Konzept, wie man ihn retten könnte, was er arbeiten könnte.

30. 12. 1965
Die günstigen Gerüchte verstorben
über den trockenen Tannenboden
leckt die Zunge keinem Wasser zu.
Sind wir jetzt klar weißt du
jetzt was du tun sollst daß
nicht noch einmal dein Kopf
vom vollen Omnibus getroffen wird?
Wieviel zahlt ihr mir wenn ich
so kann man nicht einmal zum Schein
reden weil einen keiner hört also
sag gleich: Ich werde weiterkämpfen.
Ich bin so eingefaßt daß ich nicht
weiß ob ich mich noch bewege oder
ob nur die Erde sich noch dreht
und ich bin einfach mitgenommen.
Auf der Schwelle hockend über die
Flüsse grüßend nehm ich nicht teil
der Regen trifft mich nicht ich bin
meistens jenseits des Datums.
Süß ist es lächerlich und steil
von einem Arschloch verrissen zu werden
alles hab ich schon und mir zuliebe probiert
euch zum Possen mach ich jetzt Gedichte.
Heute fünfz ich
morgen sechz ich
übermorgen mach ich der Königin
ein Kind ach wie gut daß niemand
weiß dass ich fünfundsiebzich heiß.

Politische Stücke gab es nur so lange, als sie sich gegen die Nazis richteten, danach gibt es keine Bühnenmöglichkeit mehr für Politisches. Brecht hat seine Sachen immer so verpackt, daß man sich ohne Bedenken an der Fabel erfreuen konnte. Die normale Klassikerlangeweile. Das, was einen nichts angeht.

Bei Fernsehstatements von führenden Politikern steht hinter dem Aussagenden immer reglos ein ernster Herr. Parteifreund?

1966

3. 1. 1966
Beerdigung Dieter Götz, Pragfriedhof, Stuttgart, Krematorium: Die breiten Freitreppen dieses Babylon-Niederwalddenkmals. In der Mitte der Kuppelbau, außen ein sich in Stufen nach oben verjüngender Quader, links und rechts eine Säulenhalle, außen sinnlose riesige Steinkassetten mit Steindeckeln drauf, drinnen die Orgel, unter einem Häuschen der Sarg, die Klappe, über und über mit Blumen bedeckt, nachher fehlt der Sarg. Wann der unter die Falle absauste? Öfter ein Sausebrausegeräusch, das kann das Gebläse der Orgel oder das Gebläse für den Verbrennungsofen gewesen sein, oder sind die beiden Gebläse gekoppelt? Nachher kann ich der Frau nur eine Sekunde die Hand geben und muß gehen. Die saßen alle, wie schon ausgeweint, die Witwe, die zwei Schwestern, die steinerne Mutter. Ich aber bin noch frisch. Halte das nicht aus. Nach einer Stunde wieder völlig umgedreht. Die Beerdigung hat keinen Effekt. Vorbereitung: Diese Krawatte oder diese? Es ist schon ein Problem. Ich darf mich weder als Angehöriger kostümieren noch als Zaungast, der nur zufällig gerade durch den Friedhof läuft und stehenbleibt. Bei den Fragen nach den technischen Geräuschen fehlt der Tote, der hätte gewußt, welches Geräusch von was kommt, er war praktisch begabt.

AK III
Transport eines Segelschiffs über die Alpen so genau als möglich geschildert auf 100 Seiten.

Die Gefangenen

Sie spielen die typischen Haltungen für alle, um besser durchzukommen, sie wissen, was man erwartet. Sie machen einander in dem erwünschten Sinn GUT und SCHLECHT. Wären die Zuschauer nicht, wären sie einander fast gar nichts, nur eine aufeinander angewiesene Rhythmik, auf jeden Fall weder GUT noch SCHLECHT. Das werden sie erst durch die Gesellschaft, und sie stellen sich darauf ein.

Über Rechtfertigung

Dieser Beruf kann sich nicht rechtfertigen. Ich weiß nicht, ob andere Berufe das für sich selber können. Der Schriftsteller auf jeden Fall kann sich nicht rechtfertigen. Ziele gelten nichts. Schöne Ziele kann jeder haben. Und Wirkungen sind nicht meßbar. Der Typhus nimmt nicht durch Schreiben ab, und die Amerikaner in Vietnam hören nicht auf den Schriftsteller. Der Schriftsteller muß auskommen ohne jede Rechtfertigung. Deshalb ist die Literatur voller Rechtfertigungsversuche. Asoziale brauchen das. Über die Rechtfertigung dessen, der auf dem Kopf geht und deshalb anderen vorwirft, sie gingen auf den Füßen.

Der Musiker macht Musik und Geld. Der Arzt versucht zu heilen und Geld zu verdienen, der Lehrer lehrt, und der Schriftsteller denkt darüber nach, was er soll. Er macht Vorwürfe. Bekommt ihm das? Fühlt er sich jetzt schon so notwendig, wie er sich offenbar fühlen möchte? Ein ganzes Volk kann es ihm nicht recht machen. Dieses Volk wählt CDU. Offenbar muß einem Schriftsteller die SPD lieber sein als die CDU. Das gehört dazu. Das habe ich gelernt. Mir käme es zwar gern so vor: Wer für die SPD ist, ist auch für die CDU. Der Schriftsteller ist der laute Moralist. Er weiß, wie alles sein müßte: die Politik, die Wirtschaft … Alle öffentlichen Funktionen, die er sich anmaßt, sind nichts als Klimbim.

Man soll doch nicht so tun, als könne man sich dem Allgemeinen nur nähern, wenn man laut in der Arena herumsingt. 1. hat dieses Herumsingen noch nie einen Effekt erzeugt. 2. Er kann mit sich selber radikal umgehen, kann sich durchleuchten. Wenn ihm das gelingt, hat er auch den Bundeskanzler durchleuchtet. Warum erschleichen wir uns eine öffentliche Funktion? Warum brauchen wir eine? Wir können uns nicht engagieren, wenn wir nicht engagiert sind von Natur aus. Es gibt keine Wahl. Der Schriftsteller als ein Mensch, der an sich selbst denkt und der das bemerkt (andere handeln einfach für sich und bemerken es weniger), und er hat ein schlechtes, oder besser: er hat kein gutes Gewissen, weil er so sehr auf sich selbst bezogen ist, das scheint ihm unerlaubt, also mischt er sich ins Großeganze und übertönt sich selbst. Er möchte sich aufheben in einem größeren Geräusch.

Ich sehe meinen Stoff, meine Erfahrung, meine Mittel ... wie weit sehe ich da? Sehe ich den Unterschied zwischen Barzel und Schmidt? Erhard und Ulbricht? Zwischen mir und Ulbricht? Die Unterschiede, die sich anbieten, sind keine. Die Unterschiede bedürfen meiner nicht. Mit denen fange ich nichts an. Von denen lebt das Treten auf der Stelle. Meine Aufgabe könnte nur sein, mich an den geringen Unterschieden zu versuchen, die bestehen zwischen uns allen. Ich beschreibe mich und hoffe, Ulbricht erkennt sich darin wieder. Ich beschreibe Ulbricht und hoffe, man erkennt mich darin wieder. Jaja, Herr Marx, die unterschiedlichen ökonomischen Systeme, die wirken sich aus bla-bla-bla.

Ich halte nichts von dem Satz: Wer lügt, der stiehlt. Aber ich glaube: Wer für die SPD ist, ist auch für die CDU. Und das finde ich nicht schlimm. Ich frage nur, ob man jemand Vorwürfe machen soll, wenn er gleich die CDU wählt. Ich frage mich: Sind die Vorwürfe eine Form der Rechtfertigung des Schriftstellers. Positiv: Vorwürfe gegen sich selber. Mangel an Rechtfertigung. Verbreitung von Unsicherheit.

8. 1. 1966, Hamburg.

9. 1. 1966, Harburg.
Lesung.

10. 1. 1966, Hannover.
Funk.

11. bis 13. 1. 1966, München.
Funk.

Wettbewerb zweier Komiker vor dem Publikum. Sie überbieten einander auf eigene Kosten. Einer kann einfach nicht mehr mithalten. Aber weitermachen muß er doch. Also frettet er nur seine Niederlage fort.

Kann das ein Ehepaar sein?

17. bis 21. 1. 1966
Uwe Johnson. Zwei Tage Ingeborg Bachmann.

23. 1. 1966
TV-Interview. Zwei Schriftsteller über einander: Ein Dritter beobachtet, daß jeder des anderen Schicksal für interessanter hält und den beneidet.

Ich träume.

Auf einer Gesellschaft erzähle ich, der XY ist tot. Es wird getanzt. Plötzlich kommt Siegfried Unseld zu mir und sagt aufgeregt: Manche behaupten, sie hätten XY (Götz) heute schon hier auf dem Fest gesehen. Ich sage: Unsinn! XY ist tot. Leider. Dann ist es ja gut, sagt S. U. und schaut mich an, als wolle er sagen: Wir wollen es um deinetwillen hoffen. Mensch, schrei ich jetzt überlaut, daß alle herschauen, ihr glaubt mir wohl nicht mehr, ihr haltet mich wohl für einen Lügner, was! Alles ist still rundum. Bitte, flüstert S. U. scharf und zeigt hinter mich. Ich drehe mich und sehe schräg von oben auf mich zukommen, mit Hilfe von zwei Stöcken, XY. Nein, schrei ich. Das ist nur eine Einbildung. Moment. Renn hin, schlage an die Stelle, wo ich XY sehe, will beweisen, daß dort Luft ist. Aber die Hände landen dumpf in schwerem Tuch. Krallen sich hinein, wollen jetzt den XY hinausziehen, weil er doch wirklich tot ist, aber der Tote leistet mir Widerstand und ist vielleicht stärker als ich. Ich erwache eiskalt, links ritzende Kälte, links ausstrahlend.

Genossen

Einer arbeitet an immer neuen Fassungen eines Textes, der nichts besagt. Überall liegen seine «Fassungen» herum. Er wartet darauf, daß die Genossen sich dazu äußern. 20 Fassungen eines Textes, der nur den angeht, der ihn verfaßt hat. Für wen dieser Text immer noch besser gemacht werden soll, begreift man nicht. Für den Hersteller wäre schon die 1. Fassung gut genug. Er versteht sich. Er liebt jede Fassung. Zuerst immer die neue. Dann wieder die älteren. Allmählich alle. Das heißt, er fordert ein ungeheueres Interesse von den Leuten und Genossen.

2. 3. 1966

Chrysostomus Zodel, Schwäbische Zeitung.

4. 3. 1966

AK III

Anselm strickt die ganze Zeit, wenn er nicht schreibt. Er sitzt auf dem Balkon und strickt.

Sie strafen die, die vom Gesetz nicht beachtet werden. Dann die Radikalität: Sie strafen nur noch die Guten: um der Ungerechtigkeit willen.

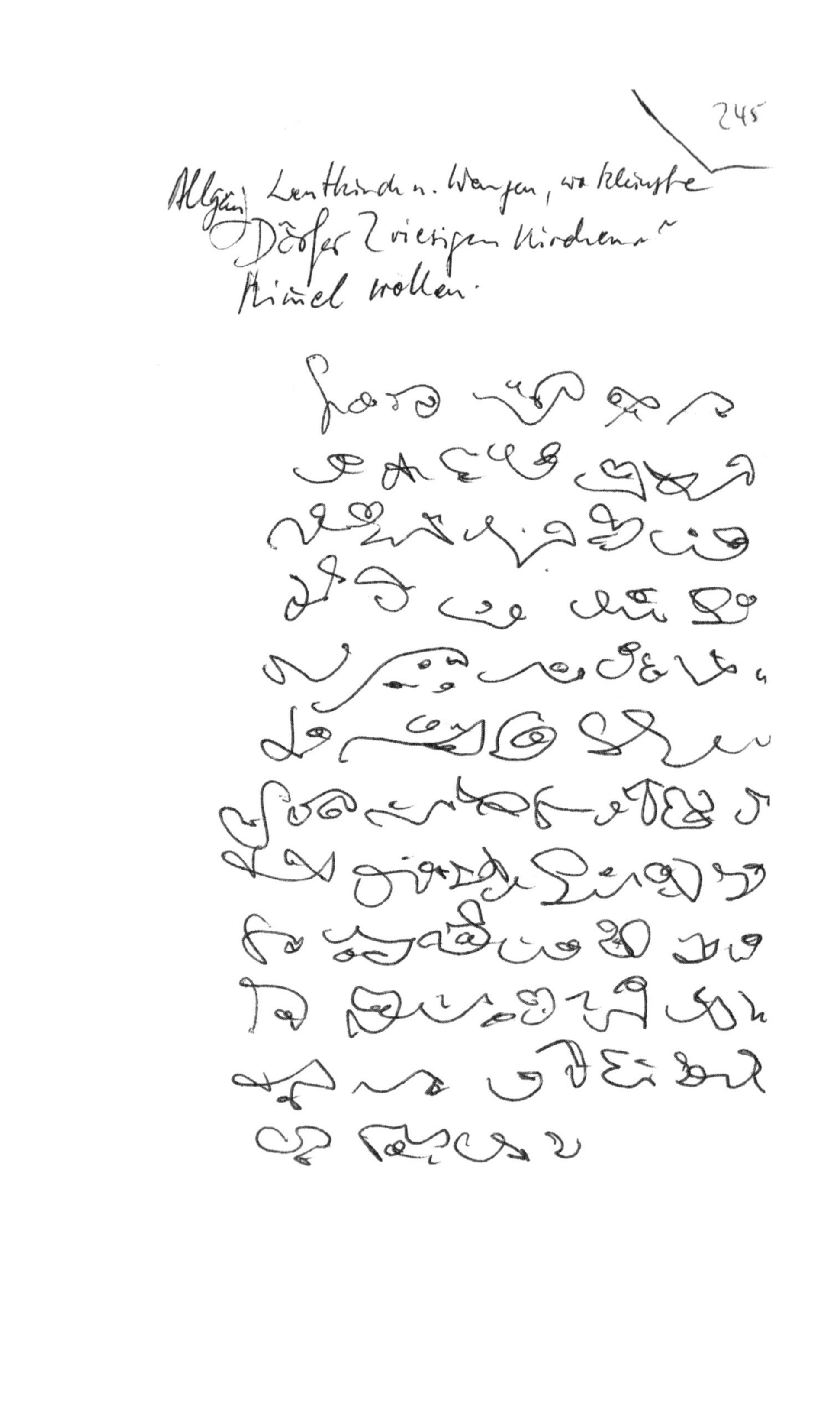

Allgäu Leutkirch u. Wangen, wo kleinste Dörfer z riesigen Kirchen in Himmel wollen.

[illegible]

Dokumentarismus, Kunstform für Denunziation.

Wo er hinkommt, sind immer zwei, einer, der ihn schätzt, und einer, der ihn ablehnt: in jeder Redaktion.

Das Monstrum

Das Monstrum lebt am Bodensee.

Nach jeder Zigarette kann ich wieder schwören, daß ich nie wieder rauchen werde.

12. und 13. 3. 1966, Heidelberg.
Der Schwarze Schwan.

15. 3. 1966, Frankfurt.
Lions-Lesung, im Intercontinental.

Dreimal küßte der Franzose, circa 32, seine Familie durch, jeden zweimal, einmal links, einmal rechts, und mit schon vorher geöffnetem Mund seine Frau tief in ihren, dann ein Augenwischen und Klammern und Nichtgehenlassenwollen, dann er ins Abteil, das Fenster runtergerissen, und als der Zug fuhr, rief sie noch: À demain.

S'Pferd und d'Maus zählen's Jahr aus.

Interview

Der Alte hat etwas gegen die Jungen geschrieben oder gesagt. Jetzt wird er von einem Jungen verhört und sachlich völlig vernichtet. Es kommt heraus, das hat er bloß aus Ärger, Verärgerung und Ressentiment gesagt. Das wird blank enthüllt, wenn alles keinen anderen, keinen sachlichen Grund hat. Also hat alles seinen Grund nur im Alter. Obwohl das ein rührender und alles mildernder Grund wäre, ist gerade das die Vernichtung. Da der Grund für seine Meinung nicht in den anderen, sondern in ihm selbst liegt. Er bittet des öfteren, aufhören zu dürfen, er hat doch alles gestanden. Zuerst noch witzig: Keine weiteren Fragen von seiten des Staatsanwalts. Aber der junge Schlächter (der auch Angst hat und erst allmählich unbesiegbar wird) will sein Opfer nicht lassen, es wäre denn völlig zerrissen.

Dann ist die Sendung fertig, und jemand kommt und sagt: Zum Abschminken, bitte.

25. bis 30. 4. 1966, München.

Wie heißen Sie?

Drews.

Soll das ein Witz sein.

Bitte, dann heiß ich eben Rischbieter.

Ja wie nun, Drews oder Rischbieter?

Finden Sie, das macht einen großen Unterschied?

Wenn ich nicht andauernd ein übertriebenes Selbstbewußtsein nähre, mir abpresse, bin ich erledigt. Ich darf nicht einsehen, wie es wirklich steht. «Leistungsfähig» bin ich nur als Hochstapler. Sagte ich jemandem, was ich von mir halte, spräche sich das herum und ich könnte meinen Laden zumachen. Also weiter.

Die Zimmerschlacht

Die Frau murkst herum nach dem Vernichtungsmonolog. Pantomime, Mundbewegungen usw. Sie kann einfach nicht sprechen. Erst als sie hört, daß ALLE gegen sie sind, erst da kommt sie wieder zu sich.

Die Tragödie (Trio)

In komischster Form: Er will sich nicht scheiden lassen, nimmt aber seiner Frau übel, daß er nicht loskommt von ihr. Die Frau also durch und durch bitter gegen ihn. Unterernährt. Erschöpft. Nur noch ein Bündel Ungerechtigkeit und Überreiztheit und

Hysterie. Auf der anderen Seite: die Junge, wohl im Fleisch befindliche Geliebte, die sich betrogen sieht um alle Aussichten. Sie sagt zwar weniger, ist viel angenehmer, aber bereitet den Absprung vor und springt ab. Und er: vernichtet, kommt heim, um dort den nächsten Krach zu kassieren.

Die stand doch immer schon andauernd auf'm Fensterbrett und wollte hinunter.

Man liebt, wenn man erträgt, geliebt zu werden. Und genau so sehr, als man erträgt, geliebt zu werden, liebt man selber.

Ich lebte, seit du wegfuhrst, nur auf Zehenspitzen.

18. 5. 1966
Adriaan Morriën.

19. 5. 1966
Adriaan und R. Baumgart.

Die Bürger benennen die Straßen nach einander, nach ihren eigenen Vorfahren und Namen.

21. und 22. 5. 1966
Dr. Karasek, Peter Hamm, Bernd Sinkel.

Was ich brauche: Geld, Gesundheit, Ruhe, Frauen, Wechsel, Beliebtheit, Verehrung, etwas Ruhm, etwas mehr Ruhm, allen Ruhm und eine neue Sommerhose.

Ich leide nicht mit, wenn nebenan gelitten wird. Ich kann nicht mitleiden. Ich würde das Leben, das die meisten rundherum aushalten, nicht aushalten. Oder ich würde es aushalten. Man hält ja

Der ältere Mann und die Photographien
Eine Art plötzlich notwendiges
wildes Daumenlutschen
ein Anfall
die Augen treten aus den Höhlen
Zuletzt wird er ein Photo auffessen

Orli
hinter einander
nach einander
Orli Orli Orli
Eine Sache für die Lippen
für den Staatsanwalt
ungesellig
eine krankmachende Sache
O Orli

was aus. Aber ich möchte nicht. Ich möchte mich drücken vor der normalen Last. Ich möchte, dass es mir besser geht als den anderen. Ich möchte fein heraus sein.

25. bis 28. 5. 1966, München.

Erolitie Mohagan
Nemosil mentrös
Murglich mol soontar hezze
Fregesten sul sedlitende
Marne mi soporne ge helifa.

Ich finde sie auch aber um
jeden Preis diese Steilwand ohne
Einlaß und die Nägel splittern
wie man mir sagt hat alles
seine Zeit auch der der das
nicht bemerkt also bitte.

Sorgsam gehen wir durch die zwei- bis dreistöckige Stadt, schauen in die Schaufenster und bleiben stehen, wenn ein Haus vier Stockwerke hat, und fragen einen Polizisten.

Die ersten schweren Tropfen fallen
immer schon auf die Straße
die Straße nimmt das Naß auf
als wäre die Straße ein
Löschpapier dem Polizisten
zerplatzen Tropfen auf dem
harten Mützenschild während seine
Uniform säuft als wäre sie aus Staub.

AK III

Anselm als überempfindlicher Sauertopf, der andauernd auf der Lauer liegt, um die Welt dabei zu ertappen, wie sie ihn mißhandelt (durch Vergessen, Nichtbeachten, Falschverstehen).

Einer allein auf der Bühne und hat keinen Platz, so füllt seine Angst den Raum. Er flieht vor der immer vorhandenen Welt. Links oben, rechts hinten, überall zudringliche Verfolger. Er kommt gerade von der und der Tat.

Die Rechtfertigung

G. Grass, eingehüllt in die unaufhebbare Immunität seines Erfolgs, in den jetzt auch von ihm selbst gestreichelten Hermelin seines Ruhms, macht sich lustig über Schriftsteller, die unsicher sind. Selbstbewußt muß man sein. Ratgeber des Regierenden Bürgermeisters. DDR, Oder-Neiße. Das soll er den Wählern sagen. Vor denen hat der Politiker Angst. Kosmetischen Rat haben die Schriftsteller 1965 angeboten. Wie hieß der von Wallenstein, der Hofastrologe? Also: 1. der Schriftsteller ein Fachmann nur für sich selbst, für den unrettbar Einzelnen. Warnung vor sich selber, vor der Vereinzelung. Bleib im Verband. Vermasse, Mensch! 2. Der Schriftsteller hat es nur mit seiner Unsicherheit zu tun (Kafka, Kierkegaard). Gut, es gibt den Typus Th. M., der im Prunkrahmen reist. Dieser Typus, der neben den Mächtigen hintritt, immer ein bißchen herablassend von seinem Augustus spricht, weil der ja das konkrete Kleinkramgeschäft besorgt, er aber gibt Rat für Großkram …

Ich spreche hier für den, der kein Büro hat, keine Autorität, der nichts als sich kennt, ein Monstrum, der warnt vor sich und seinesgleichen.

Der Stein vor meinem Mund wird weggewälzt, mir wird das Wort gegeben, fehlt mir noch die Zunge.

Meine Herren, hissen Sie die Fahne
ich knie nieder
auf meinem Nacken wächst der Mohn
den Sie photographieren können.

Nachmittag im gelben Licht
Butter eingesperrt im Panzerschrank
Grünzeug flott Lautstärke
ich werde hoff ich die Kraft haben
unverständlich zu bleiben
mich nicht zu verraten
nur hinter der Stirnwand
im eingesperrten Gehirn
in diesem Dunkel bin ich hell.

Es hat keinen Sinn. Es nicht. Und ich nicht. Aber am Montag um 14 Uhr 15 kommt ein Herr. Sein Name läuft vor mir her, Samstag, Sonntag. Seinem Namen folge ich in eine neue Woche hinein.

Rechtzeitig von Schlamm zu Haffner, von Strauß zu Brandt, für die Gewerkschaft.

Unsere Lage wäre um nichts phantastischer, wenn sich plötzlich herausstellte, daß unser ganzes Universum eine einzige Leber- oder Hautzelle eines Lebewesens wäre, das in seiner Welt zu den Kleintieren zählt. Manchmal kommt es mir vor, als sei man in einer verhornenden Zelle meiner Fußsohle gerade dabei, das Frauenwahlrecht einzuführen, und einen höre ich reden von der Unantastbarkeit des privaten Eigentums.

Der Kaufherr verabschiedet seine Flotte.

AK III

Verschafft sich Photos von Orli. Läßt die heimlich knipsen. Auch am Strand. Sie lutscht immer noch Daumen. Ihr Gesicht ist, wie es war, wenn sie unter ihm war. Also ist ein anderer für sie genausogut wie er. Das war zu erwarten. Das konnte man ganz sicher wissen. Aber wenn man es sieht …

AK III

Der Mangel an feststehender Ordnung kommt von der Mutlosigkeit. Hängende Partien. Sein Kinn liegt auf dem Fensterbrett. Eine Zeit lang, so um sein 40. Lebensjahr (oder war's im 37.), da sah er plötzlich den rasenden Verlauf und glaubte, noch jung genug zu sein, etwas zu tun, etwas Hilfreiches, Rasches, was dem rasenden Verlauf angepaßt ist … aber es gelang nicht … er ist weggeschleudert worden, er rudert, winkt, gleich kommt der Fall.

Humor, das wär's. Wie machen Sie das eigentlich? Ich habe Sie schon lachen gehört?

Ach du meine Güte. Man hat Sie hergelockt. Mich hergelockt. Sie wollen eine Geschichte sehen. Ich will keine Geschichte erzählen. Ich habe Geschichten satt. Geschichten stehen mir bis hier. Musik. Wenn schon keinen Humor und keine Geschichte, dann wenigstens Musik. Hören Sie. Johann Strauß. Dorfschwalben aus Österreich. Oder Wiener Blut. Ich tanze jetzt ein wenig. Mein Fräulein. Blöde. Verehrteste. Noch blöder. Das Wetter. Hübsch, die Beine, sagen Sie, finden Sie's hier auch so. Ihr Mund, Sabine. Also gut, dann eben Hanna. Hanna? Wie kommen Sie bloß auf Hanna? Ich habe da draußen ein Segelschiff stehen. Wenn Sie mir helfen, schaffen wir's. Übers Gebirge. Heute Nacht noch. Über die Alpen natürlich, was dachten Sie denn. Das gibt keine Geschichte, sondern ein gewissermaßen technisches Problem. Sie sehen, ich habe mich zu früh kostümiert. Aber von Chur an glaubt mir kein Mensch mehr, daß das ein Segelschiff ist, wenn ich nicht in diesen süßen Klamotten auftauche. Wir setzen die Segel, meinen Sie. Ach nein. Auf den Gebirgsstraßen, durch Tunnels, an Abgründen entlang mit gesetzten Segeln? Das ist lächerlich und gefährlich. Wir wollen froh sein, wenn wir's so schaffen. Auch wenn dieser und jener unseren Schiffsrumpf mißtrauisch anstarrt und ihn für einen Holztorpedo hält, oder für den Sarg einer Riesenzigarre. Dies ist ein Dokumentarstück, meine Damen und Herren. Mehr noch. Jawohl, viel mehr. Denn sehen Sie: In einem Dokumentarstück kommen Schauspieler und ein fixer Autor, schnappen sich 'n paar Akten und Zeitungspapier, auf jeden Fall Papier, stecken die Nase in anderer Leute Papiere und fangen gleich an, das nachzuspielen. Lassen was weg, tun nichts als sich selber dazu. Pfeffern und salzen die Moral von der Geschichte, daß sie nachher genau wissen, was sie am nächsten 17. Juni oder 30. Januar zu tun haben, falls kein 17. Juni mehr kommen sollte und auch kein 30. Januar mehr, ja dann, meine Damen und Herren, dann wissen Sie wenigstens, wie Sie sich hätten benehmen sollen, wenn noch einer gekommen wäre. Deshalb haben wir uns entschlossen, entweder nichts oder mehr als ein Dokumentarstück. Die Handlungen, die wir zeigen, sind authentisch. Sie finden in dem Augenblick statt, in dem Sie, meine Damen und Herren, diese Handlungen zu Gesicht bekommen. Wir imitieren nicht auf papierener Grundlage, wir imitieren überhaupt nicht, wir handeln selber. Und wir handeln, glaube ich sagen zu dürfen, kühn. Ein Segelschiff soll über die Alpen transportiert werden. Sagen Sie nicht, Sie hätten je einer solchen Handlung zugesehen. Und wenn, dann bitte herauf mit Ihnen, wir bedürften der Erfahrung.

Anselm schließt sich den Jungen an. Zieht laut und verkleidet mit denen durchs Land. Das ist ein groteskes Oratorium. Das schreibt er in III als Stück. Als lyrische Farce.

Die Tänze, Gespräche, Atemlosigkeit. Er geniert sich nicht mehr, da er dem Beat verfallen ist. Er kauft sich eine Beatle-Perücke.

Übungsstücke für ein Ehepaar. *Die Zimmerschlacht.*

Ichichich kleiner werdende Begabung für das, was ich will
ersetze den schuldigen Rest
durch den Schmerz
den mein Mangel erzeugt.
Perpetuum mobile.

Leere Zimmer ohne Wände nehmen mich auf.
Ich werde gefangengehalten
in Zimmern ohne Wände.
Fragen Sie also nicht:
Warum bringt der sich nicht um.
Ihm fehlt was.

Norden ist da
Süden ist da
Osten ist da
Westen ist da
Du bist nicht da.

Übermorgen öffne ich
meine Stirn und lasse
das Brausen heraus
dann schließe ich meine Stirn
und lege mich schlafen
unter des Traumbaums
entlastete Äste.

Der Haß hat mehr Grund als die Liebe und einen viel deutlicheren Anlaß. Ich zum Beispiel bin mir nicht deutlich genug, ich kann mich nicht hassen. Das Geschmier, das ich bin, kann ich bestenfalls verachten. Und das nur ein wenig. Und nur immer wieder einmal. Dann entschwinde ich mir. Singe so laut als möglich.

Wir. Jeder der Beobachter des anderen.

In Kinshasa, ein Boulevard Lumumba und darauf kongolesische Fallschirmjägerinnen.

Alles Flüssige können Sie schon einleiten in das System, bloß die festen Bestandteile noch nicht, nicht bevor die Verarbeitungsanlage gebaut ist. Für die festen Bestandteile müssen Sie noch eine eigene Grube bauen lassen, die Sie selber ein- bis zweimal pro Jahr leeren lassen müssen. Die festen Bestandteile können Sie später auch in das Kanalisationssystem einleiten, sobald die Anlage gebaut sein wird.

Endlich sagt einer Fäkalien. Von jetzt an spricht jeder von Fäkalien. Feste Bestandteile kommt nicht mehr vor.

Der gelungene Mann

Ich bin der angenehmste Mann. Das sage nicht nur ich. Folgen 200 Seiten Belege für die Gelungenheit dieses Mannes. Er leidet mit anderen ein wenig, er kann Episoden erzählen, in denen er glänzt. Er kann nachweisen, daß alle ihn mögen. Er kann durch die Art, wie er erzählt, beweisen, daß er ein Mann ist, den man mögen muß. Er kann es durch und durch begreiflich machen, daß er jedem sympathisch ist. In ihm kann sich auch jeder wiedererkennen, denn er ist so sympathisch, wie sich jeder selber sympathisch ist.

Er kommt, um mir viel zu berichten, weiß keinen Namen mehr. Er ist Historiker und schreibt über Neues. Immer wenn er ansetzt: Also der … dann: Jetzt fällt mir der Name nicht mehr ein; Sie wissen doch, der das … wie heißt jetzt das Buch, es fällt mir gleich ein, Sie erinnern sich sicher, der … wer hat jetzt in der FAZ die Kritik geschrieben in der letzten Woche? Sind Sie sicher, daß es in der FAZ war? Da ist er ganz sicher. Ich nicht.

AK III

Meine Figur, die vom Telephon und von der Post lebt, die die Welt abhorcht und anzapft, ununterbrochen, nach guten, schmeichelhaften Nachrichten. Und die Freude, wenn das Telephon einmal von selber klingelt, und dann die Rückflut dieser Bewegung als reiner Haß, da der Anrufer nur für sich etwas wollte. Er wird auf die Liste der Opfer gesetzt. Jeder Genosse hat andere Arten von Opfern. Konkurrenten, Nebenbuhler u. a.

Keiner kommt dem anderen entgegen. War einer dabei, der das zu seiner Zeit versuchte? Waren sie alle so? Keiner kann erklären, warum alle so geworden sind, wie sie jetzt sind. Was muß da wohl vorgefallen sein? Man weiß und erfährt: Russische Revolution, Nazireich, Deutschland 1950–65, Geschäftsleben, Kongovietnam, aber die andauernd wirksamen Kleinverletzungen erfährt man nicht. Welche Frauen, denk nur, gehen jetzt barfuß durch den Sand. Und du liegst im Zimmer. Eine Raupe krümmt sich. Eine Raupe, von Ameisen in die Zangen genommen, das bist du. Alles, was du über dich und die Welt weißt, das sind Ameisen. Jede einzelne Erfahrung hat sich in eine unsterbliche Ameise verwandelt.

Diese Überraschung: aus einem weit entfernten Agrarland einen bis ins Feinste geschliffenen Brief zu bekommen.

11. 6. 1966

Die Mutter rutscht aus in der Küche, fällt, liegt mit dem Kopf unter der Fleischbank. Sie liegt mit dem Kopf neben den Abfalleimern und schreit. Niemand darf sie anrühren. Alle sprechen zu ihr hinunter. Der Rotkreuzwagen holt sie. Sie hat den linken Oberschenkel und den Schenkelhals gebrochen. Ihre Schuhe stehen nachmittags noch dort, sind unten mit einer Schmotzschicht, Küchenbodenschmotz bedeckt. Damit wäre auch ein Jüngerer zu Fall zu bringen. Und erst diese schwere alte Frau. Mit grellroten Augenrändern in einem Krankenhaushemd, das aussieht wie aus Pergament, Totenhemd. Ein Bein schräg nach oben.

Erster Arzt: Aha, auch noch den Schenkelhals zertrümmert. Was haben Sie denn um Gottes willen gemacht?

Geschafft hab ich.

Das kann dauern.

Wann wird operiert?

Gleich. Das kann ja nur schlimmer werden.

Die Mutter fängt an, sich zu entschuldigen. Fünfundvierzig Frühstücke heute morgen. Sie wollte immer nur das Gute. Hiltrud sollte nicht zu früh aufstehen. Sie wollte bloß immer, daß alles recht ist, sie hat keine Angst vor dem Sterben, wenn es sein muß ... jetzt liegt sie da und kann nichts mehr machen, überhaupt nichts mehr, kann bloß noch warten, was unser Herrgott vorhat mit ihr, eine Kette von Banalitäten. Vermögensregelungen. Um fünf Uhr soll operiert werden. Wir werden vom Pfarrer hinauskomplimentiert. Danach sollen wir nicht mehr hineinkommen. Laßt mich dann allein. Ich gebe ihr noch die Hand. Aber an der anderen Bettseite steht schon der Pfarrer. Den schaut sie schon an. Auf dem Tisch steht schon das Kreuz, zwei Kerzen und in einem Silberschälchen zwei Wattebäuschchen für die letzte Ölung.

Das hat eine Schwester vorgeschlagen, die immer dafür sorgt, daß niemand ohne letzte Ölung und Versehung operiert wird.

In Kümmertsweiler schliefen die Mädchen und die Buben unter dem Dach, ungeheizt. Am Morgen waren die Rotznasen gefroren. Man nahm einen gewärmten Ziegelstein mit ins Bett.

Schon 1919 oder -20 kam der Vater zu Schlegels, dort war die Mutter beim Kartoffellesen. Der Vater kaufte Obst. Kam mit dem Fahrrad. Dann auch auf den Hof. Dort wurde ihm öfter ein Vesper vorgesetzt. M. schaute dann zu. Mußte noch nach Friedrichshafen zu Rommelspacher, das Kochen lernen, und immer wieder nach Geiselharz. Kam einmal heim (1923) und sagte, sie wolle ins Kloster. Theresia war schon im Kloster. Ihre Mutter wollte nicht. Du kriegst doch noch einen Mann. Sie hatte das nicht als Grund angegeben. Sie konnte sich das wirklich vorstellen. Heimlich ging sie in die Lorettokapelle bei Tettnang, hat dort dringlich gebetet: Sag mir, was ich tun soll. Als sie heimkam, bei Günthörs über die Höhe, sah sie am Gartenzaun schon Vaters Rad stehen, mit der Aktentasche am Rahmen. Das war also die Antwort: Sie würde nicht ins Kloster gehen, sondern heiraten, ihn. Von jetzt an war sie sicherer.

1. 7. 1966, Freitag.
Die Apotheker stehen tief in den kühlen Gewölben und sehen die Gesunden draußen vorbeieilen.

3. und 4. 7. 1966, Frankfurt.
Hessischer Rundfunk.

5. 7. 1966, München.
Goethe-Institut.

11. 7. 1966
Protokollierung in Kressbronn für das Langenargener Grundstück. DM 300 000.

24. 7. 1966, Sonntag.
Jetzt, nachdem …

Ich habe Friedrichshafen aufgegeben. Jetzt entdecke ich mich andauernd dabei, daß ich nachdenke über die Verteidigung Friedrichshafens. Wie wäre Friedrichshafen zu verteidigen gewesen? Auf dem Papier. Zu allererst. Jede Verteidigung beginnt auf dem Papier. Es ist ein unleugbarer Schmerz. Im Auto allein rufe ich des öfteren: Das tut weh, mein Gott, wie tut das doch weh. Und zwar nicht da oder dort. Weder im Hals noch in der Hüfte. Aber ich selber bin nichts als eine Schmerzstelle. Wahrscheinlich hätte ich Friedrichshafen zuerst erobern müssen, dann hätte ich es unter geringeren Schmerzen aufgegeben. Aber etwas aufgeben, das man nie besessen hat, das schmerzt eben. Aber lassen wir doch Friedrichshafen und Konstanz und alle Städtchen dieser Art ihre Poren schließen. Ich bitte um eine Tasse Kaffee, ein Flugbillet und einen schattigen Grabplatz. Gemurkse und Gemetzel. Punctum minoris resistentiae. Das bin ich. Durch mich gerät immer wieder eine Lage ins Rutschen. Ein Eisenbahnunglück nach dem anderen. Laßt mich nicht weiterreisen. Werft mich über Bord, wenn ich alles verspreche. Jeder stirbt doch. Und jeder ist die Hauptperson, das letzte und feinste Ergebnis, um seinetwillen geht die Geschichte schon 100000 Jahre, und dann stirbt er, also da hört sich doch einfach alles auf. Kinderkinder. Macht nur so weiter. Ich mache auch so weiter. Ich starre z.B. vor mich hin. Fahre nicht nach Prag. Das wäre natürlich eine hübsche Umleitung. Ferien. Aber ich fahre nicht. Keine Angst. Ich bleibe. Zu wenig Zorn, zu wenig Ekel und Trauer. Speisereste auf der Hose. Verwilderte Fingernägel. Der Kopf, böse geschoren. Fett. Schwindende Haare. Ich gebe alles zu. Bin laut und grell, rechthaberisch. Eitel, auf was keiner eitel sein kann. Mache mich unangenehm, wenn ich dadurch zu gewinnen hoffe. Brüste mich. Setze überhaupt alles ein, um mich zu retten.

27. 7. 1966

An alle, die es angeht, Briefe schreiben, etwa so: Es liegt an mir, aber wir wollen einander nie mehr sehen, glaubt mir, ich ertrage nämlich nur noch die zwei bis drei (und diese Zahl ist schon zu hoch gegriffen) Menschen, die direkt geholfen haben, mich bis hierher zu tragen. Alle anderen, die freundlich waren oder feindlich oder gar nichts, die ertrage ich nicht mehr. Außer Dankbarkeit kann ich nichts empfinden. Dankbarkeit allerdings in einem ungeheuren Ausmaß. Aber dankbar bin ich nur den zwei Genannten. Und nur die zwei kann ich noch sehen. Das liegt an mir. So schrumpfe ich neuerdings zusammen.

Oder wäre es Euch lieber, ich lüde Euch ein, sperrte euch in ein Zimmer und ließe Euch dann mißhandeln. Ich könnte ja einen Posten Hornissen und Wespen (sagen wir je 500) bestellen, da würdet Ihr ganz schön zerstochen, bis Ihr die alle umgebracht hättet. Und manches immerzu freundliche Gesicht wäre schief und zerschwollen. Das wollte ich nicht sehen. Aber ich stelle mir ganz gern vor, daß Ihr einander so anschauen müßtet, in einem Zustand, in dem kein Lächeln mehr glückt. Ich habe auch meine Schmerzen. Im Bauch die heiße Bleifaust. Und im Kopf einen Fahnenschwinger mit einer harten Fahne oder ein Rührwerk mit mehreren Flügeln, die alle gegeneinander laufen.

30. 7. 1966

Die Gesten des Mutlosunglücklichen, wenn er allein ist und seine Gesten nur von ihm selbst bemerkt werden.

Hochzeit im Allgäu

Die Ehe als Gnadenmittel, Sakrament gibt dir die Kraft, die Pflichten zu erfüllen. Tu solus sanctus, tu solus sanctissimus, tu solus altus. Zwei ledige Kinder am Altar. Der Hall der Priesterstimme, in den hinein die Litanei-Antworten der Frauen.

31. 7. 1966
Predigt
Früher neigte man dazu, auf die Gefahren der Weltlichkeit hinzuweisen. Heute, nach dem Konzil, stehen wir Katholiken sehr weltoffen in der Welt. Aber es ist noch nicht erwiesen, ob wir in der Welt stehen können, ohne der Welt zu verfallen.

15. 8. 1966
Entstellt
jetzt sing
du lebst
davon
jene gepreßte
auf Unwillkürlichkeit pochende
Redeweise
die sich lyrisch nennt.

12. 9. 1966
Seit heute mit dem Roman auf der Sellerliste im «Spiegel». Das haben sie nicht verhindern können. Platz 10, na ja.

16. 9. 1966
Das Schreibenkönnen ist offenbar mein schlimmster Mangel. Dabei hatte ich noch nie das Gefühl, ich könnte schreiben. Es stand in jedem Satz immer alles auf dem Spiel, und kein Satz war, wenn er begann, gesichert und gelungen. Und die tun so, als beherrschte ich etwas. Bloß sei es das Falsche, das Tödliche. Aber nicht einmal das beherrsche ich. Soll ich die auswendig lernen, die mich gelten lassen, gar rühmen? Aber die Runtermacher Becker-Werth-Ranicki prägen sich greller ein als die Geltenlasser, gar Rühmenden Michaelis-Leonhardt-Nettelbeck, der wenigstens alles bedenkende Kaiser.

Hassen, das wär's. In Stellung gehen. Eintreten. Bei wem. Im

Rhein-Main-Gebiet. Ich habe keinen Beruf. Im linken Ohr knackst es wie in einer gestörten Leitung. Die rechte Schulter sticht bis ins Schulterblatt. Die Schläfenklammer. Blei. Liebe Kinder, so was kann jedem passieren. Ich glaube sogar, daß es fast jedem passiert. Und bei mir wird es höchste Zeit, daß mir das passiert. Ich habe mir Hoffnungen erlaubt. Und Schulden gemacht aus lauter Übermut und Hoffnung. Mit anständiger Arbeit sind die nicht zu bezahlen. Ich muß also weiterspielen, wie der Kassier weiter veruntreuen muß, wenn er den 1. Betrag, den er veruntreute, an das Roulette verloren hat. Mit Monatsgehältern kann man solche Summen nicht aufbringen. Also weiter. Komisch, der 3. Teil Kristlein ist so geplant, daß er jetzt ausgezeichnet paßt. Ich hätte weniger Grund zu diesem 3. Teil gehabt, wenn das *Einhorn* der Erfolg geworden wäre, der es, schon um der Schulden willen, hätte werden sollen. Der 3. Teil vielleicht nur noch als Gefangenenphantasie. Vergangenheits- und Gegenwartsform nur noch als Ausdrucksmittel. Keinerlei Gewesenheit mehr beanspruchen. AK sitzt und schreibt. Was davon war oder nicht war, ist nicht mehr wichtig. Er packt aus. Allerdings: Dadurch wird er den Richtern noch ekeliger werden. Und am Schluß löscht er die Brut aus. Das beschreibt er noch als Vorstellung und getane Tat, dann nimmt er sich selber vor. Er will sich richten. Lächerlich. Er will sich entziehen. Aber das alles soll so geschrieben werden, als kennte ich es nur von außen. Das ist das Schwierige.

18. 9. 1966

Tante Anna will alle in den XY-Tobel ziehen. Sie hat den Kot ihrer Eltern, das ganze Verrecken zu besorgen gehabt, deshalb will sie sich und ihre Schwestern und Brüder in den Tobel schleifen, daß keiner Zeuge werde.

19. 9. 1966
Lesung in Luzern.
Immer noch Platz 10.

Herbst
Des Kirschbaums naß gewordene Flammen
Magnolienblätter aus Tabak und Eiter
am Niederrhein Bäume
Schwarzsträuße
auf dem Horizontstrich
in meiner Nase faulen Rosen
und Astern
meine Lider sind dunkel und naß.

Herbstheilige
läufige Blätter
Saturday
Schattenburgen
gebadete Frau
Sonnenreste
aufgewärmte Reste von uns.

22. bis 25. 9. 1966, Frankfurt.
Gut, weg damit, beweisen kannst du nichts, nein, keine Rechthaberei, das ist ja der Idiot in Hamburg, der hat recht, der will nichts als recht haben, man lebt leichter, wenn man recht hat.

26. bis 28. 9. 1966, München.
Am 27. «Praktiker, Weltfremde und Vietnam», Rede zur Eröffnung der Vietnam-Ausstellung.

Schön muß das sein
recht zu haben gut zu sein
so gut und so anerkannt
die Wärme in der Mitte der Partei.

Wenn's noch einmal so kalt wird
kauf ich mir Handschuh
oder geh zur SPD
so einen Winter
überleb ich nicht noch einmal allein.
Junge, geh mir aus'm Licht
ich mag deine Visage nicht
du bist so gut und anerkannt
bist eine Zierde fürs Vaterland
du hast zwei rechte Hände.

Kultur-Betrieb. Wenn A kommt und sagt: Ich war neulich einen Abend mit B zusammen, so nett fand ich ihn noch nie, so entspannt und klug und gar nicht so entsetzlich geistreich, wie man bei ihm fürchten muß ... dann sieht man, je länger A diesen Abend beschreibt, daß dieser Abend eine grauenhaft schöne Ausnahme sein muß bei diesem sonst so entsetzlichen B. A lobt nur, um zu vernichten, denn B ist sein eingeborener Feind.

Wenn mich jemand entdeckte inmitten meiner lächerlichen Geständnisse, wenn er mich ertappte und mir zeigte, daß ich der Ertappte sei, so könnte ich immer noch (der Wahrheit entsprechend) sagen: Ja, ich weiß, ich bin lächerlich in meinem ... was Sie wollen, was immer Sie mir vorzuwerfen belieben, bitte, formulieren Sie's schon selber, sagen Sie's, inmitten von was Sie mich ertappten und wobei, ich stimme zu; ich formuliere es bloß deshalb nicht selbst, weil ich immer in Versuchung bin (natürlich), auch noch das Schlimmste, wenn es mir nachgesagt werden muß, mit Wörtern für das Zweitschlimmste auszudrücken. Kokett, nicht wahr. Gezeichnet der Alibitrainer. Der aber ab sofort auf der Bestseller-Liste rangiert.

Das ist das Schlimmste. Dein Feind ist ein guter Mensch, ein Mensch, dem man nichts oder fast nichts vorwerfen kann. Er ist nicht makellos, aber seine Fehler sind so sehr durch seine Vorzüge bedingt, sind bei seinem allgemein anerkannten und beliebten Talent so ganz und gar notwendig, daß jeder bereit wäre, diese Fehler zu verteidigen, als wären's seine eigenen; auch ich.

Es ist also besser, ich hasse mich. Das wird mir leichter fallen.

Ich wollte dieses Buch Über die Liebe nennen. Nur, weil es schon ein Buch gibt, das so heißt, nur deswegen heißt dieses Buch Über den Haß.

Von 10 auf 6 vorgeschoben.

Es gibt keinen Kampf, diesem vergleichbar. Dieser Kampf hat keine Regel, keine Sichtbarkeit, ich weiß nicht, wann, wie lang, mit wem ... Es steht nichts, buchstäblich nichts fest. Jeden Tag, in jeder Sekunde kann alles, jawohl: alles passieren. Mit einer einzigen Ausnahme: daß dieser Kampf aufhört.

Diese Rechthaber gegen mich. Bin ich auch ein Rechthaber gegen jemanden? Lasse ich dem auch kein bißchen Atemluft übrig? Muß er seine Lebensmöglichkeit auch gegen mich erschwindeln? Abseits von mir! Ohne meine Billigung! So machen's die Rechthaber. Sie sind so wenig einverstanden mit mir, daß ich mich umbringen müßte. Ein Umbau kommt nicht in Frage. So viel, wie ich ändern müßte an mir, so viel kann man an einem Menschen nicht ändern. Da bringt man ihn besser gleich um. Oder, weil er einem so wichtig auch nicht ist, man empfiehlt ihm, sich selber umzubringen. Nein, so weit gehen wir nicht. Er kann weiter leben, wenn er das ohne unsere Billigung kann. Ist er aber abhängig von der Billigung seiner Freunde (der einzigen Menschen, mit denen er noch zusammenkommt), dann wird er einsehen müssen, daß er diese Billigung nicht erreichen kann, solange er ist, wie er ist. Er wird also dann die Konsequenzen ziehen bzw. die Konsequenzen werden ihn ziehen. Adieu.

3. 10. 1966
Jetzt auf Platz 1.

3. 10. bis 5. 11. 1966
Lesereise: Hamburg, Heide, Itzehoe, Flensburg, Eutin, Neumünster, Lübeck, Hannoversch Münden, Braunschweig, Hildesheim, Kassel, Rüsselsheim, Frankfurt, Weinheim, Tutzing, Karlsruhe, Stuttgart, Mainz, Viersen, Bad Godesberg, Essen, Gütersloh, Köln, Dortmund, Osnabrück, Bremen, München.

10. 10. 1966
Immer noch Platz 1. Aber Böll kommt näher.

Titelbild-Verleger

Immer betrunken, angenehm zynisch, geistreich in Fremdsprachen, kann keinen Satz ohne Pointe machen, ist so geistreich, daß er selber darunter leidet. Irgendwann einmal bricht er in einen erlösenden Banal-Monolog aus, wenn er allein ist. Das braucht er einmal täglich, um sich zu erholen von den Pointengarben, die ihm aus dem Mund preschen. Er ist obszön, ein Kulinarier, ein feiner, ordinärer, kranker, trauriger, erledigter Herr, der seinen Kulis weit voraus ist, aber das nützt nichts, er muß trotzdem mit seiner Bande wirtschaften, weil er nämlich eitel ist: das ist das letzte Erreichbare bei ihm. Er ist gut und böse und alles, was er will, nach Maßgabe seiner Eitelkeit, die ihm unstillbares Bedürfnis ist, ein Wohltusinn.

Die Engagements, solange sie sich nur in Bekenntnissen ausdrücken, spielen im Bewußtsein dessen, der sich für engagiert hält, keine große Rolle. Das sind Möchtegern-Engagements. Unterschriften und Aufrufe gegen USA in Vietnam etc., aber in der täglichen Ausdrucksarbeit konkrete Poesie oder sonstwas. Das ist der Tempel der Person, die sich verhätschelt, da darf Vietnam nicht hinein, das würde die Form stören. Gut, tatsächlich kann Vietnam nicht als vorderstes Material auftauchen. Aber vielleicht doch eine Gesellschaft wie die unsere, die auch davon lebt, daß alles so zugeht, wie es jetzt zugeht in Vietnam.

Beispiel P. Weiss: Er ist der Fall, an dem wir studieren können, wie es zäh ist, das Material, wie wenig eingeht in uns. Wir selber sind undurchlässig. Der Einfluß des Zeitgeschehens auf unser Bewußtsein. Es kommt nicht darauf an, was wir wollen, sondern auf das, was wir können. Enzensberger und P. Weiss wollen beide das Beste, jeder macht dem anderen Vorwürfe, die ein dritter wieder komisch finden kann. Ein paar glauben, den Abscheu gepachtet zu haben. Einer wollte auch Abscheu haben, aber gleichzeitig vernünftig sein, ein Realist, ähnlich wie Grass. Ein heilloses Geflecht. Es muß keiner was tun, das ist klar. Nur, es macht einen nicht sympathischer, wenn er nichts tut. Er soll sich dessen nicht rühmen. Das Bewußtsein anderer werden wir nicht verändern durch Bekenntnisse, die auf der äußersten Oberfläche unserer Empfindlichkeit gewachsen sind. Nur deshalb ist das Bekenntnis weniger wert als das Produkt, das ganz und gar aus dem Bewußtsein stammt. Nur deshalb. Es ist rührend und toll und wirklich ergreifend, wie P. W. heftig bekennt seit einem gewissen Sommer. Man muß für diese Bekenntnisse sein, auch wenn sie in einem schauderhaften Methodisten-Deutsch zu uns kommen. Aber man muß sagen, daß es nicht genügt, Theater der Grausamkeit zu machen, das an der Paradestraße des Kapitalismus mit Recht Furore macht, weil es einen angenehm heftigen Kitzel auslöst. Blut- und Badewannen-Literatur ...

Mein Kopf, diese Großstadt, heute nacht wurde wieder ein ganzes Viertel abgeriegelt, zum Sperrbezirk erklärt, kein Tropfen Bluts durfte hinein und keiner heraus.

Die Großmogule der Medizin, die Ärztescheichs, gehen über zur reinen Erpressung. Ich rede nicht von den letzten Engeln, den Hausärzten, die ihre Köfferchen für ganz normales Geld in die Häuser tragen. Aber die Köfferchen dieser Engel sind klein, sind viel zu klein für die großen neuen Krankheiten. Das sind Köfferchen für die alten fügsamen Krankheiten. Aber die neuen großen Krankheiten werden in den feinsten Kliniken und Labors ausgedacht unter den Großmogulen selbst. Oft tauft ein Großmogul seine Erfindung gleich auf seinen Namen. Und das heißt, so eine Krankheit kann ein Landarzt nicht mehr heilen, diese Krankheit muß gleich zum Großmogul selbst oder zu einem seiner lieben Kollegen geschickt werden, der ist mit dieser Krankheit per Du, schließlich ist sie sein oder seines liebsten Kollegen Kind.

17. 10. 1966
Platz 2, Böll hat überholt.

Wehner: Sozalkrat'sche P'tei.

Versuch, einen Beamten zu einer gesetzwidrigen Handlung zu überreden
Ich beschwöre dich
Geliebter, du hast
Venenentzündung
Geliebter, du hast
einen Bart
Geliebter, du hast
ein Grübchen
Geliebter, du bist

in München, Ministerialrat
bist du, und schwanger
bist du, mein Geliebter
ich beschwöre dich
laß dir die Frucht entfernen
ich weiß einen, der's macht
denk nicht an mich
ich beschwöre dich
du bist Beamter
und verheiratet bist du auch

An einen hübschen Sozialdemokraten
Der fette kleine Junge aus der Villa
hat'n Faible für die Politik
und ne süße Gattin hat der Junge
die ißt ihn auf und wird nicht dick.
Wenn es Winter wird
und du bist immer noch
immer noch so hübsch
tret ich dir bei.

Der fette kleine Junge aus der Villa –
das find ich von ihm besonders nett –
sorgt sich um die angestellten Leute
obwohl er das nicht nötig hätt.
Wenn es Winter wird
und du bist immer noch
immer noch so hübsch
tret ich dir bei.

Der fette kleine Junge aus der Villa
macht im Westend süßesten Radau
mit zwei rechten Händen haut der Junge
jeden von uns auf seine Sau.

Wenn es Winter wird
und du bist immer noch
immer noch so hübsch
tret ich dir bei.

Das Endspiel-Spiel. Die zweite Klasse, die in der Mitte, die mit den falschen Hoffnungen, die mit der Ideologie, die sich in der größten Leere am deutlichsten abgebildet sieht, die mit Ironie, Absurdem und Endspiel-Spiel. Eine Paraphrase zu Beckett. Saftig, es ist nicht mehr als Beckett. Es ist der Gusto am Endspiel, der Feinsinn, der unsinnige, monströs und grotesk, sehr luxuriös und ängstlich, der Zustand, der heilige Zustand.

24. 10. 1966
Platz 2, hinter Böll.

14. 11. 1966
Hinter Böll.

Grzimek ist so stolz darauf, daß sich bei ihm zum 1. Mal Schimpansen und Orang-Utans in Gefangenschaft vermehrt haben. Darauf dürfte jeder verheiratete Mann genau so stolz sein.

Niederbrechend
in den Knien zusammenbrechend
den Kopf gegen die
Mauerkante schlagen
oder wie im Hochsprung
über die Gartentür, hängen bleiben
mit beiden Schuhspitzen und hinüber-
stürzen auf den Beton

14/11/66

350

Einfügung

Ich habe an Dich gedacht
bis es im Zimmer nach
verbranntem Horn
zu stinken begann
Ich habe an Dich gedacht
bis mir unter den Nägeln
das Blut hervorquoll
Ich habe an Dich gedacht
allerdings nicht freiwillig
es blieb mir nichts anderes
übrig als an Dich zu denken

Wenn Du keinen Namen hättest
und kein Gesicht und keine
Stimme und keine Brüste
und keine Haare, dann
würde ich Dich vielleicht
vergessen.

mit dem Kopf, mit dem Gesicht
landen, das immer wieder; und es nicht
loswerden, wie lange noch.

O du große Große
ich grüße dich
von mir und vom November
leider fehlt Nebel
ich sehe überall, daß
du nicht da bist
umsonst durchsuche ich
einen Monat nach dem anderen
aus jedem Monat übt mir
ein Klavier entgegen.

Wie viele
Seepferde
springen in deinem See.

16. 11. 1966

AK III

Welche Situation auch immer: sie ist so, daß Anselm zum Ausgleich nachts seine Gerechtigkeits-Ungerechtigkeitsorgien niederschreibt, sein Robin-Hood-Kristlein-Nachtleben, das er herstellt aus dem Tagmaterial. Drei Phasen: 1. Gerechter Ausgleich, 2. nur die Unschuldigen strafen, 3. Reaktion auf die Einsicht, daß das alles nur um seinetwillen geschieht; es ist völlig egal, was einer tut, er tut es nur sich zuliebe.

Der Tankstellenpächter W. J., Fremdenlegionär a. D.

Jetzt für Esso, damals für den Westen (auch für Esso) gegen die Vietminh: rennt immer zwischen Zapfsäulen und Kassenraum hin und her, dreht sich blitzschnell, pantomimt die MP in der

Hüfte, stößt aus der Kehle Feuerstöße. Sie hörn 'n Geräusch, ein Rascheln im Gras und Schilf, da schießen ein, zwei Schatten hoch, sie sind schon herum mit der Knarre, drücken nicht, Gott sei Dank, drücken nicht ab, ein Kind, eine Frau … wieder einmal rechtzeitig nicht geschossen, das gelingt nicht jedesmal, klar, manchmal ham se schon abgedrückt, bis se merken, daß das jetzt wieder ausnahmsweise ne Frau ist.

Enasbel id mosipal
Sordeele marglid
Meinstel hor destwo
Sodenlich melzte

Sand und Sorgen
am Morgen
Kummer und Schlamm
am Abend
nachts Diamanten
und ein Lamm
und Kummer, Schlamm
Sand und Sorgen
bis in den Morgen.

21. 11. 1966
Jetzt Platz 3.

Bis 26. 11. 1966
Lesereise: Darmstadt, Würzburg, Hannover, Göttingen, Tübingen, Freiburg.

Im Wartesaal: Dat is doch besser, als jetz noch durche kalle Stadt latschen.

Das Unglück

2 Herrchen und 2 Kreaturen haben (von den Kreaturen verschuldet) einen Unfall: Die 2 Kreaturen kommen von einem mißglückten Geschäft, sind sowieso mies, übernächtigt (weil einer mit einer was hatte, das gönnt der Beifahrer dem nicht): sie mußten einen Unfall verschulden. Sie behaupten, die Herrchen hätten versäumt, ihr Abbiegen durch Blinken anzuzeigen. Die Herrchen sind schön, liebenswert, gescheit, gebildet, witzig, tolerant, sie versuchen den verzweifelten Zorn des Schuldigen zu besänftigen, sie bieten sogar materielle Folgenlosigkeit an, nur die juristische Schuld nehmen sie nicht auf sich. Bestechung, schreit der Schuldige. Sie seufzen. Wenn die beiden Kreaturen allein sind (Hauptszenen), dann sieht man: 2 Unglückliche können einander nicht helfen. Sie haben so viel gegen einander, sind so unelastisch, alles macht sie gleich kaputt, und dieses Unglück ist der endgültige Schlag, so scheint es, nach der Nacht, nach dem mißlungenen Geschäft: sie haben ein Pachtgeschäft und können die Pacht nicht mehr bezahlen und wollten mit dem Besitzer sprechen, ob er sie aus dem Vertrag entlasse; das tat er nicht. Am Ende läuft der Beifahrer über und verrät den Herrchen, daß er das Blinklicht der Herrchen gesehen habe.

Die Cousine / Der Spatz

Tschilpend mit breiter immer beweglicher, alle Gebärden anführender Unterlippe. Geht ins Geschäft, eine Bluse für 98.– Mark. Stiehlt zwei Ohrringe für 29.– Mark. Ins nächste Café, Klo, gierig, muß die Ringe gleich sehen an sich, will sie anlegen, aber sie hat in der Eile zwei verschiedene. Sie entscheidet sich für Türkis. Jetzt nicht auf halbem Weg stehenbleiben. Zuerst noch die Bluse etwas zerkrempeln. Bitte, wie ist das gebügelt. Die Verkäuferin geht nach hinten, um drüber zu bügeln. Sie holt den einen Ohrring. Geht ans Licht, prüft. Ja, jetzt hat sie's. Da kommt die Verkäuferin zurück zum Ladentisch. Was kostet der, ach nein, der paßt doch nicht, also gibt sie den zurück.

28. 11. 1966
Wieder auf Platz 2.

29. und 30. 11. 1966, Zürich und Arbon.
Lesung.

Hebamme
Während die Frauen gebären, setzt sie sich nebenhin und strickt verbissen gegen die Gebärenden an: Sie strickt Babyzeug für die Kinder ihrer Schwester. Und dabei höhnt sie über die schwachen Wehen. Das sind doch noch keine Wehen. Das ist doch rein gar nichts. Und erzählt Berufsgeschichten. Vor allem gegen die Männer! Aber was da alles gegen die Männer spricht (daß sie sechs Wochen vor der Geburt auf Büffeljagd nach Afrika fahren, daß sie sagen, das Kind sieht aus wie ein Affe ...), das tut ihr gut: So werden die verheirateten Frauen behandelt, sie ist froh. Die Babys hält sie wie Hasen mit einer Hand im Genick, daß die Mütter aufschreien, dann freut sie sich. Sie liebt Hausgeburten, da ist sie wichtiger, ohne Arzt, und wenn sie zu früh geholt wird, legt sie sich im Schlafzimmer quer aufs Ehebett, am Fußende.

Cousine
Horst Stelzer hält wegen Unfall, läuft zurück, reißt an einem VW die Tür auf, einer kommt mit 120 km Geschwindigkeit, HS wird 5 Meter durch die Luft geschleudert, bleibt liegen, dreimal das linke Bein gebrochen, Schädelbasisbruch, Kiefer zertrümmert, Nierenquetschung. Sie hat im Auto gewartet (könnte die Cousine sein, seine Geliebte, die er dabei hat). 33 % Blutverlust. Der Arzt später: Bei 34 % ist es Schluß. Als HS wieder im Ge-

schäft ist, kommt eine Rechnung: 2000 Mark für einen Schrank (Restzahlung für 9000), 3 ½ Tausend für Reisen etc. mit der Cousine.

HS kommt ins Bad mit zwei Krücken. Die Cousine kommt zu Besuch. HS muß mit ihr zum jungen Maler XY, steile Treppen hinauf ins Atelier. Ein Bild will sie für 2000.–. Später, als HS spazierengehend den Maler trifft, sagt der, er hat mit der Cousine geschlafen, HS tue ihm leid, er habe von den 2000.– Mark 1000.– der Cousine geben müssen, sie hat das eingefädelt.

Baumanns: ein eng befreundetes Ehepaar. Aber Herr Baumann schläft mit der Cousine im Zeppelinhotel. Schläft gleich danach ein, und das Hotel bezahlt er auch nicht für die Cousine. Daß einer nicht bezahlt, findet HS brillant, wenn er auch erschüttert ist über den Vertrauensbruch.

Die Cousine tröstet HS bei den zwei-, dreimal, die sie eingestehen muß oder bei denen sie verraten wurde, immer damit, daß sie die Männer als zudringlich schildert und als ganz schlechte Beischläfer: Du hast den Größten, den Längsten, den Dicksten, die taugen doch alle nichts. Das reißt HS immer wieder hin. Ein Perlenhalsband für 18000.–, Ringe (Brillanten), sie ruft ihn jeden Abend an, wo auch immer er ist, im Ausland etc. Sie sind zusammen auf Kreta, nach 14 Tagen muß er zurück. Sie noch nach Rom. Bittet telegraphisch um 3000.–. Sie hat eine Überraschung für ihn. Dann kommt sie mit einer alten Ausgabe von Lichtenbergs Schriften für ca. 100.– DM. Es sei alles so teuer gewesen. Sie habe einen Studenten getroffen mit einem alten BMW-Dixi. Der wollte natürlich auch, aber du kennst mich ja. Und er glaubt's. Er nimmt zwei Onkels von ihr in den Betrieb, die stellen ihn bloß. Die Onkels sind so blank wie sie, protzen mit ihrer Nähe zu dem Direktor vor dem Betriebsrat.

Sie kommt ins Haus, solange er im Krankenhaus ist. Seine Frau geht mit ihr zur Schneiderin, läßt ihr was machen, schenkt ihr Kleider etc. Als die Frau später fort ist, holt sie HS ab, sagt, bleiben wir doch gleich hier, schläft im Bett der Frau, versucht Spuren zu hinterlassen. Die Frau hört fast nichts mehr seit ihrem Selbstmordversuch. Gehörnerven ruiniert.

Vielleicht hat sie sich von ihrem Schmuck Imitationen herstellen lassen und den echten verkauft. Sie hat Bankvollmacht über eines seiner Konten.

Juwelier Drilling ruft ihn an, ob das in Ordnung gehe, ein Mädchen sei gekommen, habe sich den Schmuck schätzen lassen, den HS neulich bei ihm gekauft habe, es sei nicht seine Frau gewesen.

AK als der Biograph der Cousine: Sie erzählt ihm alles. Er hat auch etwas versucht mit ihr, war ihr aber nicht gewachsen. Ihre Wohnung hielt er für die Wohnung einer Gehaltsempfängerin (ca. 800.– DM), jetzt erfährt er, daß das alles 10 mal teurer war, als er dachte, die Bilder, goldene Biedermeierspiegel, der Schrank. Er lernt von ihr, sie von ihm. Sie behält seinen Pullover. Wenn er nicht mehr nach dir riecht, kriegst du ihn wieder zurück.

HS muß eines Vormittags noch unbedingt den dunkelroten Modellmantel herschaffen, bis 14 Uhr. Dann erfährt er, sie holte einen Herrn ab, Hbf. 13/56, und nahm ihn mit.

Als man die Wurstwaren auspackte, zieht sie in einem Plastikbeutelchen Kunststoffzahnstocher heraus, legt sie auf die flache Hand, freut sich, kichert ganz irr: Schau, toll, das freut mich am meisten. Er begreift nicht, sie erklärt es ihm, die hat sie mitlaufen lassen in der Metzgerei, sie nudelt das Beutelchen wie verrückt, küßt es und tanzt im Zimmer herum, dann legt sie's in ihren Schrank.

HS: Die warfen mich raus, das ist ein Konzern, mir sind immerhin 4000 Leute unterstellt, ich treffe seit Monaten eine verkehrte Entscheidung nach der anderen, ganz klar, die müssen mich jetzt bald rauswerfen, wo jetzt die Lage sowieso immer angespannter wird.

Sie hat bei ihren zwei Schwestern die Abtreibung besorgt mit Hilfe eines griechischen Arztes und eines Arztes in Tübingen, der immer daran rumgriff und 15 Besuche brauchte und immer was einführte, weil er, sagt er, den Körper auf eine Fehlgeburt langsam vorbereiten will, natürlich, nicht auf einmal. Das leuchtet ihr, als sie das von der Schwester hört, ein. Was er sonst noch machte mit der Schwester, will die nicht sagen.

Sie geht mit ihrer Mutter über die Straße, da zeigt sie auf ein Pärchen und sagt: Die kommen gerade aus'm Bett. Woher sie das wisse? Sie habe gerade ein Buch vom Schriftsteller XY gelesen, seither sieht sie das den Leuten an.

HS heult, ist erledigt, stottert, sagt seinen totalen Ruin voraus. Sie ist ein toller Engel, blank und ohne jeden Umstand und ungeheuer bedürftig, eine Klassesportlerin nur dafür, sonst will sie keinen Sport.

Wenn er mit der C. in ein Geschäft geht, immer die Angst, daß sie etwas mitlaufen läßt. Und tatsächlich bringt sie auch immer etwas mit und freut sich ganz wild daran.

Kunststoffzahnstocher aus der Metzgerei; einen hölzernen Bären, in dessen Bauch eine Uhr eingebaut ist; und viel Zeug, das dann herumsteht und man kann es nicht brauchen.

5. 12. 1966
Wieder auf Platz 2.

8. bis 11. 12. 1966, Frankfurt.
Diskussion.

Die Hausfrau, entsetzt: Bleiben Sie wirklich beim Apfelsaft? Sie wollen doch nicht beim Apfelsaft bleiben?

12. 12. 1966
Zurückgeschoben auf Platz 4.

16. bis 19. 12. 1966, Ulm und München.

19. 12. 1966
«Auskunft über den Protest». Rede auf der Vietnam-Veranstaltung im Theater an der Leopoldstraße.

Alte Schlager: Wie ein Wunder kam die Liebe über Nacht. Ja, ja, der Chiantiwein, der lädt uns alle ein, drum laßt uns fröhlich sein und uns des Lebens freu'n beim Chiantiwein.

O Gott, daß ich schrei oder doch vernehmlich werde, laut, wie ihr es nicht hören wollt. Ein Geräusch, das man, hörte man's, abstellen möchte.

Zwei Ferguson-Engländer, einer liest ein Zirkular von Ferguson: «Lektion über Wettbewerb: streng vertraulich»; fragt den anderen, indem er mit dem Finger draufzeigt: Does that mean restricted circulation? No, strictly confidential. Und legt die breite Hand flach über das Geschriebene.

XY ist vorbestraft als Voyeur, macht jetzt einen Beruf draus, dann darf er. Die Reichen haben viel Arbeit: Männer, die von ihren Frauen, die das Geld mitgebracht haben, überwacht werden. Und umgekehrt. Und er tarnt sich immer mit Floskeln aus Chandler usw., ein Detektiv, der aus persönlicher Not einer geworden ist.

Ich hab mich doch rumgehorcht, ich war doch da, Bruno auch.

Was ham Sie vom 15.–18. August gemacht, kreischt se.

Was hab ich gemacht?

Das werdense uns auch fragen.

Das ist die Strafe dafür, daß de selber aufgehört hass.

Der geht lieber fürne Maakfuffzich Schneeschaufeln, verstehsse, weil er nich stempeln will, aus Prinzip sin wir zwei anders.

Das kannsse annehmen. Schneeschaufeln. Nee duu.

26. 12. 1966

Also für Cousine

Läßt sich scheinbar schwängern von Reichen und kassiert von jedem die Summe für die Abtreibung: pro Herr: 3000–6000 Schmerzensgeld.

1967

16. 1. 1967, München, Vier Jahreszeiten.
Besprechung mit Fritz Kortner für *Zimmerschlacht*.

Kortner: Zu jedem Stück muß einem ja noch ein Regie-Stück einfallen. Im *Othello* hat er vor die Szene, in der Othello befiehlt, den Cassio zu töten, noch die Szene Othello-Desdemona gesetzt, daß Othello nicht nur auf Einflüsterungen Jagos hört, sondern auf den Beweis des Taschentuchs, das Desdemona nicht liefern kann. Kein Kritiker habe das bemerkt. Auch, sagt er, unser aller Kaiser nicht. Kritik befinde sich andauernd im Zustand der drastischen, flagranten Unzuständigkeit. Bei *Kabale*-Proben. Zum Wurm-Darsteller: Die Handbewegung nicht immer so abreißen lassen, so starr, jäh, abrupt enden lassen wie ein Offizier. Machen Sie doch noch eine Handbewegung mehr, wenn auch für dieselbe Gage. Der Schauspieler wehrt sich, das geht gegen seine Ehre, er war im KZ. Kortner: Vielleicht nicht lange genug, daß Sie den Schwindel durchschaut hätten. Nachher: Kerr habe Richard III. wegen der vielen Leichen abgelehnt. Kortner, in der Emigration: Na, wie ist das jetzt.

Zwei Männer, jeder bringt die Frau des anderen um: motivfrei und dadurch unentdeckbar.

Der Kriminal-Kommissar, der den vollkommenen Mord entdeckt und ihn nicht anzeigt, sondern selber begeht.

Wenn ein Auto hinter ihm herfährt nachts, denkt Anselm, es ist die Cousine, obwohl, es gibt überhaupt keine Wahrscheinlichkeit.

Der rachitische Rosenkranz, der aus den aufgebogenen Rippen quellende Froschbauch.

Traum: Geriet mit dem großen Auto in eine steil abwärts führende Paßstraße, scharfe Kurven, der linke Arm plötzlich nur noch ein Schmerz, lahm, also alles mit der Rechten lenken, zurückschalten, Scheibenwischer, Licht auf- und abblenden, es regnet und ist neblig und eisglatt, das Auto verliert sich, plötzlich strande ich ohne Bruch im Graben, bin wach, kriege aber, weil ich offenbar seit längerem nicht geatmet habe, nicht mehr genug Luft, schnaufe und schnaufe.

Maria, Kümmertsweiler 1918. Als meine Mutter zu ihrer Mutter sagte: Heut nacht schlaft Ihr einmal. M. will bei Maria bleiben. Dann wird sie plötzlich geweckt. Maria streckte einen Arm herüber, ganz jäh, riß M. an sich, bekreuzigte sich irrsinnig rasch, dreimal, schlug das Kreuz, das dreieckige. M. sprang auf, hinunter, Vater, Maria stirbt. Der saß aber schon auf dem Bettrand und sagte: Ja, sie war grade da und hat mich geweckt. Als sie hinaufkamen, war sie tot.

Das Kind des Zimmermädchens, das sich in dem Haufen abgezogener, dreckiger Bettwäsche aalt; die Mutter schickt es immer aus dem Zimmer, weil es immer die Sachen der Gäste gefährdet.

Türken gehen ins Kino hier und schauen in der Wochenschau die Verwüstung von Varto an und einen Vorfilm über Teppichweben, 17000 Knüpfungen an einem Tag. Dann kein Wort mehr: nur noch Rhythmus und Dramatik aus dem stummen Kampf der Frauen mit den Wollfäden, dazu Harfenmusik, die jede Bewegung mitmacht.

Die mich kreuzende Tournee, die mich aus dem Kurs bringt, der ich mich unter Verlust anschließe, drei Ränge niedriger trete ich an bei denen, weil es sicher ein Vorteil ist, in einer erfolgreichen Truppe ganz hinten aufzutreten als in einer erfolglosen als der erste.

2. 2. 1967

Aus einem Nachteil einen Vorteil machen, das ist die lebenslängliche Aufgabe. Gelingen kann sie nicht.

Ich habe genug von mir. Und ich bin nicht der einzige, der genug hat von mir. Aber ich bin der einzige, der daraus keine Konsequenzen ziehen kann. Ich bin an mich gebunden.

Was wollen Sie? Wer fünf Personen ernähren muß und einen Hund, der kann sich nicht danach richten, ob jemand mit ihm einverstanden sei. Wäre ich nicht …

Beschäftigung mit der Ichkrankheit

Sprechstunde.

Wie lange spüren Sie das schon.

Was wollen Sie damit sagen. Lassen Sie mich doch, bitte, los. Ich will mit Ihnen nichts zu tun haben. Ich weiß selber, was ich habe. Mir fehlt nichts. Auch nicht, was ich nicht habe. Ich bin unwichtig, Herr Doktor. Sie verschwenden Ihre. Jaja. Könnten Sie mich nicht einfach hinausstellen in den Regen. Dann wird es sich zeigen. Ich werde mich wahrscheinlich bewegen.

Das wollen wir doch hoffen.

Cousine

AK macht das Abitur mit in allen Fächern, davon hängt doch ab, daß sie frei wird, in die Stadt kommt zum Studieren, und dort beim Studieren leben sie beide vom Geld für Abtreibungen von feinen, reichen Herrn. Mit jedem nur einmal: Und dafür pro

Mann 6000! AK betet: Wenn die bloß den § 218 nicht abschaffen. So gut hat er noch nicht gelebt. Die eine Nacht ist zwar immer schwierig für ihn. Er muß sich betrinken. Aber wenn dann die 6000 kommen, feiern sie jedes Mal. Zweimal im Monat machen sie das, das sind 12000 im Monat. AK lebt jetzt zum ersten Mal wie andere auch. Sie ruft die Herren dann immer an. Einmal macht einer Schwierigkeiten oder ist bankrott. AK muß als Vater auftreten und nachfassen. Überhaupt AK als Vater: das ist eine schöne Rolle in Hotels. Er weidet sich. Ein anderes Mal geht er als Liebhaber. Dann wieder als Vater. Da der Portier das Geschäft einmal machte und nicht nach den Pässen fragte, hat er still zu sein. Sie heißt Kristlein, Irmgard.

Einmal säuft er mit dem Vater der Cousine, liebt den, kann es ihm aber nicht sagen.

Eine Zigarette zieht die andere nach sich.

Lindauer Pietà. Tassilo S. Grübel

Der Sohn hat seiner Mutter ein Darlehen gegeben, sie gibt dafür die Madonna, aber die soll doch stehen bleiben in der Villa.

Dann wird ihm von der BfG der Autoschlüssel abgenommen, weil der 10000-Kredit durch einen Scheck überzogen ist. Man hat den Scheck eingelöst, weil man auf den Ruf der Bank achtet, will nicht Kunden haben, die ungedeckte Schecks ausstellen. Aber jetzt reicht's auch. Her mit dem Schlüssel. Das kennen wir, über die Grenze mit dem Wagen. Jetzt, als er Geld braucht, hat seine Frau alles abgehoben. War so lange freundlich, dann Scheidung. An Weihnachten ruft sie aus dem Fenster des 1. Stockes herunter, was sie will für die Kinder. Er soll es auf die Treppe legen.

Die Mutter am Telephon gegenüber der Bank: Nein, der wohnt nicht bei mir. Wo er sich herumtreibt, weiß ich nicht. Ich habe nichts zu schaffen mit ihm. Also sie macht der Bank eher Angst um den Kredit.

Die Madonna: Donau, bayerisch-österreichisch. 1420. Übergang vom Feinen ins Gröbere. Davon gibt es nicht viel.

Über das Unwillkürliche (die Selbstrechtfertigung)

Liebe Töchter, der Zahnarzt biegt Euch in meinem Auftrag mit eisernen Spangen die Zähne gerade, Ihr leidet es mit blutendem Zahnfleisch für die zukünftige Parade. Ich bange manchmal.

Was werdet Ihr sagen von mir, wenn zu Eurer Zeit unregelmäßige Zahnstellung, eine Zahnstellung mit kleinen wilden Unebenheiten, modern sein wird? Das hätte ich voraussehen müssen.

Ein Vater

Während er zusammenbricht und eingesteht, daß er den Anforderungen nicht mehr genügt, versucht er, sich noch zu wehren, also bricht er aus gegen seine Kinder, die schon dieselben Schwächen zeigen, beschimpft sie, terrorisiert, tut, als wären die Kinder selbständige Wesen und selber schuld an ihren Mängeln.

28. 2. 1967

Er bringt wieder eine Tochter in die Schule, sie weigert sich, das Auto zu verlassen, weil sie zwei Minuten zu spät ist. Er soll mit ihr gehen, sonst geht sie nicht hinein. Sie sagt das bebend. Wasser hinter der Stimme. Er sagt: Lächerlich, du gehst selber hinein. Nein, sagt sie und zieht die Türe wieder zu. Sie sitzt und hat innen offenbar eine Art hohen Wellengangs. Eine Art Überschwemmung steht bevor. Er sieht, da ist Lebensrettung notwendig, springt heraus. Holt sie heraus, auf dem Weg vom Auto zur Schule jault sie und wimmert. Jetzt löst sich die Angst in Wasser. 13jährige strömen gerade ins Portal. Schauen sie an. Eine sagt: So war's bei mir auch. Die Tochter verbirgt das Gesicht an ihm, dreht also den Kopf weg, ganz zur Seite, läuft mit den Beinen aber gerade weiter neben ihm her. Wischt sich die Augen im dunkleren Gang. Er öffnet die Tür zum Klassenzimmer 1 b, eine Riesin mit viel dunklen Haaren, die auf dem Kopf liegen und um die Ohren, kommt auf sie zu. Bis sie sie erreicht hat, hat er seiner Hand Mut gemacht, die Hand streckt sich der Lehrerin hin, wird von ihr ergriffen, dabei öffnet sich der kleine Mund, sie lächelt mit gewaltigen Zähnen, zwischen denen rechteckige schwarze Zwischenräume sind. Die Tochter schlüpft in die Bank. Er verneigt sich und zieht sich rasch zurück.

Im Theater sollen die Leute sitzen und sich interessieren, also müßte von der Bühne herunter etwas gesagt werden, was die Leute angeht. Ein Amusement, direkt. Nicht daß man immer von ihnen etwas verlangt mit dem Hinweis: Das kann man von euch verlangen, daß ihr euch dafür und dafür interessiert! Das wäre ja allerhand, wenn ihr euch dafür und dafür nicht interessieren würdet! Also bitte, interessiert euch gefälligst, sonst ... Geht ins Theater, sonst ...

Die Katze am Schreibtisch räkelt sich, streckt von sich, tappt in beide Augen, reibt, macht einen Mund, rollt die Schultern, dann wird ausprobiert die Unabhängigkeit einzelner Zehen von einander, dann rutscht sie mit ihrem Hintern schnell hin und her, läßt die Hände über der Tischplatte zittern oder beben oder wellen oder in der Luft vibrieren oder Klavierspielen mit schnellen kleinen Anschlägen, dann greift sie nach einem Kugelschreiber und schreibt auf großes weißes Papier: Heute vormittag bin ich ziemlich aufgeregt. Deshalb bin ich gespannt, was heute noch passiert. Ich wäre sehr enttäuscht, wenn ich so aufgeregt säße bis abends und nichts würde passieren, was mir erklären könnte, warum ich heute so aufgeregt bin.

Hausherren, die im Gespräch, lange nachdem sie die neue Flasche geöffnet und daraus eingeschenkt haben, beiläufig die ungeheure Güte des Weins erwähnen, den man gerade trinkt. Das erwähnen sie so, als bemerkten sie selber nicht, daß sie es tun. Es schlüpft ihnen nur so heraus. Und man nickt heftig und ahnt, wie lange der Hausherr schon darunter litt, daß man saß und trank und trank und verriet, daß man kein Kenner ist, daß man nicht über jene Geschmacksfeinheit verfügt, um derentwillen es solche Weine gibt. Wäre man ein so feiner Mensch, wie es verlangt werden kann, dann wäre man längst in irgendein Entzücken ausgebrochen. Aber nein, gesoffen hat man und durch sein Benehmen den Hausherrn gezwungen, selber zu sagen, wie gut dieser Wein ist. Und man schämt sich dafür, daß man eingeladen wurde.

Wir sind alle nicht so modern, wie wir glauben, obwohl heute schon der 5. März des Jahres 1967 geschrieben wird. Wir sind schon ziemlich alt.

Frisch nach der Demütigung die Reaktionen: Rache, Ausgleich, Vergeltung. Besinnung. Man hat keine Macht, also Aufschub. Gelegenheit, dem Demütiger einen Gefallen zu tun oder sich zu versagen. Man tut den Gefallen, da das Sich-Versagen dem nicht ernsthaft weh täte. Man muß die Vergeltung aufschieben, bis zur wirklichen Gelegenheit. Der Demütiger bedankt sich für den Gefallen. Eine Freundschaft bildet sich. Das Bedürfnis nach Vergeltung erlischt.

In der kleinen Stadt oder Gemeinde beklagt sich der Triumphierende immer wieder darüber, daß es keine Konkurrenz gibt. Das wäre halt schön, Konkurrenz. So ist es fast langweilig. Für die Unterlegenen ist es also viel spannender.

Der Bleibmirvomhals-Stil
der Gehmirweg-Jargon
das Laßman-Niveau
wie schafft man das

e. Buch ~ Töten schreiben RAS

Cousine

Wenn die Jungen Platten spielen in der Bar, fragen sie AK, wer singt jetzt, wer spielt jetzt, und es gibt immer ein großes Gelächter, weil er die Beatles nicht von den Rolling Stones und nicht von den Lords usw. unterscheiden kann. Die Cousine lacht zuerst mit, aber dann verbietet sie den anderen, über A zu lachen. Dadurch macht sie alles ernster und peinlicher, als es war.

Der Schauspieler

Beginnt mit Schlußbeifall.

Regisseur und Bühnenbildner u. a. Dann wird die Garderobe hereingefahren, die Kulissen sind weg, Normallicht der Garderobe (dazwischen 2 Vorhänge). Dann: Schön, daß Sie noch dageblieben sind. Und er zieht zweimal was aus, und es ist immer noch eine Rolle, obwohl er immer «natürlicher» wird.

Someten, Saulister, Antoriter, Amenden, Lockor, Leutel.

13. und 14. 3. 1967
Ich brause biege Gipfel
Täler fülle ich mit Heftigkeit
schleife auf dir zur Ruhe
zerfalle vor deinem Gesicht
in botmäßiger Angst
bin eine Anzahl Gelenke
ohne Herr
jemand müßte mich rufen.

Der gelungene Mann

Eine Autobiographie von sich und seiner Familie. Nur Gutes, Schönes, Gelungenes. Er hat seine Frau noch nie betrogen, noch nie geschlagen. Er beschreibt die Gesellschaft, in der er lebt. Es geht. Seine Frau wird auch älter. Aber was soll's. Er auch. Gott sei

Dank. Seine Frau ist energisch, ein bißchen drall, sie greift zu, macht alles richtig. Beide machen alles richtig. Andere dagegen ... wenn er bedenkt, wie die leben in seiner Nachbarschaft, da kann er richtig froh werden. Er ist einfach gut dran. Er hat es gut getroffen.

Die Beziehung zu Eltern ist, je älter die Kinder werden, um so reiner nur noch Kultur. Natürlich sind nur die Bindungen der Eltern zu den Kindern.

Vollkommen gleichgültig, ob CDU oder SPD, wir werden unser Leben verbringen mit zwei bürgerlichen Parteien, die einander hemmen und befördern, ein wenig bekämpfen und heftig imitieren. Gut. Gleichheit, Freiheit und Brüderlichkeit wollen wir einmal der Musik überlassen.

Dr. ... F.
Urologie

Sehr geehrter H. K.,
ich bitte Sie höflich um Durchführung und Beurteilung eines i.v. Pyelogramms bei der Schülerin Sirte Zürn, geb. 1. 4. ..., Tochter des Dr. Zürn.
Von jeher auffälliges, schlecht gedeihliches, appetitloses Kind mit Neigung zu fieberhaften Infekten, Anginen, Azetonämie; mehrmals Blasenentzündung. Kind nässe auch noch häufig ein. Seit Jan. 67, nach einem grippalen Infekt, habe sich die Kleine nicht mehr richtig erholt. Immer wieder Fieberschübe, Halsweh, 2–3 mal Beschwerden beim Wasserlassen. Sie kam deshalb am 28. 2. erstmals zu mir. Im Urin (spontan) Eiweiß negativ, im Sed. einzelne Leukozytenhäufchen, bei Kontrolle Leuko + +. Unter Wärme, Buccosperin-Drag. und Tee Besserung der Beschwerden und des Urinbefundes. Urin

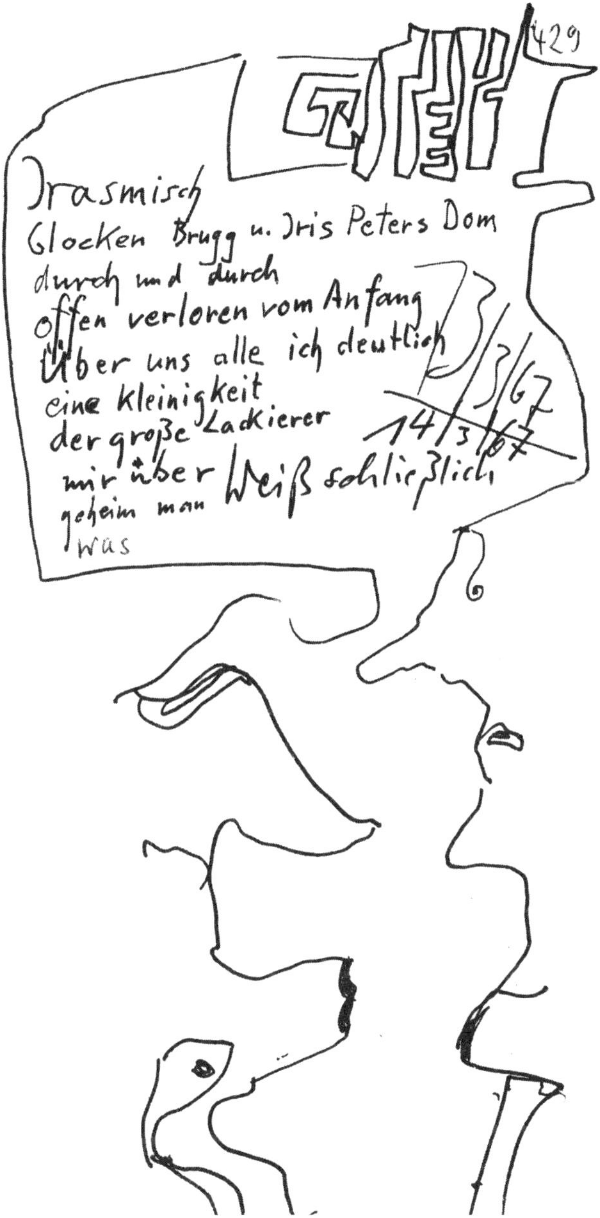
429
Irasmisch
Glocken Brugg u. Iris Peters Dom
durch und durch
offen verloren vom Anfang
über uns alle ich deutlich
eine kleinigkeit
der große Lackierer
mir über Weiß schließlich
geheim man
was
13/3/67
14/3/67

seitdem o. B. Trotzdem inzwischen wieder hoch gefiebert mit Halsweh. Im Rachenabstrich Bakt. Pyocyaneum und verz. vergrünende Streptokokken. Urin wurde bisher nicht bakt. untersucht.
Mit bestem Dank
Dr. Th.

Cousine

Wie AK höhnisch und mit wahnsinniger Unbeteiligtheit zwischen den kranken Kindern herumgeht, seine Frau alles tut, längst überanstrengt und schon wieder schwanger. Sie beantwortet jede winzige Belastung nur noch überschnappend schrill.

In seiner vollkommenen Abhängigkeit weiß er nicht, wie er sich geben soll. So abhängig, wie er sich fühlt? Und wie ließe sich eine solche Ausgeliefertheit überhaupt ausdrücken, verständlich machen. Er hat das feste Empfinden, so abhängig, wie er ist, darf man sich nicht erkennen lassen. Das ist einfach abschrekkend. Darüber müßte dieses junge Ding einfach lachen. Also verbergen. Ganz klar. Darüber hätte er nicht erst nachdenken müssen. Aber wenn man, was man ist, verbergen muß, wenn man sich etwas suchen muß, dann scheint alles gleichermaßen möglich oder unmöglich. Was soll man wählen? Was zieht bei ihr? Und kann er, was am meisten zieht, auch spielen? Und durchhalten?

Maria Menz.

Lyrik das, was sie auf keine andere Art sagen kann. Keine Formbeherrschung, kein Spiel, keine Kunst.

24. 3. 1967

Ich habe für Zahlen so wenig Sinn, daß es mir immer noch nicht gelingt, einen Geburtstag zu begreifen.

Cousine

Wenn sie nach der Beendigung des Manuskripts zu Besuch kommt, ist der Unterschied zwischen Manuskript und ihr so groß, daß er sie nicht mehr wiedererkennt. Er hat sich eine eigene Cousine gemacht. Er vergleicht: Seine schriftliche Cousine ist besser in jeder Hinsicht, aber die wirkliche in ihrer körperlichen und persönlichen Einfachheit.

3. 4. 1967

Ich könnte auf ein Mozart-Konzert einen Text schreiben, wenn ich schnell genug schreiben könnte. Mozart stimmt einen so auf sich ein, daß man nach einem Satz schon eine feste Erwartung hat, wie der nächste Satz anfangen wird. Und man wird nicht enttäuscht, aber immer noch überrascht.

Mein Kopf allein mit wem, meine Hände wollen nichts mit einander zu tun haben, ich bin verpflichtet, zusammenzugehören, aber eine Melodie bin ich nicht, schwer bin ich, schwer wie ich.

Bei manchen Männern und bei manchen Frauen weiß ich auch nach Jahren noch nicht, wie ich sie empfinden soll. Ich könnte viel über sie mitteilen, aber ob sie freundlich sind zu mir, ist nicht festzustellen. Allerdings: Alle wären zu gewinnen, zu bestechen für sehr kurze Zeit, für eine ganz beschränkte Unternehmung und unter ungeheurem Einsatz meinerseits. Warum also frage ich mich immer noch, ob das Freundliche sind? Ich darf mir nicht gestehen, daß ich mit so vielen Gleichgültigen leben muß. Es waren die Freundlichsten, die zu finden waren. Also.

13. 4. 1967

Am 12. noch von 12 bis 3 Uhr bei ihr, um 16 Uhr 33 nach Stuttgart. Heute um 13 Uhr 30 Anruf in den Funk, daß es der Mutter schlechtgehe. 14 Uhr 02 nach Friedrichshafen, K. am Bahnhof,

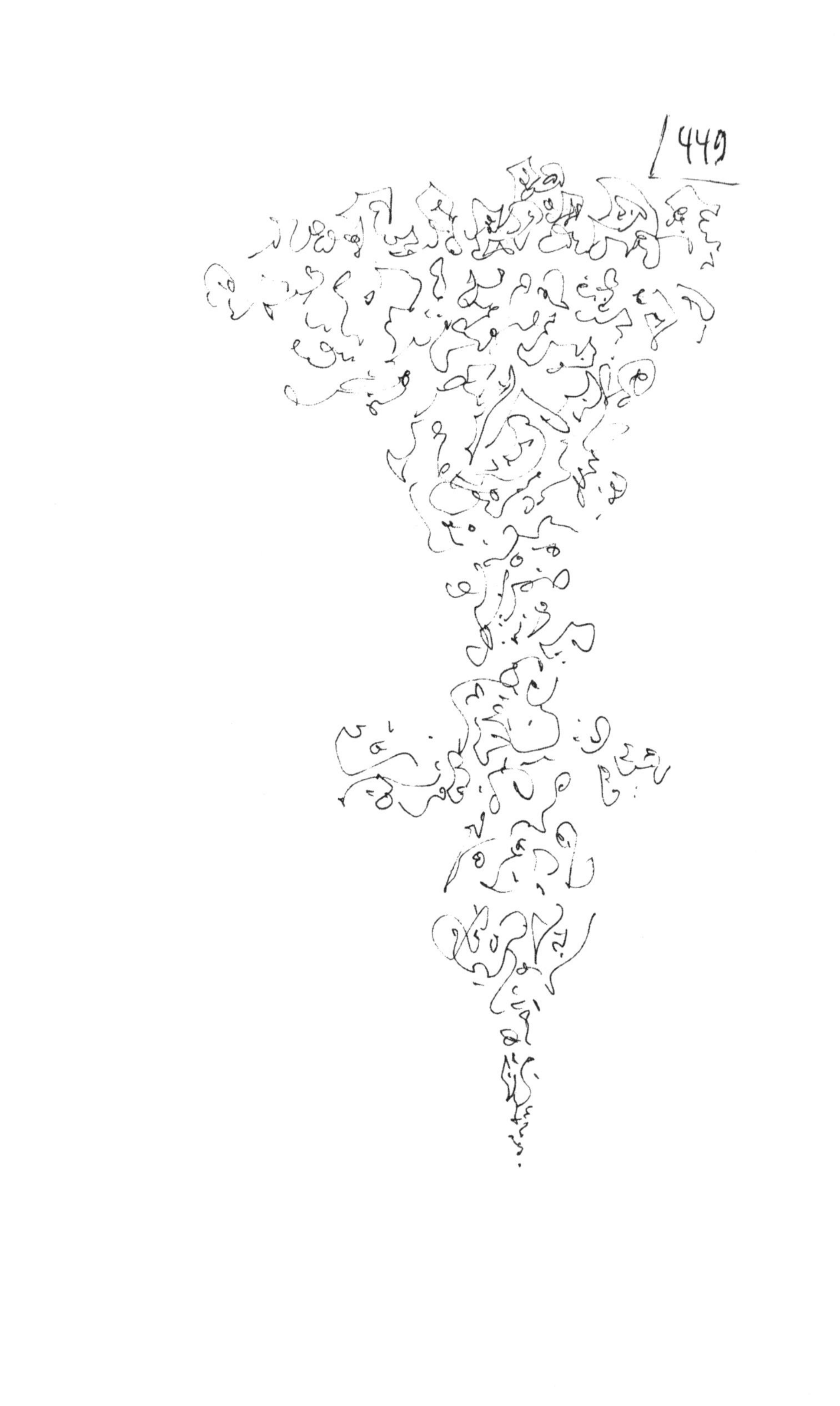

[illegible]

schaut im Auto schnell herüber und sagt: Tot. Das hätte ich nicht für möglich gehalten. Sie war bis Montag auf, am Stammtisch usw. Montagnachmittag Nierenkolik. Spritzen. Dienstag Nierenbeckenentzündung, Fieber. Mittwoch fieberfrei. Als ich komme, sehe ich sie, schweratmend, nur durch den Mund, will Suppe essen, keinen Reis mit Erbsen, Erbsen sind nicht gut für mich. Wegen Galle und Leber. Butter in der Suppe ist nicht gut. Karl: Sophie hat gesagt, ich soll ein Stück Butter hineintun, daß du Kraft kriegst. Sie ißt nur ein paar Löffel. Sieht wüst aus. Riesig im Bett, ihr Gesicht hat rote und ganz grüngelbe Stellen. Seit drei Tagen kein Urin mehr.

Dann der junge Doktor, gibt Spritzen. Eine hinten und eine in den Arm. Sagt mir, Herz und Kreislauf sind gut. Keine Sorge. Beim Spritzen: So, jetzt müssen wir halt wieder das Zeug hineinspritzen, und das Lustige ist, die meisten Leute halten's aus. Die Mutter: Es starben aber auch welche. Später der Doktor: Im Krankenhaus sterben weniger als daheim. Die Mutter: Dann will ich ins Krankenhaus. Er hört das Herz ab, sagt, es ist in Ordnung. Das Schnaufen kommt vom Brechen am Tag vorher. Sie hat, sagt er, gwuhlat, das Wasser kommt schon. Ich: Urämie? Wehrt er weit ab, dazu müßte der Zustand Wochen dauern. Sie hat ja erbrochen, und Durchfall hat sie auch, da geht genug Flüssigkeit weg. Ins Krankenhaus? Nicht nötig, das wird schon wieder, sie ist zäh, so ein Kreislauf.

Die Mutter: Die Arme tun mir so weh.

Der Doktor: Das kommt vom Erbrechen.

Abends ca. 18 Uhr wieder Kolikbeginn. Noch einmal die zwei Spritzen. Kein Bewußtsein mehr. Zuerst noch Hast und Eile mit Sophie, bevor der Doktor kommt. Sauber machen, Nervosität, muß alles bewegen, noch ein Kissen, also schon vier, und das hierhin und das dorthin.

Dann bis Mitternacht, der Doktor kommt wieder: Alles in Ordnung, die Spritze wirkt noch. Karl schläft bei ihr im Zimmer, hilft ihr nachts noch von den Kissen, von denen sie gerutscht ist, sie unterstützt ihn dabei, obwohl sie nicht ganz da ist.

Abends bei Sophie betet sie ganz hastig: O Herr, gib mir die ewige Ruhe, o Herr, laß mich ruhen in Frieden. Amen.

Nachts zwischen 12 und 1 noch zu Karle: Sprudel, Sprudel (kann das nicht deutlich aussprechen). Um 7 Uhr morgens der Doktor. Kreislaufspritze. Herz gut. Bis 9 Uhr Waschen und neues Leintuch, Kauf eines Leders. Sie hat alles wieder voll (und litt so lange an Verstopfung), der Doktor sagt, das ist gut, das ist ein Zeichen, daß alles funktioniert. Untersucht Herz und Bauch (weich). Das wird schon wieder. Um 9 Uhr ist sie wieder frisch gerichtet, aber nicht bei sich. Das ist die Spritze, hat der Doktor gesagt. Um 10/30 geht Sophie schnell aus dem Zimmer, Hiltrud sitzt am Bett und ruft plötzlich nach Sophie, Sophie kommt zurück, da liegt sie schon ohne Atem, mit starr offenen Augen und ganz ganz tief blau. Dann bleibt nur noch die Nase, und ein Streifen von der Nasenwurzel senkrecht hinauf unter die Haare, leichter blau. Das rechte Auge nicht ganz zu, ein winziger Spalt. Der Mund nur noch ein Strich. Um ½ 6 komme ich: Schon im Sarg, der Deckel steil am Kopfende, ein Tisch mit Kreuz und Kerzen und Streichhölzern und Weihwasser.

Um ½ 8 Beten in der Kirche. Männer und Frauen im Rosenkranz, je eine Hälfte: Gegrüßet seist du, Maria, gebenedeit unter den Weibern, die Frucht deines Leibes Jesus, der Herr gebe ihr die ewige Ruhe, zu uns komme in der Stunde unseres Todes und erlöse uns von dem Übel und laß sie ruhen in Frieden. Amen.

Zu Hause alle Schmids um den Sarg, dann in der Stube.

Onkel Karl: Sie wollte am Samstag nach Kümmertsweiler. Warum will die jetzt auf einmal nach Kümmertsweiler. Alle, die an Nieren sterben, haben dann diese blaue Nase.

Und mein letztes Gespräch: Wie geht's Kathrinchen. Gib mir die Tabletten.

Am Anfang, als ich kam, weinte sie sofort. Das gab sich aber dann.

Ob sie mich lieber zurückgehalten hätte von Stuttgart und nur dachte, es sei wichtig für mich und sie dürfe nicht sagen, daß sie sich schlecht fühle.

Die Warze an der Stirn hat sie sich im Krankenhaus wegmachen lassen, und jetzt kommt sie schon wieder, obwohl er sie so tief weggenommen hat. Krebsangst.

Karl: Bei allem, was sie aß, sagte sie, das kann ich nicht essen, das ist total versalzen.

Mir kam sie nicht so vor wie anderen, die sagten: Sie liegt so ruhig, als schlafe sie usw.

Hart, zerschlagen, riesige Anstrengung, wie ein Unfall-Opfer, verbittert, unglücklich, anklagend. Etwas wie: So, jetzt habt ihr's. Mama. Mama. Mama.

Was man alles wieder zum ersten Mal tun muß, nachdem jemand gestorben ist.

Jemand. Wahrscheinlich nur bei M. Sonst war nie jemand so wichtig.

Ins Bett gehen und Gedanken meiden und sich vorbereiten auf das Aufwachen, daß man nicht etwa aufwacht und denkt nicht gleich daran, man fürchtet, es zu vergessen, die Augen aufzuschlagen und zu denken: Das ist eine Lampe, oder heute ist Freitag, und dann erst würde man daran denken, daß sie tot ist (dot, sagt man hier), also würde man den Wechsel von «es noch nicht wissen» und «es wissen» noch einmal mitmachen. Und genau das, bitte, nicht noch einmal.

Den eigenen Kindern möchte man es übelnehmen, daß sie weiterlachen. Aber sie sind nicht verwandt. Und im Augenblick bin ich ihnen weniger verwandt als M. Ich bin bei M. Viel mehr als bei K. und den Kindern.

Alle, die ich kenne, haben noch ihre Mutter.

Zum ersten Mal essen, zum ersten Mal wieder autofahren,

zum ersten Mal den und jenen sehen. Immobil. Schwer. Im Bett bleiben. Unter der warmen Decke. Liegen wäre ihr näher sein. Wie sie. Liegen, wenn man keine Kinder hätte, könnte man ihr rascher nachsterben. Und die Versäumnisse. Sie schildern sich andauernd im Kopf. Das ist bekannt, daß jeder zu spät kommt und sich Vorwürfe macht nachher. Das gehört zu den Kalenderweisheiten, darüber gibt es dümmliche Gedichte. Man sollte jeden dummen Spruch glauben, darin ist immer die richtige Erfahrung. Und ich hätte sie retten können. Am Mittwoch hatte Dr. Roßbach keine Sprechstunde, und ich traute mich nicht, bei ihm zu Hause anzurufen. Im Krankenhaus wäre sie nicht gestorben. Sicher nicht.

Jetzt ist die Frühzeit weg, nur noch mir ausgeliefert. M. war das Lebendige von früher. Trauer ist also immer um sich selbst. M. merkt davon nichts. Wenn man bloß in nächster Zeit niemanden treffen müßte.

Wenn bloß M. nicht ...

Jetzt hätte sie ...

Acht Tage nach dem Krankenhaus war sie auf und gut. Ein einziges Mal hab ich sie wieder am Stammtisch gesehen. Und nach acht Tagen wieder Schluß. Und wenn man sie wieder ins Krankenhaus gebracht hätte und wieder kathetrisiert, dann wäre sie nicht gestorben. Aber der Doktor hat uns beruhigen müssen. Er hat uns sagen müssen: Die ist zäh. So gesund solltest du sein ...

Wir haben uns von einem Arzt überlisten lassen. Wahrscheinlich ist der ein bißchen wahnsinnig. Die Leute bemerken es nicht, weil er viel weiß und sein Handwerk beherrscht. Technisch. Aber wie er redet. Solang man nicht betroffen ist, hält man es für Humor und Witz. Aber allmählich merke ich, er ist irr.

K.: Wir sind in Trauer geraten, haben Sie was Schwarzes, ein Kostüm zum Beispiel, nein, mit ausgestelltem Rock nicht ... ist das tief ausgeschnitten ... dann nicht, nein danke, Jersey lieber nicht.

Bis zum 16. Juni 66 Küche, dann Krankenhaus bis zum 20. Dez., dann zu Hause im Bett, täglich ein bis zwei Stunden auf, dann Mitte März wieder ins Krankenhaus, dann heim, am Freitag nach Ostern, 31. März. Am 1. April war ich dort, am Stammtisch. Und am Montag, 10. April, wieder ins Bett. Also war die Zeit vom 1. bis 10. April ihre Lebenszeit, die Ruhe, das geruhsame Alter. Zehn Tage nach fünfzig Jahren Arbeit. Jetzt wäre es angegangen, wenn ich ein Haus gehabt hätte zu ihrer Freude ... Wenn sie noch 2–5 Jahre dageblieben wäre ...

Und um Adenauers Bett stehen zehn Ärzte und ein Sauerstoffzelt, obwohl der Organismus des Einundneunzigjährigen nicht mehr will. M. hätte nur einen Arzt gebraucht. Herzlähmung. Das ist gelogen. Sanft entschlafen, steht in der Zeitung. Das ist noch mehr gelogen.

Der Arzt: Die Niere ist gut, der Durchsatz in Ordnung. Ja, wenn es ein reflektorischer Nierenschock wäre, aber so. Das macht sich jetzt schon. Die im Krankenhaus können auch nichts anderes tun.

Nachträglich lese ich im Lexikon: Urämie, hochgradige Atemnot bis Koma, Erbrechen, Durstgefühl, Durchfall. Alles vorhanden. Und auf die Frage: Vielleicht Urämie? Hat der Arzt mich ausgelacht.

Und Karl wollte den Arzt aus Friedrichshafen nicht, weil sich der Doktor solche Mühe gab, zwei- bis dreimal kam am Tag.

M. (zu Sophie): Das habe ich auch nicht gewußt, daß der Schüttelfrost im Hals anfängt.

Sophie ist am meisten betroffen, kommt laut sprechend herein, überdreht, aufgeregt. Nach der Kirche (abends) am Grab ein Weinanfall. Und im Zimmer noch einmal. Nervenzusammenbruchähnlich. Das Herz. Sie hat alles getan für M. Sie begreift es am wenigsten von allen.

Wie soll das nachlassen. Weitergehen.

Abschüssiges Gelände

Am Anfang merkt man es wirklich nicht. Ich könnte nicht einmal sagen, ob das Gelände von Anfang an abschüssig war. Ganz sicher ist, daß ich, als ich bemerkte, daß das Gelände abschüssig war, nichts mehr machen konnte. Ich hoffte, es werde sich ändern. So unmerklich, wie es begonnen hatte, konnte es wieder aufhören. Also überließ ich mich dem Gefälle, spürte, daß mir Muskeln zur Verfügung standen für dieses nach unten treibende Rennen. Es gelang mir auch, das Tempo dann und wann zu verlangsamen. Ich mußte mich dafür zwar konzentrieren, schrecklich konzentrieren sogar, dann Widerstand einschalten, sämtlichen Muskeln Bremsbefehle erteilen. Instinktiv hob ich die Hände dabei, als wären es Flügel, durch die ich die Bremswirkung vergrößern konnte. Und bemerkte, daß dieses Händeheben auf einen Zuschauer den Eindruck machen mußte, daß ich mich sträubte gegen die Tiefe, auf die ich zurannte. Um mich zu erlösen, lockerte ich sämtliche Sperren, ließ mich treiben, fiel sofort in zu große Geschwindigkeit. Das hält man nicht lange durch. Eine Unebenheit, und du fällst und kugelst dann ohne jede Kontrolle hinunter, weiß Gott wohin. Also gleich wieder bremsen. Schon wieder bremsen und spürst doch noch die Schmerzen von dem gerade vorangegangenen Bremsen. Aber ich mußte bremsen. Schon wieder bremsen. Das schmerzt. Die Muskeln sind noch wund von vorher und sollen jetzt schon wieder. Nein. Lieber fallen, fliegen. Also lösen. Die Füße fliegen, die Hände rudern um Gleichgewicht. Bremsen. Um Gottes willen, bremsen. Kein Nerv wagt, den Muskeln einen Befehl anzubieten. Aber plötzlich rast der Befehl durch alle Angst hindurch, fährt in die Muskulaturen und erwirkt dort einen Bremsruck. Die Muskeln dürfen glühen, schreien, zerren und im Krampf erstarren. Aber sie müssen bremsen. Ja, ja, gleich, gleich löse ich wieder, sobald wir wieder ein wenig langsamer geworden sind, sobald ich das Gleichgewicht wieder errungen habe, die Kontrolle über die schlagenden Beine, sobald ich nicht mehr bei jedem Schritt in Gefahr bin, einzuknicken unter der Wucht der zu groß gewordenen Sprünge. Vielleicht kommt eine Querrinne, eine Talsohle, ein Gegenhang, irgendeine schwer vorstellbare Milderung dieses abschüssigen Geländes. Die Muskeln haben die Bremsung noch einmal geleistet. Wahrscheinlich rauchend vor Reibung und Erschöpfung. Die Gangart ist langsamer geworden. Nur noch die Knochen schmerzen, die Kniescheiben vor allem. Jedes Aufsetzen eines Fußes sticht in die Kniescheiben, als hämmerte jeder Schritt von unten Nägel immer tiefer hinein. Das kommt wohl auch von dem Versuch, sich kontrollierter hinabtreiben zu lassen; also lockere ich die Kontrolle ein wenig, lasse die Beine ein wenig freier, vertraue darauf, daß sie selber besorgt sind, nicht in eine zu schnelle Gangart zu verfallen. Ach, das ist schon eine Erlösung. Wie alles fliegt. Frei. Aber schon wieder zu sehr. Egal, noch eine Sekunde so. Das ist allerdings schon wieder fast das Rasen von vorher. Ja, Zweifel. Das ist es. Kein Zielen mehr für das nächste Aufsetzen des Fußes. Keine Möglichkeit, einem Stein, einem Ast, einer Wurzel auszuweichen. Hinabgeworfen werde ich schon wieder. Jeder Schritt größer als der vorhergehende. Jeder Schritt ein Sprung.

Am Dienstag, morgens um 7 Uhr, kam Sophie zu M., die wartete schon lange, beschmutzt und naß, die ganze Nacht auf Sophie. Und sagte, wenn ich sterbe, nimmst du alle Wäsche gleich mit. Niemand soll das sehen.

Karl erinnert sich: Seit langem von Speisen gesprochen, die harntreibend sind, sie sagte das immer dazu, viel Reis, weil Reis doch Harn treibt. Sophie: Der Urin wie Gülle. Sophie immer wieder: Wie sie da lag in der Küche auf dem Boden wie ein … und dann hört Sophie immer erschrocken auf, weil sie weiß, das kann sie nicht sagen. Sie will wahrscheinlich sagen: wie ein Tier oder wie eine Sau. Sau heißt ja nichts Verächtliches. Sie will nur die Hilflosigkeit ausdrücken. Aber sie hört immer vorher auf.

Die Schwestern Regina und Maria, die sie so lange gepflegt haben im Krankenhaus. Sie waren mir die liebsten auf der Beerdigung. Und Sophie. Schwester Regina: Sie war selber die Ursache dafür, daß man sie so gerne gepflegt hat. Schwester Maria zu Sophie im Krankenhaus: Jeden Morgen muß ich eine halbe Stunde weinen, dann geht es den ganzen Tag gut. Hochgeweihte Rosenkränze aus Lourdes und Altötting. Der Photograph. Ihr Finger immer noch gelenkig und beweglich. Das Schließen des Sarges. Zuletzt sah ich das rechte Ohrläppchen.

Vorher noch, daß sie barfuß war unter der weißen Decke. Bekleidet mit dem schwarzen Wollkostüm, durchbrochene Jacke.

Karl, sich abbürstend: In Schwarz bist du praktisch immer dreckig.

Der Pfarrer, der glaubt, seine Predigt sei gut gewesen. Am Friedhofseingang der Empfang.

Herr, wer könnte, würde, wenn du der Sünden gedächtest, vor dir bestehen.

Sie, möchte man rufen, sie.

Und dann weiß er nur: Mit beiden Beinen im Leben und doch Zeit für Gott und ihre Seele.

Der vom Hotel- u. Gastwirteverband preist eine vorzügliche Wirtin, eine attrakktive junge Frau einmal, die vielen eine Heimat gab. Es klingt fast anzüglich, weil er unter denen, denen sie Heimat gab, zuerst Junggesellen und Ehemänner aufzählt. Man denkt an Wirtinnen-Verse. Und in diesem Verstand war sie überhaupt keine Wirtin.

Für wen baue ich jetzt noch? Sie war meine Zuschauerin. Für alles. Für das meiste.

Karl: Jetzt hat dein Wasserburg einen Sprung.

Mir ist Wasserburg verleidet. Ganz und gar. Ich wollte dort angesehen sein ihretwegen. Das merke ich jetzt. Jetzt liegt mir nichts mehr daran. Allenfalls noch Karl.

Dieses stundenlange Hinstehen vor den Sarg, dieses Ihr-ins-Gesicht-Schauen, Herumlaufen, Berühren. Man kann sich nicht sattsehen.

Käthe: Wenn man auf einen Punkt starrt, meint man, sie hätte sich bewegt an einer anderen Stelle, auf die man gerade nicht sah.

Warum kann man, muß man sie so lange ansehen? Dann den Sarg. Jetzt das Grab. Nie konnte ich verstehen, warum Leute an Gräbern so lange stehen bleiben. Auch mit M. an unserem Grab. Man läuft einfach dem Toten nach und immer so weit, als man noch kann, und steht und zerschlägt sich und alle Gedanken an der Trennung, an dieser ganz undurchsichtigen Wand. Als der Sarg gesenkt wurde, das Fußende zuerst, aber zu steil, also rutschte sie innen sicher ganz auf ihre Füße hin, und bis der Sarg wieder eben war, nahm sie wahrscheinlich nur noch die Hälfte des Sarges ein, den sie vorher von oben bis unten füllte. In einer Kauerstellung befindet sie sich jetzt wohl. Und wo sind die Hände? Vielleicht stiehlt jemand Blumen aus dem Blumenberg. Es sind zuviel.

Anna und Sophie, ja.

Die Jungen sind einfach fröhlich. Traudel und Reinhard. Traudel hebt beim Weihwassergeben einen Fuß, zieht das rechte Knie an das linke, knickt das Bein, hebt den Fuß und läßt ihn schweben, solang der Weihwasserwedel schwebt, bringt Wedel und Bein gleichzeitig zur Ruhe. Sie trägt ein durchsichtiges schwarzes Oberteil. Und ließ links das Haar zurück, rechts wild nach vorne ins Gesicht; asymmetrisch, um die vollkommene Symmetrie ihres Gesichts zu betonen. Der Fleischmund eine ausschweifende Waage.

Die 20 Mark für den Heiler Ochsenreiter an Josef in Röthenbach. Nach dem Anruf soll eine Kolik nachgelassen haben. Anton: So geht's mir auch, genau wie der Augusta, wenn ich jetzt baue, sobald ich fertig bin, kann ich mich hinlegen und sterben.

Er spricht immer nur von sich. Bei Josef wäre das verständlicher, aber der tut es nicht, man muß ihn fragen nach seiner Arthrose. Herma erzählt immer von Todesfällen im Allgäu, immer wieder vom Oberförster, der auch an Urämie starb, hatte aber Krebs, wohl Prostata-. Und in Wangen ist das Krankenhaus besser. Von Georg, der mit 46 starb, obwohl Anton noch in letzter Stunde die 1. Klasse bezahlte, als es hieß, er sei über den Berg, also fahren sie hin, Anton und Thaddee, und finden ihn im gekachelten Raum, mit zwei anderen, seine Sachen mit einer Schnur umschnürt. Er spricht mit ihnen. Man hat ihnen gesagt, plötzliche Verschlechterung. Also besorgen sie den Pfarrer zum Versehen, von diesem Augenblick an spricht er nicht mehr mit seinen zwei Brüdern. Kathrie: Der Oberarzt hat zu ihr gesagt, eine Milzoperation ist uns noch nie geglückt. Sie: Dann lassen Sie's doch, wenn Ihnen das nicht gelingt, dann lassen Sie's doch. Kathrie: Daß man Augusta nicht kathetrisiert hat, das kann doch jede Schwester. Und daß sie zu starke Spritzen bekommen hat, sieht man sofort an den Augen. Drei Tage kein Urin, das schmerzt, das soll der Doktor einmal an sich ausprobieren, wie das schmerzt. Von Montag bis Donnerstag kämpfte sie ohne uns, ohne mich. Ich habe ihr nicht geholfen. Ich habe es nicht begriffen. Überhaupt nicht begriffen. Sonst würde sie jetzt noch leben. Sauerstoffzelt, künstliche Niere, was noch?! Sie ist …

Was soll ich jetzt?

Am liebsten nur noch in meinem Zimmer und so tun, als könnte ich sie rühmen, durchsetzen vor allen Leuten. Aber ihr Zustand ist unvorstellbar. Sie hört nichts mehr. Sieht nichts mehr.

Ihr alles unterwerfen. Es nützt ihr nichts mehr. Für sie kann ich überhaupt nichts mehr tun. So wenig waren mir meine Kinder noch nie. Wenn M. sich an ihnen freute, dann ja. Aber so. Ich muß etwas anfangen. Schluß. Keine Antwort. Das ist ihr Zustand. Man tut alles ohne ihre Teilnahme. Nichts mehr ist für sie. Nichts mehr. Nichts. Sie ist vernichtet. Hin. Aus.

Aber in dieses Buch will ich nur noch schreiben, wenn ich an sie denke. Falls es leer bleibt von jetzt an, ist das ein günstiges Zeichen. Dann ist sie so tot, wie man tot ist, wenn man tot ist.

Ein bißchen Schlaf. Die Entfernung ist nicht größer geworden. Den Kindern verwehr ich das Singen nicht, aber ich zieh mich vor ihnen zurück. Ich möchte andauernd reden von ihr. Beim Essen. Ich muß mich andauernd beherrschen, nicht von ihr anzufangen. Alles, aber auch schon gar alles macht jetzt auf sie aufmerksam. Sie sitzt mir gegenüber am Tisch. Augen. Ihre Kostbarkeit. Die ist verloren. 1000 Jahre Frömmigkeit. Ein Unmaß. Fürsten und Kirchenlaune. 1000 Jahre als Zwang und Terror auf ein paar Bauernfamilien in diesen Hügeln gestülpt. Das Ergebnis, das feinste denkbare Ergebnis dieser Armut und Qual war Mamas Kraft. Wie sie 1940 am Herd stand. 1,78 groß und schön. Und ihr Urteil, mein Gott, ihr Urteil. So zart. Nichts wagte sich hervor an ihr. Weil sie nicht mehr sauber war, wollte sie nicht mehr ins Krankenhaus. So wie Anna ihren Vater, so sollte jetzt Sophie sie pflegen. Kein Mensch sollte das erfahren. Daß sie im Krankenhaus hätte davonkommen können, hat sie nicht mehr überlegt. Sie hat sich geniert. So können sich nur noch ihre zwei Schwestern genieren. Kathrie hat im Kloster viel davon überwunden. Wahrscheinlich als Pflegerin und im Umgang mit Ärzten. Ich hatte insgeheim ein wenig gehofft, der Pfarrer würde am Grab den Vorschlag machen, sie selig sprechen zu lassen. Oder er würde wenigstens sagen: Aus solchem Holz sind Heilige. Aber er sagte nur: Sie stand mit beiden Beinen im Leben und vergaß Gott trotzdem nicht. Er hatte vergessen, was ihm bei einem Krankenbesuch eingefallen war in unmittelbarer Reaktion auf sie; da hatte er gesagt: Sonst geht man zu Kranken, um sie zu trösten, bei Ihnen ist man selber der, der getröstet weggeht. Und alles jetzt umsonst. Ich erreiche sie nicht mehr. Ich kann tun, was ich will. Aber mein Appetit ist erloschen. Nichts macht mich an. Grüner Salat, ja, aber warum nicht mit ihr. Leute mag ich nicht mehr sehen. Fernsehen, Bücher, Telephonate, Briefe, Zeitungen ... nichts zieht mich an. Eine Langeweile mit ihr. Ein Druck in meinem Kopf. Sie liegt unter dem Blumenberg. Mein Gott, Mama. Daß ich so unfertig zurückbleiben würde, dachte ich nicht. Jetzt weiß ich, warum ich in der Nähe blieb. Aber warum war ich dann nicht da, um zu helfen? Von Berlin aus hätte ich nicht weniger tun können. Ein Gehäuse. Eine Abgeschlossenheit. Ein Gegenüber mit ihr. Ich müßte sie los werden. In mir müßte sie noch einmal sterben, dann wäre sie erst befriedigend tot. Ich habe sie berührt im Sarg, wie ich sie nie im Leben berührte. Mehr als eine Hand schnell auf ihren Unterarm schien nicht möglich, auch nicht, als sie im Krankenhaus lag. Vielleicht hat sie sich Zärtlichkeit einfach abgewöhnt, um allein bleiben zu können. Sie hat mich nie geküßt, was doch sonst zwischen Müttern und Kindern vorkommt, an den Schläfen zum Beispiel. Ich fand das immer ganz selbstverständlich, so wie es war. Aber jetzt. Ihre zunehmende Schönheit. Ihre Verklärung. Über Tote nur Gutes. Nein, ich würde alles aufschreiben, wenn mir etwas anderes in Erinnerung käme. Wie sie zu Hiltrud war. Das war wohl ihre einzige Schwäche. Karl hergeben zu müssen, das hatte sie noch nicht überwunden. Aber sie war dabei, es zu überwinden. Sie hat ungeheuer gekämpft. Gegen Hiltrud. Und gegen sich.

Das Sofa

Der Sohn als Nachfolger seines Vaters bei der starken Frau. Sie ernährt ihn, wie sie den Vater ernährt hat. Sie trägt ihn. Freunde kommen noch zum Spielen. Nicht nur Karten, sondern auch Würfel, Dame, Halma, Mühle, Scrabble, Zaubereien, Monopoly, U-Boot-Versenken, Pfeilwerfen. Er will immer gewinnen. Und er gewinnt auch fast alle Spiele, weil er trainiert, wenn die Freunde fort sind und ihren Beschäftigungen nachgehen. Er hat keine Arbeit. Seine Mutter ernährt ihn ja. Es ist das schönste Einvernehmen. Beide sind vollkommen zufrieden mit einander. Sie will, daß aus ihm etwas wird. Er gibt sich Ausbildungen hin. Hält sie auf dem laufenden über alles, was er lernt. Geschichte kann er schon ganz. Jetzt studiert er Medizin. Die Bücher kommen ins Haus. Er muß nie unter Leute.

Die Freunde werden von ihm verlockt. Er will sie bei sich behalten. Sie sollen doch ihre Professionen aufgeben und auch spielen mit ihm.

Als hätte sie auch meine Kraft mitgenommen. So ohne Kraft war ich noch nie. Ausgeliefert nur den Vorstellungen, die von ihr handeln. Überhaupt keine Möglichkeit, von ihr wegzudenken. Heute ist So, 16. April. Und das Haus ist leer. Käthe hat Arbeit. Ich hätte Arbeit. Aber ich kann meine Arbeit nicht tun. Sie hindert mich daran. Ich stehe nur vor ihr, vor ihrem Sarg, vor ihrem Grab, unersättlich. Was hat sie alles mitgenommen. Vierzig Jahre. Wasserburg und Kümmertsweiler und Geiselharz. Wir waren fünf, jetzt sind wir noch zwei und beide überspült von neuen Familien. Können nicht zusammenbleiben. Wenn Karl sehr stark wäre, so wie sie, aber er ist, fürchte ich, nicht viel stärker als ich. Wir würden nur dasitzen und über sie klagen. Und wer ernährte dann unsere acht Kinder.

O Mama. Du hörst und siehst nichts mehr.

An einer Unabänderlichkeit herumdenken. Im Konjunktiv. Das ist die natürliche Redeform für das Unabänderliche. Im Irrealis. In der Unmöglichkeitsform. Konjunktiv Perfekt. Ich hätte getan. Wenn ich etwas getan hätte, hätte ich etwas getan.

Indikativ: Ich habe sie sterben lassen.

Spinnen, Nachtfalter und dergleichen werden bei uns umständlich gerettet, wir zwingen sie, in Zeitungstüten hineinzukriechen, und tragen sie an die frische Luft. Hummeln und Wespen werden geduldig dirigert, bis sie das offene Fenster finden. Mama …

marlosige mendrale
somite nast:

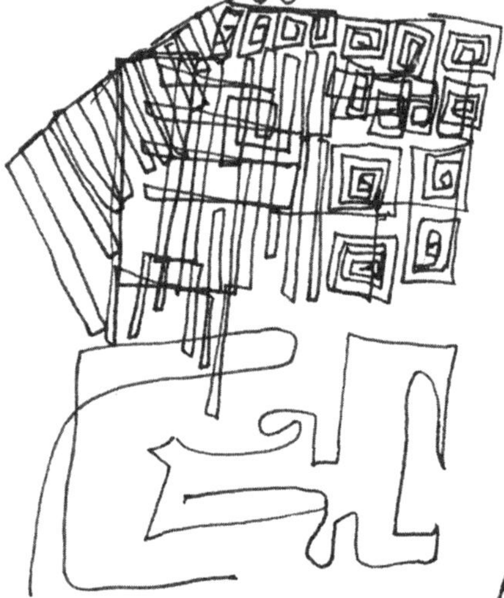

das
hat es
schon immer
gegeben

Änderung
ohne
Veränderung

17. 4. 1967, Montag.
M. hat von P. immer gesagt: Jetzt ist er schon 15 … 20 … 21 … Jahre unter dem Boden.

Am Freitag war das rechte Auge ganz zu. Wahrscheinlich hat Kathrie das getan. Auch die Hände waren ausruhender gelegt. Sophie hatte eine verkrampft wirkende Gebetshaltung versucht. Der Mund war kein Strich mehr, sondern ein wenig, ganz wenig offen, die Lippen wieder sichtbar. Mehr Blässe und Ruhe. Der Vorwurf nicht mehr so aggressiv. Aber immer noch deutlich genug: Ihr habt mich sterben lassen.

Was auch immer man hineindenkt in den Toten, er antwortet nicht. Und wenn ich jetzt jede Sekunde nur noch mit M. verbringen würde, wenn ich mich umbringen könnte, sie ist kein Adressat mehr. Also tut man das bloß für sich selbst? Nein, man tut es an sie hin, weil man zum Tod in kein Verhältnis kommen kann. Man denkt und denkt und vergißt immer wieder, daß sie nichts davon hat. Man entschuldigt sich bei ihr, weil man nicht begreifen kann, daß sie kein Adressat mehr ist. Sie ist unterm Boden.

Jedes bisherige Versagen, das merk ich jetzt, hat mich mit Hoffnung zurückgelassen. Jedes Mal habe ich gedacht: Wartet nur, das nächste Mal. Jetzt ist zum ersten Mal etwas endgültig. Sofort: Zum ersten Mal etwas, dessen Endgültigkeit ich zugeben muß.

Mama …

Käthe respektiert den Zustand. Sie redet nicht drein. Es genügt, wenn sie heimkommt vom Krankenhaus und sagt, ihrer Mutter gehe es gut. Aber das tut sie nicht unaufgefordert.

Urämie.

Weil sie sich genierte. 1000 Jahre Frömmigkeit. Unnatur und Scham. Das habe ich von ihr geerbt. Aber sie ist daran gestorben. Ich habe es bloß geerbt, um davon zu leben.

Mamamamamamama. So tot.

Johanna ist beeindruckt. Sie kann abends nicht mehr allein ins Zimmer nebenan. Sie hat Schmerzen. Sie kam in der ersten Nacht zu uns, weil sie Angst hatte in dem Zimmer, das sie mit Alissa teilt.

Wenn AK mit der Cousine unterwegs wäre, hätte aber angegeben, in einer ganz anderen Stadt zu sein und wäre nicht erreichbar, so wenig war ich erreichbar für Mama, als sie starb.

Am zweiten Seelen-Rosenkranz: Gegrüßet seist du Maria der Herr ist mit dir gebenedeit bist du unter den Weibern die Frucht deines Leibes Jesu der für uns gegeißelt ist worden … der für uns mit Dornen gekrönt ist worden … der für uns das schwere Kreuz getragen hat … der für uns gekreuzigt ist worden …

Götte: Ein Seschte Maria.

Die Zeit vergeht langsamer als je zuvor. Die Entfernung nimmt nicht zu.

Zum ersten Mal, was ich für Gesten hielt, begreiflich: schwarze Kleider, ja. Trauer, ja. Der, der kondoliert, weil es eine Konvention ist, der denkt nicht daran, weiß nicht, daß der, dem er kondoliert, die Geste für mehr nimmt. Die vorgedruckte Karte mit einem Satz, die man selber für das Taktvollste hielt, ist weniger als die paar Sätze, die man selber nie geschrieben hätte, die eine Teilnahme auszudrücken versuchen.

Probst, Ficus, Fr. Schabert, H. Lauter, Wentzlaff, Jedele, Binzberger, Müller, Gross.

Meine andauernden Dialoge mit Ärzten, denen ich die Lage vom Mittwoch schildere. Und jeder sagt: Natürlich, bringen Sie sie sofort, das läßt sich machen. Und ich muß dann sagen: Leider hab ich sie nicht mehr.

Käthe kann nichts dafür, aber das ist die Entfernung zwischen dem Betroffenen und dem, der sich einfühlen muß, Käthe sagt, weil die «Wildnis» im Garten in diesen Tagen planiert wird und abgeholzt, sie sagt: Ist das traurig, daß dieser große Baum fallen muß. Ich war auch dagegen. Aber traurig kommt es mir nicht mehr vor. Wie sie alle die Bäume bedauern.

20. 4. 1967

Jetzt ist es so lange her. Und jetzt so lange. Ich sehe sie jetzt nicht mehr bloß im Sarg. Die Bilder der Lebenden setzen sich durch. Es sind viele. Die im Sarg beherrscht nicht mehr alles. Das ist eine Abfindung. Und doch keine. Jedes Bild der Lebenden findet vor dem Sarg statt. Wenn ich sie mir lebend denke, weiß ich, daß sie tot ist.

Ich möchte wieder mit einer Frau schlafen. Aber es ist mir unmöglich. Ganz unmöglich mit Käthe. Sie weiß alles. Mit einer Frau, die von nichts weiß, mit der ich nicht sprechen müßte. Aber wahrscheinlich geht auch das nicht. Vielleicht nie mehr. Ich weiß nicht, wie lange. Daß ich sollte, müßte, hat auf einmal keine Macht mehr über mich. Das hat sie mir erledigt. Daß ihre Wirkungen so radikal sind, hätte ich nicht gedacht. Ich habe jeden Tag ein bißchen Angst, mich mit Käthe im selben Zimmer auszuziehen. Bisher ist alles gutgegangen. Jetzt ist es genau eine Woche.

Wir lassen uns das gefallen. Später wundere ich mich dann, wie das alles gegangen ist. Eine Position nach der anderen fällt. Und jedesmal steckt man ein wenig zurück, macht aber weiter, weil ja jeder Schlag verschmerzt wird. Anstatt daß man sich gleich beim ersten Schlag hinstürzt und aufhört. Nein, man steckt ein. Obwohl man ziemlich bald schon sagt: was soll's noch. Aber dann hat man schon Pflichten, also Kinder, jetzt kann passieren, was will, man muß bleiben.

Mir ist es wieder so schwindlig wie im August 65, noch nicht ganz so. Wenn ich schnell hinauslaufe, verliert sich der Schwindel wieder. Aber arbeiten darf ich nicht. Das macht mich noch … Mama …

Wir werden ohne dich sehr gut weiterleben, sehr gut. Die

Wände, zwischen denen ich jetzt noch an das denke, werden widerhallen von unserem Lachen. Und du wirst immer noch dort liegen, und es ist völlig egal, ob wir lachen und sonst was tun, dir ist es völlig gleichgültig, mehr als das. Dir ist alles nichts. Du selber bist nichts, und es gibt nichts, was so grotesk und unsinnig ist und sinnlos wie meine Gedanken an dich, meine Unterhaltungen mit dir; dieses Trostholen bei dir, das ist das Dümmste. Du empfängst nicht mehr. Und gibst nicht mehr. Bei dir ist nichts mehr zu holen. Wenn ich dich ein für alle Mal vergessen könnte, dich streichen könnte aus mir, es wäre dir dasselbe, wie wenn ich jeden Tag nur noch mit Gedanken an dich verbringe.

Bei ihrer Glaubensdichte, nach ihrem Leben, nach dieser ununterbrochenen Vorbereitung müßte sie jetzt ja bei den Seligen sein. Und wo ist sie? Sie hat es nicht mehr erfahren, hoff ich, etwa in den letzten zwei Sekunden, nein, so schlimm ist es auch nicht, sie hat nichts mehr erfahren, nicht mehr, daß sie ihr Leben ohne Lohn verbracht hat, noch daß sie belohnt werden wird ... sie hat aufgehört. Hofft man also, daß es ihr bei Lebzeiten eine Hilfe war. Das war es. Vielleicht. Aber gegen Ende? Sie hat nicht geklagt. Nicht gejammert. Sie hat es uns sehr angenehm gemacht. Mehr kann man nicht verlangen. Liebe Mama. Ich wollte dir noch eine neue Brille kaufen, aber ich ließ mich natürlich abhalten von dir.

Mama Ma...

Die letzten zehn Jahre hat sie hauptsächlich Sterbegeschichten weitererzählt. Nichts scheint ihr so viel Eindruck gemacht zu haben wie Sterbegeschichten. Und ihr eigenes Sterben war jetzt so kurz und bündig, daß einem alles aus der Hand geschlagen wurde. Ein Husarenstreich. Aber offenbar haben wir seit langem schlecht gewacht.

Das Sofa

Eine will den Sohn. Also fängt es damit an, daß die Mutter im Zimmer ist mit der Freundin und der sehr liebenswürdig und glaubhaft beibringt, daß der Sohn ausgewandert ist nach Afrika, weil, weil und weil ... Er kommt so schnell nicht wieder. Heiraten will er doch nicht. Also kein Recht, sie immer noch hinzuhalten usw. Ohne allzuviel zu fragen, gegen Schluß, nachdem sie es aufgegeben hat – zuerst hat sie noch reagiert, sinnlos gekämpft, das steigerte auch die Mutter ein wenig – nachdem sie abgezogen ist, stürmt der Sohn aus dem hinteren Zimmer, und Mutter und Sohn sind stürmisch glücklich.

Der Sohn hat vielleicht einen Gegenstand im Zimmer, das fällt seinem Mädchen auf. Die Mutter wehrt das ab. Mutter und Sohn feiern, besprechen ihr neues Leben. Es wird gelingen. Mit der Rente des Vaters und der Tüchtigkeit der Mutter. Ein großes Unternehmen. Das scheitert später vielleicht an seinen Freunden oder an den zwei Hauptbeteiligten, oder soll es den beiden tatsächlich gelingen, sich das Leben zu ersparen?

Am Grab stehen. Immer war es ihr großer Schmerz, wenn an Sonntagen Papas Grab nicht besucht wurde. Obwohl sie vielleicht auch dachte, daß er es nicht wahrnimmt, war ihr das leere Grab am Sonntag eine unerträgliche Vorstellung. Wahrscheinlich wegen der anderen Leute. So, als verriete man den Toten. Die anderen sind bei ihren Toten am Sonntag, aber wir nicht. Unsere Toten sind verlassen. Das könnte die anderen freuen, oder sie könnten über uns reden. Jetzt begreife ich es. Es kommt mir vor, als wäre es eine Befriedigung für ihre Gegner, wenn sie sähen, daß wir am Sonntag nicht an ihrem Grab sind. Das ist wohl die größte Wirkung der Religion, daß die Leute so ruhig am Sonntag an den Gräbern stehen und glauben, sie seien ihren Toten näher. Daß der Tote davon nichts, überhaupt nichts hat, das ist schlechterdings nicht zu begreifen.

Liebe M., vierzehn Tage gönnen sie einem, dann rufen sie alle wieder an, sagen: Ich wollte Ihnen nicht gleich auf die Nerven gehen, aber jetzt sollten wir wirklich ... es eilt ... Verständnis melden Jedele, Siegfried, Adlers, Uwe, R. Baumgart ...

Tod, das liegt manchem überhaupt nicht. Mir lag so was auch nicht. Ich wußte mich nie zu verhalten. Es sind noch gar nicht vierzehn Tage.

Auf dem Amtsgericht: Der Einheitswert wird mit den Belastungen verglichen. Da kommt keine Steuer heraus. Jetzt werden wir einen Erbschein bekommen. Mama, einen Erbschein.

Dr. Heinrich zu Hiltrud, der M. drei Wochen vorher gesehen hat: Das hätte nicht sein müssen. Sie war in den falschen Händen. Das war Harnvergiftung.

Ich möchte nur noch mit Ärzten sprechen, nur noch. Um immer deutlicher zu hören: Es mußte nicht sein. Es mußte nicht sein.

Wir haben sie sterben lassen. Sie war hilflos in ihrer Vergiftung. In Kümmertsweiler ist man an so etwas immer gestorben. Sie wissen nicht, wie unnötig dieser Tod ist. Ich ...

Ob das Kraft gibt. Oder Lähmung. Was ihr opfern? Mich. Oder alle anderen. Da sie doch unerreichbar ist. Oder soll ich was glauben.

Es ist
wenn man
z. B.
an einen anderen Tod
das wäre vielleicht leichter
weil sie da wäre
sie wäre zu sprechen
aber jetzt ist niemand zu sprechen

wenn ich sprechen will
über sie
Kinder nicht
niemand
nur ihre drei schweren Geschwister.
Siebenundsechzig Jahr
dann darf ich kaum fünfzig werden
wenn so mit mir umgegangen wird, dann …

Sie mischt sich jetzt in jeden Traum:

Zuerst: Am Mauthaus begegnet der Trauerzug in Richtung Wasserburg einem Hochzeitszug, ein immer kleiner werdender Pfarrer auf unserer Seite, am Ende ist er ein kleiner Menschenkopf mit Kasperlegliedern.

Ich und Josef. Zwischen Schäggs und daheim im Gelände. Er verblutend und mit Durchfall, bis die Knochen aus dem After ragen; er stirbt mir in der Hand.

Dann: Am Grab des veränderten Friedhofs. Kreßbronner Halbverwandte, eine hat M.'s Stimme, sie gehen weg, ich komme hin an das provisorische Grab. Auf einem Kranz die Inschrift: Unserer ausladenden und gütigen Mutter.

Wir lassen uns eines nach dem anderen aus der Hand schlagen und machen weiter, als wäre nichts gewesen. Die Trauer hindert nicht. Daß wir alles wieder tun, kommt der Trauer zwar eigenartig vor, sie weist uns darauf hin, aber das kann uns nicht hindern. Wir sind nicht belehrbar. Ein Schlag und noch ein Schlag. Keine Mutter mehr, keinen Vater mehr. Keinen Bruder mehr. Keinen Arm mehr. Wir machen weiter.

Das Wrack, der Abbau, die genau sitzenden Schläge und der sogenannte Lebenswille, diese nicht zu störende Mechanik, ein Ablauf, ein Verlauf, da kann passieren, was will, solang man noch lebt, lebt man. Es gibt zwischen Lebenden keine Unterschiede.

Nur zwischen Lebenden und Toten. Und das ist überhaupt der einzige Unterschied, den es gibt.

Wenn Käthe sagt, man sollte ihr aufs Grab gehen, dann wird der Unterschied spürbar. Sie kann nichts dafür, aber jede Erwähnung M.'s durch K. oder sonst jemand ist so wenig entsprechend, sie wissen nicht, wovon sie sprechen. Sie kennen den Verlust überhaupt nicht. Den kennen nur Karl und ich, und wir sprechen nicht darüber.

20. 4. 1967

«Gottfried Keller hat einmal an den Oberamtsrichter Storm geschrieben, bei Paul Heyse räche es sich, daß er seit dreißig Jahren kein Amt und keine andere profane Lebensweise genossen habe; diese Existenz sei schon Tieck und Gutzkow nicht gut bekommen. Daß Keller hiermit das Richtige traf, zeigt ein Brief, den Heyse, ohne von Kellers Bemerkungen zu wissen, an Storm schrieb: ‹Was gäb ich drum, liebster Storm, wenn ich Oberamtsrichter in Husum wäre! Wie oft habe ich meinen in der Freiheit verwilderten Nerven ein solches gelindes Gängelband gewünscht … Ich Amtloser habe nie einen Feiertag gekannt.› Darum soll man auch nicht verächtlich über die Neben- oder Sonntagsschriftsteller denken, ganz im Gegenteil. Sie schöpfen aus dem vollen, das heißt aus dem praktizierten Alltag, aus der mit Tätigkeit erfüllten Woche.»

Johannes R. Becher, *Das poetische Prinzip*

Der Alte, der in seinem Besitz immer wieder niederreißt und ausreißt, und gleich darauf weint er darüber, pflanzt wieder an, baut auf, aber es dauert lang, bis der Ersatz bei ihm gilt.

Die Magnolienbäume, zum Beispiel. Die Wildnis. Eine alte Hütte. Manches ist unersetzbar. Alles ist unersetzbar. Und wenn man ihm dreinredet, wird er böse. Zuerst versucht er zu begründen. Lacht noch. Wenn man ihm nachweist, daß das keine Begründungen sind, dann wird er immer stummer und wütender, zuletzt rennt er hin und fängt an zu zerstören, als fürchte er, nachher könne er nicht mehr, oder beim Anhören der Verteidigung dieses Baumes wächst seine Wut gegen den so, daß er gleich hin muß, er kann sich nicht mehr beherrschen.

«Offenbar steht mein Kopf nur auf meinem eigenen Halse nicht recht; denn jeder andere weiß bekanntlich besser, was ich zu tun und zu lassen habe …» Nietzsche

Quartett (Ein Stück)

Herr Dr. A und H. Dr. B sind gut bis sehr gut bekannt mit einander. Sie sind in einer Situation außerhalb des Alltags oder im ganz normalen Alltag. Herr Dr. A fängt an mit der jungen Frau von B, obwohl er glaubt, B hänge ungeheuer an dieser Frau (C). Aber er kann nicht anders. Wozu denn sonst diese große Freiheit, diese Enthobenheit, diese Einsicht in die Fortgeschrittenheit, dieser Unterschied zu etwa 1910. Und bei der Hinfälligkeit und Kürze des Daseins wäre es auch schwer zu entschuldigen, wenn er sich Zwang auferlegte. Das könnte er gar nicht. Sie macht mit. Beide haben ein sehr schlechtes Gewissen wegen des armen B.

Dann kommt A's Tochter. Und B fängt mit ihr was an und erledigt sie. Und hat ein schlechtes Gewissen gegenüber A und C. Die Tochter ist praktisch hin. Aber wenn einmal bekannt ist, daß B mit der Tochter A's, von da an muß alles immer vollkommen ausgeglichen sein, Schuld, Skrupel, Sympathie usw. Die beiden Paare müssen es nie von einander erfahren. Höchstens der Vater von der Tochter. Aber er behält es bei sich und reist mit ihr ab. Wenn die Tochter kommt, ist A mit C gerade unterwegs, und B ist allein in der Wohnung.

Alles soll immer wirkliche Handlung sein und nicht ein Dialog, der etwas meint, das gar nicht stattfindet und durch den Dialog nur gemeint ist. Also keine allgemeinen Gespräche. Also C nur in ihrer vollkommenen Stofflichkeit, in ihrer sogenannten Banalität. Die Tochter A's und die Frau von B immer nur 2–4 Jahre auseinander, näher als die beiden Herren. B ist geschieden, und A beneidet ihn um die junge Frau und leitet ein wenig Recht ab: er hat sich nicht scheiden lassen, also ist er ein wenig besser als B, und der hat eine Strafe verdient. Wie auch immer: Daß B geschieden ist, macht seine junge Frau ein wenig vogelfrei, sie ist nicht ganz so fest an ihn gebunden. Man kann die dem einfach wegnehmen.

Sie unterhalten sich auschließlich über Fellini, Antonioni, Godard. Das ist das wichtigste Material; was sonst noch gesagt wird, sind Abweichungen. Jede Person charakterisiert sich durch ihre Auffassung von der Filmwelt. Liz Taylor und Burton sind gegenwärtig, aber nicht anerkannt; bloß, man kann sich nicht gegen dieses Paar wehren.

Ein Akt lang Emotionen nur aus dieser künstlichen Welt, von der sie leben, abends leben; die Hauptnahrung ist dieser Kunststoff Kino.

Schumann: *Erster Verlust.* Ein schlanker melancholischer Tonfall.

Dieses Verschränkte, eine Sucht, unter der Decke zu bleiben.

Mummelsand, seidenlahm
habt nerzen ein Bleibendes
der Einfall der jüngsten Welt
unmögend das Glänzende

Aufsätze, geschrieben:
Unser Auschwitz.
Notwendige Schritte (Swift).

Glänzende Skrupel (Sartre).
Engagement als Pflichtfach.
Heimatkunde.
Auskunft über den Protest.
Weltfremde, Praktiker und Vietnam.

Noch zu schreiben:
Über die Rechtfertigung (in Gesellschaft).
Über die Notwendigkeit (ganz für sich).
Über den Staat.
Heimatkunde II.

25. April 1967
Seit Tagen schneit es anfallhaft, aber es bleibt kein Schnee. Schneeüberfälle in die Blüten.

Der Journalist, der sich immer an die Stärksten hängt. Ein Mann mit gemeinen Zügen, ein sehr charmanter und gewinnender Mann, das muß man sagen. Er nimmt sich selber nicht wichtig, spricht immer von seiner Unwichtigkeit. Auf ihn kommt es nicht an. Deshalb ist es ihm auch erlaubt zu sein, wie er will. Sein vollkommener Opportunismus ist nicht frei von Oppositionen; die braucht er auch, um seine Empfindung ins rechte Gleichgewicht zu bringen. Er fühlt, daß er links fühlt, genau so weit links, wie es jetzt der Brauch ist bei Etablierten, links heißt da eine Art SPD-Nähe, eine schwer zu verfehlende CSU-Ferne.

Cousine, endlich ein ganz privates Buch.

Ein paar Thesen über ein Lieblingsthema
Es wird immer Schriftsteller geben, die nicht auf dem Papier bleiben können. Sie brauchen einen Augustus oder wenigstens

dessen Ohr. Sie sind erfüllt. Auch von sich. Aber neben diesen Goethe-, Paul-Heyse- und Gerhart-Hauptmann-Figuren existieren die, die für niemanden sprechen können als für sich selbst. Die nicht überzeugt sind. Denen es schwerfällt, sich zu rechtfertigen. Die mehr Schwierigkeiten mit sich selber haben als mit der Umwelt. Deren Selbstbewußtsein nicht ausreicht für sie selbst. Denen nichts so unerwünscht ist wie Einfluß, Autorität, Macht. Die anderen nur Vorwürfe machen, die sie an sich selbst ausprobiert haben.

Ich glaube, diese Schriftsteller kommen häufiger vor als die, die sich zum Hofastrologen eignen. Diese Schriftsteller sind keine Ratgeber. Sie wissen nichts besser. Sie bringen in ihren Büchern ihre eigenen Schwierigkeiten zum Ausdruck. Da sie sich aber um Genauigkeit bemühen, kann man in ihren Büchern lesen, wie es momentan steht. Man kann diese Bücher nicht bestellen wie demoskopische Umfragen. Und man kann sie nicht ganz so beliebig auslegen. Dashalb ziehen die Politiker wahrscheinlich die Lektüre der Umfragen vor.

Sicher ist, daß die Bücher, so brauchbar sie mir auch politisch erscheinen, nicht für diese Brauchbarkeit geschrieben werden, sondern weil dieser oder jener mit seinen Schwierigkeiten auf keine Weise fertigzuwerden glaubt.

Heute verlangt jeder Literatur-Nachtwächter vom Schriftsteller Engagement wie einen Arier-Ausweis. Das braucht man sich nicht gefallen zu lassen. Ob ein Autor noch provozierbar ist oder nicht, geht keinen was an.

Ob ein Autor ein Zeitgenosse ist oder nicht, ob die Gesellschaft was hat von ihm oder nicht, ob seine aktuellen Auftritte durch mehr als durch Nervenschwäche fundiert sind oder nicht, das alles entnehme man doch seinen sogenannten Werken.

5. 5. 1967, Köln.
Die beiden Buben im Häuserausschnitt werfen einen Spazierstock endlos einander zu, hinter ihnen fließt durch den schmalen Ausschnitt eilig der Rhein.

Szenen, in denen nicht jeder Satz gleich seinen Zweck verrät. Sätze, die nur der Szene dienen. Nicht Sätze, die über die Szene und gar noch über das Stück hinausweisen.

Der Unfall
Kann auch in der Villa spielen, in die die Guten einbiegen wollten.
Wenn die beiden Unfeinen in das Zimmer gesetzt werden mit der Terrasse, wenn sie da sitzen und tun, als könnten sie sich da noch bewegen.
Immer wieder die unfeinen Freunde, die einander verraten, und es bringt nichts ein, weil es ja gerecht zugeht, und Verrat muß bestraft werden, aber die Strafe wird erlassen, es bleibt den beiden nur die Erfolglosigkeit und die Scham. Die Guten belohnen beide, sie können sich das Auto mehr als reparieren lassen. Sie müssen sich bedanken.

Ich habe kaum eine Person sterben lassen in Büchern, Stücken …

Man muß schon verwandt sein, sehr verwandt und alt genug, sonst merkt man nicht, was das ist. Mir kann das nur noch einmal passieren wahrscheinlich. Ach nein. Noch ein paarmal wahrscheinlich. Aber nicht oft. Nicht mehr oft.

Schauspieler sein

Hanns Ernst Jäger kommt und gibt die Rolle ab. Ganz ernst. Wie ein Senator bei Hochwasser. Er muß. Er kann nicht anders. Und warum? Weil sich in der Leseprobe herausgestellt hat, daß ein paar Sätze gestrichen wurden. Er hat die Rolle unter anderen Voraussetzungen angenommen. Ein Versprechen, und jubelnd und begeistert zieht er ab. Er darf was singen. Am nächsten Tag oder später geht die Dame H. wütend von der Bühne. Sie kann nicht mehr. Man schickt nach ihr und nach einem Arzt. Zwei Ärzte. Drei Ärzte. Sie will behandelt werden auf Nerven, Hals und Bauchspeicheldrüse. Sie kann nicht mehr. Aus. Aus. Wem gelingt es herauszufinden, daß sie auch etwas singen will. Und sie kriegt was, und aus. Jubel. Eintracht. So geschehen bei *Überlebensgroß Herr Krott.* Wie bei Kindern: Die hat was Neues, ich will auch was. Das ist nicht nur bei Schauspielern und bei Kindern so, sondern bei allen Menschen, aber nur Schauspieler und Kinder können es noch zeigen.

Die Aufhebung der Realität. Entronnen. Aber doch ein Kampf. Für die Schauspieler. Aber doch nicht normal, am hellen Vormittag in die schwarze Höhle und einander was vormachen. Komm du noch einmal von links, und dann tust du so, als hättest du sie überhaupt nicht gesehen, kratz dich am Rücken ganz entspannt, so wie man ist, wenn man allein ist … wenn man nicht man selber sein muß. Aber das als Beruf ist natürlich auch nicht so leicht. Man ist dann doch man selber. Ob als Lear oder Hamlet.

18. 6. 1967
Rede hier: «Bemerkungen über unseren Dialekt».

Quintett

Die junge Frau hat einen gewöhnlichen Geschmack, sie findet Schnabel toll, der fliegt usw., sie sammelt mediokre Maler oder Dichter, nur weil die gut aussehen, betreibt das aber in der Art einer Thomas-Mann- oder Hölderlin-Sammlung.

Der Gast gibt ihr nicht recht. Aber sie kennt sich doch aus in Kitsch. Der Gast zeigt denen, daß das echt ist. Der Ehemann ist erstaunt. Er will seine Frau verteidigen vor dem Gast, will ihr helfen. Aber der Gast verbietet das. Er fällt seinem Freund in den Rücken. Noch mehr fällt die Frau ihrem Mann in den Rücken. Der Gast tut ungeheuer männlich. Man hat das Gefühl, wenn er jetzt dürfte, dann, aber dann ... wenn der Mann einmal draußen ist, glüht Verlegenheit. Es muß klar werden, daß er übertrieben hat. Sie wäre sofort bereit, er aber ist müde. Schade, sagt er, es wäre schade, heute.

Zimmerschlacht 2.

Felix mit der leeren Zigarettenspitze. Nach so langer Zeit des Nichtrauchens immer noch dieses leere, kalte, geschmacklose und geruchlose Ding. Er bittet Trude, wieder einmal eine Zigarette dadurch zu rauchen, daß er wieder einen Eindruck hat. Das tut sie. Ganz am Anfang. Es beginnt um 5/30. Sie frühstücken. Spucken einander an. Tun so, als könnten sie sich noch immer scheiden lassen. Das ganz ausführlich, das machen beide mit!

Cousine

Wirst du auch spießig? Piffer.

Was ist das?

Ja, wenn man so einen Knick in die Kissen macht.

Na ja, dann mach ich eben keinen Knick. Was ist noch spießig?

Wenn man so anfängt zu rechnen wie du, drei bis fünf Jahre ist der beste Altersabstand, da funktioniert es am besten. Schau Chaplin, schau Casals, Menschmeier.

Er tut entrüstet und traurig.

Sie entschuldigt sich: Da siehst du, wie das ist, wenn man so daherredet.

So habe ich nie dahergeredet.

Doch, du hast gesagt, ich sei froh, wenn ich dich wieder los hätte.

Tut, als habe er 500 Mark verloren, das ist furchtbar viel Geld für sie, jetzt bedauert sie ihn, nur noch sie ihn, nicht mehr sich. Will suchen. Jetzt kommt er gut weg von ihr. Das in einem Augenblick jähen Erschreckens. Allerdings muß er sie dann anrufen, weil sie sich so grämt und schuldig fühlt.

Geiz verurteilt sie freiweg.

Sie wird sich ins Ungerer-Bad legen, in die Damenabteilung, nackt, täglich 6–8 Stunden und einfach in der Sonne schlafen, bewußtlos. Das kann sie. Das Kalb.

Man wird so feig. Ihr seid alle so feig, ihr Älteren. Mammi auch.

Sie will famulieren ab September, arbeiten, 10 Scheine machen im Winter.

Vorführung einer Fettsüchtigen, 210 kg, nach einer Meningitis blieb eine Schädigung im Gehirn, ein andauernder Reiz im Freßzentrum. (Hypothalamus?) Fast debil. Der Arzt fragt die 420 Pfund schwere, die kaum gehen kann: Hast du Hunger, Susi. Susi sagt: Ja.

Die Cousine erzählt das unter großem Gelächter.

Berufe, Lebenszeiten, Eigenschaften, alles aufeinandergelegt, aus mehreren Quellen in eine Person geleitet, Alter und Orte übereinanderkopiert.

Wie fest sie ist im Zorn, in der Trauer, in der Enttäuschung: sitzt auf dem Sofabett an der Wand und rührt sich nicht und muß umständlich verführt werden.

Sie sagt immer: Ihren Busen, den darf sie nicht zeigen. Er ist verkauft, sagt sie, für eine Million, die hat sie schon verbraucht. Er fragt. Mehr erfährt er nicht.

Den sie Vater nennt, der sagt: Komm, zeig mir deinen Busen, du kriegst 5 Mark. Sie sagt, nur den Bauch. Dafür kriegt sie 2 Mark 50.

Sie verreibt das Kleid auf dem Bauch. Schlapphut in rosé-violett, solche Strümpfe. Ein Kleid, das sie nur an den Schultern berührt, auf beiden Schultern aufliegt und dann frei herumhängt. Shockorange, kurzer Rockriegel und dicke Shockorange-Wollstrümpfe, wie Stiefel, fast bis zum Knie, hören genau richtig auf.

Am beweglichen Telephon hängt noch ein rosa Schwein an rotem Bändchen.

Will eine anrufen, die sie beim gynäkologischen Kurs entschuldigen soll. Die ist schon weg. Naja, zweimal darf man fehlen.

Die schlecht eingebleuten und unerlernbaren Sexualvorschriften wieder auflösen. Ernst machen mit der Tatsache, daß jeder, daß die meisten alle paar Tage einen Partner brauchen. Das hat sich überhaupt nicht ausgewirkt in unseren Einrichtungen. Weder in der Moral noch im Städtebau.

Ihr
Ich
Ihr seid alle
Ich
Ihr seid alle so
Ich auch.

31. 7. 1967
Uwe Johnson.

6. 8. 1967, So.
AK bietet dem Vater der Cousine seine älteste Tochter an. Er ist überzeugt davon, daß die Cousine etwas mit ihrem Vater hat.

Keusch a tergo. Findet es pervers und schamlos, wenn sie sich auf den Rücken legen muß, um ihre Schenkel zu öffnen, aber gleich fromm und ruhig und selbstverständlich, wenn sie hinknien durfte, sich niederlassen durfte auf ihre Ellbogen, ihm die zarte Kugel entgegenzuhalten, daß er sie regelrecht besteige.

Tel.: beim Mann oder Liebhaber von ihr: Hallo … wer ist dort … Thomas … hallo, nun melden Sie sich doch, hallo … ich würd ein bißchen leiser schnaufen … Dadurch wird AK auf einen Rivalen aufmerksam. Kennt sogar den Namen. Jetzt muß er den geschickt ausspielen, muß ihn so verwenden, daß sie sich bei der ersten Nennung verrät. Wenn das nicht gelingt, schafft er es nicht mehr. Sie ist dann gefaßt und überspielt ihn mit ihren ungeheuer konkreten Einfällen, von denen man einfach nicht glauben kann, sie seien nur erfunden. Er gibt sich schöpferisch, zum ersten Mal. Er macht aus Adams Rippe, nein, nicht aus der Rippe, aus dem Kopf läßt er sie springen (Athene, Zeus?) und nicht Eva, sondern die Cousine … parallel der Bibel.

Und seine Frau macht in der Zeit eine lebensgefährliche Krankheit durch und ist am Ende auf eine geheimnisvolle Art schwanger. Damit hat sich's dann.

Nicht leiden will AK dieses Mal. Er würde es nicht mehr aushalten. Orli war zuviel. Die Narben. Als er nach Zürich fuhr und hinter ihm in einem roten Sportwagen ein braunes Ding (den Kopf ganz schräg zur eigenen Schulter hin) unter den riesigen und runden Gläsern ihrer Sonnenbrille ihren Daumen in den Mund steckte und lutschte und lutschte, fuhr er scharf rechts ran, stieg aus, wandte sich ab von der Straße, lehnte die Stirn an einen Bauzaun und schnaufte. Er konnte erst später weiterfahren. Orliorliorli …

Kortner

Die Dame im Speisewagen, der er das Autogramm verweigert, die ihn später weckt und ihm noch später das Geld (das der Schlafwagenschaffner für ihn bewahrt hatte) nach Wien bringt.

Wie er sich in Paris in dieselbe Situation begibt, um den Safe zu finden, zu dem er nichts als einen Schlüssel hat.

18. bis 20. 10. 1967, München.
Am 19. Rede: «Amerikanischer als die Amerikaner». Rede zum Internationalen Vietnam-Tag.

Anna ist kerzensüchtig, nur noch Kerzenhalter, immer mehr Kerzenhalter. Von überall her, aus allen Jahrhunderten. Die Cousine aber hat nur Kerzen ohne Halter in allen Farben und Durchmessern und Längen, ein eigenartig buntes Dickicht auf ihrer Kommode. Mit ihrem eigenen Wachs sind die Kerzen befestigt. Annas Kerzenhalterwald (aus Messing, Zinn oder ganz dunklem oder vergoldetem Holz) sieht feierlich und kahl aus. Cousines Kerzenwald sieht aus wie eine Sonntagsmalerfröhlichkeit, auch ein bißchen feierlich. Als Bild für Anna und für die Cousine: die eine hat die Halter, die andere die Kerzen, und sie wissen nichts von einander.

AK hat nur noch die 2. oder die 3. Wahl in seinem Alter. Nur noch solche unter den Jungen, die einen Makel haben. Beine, Hüften, Gemüt oder Zähne … die einwandfreien, die gewaltigen

Mädchen, die kriegt er nicht mehr. Was ist also an der Cousine, daß er die bekommt. Er muß den Makel finden.

Obwohl die Familie längst nicht mehr so wichtig ist und keinen mehr schützen kann, überall schon Gesellschaft: aber Anna, dieses alte Ehetier, Rede auf eine Dinosaurierin. Er selber tauft sie diesmal um. Am Ende Anna.

Eine Anselmrede auf Anna: Ihre dumme Eifersucht, dieses kindische Bewachen, das ist das Große in seinem Leben gewesen, diese zum Schreien komische Fürsorge, diese Übertreibung, dieses Seine-Gesundheit-Vorschützen und Seine-Gefangenschaft-Meinen ... daß ihn jemand zu lebenslänglich verurteilt, so viel Interesse, dieses Absolute, mit den Zähnen sich Wehrende, das ist das Großartige an ihr und an dieser Ehe ... das um keinen Preis der Welt Nachgebende, das absolut Unvernünftige und Lächerliche und Unbeweisbare und Unnatürliche, das hat sie durchgesetzt, ein Leben lang, und ganz konkret, in verschiedenen Städten, vor einer Menge Zeugen hat sie dieses permanente, absurde Happening durchgehalten mit Weinen, Schreien, Schlagen, das ist eine große Sache, das ist für einen milden Tod geeignet. Mit ihr. An ihrer Hand. Sie ist die einzige. Diese blöde gewalttätige, lächerliche, großartige Kuh, diese fromme Gewalttätige, diese Hinausrennende und Verstummende, dieser Quatsch dann und dann, nur aus Urbefehl und Instinkt bestehend: festzuhalten den, den sie hat, den nicht herzugeben, nicht einmal auszuleihen, nicht einmal vorzuzeigen, nur sie, sie, sie, sie.

Cousine

Weibliche Weichstteile.

Gell, da schnallst du ab.

Die hat nicht mehr Zeit, die Worte zu wählen. Hören wir auf, Worte zu wühlen.

Einer stiehlt Hüte, immer mehr Hüte. Trägt nie Hüte, stiehlt sie nur. Er ist auch kein Sammler. Er weiß nicht, was er mit den Hüten tun soll. Sobald er sein Lager voll hat, macht es große Mühe, die Hüte wieder loszubringen, wegwerfen ist schade, schenken gefährlich (wer läßt sich schon einen Hut schenken), zurückbringen noch gefährlicher. Im Zug liegen lassen und in der Gaststätte, das ist das beste. Wichtiger als das Wegbringen ist das Stehlen, das ihn anspannt bis aufs Letzte.

Einer wird in seinem Zimmer verfolgt von einem übermächtigen Gegner, den man nicht sieht, aber man hört ihn.

Eine Rose schüttelt ihre Blätter ab.

Zum Glück hat man einen Freund.
Oder Freunde. Stichwort.
A Glück gehabt. Gerade wollte ich fort.
B Ich hab mich verfahren.
A Öfter kommen.
B Können.
A Soviel zu tun.
B Leider.
A Gott, sei doch froh.

Sie: Geh, hol mir mal die Barbara.
Die Bedienung: Barbara!!
Sie: Schreien hätte ich selber können.
Bedienung: Bitte.
Sie: Schreien hätte … – da vorn steht's.
Jetzt geht die Bedienung und holt sie leise.

Also, das ist deine Wohnung.
Sozusagen.
Ich komme herein.
Sozusagen.

Du wartest schon.

Das glaubst du.

Du wartest nicht?

Nein.

Angeber. Du tust so, als wartetest du nicht. Sobald du meine Schritte hörst, beugst du dich übern Schreibtisch und tust, wenn du mich siehst, als müßtest du dich zuerst an meinen Namen erinnern!

Red kein Blech, Junge.

Alles Rolle.

Analytische Arbeitsplatzbewertung.

Gruppenakkord, um den besten Arbeiter zum Antreiber zu machen. Und die Gruppe trägt das volle Risiko bei Mängelrüge.

MTM Multimomentmethode.

Immo: Ich wollte nur noch einmal fragen, ob es dabei bleibt, heute nachmittag um 15 Uhr am Objekt.

Der Alte muß mittanzen, bis er fällt.

Jeder, wenn er dran ist, ist unmenschlich: der Alte und der Junge, bis zu Fußtritten und Anspucken. Und immer geht es um die Frau, und die kann mit beiden, die liebt beide wirklich, den einen so und den anderen so. Sie betrügt keinen und beide.

Fr. ruft sechsmal, daß Johanna die Türe unten zumachen soll. Aber sie geht nicht selber die sechs Stufen runter, um es zu tun. Käthe tut es inzwischen.

Ein Raucherstück über die menschliche Willensfreiheit und über den Unernst der Kunst.

Von dem sie in der Verwandtschaft seit Jahren nur andächtig redeten, daß er im Rechnen die Rechenmaschinen geschlagen habe, seine Chefs und Lehrmeister mit Staunen und Entzücken erfüllt habe, ein Raunen in Bankkreisen bis hinunter nach Stuttgart. Und jetzt ist er Leiter und einziger Beschäftigter der Filiale F'hafen-Hofen der Kreissparkasse Friedrichshafen.

Dezember

Es ist jetzt so, daß du tot bist, ist Trost.

Ich muß eher froh sein jetzt, daß du das alles nicht erlebst. Und wenn ich unempfindlicher geworden bin für alles, dann nur, weil nichts so schlimm ist wie deine Abwesenheit.

Sie ist tot
stell dir das vor
verreckt
hin kaputt
aus und amen
sie sieht nichts mehr
ihre Augen
mein Gott
ihre Augen
pfui Teufel.

1968

2. 1. 1968
ZDF, 4 Personen.

Am 6. 1. für A. Ficus gesessen.

Zeichnung von vorne mit dünnem Rollkragenpullover.

Zeichnung: Im Profil, eine Maus, die auf eine Katze wartet, um sie zu fressen. Ganz schwarz, wuchtig. Viele wiederholte Striche. Auf Ähnlichkeit getrimmt.

Zeichnung im Hemd. Von vorne, leicht und gut. Ein halbes Jahr nach seiner Krankheit. Ich theoretisierte haltlos. Er beim dritten Versuch, hört gleich nach zwei Minuten auf: Daß ich es nicht mehr verderbe. Das wird was. Seine Stirne glänzte. Schweiß. Ich sag, es muß nicht sein jetzt. Sage meiner Frau, nicht auf seine Hand zu schauen. Er: Das stört ihn nicht. Die Geburt gelingt. Alle sehen es; sie ist gelungen. Nicht viele Striche. Keine mühsam hergestellte Ähnlichkeit und doch eine leichte, selbstverständliche Ähnlichkeit. Augen-Mund-Zusammenarbeit. Man wundert sich, daß man mit so wenig so viel determinieren kann. Er hat sich mit Disziplin leicht gemacht. Es war also aufregend. Und ein vierter Versuch wäre schwer vorstellbar gewesen. Für den Laien. Für ihn nicht. Das gehört zur Profi-Ausstattung. Nicht alles ist das bloße Glücken. Man muß sich durch Arbeit zum Schweben bringen, nicht bloß weil man gerade vor lauter Überfluß einen Luftsprung machen will. Man hat den Absprung studiert in guten Zeiten und muß ihn jetzt herstellen, wenn man sich längst zu schwer vorkommt usw.

7. 1. 1968

Vier Tage schneit es ununterbrochen, heftig, als müsse alles im Akkord weiß zugedeckt werden. In der Nacht zum 5. 1. ein Föhnsturm, der bleibt für drei Tage ununterbrochen, heftig, als müsse alles im Akkord möglichst rasch vom Schnee befreit und sofort ganz trocken gemacht werden. Gestern abend war alles ganz trocken. Heute nacht begann es wieder zu schneien. Jetzt schneit es ununterbrochen, heftig, als müsse alles im Akkord weiß zugedeckt werden.

O politisches Gedicht
Totengedicht
mehr bist du nicht.

Diagnose: Schulterblattkrachen. Für fachärztliche Bemühungen erlaube ich mir, für Ihre Frau Katharina, Pos. 146, 36, 25, DM 25,50 zu berechnen.

Der Alte schickt den Jungen in den Krieg und sagt dann auf der Pressekonferenz, daß wir ihm jede Unterstützung geben an Waffen usw., daß er diesen schweren Kampf bestehen kann. Der Junge kommt kaputt zurück.

Die Schar von Jungen schnattert wild darüber.

Die Sommernacht, farbig, der Alte kann nicht mehr.

Der Alte macht den Vorschlag, übereinanderzuliegen, er selber in der Mitte, auf beiden Seiten verkehrend.

16. 1. bis 28. 1. 1968
Saarbrücken, Wuppertal, Bonn, Frankfurt, Berlin, München.

Ich lebe nicht schlecht. Nur die Anschläge in den Hotels. Zimmer werden in die Luft gesprengt. Ich erwache und frage mich, wann?

Swastika, Dublins finest laundry etabl. 1912.

1. und 2. 2. 1968, Basel.

9. und 10. 2. 1968, Paris.

11. bis 13. 2. 1968, München.

2. 3. 1968, Berlin.

3. bis 6. 3. 1968, München.

11. 3. 1968
Hohe Politik

Die BRD hat wirtschaftlich Mitverantwortung für die Entwicklung der Welt durch wirtschaftliche Stärke. Deutschland verfolgt den Krieg in Vietnam mit großer Sorge. Und es wird deutlich, wie unerträglich den Deutschen ein Krieg geworden ist. Wie auch immer aber jeder die amerikanische Intervention beurteilen mag, so sollten wir jede einseitige Beschuldigung der USA ablehnen. Gerade wir haben nicht den geringsten Grund, uns zu Schulmeistern Amerikas aufzuwerfen.

12. 3. 1968

Falls photographiert wird, sei unfreundlich. Denk an die Nachrichten, die in der Zeitung stehen, in der dein Bild erscheint, willst du dazu lächeln.

Japanese Chalonelle misgrangen ulf artole Moslar nol zwargeten hapten omti selbteten nezze grawur K elte Holh elte Mespelte artole Chalonelle. Ming sor fert abasol nitruser etze ming noldi elte Haugler ammar surtetze. Hafke schlob zult ai mar omti mar ai sorze ke Muschen nammdi elf ke elf ke elf. Harlo. Aprelve. Morsamer. Norditur. Akrasse. Mibul. Nof. Heftze. Lot.

1. 4. 1968

Die Cousinen-Fiktion ist für AK aus mehr als einem Grunde notwendig: Er ist soweit.

Er begreift es nicht, daß er jetzt der Alte ist. Und er begreift es, daß er jetzt der Alte ist. Er hat es schon immer gesagt, aber er hat es nur gesagt, nicht geglaubt.

9. 4. 1968

Wegen freier Behandlung erotischer Probleme möchten wir zu bedenken geben, ob Jugendliche den Film sehen sollten. Nicht das Obszöne ist die Provokation, sondern das Handlungslose, die gezeigte Unfreiheit des Menschen.

In der bürgerlichen Epoche sind wir unterlegen. Paris-Bonn-London-Bonn usw. Traurig, dieses Berlin. Traurig BRD und

DDR. Dadurch fühle ich mich sehr hingezogen zu dieser unglücklichen Landschaft, zu diesen unglücklichen Völkern deutscher Sprache und deutscher Nation. Ein Pfälzer und ein Ostpreuße sollen nie mehr in einem Staat leben.

Ausrufer in Lindau (berlinisch).
Der letzte Schlager
Die Sensation aus Darmstadt
Beleuchtete Damenstrumpfbänder
Herrenhosenträger mit Fernsehen
Der Nachttopp mit Musike
Der letzte Schlager …

12. 4. 1968
In Prosa, was MW hier passiert und nichts ergibt, keinen Faden etc., sondern Schmerzpunkte, Drohung, Angst, Sorge, Haß, Krankheit, Elend, Kleinmut, Gemeinheit, alles genährt aus völlig zusammenhanglosen Ursachen und Umständen. Da wird kein geheimnisvoller allgewaltig böser Verursacher mehr angenommen. Die Zusammenarbeit derer, die nichts von einander wissen. Und ich bin der SCHNITTPUNKT dieser Zusammenarbeit.

Jung und Alt

Die Jungen und die Alten stürmen abwechselnd die Bühne und gebärden sich unangenehm oder bemitleidenswert oder rührend oder gewinnend oder abstoßend. Eine Junge sagt zum anderen: Los, mißbrauch die Bühne, lies Literatur vor.

Die Alten planen jeden Auftritt mit Fachberatung.

Beide Truppen geben einen Werbeabend. Public relation. Aber das ist der Vorteil der Jungen: Sie verbiegen sich nicht. Sie machen keine Werbung. Und wenn es dazu kommt, dann stoppen sie den Trend zur Werbung.

Bei den Alten ist alles nur unter diesem Gesichtspunkt gemacht. Ihre Substanz verkümmert darüber. ALLES nur zur Werbung.

Die Jungen stellen Dutschkismus ab. Die Alten wollen ununterbrochen die Jungen «integrieren». Die Jungen sind ununterbrochen wachsam.

Jetzt höre ich plötzlich, daß nichts stimmt. Die Eskimos wohnen nicht in Iglus, sie küssen nicht dadurch, daß sie die Nasenspitzen an einander reiben, und der Hausherr bietet dem Gast nicht die eigene Frau an.

Gegen 11 Uhr muß ich meistens niesen.

Ein Satz zur Fortsetzung:

a) Wer gegen sich ist, gegen den ist man, wer für sich ist, für den ist man.
b) Wer gegen mich ist, gegen den bin ich, wer für mich ist, für den bin ich.
c) Wer gegen dich ist, für den bin ich, wer für dich ist, gegen den bin ich.
d) Wer gegen alles ist, gegen den bin ich, wer für alles ist, gegen den bin ich.

e) Wer gegen nichts ist, gegen den bin ich, wer für nichts ist, gegen den bin ich.
f) …

Immer ein Partner zu wenig, mehr ist nicht nötig für einen Gottesbeweis.

15. 4. 1968
Bitte
nimm mir
nie was mir
nicht gehört
nimm mich.

Schon wieder ein Kunstwerk
Drechselt
eine Frühstücksempfindung
in die Laune von
gestern abend
macht
nie ohne direkt
schmeckendes Gewürz
ein Kunstwerk, der
Künstler, der gute
große, für das Großeganze
kochende Mensch, der er
ist.

2. und 3. 5. 1968
Siegfried Unseld.

Weil er sich so gut wie nichts mehr merken konnte, prahlte er mit jeder Einzelheit, die ihm noch im Gedächtnis hängengeblieben war. Er redet und redet vor der Versammlung, bestraft sie sozusagen dafür, daß sie ihn ehrte. Dann geht seine Frau hin und winkt ab: Georg, du mußt jetzt aufhören. Das Publikum ist erlöst, dankbar und amüsiert. Aber wenn ihm bei seinem uferlosen Geplauder immer wieder ein Name oder sonstwas nicht einfiel, lachte er mit offenem zahnlosen Mund und sagte, das sei so im Alter ... dann sah er böse aus.

Primärstenogramme AK's, unverbunden mit einander. Daraus werden seine Notwendigkeiten deutlich. Er erzählt nichts mehr. Es taucht aber noch viel auf. Aber eher im Präsens. Und das Wichtigste im Futur: als Vorsatz, Plan, Projekt und Furcht.

Sein Name taucht nicht mehr auf. Aber die Namen der anderen aus den früheren AK-Passagen: dadurch wird er für viele identifizierbar. Für die anderen ist das Ich diesmal wirklich der Autor. Die Frau heißt Anna. Wie vorhergesagt.

14. 5. 1968

Besuch von Tina Sinatra und Micha Pfleghar. Tina über das Gisela Kreutzmann-Photo: Mean, no class.

Riche Litt hond Geald.

Personalien

Memmingen – Maria Luise Freifrau von Vequel-Westernach von Kronburg wurde das Verdienstkreuz am Bande verliehen. Sie hat zusammen mit ihrem Gatten die Veste Kronburg innen und außen stilkundig renoviert und zu einer Sehenswürdigkeit aufgebaut. Die gleiche Auszeichnung empfing der Bundestagsabgeordnete Hans-August Lücker, der sich als Agrar-, Wirtschafts- und Finanzpolitiker einen Namen gemacht hat.

Sonthofen – Der Sonthofener Arzt Dr. Franz Kohlhaupt, ein bekannter Allgäuer Skipionier, wurde 75 Jahre alt. Der Alpinist führte im Allgäu zahlreiche winterliche Erstbesteigungen durch. Im Jahr 1928 war er Teilnehmer der großen Pamir-Expedition, bei der u. a. der längste Gletscher der Erde, der Fedtschenkogletscher, erforscht wurde.

Binningen – Sau warf 25 Ferkel. In der Hegaugemeinde Binningen im Kreis Konstanz hat die Sau «Mobby» des Landwirts Fridolin Wick bei einem Wurf 25 Ferkel zur Welt gebracht. Eines wurde bei der Geburt von der gewichtigen Mutter erdrückt, zwei starben kurze Zeit später. Mit der neuen Leistung hat «Mobby» ihren bisherigen Rekord von 19 Ferkeln beim vorigen Wurf noch überboten. Ein Angehöriger des Landwirtschaftsamtes Radolfzell bezeichnete «Mobbys» Wurfleistung als ein äußerst seltenes Ereignis, da eine Sau normalerweise bei einem Wurf höchstens bis zu zwölf Ferkel zur Welt bringt.

28. bis 30. 5. 1968, Frankfurt.
Die Schauspieler fallen plötzlich in alte Konversationsstücke. Schnitzler, O. Wilde, und die Junge kann plötzlich beten wie Caterina da Siena, ganz und gar hingerissen; dann löst sie sich und sagt völlig außerhalb: Schön, wenn man beten kann.

So müßte ein vielschichtiges Großstück entstehen.

Der Alte bei seiner großen Tour d'amour nicht kontinuierlich, nur große Signale.

Das wissen Sie, ich könnte … mit Ihnen, Maria, ich habe jetzt acht Tage Rosen gegessen, Maria … hören Sie mich noch … Ich weihe Sie ein … bis Sie eingeweiht sind …

Ich: Er ist stärker als ich. Ich bin stärker als er. Es ist ein wirklicher Kampf.

Der Schaukelboden

Die Arbeiter müssen ununterbrochen arbeiten, da das Ganze technisch weitergeht, auch Ingenieure, Wissenschaftler, Prachtsburschen, sie können zum Theater gehören. Scheinwerfer drehen. Die Cocktailparty findet in einer tollen Glaswelt statt oder in einer Prachtsschale, die dauernd am Vernichtetwerden ist. Nur die Arbeit erhält sie. Wenn es zu unsicher wird, kriegen die Herrschaften von oben Halteseile oder Schaukeln: und daraus wird ein Vergnügen.

Der Boden hebt sich: Wer rutscht und warum hebt sich der Boden? Kein Erdbeben. Die Herrschaften entschweben, die Angestellten bleiben. Dann von unten die Arbeiter!

Dr. K. hat den Vierundachtzigjährigen ohne Narkose operiert. Im Gang lachend, fröhlich, wie er ist: Nu ja, was wird's sein, Krebs, und eigentlich der schlimmste, den es gibt, ein gestielter Darmpolyp ... Moment (er geht ans Telephon, schwärmt mit Urlauten, wie schön das Wetter ist, lacht und lacht und erzählt, sie wartet). Ach ja ... mehr kann ich nicht sagen, Frau ... 'n Darmpolyp, 'n gestielter ... Also. Also, Frau ... Die geht einfach nicht. Lebertransalbe, keine Glyzerincreme, für das Darmrohr Livoncon-Einlauf.

Zirkusauftritte mit Tusch.

Oder plötzlich eine Kamera aus der Kulisse und fährt zur Großaufnahme an einen der Sprechenden.

Oder einer schaut plötzlich Photos an und kniet nieder und betet.

Oder einer schaltet Nachrichten ein, dazu unterbricht er sich oder einen Partner.

Oder Photoreporter oder Reporter mit Mikro, oder einer wiederholt einen Satz, weil jetzt erst das Mikro da ist.

Strengere, ganz strenge Einbettung in die Sterbe-Zeremonie: deshalb kann auch vieles von der Jugend als geschmacklos geahndet werden. Aber der Sterbende gebraucht das sehr willkürlich. Wenn es ihm paßt, lebt er wieder. Wenn die zu frech werden, stirbt er wieder. Es muß ein Sterbestück sein.

7. 6. 1968
Unverfroren
Verball hornung
Juni
Lyrik
eines Sonntags
gelbe Last
sinkt mit
mir ins Grab.

Der Unfall

Alle vier auf das Publikum zu, und zwar total im Sinn ihrer Rollen. Die zwei Feinen wenden sich fein nach vorne, die zwei Miserablen, in jedem Sinn miserabel, rudern andauernd ums Rechthaben. Die Feinen verzichten sogar am Schluß darauf, rechtzuhaben. Sie sind nun einmal die Feineren, die Klügeren und natürlich nicht so laut wie die zwei Kerle.

Die zwei Miserablen sind ungeheuer gereizt gegen einander durch ihre Erfolglosigkeit, sie werfen einander alles vor, und jede Kleinigkeit ist ein Anlaß (wie bei einem Ehepaar). Und jeder versucht ein bißchen dadurch zu leben, daß er sich über den anderen erhebt und den heruntermacht und reizt und quält; aber nur als Freund; immer unter diesem Mantel.

Wasserburg

Hoch das Bein, die Liebe winkt, der Kaiser braucht Soldaten.

Alle immer auf der Bühne: keine Auf- und Abtritte: alle hören alles.

Der Voyeur

Der Film verfolgt nur ihn und macht das Publikum dadurch zum Voyeur: es bekommt nie etwas zu sehen.

AK III

Alissa heißt wieder Alissa. Es hat keinen Sinn, sie mit anderen Namen zu belegen, Anna etwa! Sie ist und bleibt die gleiche.

Sie zieht sich jetzt abends so aus: Den BH holt sie unter dem Unterrock heraus, dann streift sie die Träger des Unterrocks von den Schultern, schlüpft aus den Trägern heraus, stülpt den Unterkörper etwas vor, die Beine breit, daß der Unterrock ja nicht fällt, hat schon das Nachthemd, das undurchsichtige, in der Hand und schlüpft hinein, dann erst darf der Unterrock fallen. A's kalte Wut.

Wenn eine junge Frau drei bis fünf Häuser an den schönsten Plätzen Europas hat, ist man netter zu ihr, als man wäre, wenn sie diese Häuser nicht hätte, das ist klar.

Wenn ein ganz reicher Mann zu Besuch kommt, strengt man sich mehr an, als wenn ein Armer kommt.

15. 6. 1968

Besichtigung eines Hauses in Nußdorf. Das müßte man kriegen.

K.'s Mutter läßt sich den Friseur kommen, bevor sie im Krankenwagen in die Krebsklinik fährt: Kopfwaschen. K: Der Bauch wie bei einer Schwangeren im 6. Monat: Wasser und Geschwülste. Leber vergrößert, die Milz geschwollen, sie glaubt, das sei Narbenbildung. Aber niemand weiß genau, ob sie das glaubt. Es scheint ganz genau so zu sein: sie glaubt es und glaubt es nicht. Beides gleich. Vielleicht ein wenig mehr Glauben als Nichtglauben. So wie bei den engsten Angehörigen: die hoffen ebenso, wie sie nichts mehr erhoffen.

Der Unfall

Was können sich die jungen reichen kleinfeinen Herrchen alles erlauben, bloß weil sie ein Heer von Hausfrauen mit Scheißillustrierten versorgen! Sie kommen vom Flugplatz, kommen gerade mit ihrer Privatmaschine aus Capri oder Elba geflogen bis Augsburg, da steht der Wagen, in 42 Minuten ist man zu Hause, wenn nichts passiert.

Vietcong und GI's kämpfen sich durch die Wohnung hindurch. Modeschauen trippeln durch, die ganze Zeit bricht ein, und er sitzt und will etwas schreiben ... Am Schluß, wenn er tot ist, geht ein Polizist hin und nimmt das Blatt und liest vor: Liebe Mama, ich ... Mehr steht da nicht.

21. 6. 1968
Kressbronn. Protokollierung des Verkaufs des Langenargener Grundstücks. Durch die Gebühren 12000 Mark Verlust.

K.'s Mutter. 5 Liter Wasser durch Punktierung entfernt. Vorher alle 4 Stunden Galle erbrochen. Jetzt nicht mehr. Dr. M. sagt, er begreife das nicht, daß die in Friedrichshafen nicht schon viel früher punktierten.

Traum: Der Briefträger bringt Briefe, wirft sie vor ihn hin, schüttet sie vor ihn hin, immer mehr und hört und hört nicht auf, immer mehr und noch mehr Briefe. A sagt: Hören Sie auf, so hören Sie doch auf, ich kann nicht mehr. Der Postbote macht aber weiter.

25. 6. 1968
Johannes Schaaf.

Wasser, Motor, Gelächter
Simsala und ein Regenschirm
nördlich meiner Meinung
und des dauerhaften Weinens

abrutschende Berge rufen
Hilfe. Vorwärts Gewehre
sägt euch in die Ohren
jemand wird froh sein.

4. 7. 1968
Professor Schneider-Manzell.

11. 7. 1968
Genauere Besichtigung des Hauses in Nußdorf.

Mir fallen die Ohren ein
mit Dröhnen
ich habe nichts vor
ich weiß nicht
ich bin dagegen
ich bin auch dafür
ich werde nicht handeln
versäumen werde ich
feierlich leben
unnütz
und aussagen
feierlich
meine Geständnisse
sind glaubhaft
und ohne Belang
ich schlucke
Speichel
meine Ohren bleiben
eingefallen.

21. 7. 1968
Peter Hamm.

1. bis 10. 8. 1968
Köln, Frankfurt, Erlangen, München (Bavaria).

26. 8. 1968
Susanne und Joachim Kaiser.

28. 8. 1968
Oberstaufen, mit Adlers.

9. 9. 1968
Umzug nach Nußdorf.

Kindermund: (sagt auf)
Pfei-fe gibt Lip-penkrebs
Zigarillo gibt Zun-genkrebs
Zi-ga-ret-te gibt Lun-genkrebs.

Käthes Mutter jetzt in Oberstaufen. Alle 4 Stunden bricht sie Galle. Davor ist es ihr ein wenig schlecht, nachher wieder gut. Sie ißt kaum, aber jetzt doch mehr als vor der Punktierung. Die Leber arbeitet nicht, sagt Dr. M.

Was machen die Hamster? fragt sie. Es sind 2 Jahre her.

Ihre Hände in Eiswasser, davon blau gefleckt, auf dem Bauch andauernd Eisbeutel. Innen und außen ist ihr andauernd heiß. Die Füße immer in kalten Tüchern. Sie verbrennt, meint sie.

In einer Nacht erbricht sie dreimal wie Durchfall, sieht so aus und riecht auch so, erfährt man.

Der Arzt in Oberstaufen sagt: Ich habe getan, was ich konnte. Vor acht Tagen machte er noch Hoffnung: Die Geschwülste sind zurückgegangen.

Da es nicht wohnlich wird auf der Erde. Sprüche: Das Leben ist ein Verbrechen, das ganz gerecht mit dem Tod gesühnt werden muß. Beides wächst, Liebe und Haß, es muß sich um ein und dieselbe Fähigkeit handeln.

20. bis 22. 9. 1968, Frankfurt.

23. und 24. 9. 1968, München.

Drei Söhne, die nach der Schuld suchen. Legastheniker mit Gewaltanfällen. Ihre Mutter schreckt vor den Psychologen-Urteilen zurück, die immer zuerst sagen: milieubedingt. «Vererbung ist heute überhaupt nichts mehr wert.» Sie forscht und denkt: Sie wurde geprügelt, als sie hochschwanger war, von ihrem betrunkenen Mann. Das Kind kam blaugeschlagen zur Welt. M. auf einem Auge blind. Th. wollte sich umbringen und stahl, als er im Internat war. Brach mit dem Fahrrad aus, Polizei brachte ihn zurück. Sie spricht ununterbrochen von Geld. Alles ist zu teuer. Das ist nichts für meinen Geldbeutel, das kann ich mir nicht leisten. Die Kinder kommen und fragen, wieviel verdienst du? Wieviel in der Stunde. Mensch bist du blöd, daß du nur soviel verdienst.

26. 9. 1968

5 Uhr 55. Käthes Mutter ist tot. Vorher, 21 Uhr 50, eine Spritze, zwei Minuten später schläft sie ein und wacht nicht mehr auf. Ab 4 Uhr wird es immer schwerer, den Atem zu holen. Jedes Mal streckt sich der Kopf, der Mund geht auf, dann wieder der Kopf vor, wie ein Vogel, der stirbt, sagt Käthe, und die Haare und der Kopf vibrierten. Am Abend noch Krankensalbung. Steht es so schlecht mit mir. Nein, keine letzte Ölung, sondern zur Beschleunigung des Heilprozesses. Morgens um 8 Uhr kommt der Priester wieder, geht mit der Hostie bis zum Bett, bemerkt es zu spät. Ach, ist die Mutter schon tot.

Filmgesten

Die Männer kommen die Treppe herunter, sehr schnell, A. schaut durchs Fernglas in eine leere Gegend. Die Männer treten ein, B. sitzt hilflos. Die Männer sagen: Was haben Sie sich dabei gedacht, das würde uns interessieren. Die Männer fliehen.

Eine Frau wirft einen Brief in den Briefkasten einer Villa, will nicht gesehen werden.

Ein Kind spielt ahnungslos: versucht etwas zu tun, was es noch nicht kann.

C. (der 40jährige) schaut vom Trottoir aus dem Verkehr zu. Jemand kommt und gibt C. die Hand; sie gehen in großer Eile.

Eine erotische Szene: die Gefangene im Luxus.

Enten-Manöver.

Schlagersänger (was passiert alles, während da so gesungen wird). Im Krankenhaus. Das Mädchen von hinten. Dann dreht sie sich um und ist häßlich alt. Der Hund schleckt sein Geschlecht. Immer wieder Hoffnung, daß sich die Geschichte irgendwo niederläßt. Irgendwo bleibt.

5. 10. 1968

Siegfried Unseld.

6. und 7. 10. 1968

Mit S. nach Berzona zu Max Frisch.

8. 10. 1968

Karl Wittlinger.

9. 10. 1968

Christhart Burgmann, WDR.

Käthes Vater. Bandscheibenvorfall wahrscheinlich. Aber immer wieder 39 Fieber. Und so schwach, daß er nur einmal im Zimmer hin- und hergehen kann. Alional zum Schlafen. Nervenarzt Dr. R. findet, die Rückenwirbel sind zu wenig weit auseinander. Dr. L. hat ihn gestreckt unter voller Betäubung. Dann noch einmal unter lokaler Betäubung, weil wieder so arge Schmerzen herrschen. Dr. Z.: Jetzt jammern Sie nicht so! Nun soll noch Dr. R. hinzugezogen werden. Vielleicht doch Nieren.

14. bis 16. 10. 1968
Frankfurt, Verlag, und Darmstadt, P.E.N.

17. bis 21. 10. 1968, Ankara.
Lesung.

22. 10. 1968, Zypern.

23. bis 25. 10. 1968, Tel Aviv.
Lesung.

Vorzeitiger Rückflug, weil Käthes Vater gestorben ist.

Zuerst noch Blutübertragung, hatte Schenkel, die man mit den Händen umfassen kann oder könnte. Das Fieber war weg, seit Dr. W. behandelte. Die Spezialisten waren endlich weg. Schlief jetzt den ganzen Tag, zuckte. Die Augen, wenn sie aufgingen, waren trüb und entglitten ihm. Er schreckte hoch: Wer ist gestorben? Und war schon wieder weg. Wenn er kurz aufwachte und sprechen wollte, verstand man fast nichts. Dann bewegte sich nur noch der Mund, und gar kein Laut mehr. Er sah immer zwei vor dem Fenster, wenn er aufwachte, der eine bin ich. Käthe: Und wer ist der andere? Der Vater: Der andere ist ein anderer. Nach 14tägigem Koma, das dann und wann unterbrochen wurde durch Auftauchen, starb er. Wieder ist Käthe dabei. Dr. S.: Woher so eine Infektion kommen kann, weiß kein Mensch. Es kann überall herkommen, von außen, von innen. Denken Sie bloß an den Darm, wie sich da diese Leute, äh, die Bakterien vermehren. (Dr. S. ist Junggeselle, wirkt misogyn oder verdrossen, homosexuell, bigottisch auch, nein, altjüngferlich, eine homosexuelle Jungfrau, und wird es bleiben.)

Es war eine schöne Beerdigung, ein schöner Herbsttag. Vorgestern regnete es, heute regnet es, nur gestern war es ein schöner Herbsttag.

Cousine

AK: Ich schwoje.

Er verkommt über seinen Anstrengungen, jung sein zu wollen. Er gibt das zu. Er wehrt sich noch. Das ist Unsinn. Er sieht es ein. Es ist Unsinn, sich gegen jemanden zu wehren, der in spätestens 20 Jahren genau so erledigt sein wird wie du. Einander vom Floß hinunterstoßen, das ist es.

Wie sie rücksichtslos wird, weil sie noch einmal zwischen zwei Terminen will, zuerst verbal, dann tätlich. Sie prügelt auf sein Zeug ein; zuerst lacht er, tut so, als lache er, dann schreit er, dann nichts mehr. Dann kippt sie um, wird ganz devot und so lieb, wie man es sich nur wünschen kann. Sie haßt sich für das, was sie getan hat.

AK berichtet, wie man und was man berichten kann, um dieses Verhältnis darzustellen. Zügellose Wehleidigkeit, Faschismus, underdog, großes Geschrei, nichts gegen sich selbst, alles in Aggressionen, eine Sucht, eine Unterernährtheit, putschig.

AK läßt große Handlungen exekutieren, größere als je ein Pharao.

Ich brauche jetzt nur noch Geld. Für ca. 20 Jahre. 15–20 Jahre. Wer hätte das gedacht.

Wortschatz. Der Überlegene hört nichts.

Wortgefecht

1) Kampf mit einem Überlegenen, der nichts hört. 2) Kampf mit einem Unterlegenen, der nichts hört. 3) Nach dem Kampf.

1) Gehen Sie weg. Lassen Sie mich los. Hören Sie nicht gut? Oder soll ich die Polizei rufen. Sie glauben wohl, mit mir hätten Sie leichtes Spiel. Sie brauchen gar nicht so zu schauen. Ich fürchte mich nicht. Sie werden schon sehen, was passiert. Machen Sie, dass Sie weiterkommen. Sie haben hier nichts verloren. Los, ab mit Ihnen. Ab nach Kassel. Ich habe mit Ihnen nichts zu tun. Mit Ihnen mache ich kurzen Prozeß. Glauben Sie ja nicht, das imponiere mir. Von mir aus können Sie sich auf den Kopf stellen. Da könnte ja jeder kommen. Das wäre doch gelacht. Nun gehen Sie schon. Ich kann ja auch nichts dafür. Bitte, wenn jetzt jemand kommt. Daß Sie sich nicht genieren. Was es doch für Menschen gibt. Das hätte ich nicht von Ihnen gedacht. Aber jetzt reicht es mir bald. Das ist einfach unglaublich. Ich sage es jetzt zum letzten Mal. Herrgott, nun nehmen Sie doch Vernunft an. Was soll der Quatsch. Sie machen sich ja lächerlich. Ich bin gespannt, wie lange Sie das durchhalten. Glauben Sie ja nicht, Sie können mit mir umspringen, gerade wie es Ihnen paßt. Da könnte ja jeder kommen. Da sind Sie bei mir an die falsche Adresse geraten.

Ich bitte Sie. Was habe ich Ihnen getan. Es gibt doch hundert andere. Warum gerade mich. Ich habe doch nichts verbrochen. Es ist doch einer wie der andere. Was kann ich denn dafür. Ich habe das doch nicht gewollt. Eins gibt das andere. Jeder ist seines Glückes Schmied. Der Mensch ist des Menschen Wolf. Sie sollten sich pensionieren lassen. Mir ist schon alles egal. Aber gar alles kann man sich auch nicht gefallen lassen. Wie Sie mit mir umgehen. Das geht einfach zu weit. Nun nehmen Sie sich doch ein bißchen zusammen. Man versteht ja sein eigenes Wort nicht mehr. Ich muß schon bitten. Glauben Sie ja nicht, daß Sie so umspringen können mit mir. Es gibt eine Grenze. Sie werden mich noch kennenlernen. Es ist die höchste Zeit, daß Sie sich was anderes einfallen lassen. Machen Sie, daß Sie weiterkommen. Sie haben hier nichts verloren. Ich kann nicht mehr. Haben Sie denn überhaupt kein Herz. Sie sollten sich was schämen. Bei Ihnen ist wirklich Hopfen und Malz verloren. Seien Sie doch nicht so grausam. Wissen Sie denn überhaupt, wen Sie vor sich haben. Ich würde mir meine Leute wenigstens anschauen vorher. Wer die Wahl hat, hat die Qual. Sie sind fein heraus. Ich bin doch auch nur ein Mensch. Ein reizender Abend. Ein Lichtermeer. Das Rauschen der Bäume. Ich zucke zusammen. Mein Gott, sind Sie gemein. Mir blutet das Herz. Ich bin ganz erschlagen. Ich sehe nicht mehr aus den Augen. Mein Blut pocht in den Schläfen. Mir zittern die Knie. Meine Stimme flattert. Ich schwitze. Ich versuche, meiner Stimme einen festen Klang zu geben. Ihre Augen dagegen bekommen schon einen stählernen Glanz. Ihre Mundwinkel straffen sich. Sie geben sich einen Ruck. Ihre Bewegungen werden geschmeidig wie bei einer Raubkatze. Ihre Zähne sind fest aufeinandergebissen. Ihre Gelenke knacken. Sie lassen die Luft durch die Lippen streifen. Ihr Kinn hebt sich. Ihre Hände haben sich zu Fäusten geballt. Sie lassen die Gerte an mir vorbeiziehen. Sie durchbohren mich mit Ihrem Blick. Ich fühle mich von Ihnen durchschaut. Was darf es sein? Was verlangen Sie eigentlich von mir? Schauen Sie sich doch einmal um. Haben Sie denn keine Augen im Kopf? Wissen Sie denn, was Sie anstellen? Haben Sie sich überlegt, was alles passieren kann. Sie machen es sich sehr leicht. So schön möchte ich es auch einmal haben. Ich passe Ihnen in den Kram. Mit mir haben Sie gewonnenes Spiel. Ich bin ein gefundenes Fressen für Sie. An mir werden Sie sich Ihre Zähne ausbeißen. Sie werden es noch bereuen. Glauben Sie ja nicht, daß Ihnen das durchgeht. Sie kommen mir bekannt vor. Mit Ihresgleichen wird man schon fertig werden. Sie werden mich noch kennenlernen. Das wird ein teurer Spaß. Sie haben sie wohl nicht alle, was. Bei Ihnen ist doch ne Schraube locker, was. Sie hat man wohl zu heiß gebadet, was. Menschenskind, Ihnen ist wirklich nicht mehr zu helfen. Ich habe jetzt lange genug Geduld gehabt. Sie sollen mich mal von ner anderen Seite kennenlernen. Bei mir haben Sie es verschissen bis in die Steinzeit, daß das klar ist. Sie mach ich ja so zur Sau, sowas von zur Sau mach ich Sie, Sie werden sich wundern. Ihnen wird Hören und Sehen vergehen. Sie werden Ihr blaues Wunder erleben, das versprech ich Ihnen. Sie werden alle Engel singen hören, da können Sie Gift drauf nehmen. Ihnen wird der Arsch auf Grundeis gehen, das dürfen Sie mir glauben. Sie pfeifen aus dem letzten Loch. Ihnen werde ich die Hosen stramm ziehen. Mit Ihnen werde ich Schlitten fahren. Mit Ihnen mach ich kurzen Prozeß. Sie mach ich fertig bis auf die Knochen. Kurz und klein hau ich Sie. Dann werden Sie schon sehen. Das haben Sie sich selber zuzuschreiben. Ich kann mir doch nicht alles gefallen lassen. Was zu weit geht, geht zu weit. Was nicht geht, das geht nicht. Da können Sie machen, was Sie wollen. Mit mir nicht. Das kann ich Ihnen sagen. Ich kann jetzt bald nicht mehr. Mir wird schon ganz anders. Mit Ihnen hat man's nicht leicht. Sie sollten sich schämen. Haben Sie überhaupt kein Gefühl. Bei Ihnen weiß man überhaupt nicht, wie man dran ist. Sie sind mir völlig schleierhaft. Ich kann mir überhaupt keinen Reim machen auf Sie. Man weiß überhaupt nicht, wie man es anfangen soll bei Ihnen. Sowas ist mir noch nicht vorgekommen. Sie sind wie vernagelt. Sie haben überhaupt kein Einsehen.

Sie sind mir einer. Wahrscheinlich haben Sie Komplexe. Ich kann doch auch nichts dafür. Was geht das mich an. Ich bitte Sie. Haben Sie sich das wirklich überlegt? Es ist nicht alles Gold, was glänzt. Glauben Sie, mir macht das Spaß. Ich kann Sie sehr gut verstehen. Ich begreife das doch selber nicht. Aber es ist nun einmal so. Sie haben es auf mich abgesehen. Das ist eine schöne Bescherung. Bitte, übereilen Sie nichts. Tun Sie nichts, was Ihnen leid tun könnte. Bewahren Sie einen kühlen Kopf. Nehmen Sie sich doch ein bißchen zusammen. Das tut nämlich ganz schön weh. Ich bin ja auch nicht mehr der Jüngste.

Kümmern Sie sich doch um Ihre eigenen Angelegenheiten. Was habe ich mit Ihnen zu schaffen. Ihr Gesichtsausdruck verrät nichts Gutes. Sie machen mir angst und bange. Bange machen gilt nicht. Sie werden sich das abgewöhnen müssen. Wenn nämlich hier jemand verrückt spielt, dann sind Sie's. Lassen Sie mich, bitte, los. Ich weiß mir bald nicht mehr zu helfen.

Ihnen fehlt einfach jedes Mitgefühl. Ich weiß nicht mehr ein noch aus. Ich protestiere. Ich lasse mir das nicht länger gefallen. Ich finde das überhaupt nicht komisch. Ich muß doch sehr bitten. Ich möchte bloß wissen, was es da zu lachen gibt. Ich finde das alles sehr traurig. Sie haben mir gerade noch gefehlt. Ich habe es nicht leicht, das können Sie mir glauben. Ich bin ja auch nur ein Mensch. Glauben Sie, mir macht das Spaß. Das glauben Sie ja selber nicht. Ich habe längst die Nase voll. Mir hängt das doch hier raus. Bei mir rennen Sie offene Türen ein. Sie hören überhaupt nicht zu. Sie wissen einfach alles besser.

Mir können Sie nichts erzählen. Ich habe Sie durchschaut. Diese Sorte kenn ich. Ich bin doch nicht von gestern. Bilden Sie sich bloß keine Schwachheiten ein. Eines Tages werden Sie mir recht geben.

Alles was recht ist. So können Sie einfach nicht umgehen mit mir. Das geht zu weit. Sie spielen sich ganz schön auf. Ich nehm Ihnen das nicht ab. Sie sind doch gar nicht so. Menschenskinder, nun machen Sie mal halblang. Wir könnten doch auskommen mit einander. Nun seien Sie doch nicht so eigensinnig. Was haben Sie sich da bloß in den Kopf gesetzt. Da zahlen Sie doch drauf. Das wird man Ihnen niemals durchgehen lassen. Es geht ja nicht bloß um mich dabei. Einmal muß ja jeder dran glauben. Meine Zeit ist vorbei. Ich pfeife auf alles. Mich kotzt es wirklich an. Ich denke an Sie. Ich mache mir Sorgen um Sie. Sie haben noch was vor sich. Aus Ihnen kann noch was werden. Bei Ihnen ist noch alles drin. Nun gehen Sie endlich weiter. Sie versäumen den Zug. Das wäre wirklich ein Jammer. Es weht ein Wind. Das Gekräusel der Wellen. Das Geraschel der Wäsche. Spitzenberufe. Ihnen kann man gratulieren. Leben und leben lassen. Man muß auch mal alle Fünfe grade sein lassen. Ihre Züge verfinstern sich. Ihre Brust hebt und senkt sich. Ich möchte bloß wissen, was Sie sich davon versprechen. Was liegt Ihnen an mir. Ich bin doch wirklich das Letzte. Ich komme doch überhaupt nicht in Frage. Warum lassen Sie mich nicht los. Warum lockern Sie nicht Ihren Griff. Warum umklammern Sie mich. Warum lassen Sie mich nicht atmen. Warum pressen Sie mir das Gesicht in den Dreck. Warum spucken Sie mir jetzt schon wieder ins Gesicht. Was soll'n das, Mensch. Mit mir ist nichts los. Das weiß doch jeder. Also schön. Was soll's Mensch, Sie haben doch ganz andere Möglichkeiten. Das Schiff tanzt auf den Wellen. Die Vögel singen. Es flimmert die Luft. Das Leben ist lebenswert. Ein Kerl wie Sie. Ich habe einen guten Eindruck von Ihnen. Ich glaube, Sie sind auf dem besten Weg. Ihren Namen wird man sich merken müssen. Sie haben es in sich. Sie werden es weit bringen. Ihnen ist nichts zuviel. Wo Sie hinhauen, da wächst kein Gras mehr. Sie möchte man nicht zum Gegner haben. Mit Ihnen ist nicht gut Kirschen essen. Mit Ihnen könnte man Pferde stehlen, und neu geschaffen wäre die Erde. Sie sind ein Könner. Sie sind praktisch nicht zu schlagen. Ihnen geht man besser aus dem Weg. Sie machen nicht viel Federlesens. Sie setzen sich durch. Sie haben das gewisse Etwas. Sie gehen über Leichen. Ihnen kann man gratulieren. Sie geben sich nicht mit Kleinigkeiten ab. Was Sie machen, hat Hand und Fuß. Auf Sie kann man sich verlassen. Sie enttäuschen einen nicht. Sie lassen sich nichts bieten. Sie kennen keine krummen Touren. Sie spielen hoch. Wer wagt, gewinnt. Wer nicht wagt, gewinnt nicht. Und setzet ihr nicht das Leben ein, nie wird euch das Leben gewonnen sein. Wie gewonnen so zerronnen. Erfolg hat auf die Dauer nur der Tüchtige. Bei Ihnen spürt man sofort, was los ist. Sie wissen, was Sie wollen. Sie sind einer von den ganz wenigen. Sie sind gut. Sie sind prima. Sie sind klasse. So was wie mich hauen Sie ungespitzt in den Boden. Ich kann Ihnen nicht das Wasser reichen. Ich bin Luft für Sie. So was wie ich existiert überhaupt nicht für Sie. Von so was nehmen Sie überhaupt nicht Notiz. Maria und Josef. Daß so was wie ich gelebt hat, wird man sich nicht mehr vorstellen können. Entschuldigen Sie. Sie haben mich ganz schön erschreckt. Mir geht eben die Luft aus, begreifen Sie doch.

4. 11. 1968
Flug München – Istanbul. Lesung. Rückflug 7. 11. 68.

8. bis 10. 11. 1968, Paris.
Lesung.

AK mobilisiert in einzelnen Kapiteln alle Reserven der Behauptung und Abwehr und Rache und Rettung, die mobilisierbar sind. Das sind sprachliche Reserven. Nicht mehr und nicht weniger.

Cousine
Du mit deiner blöden Sanftheit.

Am Samstag im Internat. Erlaubnis: Jeans, das Plumeau nicht als Bettdecke, sondern als Rolle zur Sofalehne und Brezeln.

Der Gang vors Haus, den, wer so anfällig ist für Verbindlichkeit, nicht tun sollte. Was da alles passiert.

Der Besucher hat eine viel bessere Verdauung, das erfüllt AK mit Haß gegen ihn: Er fragt ihn, der leugnet, daß er heute schon zum zweiten Mal war: AK beobachtet ihn.

AK sieht 15/16jährige im TV Rekorde fahren und sieht seine faulen und nur vom Lieben schwitzenden Kinder und verlangt von ihnen auch Rekorde, hat aber selber nie Rekorde erbracht, hat aber deswegen eine Sehnsucht danach, sieht aber so, daß es von seinen Kindern auch nicht zu verlangen ist.

25. bis 29. 11. 1968, Köln.
WDR.

30. 11. und 1. 12. 1968, Paris.
Lesung.

2. und 3. 12. 1968, Köln.

Cousine

Von deinem Lieblingsmaler B. gefallen mir leider nur zwei Bilder. Die anderen hat er sicher mit heruntergelassener Hose gemalt. Aber wir haben nun mal verschiedene Zäpfchen und Stäbchen. Du bist ja medizinisch so gebildet, daß du weißt, was das ist.

Sitze hier und versuche, Depressionen zu unterdrücken. Aber ich will nicht jammern, sondern dich in der für dich angenehmen Vorstellung lassen, dass ich fröhlich bin, wenn du nicht da bist. Also: deine durch Liebe und Abschiednehmen etwas beschädigte, doch stets vergnügte C.

Vergiftet
nicht da
höre ich
den singenden Ohren zu
die Augen brennen
bis ich sie schließe
aber die Ohren
hören nicht auf
zu singen.

13. bis 15. 12. 1968
Klaus Nonnenmann.

Ich weiß es nicht sicher. Ich bin nicht sicher. Wissen Sie es sicher. Ist Ohnmacht ein Trost. Deswegen, sogar süß. Mir ist nichts so unverständlich, wie daß jemand Präsident der USA werden will. Die SPD ist nicht so miserabel. Ich hätte nicht zu klagen. Ich käme über die Runden, aber …

20. und 21. 12. 1968, München.

22. und 23. 12. 1968
Siegfried Unseld.

Avantgarde als das Abgelegenste.

Bei meiner Beerdigung darf geraucht werden.

Er konnte Hühner zähmen, bog ihnen den Kopf unter einen Flügel, dann blieben sie eine Zeit lang liegen.

353

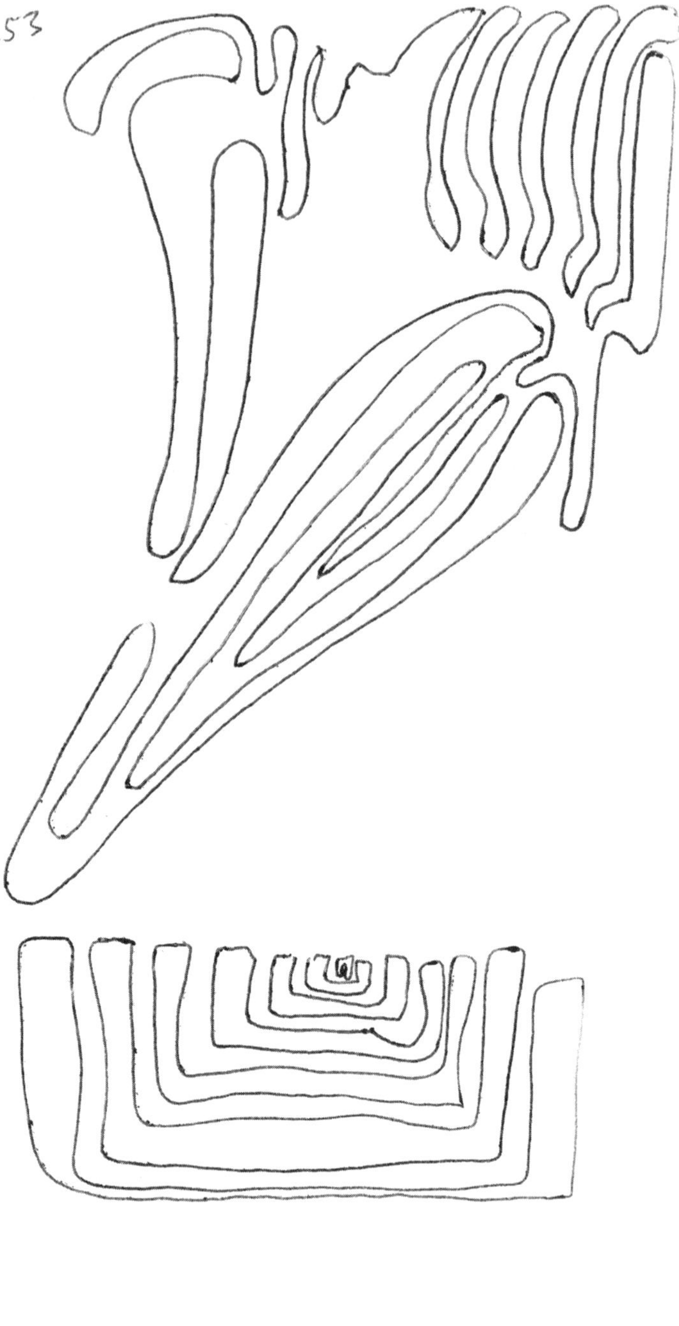

1969

2. 1. 1969
Einübung in einen empfohlenen Standpunkt, in eine empfohlene Haltung: privilegiert, asozial, mörderisch, obszön, frei und brutal: ich, ich, ich.

Mal probieren: So wollen Sie mich. Redend von dem und dem, grausam unterhaltend für Sie usw., mal sehen, was ich da leisten kann.

3. 1. 1969
Cousine

AK sieht voraus, daß er wieder an Gott glauben wird, bitte, stört euch daran oder stört euch nicht daran, ihr habt wenig dazu getan, die Welt so einzurichten, daß man in ihr ohne Gott auskommen könnte, und er konnte auch nichts ändern, er hat nur alles mitgemacht. Scheißbande alle mit einander. Diese glatten und unglatten Kostümträger.

Annas Erfolg bei AK ist, daß sie keine Frau ist, sondern mädchenhaft.

13. 1. 1969
Dr. Lodemann, SWF, und Herr Ehlers. Sie schlagen vor, daß ich Goethes *Italienische Reise* nachfahre, mit Kamera-Team. Ich möchte lieber durchs Ruhrgebiet fahren. Wird akzeptiert.

15. 1. 1969
Herr Stahl. Die Krankheit empfiehlt nachts eine Gummihose und zwei Gurtflaschen, also muß er den künstlichen Schließmuskel, den er sich in Riehen bei Basel auf Empfehlung Prof. Hösels

einsetzen läßt, selber bezahlen. 9100.– DM, 5000.– erbt er: So haben die Eltern die Hälfte von dem Murx wieder gutgemacht. 4000.– auf dem Bau. Beckenbruch mit vier Silbernägeln. Ob ich von Hammarskjöld die Gedichte gelesen hätte, da ist was dahinter, der hat die Begabung, sein Leben und sein Gefühl in Gedichtform auszudrücken. Er liest nur noch wertvolle Bücher. Kennen Sie Brigitta Wilf, die Schwedin, eine sehr bekannte Frau, die am Staffelsee wohnt, die hat mir das gewidmet, er liest ja schon seit 1½ Jahren keinen Schund mehr, Wildwest und so was. Kennen Sie den Generaldirektor Dr. Rot von Magirus, er ist Grieche, Ehren-Konsul, er war doch der beste Freund von meinem Vater, der hat ihm immer alles gemacht, Werksbote. Meine Stiefmutter, wissen Sie, das ist schon die letzte Frau, da wär ich recht gewesen zum Hinsitzen und Kartenspielen bis nachts um eins, jetzt hab ich 3 mal eine Chance gehabt mit Mädchen, aber sie hat mir die obere Wohnung nicht gegeben, jetzt muß ich nach Öhningen ins Mutterhaus und mit meiner Schwester das noch einmal besprechen, ich habe ja die Prüfung des Krankenpflegers bestanden, von 120 sind 12 durchgeflogen, aber jetzt hab ich wieder das im Gesicht, da kann ich mich natürlich nicht rasieren, sonst schneid ich das alles wieder blutig, das ist eine Allergie, wahrscheinlich vom Obst, da sind sich die Ärzte nicht im klaren, die Hauptsache, daß die Bettnässerei weg ist, die Vorstrafen sind nicht so wichtig, der größte Reichtum ist doch die Gesundheit, kennen Sie den Lie, der ist doch jetzt auch gestorben, der Vorgänger vom U Thant, und der Asmussen und Karl Barth, Fr. Dr. Rommelspacher hat sich arg gefreut, daß ich die Prüfung so gut bestanden habe, da war ein Arzt, ein Psychologe, ein Pfarrer und eine Schwester, und die haben gefragt, was machen Sie, wenn Sie auf der Straße einen Verletzten liegen sehen und es ist die Gefahr des Erstickens, Kopf nach unten legen, sag ich, und Zunge nach links herausbinden, jetzt seh ich halt wieder ein bißchen verwahrlost aus, die Autos spritzen einen so an, und das Salz auf den

Straßen, das frißt halt an den Schuhen, und wenn ich winke, fahren sie zuerst langsam, dann sehen sie den Bart und fahren weiter, das ist ja jetzt modern, so weit möchte ich es bringen wie der Hans Stahl, hat der Pfarrer Lauter gesagt, feiert beim Prälaten Pfeifer in Reutlingen Weihnachten und fährt dann mit dem Dienstwagen in die Kirche, ich muß jetzt nur noch im Lotto gewinnen, bis auf eine Zahl hab ich's schon zweimal gehabt, dann kauf ich ein Stück Land, alles glatt betoniert und darauf ein Blockhaus als Unterkunft für die, wo unterwegs sind und kein Geld haben, also hoffen darf man schon auf das Lotto, aber man darf sich nicht darauf stützen, das ist ein schöner Hund, ich mag Tiere und Blumen, der Herr Rot hat ja auch was überwiesen nach Riehen.

Adressen Graf Douglas, Schloß Langenstein, Eigeltingen, Hedi Gigler-Douglas, Athen, Emmanuel Benaki 23, die weltbekannteste Geigerin, Prälat Hege, Heilbronn, Pfarrer Müller, Frickingen, Pfarrer Werner, Hausen ob Verena, Ober-Kirchenrat Weismann, Stuttgart. Wissen Sie, bei mir ist mancher Faden abgerissen, ich habe viel guten Boden verloren, und als ich bei Maybach war, hab ich noch nichts dazugelernt gehabt, da dachte ich, jetzt wirst du eben noch vollends ein Gangster, aber jetzt hab ich ja die Prüfung im Diakonissenkrankenhaus in Schwäbisch Hall, ich hätte auch Pförtner bei Mercedes werden können, aber ich habe doch noch die Belastung gehabt, also konnte ich mir kein Zimmer mieten, aber Fabrik ist nichts, ich war der einzige Hilfsarbeiter, der sich zu dieser Prüfung gemeldet hat, ich habe 116 Punkte gehabt, jetzt werde ich Hilfskrankenpfleger, weil in der Fabrik, ich kann mich einfach nicht einfügen, wissen Sie, ich kann nicht Nein sagen, ich tue alles, was man mir sagt, und so kann man sich eben nicht durchsetzen, das ist es eben, acht Stunden mit Beckenbruch, Muskelriß und Gehirnerschütterung im Freien, der Dr. Keller hat mir ja's Leben gerettet.

Sonderbar
das ist doch sonderbar
dies Wort sonderbar
klingt sonderbar
sehr sonderbar
sonderbar muß
ein Fremdwort sein
besonders wenn man
sonderbar
durchschauen will
erweist sich sonderbar
als undurchschaubar
und sonderbar

21. 1. 1969
Klaus Pezold, Leipzig.

Cousine
Herr Stelzer: Mit dem Fuß ging es einigermaßen, dafür hatte ich einen sehr unangenehmen orthostatischen Kollaps mit allen Symptomen. Nach einigen Cognacs kam ich dann wieder zu mir. Wahrscheinlich kam es von der Kälte, die ich immer weniger vertrage. Ich nehme jetzt auch weniger Drogen, vor allem nicht mehr solche, die schon längst aus dem Handel gezogen sind.

Er droht, erschöpft, verzweifelt usw., mit seinem Weggang. Das löst ungeheure Reaktionen aus: man stürzt ihm zu Füßen. Seine Schwäche wird zum Terror. Die Frau schreit die Töchter an: Er mag euch, wenn ihr lieb seid. Die 20jährigen werden ganz genau wie kleine Kinder terrorisiert. Und dann auch wieder die Frau. Und dann wieder der Mann von seiner Frau. Eine Zeit lang alle wie Kinder.

Aus dem Wortschatz unserer Kämpfe:
Kampf mit einem Überlegenen, der nichts hört
Kampf mit einem Unterlegenen, der nichts hört
Rückblickend kann man sagen
Zeugen der Anklage
Eine Frau auf einem Sockel
Fragen
Antworten

Saaltüren zu, wo sind wir, ist das Helsingfor oder Aranjuez oder Sezuan ... oder Bonn ... probieren ... die Damen und Herren des Hohen Hauses werden gebeten ... (das widert ihn an) ... nein ...

Jesulein
ich bin klein
mein Herz ist rein
darf niemand hinein
als du mein liebes Jesulein

AK III

Mit dem Segelschiff über die Alpen

Das alte Sängerpaar, das nur davon spricht. Ein Paar hat dieses Unternehmen riskiert, reist jetzt herum und hält darüber Lichtbilder-Vorträge. Die Frau wie der Zuträger beim Varieté, zuerst. Später mehr.

Mindestens 13 Akte. Projektor. Leinwand. Die Taschenlampe mit dem Pfeil. Der automatische Bildwechsel. Zuerst eine leere Projektion, darin läßt er den Pfeil wandern. Ein Modell des Schiffs. Der Name des Schiffs. Die Säuferszene. Die Gefahren der Natur. Die Eingeborenen. Unverhoffte Hilfe. Radwechsel. Und immer über die Sprachproblematik: sie kritisieren einander. Aber die Unmöglichkeit, so etwas zu erzählen.

Wie ich unter dem Ansturm von Plänen verrecke.

Ich bin nicht für das Zentrale
was liegt am Rand
der Rand
Arbeit
ich kann nicht mehr
kannst du noch
wir hätten nie trinken dürfen
wir trinken doch gar nicht
es war ein Versprechen
wie ein Versprechen
es war einmal
wir haben einen Igel gestört.

AK III

Mit dem Segelschiff über die Alpen

Ein routiniertes ausrangiertes Paar, das mit seinen Witzchen und seiner Exhibition Geld verdient. Alles ist geprobt und abgeklappert. Die 1000ste Vorstellung. Ein schreckliches Ensuite. Jeder Einwurf ist geprobt, auch wenn er so tut, als sei er spontan. Und unter dieser Routine und unentwickelten und abgedroschenen Klamottenkomik, das große Thema: Ehe.

Er hat alles vorbereitet. Vielleicht sind sie gar nicht gestartet. Weil sie es verhinderte. Zeigen allgemeine Bergwelt-Bilder. Er ist also ein Conférencier mit allen Mätzchen, und sie ist so eine alternde Zureicherin. Er in Kapitänskleidung. Sie in unmöglich jugendlicher Reizkleidung. Aber in den Nummern kann sich die ganze Schwere und der ganze Jammer ausdrücken: dann wird es aber ein gespielter Jammer, eine komische Schwere, weil die beiden sich dazu wie Nikolaus im Dezember verstellen müssen, und trotzdem sind Jammer und Schwere der wirkliche Stoff: d. h. das, was sie sind, wirkt komisch. Sie als Bordgirl, wofür sie viel zu alt ist. Er kommt dann auch in Hochgebirgskleidung vor mit Anorak u. Eis-Pickel und Seil. Jeder beherrscht mal in einer Szene den anderen. Der eine ist abhängig und kann gegen die ganze und stumpfe und rücksichtslose Überlegenheit des anderen nichts tun, als sie erdulden. Danach lösen sie sich wieder voneinander wie eine Truppe von Bodenakrobaten, die etwas ganz Schwieriges dargestellt haben, zum Publikum hin mit einem Lächeln.

23. 1. 1969, Köln.
«Rede an eine Mehrheit». An der Universität Köln.

24. 1. 1969
7000 Liter Öl.

25. bis 30. 1. 1969
Frankfurt, München, Berlin, Frankfurt, Zürich, Nußdorf.

Aus dem Bedürfnis nach Veränderung ergibt sich keine Veränderung, lediglich die Darstellung des Bedürfnisses nach Veränderung.

3. und 4. 2. 1969, Köln.
WDR 3.

5. und 6. 2. 1969, Zürich.
Von mir will der Zöllner nichts, aber arme italienische Familien filzt er und zieht dann noch eine violette Frucht (Aubergine), ein Gemüse wahrscheinlich, heraus und fragt dumm: Was ist das?

16. 2. 1969
Koch, WDR, und Professor Bausinger.

Cousine

AK betet, wenn er betet, auf dem Klo. Hände falten sich von selbst, und die Verdauung macht ihn fromm.

Töchter

So böse und intelligent müßte man sein.
Der ist homosexuell.
Na und, würde dich das stören?

Der schwule Photograph mit dem Hexenschuß.

Ich und du
Müllers Kuh
Müllers Esel
der bist du.

AK III

Es ist vollbracht. Das hast du geschafft, nur noch mit dir kann er. Du bist so wenig die Frau der Frauen wie die Bibel das Buch der Bücher, trotzdem ist die Bibel das Buch der Bücher und du bist die Frau der Frauen. Du hast ihn domestiziert. 20jährige muß er neben sich liegen lassen und ist blamiert. Und bei dir klappt es immer. Die Brüste einer 12jährigen.

22. bis 25. 2. 1969

München. Ingolstadt. Kempten. Friedrichshafen. Für SWF.

Immer wenn ich von Kempten nach Lindau fahre, im Winter, sagen wir: im Januar, wenn die Gegend zwischen Kempten und Lindau ziemlich verschneit ist, ich fahre diese Strecke sowieso am liebsten mit dem Zug, und immer, wenn ich Kempten hinter mir gelassen habe und zum Fenster hinausschaue, dann begleiten immer, neben dem Zug, neben der Bahnlinie, man sieht vor allem, wenn man hinausschaut, man kann sich kaum auf etwas anderes, das hat einen bestimmten Rhythmus, man macht ganz von selbst, es ist ein Bild von großer, ich glaube, es ist sehr gesund, es ist zumindest, es ist immer, wenn man von Kempten nach Lindau, immer im Winter, wenn es draußen, der Blick bleibt unwillkürlich hängen, man beginnt jedesmal wieder von vorn, man wartet schon auf den nächsten und dann wieder auf den nächsten. Aah, das sind die großen von Österreich, vom Montafon ins Ruhrgebiet oder noch weiter nach Rotterdam, also ich wollte sagen, immer wenn ich im Winter, immer zwischen Kempten und, immer versuche ich dann, man wird da immer wieder, immer bleibt der Blick ... man sieht nichts anderes ... man sieht immer nur noch die Drähte, die Telegraphendrähte auslaufen. Das war es von Kempten nach Lindau.

Mädchenleben

Schilderung der Burg: Als die Familie das und das erreicht hatte, verschwand das Kind. Aber auch bei anderen, die das noch nicht erreicht haben. Dadurch werden die vermutbaren Gründe wieder undeutlich. Das Innenleben der Burg braucht die belagerte Familie.

4. bis 6. 3. 1969, Frankfurt.

9. 3. 1969, Zürich.

Wie winzig das ist, was ihn eine ganze Nacht lang nicht schlafen läßt.

10. bis 18. 3. 1969

«Mit der Straßenbahn durchs Ruhrgebiet», Film für SWF, Dr. Lodemann.

15. 3. 1969, Brüssel.

16. und 17. 3. 1969, Köln.
Durchs Hotelfenster: In einem beschränkten Ausschnitt zwischen Häusern und Bäumen ziehen rascher und auch langsamer (aber immer zu rasch) Boote vorbei, Frauen an Bord, denen er mit dem Fernglas nachschaut, aber sie verschwinden, da kann er schauen, wie er will.

Ein Mädchen allein mit einem Motorboot, immer wieder.

18. 3. 1969, Frankfurt.

19. bis 21. 3. 1969, Zürich.

Ich begreife nicht mehr
denke nicht nach
die Gedanken fahren fort
ohne mich saumäßig
hock ich und vermeide
grad noch den Stabreim
sonst aber nichts.

Der wilde Verwilderte, hoch fein und nur für sich, das verwildert ihn, daß er nur für sich sorgt, das macht ihn dem gleich, der vor x-1000 Jahren streifte und schlug.

Die Hitze im linken Zeigefinger.

Wie lange Florian bellen muß, wenn nach einem nahen Blitz der Donner Lärm macht, er kann sich gar nicht mehr beruhigen, er bellt nach oben, als sei dort ein Hund.

24. 3. bis 3. 4. 1969, Baden-Baden.
SWF. Im Schneideraum. Ruhrgebiets-Film.

Sehr warme Ostern. Sehr kalter April mit Schnee und noch mehr Kälte als Schnee.

Welche Farbe hat das Morgenrot

Die Jungen als eine Tiersorte, um die die Alten herumschleichen, völlig unwissend, kriegen immer mal nen Schlag von denen, formulieren, registrieren, wie Zoologen usw.

Sie fangen sich mal einen Schillerhelden oder einen Shakespeare-Jungen oder einen, der gar keine Sprache hat. Sie sind eine häßliche, herrschende Clique. Ihre eigenen Kinder sind teils draußen, teils sind sie schon «in».

Bei den Jungen ist ein Fest. Die Alten alle im Kostüm, das eine Hierarchie repräsentiert. Bischöfe, Generäle, Professoren, Polizisten, Ärzte usw.

Die wunderbare Rettung (aus den Händen der Jungen), erzählt wie von Swift und Defoe aus einer fremden Welt: die Sitten und Bräuche.

8. bis 11. 4. 1969, Baden-Baden.
SWF. Ruhrgebiets-Film.

Schlußstriche, einer nach dem anderen, Schlußstriche, scharlachrote, Segel, Boote, Sturmwarnung, eine nach der anderen, Hamster schreien, vor Angst, es ist ein kleines schrilles Piepsen, Fernsprechordnung, in den Bäumen rauscht es, was bitte, bitte, was, ich höre nichts, ich sitze, auf Schlußstrichen, 90 mal in der Minute, und.

22. bis 26. 4. 1969
Köln, Ludwigshafen, Mainz, Baden (CH), Zürich.

Naturnatur
du alte Hur
hast immer die Uhr
in der Hand.

Ersticken
ein höchst kunstvolles
wortreiches
Ersticken.

15. 5. 1969
Peter Palitzsch.

Der Gast darf in keiner Sekunde sagen, was er wirklich denkt. Er muß also immer aufpassen. Zum Glück weiß er das. Aber manchmal bricht er aus.

Hamlet nacherzählt.
Titus Andronicus nacherzählt.
Sylt nacherzählt.

4. bis 8. 6. 1969
München, Stuttgart, Frankfurt.

30. 6. bis 4. 7. 1969, München.
Rede auf einer Vietnam-Veranstaltung: «Zu einer neuen Taktik der US-Regierung».

15. 7. 1969
Michael Pfleghar.

19. bis 22. 7. 1969
Siegfried Unseld. Er bestellt einen Bewerber hierher. Ich höre zu. Hilde Unseld hört auch zu, aber nur zwischendurch. Im Fernsehen wird die erste Mondlandung gezeigt.

R. G.: Ich bin '36 geboren, Schule, Abitur, Setzer-Lehre, dann ein Jahr FAZ-Redaktions-Assistent, dann McCann, ein Jahr Amerika, dann mußte ich einsehen, daß ein Auto vier Räder hat und verschieden lackiert werden kann, d. h. ich wollte kein Spezialist werden, also habe ich mich abgesetzt, bin in den Schwarzwald gegangen.

S.: Muß ein starker Verdienstabsturz gewesen sein.

R. G.: O nein. Im Schwarzwald herrscht ja die mittelständische Industrie, die zahlen zwar zuerst nicht gern, wenn man es ihnen

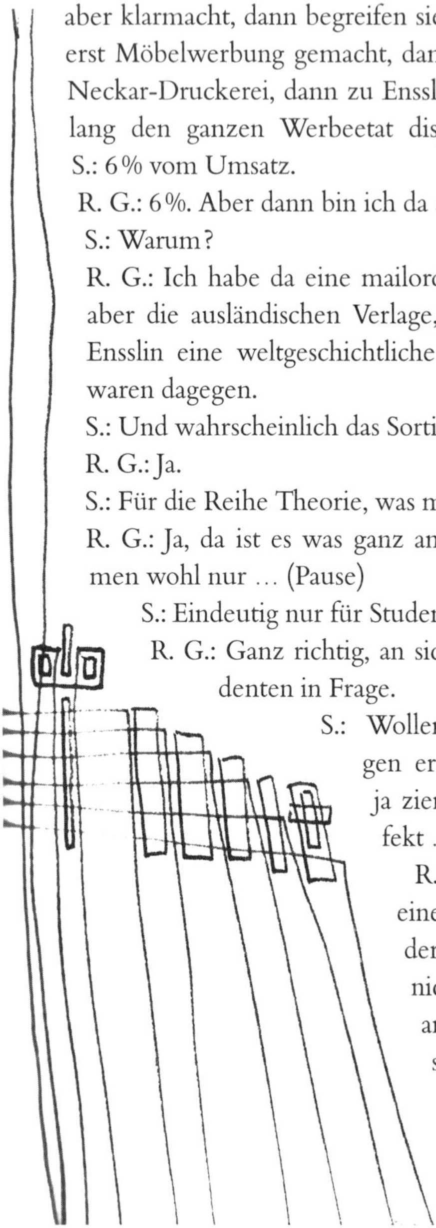

aber klarmacht, dann begreifen sie schon. Ich habe da zuerst Möbelwerbung gemacht, dann die Werbung für die Neckar-Druckerei, dann zu Ensslin, da habe ich ein Jahr lang den ganzen Werbeetat disponiert, 197000 Mark.

S.: 6% vom Umsatz.

R. G.: 6%. Aber dann bin ich da ausgestiegen.

S.: Warum?

R. G.: Ich habe da eine mailorder-Werbung aufgebaut, aber die ausländischen Verlage, mit denen zusammen Ensslin eine weltgeschichtliche Kunst machen wollte, waren dagegen.

S.: Und wahrscheinlich das Sortiment.

R. G.: Ja.

S.: Für die Reihe Theorie, was meinen Sie da?

R. G.: Ja, da ist es was ganz anderes, an sich, da kommen wohl nur … (Pause)

S.: Eindeutig nur für Studenten

R. G.: Ganz richtig, an sich kommen da nur Studenten in Frage.

S.: Wollen Sie die mit Anzeigen erreichen, Anzeigen sind ja ziemlich teuer und der Effekt …

R. G.: Anzeigen kosten einen Haufen Geld, und der Effekt kann überhaupt nicht festgestellt werden an sich. Ich muß ja immer sehen, an sich, wieviel hab ich, was kann ich damit machen.

S.: Würden Sie Versuche machen?

R. G.: Genau. Ich würde Versuche machen in einem bestimmten Bereich, dann sehe ich, wie ich vorgehen muß. Ich muß ja immer den höchsten Effekt erreichen.

S.: Wie würden Sie die Werbeabteilung besetzen?

R. G.: Ein Assistent. Zur Terminüberwachung. Zwei Schreibkräfte.

H. U.: Was ist das, Vitaminüberwachung?

R. G.: Terminüberwachung. Die ist an sich sehr wichtig. Wenn Sie nicht in Verzug kommen, daß die Termine eingehalten werden. Wann muß was raus, wann muß man nachfassen, das ist an sich sehr wichtig.

Er redet wie unter Zwang. Steif. Will sich beim Sprechen bewegen. Ist aber fast unfähig zur Bewegung. Als wäre die Luft aus zähem Material, so schwer wird jede Bewegung.

S.: Also gut, machen Sie mal für ein Projekt einen Vorschlag.

Während der Unterhaltung geht alles auf die Mondlandung zu. R. G. muß unterbrechen und dann weitermachen. Die Frauen und Kinder des Weekends kommen durch das Zimmer, Badehosen, Taucherbrillen, Freizeitrequisiten, und er schwitzt weiter seine totalen Zustimmungen.

23. bis 25. 7. 1969
Hans Magnus Enzensberger mit Frau und Kind.

26. bis 28. 7. 1969
Adlers.

Strauß im «Spiegel» vom 28. 7. Über Apo als Tiere.

1. bis 5. 8. 1969
Peter Hamm.

Ich Esel weine weil es ist
der erste August,
und überhaupt Lyrik und
so weiter bin ich eine
Biene summ-summ herum
verschreibe mir Zeit
kostbar nicht wahr
in der Nierengegend
könnte ich sagen wintert
es schon womit ich sagen will
mir ist kalt oder so.
O Fäden in der Luft
Mensch das heißt Herbst
Jesuskreuz
Nur nicht so aktiv
sonst geht es schief
Tierquäler
Kartoffelschäler
Seelische Grausamkeit
O Täler weit
O Höhen
Hamlet nacherzählen.

11. 8. 1969
Hannelore und Hans Peter Schabert.

19. 8. 1969
Karl Wittlinger.

20. 8. 1969
Herbert Achternbusch und Frau.

Wenn das keine Krankheit ist, was ist es dann? Jetzt müßte ich mich umbringen und darf nicht. Obwohl es höchste Zeit wäre. Ich lebe zu lang. Normalerweise wäre ich ja nicht mehr hier. Aber das 20. Jahrhundert macht's möglich. Aber was ich tun soll, sagt mir keiner. Ingrimmig. Ich erwecke den Eindruck größter Geschäftigkeit und Beschäftigung. Tue, als wäre alles sehr notwendig. Es wird herauskommen. Sie müssen es merken. Ich verrate mich immer öfter. Es macht mir keinen Spaß mehr. Das verheimliche ich. Aber ich verrate mich. Irgendwie drängt es mich, mich zu verraten. Ich deute an, spiele an. Sie müssen es merken. Dann geht es ziemlich schnell. Einer sagt's dem anderen: Mit dem ist es aus, da kommt nichts mehr. Dann sehen wir weiter. Die Sonne scheint. Aber die Sätze sind falsch. Es ist schon wahr, was berichtet wird. Es wird schon so sein. Aber es geht mich nichts an. Ich muß. Nein. So nicht. Ach, Werk. Und Haß.

22. bis 24. 8. 1969, Frankfurt.

13. 9. 1969, Samstag.

Götte seit sechs Wochen krank, immer schwächer, jetzt im Krankenhaus Hoyern. Gestern sagten die Ärzte: Wenn er morgen noch lebt, können Sie ihn wieder mitnehmen, sterben kann er zu Hause genausogut wie hier. Er ist sehr schwach, kann nichts mehr essen seit längerem. Nur Tabletten und jetzt Traubenzuckerinfusionen. War aber die ganze Nacht auf, weil er keine Luft bekommt im Liegen. Das Herz ist dreimal so groß wie normal. Herzwassersucht. Das Wasser steigt von den Füßen an aufwärts. Wenn es das Herz erreicht hat, ist es aus.

So unruhig, daß man fragt, ob man Morphium geben dürfe, ja. Die Lungen voller Eiter. Also doch noch das Gift der beiden Rehe, die er tot gefunden und aufgeladen hatte. Dieses Gift (Spritzmittel) ist jetzt verboten.

Einer liegt im Sterben, sein Bruder hat Termine und erkundigt sich bei der Frau, wann damit zu rechnen sei. Aufgegeben ist er ja ohnehin: Er aber muß planen.

Es gibt kein künstlicheres, kein verrückteres Wort als Unsterblichkeit. Ich halte es für ein europäisches Wort.

22. bis 26. 9. 1969, Köln.

Von Rose zu Rose spinnt die Spinne, verbirgt sich in der rechten Rose, und wenn die Septemberbiene im Netz zappelt, schießt sie heraus, ist erstaunt über den Widerstand, die Biene entkommt, die Spinne hängt sich selber ins Netz, zusammengefaltet und reglos, als wäre auch sie eine Beute.

Die Erde ist übervölkert mit Virtuosen. Wo im ganzen Kosmos gibt es Spinnen mit solchen Erfahrungen, solchen Fähigkeiten.

Die Spinnennetze im Riedgras, sichtbar nur durch die Tautropfenlasten, von denen sie durchhängen.

Der Schiffsuntergang in der Nacht durch einen nicht aufhörenden Regensturm, das ist immer noch die genaueste Illustration des Sterbens. Da der Sterbende nicht überlebt, erfährt man nie etwas von diesem Untergang, deshalb brauchen wir den Schiffsuntergang.

Wer Hüte stiehlt, die er nicht braucht, hat eine Arbeit, die weniger entfremdet ist als jede andere angebotene Arbeit.

17. und 18. 10. 1969
Maria Augstein.

21. 10. 1969, Rom.

22. und 23. 10. 1969, Mailand.

24. bis 27. 10. 1969, Stockholm.

28. und 29. 10. 1969, Frankfurt und Stuttgart.

Es genügt, daß eine Sache so schlimm als möglich endet: je ungerechter desto richtiger. Also das ganz unannehmbare Ende ist für jeden Fall das beste. So unannehmbar, daß es schon wieder guttut. Bloß keine Halbwerte am Schluß. Happy oder Desaster. Aber genau die Halbwerte sind meine bisherigen. Das ist meine Unfähigkeit.

Ich war wieder mal ehrlich. Ich bin müde. Es wäre viel ehrlicher, wenn ich mich mal gehenließe und richtig lügen würde. Aber anstrengend wäre es wahrscheinlich auch. Alles ist anstrengend. Besonders das Leben. Wenn man länger lebt, als man eigentlich will. Man merkt das ziemlich genau. Bis zum Jahr 65, bis zum Herbst 65 hat es mir nichts oder nicht viel ausgemacht. Ab April 67 (spätestens) bin ich reif. Was jetzt noch folgt, ist Plackerei. Ich werde der keinen Sinn mehr geben. Für mich ist das gelaufen. Ich bin fertig. Fix und. Bis auf die Knochen. Da ist keine Spur von Lust mehr übriggeblieben. Aber eine Menge Verpflichtung. Bis ich die alle erfüllt habe, das kann noch 15 Jahre dauern. Also 15 Jahre abarbeiten. 15 Jahr Strafe für leichtfertiges Eingehen von Verpflichtungen. Vor allem Kinder. So was soll man wirklich nicht machen. Aber wer konnte ahnen, daß man mit vierzig schon fertig sein würde. Keiner hat mich gewarnt. Und wenn mich einer gewarnt hätte, ich hätte es ihm nicht geglaubt. Solange man Kraft hat, kann man sich nicht vorstellen, wie das sein wird, wenn man keine mehr hat. Jetzt habe ich keine mehr. Jetzt beginnt die Arbeit.

3. 11. 1969
Fremdarbeiter sprechen darüber, ob sie einen Toten zu Hause begraben sollen oder hier. Was ist billiger.

Der Vogel im Käfig, der seinen Besitzer bewacht.

Sum sum sum
Bienchen ...
Cogito ergo Bienchen
Sum
Lassen Sie sich heimgeigen.

11. 11. 1969, Augsburg.
Lesung.

12. 11. 1969, Wien.
Vortrag.

13. 11. 1969, München.
Funk und Bavaria.

Überstunden

Jetzt wird der schon wieder steif, sag, daß das nicht bei allen ist, sag, daß das nur bei mir so ist, du bist gut, damals warst du nicht gut, jaja, ich weiß, du bist zwischen zwei und zwölf fünf- oder sechsmal gekommen, aber für mich bist du jetzt gut, jetzt liebe ich dich, verliebt bin ich erst jetzt, wild bin ich sowieso, renne herum, verschenke einen Pucci-Mantel, aus naturfarbenen Lederstreifen geflochten, merkst du, wie oft ich komme, merkst du, daß ich schon wieder komme, du lachst, weil du mich nicht liebst, aber darum bist du so gut, einer ist immer überlegen, der lacht, aber wenn du mich auf dem Bildschirm siehst, wenn du meine Beine siehst in dem Mini, dann denkst du, warum hab ich sie fortgeschickt in München, dann wirst du steif, ich habe Häuser, Villen, Aktien, ich werfe Geld hinaus und kriege mehr zurück, mein Mann ist geldgierig, ich bin eine von Gernburg-Aufseß, du kannst im Gotha nachschauen, mein Schauspiellehrer hat mich in der Hochzeitsnacht aus dem Bett geworfen, ich war neunzehn, er liebt, hat er gesagt, eigentlich nur Janine Charrat, ich sei nur ein Experiment, ob er loskomme von Janine Charrat, ich also zurück zur Mutter, die stirbt dann gleich, in der nassen Kellerwohnung, ich werde Lokalreporterin, interviewe Stiefencron, den Produzenten, wir heiraten, dann Standke, dann Stehr, die Filme mit Stehr sind meine besten Filme, ich hätte Springer haben können, Augstein hat zu mir im Cadillac gesagt: Ich bin der König von Hamburg, Ehmke ist auch ein kluger Kopf, ich mache jetzt eine Party für Willy Brandt und Frau, das sind nette Leute, ich war bei den achtunddreißig Eingeladenen im Kanzler-Bungalow, achtunddreißig aus der ganzen Republik, spürst du, wie naß ich bin, damals war ich nicht naß, damals warst du überhaupt nicht gut, ich will nicht mehr weg von dir, fahr mit mir in die Schweiz, bitte, es ist ein schönes Haus, in Celerina, auf 1700 Meter Höhe, wir bleiben einfach im Engadin, ich liebe dich, egal, was das heißt, ich plappere, du lachst, lach nicht, ich hasse dich, lach nur, das ist gerecht, das hab ich verdient, ich bin ja so verliebt in dich, mein Mann ist mein bester Freund, ich schlafe schon seit ich weiß nicht wie lange nicht mehr mit ihm, lach doch nicht so, du bist gemein, du hast ja recht, ich war genau so, wenn ich nicht verliebt war, das geschieht mir ganz recht, ich habe heute abgedreht, dann ging ich von Bühnenarbeiter zu Bühnenarbeiter und gab jedem hundert Mark, die mögen mich, die sagen: Die tritt nicht nach unten und buckelt nach oben, ich koche gut, frag Kurt, schau meine Hände an, das sind nicht die Hände einer Schauspielerin, aber komisch, die Leute bleiben stehen, starren mich an, in Zürich waren die Litfaß-Säulen voll von mir, ich kriegte für meinen letzten Film dreihundertfünfzigtausend, für den nächsten dann über vierhundert, mein Bild auf der Paris Match war sehr schön, ich habe bei Yves Montand und Simone Signoret gewohnt, das sind reizende Leute, ich liebe dich, du wirst schon wieder steif, mein Gott, fick mich, ich bin so geil, komm, fick mich doch noch, nachher lutsch ich dich aus, ich lutsch dich kaputt, ich beiß dich, ich hab dich nicht zum Stöhnen gebracht, das liegt an mir, schade, ich kann nicht mehr weg von dir, sag, ich soll bleiben, ich mach mir nichts aus Geld, deshalb krieg ich immer mehr, aah, ich krieg schon wieder ne Gänsehaut, du, ich komm schon wieder, merkst du, wie oft ich komm, kommst du, wenn ich den Abend gebe für die Brandts, bitte, komm, ich liebe dich, hast du hier ein Mädchen, schwör, bitte, daß du hier kein Mädchen hast, ich lauf dir nach, diese Silke ist langweilig, das weiß ich, glaub mir, schlaf nicht mit ihr, als ich mit Fred zum dritten Mal zum Gericht fuhr wegen der Scheidung, sprach er so leise, daß sich die Anwälte vorbeugen mußten, um zu hören, was er sagte, er wolle keine Frist mehr, mutwilliges Verlassen oder so, und als wir heimfuhren, sagte er: Gib's zu, du hättest auch bald geheult!, ich bin viermal schuldig geschieden, obwohl alle vier Männer die Schuld auf sich nehmen wollten, ich wollte das nicht, ich liebe dich, du wirst immer noch steifer, das gibt's doch gar nicht, deine Technik mag ich nicht, so bist du viel besser, gell, ich bin wahnsinnig naß, damals war ich nicht naß, ich hab's mit der Margot gemacht, ich bin nicht lesbisch, aber ich wollte das, und allein ist auch schön, macht dich das geil, du stöhnst überhaupt nicht, schade, ich habe Zeitungen ausgetragen, hast du schon mal Zeitungen ausgetragen?

14. 11. 1969, Köln.
TV.

16. und 17. 11. 1969, Zürich.
Lesung.

18. 11. 1969, Luzern.
Lesung.

Handarbeit
Altgold, liebster See
schaust schön drein
glänzest hold in d'Höh
gibst dem Herbst
ein Schein
bald bist violett
und uneingefaßt
bald bist mein Bett
ich lege mich
wie's dir paßt.

Sonne tatsächlich
mein Fall ist alt
ich zieh mich hin
unermeßlich ist nichts
aber es wird kalt
und hat keinen Sinn.

Rechnungen
Liebe und liebste Zahlen
wachsen auf meinem Grab
zähle zusammen, ziehe ab, laß
die Tasche nicht fallen
bis du herausgebracht hast
wie lang die Vöglein dir sungen.

Ich darf nicht anfangen
Wörter die nichts zu tun haben

gibt's immer
meine Wörter sind's.

Frucht frugal
was wird aus mir
ich verkaufe
eins und kaufe eins
und kaue diesen Unterschied
ich wart auf die Jahreszahl
in der ich mich verlaufe
weit fort von hier
in der Schwere des Steins.

Am Bodensee
mitten ins Schwarze
trifft aber auch alles
was fällt
abwärts geht's sicher
kann überhaupt nichts
passieren
bloß keine Sorge
schau schon
bist du da
das Dunklere gib mir.

Wozu hat der Eichelhäher seine schwarzweißblauen Federn? Schwungfedern. Sonst oben rotbraun, unten am Bauch milde beige, aber dieses für uns schöne schwarzweißblaue Farbenband an den Seiten, wenn er mit angelegten Flügeln sitzt.

Ich weiß nicht mehr, was «dialektisch» heißt.

Für die Diskussion in Scheidegg: Fragen. Leben Sie in derselben Demokratie wie ein Hilfsarbeiter mit drei Kindern, wie ein entlassener Sträfling, wie ein Lehrling in einer Hotelküche, wie ein AOK-Patient? Ich lebe nicht in derselben Demokratie. Ich liege 1. Klasse, mir kann nicht jeder dreinreden. Wie teuer ist Ihre Stunde? Wie oft verkaufen Sie Ihre Stunde? Wer nimmt teil am wirtschaftlichen Erfolg? Wer nicht entlassen werden kann, weil sein Betrieb ihm gehört. Wer geschützt ist, weil er Arbeitsplätze finanziert. Wer Gastarbeiter beschäftigt, die von ihren Familien getrennt leben. Wer eine Zeitung besitzt und Information verkauft. Die Parteien haben Monopole, die immer unangreifbarer werden. Da der Wähler keine Wahl mehr hat als dieses Vorformulierte usw., ist Wählen nur noch eine Form der Zustimmung. Die Apparate befehlen zur Wahl, das ist ähnlich wie in der DDR. Alle wissen, daß unser Bildungssystem veraltet ist, keiner tut was: nur die Studenten, und die werden dafür diffamiert, und wenn sie durch ihre Lage radikal werden, dann werden sie bestraft wie zu Kaisers Zeiten. Das Mitbestimmungsmodell Duvernell/Nell-Breuning. Es genügt nicht, die Versagensfälle des kommunistischen Sozialismus zu brandmarken. Wir sind nicht gerechtfertigt, bloß weil der Sowjet-Kommunismus zum Stalinismus geführt hat und dieser Stalinismus noch nicht überwunden wurde.

Wachstum nach Maß, Lohnleitlinie und soziale Symmetrie, konzertierte Aktion.

Im Grunde ist jeder Nichtbesitzende in einer bürgerlichen Gesellschaft asozial.

19. 11. 1969, Buß- und Bettag.

259

Man müßte mehrere
Gedichte machen
und zuschauen wie
sie entstehen
vielleicht könnte man
dann im Löwenrachen
die Eiterbläschen sehen.
Jede Angina ist ein Gedicht
acht Tage entsteht sie
acht Tage geht sie
aber sie reimt sich nicht.

Ich bin viel weniger dagegen
ich bin fast dafür
auch für den Regen
und das Geschwür.
Ich reite im Kreis herum
ich streichle die Mähne
ich verstumme
ich wähne.

Laß nur
du wirst schon sehen
und bald
du kannst dich drehen
jung oder alt
du wirst dich noch wundern
wie bald.

Wolfgang Hildesheimer: Sylvia hat dein neues Buch gelesen, sie findet's hinreißend. Ich bin noch nicht dazu gekommen.

M R-R hält meine Bücher für schlecht, weil er nichts davon versteht. Ich halte meine Bücher für schlecht, weil ich etwas davon verstehe.

Dieser aufgeregte, spröde Mensch. Der Mensch fährt mit der Bahn.

Dieses auf die unglücklichste Weise gefallsüchtige Nichts importieren. Geh heim. Schlinge etwas um dich, bleib stehen am Tisch. Stütze die Fingerspitzen auf die Tischplatte. Leicht. Immer so leicht als möglich. Was heißt dann noch leicht. Wir haben schon wieder vergessen. Obwohl das Heizöl vor 14 Tagen billiger gewesen wäre. Zu spät. Der Winter wird uns hart werden.

Ich habe keinen Augenblick daran gedacht. Unterdrückung

zum Beispiel. Ich bin schon dafür, daß man etwas unterdrückt. Aber es muß nicht gleich der Sonnenuntergang sein. Auch um den Sonnenuntergang wäre es schade. Ebenso übrigens um den Regen. Ich freue mich über unsere Einigkeit. Ich wage jetzt wieder. Ihr steht zwar vor mir wie ein Absperrkommando. Aber eure Schokolade läßt mich hoffen. Ich bin jetzt immer häufiger. Stoßt mich bitte nicht. Ich habe. Ich werde. Laßt das, bitte, ja. Ich bin auch nur ein Mensch. Könnte ich nicht etwas stehlen. Die Schritte, die hinter mir hereilen, werden mich nicht zu verdächtig machenden Bewegungen veranlassen. Ich habe es trainiert. Von mir wird Contenance verlangt, daß Sie's nur wissen. Ich selber verlange von mir noch weit mehr. Aber …

Hölderlin – Kenner oder Liebhaber

Was muß man gelesen haben, um mitreden zu können. Gewidmet Professor Fr. Beißner

Wie unbefangen darf einer sein. Die Fachleute erklären ihn zum höchsten Schwierigkeitsgrad unserer literarischen Vorräte. Oberes Oberseminar.

Ich möchte mitdenken, dieses Leben nachdenken. Wie wurde er so. Was verstehe ich davon.

Eine freundliche Gegend. Sonnentage, über die Wolkenschatten ziehen, oder eine Herausforderung durch einen speziellen Satz und Vers wahrscheinlich. Vielleicht könnte ich jetzt schon mitdenken. Ich möchte Kfz-Meister sein, daß ich ganz unbefangen die Frage stellen könnte. Wird es dir gehen wie ihm. Hölderlinsche Freiheit. Freiheit des Einsamen, des Einzelnen. Hölderlin unbefangen? Nein. Jeder möchte ihn haben, jeder ihm am nächsten sein. Eifersucht. Besitzdrang. Weil jeder begeistert ist, so voll davon, so total davon ausgefüllt oder hingerissen, daß er glaubt, so wie ihm könne es keinem anderen gehen, so nah sei Hölderlin keinem anderen, so wichtig könne Hölderlin für einen anderen gar nicht sein. Und jeder macht mit diesem Hölderlin doch, was er will bzw. was er muß. Hölderlin ist ein öffentlicher Besitz. Und wodurch kommt die Begeisterung? Und war Hölderlin ein Demokrat? Mit freundlicher Genehmigung Hölderlins reden wir alle über Hölderlin. Er einigt links und rechts nicht in ihren Argumenten, sondern in der Begeisterung.

Hölderlin dient also dem Ausdruck unserer eigenen Erfahrung. Er hat alles so unübertrefflich gesagt.

Nur noch Tannen
und Schnee
und eine Frage des
Geschmacks
der Grabstein
die Organisation des
Sterbens
ich muß darauf gefaßt sein
daß es sich über drei oder sieben Tage hinzieht
daß ich nicht mehr weiß
was ich sage
und in jeder Stunde
bis zur letzten
das Bett beschmutze.

Das Unglück in der Familie

C. Das fast zum Ersticken schluchzende Kind, das Zwinkern.

J. Der Herumrenner, Bremser, Hüpfer.

P. Die flache Grinserin.

M. Der traurige Müde, und bei allen das Gschsch in allen Wörtern.

27. 11. 1969

Hier. Nachgiebig. Gewesen. Ein Fall. Unerkannt. Ich habe nicht aufgepaßt. Ich vertraute, lachte, zu früh.

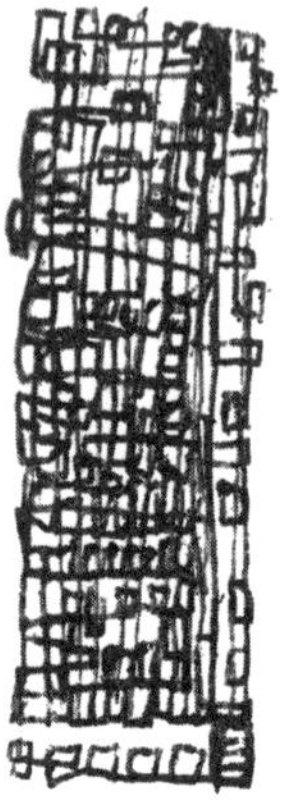

Die Sonne schien mir ins Gesicht.
Die Sonne hast du,
willst du sagen,
für wen, glaubst du.
Laß doch. Der Schmerz.
Übrigens. Meistens. Die Lösung.
Das Wasser.
Nicht weiter. Genug. Gesteh jetzt.
Ohne Bestimmtheit, angewiesen,
durchdrungen von nichts.
Mäulchen.

Ungebunden. Abstrakt. Ein winterlicher Tonfall. Aushub. 600 Mark sind eine Drohung. Ich flüstere. Praxis. Ich höre mich nicht. Ich verstehe mich. Es ergibt sich nichts. Schön.

Vor mir senkrecht fällt
die Sonne servus ich komme
gleich ungeschult ich
sagte schon ich wende
mich unwillkürlich an mich
meine Stimme reicht nicht
bis zu dir meine Stimme
ist ungeschult ungeschult
sagt sie ich schäme mich
vor mir ich komme gleich
sobald die Amsel fällt
sie schaut noch mich an
ich rauche noch ich komme gleich
ins 19. Jahrhundert in den
Schnee ungeschult
häßlich wie ein Kaplan
ich hinterlasse dir daß du

lachen kannst ein bißchen
Ansicht ich hinterlasse dir
Überlegener den Startplatz
die Schuhe die Bahn ich
lief nicht.

Ich verberge mir den Zustand des Papiers
in dem ich mich befinde
ich verlaufe laut un-
deutlich in der Gegend
mich rufen die Hunde an
ich werde mich hüten ich
verschwinde den Vorwurf
formuliere ich selbst von den
Nachrichten laß ich mich
peinigen aber nicht zu sehr.

Hast du diesen Zwang im Mund
kennst du das auch wenns
schneit muß ich noch ab und
zu die Konversation so dres-
siert bin ich so müde des-
sen wenn ich das überlebte
wär ich sehr lächerlich.

Ich wünschte ich wünsche ich
zähle die Wünsche probiere sie
an und lasse sie ändern ich
trage nur passende Wünsche
ich wag es nicht mich zu
erkälten.

Ich bin ein Hase weißt du
in der Furche und gramvoll
und geduckt warte ich auf
den ersten Schuß dann renn
ich los und sehe noch
die purzelnde Welt die
sich überschlagenden Jäger.

Ruf den Herrn herein sag ihm
ich sag ihm ruf ihn herein
ich sag es ihm selbst ich
werde sag ihm wenn er ein-
tritt werde ich sag ihm wenn
du ihn rufst ich sag es ihm selbst.

Morgen geh ich fahr ich morgen
bin ich nicht mehr wenn gefragt
wird ob ich bin ich nicht mehr
falls gefragt wird hier.

Ich halte den Schmerz gut aus
ich danke
ich lasse mir das nicht nehmen
ich kann mir nicht helfen
es gibt Möglichkeiten
nicht für mich
ich lasse mich gehen
als wär ich ein Aquarellist.

Hallo Hirte Auto frei
fahren Sie mit ich bleibe
für Sie bei der Herde ich
wollte doch immer schon.

So hoch für mich beim Stamm
zuständig gut gehalten
die Verbrechen folgen mir nicht
etwas geb ich abenteuerlich preis
wir werden lachen
im Wirtshaus während es schneit.

Es ist nicht so lustig
lustig ist es nicht
wenn das nicht lustig ist
mein Gott ist das lustig
so was von lustig.

29. 11. bis 6. 12. 1969, Arosa.
Die Atemwende, die Kehre zwischen Ein- und Ausatmen, das ist verkorkst. Das sollte nicht verlangt werden. Ich kann nicht wenden. Ich atme aus, und dann rafft sich nichts mehr in mir, was einatmen will. Es ist eine große Anstrengung, diese Wende. In einer Million Jahren wird das überwunden sein, da wird es nur noch Wesen geben, die nur aus- oder einatmen, die andere Phase erfolgt dann durch Poren oder sonst was. Das Ein UND Aus ist vorläufig.

I. Die Hölderlinsche Krankheit. II. Nun, o Unsterblichkeit …

Die chinesische Mauer aus Namen und Buchstaben gegen den Tod. Die Geschichtsschreibung, das Ausfüllen der vergangenen Zeiträume bis zum letzten: Goethe in Heilbronn im Gasthaus Sonne, das von einem Saarbrücker Architekten gebaut worden war, der in Paris Zeit verbracht hatte. Das ist Europa: der Kampf gegen das Vergehen mit Hilfe von Papier und Bleistift.

Hölderlinsche Krankheit.

Die Größe, ja, die war klasse usw., und immer mehr kommt heraus, wie mampfend die war, ihn verschlingend, er ist ein Jonas, es gibt ihn nicht mehr, und er erzählt davon romancierend.

Über Mozarts Todesursache

Urämie nach Nierenkrankheit oder Vergiftung, neuestens. Dr. Kerner im Totenschein: Hitziges Frieselfieber, chronische Quecksilbervergiftung. Antonio Salieri (1825, Todfeind) soll an seinem Totenbett gestanden haben, soll das Gift gegeben haben. Vincent und Maria Novello (Verlegerehepaar) haben 1828 mit Constanze und den Söhnen gesprochen. Constanze sagte: Sechs Monate vor seinem Tod habe M. gesagt, daß ihn jemand mit Aqua Tofana – aus Arsenik, Antimon und Blei (nach einer Sizilianerin benannt) – vergiften wird. Guldeners Bericht weist das zurück. M.'s Krankheit auch ein rheumatisches Entzündungsfieber, Ursache eine Hirnhautentzündung, eine «Absetzung im Kopfe». Durch M.'s Arzt häufige und übermäßige Aderlasse, und das war fast tödlich. Todesgedanken. Das Requiem für sich.

… gewiß man hat mir Gift gegeben. Er arbeitet jetzt viel und rasch.

Mitte November kam Constanze zurück. Erst in den letzten vier Wochen Schwindel. 20. 11. zu Bett. Erst 5 Stunden vor seinem Tod ohne Bewußtsein. Totenschein keine Diagnose. Keine Sektion. 6. 12. abgeholt. 7. 12. in einem Armengrab ohne Zeugen. Puschkindrama: «M. und Salieri». Notizen in Beethovens Konversationsbuch: Salieri Mörder Mozarts. Verteidigung Salieri durch Carpani: Zwischen M. und Salieri immer gute Harmonie. Beide am Hof wie Brüder.

Baumgartner: Zwischen M. und S. keine Harmonie. 1858 stirbt Karl Thomas, ein Sohn M.'s, in Mailand. Auch heute noch keine Klärung. Sicher kein Gift.

Widerrechtlich. Sonnenüberglänzt. Farblos. Verhätschelt. Ohne Freude. Bestürzt. Widerrechtlich. Angebunden. Voller … Es könnte nicht schöner sein. Verbittert. Immer wieder ist es ein Fehler. Bewußt. Bestürzt. Kopf in der Hand. Glücklich. Sagen rinnen durch Zäune mit mir abwärts.

Schließmuskel schließ.
Wir schlafen bei den Schafen.
Das Wetter ändert sich nicht.
Schau um die
Ecke steh Schmiere
wie gewonnen so zerronnen
ich zähle nicht.

Der Unterschied
Ihr Riesen. Regenspucker.
Wolkenschlucker, Donnerer.
Gebts mir Feuer. Gebts
mir Saures. Es dunkelt.
Ich leuchte euch heim.
Rutscht nur aus. Es ist
sehr rutschig. Ich
ersticke mich im Keim.

Verkommen so verkommen
ich war einmal
ich war heiter
ich muß heiter gewesen sein.

Dieser Kopf hat nicht gehalten
es ist soweit
die Wörter fliehen
ich habe den Eindruck
ich rühre mich nicht.

Ich muß
beliebig
lediglich Schwere
genügt nicht
Leben ist mir
zur Gewohnheit geworden
bleib.

Probehängung in der Alten Pinakothek, Franz Hals, 12 Millionen-Bild aus Liechtenstein.

14. 12. 1969
Kressbronn, bei Anna.

In der zu kalten, engen Küche. Jeder will so alt werden wie möglich, jetzt sitzt man da, allein, es ist nicht jeden Tag gleich schlimm, es gibt Tage, da nimmt man's leichter, aber keiner will sterben, keiner. Das müssen wir erleiden, bloß weil die Eva gesündigt hat. Auf der Straße bin ich nichts mehr wert, da bin ich eine Null. Ich lese viel in der Bibel. Ich habe noch ein Buch dazu. Die Frau ist gut, bei der ich wohne. Sie stellt mir einen Kuchen hin, es würde sich für sie ja nicht rentieren, einen zu machen, allein, also das ist wirklich eine gute Frau. Und Anton war nicht einmal hier, kein Geschenk usw. Und als ihn der Martin Maier fragt, gell, Anton, Anna und Georg wären auf Pfärrich gekommen, wenn Georg wieder heimgekommen wäre vom Krieg, da sagt der Nie! Und Georg ist ja nun tot, und Georg mußte ja nur gehen, daß Anton heimkam. Für Anton mußte einer gehen, Anton war da ja in Prag, 1945, und kam grade noch raus, und dann sollte der Käser von Pfärrich gehen, aber der hatte die Schulter in die Transmission gebracht, und die Ärztin hat ihm das bestätigt, der hat er wahrscheinlich Butter gegeben, also sagt der Heine von Schauwies, gut, dann eben du, Georg, einer muß gehen, daß der Anton heimkommt, lange dauert das ja nicht mehr, also mußte am Montag gleich der Georg gehen, und jetzt sag selber, jetzt ist er doch tot, da hätte Anton doch sagen können, ja, Anna und Georg hätten Pfärrich umtreiben können. Wenn er ein feinerer Charakter wäre, hätte er das gesagt, wo ich neun Jahre bei ihm war, und er hat nicht einmal die Kasse geklebt, so daß ich jetzt bloß die kleinste Rente habe, und er ist noch nicht einmal gekommen, kein Pfund Butter, nichts. Ich hab schon gedacht, ihr habt mich auch vergessen.

Ich begegne mir höflich
auf dem saugenden Papier.
Man schaut die Alten an
und glaubt es nicht.

Die Möwen können im Wasser, auf dem Land und in der Luft, aber sie können nicht singen.

Dezember füllt den Garten mit Schnee
und mit Vögeln
es freut uns sehr daß ihr herkommt
bunte Vögel ihr Blumen des
Winters.

Von links schiebt sich der Schwan ins Bild, in den Ohren wie eh und je, zum Glück fährt noch ein Auto vorbei, die Möwen schreien, überall schließen die Häfen, fabelhaft, mir wird schon ganz schön schummrig, es ist der 20. Dezember, wir sind alle gleich.

AK III

Was dem AK durch den Kopf geht und wie er es macht, zwischen Menschen zu leben, das kann man, eines nach dem anderen, ruhig erzählen.

Auch Mädchenleben scheint jetzt möglich als eine Kinder- und Jugendgeschichte.

Ich habe die Kurve gekriegt. Beinahe hätte es mich hinausgetragen. Ich kann jetzt zurückschauen. Aber es ist nicht nötig. Es gelingt schon etwas, aber immer weniger als die Hälfte. Deshalb habe ich mit Recht den Eindruck, daß alles mißlingt. Gelänge auch nur ein wenig mehr als die Hälfte, könnte ich sagen, alles gelingt. Es gelingt also nichts. Ich werde jetzt hauptsächlich darauf achten, daß mir der Hals warm bleibt. The neck. Ich habe im Dezember immer gespart. Das viele Geld. Das schöne Geld. Und dann der Januar. Der Januar ist keineswegs der Mai. Im Gegenteil. Ich übertreibe gern ein wenig. Man kriegt leichter Kontakt. Das muß sich rächen, klar. Ich werde mir einen Namen suchen. Zum Glück habe ich im Keller noch einen alten Ofen stehen. Kommt alle zu mir, die ihr mühselig und beladen seid. Ich wehre keiner Verwüstung mehr. Will ich denn ins Grab marschieren wie ein blankgeriebener Soldat? Ich verlange, was ich keinem anderen zugestehe. Ich habe auch meinen Stolz. Unter mir ist Platz. O Kind. O Natur. Ich zögere. Der Verrat. Die Blamage. Oh, und wie mich friert. Inmitten des Mißlungenen. Selbst der Ofen …

24. 12. 1969

Pro Tag noch 1–2 Zigaretten und 4–7 Zigarillos und trotzdem in den Ohren immer dasselbe Geräusch, derselbe Druck, als wäre etwas beschädigt, ich werde einmal gar nichts mehr rauchen, und das wird nichts nützen, o Herr, arbeitsunfähig, vorübergehend ein Krüppel. Sogar die Herzschmerzen stechen weiter, als hätte ich gerade wunder was geraucht, das ist das Komische, daß man immer dachte, du brauchst nur mit dem Rauchen aufzuhören, dann bist du wieder gesund, man glaubte, es in der Hand zu haben, aber das ist jetzt heraus, ich habe es nicht in der Hand. Warum gebe ich mir Mühe zu atmen, ich könnte aufhören, es ist schlimm genug, die Schulden, die Kinder, die Arbeitsunfähigkeit.

Du kannst zwar um die Ecke gehen
aber du siehst dich nicht
in Käfigen Gesang
Licht im Dunkel
eine Hand gebrochen
niedrige Preise und Feiertage
friedlos immer weniger
wirst du verlangen
du sollst es besser haben
Flöten Ferkel Krautsalat
Aschenbecher aus Istanbul
Anruf von x y z Halleluja
greif dir an den Kopf vorwärts
hoher Ton brozle die Seelen
schmackhaft bis zum Ende
der bekannten Melodie
und fange falls du noch mußt
ungeniert von vorne an
ich bin schon unterm Tisch
ich studiere meine Spuren
welch ein Glück für einen
studierten Schuhmacher
welch ein Glück für mich
am 24. 12. 69.

Laut lauter am lautesten
was muß vorgefallen sein
es gibt keine Belohnung
das glaub ich nicht
aber ich weiß es gibt keine
Belohnung aber ich
glaub es nicht ich
schnappe nach der Wurst
ich kämpfe meine Herrn
ich tu nur so als kämpfte
ich nicht meine Unmittel-
barkeit kommt davon
daß ich überanstrengt bin
von dieser blanken Not
zündet Lichter an
zückt die Taschentücher
aus Papier raschelt laut
im Schein und zählt den Schmerz
die Tropfen und die Lieder
und dich und mich in Ewigkeit
Amen.

Du nimmst mir den Nachmittag
ich laß dir den Nachmittag
laß du mir die Nacht
nimm mir nicht die Nacht
laß mich schlafen ich will
nicht mehr.

Sag mir nachher wie's war
ich sag dir dafür wie's sein
wird sag mir wie war's
von mir erfährst du nichts.

Es dauert nicht lang
lüg ruhig in der Türkei
komm spät zurück es
geht schnell dein Kopf
kommt nicht mit dein
Kopf bleibt zurück du
hast Angst du bist
dein Gewissen los du
bist doch ganz hübsch
tanz doch es dauert
nicht lang lieg still.

Die Geigen die Geigen die Amseln
der Schnee die Nässe der Staat
die Melodie für einen Finger
mein Schwachsinn meine Liebe
unser aller Rosenstock und
die Heftigkeit und der Sturz
und die paar Sätze zum Abschied
die flatternden Lanzen die
laut lachende Beute schön
du im Büchsenlicht Schweiß
ich kann so tun als wüßte
ich nichts von euch allen
ich bin noch der Glücklichste
und seht mich an jetzt
haben's die Geigen eilig
sie verschließen die Stunde
ich trockne mich und lege mich
unter ein glückliches Licht
und liege unrecht in der Dunkelheit
kleidsam ein Häufchen Kitsch
verwandt mit meinen Bewachern.

25. 12. 1969, morgens.
Th: Ah, die hat's schön! (Mit der üblichen, leicht quengeligen Neidbetonung.)
K: Wer? (Da sie allein im Zimmer stand.)
Th: 's Theresle. (Sie beneidet sich, weil sie ein Schaukelpferd bekommen hat.)
wangleilig (langweilig)

Laß mich doch, ich kann mich doch nicht lassen, ich bin der einzige, der das nicht kann, obwohl ich mich keuchen höre wie einen Fremden.

Immer von gestern
voller Befürchtung
und Scham
das kann jeder sagen
ich bin direkt verkauft
nie wieder werde ich für mich
so unverständlich werden
wie ich für mich früher war
als ich andauernd voraus
schaute und nichts sah.

Abteilung halt was denn
klingeling Musik los
schlagen wir uns durch
ich kann von Beeren nicht
leben ich bleibe hier und
sterbe unter dem Hölderlin-
Busch an meiner Stirne.

Es oder ich oder du
oder ein Matratzenlager

oder eine Hand voll Schnee
ich fühle mich eingedeckt
es hat mich gepackt
du kannst mir gestohlen werden
ich liege längst auf dem Boden
der ein blankes Eis ist
ich trainiere noch dann
steh ich auf und lege mich.

Zusammenrottung mit mir muß
in der Sonne stattfinden eine
öffentliche Handlung sein wegen
der Angst die mich verdirbt
ich bin ein Happen take it.

Mir fehlt nach dem Essen etwas
es war ein schlechter Tausch
also biege ich den rechten Arm
und lege meinen Kopf hinein
ich muß die Uhr loswerden
oder schreien weil ich verlegen bin.

27. 12. 1969

Mädchenleben

Von allen Kindern des armen Vaters Karla das wildeste. Sie war einfach zu wild. Und eine Stimme hatte sie. Wenn sie vor Zorn schrie, gab es Risse in den Wänden.

Ich liege überm Papier
der großen Ebene
bin Bürgermeister
des Gefields
Herr der Vögel zumindest

der toten und früher oder
später verrecken sie alle
Herr bin ich übers Papier
die große Ebene über Leben
und Tod den liebsten
Verwandten der mir so
die Zeit vertreibt ich werde
richtig böse wenn andere
mich stören er ist mir
Gesellschaft genug
sich totstellen
Beton leitet den Schall
von zu.

Langsam rutsch ich übers Papier
nicht nach Indienamerika
nur hierher freudlos schürfend
ein kleines Schreibgeräusch
sonst aber auch nichts
soll ich skifahren gehen.

Es faßt sich zusammen
ich spür ums Gehirn das Band
verschnürt schau ich noch
hinaus ins überlebende Land
grüße das Eis Heil Eis
mach's gut liebes Eis
ich geh dir voran im
März April kommst du auch.

Wer nimmt mich noch
ich nehme keinen daß das
klar ist keinen ich tauge

nur noch zum Feind es
ist eine Frage des Pulses
liebe Leute bleibt mir
vom Hals ich wünsche nicht
solche Floskeln nicht wahr
gehört ist gehört ich war
nie mächtig aber weniger
war ich's nie das kannst du
mir glauben und wenn das
vorbeigeht aber wie wer
wirft mich wieder an.

Die Spinnen werden mich finden
im Frühjahr luftgetrocknet
eine Redensart für Unglück und
ziemlich abstrakt.

Jetzt nicht mehr fahrt fort
schickt nichts keine Unter-
haltung was soll ich mit Wörtern
ich lese nur noch was Gestorbene
schrieben weil es mich unter-
richtet der hat das ge-
schrieben und jetzt ist er
tot ich muß noch einige Zeit lesen
begreifen muß ich es nicht
ich muß nicht denken ich hätte noch
mit euch zu tun wer ist
der Raffinierteste hier ich
stiege gern aus bitte wie
geht das geht das so.

Litanei macht frei
Scardanelli steht dabei
zwei und zwei ist drei
ich streichle dein Geweih.

Horch was kommt von draußen rein
es wird doch nicht was Gutes sein
ich möchte nur noch roten Wein
und einen möglichst rauhen Stein.

Liebe ich möchte noch Geld
verbrauchen lackierte Scheiße
kaufen und mich zerfleischen
mit scharfen Sachen.

Vorher war was
ein Mensch zuviel
der fort will weißt du
ohne Haß einfach fort
unters Gras verstehst du.

Sie öffnete die Tür, machte Licht, sah die Stufen, sie ging hinunter, sie konnte sich einfach nicht vorstellen, daß sie eines Tages nichts mehr vermissen würde, ihr Hund war ihr gefolgt, sie musterte die Regale, da fehlte nichts, aber da war etwas, ein roter Schlauch, der war nicht dagewesen, der gehörte nicht hierher. Sie rührte sich nicht. Der Schlauch lag so, daß ein Ende auf sie gerichtet war, ein Messingmundstück. Ein Ruck ging durch den Schlauch. Es sprühte. Sie schlug die Hände gegen ihr Gesicht und stürzte nieder.

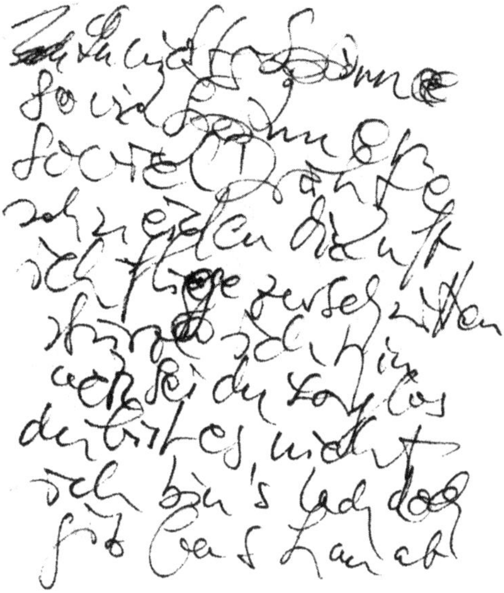

30. 12. 1969
Wenn es so bleibt
bin ich ein Krüppel
wenn es so bliebe
also so bleiben würde
wie es jetzt ist.
Was du bloß immer hast
ich rutsche sicher
ich bin am sichersten
wenn ich rutsche.

31. 12. 1969
Schöne Zahlen gewesen, schöne Zahlen. So ein Druck, nächstes Jahr am 31. 12. vergleichen, so bedrückt und unruhig, so schwer und unfähig, ruhig zu sein.

Die Gallistl'sche Krankheit äußert sich in den Rachekalendern schon recht deutlich. Intellektuell. Es ist die Papageienkrankheit der Intellektuellen.

Ach ihr Mädchen in Genf
Heidi und Sylvia
you definitely don't
mean it
mais oui hélas
ich schon
ich lebe im Hallenbad
da kann man sich nicht
verstecken und alles ist
so laut, falls ihr auch
in einem Hallenbad lebt
werden wir uns
gut verstehn, aber das
wäre wirklich die Bedingung.

Die Gallistl'sche Krankheit

Hölderlins Brief an S. G., nachdem es ihm nicht gelungen ist, sich als Journal-Macher zu etablieren: Keine Stilisierung mehr, zum ersten Mal die Katze aus dem Sack, hahahahaaa, da lacht der Gallistl-Kranke, hahahahaaa, Hölderlin hat's auch nicht geschafft, das ist ja ganz prima, ganz ganz prima. Der Gallistl-Kranke sucht den geringsten Umweg. Er sucht den direktesten Weg. Wer von der Gallistl-Krankheit befallen ist, mag es hier feststellen. Es ist die europäische Gallistl-Krankheit. Man muß vermuten, daß andere Kontinente eine andere Version davon haben, wenn auch keine ganz und gar andere; in den USA haben viele die europäische Spielart.

38V

Zimmerschlacht.

1) München 7.12.67.
2) Frankfurt 31.3.69
3) Hamburg (Dt. Schauspielhaus ~~Kammerspiele~~) Aug/Sept/Okt/Nov.
4) Wiesbaden (29.6.68) (Sept/Okt/Nov/Dez/Jan
5) Hannover (20.6.69)
6) Zürich (Th. am Neumarkt) ~~(Schauspielhaus)~~ 21.3.69 → Mai
7) Bern (Atelier-Theater) 13.11.
8) ~~Aachen~~ ~~Rostock~~ Stuttgart
9) Ulm (29.III.69 F'hafen) März 69
10) Freiburg März 69
11) Oberhausen
12) Amsterdam (Sept 69
13) Lübeck
14) Bremen 23.1.69
15) Berlin (Renaissance theater) Febr/März 68
16) Köln (12.6.68) (Sept/Okt/Nov. Dez/Jan.
17) Wien (Josefstadt (~~11.2.69~~).)
18) Flensburg
19) Düsseldorf (Schausp.-Hs) August/Sept Okt/Nov.
20) Innsbruck (Landestheater) (10.11.68)
21) Duisburg (20.9.68)
22) Göttingen (Okt 68) (Dt Th.) - 17. Dez.
23) Aachen (8.11.68) (St Th) Dez/

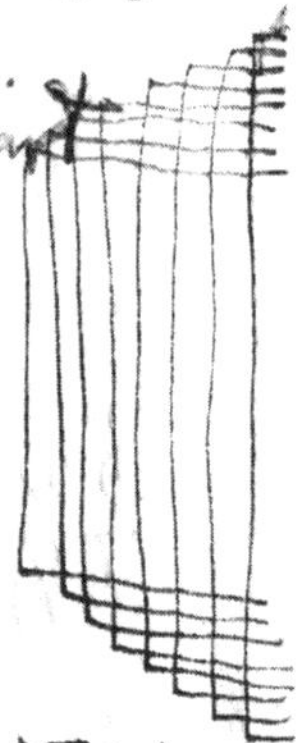

24) Uppsala

25) Hälsingborg 15.11.68

26) Helsingfors (ehel. Th.)

27) Krefeld-Mönchengladbach (29.9.68)

28) Wuppertal (2.11.68) Dez/Jan.

29) Würzburg Dez 68

TV 30) London

TV 31) Kopenhagen

32. St. Gallen 3.1.69

33. Graz 8.1.69

34. Darmstadt 9.1.69

35) Münster

36) Luzern

37 Rendsburg (Juni 69)

38 Oldenburg

39) Bonn (Stadttheater Apr. 69)

40) Mainz

41) Stgt (Fernsehen) (Juni 69)

42) Braunschweig (Juni 69)

43) Luxemburg

44) Tokio

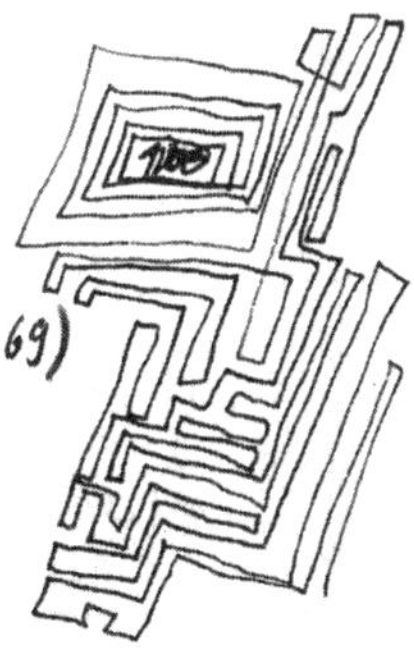

1970

3. 1. 1970
Weil ich merkwürdige Fähigkeiten, nein, Fähigkeiten noch nicht, aber Bedürfnisse in mir wach werden fühle, will ich jetzt vorsichtshalber über keinen mehr etwas sagen.

Mädchenleben
Eine Tochter, geht nicht im Leben auf, sie kommt immer wieder zu ihm, immer die Spielschatulle unterm Arm; man weiß nicht, ist sie 30 oder 12 oder 43, sie heult, wenn sie verliert, kommt heulend, hat also irgendwo wieder verloren; er spielt mit ihr, macht sie auf Fehler aufmerksam, beim Halma übersieht sie die einfachsten Chancen, sie kann überhaupt nicht spielen, aber sie ist völlig darauf reduziert, sie muß gewinnen, sie setzt sich jedesmal ganz ein, aber es ist nur noch eine Ruine, die da einzusetzen ist.

Gotteslästerlich faul …

Herr Zürn (wenn die Jungen hinten vögeln): Ich weiß ja, daß das sein muß, aber ich hab's nicht gern, wenn ich zuschauen muß, ich glaub, ich bin überhaupt kein Voyeur, ja mit fünf, da hab ich auch gern zugeschaut, na gern auch nicht, es hat mich schier zerrissen beim Zuschauen, nicht vor Begierde, ich weiß wirklich nicht, warum, aber es war nicht anders, als hätte ich bei einem Eisenbahnunglück zuschauen müssen. Was man selber gern tut, mag man bei anderen nicht sehen usw.

15. 1. 1970, Freiburg.

18. und 19. 1. 1970
Peter Palitzsch. Thomas Beckermann.

Haaresbreite

Karasek: Der Palitzsch hat bedauert, daß du nicht in Stgt. warst. Das muß ja wirklich gut gewesen sein.

Ich: Nagel hat ja auch eine sehr gute Kritik geschrieben.

Karasek: Jaja, zu mir hat er gesagt, aber das darfst du dem Palitzsch nicht sagen, die Kritik ist durch Kürzungen positiver herausgekommen, als er sie dachte.

Ich: Ach so.

Karasek: Und, sagt er, er habe selber bemerkt, daß sie ihm schon beim Schreiben positiver herausgerutscht sei, als er es gemeint habe.

Ich: Ach so.

Karasek: Und er habe ohnehin schon positiver geschrieben, als es sei, weil er das Gefühl hatte, er habe Palitzsch bei dem letzten Horváth ein bißchen unrecht getan.

Ich: Also war diese Inszenierung ...

Karasek: Nagel sagt, sie war ziemlich mies.

Ich: Ach so.

Die Methode, fertige Sätze zusammenzustellen oder die Sprache ihr Angesammeltes selbst ausplaudern zu lassen, ist die Verabsolutierung der Ironie. Auch die Vergegenständlichung der Ironie. Ist der Versuch, so zu tun, als sei für Ironie kein Subjekt notwendig, als sei die Sache selbst ironisch. Aber das ist nicht der Fall. So sehr sich das Subjekt seines schlechten Gewissens wegen hinter seiner Veranstaltung verbirgt, solange es mit seinem Namen zeichnet, gibt es zu, daß die Sachen selbst sich nicht ironisch zufrieden geben, sondern daß da einer ist, der so arrangiert, als täten sie das. Der fatale Anteil des auf Arrangement angewiesenen Subjekts ist dabei nicht geringer als in der manieristischen oder Verklausulierungsmethode des Thomas Mann u. a. Eine Art zu sprechen, und schon hört sich alles auf.

21. 1. 1970, Stuttgart.
Uwe Johnson.

22. 1. 1970, Biberach.
Uwe Johnson.

23. 1. 1970
Uwe Johnson und Ingeborg Bachmann.

24. 1. 1970, Freiburg.

25. und 27. 1. 1970, Frankfurt.

27. und 28. 1. 1970, München.

Sanft solche Wörter gibt's
was möchtest du als
könntest du's kriegen
die Formen gibt es
aber es gibt auch
Verneinungen es gibt
alles nur nicht in
Wirklichkeit in Wirklichkeit
rosten die Knie mein Mund
friert.

Hinfallen, großes Weinen.
Was hast du, du mußt eben aufpassen.
Waaarum.
Weil du sonst hinfällst.
Jaaa.

1. 2. 1970
Ich möchte mich umbringen – darf aber nicht, im Gegenteil, ich darf nicht rauchen, damit ich länger lebe.

Ihr tut, als würdet ihr mich verstehen, wäre es da nicht besser, ich wäre still?

Auch gesundheitlich wäre es am besten, wenn ich im Wald arbeitete bei einem Fürsten. Wehe mir, wenn ich Konsequenzen ziehe, ich lebe im Turm, ein Scardanelli, der immer schon einer war, bedauernswert, nicht wahr, aber natürlich nicht so bedauernswert, wie wenn ich früher Hölderlin gewesen wäre.

Was meinst du Senator
mit deinem Frühstück
kostbar beziehungsweise bezahlt
die Arbeitsgänge die nötig waren
bis das so lief wie es läuft
die Grapefruit das Schwergewicht
die Abtreibung im Schrebergarten
der Totschlag auch die Südländer
am Sonntagnachmittag schlagen
sie einander tot oder schreiben
Briefe, gehen zum Bahnhof
kaufen Briefmarken, unsere,
die bezahlen sie

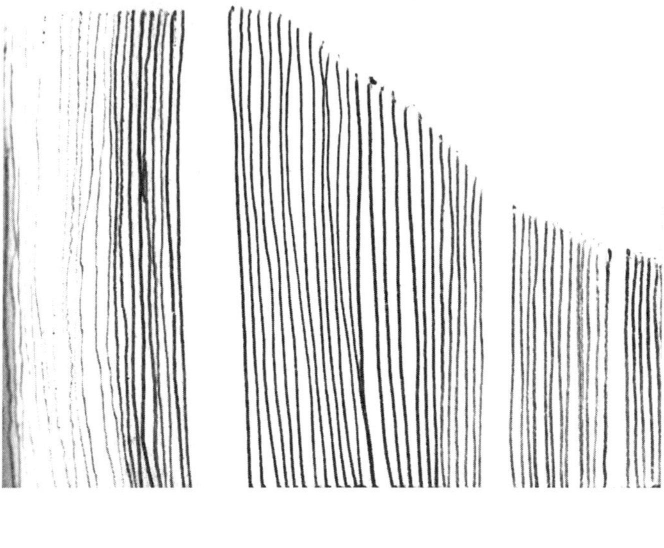

Ich atme hindurch
gegen Geigen Dickicht

Darüber vorbei
wer kommt
hilft der
und wem
es kann sein

oder allein
egal

13. 2. 1970
Tut euch um kommt rüber
seid nett küßt mir die Hand
zahlt bar leert das Bier
aus wenn's nicht gut ist
seid streng werdet bloß
nicht nachlässig haut
mich zusammen Freunde
um euretwillen ich
möchte auch einmal Frei-
zeit haben.

14. 2. 1970

Anfang und Ende sind eine Gewohnheit zugunsten der Einwohnermeldeämter, natürlich ist es jedem empfohlen, seine Daten ganz anders zu sehen.

Nachlässig brutal hilflos
und unsicher im Gebrauch
schwieriger Instrumente
aber fähig jedem Winter
schluchzend zuzusehen.

Was soll ich denn tun
wenn ich nicht kann
was ich soll.

Also wein ich mit dir
Spätwintertag
ich freue mich nicht
auf den Tod dem ich
nicht widerstrebe
sonntags schon gar nicht

ich sage alles zu mir
ich habe diese Gewohnheit.

16. 2. 1970, Frankfurt.
Notiz für die Vietnam-Pressekonferenz.

Eine traurige Tournee durch Europa, und warum? Weil alles, was wir bisher getan haben, noch nicht bewirkt hat, unsere Regierung zur Distanzierung zu bewegen. 100000 Unterschriften brauchen wir, dann müßte das Parlament seine Haltung zum Vietnam-Krieg auf die Tagesordnung setzen.

Der US-Regierung liegt offenbar sehr viel daran, die BRD bei der Stange zu halten. Dies ist der bisher nachdrücklichste Versuch, die Bevölkerung zu interessieren, zu mobilisieren. Wenn Demokratie einen Sinn hat, dann müßte sich ja oben etwas tun, wenn in der Bevölkerung ein eindeutiger Willensausdruck gegen diesen Krieg spürbar wird. Ist das weltfremd, wenn wir das erwarten? Heißt Nato usw., daß wir schlechterdings alles zu decken haben, mitzuverantworten haben, was die Amerikaner jetzt und in Zukunft tun? Wo bleibt da die gleichberechtigte Partnerschaft, von der man uns so viel erzählt? Auf Vietnam-Veranstaltungen, das SDS-Argument: Diese Regierung ist doch gar nicht repräsentativ, das ist gar kein Partner, kein Adressat, W. Brandt, der Kanzler des Monopols usw. Wenn es aber durch den Druck der öffentlichen Meinung gelungen ist, die Bombardierung N-Vietnams zu stoppen, dann sind diese verbal-radikalen Verweigerungen des SDS auch ein Ausdruck des Zynismus. Es kann nämlich gelingen, den Amerikanern eine raschere Beendigung abzuringen. Der SDS sagt: Wenn wir da einen Erfolg hätten, würden wir lediglich diesen Schein von Demokratie unterstützen. Ich glaube, daß in einer solchen Notlage jede Strategie-Diskussion zurückzustehen hat hinter dem, was unter den jetzigen Umständen vielleicht erreichbar ist.

Die Revolution, die der SDS will, käme für die Vietnamesen auf jeden Fall zu spät. Daß die USA unbehelligt ihren Krieg führen könnten, das müssen wir verhindern.

Mädchenleben

Herr Zürn verlangt von einer Tochter, daß sie sich die Finger wäscht, wenn sie von der Liebe in den Haushalt kommt. Sie weigert sich. Er bringt sie fast um. Er hat solche barbarischen Schwächeanfälle.

Als echter Clown bin ich mir heute nacht erschienen.

Erbärmlich A., B. und C.

Auf der Bühne. 3 Figuren. Eine ist wirklich erbärmlich, verleumdet die andere: A. also B. A. muß wirklich unangenehm sein. B. hört das mit. B. ist überlegen. Weit überlegen. Wirklich angenehm. Fair. Menschlich. Aber A. ist unsere Hauptperson. C. ist ein universales Echomittel. Am Ende möchte aber C. auch noch bemerkt werden.

Die gehen in großen Schritten und Strecken über die Bühne. Es gibt Wege auf der Bühne. Rasen, der nicht betreten werden darf. Es gibt Kanäle, denen die Figur nicht entkommen kann. In diesen Kanälen stoßen A. und B. auf einander. A. mehr auf B. als B. auf A.

19. 2. 1970

Ich habe Mißverständnisse verschuldet. Ich kann mich nicht mehr beherrschen.

Mein Hund weicht keinen Schritt mehr von mir heute, als fürchte er, ich wolle ihn zurücklassen. Ich wage immer weniger. Sollen wir gestehen, daß wir lahm sind, ich zum Beispiel bleibe sitzen, ich muß sagen, ich bin lahm. Lang geht das nicht mehr, ich setz mir keinen Raumhelm auf, ich klingle nicht, Schwester, ich warte, bis es für einen Brief zu spät ist, dann warte ich, bis es zu spät ist für ein Telegramm, ihr werdet mich prügeln, wie ich mich kenne, werde ich das für ungerecht halten, das heißt aber nichts.

Schon um fünf Uhr morgens wehre ich mich gegen Bewegung.

Die Gallistl'sche Krankheit

Er ist allein nichts, braucht andere, um überhaupt leben zu können, aber mit anderen kann er nicht leben. Er ist unzuverlässig, er sagt: Komm morgen zu mir. Aber morgen ist er nicht da.

Die Werbung oder überhaupt der Slogan ist zur Natur geworden und taucht deshalb im Gedicht usw. auf wie früher die Lerche usw. Aber das heißt natürlich, daß die Werbung gesiegt hat. Wer glaubt, er verwende so ein Fertigteil aus der Werbewelt nur ironisch, wer glaubt, sein Reproduktionsakt sei Montage, der täuscht sich. Der Zwang, diesen Slogan zu wiederholen, ist größer als alles andere. Die Interpretation der Wiederholung als Montage ist nur eine Weise, sich mit der Niederlage gegen den Slogan zu versöhnen oder die Niederlage gegenüber dem Slogan wegzuschwätzen.

Der Hausherr

Bereitet genau und ruhig den Mord an seiner Frau vor, genau so ruhig und gemessen nimmt seine Liebe zu, wird er fähig zu Handlungen der Liebe. Nur in Aktionen wird das erzählt, nur was er tut, was er für den Mord und was er aus zunehmender Liebe tut.

Die Wintersonne hält mich aus. Es gibt keine Ablenkung.

Am 22. auf 23. Januar Streit mit Uwe, wegen nichts und wieder nichts. Die Steigerung.

a) Terrorist.
b) Dir fehlt was.
c) Du bist schuld, wenn jetzt etwas passiert.
d) Du ekelst mich.
e) Es reicht mir.
f) Sie ekeln mich. Wirft mich in den Dreck. Ich wehre mich nicht.
g) Ich schlage die Türe der Telephonzelle zu, daß die Glastür zersplittert.

Man kann natürlich auf die miserable Lage starren und sich andauernd den Dreck vorsagen, aus dem alles ist. Das ist sogar das Einfachste, Tröstlichste. Aber den Mund anstrengen, die Halsmuskulatur und gegen die Wahrscheinlichkeit behaupten: Wir wollen doch mal sehen! Das braucht eine wahnsinnige Konzentration. Man müßte Erfahrungen verweigern, anders schafft man es nicht.

Ich werde deinen Kopf
nicht vergessen was denkst du denn
ich werde die Namen der Sterne
aufschreiben und einsenden
und auf Belohnung warten
bis nach dem Essen
ich werde dich streicheln gib mir
das Zaumzeug
trinkst du auch Tee.

23. und 24. 2. 1970, München, Hotel Württemberger Hof.

25. bis 27. 2. 1970
Germersheim, Frankfurt, Ellwangen.

Es gibt das trostlose Unbehagen so vieler jüngerer Schauspieler und die Passivität von Institutionen, die aufzubrechen nur Lebensmüde sich vornehmen können.

Was willst du machen. Paradies oder so.

Alle essen und trinken, aber fast jeder für sich, selbst wenn zwei zusammensitzen, ißt jeder für sich. Wenn einer umsinkt und stirbt, wird er auf die angenehmste und unauffälligste und würdigste Weise von dafür Bestellten in einen Sarg gelegt, der Sarg wird sofort in ein Fahrzeug geschoben, das seinen Inhalt weder verleugnet noch grell an ihn erinnert: es ist ein gelungenes, ein seiner Fracht ganz und gar würdiges Gefährt. Eine merkwürdig feste, ebenso sterile wie heitere Musik erklingt immer wieder und hört wieder auf; fast, als arbeite da eine Maschine in einem von außen nicht begreifbaren Rhythmus.

Wenn die Leute gegessen haben, arbeiten sie wieder. Auch da fällt manchmal einer um, stirbt. Manche bemerken es noch kurz vorher, daß sie jetzt sterben müssen.

Es gibt alle Arten von Arbeit. Die Arbeitgeber sind die, die auf höherer Ebene herumgehen, einander etwas zu sagen, auf die Arbeitenden hinunterschauen, Damen die Hände küssen, Konferenzen abhalten, Kunst konsumieren. Sie setzen zur Übermittlung ihrer Wünsche das Management ein; das sind Leute, die zwischen allen Ebenen unterwegs sind.

Im Hintergrund läuft ein Farbfilm, der bewegte Naturszenen zeigt: das Meer, eine Pferdeherde, eine Zeitrafferaufnahme der sich öffnenden Narzissenblüte, einen Wurm, Miami mit Wasserski …

Was wird nun gesprochen? Man sieht ja, daß alles klappt und

daß keiner glücklich ist. Wenn einer plötzlich Magenkrämpfe hat, die Hände gegen den Magen preßt, wird er gleich behandelt. Es gibt auch eine Abteilung für Freizeitgestaltung. Auf einem Extrapodest treten andauernd Unterhaltungskünstler auf und lachen und bringen zum Lachen. Schubert und Rolling Stones. Auch streifen durch die Arbeitswelt immer wieder Kameraleute, die etwas einfangen: Magenkrämpfe, Arbeitsprozesse usw.

Es ist nicht gut so, wie es ist,
aber wir sind müde, es
ist nicht schlecht so, wie es ist,
so gut war es noch nie,
eines greift ins andere,
komm, trink noch
eins, wie geht's, ich
kann nicht klagen,
was willst du machen,
die Orangen sind vergiftet,
von dieser Arbeit kriegst du 'nen Krebs,
ja-ja, was willst du machen
mit diesen lichten, langweiligen
marternden Pastelltönen
dieser Perfektion ohne Glücksmöglichkeit,
dieser äußerlich bleibenden
Versorgtheit.

Mädchenleben

Frau Zürn wird impotent, wenn sie diesen Sexbetrieb der Jungen anschauen muß, sie kann einfach nicht mehr, sie will nicht mehr, das Leben ist schon ein Dreck, sagt sie, das ganze Leben ist ein Dreck, sagt sie das nächste Mal, das Leben ist nichts wert; und das ist nun das Leben, man sollte es nicht für möglich halten; und das geht immer so weiter, es ist unglaublich.

Der Vater brüllt plötzlich: Licht aus, macht das Licht aus. Warum? Ich zahl das nicht länger, ich schaff das nicht mehr … ich kann nicht mehr. Der Vater ist nicht immer da, der muß ja arbeiten. Und wenn er heimkommt, wird er lächerlich gemacht von der Runde der Jungen. Und es ist ja auch lächerlich, daß er so arbeitet. Aber was soll er sonst tun.

Das Schlagen einmal, hätten wir das nicht vermeiden können? Aber die Krankheit nicht. Die Schläge, wir wissen fast nichts, wir müssen auf einander einschlagen, ganz dringend, wir können das nicht aufschieben oder dämpfen, wir können nicht weiterleben, wenn wir nicht sofort wieder losschlagen auf den, der gerade auf einen anderen eingeschlagen hat und jetzt eine Pause macht, eine Atempause. Es gibt natürlich auch eine Menge Zweikämpfe, das ist eine Art des Schlagens, die eine ehrwürdige Tradition hat, da gibt es Regeln, das hat seine Ordnung, diese Art von Schlägerei wird von den meisten als sehr akzeptabel empfunden, man kann sich bewähren, man kann sogar gewinnen. Das Autofahren, zum Beispiel, will verlernt sein.

1. 3. 1970

Mr. und Mrs. Goyne, sie eine Dissertation über *Halbzeit.*

Plötzlich auf der Hinterbühne Krach, eine Panne, die Schauspieler unterbrechen, schweigen einen Augenblick, dann spielen sie weiter, ein halber Satz muß wiederholt werden.

Zuerst, bei meinem Selbstmordversuch, hab ich die Zähne verloren, dann hab ich bei dem Unfall das Gebiß zerbissen, jetzt habe ich vorerst Holzstückchen reingespannt.

Ich möchte sterben, sagen Sie nichts, ich weiß doch, wenn man so was sagt, eckt man an, heute kannst du praktisch alles sagen, bloß daß du sterben willst, das nimmt dir keiner ab.

Mädchenleben

Gegen Verzweiflung gibt es kein Argument.

Sagen Sie mal, wie ist das bei Ihnen, sind Sie auch so verzweifelt?

D: Ja.

Das ist doch komisch. Ich nämlich auch.

D: Jaja.

Und über mir wohnt eine Dame, die auch. Ich begreif das nicht.

D: Es ist eben so.

Natürlich. Aber wenn das so weitergeht. Wo führt das hin?

D: Das wage ich nicht zu sagen. Man darf gar nicht daran denken. Ich habe es mir längst verboten, daran zu denken.

Wie machen Sie das?

D: Wie soll ich Ihnen das sagen. Sie könnten nichts anfangen damit. Ich glaube, da muß jeder seinen eigenen Weg finden.

Lächerlich. Sie glauben, es gibt Unterschiede?

D: Ja.

Unter Verzweifelten?

D: Ja.

Ich glaube, Ihnen fehlt es einfach an Verzweiflung.

D: Jetzt werden Sie frech. Aber bitte.

Ich will Ihnen nicht zu nahe treten.

D: Das können Sie gar nicht.

Sie sind stolz. Sie rechnen sich noch was aus. Sie glauben, für Sie ist noch was drin. Sie wollen sich verkaufen. Geben Sie's zu, Sie denken an Verrat.

Noch ein Stück

Die sitzen in hoffnungsloser Lage wie christliche Sklaven auf einem arabischen Markt, wie Neger auf einem Sklavenschiff. Aber die Intrige geht weiter, als wären sie in München im Café oder im Büro. Jeder versucht der Erste, Beste, Größte zu sein. Dafür tut er alles.

Zuerst weiß man nicht, wo die sind. Dann kommt der Stab mit dem Chef. Eine Leiter, eine Treppe wird heruntergelassen. Der, der sich durchgesetzt hat, darf hinauf. Er ist der Beste. Er kann die Verzweiflung am besten darstellen.

Der Stab mit dem Chef schaut sich den an, sie sind Fachleute, sie können wirklich beurteilen, ob diese Verzweiflung gut gemacht ist oder schlecht. Sie fragen nicht, ob der selber verzweifelt sei oder nicht. Sie sind reine Fachleute für Darstellung.

Sobald der ein Star ist, oder auch schon vorher, diktiert der seine Bedingungen: Bitte nicht sechs Gesprächspartner, nur einen, der muß öfter ausgewechselt werden, weil es nie der Richtige ist, nie. Die Photos sind auch nie die richtigen, in der Presse steht viel zuwenig über ihn, also macht man was, das will er aber auch nicht, kein Geschwätz, nur ungeheuer gescheites Lob, noch bessere Leute müssen über ihn schreiben, diese Photos lehnt der Stab ab, er protestiert, die sind die besten, also soll er welche raussuchen, da sagt er auch: Nein, die sind wirklich nicht gut, laßt mir diesen Photographen nie mehr vor die Augen kommen, sein Name darf nie mehr in meiner Gegenwart fallen, könnte nicht jemand diesen Photographen umbringen!

Eine Frau, die seit 3 Jahren für ihn arbeitet, kennt er dem Namen nach nicht. Er verlangt plötzlich, daß er sich an keine neuen Menschen mehr gewöhnen muß, er will diese Person nicht mehr sehen. Nach 3 Jahren sagt er das.

So ist er, nachdem man wirklich schon Mitleid mit ihm hatte. Und von dieser kompletten Unmenschlichkeit sackt er wieder zurück in Charme und Elend, ganz kaputt.

Alle aktuellen Veranstaltungen beobachtet der Star von seiner Hühnerstange aus. Stange plus Brett. Da droben liegt und hockt er. Auch eine Hühnerleiter führt hinauf. Er ist ein Laufvogel. Ein freches Huhn. Ein Gockel.

Er hat einmal eine Frau verrecken lassen. Mit ganzer Liebe spricht er von seiner Mutter, von seinem Bruder, von seiner Schwester: das sind die Großpositionen seiner Liebe, die kann er lieben ohne Mühe, das ist der Ausdruck seiner Selbstliebe. Wenn er viel geredet hat und einer sagt einmal einen einzigen Satz, sagt er: Warum läßt man mich nicht auch mal reden? Ich habe doch auch ein Recht, ein einziges Mal zu Wort zu kommen. Er trinkt und kann dann kaum noch artikulieren. Er ist manchmal nur noch ein Gespenst. Wenn eine Frau kommt, die sagt, sie sei seine Frau, wirft er sie raus. Von seinen Kindern will er nichts hören. Wenn die draußen sind, Kinder und Frauen, lächelt er und sagt: Ich bin ein schlechter Mensch. Und wenn er den Staat beschimpft und die Gesellschaft, sein Haß ... das muß schon ziemlich komisch sein, seine totale Negation von allem, weil er selber so total kaputt ist. Er sagt: Ich hätte mit 30, 35 wahnsinnig werden müssen. Das hab ich versäumt. Jetzt ist es zu spät. Er stellt andauernd sein Verrecken in Aussicht. Er schreibt nur vom Aufhören und vom Tod. Aber er hört nicht auf. Komik mag er nicht. Es gibt keinen Grund, komisch zu sein, sagt er.

13. bis 19. 3. 1970
Lesereise: Paris, Luxembourg, Lille, Nancy, Lyon.

Es prasselt
in der Höhe
das Datum
nach Ostern
ich höre Husten
ich frage mich.

Das Endspielspiel, die zweite Klasse, die in der Mitte, die ohne Notwendigkeit, die mit den falschen Hoffnungen, die mit der Ideologie, die sich in der größten Leere am deutlichsten abgebildet sieht, die mit Ironie, Absurdem und Endspielspiel. Eine Paraphrase zu Beckett. Saftig. Es ist nicht mehr Beckett. Es ist der Gusto am Endspiel. Alles ist monströs und grotesk, aber sehr luxuriös und ängstlich.

Im Endspielspiel gibt es keine Jungen mehr. Die Alten müssen alle Funktionen ersetzen in der Liebe, in den Diskussionen, sie müssen sich angreifen lassen, einander angreifen, um sich noch lebendig zu fühlen. In jedem Akt gibt es kühne Neuerer. Im 3. Akt hat einer, der an seiner Verjüngung heimlich gearbeitet hat, es geschafft. Er ist jung oder wirkt so, das gibt eine Apotheose, und dann schlagen sie ihn, weil sie es nicht ertragen können, tot. Er oder sie hat zuerst noch alle die Funktionen erfüllt, eines oder einer Jungen: lässig, aggressiv, ein Ton so echt wie noch nie zuvor.

Ich bin es satt
das seid ihr auch
ich muß noch
ihr könnt
laßt mich
warum schlagt ihr
mich jammere ich
nicht leise genug
stört es euch wenn ich
jammere mehr denn je
werden Starke gesucht.

24. 3. 1970
An den Schrecken
sich halten ohne den Schrecken
aufzuschneiden macht den Schrecken
mächtig du dienst ihm.

Der Senat von Berlin glaubt, er lege die Sozialisten vom Halleschen Ufer herein, die Sozialisten vom Halleschen Ufer glauben, sie legten den Senat herein.

25. und 26. 4. 1970, Stuttgart.
VS-Tagung im Ratskeller.

Keine Rollen mehr, sondern Funktionen. Abteilungsleiter. Der von der Wirklichkeit belehrte Blick auf die Wirklichkeit kann die Wirklichkeit lehren.

Groß ist gefällig das und
macht sich angenehm ich
kann's nicht leiden denk
nach woher's Geld kommt.

Was kosten deine Schuhe wer
macht sie was hat der davon
und der, der sie verkauft
nicht barfuß gehen sollst du
sondern fragen in der Fabrik.

Ich achte mich nicht mehr
mein Unwert stellt sich heraus
ich lebe für mich
so bin ich überflüssig.

Es mag nichts bleiben
von deinen Fähigkeiten
wenn du sie brauchen willst
für andere also sind es
Unfähigkeiten.

Taubnesseln und nasse Barone
ein Oberland der Kirchen
mich haut es hin die Augen

zusammenfügen meide Musik
gewisse Kreise bau Brücken
zwischen der Apfelblüte
und der Deutschen Bank
bis du weißt
wessen Angestellter du bist.

Geburtstagsgedicht für die Deutsche Bank zu ihrem 100. Geburtstag
Sie hat uns immer das Blut
von den Scheinen gewischt
und die Magenschmerzen
anderer Dank sei ihr.

Kollege am Schalter ich will
deine Hand warum nicht
ich höre dir zu behaupte
was du willst ich lerne.

Nicht immer vor mir bitte
schlachtet doch sonstwo
ich lese die Bilanz ich sehe
was meine Freiheit kostet.

Mich trifft schneidet aus
ernennt mich rühmt
der Börsenbericht weil ich
Metaphern mache wie er.

Frauenarbeit, ein Fernsehspiel.

Der läßt die Freundin, die er nicht mehr mag, von der Ehefrau umbringen, die er nicht mehr mag, daß er die nächste kriegt.

3. 5. 1970
Mrs. Heike Doane. Dissertation über mich.

Ich muß dir was sagen, lauf doch nicht schon wieder weg, du wirst dich, ich muß dir doch, wie weit, glaubst du, lauf ich dir nach, so, das glaubst du doch selber nicht, daß ich dir ewig so nachrenn, mein Gott, jetzt bleib doch bloß eine Sekunde, bleib stehen, ich muß dir doch sagen, um deinetwillen, das ist doch lächerlich, wie wir einander nachrennen, ich bleib jetzt einfach stehen, das sag ich dir, du wirst es bereuen, ich laß mir das nicht, das kann ich mir doch nicht gefallen lassen von dir, du meinst, weil ich dir nachrenn, bist du schon im Recht, du täuschst dich, hörst du, ich kann nicht, wenn du so rennst, ich krieg keine Luft mehr, ich sag dir nur, bleib jetzt stehen, sonst, hörst du …

8. 5. 1970, Stuttgart.

9. 5. 1970, Würzburg.

11. bis 14. 5. 1970, München.
Bavaria.

24. 5. 1970, Sonntag.
Prof. Hemmrich, Karl Wittlinger.

In Autos aneinander vorbei, durch die Wälder hoch, in den Häusern verpackt, Schicksale, die Trauer besungen, scharf behandelt und spöttisch gerächt die Verletzung.

Hausmeister Waldgeister
alle festangestellt
gegen einander zur Freude
der Besitzenden die Schach
spielen auswärts mindestens
im Kanton Valparaiso.

Aus vollen Zügen
Schneegebirg im Maigrün
zwei Nonnen nonnenblaß
auf 'nem Baumstamm
im Maigrün
der Sonnenbrand
und Ermordete US-Amerikas
wohlfeil mein Ton.

Gnädige Frau Ruhrgebiet
laß mein Rufen
du dir kommen
laß dich doch nicht so
hernehmen hau
auf'n Putz den
der Kosmetiker
deine Langmut Alte
und jeder kann sich hochvögeln
bis Düsseldorf ist die Hoffnung
von Wattenscheid
wo wegen dem Ruß blüht das
Osterglockengelb hinter dem
Fenster.

Rheinstahls Töchter aber
die Schachteln
unfruchtbar
fressen dein Halm.

Ich flottiere flottiere
Haß wäre zuviel gesagt
viel wäre zuviel gesagt
zuviel wäre zuviel gesagt
zuviel Vivil im Mund.

Mach das nicht noch mal
bitte wenn du das noch
mal machst weiß ich nicht
was ich mach mach das
bitte nicht noch einmal.

Angst schon
aber
laßt ihr
Wolken gelten oder
müssen's Wörter sein
rheinaufwärts es gibt
eine Richtung
Produktionsmittel
ein Ei ist vollkommen
zwar aber ich schlag es auf
rheinaufwärts ich
will sehen mein Produktionsmittel
mein Gebirge das allen gehört
rheinabwärts Düsseldorf
die Aneignung beschützt
von saumseligen Wörtern

voller Vollkommenheit
ich meine meint
ihr nicht auch.

Über das Komma hinüber
über den Fluß
drunter und drüber
Kette und Schuß
die Maschine ist naiv
aber die Hand ist produktiv.

Der Dichter zu Hause bei den Frauen in einer Folge von ungeheuer schmutzigen Lächerlichkeiten, ein unwürdiges Wesen, das sich dessen bewußt ist. Im Auf und Ab der Stimmungen, gegen die man wenig vermag.

Einfach die Erde das Paradies
die Folter die Inflation
die Bäume meine Betäubung
Blut fließt bekanntlich
ich wüßte gern wohin.

Hast du mich verstanden
ich dich auch nicht
wie laut soll ich
lauter kann ich nicht.

Liebe Frau du krümmst dich
du schäumst du schreist die
Folter ja die Folter du
solltest Violine spielen
eine Menge Verwandter
kommt abends ins Zimmer

saugt Staub wendet sich mir zu
ich schlage vor: sorgfältig
ich fürchte den Zufall
Beschäftigung mit mir
ist nicht verboten.

Während noch gesungen wird
ich verhandle aber dieses Haus
ist eine Metapher ich springe
ich verkaufe die Zunge tastet
ich lache aber nicht im Ernst
meine Tante geht putzen
ins Polizeipräsidium
ich gehe plaudern zu Flick.

31. 5. 1970

Einladung: Vorarlberger Künstler. Es kommen Hubert Berchtold, Dr. Oscar Sandner, Frau Helfer-Friedrich, Herr Link …

2. 6. 1970

Thaddäus Troll.

3. 6. 1970

Günther Schöllkopf: Jetzt sagen Sie doch nicht immer Mein Gott.

Meine Fresse habt ihr Sorgen
Kalorien mit etwas Kaffee Kambodscha
Barren im Mund hier haben alle Telephon
im Hintergrund schwere Musik
draußen der Eichen frisches Grün
jeder Atemzug Blamage.

Nicht so viele neue Seiten
Freunde macht es euch bequem
laßt mir keine Ruhe hetzt
mich ruhig weiter ich habe
noch nichts im Kasten oder
ich bin noch blank ich weiß
noch nicht ich murmle nur
den Zusammenbruch des Subjekts.

Kriech ich das ist schon wahr
Spanisch kann ich nicht wie
es so geht die Bucht umfängt
der Herr Minister will vergehen
es bleibt ein Rest Fischwörterbuch.

Schön laßt uns beten hinter
den Türen horchen ohne Angst
mein Gift jedes zehnte Wort
gehört ihm über uns nimm
mich auf exaltiert ein Idiot.

Kriechgedicht mit Mohn
Hahnenkamm ich knie nieder
die Schulter bebaut es reizt
mit welchem Lärm willst du
ich friere seit ich denken kann.

Niemand kommt und sagt
wie geht's? Gut, sag ich
wie geht es selbst? Aber
niemand antwortet nicht.

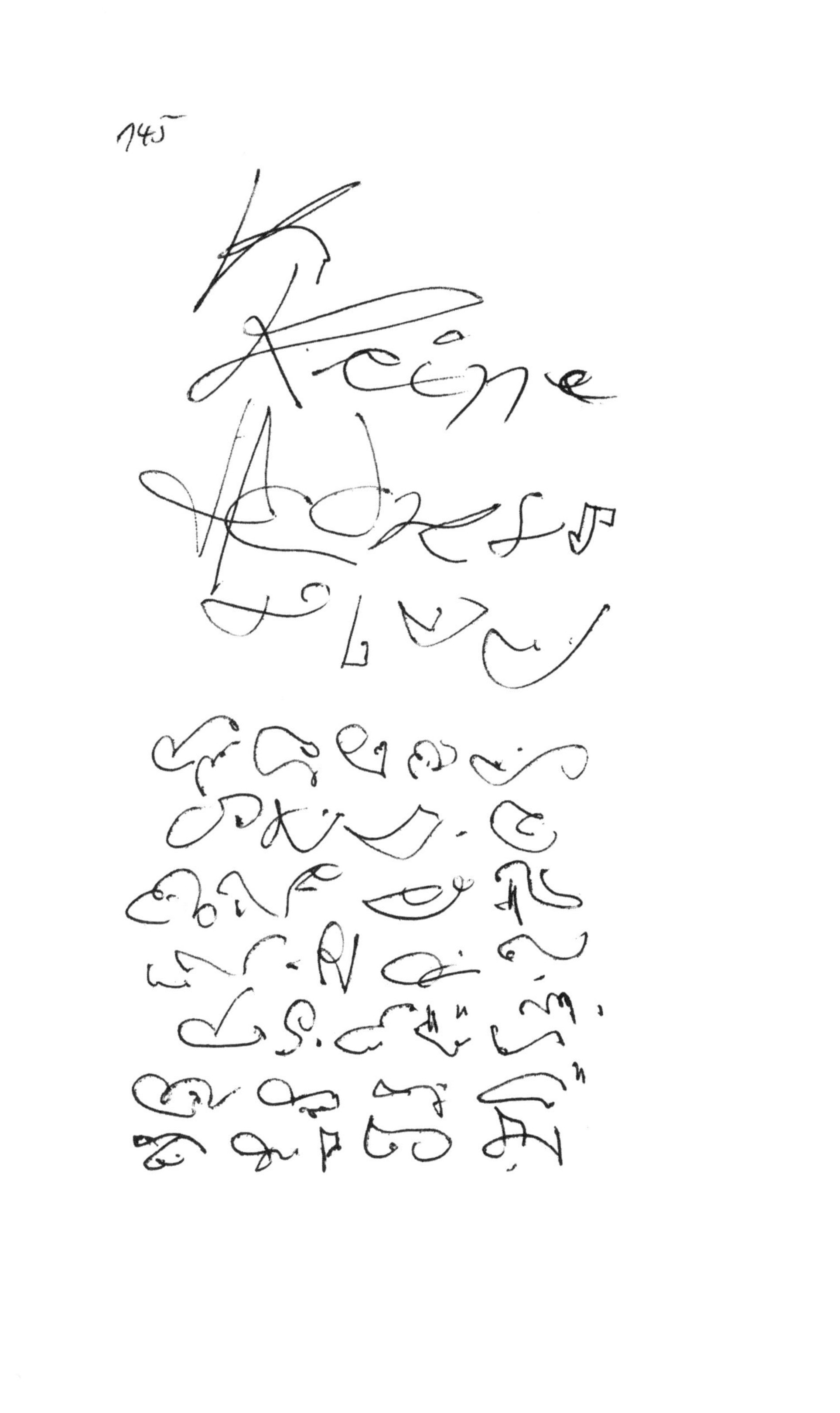

Das interessiert mich deine
Sache machst du so was ohne
oder interessiert dich nicht
wie ich es mache ohne dich.

Wahnsinn spricht mit grüner Zunge
unterm Tisch beim Essen
und mit vollem Mund
von unserm frühen Tod
Regen tritt ein ganz naß
geht die Sage reißt ein
Kalenderblatt ab und
trocknet sich den Mund.

Stört mich bitte stört mich
der Samstag geht mit mir um
wie ich mit meiner Mutter
nicht umgegangen bin ich bin
auch nicht die Mutter dieses
Samstags das geb ich zu.

Blau und grün dampfen durch
einander wer hält den Himmel
mich findest du im Kampf
unterm Rhabarber erlösch ich.

Lieber Proust wir jammern noch
glänzend die Arbeitslosigkeit
der Appetit ist gut hätten Sie
nicht einen Diener für mich.

Schau den Schiffen nach
mein Mund erinnert sich

es wird nicht hochdeutsch sein
laß uns jetzt trinken.

Zwischen mehreren Ideen
sitz ich auf dem Boden
klage über Kreuzschmerzen
und höre Klagen über Kreuz-
schmerzen in der Dunkelheit.

Schick ein Kind es soll mir sagen
ob ich oder willst du selber
auch das rote Röckchen sein
was soll ich tun bis ich höre
was mir gesagt wird.

9. bis 11. 6. 1970

Carlo Schellemann, Frieder Hitzer, Josef Schleifstein. Und Frau Weckerle aus Amerika.

12. bis 14. 6. 1970

Hans Dieter Schwarze. Und Frau Weckerle.

Leck deine Wunde Hund
die Präparierung der Krüppel
der Tod ist ein Atemgeräusch
siehst du mich jetzt an.

Zweige hängen der Uhr
ins Gesicht es regnet
dir in die Nasenlöcher
keiner kennt den Toten.

Schritt Schnitt Würgemale
Photo Liebe Publikum
Rettiche mit Bier und
abends dieses Bett im Film.

Was kannst du tun wenn
du was tun willst frag
nicht sonst erfährst du
was du tun kannst.

Über siebzehn Neugierigen
geht die Sonne auf über
einem Vergeßlichen geht
sie unter er friert.

Fließend Wasser über mir
in allen Wänden deine Knie
stehn im Bach du bist der
Quell ich komme zur Welt
alles sagt mir was ich soll
aber ich verstehe nichts
mit einer Augenkrankheit
hock ich im Schatten
deiner Achselhöhle
Lautsprecher hör ich hinter mir
ich beiß in dein Feuerzeug
ich bin der erste Mensch.

Liebe schwere Not über
dieses Thema im Sturm
ein Spinnennetz knüpfen
meine Falter sind aus Blei.

Gehen wir fischen Kleine
hinter den Büschen beißen
die Schönsten und wir
ertrinken im steigenden Wasser.

20. 6. 1970
Dr. Löbsack, Prof. Hemmrich, Prof. Sund.

20. bis 31. 7. 1970
B. Ellis Jones, für die *Einhorn*-Übersetzung.

1. und 2. 7. 1970
Siegfried und Hilde Unseld.

Der allergrößte Luxus ist die Majorität. Ich meine, da könnte ich auch aufleben, wenn ich die Majorität hätte. Das Zustimmungsproblem ist ein großes. Wenn man nicht die Majorität hat, fehlt einem was. Man raucht zuviel, schläft schlecht, erleidet Schweißausbrüche, hat letzten Endes einfach Angst. Manche werden Sportflieger.

Ich bewundere Menschen, die wenig Zustimmung brauchen.

Man müßte mich abwerten. Dagegen werde ich mich wehren. Ich bin schon ziemlich tief im Grünen. Das bestreite ich. Ich wäre ja schön blöd, wenn ich etwas zugeben würde.

Ich bin sehr klein geworden. Die Leute bleiben stehen und schimpfen. Ich habe sie betrogen. Unabsichtlich. Ich hatte nie eine Vorhandneurose. Aber wenn ich lache, kommt mir das komisch vor. Das heißt, obwohl ich nie an Feineres dachte, füll ich mich bei weitem nicht aus. Der Abstand von mir zu mir wird sogar immer größer. Die Leute verwechseln uns mit einander, oder schlimmstenfalls identifizieren sie mich mit mir. Ich werde dagegen nichts tun können. Aber ich muß versuchen, den Leuten recht zu geben. Ich werde mich auch mit mir identifizieren. Eine Fusion. Wer schluckt wen. Keine Ahnung.

9. 8. 1970
Professor Nicolai, USA.

11. bis 30. 8. 1970, Wetzlar.
Dreharbeit mit Peter Fleischmann: *Das Unheil.* Mein Drehbuch nach einem Roman von Samarakis.

1. bis 3. 9. 1970, Berlin.
H. M. Enzensberger.

Die ewig blutende Frau, die 10000 Stäubchen total abgearbeitet in der blitzsauberen Wohnung, erschöpft ins Bett, keine Götter, nur Zeitverschwendung, keine Kraft mehr, jemanden einzuladen, die Lockrufe dazwischen, die Feindseligkeiten, die Anfälle des Hundes, laute und tonlose Krämpfe, das Schlagen der Äste gegen die Fenster im Regensturm, kein Geld bis Monatsende, alles schwindet, was kann noch erreicht werden, die Umwelt wirkt einig, ob sie's ist, ist egal, sie handelt ohne Verabredung so, als hätte sie sich verabredet, das genügt. Keine Einbildungen, Klarheit genügt.

Gallistl. Die Genossen. Pankraz.
... in Moskau setzen's jetzt Hubschrauber ein im Stadtverkehr, mit 40 Personen ... sie schwärmen von den konkreten Änderungen in ihrer Umgebung ... das ist für sie die erhaltende Illusion.

Ernsthaft, ganz im Ernst, durchgehend raffiniert, was soll werden, wenn keiner sagen kann, wie wenig er ist.

Fällt dir der Hut vom Kopf
die Sonne bricht aus
die Feierlichkeit kommt
von der Kürze des Vorgangs.

Ich krieche schon länger der Weg
ist mir ausgegangen ich klebe
wird mich Wasser lösen oder
soll ich eingehen wo bist du
nur du und du ein Garten
genügt nicht Wärme und
Geld und Christen die mich
streicheln so klein bin ich.

Die Frau spült das Frühstücksgeschirr, das sollte ich tun, sie läuft weg, ich sehe nach, das Kind hat sie dagelassen. Heute kommt Besuch. Ich kann ihm nicht meine Leber vorsetzen. Das Kind wird während der Besprechung auf meinem Knie sitzen, es wird an mir herumklettern, ich werde links und dann rechts an ihm vorbeisprechen, meine Meinung sagen.

Mein Name ist Josef Georg Gallistl. Ich nenne mich nur Gallistl. Für meinen Vornamen habe ich keine Verwendung. Ich suche natürlich immer wieder jemanden, dem ich meinen Vornamen zum Aussprechen anbieten könnte. Es ist auch ein finanzielles Problem. So einer würde vielleicht für mich sorgen. Nicht ununterbrochen, aber in Zeiten der Schwäche. Ich habe Angst. Es wird schon nicht so schlimm werden. Hoffentlich kommen alle, die jetzt unterwegs sind, gut heim. Und nicht mit blutigen Köpfen. Oder tot. Ich befürchte. Ich stopfe mir eine Pfeife, entzünde sie auch. Mein Hund schaut mir zu. Er hält mich jetzt für einen Surrealisten. Auch ich weiß manchmal etwas ganz sicher. Ich darf mich nur nicht bewegen.

Mein größtes Problem ist der fremde Wille. Ich unterwerfe mich ungern. Deshalb bin ich ein Verbrecher geworden. Aber nur ein bescheidener. Ich will nämlich nicht, daß sich mir jemand unterwirft. Ich profitiere. Das ergibt ein unruhiges Leben.

206

Ich schenke dir dieses Messer

Arbeit fällt mir nicht leicht, das ist auch so was. Ich liebe mich vielleicht zu sehr. Auf jeden Fall schmerzt es mich, von mir abgelenkt zu werden. Andererseits ist es keinesfalls lustig, wenn ich nicht abgelenkt werde von mir.

3. 10. 1970, Freiburg.
Ich lasse mir öfters einen Arzt ins Haus kommen, der mich nach meinem Puls fragt. Kaum hat der Arzt gefragt, wird mir bewußt, wieviel Zeit ich durch ihn verliere. Wenn er endlich weg ist, sitze ich wieder und laß die Zeit verrauschen. Das ist so ein Erlebnis von mir: die verrauschende Zeit. Deshalb auch meine Meinung, Zeit sei kostbar. Deshalb meine wirklich große Entschlossenheit, die Zeit zu nützen. Bei dieser Entschlossenheit bleibt es dann auch.

Wenn du was stiehlst für 24 Mark, kannst du 6 oder 8 Wochen eingesperrt werden anstatt einen Tag oder anstatt, daß man von dir verlangt, den Bestohlenen zu entschädigen: du mußt, im Interesse der Besitzenden, bestraft werden. Es ist die reine Mythologie. Zur Abschreckung. Die meisten Diebstähle bleiben hinter dem zurück, was der Dieb will. Er handelt unter einem höheren Zwang. Nachher, wenn er heimkommt und besieht seine Beute, es ist immer eine Enttäuschung. Warum interessiert man sich nicht für den Dieb? Warum nur für den Bestohlenen? Weil der Richter Angst hat.

Schriftstellerverband
Selbstverständnis und Organisationsfrage. Intellektuelle. Hochmut. Selbst Erhard war, ob uns das paßt oder nicht, ein Intellektueller.

Die Wörterschlacht, die Stadien, Ebenen der Verbalisierung, der vom Land der Nenner, und die Verfeinerten, Tautologen, und das Schicksal, die Biologie, das Unglück, durch die Verselbständigung der Sprache, durch die, die im Luxus sind, auch als Unglückliche, das Geschnatter hier und dort.

Im Osten: Funktionäre sind keine Arbeiter mehr, das ist Intellektuellen-Herrschaft. Im Westen: Unsere Entwicklung zur Freiheit hat den Feudalismus überwunden, dafür haben wir die Herrschaft der Wirtschaft, die ist schon freiheitlicher, aber noch nicht demokratisch.

Leisten
oder
Bruch
ein Elch
streift im Nebel
ganz in Öl
kraß hustet
das Kind.

Gallistl

Ich bin der einzige, dessen Kindheit interessiert. Von mir müßt ihr euch alles anhören. Wie es immer samstags war und 1933. Heute ist der schönste Tag meines Lebens, er ist so schön, als wär er schon vorbei, ich rühre mich nicht. Alle Frauen, die mich nicht lieben, tun mir so leid.

28. 10. 1970, Frankfurt.

29. und 30. 10. 1970, Berlin.

3/11/70 undsoweiter
noch lebend aber
wie pensioniert
ich warte noch
ein paar Monate
undso weiter

5/11 das kann keinen
mehr interessieren
das ist ungeheuer
wenig das ist fast
nichts das sollte
man lassen können
unterbleiben sollte
das weil ich krank
bin wie ich

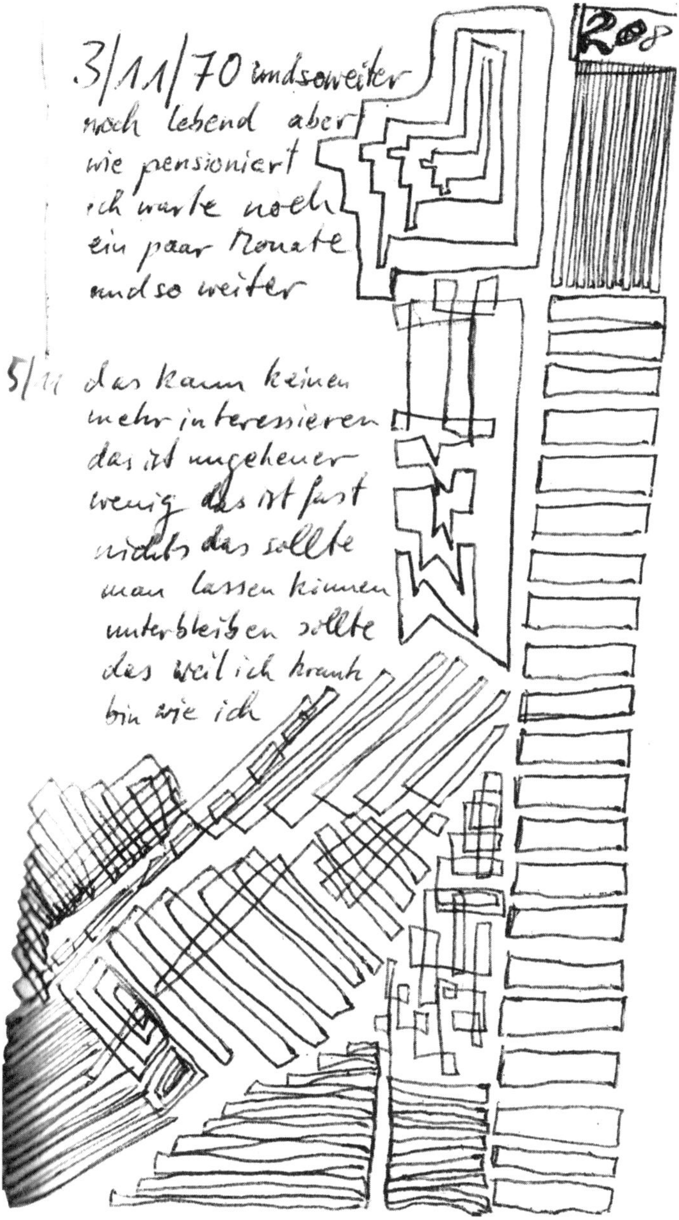

31. 10. 1970, Zürich.

Die Gallistl'sche Krankheit

Wie der Architekt den anderen Architekten das Bauen vermiesen will. Auch bei Schriftstellern gibt es das. Jens, Baumgart.

Die Rede des Dichters: Bei den Frauen ist er im Salon oder bei Grünen Witwen. Die Männer sind einfach unterwegs oder stehen apart und reden Tacheles. Er ist lieber bei den Frauen.

5. 11. 1970

Der Herbst, mein Laster, die nasse Straße in Wasserburg, tapeziert mit riesigen Blättern von Ahorn. Die trockene Straße, kein Mensch machte dem Wind die Blätter streitig, tagelang raste und spielte der Wind mit dem riesigen Vorrat, kein Mensch pfuschte ihm drein. Und mit uns Kindern spielte er auch. Vor unserem Haus standen zwei Kastanienbäume. Zwei Kastanienbäume geben schon eine Menge Laub.

8. 11. 1970, Konstanz.

«Kapitalismus oder Demokratie». Rede auf der Jungbürgerfeier.

Immer die neueste Aufgeregtheit, ich bin ziemlich weit weg, jetzt muß ich bloß noch lernen, wirklich zu verschwinden, ohne Hoffnung oder Kalkulation abhauen und denen den Lärm überlassen, die ihn noch lieben.

12. 11. 1970

Piwitt und Born.

AK III

AK hat nichts gegen sich, aber er weiß, daß er nur deswegen nichts gegen sich hat, weil das eine biologische conditio sine qua non ist, das gehört zur Ausstattung. Der Angepaßte ist die große Attraktion. Der Dichter, der Als-ob-Unangepaßte, der Kranke.

Ich verbiete mir zu rauchen, zu leben, ich verkrüpple mich, wahrscheinlich der erste, der das tut. Die haben vielleicht alle gelogen im Mittelalter. Keiner hat wirklich asketisch oder nur bei einer Frau gelebt. Ich mache den ersten Versuch. Und gehe ein daran. Ich verbiete mir zu leben. Das tu ich. Die Zeit vergeht langsam, wenn man nicht lebt, sondern wartet. Es rentiert sich nicht. Ob ich je hinüberkomme über diesen Berg? Eine einzige Sekunde des Aufatmens. Das würde reichen. Immer noch sehr viel Pathos, nicht wahr. Das Verderben hat sehr früh begonnen. Vielleicht in der Predigt. Blicke meiner Mutter. Großer Gott, amen.

Es sollte mich endlich die Tendenz leiten, daß ich wüßte, was tun. Ich will erlöst werden von der Bewegungslosigkeit und von allen anderen Übeln meiner Lage. Also los. Motor im Herbst. Faules Laub. Schöne Aussicht. Rauchseile. Land-Leute. Waldränder, Rehe. Doch wieder ich. Und allein. Und keiner nimmt mich an der Hand. Ich komme nicht hinaus über mich. Das wird komisch bleiben. Und nichtsnutzig und unwichtig. Einfach das allmählich uninteressante, nichtssagende, belanglose Verrecken: das Normale.

Ich möchte zurückgehen auf die Größe und das Ansehen, das die Häuser meiner Kindheit erworben haben, seit sie unbegehbar sind.

Nach den Rückfällen ins Leben ist es schwerer, wieder zu vegetieren, näher zu dir, mein Fernsehapparat.

Psalm 83, Gott, schweige doch nicht so,
und sei doch nicht so still; Gott,
halte doch nicht so inne.
San Marco paga tut.

Faß mich mal an, Martin. In Gaschurn am Steilhang.

18. 11. 1970

AK III

Im Segelschiff über die Alpen. Das Segeltuch als Projektionsleinwand. Die Dekoration zeigt das Auto mit Trailer und Boot in der verhängnisvollen Kurve und malerisch auch schon verschneit.

20. bis 23. 11. 1970, Stuttgart.

«Für eine IG-Kultur». Rede auf dem 1. Kongreß des Schriftsteller-Verbandes.

29. 11. 1970

Heidemarie Hatheyer und Curt Riess.

2. 12. 1970

Nicolas Born.

6. 12. 1970

Zuerst bellt der Hund, dann pfeifen die Meerschweinchen.

Monolog auf der Kippe

Ich habe noch 11000 Mark, das ist nicht nichts. Das ist schon was. Es gibt nicht so viele, die 11000 Mark haben. Ich darf jetzt nur nicht nervös werden, dann fällt mir schon was ein. Es muß mir was einfallen, was ich verkaufen kann, bevor die 11000 Mark weg sind. Und es wird mir was einfallen, das ist klar. Ich habe ja diese 11 000 auch mit Einfällen verdient. Warum soll damit jetzt plötzlich Schluß sein. Wieso denn! Wär ja lächerlich. Und ich habe ja Zeit. Mindestens ein Jahr Zeit. Also keine Eile. Kein Druck. Keine Nervosität. Keine Panik. Sobald ich glaube, ich sei im Druck, kann ich nicht mehr. Ich muß die Gelegenheit haben, zweimal, fünfmal anzufangen. Es darf nicht darauf ankommen. Ich muß mir einen Spaziergang erlauben können. Einen ganzen Nachmittag lang. Zwei Nachmittage. Das ist drin. Eine ganze Woche muß ich im Bett bleiben können. Nur keine Sorge, liebes unbezahltes Haus, du wirst bezahlt werden, eines schönen Tages.

7. 12. 1970

Er spielt den jungen Mann. Nicht freiwillig. Er würde gern in seinem Alter leben, aber dann verdient er nichts. Er muß einen 30jährigen imitieren. Das ist zwar lächerlich, aber es bringt etwas ein. Nicht viel. Nicht so viel, wie ein wirklich 30jähriger verdient.

Grund genug, den Kopf zu heben aus dem Dreck, aber ich schaff es nicht, ich hasse weiter, blind und direkt, infantil. Ich kann mich nicht erheben. Der Dreck ist warm. Er brennt sogar auf der Haut. Das linke Nasenloch ist verstopft. Freibohren kann ich's nicht. Meine Hände sind irgendwo tief im Dreck; es gibt nichts mehr, womit ich sie abwischen könnte. Vielleicht läuft meine Nase bald. Ich muß es hoffen. Das wäre schön, wenn mir jetzt der Rotz aus der Nase rinnen würde. Über die Lippen, das Kinn, in den Dreck. In diesen schwärzlichen, fast blau-schwarzen Dreck.

AK III

Meine Lieblingsbeschäftigung. Wer ein gutes Gehör hat. Ich habe ein gutes Gehör. Jedes Spinnenbein hör ich mit scharfem Klick oder mit scharrendem Ritsch auf den jeweiligen Grund treffen. Ich nehme Medikamente. Vormittags zwei Dragées. Nachmittags eins. Sonst könnte ich nicht den ganzen Tag auf meinem Stuhl sitzen. Das muß ich aber. Dem Fenster zugewandt. Aufmerksam. Aber müde. Erschöpft. Richtig erschöpft. Schon am frühen Morgen. Gehen Sie doch zum Arzt, sagt mein Lineal. So gehen Sie doch, sagt die Schublade. Ach ja, im November, im Dezember. Wer wird die Rosen schneiden. Ich komme nicht zurück. An meinen Schultern diese Kälte. Ich darf das nicht alles aufzählen. Wenn ich alles aufzähle, glaubt mir keiner mehr. Also wähl klug aus. Zum Glück ist Birga auch krank. Ich habe sie seit langem nicht gesehen, obwohl unsere Wohnung nicht so groß ist. Manchmal kam sie noch herein, warf mir etwas über die Schulter auf die Tischplatte. Etwas, das ich draußen bei ihr vergessen hatte. Einen Füller, eine Tablettenschachtel, ein Büchlein. Oder etwas, das sie sich ausgeliehen hatte. Jetzt hat sie mir seit langem nichts mehr über die Schulter geworfen. Ich schaute nicht auf, wenn sie kam. Ich hörte aber, daß sie einen Fuß nachzog. Lang – kurz – lang. Lang – kurz – lang. So ging sie. Komisch. Wo wohl die Kinder sind. Manchmal glaube ich noch, die Dreizehnjährige mit ihrem Ball zu hören; abgesehen davon, daß die auch nicht ewig dreizehn sein wird. Daß sie immer noch den Ball an die Wand wirft, könnte ich mir dagegen sehr gut vorstellen. So tief im Haus sind wir alle. Trotzdem sitze ich und spüre, daß mich der kalte Wind erreicht. Durch Fenster und Mauern. Schüsse. Das wird ein Manöver sein. Meine Augen überziehen sich. Ich werde sie schließen, den Kopf sinken lassen und warten, bis die Dragées ihre Wirkung tun. Ein Heil der Chemie. Das Größte ist die Chemie. Das Heiligste, Höchste! Das Menschliche schlechthin ist die Chemie. Vor allem in ihrem Auftritt als Pharmazie. Herrlich, herrlich, herrlich. Nachher, wenn das Mittel zu wirken beginnt, jetzt schon, es wirkt, ein Leben strömt ein in meine Glieder, das mit mir nichts zu tun hat, zu dem ich nicht mehr fähig wäre, das mich nichts angeht, das ich hasse.

Den Schmerz im Rücken, sitze ich. Ich werde viel unterschlagen. Den Schmerz im Rücken nicht. Kurzum. Mitteilen. Ich krieche. Aus der Höhle. Zum Beispiel. Die Lianen, die hängenden Blätter, die Zweige. Beiseite. Ich schaue hinaus. Das Tal dampft. Der See auch. Ich krieche durchs nasse Gras bis ans Ufer. Die Kieselscherben. Ich lege mich einen Augenblick ins Wasser. Es ist nicht kalt. Ich dachte schon den ganzen Vormittag, es müsse August sein. Ein freundlicher Monat. Ich lasse mir das Wasser durch den Mund laufen. Ich richte mich auf. Gurgle fröhlich. Ein Schlag wirft mich. Ich bin auch zu dumm, wirklich. Das müßte ich eigentlich wissen. Also marsch marsch, zurück, den Kopf dicht am Boden, lieber das Gesicht durch Scheißfladen schleppen, als diese harten Schläge in den Nacken und auf den Kopf. Das Blöde ist nämlich, daß man durch jeden dieser Schläge blöder wird, also immer weniger fähig, vorsichtig zu sein, am Boden zu bleiben. Ich merke das, kann es mir aber nicht klarmachen. Im Gegenteil. Auf halbem Weg richte ich mich wieder auf, will – weiß Gott, warum – einen Augenblick pfeifen. Batsch. Da krieg ich ihn schon. Na ja, so überraschend es ist, so wenig sollte es mich überraschen.

Schaumkronen. Brecher. Der Wind von der Rhône. Von der Biskaya. Wind aus der schönen Nachbarschaft. Reisewind. Winterwind. Mein Mark friert. Schmerzstellen brennen. Wind, hör auf. Es ist genug.

Dieser Regen, Leute, schlägt mir ins Gesicht. Warum kommt der Regen immer von vorn. Warum wissen wir das nicht. Diese Müdigkeit dazu. Aus dem Kopf ringt sich: Hast du was zu rauchen dabei. Zufällig, nicht wahr, traf ich den gestern nach dem Kino im Café hinter dem Dom, wir saßen sehr eng, um diese Zeit drängen sich die Leute. Es war ein großer Augenblick in meinem Leben, ich trat auf die Straße, die Straßenbahnen waren stehengeblieben, es sah aus, als wolle es gleich zu regnen aufhören. Wollen Sie nicht wenigstens ablegen, fragte mich der Kriminalrat, nein, sagte ich, auch das nicht, dieser Samstagnachmittag ist ja ohnehin schon viel zu kurz. Lassen wir ihn doch untergehn. Wen meinen Sie jetzt? Unseren ... sehen Sie, unterbrach er sich, sehen Sie, jetzt fällt Ihnen ein Auge zu, das rechte, interessant, das linke wehrt sich verzweifelt, welch ein Kampf. Stellen Sie doch die Scheibenwischer an, schrie ich. Es war zu spät. Oder zu viele Knöpfe.

Kein Vorwurf, bitte. Wer von uns würde sich in einer von Knöpfen und Skalen geradezu übersäten Kanzel schon auskennen. Wir trudelten. Genau, wir trudelten. Das ist ja, was ich die ganze Zeit schon sage. Hätten Sie lieber was getan. Das ist leicht gesagt. Dieser Wind beugt mich. Beugt uns alle. Spüren Sie's auch. Als ob das Gehirn ein Gewicht tragen müßte. Was wollen Sie da machen. Tragen, sagte er und lachte. Ich hoffe, sagte ich, Sie kennen sich besser aus als ich, sonst nützt es nämlich wenig, sich über mich lustig zu machen, das haben schon viele getan, aber es hat ihnen, soweit ich informiert worden bin, nicht geholfen, sobald sie nämlich zu Ende gelacht hatten, ging das Leben ja weiter, und damit ist, glaube ich, genug gesagt, oder sind Sie da anderer Ansicht? Windstärke 7. Schön, nicht wahr. Zum Verrücktwerden. Das auf jeden Fall. Dieser silberne Strich auf dem Wasser. Die Rhône läßt grüßen. Das ist alles gut und schön, wie man so sagt, aber Sie müssen sehen, wie Sie Ihr Geld verdienen, ist Ihnen das klar. Was will denn die Alte da? Das ist meine Frau. Nicht möglich. Das könnte Ihnen doch eher egal sein. Ja und nein. Na sehen Sie. Mir wird schon wieder schlecht. Das kommt davon. Ich weiß, in meiner Familie ist Krebs, verstehen Sie. Das verstehe ich sehr gut. Ich möchte nicht sterben, solange es noch regnet. Wie Sie wollen. Ich unterhalte mich ganz gern mit Krebskranken, einfach so, es interessiert mich, ich selber habe keinen Krebs, werde keinen bekommen, dazu bin ich, glaub ich, nicht gesund genug. Wenn ich allerdings 60 oder gar 66 Jahre alt werden würde, müßte ich schon furchtbar lachen, das wäre ein Witz, mein Gott. Ich stehe in telephonischem Kontakt mit drei Verrückten. Sie wohnen in drei verschiedenen Städten und rufen mich nachts an. Wir verstehen uns, glaube ich, ganz gut. Jeder von den dreien (zwei Männer und eine Frau) will mit mir zusammenarbeiten. Wenn es so stürmt wie an diesem herrlichen Vormittag – Windstärke 9 –, kann ich mir das gut vorstellen. Öfter solche Vormittage, und alles wäre erträglich. Die Biskaya läßt grüßen. Silbern, tiefblau, weiß. Es hat aufgehört zu regnen. Südweststurm. Trockene Zweige stoßen gegen das Fenster. Beschreibung, lieber Freund, deiner letzten Stunde. Fehlt nur noch der Rabe, der sich wiegt. Ich rieche schon. Von wegen letzte Stunde. Ich rieche wie ne AFN-Ansage. Hillbilly.

Die Höllenhaftigkeit der Existenz und das Feuilleton, das daraus entsteht.

Der Benediktiner aus Salzburg, der in den USA alles nostrifizieren mußte, seine Prüfungen, Titel usw.

8. 12. 1970

Die Tochter des Reichskanzlers Luther, die eine, glaube ich, immer noch ungedruckte Arbeit über Sternheim geschrieben hat oder über Kubin.

Der im Luxusbad macht den Höllentext.

Der in dem Versehrtensilo macht das Feuilleton.

C., die Riesin: Ich mag Sie. Küßt mich, was will ich da noch sagen. Stiehlt mir die Zeit und erklärt mir, daß ich mit meiner Zeit besser umgehen müsse. Wie Th. Mann das machte usw.

Heimatlob
Geschmolzenes Silber
liegt der Himmel in dem See
und tut uns im Kopf
und in den Augen weh

Schleife deine schöne Schleife
bügle ich solang du im Garten
für mich arbeitest häng ich
mich auf an deiner Schleife

Als János Kádár in einer bestimmten Situation gefragt wurde, was Lenin jetzt wohl tun würde, sagte er, er wisse nur, was Lenin nicht tun würde, nämlich mit Zitaten aus seinen Werken aufwarten.

Das Motiv prüfen, es wird befragt. Du darfst nicht mehr gut leben. Also Brechts Sinnenfreude gilt nichts. Selbstbewußtsein, Neurose, Versagen, Rache. Das sind alles sehr gute Gründe, da ja diese scheinbar so persönlichen Miseren gesellschaftliche Gründe haben. Das Dumme ist, daß man nicht alles in einem Satz sagen kann. Mich beeindruckt es, wenn ich sehe, daß die Leute, zwischen denen ich lebe, keine Revolution wollen. Ich will auch keine.

9. 12. 1970

An den Urteilen über andere sehe ich, daß auch die Urteile über mich nicht so falsch sein können. Nur in deinem Fall sollten sie sich irren, das glaubst du doch selber nicht.

AK III

Birgas Astartelächeln, diese sich langsam von den Zähnen schälenden Lippen.

Dies hab ich gemacht, das nicht, unfreiwillig beides, gezwungenermaßen also sag ich, das war ich nicht und dies nicht.

Das Verschwinden bei Lebzeiten ohne Spekulation.

Ich glaube, es ist nur die Angst, kein Geld mehr zu verdienen, die mich noch im Betrieb hält; sonst wäre ich längst im Gebirge. Weit weg.

Es ist so: Ich habe keine Lust mehr. Birga geht an die Tür, ans Telephon. Ich will ja nicht beleidigend werden. Eine Schuldfrage gibt es auch nicht. Ich wenigstens sehe keine. Am besten ist es, wenn Möglichkeiten vermieden werden, wenn es erst gar nicht so weit kommt. Meine Freunde tun so, als ließen sie sich nur sehr ungern von Birga abweisen. E. gelingt es sogar, Birga herumzubringen. Sie glaubt ihm, daß er mit mir sprechen will. Sie läßt ihn nicht herein, das nicht, ich habe ja gesagt: Unter keinen Umständen, aber wenn sie ihn weggeschickt hat, kommt sie zu mir herein und sagt: E. meint es wirklich gut mir dir. Gefährdeter kann sie nicht sein. In ihrer Loyalität. Ihr Zusammenhang mit mir ist fragwürdig geworden. Sie hängt offenbar nur noch äußerlich mit mir zusammen. Sie macht sich Ansichten meiner Freunde zu eigen. Warum haut sie nicht einfach ab? Mir doch egal. Ich habe nichts mehr mit ihr zu schaffen. Ich pfeif auf sie. Und Schluß.

11. 12. 1970

AK III

Die getrenntesten Bereiche scheinen sich verständigt zu haben. Aber die geheime Verbindung bin ganz einfach ich. Ob ich dorthin gehe oder in die entgegengesetzte Richtung, es geht einfach schief. Ich mache deutlich alles falsch. Auch das Einfachste. Dadurch wird klar: Es war ein Irrtum zu glauben, es gebe Einfaches und weniger Einfaches. Alles ist unmöglich. Wenn das nur von den Geräuschen im Kopf kommt, ist es ja gut. Das heißt, dann bin ich der einzige, der daraus Folgerungen ziehen muß. Ein Krüppel ohne Versicherung, in einem unbezahlten luxuriösen Haus, mit höchstem Lebensstandard. Und arbeitsunfähig, das Geld reicht noch, na, wie lange reicht's denn noch. Vor allem: Wem soll ich es zuerst sagen? Mir liegt es mehr, keinem etwas zu sagen. Das Geld einfach ausgehen lassen. Sie sollen selber drauf kommen.

Sie greifen an. Nicht so plump. Sie setzen mir zwei Kinder vor das Fenster. Von 9 Uhr bis 1 Uhr. Einen zweijährigen Jungen und ein vierjähriges Mädchen. Die zwei rennen hin und her, aber sie entfernen sich nie weiter als sechs Meter von meinem Fenster, und sie bleiben immer wenigstens zwei Meter von meinem Fenster. Sie lachen, schreien, aber vor allem kreischen sie. Die Vierjährige rennt ununterbrochen auf den Zweijährigen zu, mit Drohgebärden, die den Zweijährigen in helles Entzücken versetzen und in eine Art greller Vergnügungsangst, er kreischt jedesmal noch höher. Und ich friere bei diesem Kreischen. Von Mal zu Mal friere ich mehr. Ich kann nicht mehr atmen. Nur wenn die Vierjährige zurückrennt – das Kreischen des Jungen nimmt während des Zurücklaufens des Mädchens etwas ab –, da hol ich ganz schnell etwas Atem, aber viel weniger, als ich bräuchte, um mich gegen dieses durchdringende Toben zu stemmen. Mein eiskalter Rücken brennt. Das ist Heroismus. Ich sitze und schreibe, und mein Rücken brennt. Jetzt ist er aus Eis. Starr vor Eis. Ich darf mich nicht rühren. Jetzt brennt er. Ach herrlich, lang kann das nicht mehr gehen. Herrlich, Eisfeuer, das muß doch endlich der Untergang sein oder das Ende oder wie man das nennt.

AK III

Jemand arbeitet für mich. Ich hüte mich, genauer nachzufragen. Es müssen mehrere sein. Am liebsten wär es mir, wenn viele für mich arbeiten würden. So daß jeder, der für mich arbeitet, nur ein bißchen für mich arbeiten muß. Aber leider arbeitet, glaub ich, hauptsächlich Birga für mich. Wenn ich so lange nichts von ihr höre und sehe, muß ich annehmen, daß sie in der Stadt ist und arbeitet. Ich muß sogar annehmen, sie leiste Handarbeit. Abends schreibt sie oft wie wild auf der Schreibmaschine. Wenn sie die Kinder im Bett hat. Es muß wahnsinnig anstrengend sein für Birga, das ist klar. Sie ernährt mich. Das heißt, sie stellt mir immer wieder was rein. Einen Korb Äpfel. Brote. Sprudelflaschen. Jetzt, im Dezember, oft einen Saft, den sie selber preßt, ich weiß nicht, wie, auf jeden Fall gewinnt sie den aus Karotten und roten Rüben und Sellerie und Äpfeln. Sicher ist mit dem Wort gewinnen die Art und Weise, wie sie zu dem Saft kommt, nur unvollkommen bezeichnet.

13. 12. 1970
AK III
Schau, ich hatte neulich die Idee, in meinem Zimmer einen Turm aus Büchern zu bauen. Sehr vorsichtig natürlich. So vorsichtig, daß jede Lage fest und eben zu liegen kommt. Zu meiner großen Freude wurde der Turm größer. Ich baute weiter mit der Hilfe eines Stuhls. Ich stellte den Stuhl schließlich auf einen Tisch. Kurz vor der Decke hörte ich auf. Ich wollte den Turm ja freistehend haben. Dann setzte ich mich wieder an meinen Tisch und schaute zum Fenster hinaus. Es war ein angenehmes Gefühl, diesen Turm im Rücken zu haben. Na ja, angenehm. Irgendwie spannend war es. Wird er halten? Ich sah mich nicht mehr um. Plötzlich rutschte, stürzte, rauschte hinter mir alles zusammen. Ich konnte mich lange nicht rühren, so sehr erschrak ich. Ich habe bisher noch keine Kraft gefunden, mich umzudrehen. Es ist mir einfach unmöglich. Abends kam Birga herein und fing an, sich einen Weg zu bahnen. Sie räumt jetzt jeden Tag einige Bücher zurück in die Regale. Ich kann es nicht. Ich kann es einfach nicht. Der Schreck sitzt mir zu tief in den Gliedern. Ich habe das Gefühl, ich würde einfach abbrechen, wenn ich mich bücken wollte. Und meine frierenden Arme spüre ich weniger, wenn ich mich nicht bewege. Beweg ich mich, schmerzt jede Stelle, an der

die Kleidung auf die frierende Haut trifft. Ich darf mich wirklich nicht mehr bewegen. Selbst in meinem Kopf darf sich nichts mehr bewegen. Ich muß mich deshalb auch hüten, wirklich begreifen zu wollen, was Birga für mich tut. Sonst. Das ist ja klar.

Im Weltmaßstab bin ich eher gerechtfertigt. Ich rauche nicht, fahre nicht Auto, belege keinen Flugzeugplatz, durch meine gesamte Bewegungslosigkeit und meine von Natur aus schwache Atmung verbrauche ich sicher weniger Sauerstoff als irgendein anderer Mensch. Und zugrunde gehen wird unsere Welt ja an nichts als an Sauerstoffmangel. Also bitte.

Alles, was ich tu, erschreckt mich. Über alles, was ich tu, erschreck ich.

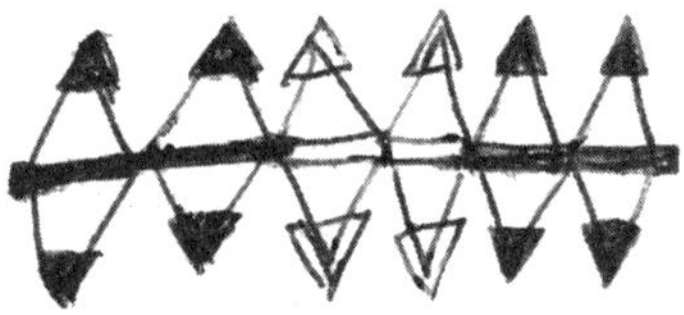

14. 12. 1970

AK III

Es wird jetzt kaum noch hell. Ich weiß, es ist Dezember. O ja, ich weiß. Ich lese doch Zeitung. Die Fenster müssen geputzt werden. Die Fenster wurden geputzt. Eine Frau aus Spanien kam und putzte die Fenster. Eine Frau kam aus Spanien, um die Fenster zu putzen. Sie ging um mich herum. Sie schaute mich an. Ich gab zu erkennen, daß ich noch lebe. In mich versunken saß ich da. Das nasse Zeitungspapier, das sie zum Fensterputzen benutzte, quietschte sehr, wenn sie damit das Glas rieb. Ihren Sohn stellte sie hinter mich. Er schrie, solange sie putzte. Ich rührte mich nicht. Sie stand mir direkt vor dem Gesicht. Sie verbrauchte ganz schön Zeitungen. Zum Glück hatte ich die schon gelesen. Es wurde aber durch das Fensterputzen nicht heller in meinem Zimmer. Birga, warum also? Warum quälst du mich? Weil ich nichts mehr leiste. Wäre ich ein Physiker, der Unentbehrliches bringt, dürftest du mir kaum eine Frau aus Spanien einen Vormittag lang vors Gesicht stellen und ihren schreienden Sohn in den Rücken. Das tust du nur, weil ich nichts leiste. Recht hast du. Aber warum dann überhaupt? Warum müssen meine zwei Fenster geputzt werden? Ich bin nicht mehr scharf auf Tageslicht. Wenn ich vor etwas Angst habe, dann vor Helligkeit, Frühjahr usw.

Ich sitze hoch im Winter im allerhöchsten Tibet, die Wände fallen steil ab und glatt, wenn jemand heraufkäme über den einzigen Pfad, dann sähe ich ihn, es gibt keinen Nebel hier, nur klare Tage, klare Nächte. Eisklar. Ich schreibe bis zur Erschöpfung an dem Buch über die Hunde. Das ist mein Auftrag. Ich habe mich früher nicht um Hunde gekümmert. Jetzt kümmere ich mich nur noch um Hunde. Hunde in großer Höhe. So heißt mein Thema. Hunde bei extremen Temperaturen. So heißt das erste Kapitel, über das ich noch nicht hinausgekommen bin. Die Bindehaut der Hunde unter starker Lichteinwirkung. Darüber schreibe ich zur Zeit. Es ist erstaunlich, wie interessant etwas ist. Auch Fische. Um über Fische zu schreiben, müßte ich irgendwo anders schreiben. Vielleicht in Neapel. Oder in Florida. Dagegen eignet sich Tibet wirklich sehr gut, um über Hunde zu schreiben. Wer weiß das besser als ich. Ich singe zwar nicht während der Arbeit. Aber ich seufze auch nicht. Ich atme ganz bewußt. Die Luft ist dünn. Der Sauerstoff knapp. Ich glaube, Hunde würden sich hier heroben nicht sehr wohl fühlen. Ich wenigstens kann mir eines nicht vorstellen: das Herumtollen und Kreuzundquerrennen der Hunde in dieser dünnen Luft. Deshalb würde ich, wenn ich mich direkt an Hunde wenden könnte, Hunden zurufen: Hunde, meidet Tibet. Wer stößt denn diese langgezogenen Schreie aus? Ich weiß es nicht. Was für ein Lebewesen das auch sein mag, ein Hund oder ein Mensch ist es nicht. So sehr wir Hunde und Menschen hier oben vielleicht Grund zu haben glauben, langgezogene Schreie auszustoßen, so sehr fehlt uns Hunden und Menschen hier oben einfach die Luft für laute, langgezogene Schreie. Mehr als ein Wimmern hat noch keiner zustande gebracht. Und das ist gut so. Sehr gut. Insofern ist das hier genau der richtige Aufenthaltsort.

AK III

Ich bin auf der Flucht. Klingt zu dramatisch. Ich bin auf und davon. Da meint man, wunder wie weit ich wohl schon gekommen bin. Es liegt Schnee. Mannshoch. Mehr als mannshoch. Und Nebel herrscht. Also ich habe mich, wenn ich es so genau als möglich fasse, zurückgezogen. Schritt für Schritt. Rückwärtsgehend. Das kann man nur in sehr übertragenem Sprachgebrauch eine Flucht nennen. Was mir im Zorn oder aus Enttäuschung und Erbitterung nachgeworfen wurde, traf mich deshalb auch ins Gesicht, auf die Brust, den Bauch, das Geschlecht, Schenkel, Knie und Zehen. Das geschieht mir recht. Ich habe mich bei euch nicht gut benommen. Jetzt weiß ich es. Leider erst jetzt. Also. Jetzt bin ich ja weg. Ich beerdige mich selbst. Das erfüllt mich mit Befriedigung. Aber es würde mich weniger befriedigen, wenn ich diese Befriedigung nicht konstatieren dürfte. Heiß und innig stelle ich fest: Endlich geht es zu Ende, Sterne adio, rauscht weiter, ich hab's geschafft, mein Schädel bricht.

AK III

Zwei Männer, die unter der Straßenlaterne stehen. Einer hat einen Hut. Der andere hat viele Haare, sehr viele. Also gut, tauschen wir. Das geht nicht. Na bitte. Ich würde doch. Ich geb dir die Adresse, Burgbergweg sechs, hier die Pistole, und wo wohnt dein Verleger, ich habe mein Manuskript nämlich dabei, ja was glaubst du denn, Tag und Nacht, ich arbeite doch andauernd daran, wenn irgendwo die Leute noch wach sind, was glaubste denn, ich muß meine Zeit nützen, werd ich vielleicht so alt wie Picasso, eben, und du? Ich habe alles, was ich schreiben konnte, schon geschrieben, ich brech jetzt gern mal irgendwo ein. Also, mach's gut. Mach's besser. Sie gehen auseinander. Jeder zu seinem nächsten Verbrechen …

Von den Telegraphendrähten war ein hoher Ton zu hören. Den kenne ich aus meinen Ohren, da herrscht er seit Jahr und Tag. Seit zwei Jahren und circa 60 – 70 Tagen. Und was ich heute in Gang setze, mach ich morgen wieder rückgängig. Beidesmal ist das mit hohen Telephonkosten verbunden. Aber noch teurer wär es, das alles nicht rückgängig zu machen. Es gar nicht erst in Gang zu setzen ist mir leider nicht möglich. Ich kann ja nicht den ganzen Tag sitzen, ein Telephon vor der Nase, und kein einziges Mal die Hand ausstrecken, den Hörer abnehmen, wählen, wählen, durchwählen, JAA … wollt ihr nicht in der nächsten Woche zu uns … zu mir, ach bitte, ja? warum nicht schon morgen, ach macht doch, kommt doch einfach morgen, ja? Prima! Also! Und dann muß ich den Wecker stellen, um 6 Uhr 45 aufstehen, denn um 7 Uhr 15 würden die aufbrechen. Ach ja, hallo, hallo, ich bin's, ja leider, Birga ist plötzlich krank geworden, ziemlich schlimm, ja, eben, also, entschuldigt. Aber dann bin ich wirklich fröhlich. Denn wenn sie gekommen wären, stell dir das vor, diese Einmarschgewohnheiten, diese Handbewegungen, Verhörgewohnheiten, diese nachsichtigen Durchschaublicke, diese Milde, Nachsicht, dieses ganze Freundlichkeits- und Freundschaftsvolumen, mein Gott, Birga, ich muß wahnsinnig gewesen sein, gestern, daß ich dachte, das wäre noch auszuhalten! Stell dir vor … jetzt in dieser erstorbenen, halbdunklen, dumpfen Wohnung dieses aufleuchtende Gesocks, pfui Teufel. Birga, wo bist du?

AK III

Der Dings da, der U ist besser als ich, das sagt ihm jeder, das weiß er. Und so tritt er denn bei mir ein. Seine Frau, die weiß es nun am allerbesten. Jungejunge, hat die ’nen gnädigen Blick für uns. Moralisch. Ehrlich. Bei der schlägt entweder die von allen attestierte Überlegenheit ihres Mannes in eine moralische Überlegenheit um, oder sie sagt sich (ihren Blicken nach zu schließen): Wenn mein Mann professionell besser ist als du, das ist nicht so wichtig, diese Überlegenheit wäre kein Grund, auf euch herabzuschauen, überhaupt nicht, aber daß ihr moralisch minderwertiger seid als wir – und zwar als ganze Familie –, das ist bitterer, das zwingt uns einfach, euch ein wenig, na ja doch schon ziemlich stark, von oben anzusehen, ihr seid eben doch ein Gesindel. Ach ja, ja, ja, sie hat recht, wir sind ein Gesindel. Aber dann laßt uns doch in Ruhe. Verfolgt uns nicht mit eurer Überlegenheit. Wir blieben gern ungestört von so überlegenen Menschen. Reicht’s dazu nicht? Nein? Braucht ihr uns? Na bitte … Dann eben weiter so. Kassieren wir euren Hochmut. Aber noch im Verrecken hab ich das Gefühl, wir waren wenigstens … na ich weiß nicht.

15. 12. 1970

Es ist fast mehr ein Trick als eine Arbeit. Aber nicht einmal zu diesem Trick kann ich mich aufraffen. Ich schaff es einfach nicht, obwohl ich, wenn ich mich zu diesem Trick aufraffen könnte, aus dem ganzen Schlamassel heraus wäre. Nicht etwa aus moralischen oder dergleichen Bedenken schaff ich es nicht, sondern einfach so, aus Gesellschaftsunfähigkeit, ich krieg den Spielraum nicht, ich liege zu fest im Dreck, festgefahren, ausgeknockt, erledigt. Ich müßte es nur fertigbringen, mir etwas entgegenzusetzen, denkend, mich von außen betrachten, meine unsägliche Verfilzung mit mir einmal durchstoßen, auflösen, und schon wäre ich frei und groß und beliebt und anschaubar und fähig, der Welt genau den Blick auf mich zu suggerieren, der den besten Effekt macht. Ohne das schaut jeder auf mich so, wie er will oder wie er von selbst muß, und das ergibt das ungünstigste Ergebnis. Komisch, etwas talentloser Schmutz bin ich, etwas, was man noch nicht einmal deutlich sieht, da es nicht imstande ist, sich dem Blick darzustellen. Versteht ihr, das ist das ganze Geheimnis!!

16. 12. 1970

AK III heißt *Sturz.*

Abwärts. Es würde mir leidtun, wenn einige von euch zu glatte Sohlen hätten. Eine trittsichere, griffige Sohle ist fast eine Voraussetzung für diesen Weg. Bitte, geht noch rasch in die zahlreichen umliegenden Schuhhäuser und versorgt euch. Was an einem Wallfahrtsort der Devotionalienhandel, das ist hier der Schuhhandel. Daraus mögt ihr schon sehen, wie wichtig ein gutes Schuhwerk für unseren Ausflug ist. Es geht abwärts. Fast ununterbrochen abwärts. Wir werden vier bis sechs Wochen unterwegs sein, bis wir den tiefsten Punkt erreicht haben werden. Die Talsohle hat eine Minushöhe von 13 500 Metern. Der Punkt, an dem wir haltmachen werden, gilt heute schon nicht mehr unbestritten als der tiefste Punkt. Aber ich glaube kaum, daß irgendeiner unter uns den Ehrgeiz hat, als erster noch weiter erdeinwärts vorzudringen. Diesen Ehrgeiz werdet ihr vor allem dann nicht mehr haben, wenn ihr einmal auf minus 13 500 m angekommen sein werdet. Und, bitte, bedenkt, wir müssen ja wieder herauf. Aber schlimmer, gefährlicher ist tatsächlich der Weg hinunter. Gehen wir.

Zurück zum Verbrechen. Zur Glasbauweise. Zur Verallgemeinerung des Anliegens. Zur Öffentlichkeit der eigenen Not.

Es wird natürlich immer wärmer. Von 1000 zu 1000 Metern müssen wir immer mehr ablegen. Ab 10 000 Meter stehen wir nur noch in Strümpfen und Schuhen.

Was soll ich warten bis
es Januar ist
Was soll ich

Der Sturz

Ich rieche. Ich weiß nicht, wonach. Aber neuerdings fall ich mir durch Geruch auf. Vielleicht hatte ich schon immer diesen Geruch, merkte ihn aber nicht, weil mir nie der Kopf so weit nach vorne auf die Brust sank. Neuerdings sinkt mir immer öfter der Kopf so weit nach vorn, dadurch hängt meine Nase fast ganz auf meinem Körper. Seitdem rieche ich mich. Und ich muß sagen, ich rieche nicht gut. Aber ich rieche das nicht ungern. Es hat etwas von Gemüse und Verwesung.

Dezember siebzig
das gibt sich
Dezember achtzig
es hat sich
Dezember neunzig
das weint sich.

Schau, ich bin noch nicht fertig. Heute mußte ich weit zurück und die Berufsangabe unseres Freundes C. ergänzen. Der Mitteilung, daß er als Chemiker bei einer Kosmetikfirma arbeitet, mußte ich noch hinzufügen: Duftprüfungen. Ich hoffe, das stimmt und wirkt, was C. betrifft, glaubhaft. Wahr ist es. C.'s Doktorarbeit beschäftigte sich mit der Spektrometrie. Mir kommt jene Zeit vor wie eine Helden- und Sagenzeit. Man schaltete am hellen Sonntagmittag das Radio ein, und nicht sofort, aber gleich darauf erhob sich im Raum wie ein riesiger Bienenschwarm der Gesang der Männerchöre. Man ließ den Zahnstocher im Mund langsam auf- und abwippen. Es wurde Montag. Aus war's. Das erste, was ich verlor, war meine Stimme.

Die Stimmen der Beichtenden aus den Beichtstühlen am Samstagnachmittag und regelmäßig und immer mit demselben tiefen Ton einsetzend die Zurede und dann die Absolution des Pfarrers. Daß wir da so brav hingerannt sind! Mein Gott, mein Gott.

Günther Schöllkopf: Jetzt sagen Sie doch nicht immer Mein Gott!

Schneider-Manzell: Jetzt fluchen Sie doch nicht immer so!

Freiwillige Linke

Das Leistungsprinzip für Säuglinge und Kinder. Die Belohnungs- und Bestrafungsmythen. Nikolaus rot und schwarz. Daumenlutscher. Wer in diese Mechanismen eingespielt wird, kriegt, je mehr seine Nerven an diese Mechanismen gebunden sind, um so mehr Angst, später bei der Schul- und Vor-Erwachsenenvariation des Leistungsprinzipspiels zu versagen. Die Angst kann so groß werden, daß er sich lieber der Probe entzieht. Verweigerung. Wer zu sehr auf Liebe dressiert wurde (Daumenlutscher), der wird nie mehr so belohnt werden können, wie er glaubt, belohnt werden zu müssen. Raucher, Drogen, Kino, jede Art von Ersatz wird notwendig: Auch in Leistung kann diese Dissatisfaction umschlagen. Wem diese Liebe ganz entzogen wird, der sieht und empfindet, der realisiert in sich überhaupt keinen Grund, im System mitzumachen: Verbrecher. Also wir können offenbar nur durch eine Versprechung und deren teilweise Immer-wieder-Erfüllung integriert werden. Wer nicht mit Liebe eingeschleust wurde, hat keine Fähigkeit entwickelt, das ganze komplizierte Wertesystem überhaupt anzuerkennen: Eigentum, Ehre usw. Er hat ein eigenes System, das durch das Fehlen von «Liebe» ausgezeichnet ist. Wer zuviel Liebe kriegte, kann genau so wenig integriert werden wie die, die zu wenig «Liebe» bekamen. Der eine wird Schriftsteller usw., der andere Verbrecher: asozial durch Entzug oder Verderbung durch Zuviel. Zuviel ist gleich Unbrauchbarmachen für … Zuwenig ist gleich Unbrauchbarmachen für … Aber die zwei Extreme haben verschiedene Ersatzleistungen: Der, der zu wenig kriegte, entschädigt sich materiell. Der, der zu viel kriegte, entschädigt sich zentral, universell: Er will jetzt Liebe in Form von Ruhm, Anerkennung, Unsterblichkeit. Und Macht, weil er nicht mehr an Liebe glaubt, seit sie ihm in der übermäßigen Form fehlt. Und hier trifft sich der Verbrecher mit dem Autor: Beide wollen, beide müssen Anerkennung, Macht, Ruhm fordern, weil die Liebe fehlt, die mittlere, normale Wärme, das Hin und Her, das allmähliche Geben und Nehmen, das Dialektische. Der Autor kann alles einstecken, aber nicht, daß er kein Autor ist. Das ist eine eingerastete, fixierte, unabdingbare absolute Vorstellung. Und jeder kleine Versemacher am Dorfbachrand braucht diesen absoluten Fimmel, diese riesengroße Entschädigung. Er kann sich dem normalen Leistungsprinzip nicht aussetzen. Das hat er nicht gelernt, das normale Hin und Her, Geben und Nehmen. Er will etwas, um seiner selbst willen, er will belohnt werden, weil er er ist und kein anderer, er will etwas, er will alles, ohne Gegenleistung, er ist gewohnt, es aus Liebe zu bekommen, er will es nicht verdienen müssen. Und wenn er es sich verdienen soll und wenn ihm dabei genau und von Apparaten auf die Finger geschaut werden soll, dann entzieht er sich: d. h. er ist unfähig zur Entfremdung. Das Bedürfnis, das einem anerzogen wird, muß immer ein bißchen größer sein als die Möglichkeit, es zu befriedigen, sonst gäbe es keine Investition, keine Expansionsrate, kein andauernd zunehmendes Sozialprodukt.

Wer auf diesem Weg aus den Bahnen des Bürgertums hinausgerät, verkörpert genau so einen Widerspruch wie der Proletarier. Es ist nicht wahr, was Marx sagt, daß allein der Proletarier das Produkt des Kapitalismus und seine mögliche Aufhebung sei. Der Kapitalismus produziert seinen Widerspruch auch in seinen eigenen Reihen, auf der anderen Seite des Mehrwertgrabens. Allerdings, die Notwendigkeit, dieses System zu ändern, ergibt sich für den jungen Bourgeois nur theoretisch, nur in seinem Bewußtsein: Der junge Bourgeois kann weiter von den Einkünften seiner Eltern leben, oder er findet in der Peripherie des Kapitalismus (im Überbau) eine Möglichkeit, Geld zu verdienen bei einem Mindestmaß an Entfremdung: wenn er nämlich seine Misere in Film und Fernsehen, als Gedicht und Roman darstellen darf und sich so als der Verkorkste, der er ist, ruhmvoll verwirklichen darf: das ist ein Genuß, der lebenslänglich anhält. Oder aber: Er wird Politiker in extremen Gruppen, kämpft wirklich gegen seine Herkunft, versucht einem Proletariat, das kleinbürgerlich geworden ist, einzureden, es müsse genau so entfremdet sein wie er selber. Der Proletarier hat aber Geben und Nehmen systemgerecht von Anfang an gelernt, von der sorgenden Mutter, die will, daß es ihrem Kind bessergeht, aber auch daß es sich durchsetzen kann in dieser Welt. Mütter können sich nicht anders verhalten als systemimmanent. Sie sind biologisch der Ausdruck der Systemimmanenz schlechthin.

Eine italienische Familie verbrennt. Die Mutter aus dem 3. Stock ins Freie. Schwer verletzt.

AK III: *Sturz.*

Wenn AK zurückkommt in die Stadt und kommt nicht mehr durch per Telephon und auch sonst nicht: ein alter, nicht gut riechender Streuner, Penner, durch den Portier verjagt, ein Bettler, vorbei, keine Cousine mehr, die wohnt zwar noch hier mit Mann usw. im Arabella Park oder so wo, aber AK darf nicht einmal an die Tür eines solchen Hauses, das ist klar. Das ist feinstes München, was meinst du, was die jetzt gerade tun in ihrer feinen Wohnung. Wie viele Gäste und vielleicht überhaupt in ihrer Finca, auf Mallorca, ob in ihrer Casa im Tessin oder in ihrem Chalet in Saas Fee oder in ihrem Reetdach-Haus auf Sylt.

Anselm, geh weg.

Der Autor als Sozialanwalt: Anruf aus Krefeld, er muß das mir sagen, ich soll sofort hinkommen, so etwas hat es noch nicht gegeben, er muß es aufschreiben, für die Familie, der er alles zu verdanken hat, die heute in Amerika ist, er hat keine Kinder, aber er wird Prozesse kriegen, wenn er das aufschreibt, ihm wär's egal, aber um seiner Frau willen kann er das nicht, er wird es auf Tonband sprechen, mir schicken, ohne Namen, ohne alles, er ist 49 und ruft dann wieder an.

Privilegiendschungel.

Ach ihr lieben kleinen Mädchen, wenn ich euch anschaue, wie ihr süß in euren Betten liegt, und denke daran, was von euch später in Betten verlangt werden wird.

17. und 18. 12. 1970
Uwe Johnson.

20. 12. 1970
Bücher usw. nicht als Darstellung von Realität, sondern als Antwort auf Realität.

Im Film. Bei der Herstellung eines Films: Einer kleinen Zahl von Menschen ist bereits eine Art Paradies ermöglicht. Sie müssen nicht mehr leben und arbeiten, sie dürfen schon Leben und Arbeit spielen. Sie tun nur noch so als ob. Und gleich sehen Leben und Arbeit ganz anders aus als in Wirklichkeit. Viel spannender. Schöner. Nicht daß man dieses Leben und Arbeiten teilen möchte, aber man schaut ihm gern zu. Einem wirklichen Leben und einer wirklichen Arbeit schaut man nicht so gern zu; man geniert sich, besonders wenn man gern zuschauen würde.

Sie kommen nie, fast nie einzeln, immer marschieren sie in Gruppen auf meine Türe zu und herein. Es ist ganz offensichtlich, daß sie glauben, in der Mehrzahl hätten sie ein größeres Recht, bei mir einfach einzudringen.

Der Aktienspielautomat für Aktionäre: Sie können jeden Tag an der Börse spielen über ihre Leitung. Wie Fernschreiber.

HME im Traum virtuos an dem Gerät.

Alle Literatur ist Sklavensprache, das ist ganz sicher.

Wenn einer nicht weiß, daß seine Stimme zu schwach ist, und spricht vor vielen Leuten, die darüber lachen.

Meistens weitet oder erneut sich über der Fläche
etwas, was du und ich uns heftig wünschen,
wirf mir den Ball zu, ich werf ihn zurück,
gib nicht nach, gib ja nicht nach, du schaffst es,
eine politische Bedeutung ist schon erreicht,
sieben Wörter drängen in eine Richtung,
siehst du sie?

Lehár: Bist du's, lachendes Glück, das jetzt vorüberschwebt.

Ich bin so fromm und eingespannt. Solange ich keine Vergangenheit mehr habe, müßte ich Gegenwart haben oder Zukunft, aber das ist nicht der Fall.

Nußdorf oder Die Befreiung der Eltern

Ich finde alles, was mit Erziehung zusammenhängt, ungeheuer langweilig. Ich mag Kinder ziemlich gern. Ich geniere mich fast zu sagen, wie gern. Natürlich sind mir meine eigenen am liebsten. Aber es kommt vor, daß ich einem Kind begegne, das ich seinen

372
Serpen
tin
en Ser
pen
tin
en Ser
pen
Nußdorf
oder
Befreiung der
Die befreiten Eltern
Bericht über die sich selbst besorgende Erziehung.
Ich hätte nie gedacht daß das
so gut gehen würde
Ich finde alles, was Erziehung
zusammenhängt, heuer langweilig.
Ich weiß, wie es Ihnen geht.

Eltern gern stehlen würde. Aber Erziehung, Theorie der Erziehung, Pädagogik: nicht mit mir. Meine Abneigung gegen das naseweise, bodenlose und freche Herumwühlen im Kinderhirn oder in der Kinderseele wurde immer größer, je mehr die Flut der Theorien rundum anschwoll. Seit Jahren kannst du keinem mehr begegnen, ohne daß er dich festnagelt auf Summerhill, Kinderläden und dergleichen. Die Konfessionen haben das inzwischen auch spitzgekriegt, die Parteien, der Wettlauf ums Kind hat immer schamlosere Formen angenommen. Mir war das alles viel zu hanebüchen. Die Grobheit dieser Theorien jagte mir Angst für meine Kinder ein. Solange das Verhältnis von genetischem Material und Umweltmöglichkeit nicht auszusagen ist, finde ich es vermessen, wenn Einrichtungen geschaffen werden, die so tun, als sei das alles bekannt. Aber ich hatte nun einmal diese vier Kinder. Ich begann zu überlegen. Das heißt, ich beobachtete Kinder. Überall. Auf der Straße, auf Spielplätzen, beim Überqueren der Straße, auf Schulhöfen. Am meisten habe ich meiner ältesten Tochter abzubitten, weil sie noch am meisten diesem pseudomodernen pädagogischen Mief ausgesetzt war. Einen negativen Erziehungsroman muß ich schreiben. Ich erziehe für diese Gesellschaft, wie muß ich dann erziehen? Raubtiere muß ich machen aus ihnen. Schlagen, daß sie schlagen lernen. Nicht glauben, was ihnen gesagt wird.

Ich sehe jetzt Besuchern entgegen, als könnten sie mir helfen, als änderte sich dadurch etwas. Insgeheim hoffe ich, ich dürfe dann wieder rauchen. Oder das Geräusch in den Ohren höre auf.

Mädchenleben

Sie läuft vom Spülen mittags, wozu sie eingeteilt ist, weg und spielt wild Gitarre, weil Karla ihr beim Essen sagt, es wird ein Jugendzentrum eingerichtet, dann müssen wir nicht mehr ins blöde Walker, wo unsere Musik nicht gespielt wird und eine Cola 2 Mark kostet. Karla erfüllt jetzt schon unsere Funktion, als sie hört, daß ihre Schwester dorthin will. Sie sagt, das ist einfach lächerlich, das ist ab 16, glaubst du, da geht irgendeiner von uns hin, wenn da 14jährige rumhocken. Möchtest du irgendwohin, wo 9jährige oder 10jährige rumhocken? Weist effektvoll auf die Jüngste hin, da graust's Sirte natürlich. Na also, Mensch, bevor du 16 bist, kannst du abends überhaupt nicht fort, das ist polizeilich unmöglich, oder du fliegst eben raus, wie du aus dem Walker rausgeflogen bist. Sirte: Bin ich nicht! Karla: So, bist du nicht, Mensch, du blickst da offenbar noch nicht durch, wenn dir der Ober sagt, du kannst bis 9 Uhr bleiben, das heißt, wenn getanzt wird, mußt du raus, wenn das nicht Rauswerfen ist, und genau das wird dir im neuen Jugendzentrum auch passieren. Sirte (kläglich, wütend): Schönes Jugendzentrum! Karla: Wenn du nicht 16 bist! Und du bist eben nicht 16. Du bist 13! Sirte: 14! Karla: 13! 14 bist du im April. Aber eben 14, nicht 16! Die Jüngste: Zu mir hat sie gesagt, 14 vergißt sie einfach, für sie wird sie gleich 15, hat sie gesagt. Sirte: Werd ich auch, blöde Kuh. Ab rauscht sie, haut die Türe zu, rennt rauf, noch einmal Türe zu, Gitarre, Gitarre, Gitarre. Ne changez pas mon chanson. Let it bleed. Let it be. Ich drücke Karla die Hand, sage: Ganz gut, Karla, du hättest noch sagen müssen oder darauf Bezug nehmen müssen, daß auch die zwei Jungen, die sich im Bonhoefferhaus vor einem halben Jahr für sie interessiert haben, diese zwei Fünfzehnjährigen, daß das auch noch keine Jungen seien, sondern infantile Kreaturen. Verstehst du, daß sie weiß, sie hat auch außerhalb der Familie keine Hilfe zu erwarten in den nächsten zwei Jahren, hier nicht und nirgendwo sonst. Siehst du, so kannst du uns helfen, Mama und ich konnten uns wirklich derweil entspannen und das Quarkdessert essen. So, aber jetzt rauf zu ihr, die Gitarre weggenommen, sie hat ja Mittagsdienst in der Küche, und daß man feste Verpflichtungen hat, daß man sich an Abmachungen halten muß, das ist wohl das Wichtigste, woran ein Mensch gewöhnt werden muß. Wer geht?! Frau Zürn, leise: Geh du, bitte. Gern, sagte ich und stapfte hinauf.

Matth

1971

4. 1. 1971
Frau Kugel grell lachend einen Meter hinter der Tür. Do isch die Rechnung und do d'r Kranz.

Pfarrer: Wolltest du unserer Sünden gedenken, Herr, wer könnte da vor dir bestehen.

10 Grad Kälte. Sonne. Pfeifender, stiebender Ostwind. Der Pfarrer nimmt den Weihwasser-Pinsel aus den bloßen, blaugefrorenen Händen seines kleinen Ministranten in seine dick behandschuhten Hände. Auch der 2. Ministrant trägt keine Handschuhe. Der Pfarrer leiert so extrem, daß es sich anhört, als tue er das mit Fleiß, als wolle er vor allem der Familie des Gestorbenen durch sein Leiern klarmachen, es handelt sich um einen alltäglichen, überhaupt keines Aufsehens werten Vorgang.

Die Autos fahren langsam hinter einander hinunter nach Gattnau. Voraus der Mercedes, der schwarze, mit dem Anhänger für den Sarg.

Der Pfarrer sagt, er wird drin in der Kirche die kirchliche Ansprache halten.

Der vom Soldatenverein spricht außen, hat ein Gebinde in der Hand, keinen Kranz: Diesen Blumenschmuck lege ich nieder, an deinem Grab, daß er es schmücke, du hast, Karl Schmid, verschiedene Male bewiesen, wie wichtig Kameradschaft und kameradschaftlicher Geist sind, 1917, als du dem Einberufungsbefehl zum 1. Weltkrieg folgtest, und 1939, als du wieder einem Einberufungsbefehl folgtest. Du, Karl Schmid, hast auch zwischen den Kriegen und nach dem letzten Krieg Kameradschaft und kameradschaftlichen Geist nie vergessen, auch nicht im

Gemeinderat, überall wo du deinen Platz ausfülltest, hast du es getan in Kameradschaft und aus kameradschaftlichem Geist, Karl Schmid, das muß ich dir sagen, ich war ja mit dir auch im Gemeinderat, ich habe dich nie anders handeln sehen als in Kameradschaft und aus kameradschaftlichem Geist.

Alle Jäger in grünem Loden, ebensolchen Hüten und an diesen kleine Tannenzweige, Neptungabeln. Einer von der Truppe: Karl Schmid war von Anfang an Jäger, ein leidenschaftlicher Jäger und großer Jäger, aber er war auch ein besserer Heger, und er war großzügig, das vor allem, wenn er einen, der keinen Bock mehr hatte, einen schießen ließ von seinem Kontingent. Wir haben seine Treue schon belohnt, wie wir ihm die goldene Nadel für seine 40jährige Zugehörigkeit zur Kreisjägerschaft verliehen, und darüber hinaus gedenken wir auch seiner Zugehörigkeit zur Kressbronner Jagdgesellschaft und zum Prüfungsausschuß, in dem er sich immer großzügig zur Verfügung stellte. Ein Jagdsignal wird geblasen. Und so lege ich dir diesen Bruch an dein offenes Grab. Dann das Signal. Zwei Fahnen, eine 1825, Veteranenbund. Die andere 1920, auch eine Kriegervereinsfahne. Drinnen der Pfarrer noch: 1899 geboren, 1935 heiratet er, drei Daten aus dem Leben, unter den zehn Kindern zwei Ordensfrauen, eine früh verstorben, eine wirkt heute noch segensreich in Sießen. Bei einer Kirchenrenovierung, 1960, kam er zum wiederholten Mal mit einer Spende ins Pfarrhaus, und beim letzten Mal sagte er: Das ist für die, die ihre Pflicht vergessen. Und er war ein vorbildlicher Josefsbruder. Als die neue Josefsfahne angeschafft werden sollte und es 50 Mark pro Kopf gemacht hätte, spendete er gleich das Doppelte und sagte: Der Rest ist für die, die ihre Pflicht vergessen. So war er immer. Großzügig, hilfreich.

Die Schwestern vorher: So schön, wie er im Leben nicht mehr war. Kathrie: Hoffentlich ist er nicht nur scheintot durch die Medikamente. Anna: Ach was, das Auge ist gebrochen, das gebrochene Auge, daran ist kein Zweifel.

Die Geldprozession: Kniebeuge, Geld hineinwerfen, das Meßstipendium für den Gestorbenen. Der kleine Ministrant holt dann die Beute.

25. 1. 1971
Hans ist dabei, das Grab zu gießen, da tritt Frau Hotz aus Hattnau oder Selmnau hinter ihn.

So, duasch giaßa.

Ja.

Ja, ja, d'Auguschta, und etz isch d'r Maddin Kommunischt.

20. 1. 1971
Ihre immer durch ein Augenzwinkern entstellte Loyalität geht mir auf die Nerven, mein Herr Podszus.

21. 1. 1971, Stuttgart.
Sie spricht reinen Comicstrip.

Ich bin so harmlos, weißt du. Gern geh ich auch spazieren. Ich kann einfach diese Strumpfhose nicht mehr anziehen, die schneidet mir so in den Bauch.

Was glaubst du, für wen ich mir diese Löckchen eingedreht habe.

Diese Stellung kenn ich aus Jasmin.

Bist du scharf auf mich.

Ficken: ich brauch es nicht, da hast du recht.

Traum: Zuerst zwei Freunde, gleich ein dritter, dann rollt mir auch schon einer auf dem Betonbelag einen Schraubenzieher her, jeder von denen hat einen, schon gezückt, ich faß den herrollenden Schraubenzieher, sie greifen schon an, ich schreie Hilfe, Hilfe und höre, daß diese Schreie schon sehr matt klingen, ich kann einfach keine Kraft in diese Schreie bringen, deshalb klingen sie gar nicht mehr nach Hilfe, sie klingen erlöschend.

Traum: Ein ganz blasser, schlanker Mann (keine Jacke, nur Pullover) mit sehr sehr kurzgeschnittenen Haaren, die Augen nur eine vibrierende schwarze Flüssigkeit, holt mit dem Messer aus gegen mich; obwohl er hinter mir steht, sehe ich, wie er ausholt.

Welche Rekorde fahren fort
unerreichbar weißes Mädchen
im Gletscherbett sause ab-
wärts im Apfel fault Gott
so zusammengestellt ist die Welt
von müßigen Menschen Europas
Amerikas also schreien sie
während sie schnell schwinden.

Zu zweit. Wenn ich einen Abend mit F verbringe – mit F bin ich am engsten –, geht es so:

Jeder verteidigt einen. Er Frisch, ich Fellini. Dann mach ich Frisch fertig als einen larmoyanten feigen bürgerlichen Sadisten, und er stichelt und sticht ebenso an Fellini herum, bis jeder seinen Helden naß, blutig, zerstochen, zerhauen, eine ekelhafte Masse, vom Platz trägt.

Der Professor kommt herein, schüttelt neidisch und haßvoll den Kopf: Schon wieder eine vaginale Totale, Herr Dr. Er kann selber nur abdominale Totale. Der Dr. nimmt sogar den Blinddarm unten heraus. Knüpft sogar mit Instrumenten. Das klappt. Alle machen atemlos und begeistert mit. Beim Professor sind alle aufgeregt, weil er schon wieder in ein Blutgefäß hineinschneidet und es dann nicht mehr findet. Die Oberschwester muß abklammern. Der Chef zittert und greift hinein in die Sauerei, die er angerichtet hat, fast mit abgewandtem Blick.

Pankraz Pudenz

Da war ich drei Wochen im Februar an einem kleinen See, Scharmützelsee oder so, nur ein Hausmeisterehepaar und ich, und da ham die mich verwechselt, anstatt der Grundschulung hatten sie mir den Hegel hingelegt, die Einleitung in die Rechtsphilosophie, Mensch, und ich tagelang gelesen und kein Wort verstanden. Grad daß ich noch bemerkt hab, daß der Hegel einer von uns ist.

Das Programm da, ein Kulturprogramm, mit dem kann ich absolut nichts anfangen, wenn ich das in der Grundeinheit vortrage, da sagen die Genossen, was soll das heißen, verstehst du, diese Formeln.

Mit der KPI, hör mir auf mit der KPI, eine sozialistische Partei, die keine Gelegenheit ausläßt, ihre Sowjetfeindlichkeit zu beteuern, kann ich nicht mehr ernst nehmen, verstehst du. Neulich waren paar Genossen da, die erzählten, daß sie schon lange in die DDR wollten, auf die Parteischule. Aber das geht nur über die

KPI. Aber die KPI vermittelt keine Genossen in die DDR, das lehnt die KPI einfach ab. Versteht du, wenn die sozialistischen Bruderparteien so gegen einander sind, dann ist es aus.

Knoblauch, Schwarzbrot und eine Quarktunke.

Zugführer Krenz E 14
Wir haben Überholung E 1641

Gallistl
Zilli Zembrod hat grellblondes Haar. Wenn der Zug anfährt, nimmt es ihren Kopf nach hinten. Konischer Hals. Ein bißchen. In den Malereien an der Universität in Mexiko kommt sie auch vor, glaub ich. Sie sagt: Es wird nicht leicht sein. Das ist mir klar. Auch meine Frau nickt. Ja, sollen wir's überhaupt noch probieren? Bin ich für etwas, was nicht so leicht ist, überhaupt noch brauchbar? Du kannst natürlich noch viel mehr, als du dir zutraust, sagt Zilli. Meine Frau nickt. Um eine Spur zu eifrig. Sie sieht, daß ich das sehe, also lächelt sie. Wir haben nichts vor einander zu verbergen, sie meint es gut mit mir, wir sind in etwa das glücklichste Paar der Welt. Zilli meint, wir könnten uns noch einiges zutrauen. Es müßte ja nicht immer was Schlimmes sein, ich ein Hausmeister, warum nicht, ein Heimwart, ein Schulungsleiter, ein Pädagoge, du mußt in die Pädagogik, sagt Zilli, wir alle müssen, wenn wir dem Volk dienen wollen, in die Erziehung, anders sind wir nicht mehr zu retten, und es wäre natürlich völlig grotesk, wenn du anders wohnen wolltest als die, die du erziehst, also müßt ihr zuerst umziehen, dann gehst du in die Schule, und dann wirst du Lehrer, ja. Zilli blieb sechs Wochen bei uns. Ist nach dir eine Buchhandlung in Ostberlin benannt, fragte ich sie einmal, als sie spät in der Nacht zurückkam. Sie arbeitet 15 Stunden am Tag. Sie reckte die Schultern. Also eine Kraft strahlt sie aus, kein Zweifel. Wir nickten einander zu, ich schlich zurück ins

Schlafzimmer und lag und dachte an Zilli. Meine Frau reichte im Dunkel die Hand herüber. Zum Glück sind wir nicht mehr ganz so jung wie Zilli und andere. Ich halte mich schon aufrecht, laß nur, keine Angst, ihr könnt mir zuschauen, ich wanke vielleicht, aber ich verliere das Ziel jetzt nicht mehr aus den Augen. Ich glaube wenigstens, daß ich nicht mehr abzubringen bin. Irgendwie hat mir seit dem Christentum was gefehlt. Um mich besser zu machen. Menschlicher sozusagen. Dafür hatte ich ja das Christentum, sonst nichts. Nach dem Christentum hatte ich nichts mehr. Da wollte ich auch gar nichts Gutes mehr denken. Ich wollte klug sein, alles wissen usw., das möchte ich immer noch. Aber ich möchte auch wieder gut sein, ein bißchen besser. Der Kapitalismus kann die Menschen brauchen, wie sie sind. Es liegt ihm sogar daran, daß sie bleiben, wie sie sind. Der Sozialismus braucht bessere Menschen.

Wieviel Jahre Gefangenschaft schon
Tage zählen Aufschub
von allem jeden Schlag
hinnehmen und denken
ich werde zurückzahlen
und längst wissen so viele
Schläge kann man gar nicht
zurückzahlen auch wenn
diese Gefangenschaft je beendet
werden könnte aber diese
Gefangenschaft hört nie auf.
Das Unglück ist süß im Mund.

Im Zug.

Wohi gönd Sia?

Ich ganga nach Lugano i d'Förrie. Weil ich kriags a chli billiger weil ich ieber föifasechzge bin.

Denn hönd Sie de Vergünstigunga.
Ja. Dös fröit mi.

19. 2. 1971
Der Sturz (als Titel für den III. Teil).

Die 1. Vorstellung (von 10 Vorstellungen):
Ich hänge am Bootsrand, halte mich am Bootsrand, das Wasser wird kalt, die Finger klamm, ich bin längst nicht mehr imstande, mich hochzuziehen und ins Boot zurückzustemmen. Ich hangle mich zur Bootsmitte. Vielleicht geht es da. Dann zum Heck. Auch nicht. Hat mich nicht immer am meisten die Vorstellung beruhigt, daß es ja nicht ewig so weitergehen wird. Also bitte. Noch höchstens 30 Minuten. Ein wenig Beherrschung und ein paar Minuten irgendein Gegurgel, Gepatsche, so ein unwillkürlicher Rückfall in den Lebensgeist, dann hat sich's. Wenn ich mich zusammennehme, komm ich über die Runden. Am schönsten wär es, wenn ich mich fügte.

2. Vorstellung:
Die Steaks auf dem französischen Grill. Sie schreien. Und ich werde sie essen. Wie lang soll ich denn noch beteiligt sein an dieser Steakbraterei. Selbst den Chicorée kann ich nicht ohne Bedenken anschauen. Das ist natürlich eine Schwäche. Meine Schwäche. Ich habe zu wenig Hunger. Aber einen unheimlichen Appetit. Dem Fenchel die Blätter durchschneiden, daß es nur so kracht. Die Paprikaschoten ausgeputzt und mit Pfeffer bestreut.

Hinter uns keine Verfolger, sondern nichts.

Linker Wunsch und Literatur
Sich zu äußern ist nicht zuletzt eine Möglichkeit zur Selbsterfahrung, und dadurch, daß andere sich auch äußern und wir zu einer Zeit doch mehr zusammenhängen, als es unsere individua-

listischen Attitüden vermuten lassen, erfahren wir uns vielfältig. Ich habe z. B. an linker Kritik an Peter Handke bemerkt, daß wir, die P. H. von links kritisieren, in Gefahr sind, in ein festes, allzu festes Verhältnis zu ihm zu kommen.

Sein Schnödes sagt mehr, seine Absage sagt mehr, sein Ritt (vor allem) sagt mehr, als er jeweils darin vertritt. Wir kritisieren, glaube ich, Handke und meinen Heißenbüttel. Was haben die letzten beiden Büchnerpreisträger gesagt? Gestammelt.

Die zwei auf der Bühne: Einer fängt an in der Nase zu bohren. Der andere wird mitgerissen. Beide wollen es vor einander verbergen.

Wie ist die neue Sekretärin? Ja, doch, schon, sie muß sich eben noch daran gewöhnen, daß sie Anfrufe nicht so ernst nimmt, wenn da eine Schauspielerin anruft, sagt sie mir dreimal, wir müssen noch zurückrufen, Frau Soundso hat angerufen, ja, ja, sag ich, das eilt nicht. Aber sie gibt nicht nach, verstehen Sie, nach vier Tagen noch kommt sie und sagt, wir müssen Frau Soundso anrufen, ich hab ihr versprochen, wir rufen zurück, sie macht mich einfach wahnsinnig, ich glaub wirklich, es geht nicht mit ihr, Sie sollten mir um eine andere schauen.

Der Sturz

Mit dem Segelschiff über die Alpen als Film am Ende. Wenn Birga tot ist, hört er die Rufe, könnte gerettet werden, will aber nicht mehr, kuschelt sich ganz zu ihr und wischt Schnee über sich und sie, damit man ihn nicht mehr finden soll.

Er hat schon noch Geld, sie würde weiterfahren, er sagt, nein, zuerst etwas dazuverdienen, ein Polster, es kann ja immer etwas passieren, du kannst krank werden, ich kann krank werden, eine Achse kann brechen, wer hätte gedacht, daß uns die Lichtmaschine kaputtgeht, verstehst du, das Scheibenwischerblatt, komm, hier verdienen wir noch leichter was als weiter oben oder drüben in Italien. Sie gehen arbeiten in ein Hotel in der Küche. Das war eine Etappe.

Wer nur den lieben Gott läßt walten
und hoffet auf ihn alle Zeit
den wird er wunderbar erhalten
in aller Not und Traurigkeit.
Wer Gott dem Allerhöchsten traut
der hat auf keinen Sand gebaut
was helfen uns die schweren Sorgen
was hilft uns unser Weh und Ach?
Was hilft es daß wir alle Morgen
beseufzen unser Ungemach?
Wir machen unser Kreuz und Leid
nur größer durch die Traurigkeit.

22. und 23. 2. 1971, Stuttgart.
Theater. Besprechung für die *Kinderspiel*-Inszenierung.

Wie leicht einer reinzulegen ist, wenn man ihm steckt, daß ihm ein anderer zuvorkommen könnte: Er ruiniert sich, nur aus Gier, nur weil er sich das nicht entgehen lassen will.

24. und 25. 2. 1971, München.

25. bis 28. 2. 1971, Zürich.

Der Sturz. Mit dem Segelschiff über die Alpen.

Ausfahrt des glücklichen Paars aus der Vorstadt, aus der grauen, häßlichen Mietskasernengegend, Ausfahrt im hohen Sommer oder frühen Herbst, also etwa Anfang September oder Ende August.

Rheintal.

Chur / Lenzerheide / Tiefencastel. Lichtmaschine wird ersetzt. Sie bezahlen etwas betreten. Sie mußten einen Tag oder zwei Tage in Tiefencastel bleiben. Oder in Thusis. Das kostet. Na ja, nicht so schlimm. Sie wollen wegfahren, geht ein Scheibenwischer nicht mehr. Er probiert daran herum. Es regnet ganz stark. Es gelingt nicht. Übers Gebirge können wir so nicht. Also wieder zurück, ein neues Scheibenwischerblatt. Wieder übernachten.

Die Krimiphase und Horror: Sie glaubt, er will sie umbringen.

Die Endphase: das Glück und der Untergang.

Obwohl man streng mitzählt Donnerstag, Freitag, Samstag, muß der Zuschauer erleben, als seien 30 Jahre vergangen, wenn sie am Samstagabend sterben und am Sonntag vielleicht noch die Sonne aufgeht über dem weißen Grab.

3. Vorstellung:

Ich bin auf dem Weg zusammengebrochen. Ein sandiger Weg. Weicher heller Sand. Anstrengend, darin zu gehen. Angenehm zum Zusammenbrechen. In der Nähe Schilf. Keine Sicht. Ich kann nicht rufen. Man muß mich zufällig finden. Man wird mich zufällig finden. Das ist doch unvorstellbar, daß man mich nicht mehr findet. Oder erst so spät, daß man mich an den Füßen anbindet und wegschleift. Mit einem Traktor zum Beispiel.

Warum dieser Schmerz, mein Herz
warum dieses Weh, meine
Seele, warum diese Schwere
aller meiner Gedanken.

4. Vorstellung:

Äpfel in einen Korb legen. Sie auflesen und in den Korb legen. Mit der Hand ins nasse Gras greifen, den Apfel fassen und ihn in den Korb legen. Auf den Boden des Korbes. Den nächsten Apfel holen. Das schleimige Weichtier, das am Apfel klebt, wegschieben wollen. Mit einem Aststückchen. Das blaugraue Weichtier läßt sich auf der glatten Schale rund um den Apfel verschieben, ohne von ihm zu lassen. Diesen Apfel kann ich nicht in den Korb legen.

1. 3. bis 2. 4. 1971, Stuttgart, Hotel Unger.
Proben für die Uraufführung *Kinderspiel.*

1. 3. 1971
Es geht schief, es muß schiefgehen, es muß ja schiefgehen, es kann ja gar nicht anders, ich kann den Kopf nicht einziehen, es geht nur noch um, wie soll ich sagen, sag nicht, denke, seit 1968 eine ununterbrochene Abwärtsbewegung, ein Sturz, ein anhaltender Sturz. Unterhalten können wir uns nur noch über das Datum, es kann auch schon früher gewesen sein, vielleicht hat der Sturz schon 1963 oder 1957 eingesetzt, und am Anfang fiel es einfach so sanft, da hatte ich noch nicht, da hatte der Sturz noch nicht das Tempo, das Tempo nahm erst zu, die ersticken mich, die stopfen alle Löcher zu, die rennen, alle Mann rennen und stopfen alle Löcher zu, das sind meine Atemlöcher, das sind meine letzten Atemlöcher, meine Herrn, ich weiß, daß Sie wissen, daß das meine letzten Atemlöcher sind, ich weiß, Sie stopfen diese Löcher zu, weil es meine letzten Atemlöcher sind, trotzdem kann ich es nicht lassen, Ihnen zuzurufen (mit meinem letzten Atem): meine Herrn, was Sie da zustopfen, das sind meine letzten Atemlöcher.

3. 3. 1971, 4 Uhr 45, Hotel Unger.
Er verbrauchte in dieser Nacht fast eine ganze Dose Handcreme. Kaum waren wieder 30 Minuten vergangen, waren seine Hände wieder so trocken und spröde, daß es wehtat, wenn er die Bett-

decke berührte. Er glaubte ja noch bis etwa 4 Uhr, daß er vielleicht doch noch einschlafen könne. Aufstehen, d. h. aufbleiben war ihm unmöglich. Immer wieder schloß er die Augen. Gähnte. Einschlafen ging auch nicht mehr. Er wälzte sich. Er fühlte sich vergiftet, umstellt, erledigt. Nie mehr zurück. Nie mehr hinaus. Daß es in diesem Hotelzimmer enden würde bzw. in einem solchen Hotelzimmer, wer hätte das gedacht. Das war nicht zu vermuten gewesen. Seine Art war ja eher lebhaft und stark. Er hatte etwas Überwinderisches. So empfanden es Leute, die mit ihm umgingen. Er genierte sich, solchem Dafürhalten zu widersprechen. Es wäre ihm vorgekommen, als wolle er mit seiner Hinfälligkeit angeben. Er empfand sich nämlich nicht als stabil. Überhaupt nicht. Er lag nicht zum ersten Mal so in einem Zimmer. Jede Woche einmal lag er so in einem Zimmer. Allerdings war es das erste oder das zweite Mal, daß er so in einem Hotelzimmer lag. Das Gemeinste, dachte er, ist, daß ich nicht eingehe daran. Er mußte ja das Geld verdienen. Wer würde das Geld denn verdienen, wenn er sich umgebracht haben würde. Natürlich war das eine berückende Vorstellung, jetzt warten, bis die Apotheken öffnen, das Zeug zusammenkaufen, hinausfahren auf die Schwäbische Alb, das Zeug fressen, sich im Wald herumtreiben bis zur Wirkung, sich hinlegen, einschlafen, erfrieren im Schlaf. Das sind die Lösungen. Die verbotenen Lösungen. Und man wird behandelt, als wisse ein jeder, daß man sich nicht umbringen kann. Den kannst du behandeln, wie du willst, der kann sich nicht umbringen. Das ist die Devise. Andererseits möchte man auch nicht nur deshalb gut behandelt werden, weil man sich sonst umbrächte. Sorglos möchte man sein. Sorglos, leicht oder locker. Man möchte so viel.

Am 3. 3. 71, 8 Uhr 45 beim Zähneputzen im Hotel Unger, fiel mir plötzlich ein, was das ist: Gott. Ganz genau die Entsprechung zum menschlichen Zustand. Sozusagen sein weißer

Schatten. Gott ist haargenau so groß wie das jeweilige Unglück oder Elend. Daß jemand, obwohl das Unglück und das Elend überhaupt noch nicht abgeschafft waren, Gott für tot erklärte, ist zwar hübsch tapfer, aber völlig sinnlos. Da springt einer mitten im Ozean von Bord, weil er, behauptet er, selber schwimmen könne. Gottesbeweise sind genauso töricht. Gott existiert nicht, er wird von Sekunde zu Sekunde erzeugt durch unsere Not. Das ergibt dann eben doch den Anschein einer soliden Existenz.

Sie können doch det Frl. Bier net ohne wat zu saasche noch dem Kaiser hingebe.

Selbstverständlich kann isch dat da isch dat Personal verwalte kann isch dat.

Sich unmerklich aus dem Feld ziehen
sich enthalten
innehalten
immer weiter hinein in den Wald
in die Berge in immer tiefere Täler.
Stürzen dürfen.

Podszus. Auf den 1. 4. war er gekündigt, und am 1. 4. war er wieder da. Und am 2. morgens sieht Guggenheimer durchs Fenster wieder Podszus über die Brücke kommen. Immer wieder Podszus, der Gekündigte.

8. 3. 1971

Ich bin persönlich ganz unfähig geworden, kleine Tiere zu töten, weder Ratten noch Spinnen, ich kann nicht mehr, ich weiß, was das bedeutet, ich weiß, daß ich damit erledigt bin. Ich rufe die Polizei zu Hilfe. Die Polizei kommt nicht. Bedauerlich. Ist das nicht bedauerlich?

20. 3. 1971
Die Kündigung, der Entlassene, Psychologie der Entwöhnung. Der Gekündigte. Podszus.

Er dreht den Stiel um: Er kommt früher ins Büro und gibt denen, die vor dem Chef da sind, bekannt, daß er den Chef nicht mehr an seinen Arbeitsplatz lassen werde. Ach Podszus, ach Podszus, jetzt sind Sie schon wieder da. Das tut mir arg weh, wie ich jetzt mit Ihnen verfahren muß. Im Interesse des Betriebs. Jetzt haben Sie nichts mehr zu lachen, Podszus, ehrlich, jetzt wird es eher schlimm für Sie, mein Gott, Mann, wie kann man sich bloß so hineinreiten, Sie können einem herzlich leid tun.

Motto: Der Tod fickt das Leben. O ja.

Um 5 Uhr morgens ging er weg von zu Hause, er hatte lange blonde Haare, er war vor der Sonne drunten im Tal, am Rhein entlang ging er talauswärts, Rhäzüns, Bonaduz, Chur, im Norden hingen Wolken, er hatte keinen Mantel dabei, er versuchte zu singen. Der Rhein führte wenig Wasser. Das war die erste Enttäuschung. Er hatte sich den Rhein grün und schäumend gedacht. Was sich da zwischen Steinen durchsuchte, wirkte eher zäh, penetrant, senil. Er konnte eben keinen Schritt gehen, ohne alles zu übersetzen. Alles betraf ihn. Irgendeine traditionelle Einbildung. Eine Zusammenarbeit von Natur und Geschichte in seinem Kopf. Als der Rhein fülliger wurde, sang er.

24. 3. 1971, Hotel Unger.
Auf engem Flur die 3 Paar Riesen-Halbschuhe in Schwarz.

Stuttgart. Flughafen. Flugzeug von rechts nach links ins eigene Spiegelbild hinein.

Das Mädchen von der Sonne her, über den Hang herab, der gleißende Schritt, die Sonne zwischen ihren Beinen.

Dagegen die zwei alten Frauen in der Juli-Mittagshitze in Schongau am Bahnhof. Auf dem ungeteerten Platz gehen sie an Stöcken, die schwarzweiß sind.

3. 4. 1971, München.
Der Sturz

AK ist ausgebrochen aus seinem Gefängnis und Gitter, jetzt schleppt er sich geschlagen wieder heim und bittet, wieder in seinen Verschlag aufgenommen zu werden. Kriechend erreicht er das Haus. Anna führt ihn hinein, wäscht ihn, verbindet seine Wunden.

Nach ein paar Tagen, wenn er sich wieder ein wenig erholt hat, beginnt wieder der Kampf. Die List. Die Arbeit für den neuen Ausbruch. Nicht nur wegen Frauen, vielleicht überhaupt nicht wegen Frauen, sondern weil er wieder Vertrauen hat zu Stuttgart, München und Zürich: Er erzählt, daß er auf Knien von München kam usw. Ob das wahr ist?

Auf den Knien von München zum Bodensee, das stellt man sich schlimmer vor, als es ist. Im Tannenwald, auf dem Nadelboden, z. B. in der weichgrünen Wiese.

Die Wege AK's durchaus als Einbildung des in der Festung Befindlichen.

9. 4. 1971, Sarn.
Für *Sturz.* AK's Gegentyp.

Er schläft morgens lange, schreckt nie im Schlaf hoch – etwa schweißgebadet –, er hat etwas Babyhaftes, Weiches, Konservatives, er gehörte immer schon zur Avantgarde. Was er 1956 schon sagte, hat sich bestätigt, er hat einen unheimlich gesunden Menschenverstand; er rächt sich allenfalls an Frauen, die er nicht kriegt; er hat auch Komplexe, er findet sich ziemlich toll, findet aber, daß die Leute viel zu selten bemerken, wie toll er ist; er gehört in seiner Branche zur Spitze; er findet, er sei einsame Spitzenklasse, das finden viele im Vaterland in seiner Branche und in den angrenzenden Branchen, er wird jetzt von Jahr zu Jahr mehr geehrt, er erntet seit seinem 45. Lebensjahr sämtliche Ehren, die man in seiner Branche ernten kann, d. h. er hat sich bewährt, allmählich merkt es auch der Dümmste, wie gut er ist, wie fortschrittlich, Politik liegt ihm nicht so sehr, das sagt er selber; er ist für die SPD, tut was für die SPD, ißt aber gerne mit der FDP, der CDU, obwohl, Strauß ist schon der Intelligenteste, den wir haben; er macht jedes Jahr noch länger Urlaub; er liebt seine Frau; er findet seine Frau langweilig; er wünscht sich was anderes; er ist ja so froh, daß er seine Frau hat; er hat nur ein Kind mehr, als er wollte; er hat nicht nur Buben oder nur Mädchen, sondern genau so viele Buben, wie er wollte, und genau so viele Mädchen, wie er wollte; er träumt von seiner Pensionierung; er wird ziemlich wohlhabend sein, wenn er pensioniert werden wird; er hat sich auf fast alles vorbereitet; seit Jahren baut er die Stellungen für die Freizeit aus; auf Sylt, im Wallis, an der Biskaya; das Schlimmste wäre ein Herzschlag 2 Jahre vor der Pensionierung, hat er nicht zu befürchten, weil er sich fast nie erregt, weil er zufrieden ist, weil er überall sofort Idylle schafft; ohne Idylle könnte er nicht leben; er ist selber eine Idylle, seine Gefäße sind weich, Krämpfe kennt er nicht, er wird höchstens 2 oder 3 Zähne früher verlieren als angebracht; sein Vater ist 89, seine Mutter 84; er bezahlt für beide jährlich den Urlaub im Süden, er besucht beide, wenn ein Geburtstag fällig ist; er verbindet die 2 Geburtstagsreisen immer mit einer Geschäftsreise; seiner Mutter hat er 2 Pelzmäntel geschenkt; er hat noch nie Krach gehabt mit seinen Eltern; er ist das einzige Kind oder hat vielleicht noch eine um 10 Jahre ältere Schwester, die einen Pastor geheiratet hat, der eine Karriere als Militärgeistlicher hinter sich hat und nun in seinem Rang vertrocknet und gemein wird; er verachtet seinen Schwager, weil der lächerliche Filme und Bücher schätzt; er findet seine Gedichte immer noch sehr gut; alles Thematische findet er nur noch komisch; er hat sich in 20 Jahren eine ungeheure Fertigkeit im Zusammenführen von Sprachteilen erworben; er kann die deutsche Sprache kreuz und quer konjugieren, es kommt immer etwas dabei heraus. Er ist der abstrakte bzw. der konkrete Künstler in Person; er kleidet sich nicht gut, aber sehr sorgfältig; er hat keinen Mut für Hemden und Jacken; das einzige, was er seinen Eltern übelnimmt: Sie hätten ihm die Mandeln herausnehmen lassen können, als er noch klein war; er fliegt so wenig als irgend möglich; er ist stolz auf seine Angst; auf Sylt hat er seine Clique. Norddeutsche mögen ihn; er ist ein Nord- und ein Süddeutscher, also geradezu ein Deutscher; d. h. auch: Er macht seine Sache gut; bei ihm klappt es; er hält internationale Vergleiche leichter aus; ihn kennen die Kollegen im Ausland, und zwar in Moskau und in Los Angeles; am widerlichsten findet er die Chinesen, er sagt aber: das spricht noch lange nicht für die; er will in reinem Sport glänzen; für seine Gesundheit ist ihm fast nichts zu viel; daß er raucht, überrascht jeden, der ihn länger kennt, seine Gedichtbände hat er von Anfang an einem Design unterworfen, das so klug gewählt war, daß er es 20 Jahre lang beibehalten konnte. Jetzt will er Romane schreiben. Er kommt seines Berufes wegen viel zu wenig zum Schreiben. Das gibt allem, was er doch noch geschrieben hat, etwas Kostbares. Kein Mensch weiß, in wie vielen Firmen er die Finger drin hat. Jetzt hat man ihn schon bei Schiffstaufen gesehen, ganz vorne dran. Er ist schon ein weicher Junge. Das ist er geblieben. Wenn er 2 Flaschen Weißwein getrunken hat, setzt er sich in eine Ecke und bewirft von dort aus die Leute im Raum. Dazu benutzt er Mandeln, Bierdeckel, Streichholzschachteln, Nüsse, manchmal schwingt er schon den Aschenbecher, stellt ihn aber immer wieder weg. Er hat ein fabelhaftes Gedächtnis. Er hat das Gedächtnis einer Frau. Er hat das Gedächtnis eines Sträflings. Er hat das Gedächtnis eines Berufsoffiziers, eines Kapitäns, eines Weltraumfahrers. Auf sein Gedächtnis kann er sich verlassen wie auf sich selbst. Er liest viel. Jede Nacht. Er liest Bücher über sehr vieles. Er liest Bücher, die mit seinem Beruf nicht das Geringste zu tun haben, vollkommen entlegene, von fremden Bereichen handelnde, hochinteressante Bücher. Er liest auch Bücher über Gartenbau. Sein Wunsch: einmal ein Buch über Gartenbau zu schreiben. Für Gartenbau fehlt ihm jeder Sinn, jede Begabung, Gartenbau macht ihm so wenig Spaß wie Politik. Aber er hat so viele Bücher über Gartenbau gelesen, daß er ohne weiteres selber ein Buch über Gartenbau schreiben könnte. Seine Ruhe möchte man haben. Er hat höchstens 2 oder 3 Feinde. Allerhöchstens. Und selbst die müssen zugeben, daß sie ihn eigentlich mögen. Man muß ihn mögen. Das ist es. Das ist es überhaupt.

Obwohl er «Christ und Welt» gegründet haben könnte. Man muß ihn mögen.

Mir zieht der Neid das Maul zusammen, meine Zunge liegt trocken im Bett, das waren offenbar wieder ganz ungesunde Überlegungen.

Ausbau des Gegentyps. 40 Seiten Gegentyp.

11. 4. 1971, Ostern.

Auf der Hochebene, die fällt, das Streichquartett von Johannes Brahms, nackt und unaufhaltbar beschleunigt.

Wird man mich hören wenn ich
eintreffe nachts auf dem Platz
und niederstürze dröhnend und
nicht anders kann als jaulen?

Würden Sie gerne Violine
lernen kräftig sein Salate
aus dem Garten holen Brecht
lesen im Schatten der Linde?

Abwärts ungelenk Gekreisch
schiebe die Scherben immer mit.
Idylle plus Husten Ende.
Tot sind wir gleich seriös.

Lebenslauf
Mutig greif ins Nest das Blau
des Himmels hilft dir gehen
laß die Braue sinken flieh
mit Schatten in den Westen stirb.

22. 4. 1971, Stuttgart.
Uraufführung *Das Kinderspiel*.

Regie Alfred Kirchner. Mit Rosel Zech, Giovanni Früh, Traugott Buhre und Heidemarie Rohwedder.

25. 4. 1971, Nußdorf.
Wohin jetzt
so zu spät?
Das könnte ich und das auch
über der Stadt Kreise ziehen.
Aber über mir nicht.
Es ist jetzt nicht mehr
so überraschend ich bin
jetzt schon fast daran gewöhnt
daß jeder seinen Grund
findet gegen mich.

Herr Dr. Baumgart vermißt bei mir den Ernst, da wird zuviel gelacht, sagt er, zum Glück, sagt er, haben auch welche nicht gelacht, aber die führt er auch gegen mich an. Herr Dr. B. nimmt alles offenbar viel ernster als ich, lang nicht so leichtfertig. Für ihn ist das Leben nicht so was Boulevardhaftes, wie es bei mir sich darstellt.

Jdylle [redacted]stlusten Ende
~~[illegible]~~
tot sind wir gleich seriös

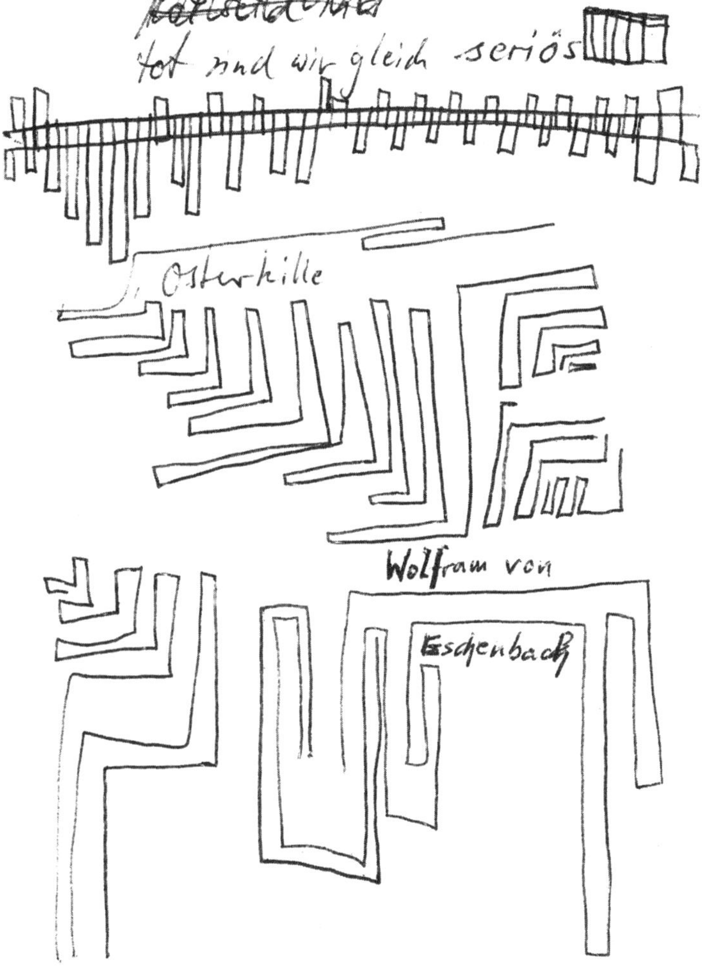

Wahrscheinlich kommt das daher, daß er seinen Aufenthalt öfter im Jahr zwischen Capri, Gardasee, Celerina und Sylt hin- und herbewegt, das kann einen schon ernst stimmen, das schon.

Ich zählte, mit geschlossenen Augen, die Stiche, nannte bei jedem Stich jedes Messer beim Namen, bis plötzlich ein Stich neu war, ich schaute auf, du warst es, dein Messer, mein Freund, ich grüße dich und dein Messer.

Die Wälder brannten auf den Hügeln.

Flammen schlugen in die Luft.

Kahl meine Uhr, das Zifferblatt voll roter Flecken, eine Stimme aus dem Raum nebenan, den hatte ich für leer gehalten, grün trieft es über die Fenster, hallo, öffnen Sie doch, ich muß hinaus ins Kalte, ins Gelächter, ich brauche Kontakt.

Bei Memmingen oder Ravensburg oder Wangen sah einer zu, wie ich überfallen wurde, der kam nachher und sagte, für ihn sei es interessant gewesen, weil ich so geschwitzt hätte, obwohl ich vor Kälte halb tot gewesen sei, jaja, sagte ich, sehr gut beobachtet, mein Freund.

Als ich durch eigenes Versehen aus dem Fenster gefallen war und auf dem Pflaster lag, zerbrochen, kam der aus dem Parterre vorbei und fragte, ob ich seinen Schwager gesehen hätte.

Was dir passiert, passiert mir nicht, ich habe das Gefühl, du gehst mich nichts an, von jetzt bis in die Ewigkeit bist du ein flotter Feind. Der Wahnsinn ist dein Verbündeter, die Ruhe, das Geld.

Sorge du für mich ich kann es nicht
ich komme zu dir in den Schatten
und bin durstig bis du mich tränkst
es kann mir sonst keiner helfen.
Unter diesen Umständen bin ich so
in längeren Zeilen bin ich
anders als in kurzen anders
als im Wald eines Hochsommers

während einer glücklichen Wanderung.
Hast du die Stirn ich hab sie nicht
ich leuchte nicht ich vermehre
Dunkelheit in der sich viele
wehren und mich und sich verletzen.

28. 4. 1971

Die 2 oder 3, die sich des Hohns oder Spotts über mein Stück enthalten haben, tun mir sehr leid, weil sie nun die Dummen sind, ich sollte sie einladen und hier behalten, bis alles vorbei ist.

Solche Kleinigkeiten nach solchen Erfahrungen, solche Kleinigkeiten.

Ruhepotential	Natriumionen
Aktionspotential	Kaliumionen (Austausch durch die Membran hindurch).

29. und 30. 4. 1971

Adlers.

Vom 30. 4. auf 1. 5. ein Traum auf der Straße (nicht auf dem Bürgersteig), immer noch mit Gepäck, neben mir Alfred Kirchner, ich erzähle ihm, daß ich geträumt hätte, daß das Stück ein Mißerfolg werde, er lacht mich aus, ein Mann fährt auf dem Fahrrad vorbei und ruft mir zu, es gebe einen neuen Weichenbacher, ich weiß, daß er eine Weinsorte meint und ein Lokal hat, in dem diese Weinsorte ausgeschenkt wird. Ich erwache und bin froh, daß der Mißerfolg, von dem ich im Traum träumte, schon hinter mir ist, daß dieses Draufwarten vorbei ist.

Traum vom 1. 5. auf 2. 5.: Ich spiele mit in einem Stück von mir, die Schauspieler der Stuttgarter Aufführung sind auch dabei, die Aufführung ist merkwürdig leise und labil, plötzlich geht es gar nicht mehr weiter, ich warte auf mein Stichwort, aber es geht gar nichts mehr, die Leute im Saal rufen, fast alle stehen auf und gehen, ich nehme, um ganz sicher zu sein, ein Textbuch zur Hand. Als alle gegangen sind und nur noch Platzanweiserinnen, rotgekleidete, in einer geometrischen, einer Dreiecksanordnung, im Saal sitzen, unterhalten wir uns auf der Bühne über die Gründe für den Zusammenbruch: Es stellt sich heraus, daß ich meinen Text nicht sagte, alle warteten auf mich. Ich sage, ich hätte mein Stichwort nicht gehört, die Souffleuse hätte mich doch aufmerksam machen müssen. Alle sagen, daß die Souffleuse mich immer wieder angerufen habe. Mir bleibt das rätselhaft. Aber die Angst, daß es so kommen könnte, hatte ich von Anfang an, von Anfang dieses Traums oder dieser Aufführung, gehabt.

3. 5. 1971, München.
Mein Freund die breite Brust mir
entzogen glücklicher bist du nicht
es muß alles aufhören solang man
noch lebt dann tautolog der Tod.

Das bleibt das bleibt du wirst sehen
das bleibt herzlich rennen alle in
der Sonne vom Fensterbrett reißt die
Milchkanne der und trinkt sie aus.
In meinem Kopf möcht ich nicht wohnen
dieser Krach und die Maschinen
ein Pfeifen höher als alles Bekannte
ein Brummen aus unterirdischen Sälen.

Den ganzen Tag im glühenden Kreis herum, auf festgestampftem rötlichen Boden, durch das stundenlange Imkreisherumtraben reibt man etwas von dem festgestampften Boden ab, man pulverisiert andauernd etwas Boden, wirbelt es in die Luft, die Nase verödet allmählich, auch die Augen übrigens.

3. bis 6. 5. 1971, München.
Ermöglichung des Hierseins durch Schreiben. Oder Verlängerung des Lebens durch Schreiben. Obwohl durch Schreiben Leben unterbleibt, wird eben dieses nicht gelebte Leben nur durch Schreiben ermöglicht.

Der Dollarstrom, der verheerende, in den Direktionsetagen europäischer Geldinstitute brennen die Lichter bis spät in die Nacht. Seit Mittwoch gleiten die offiziellen Paritäten maßgebender Währungen den Regierungen und Notenbanken gleichsam unter den Fingern davon ... und niemand vermag zu sehen, wie sie wieder unter Kontrolle gebracht werden können.

Eine Währung nach der anderen wird überrannt von Schutzsuchenden und Spekulanten, die dem Dollar aktiv mißtrauen und deshalb (wie es Gresham schon vor 400 Jahren beschrieb) aus dem schlechten in besseres Geld flüchten.

Heute nacht begegnete ich dem Dollarstrom und den Flüchtlingen.

Rechts Baustoffe ob ich aus Würzburg komme
oder aus Ulm am Ende kommt es
doch auf dasselbe heraus Baustoffe
passier ich dann bin ich in München.
Ich öffne den Mund laß Tauben
hineinfliegen und Tauben heraus
Steine hinein und Steine heraus.
Ich halte mich nicht für schöpferisch
ich glaube nicht, daß ich schöpferisch bin.
Möchtest du alles genau wissen
dann frag nicht beispiellos.

7. und 8. 5. 1971
Carlo Schellemann und Frieder Hitzer.

Ich im Bauer
die Jahre schmettern
über mir hält ein Vogel
singend geht die Sonne
schweigend unter.

Manierismus haha fremde
Sprache Trocknung vieler
Ereignisse zur vorüber-
gehenden Aufbewahrung.
Vatikan-Lyrik
Rerum Novarum
Quadragesimo anno
Mater et Magistra
Populorum progressio.
Ich gebe aus möchtest du
meine Münzen ich nehme dir
deine Zeit weg wenn wir zwei
handeln sind wir betrogen
verdiene jetzt Geld ich
arbeite jetzt gib mir bitte
zu trinken wir stehen tief
im Feld und häufeln Wörter
Humanae Vitae.

12. 5. 1971, Köln – Mainz.
Kühe am Rhein.

Im Zuggang entlang stinkt's nach Klo. Ein Mann (ca. 52) arbeitet ruhig und ernst an der Lösung eines Kreuzworträtsels. Wer von außen, etwa in Koblenz, vom Bahnsteig, sein Gesicht sieht, muß denken, dieser Herr denke gerade über den plötzlichen Tod seiner Frau nach oder über die Frage, ob er seine Investitionen in Südamerika fortsetzen soll. Die Wolke, die riesige, den Westhimmel füllende blaugraue Riesenwolke mit dem gleißenden Rand, mit dem gehämmert fein-gleißenden Rand, Stinnes 21 zieht rheinaufwärts. Die Innenseite der aufgehängten Jacke dieses Herrn ist so aufgeschlagen, daß man Trevira lesen kann. Limonade, Apfelsaft, Coca-Cola. Haben Sie Bier da? Ja. Aufmachen? Ja. Einsfünfzig. Danke. Die Unsicherheit. Ich sehe nicht mehr über mich hinaus. Meine Zurechnungsfähigkeit wurde von mir überschätzt. Eins nach dem anderen, das ist schwer. Was soll das alles heute. Bingen. Mäuseturm. Wenig Wasser, lieber Rhein. Wer zugestiegen? Die Fahrkarten, bitte. Das war schon vor Koblenz. Überfüttert sitzt er da, der Faßbinder, und hängt eine Lätschen. Überfüttert und beleidigt schaut er in die Welt. Auf eine ausländische Art sauer, sieht er aus wie ein Kalifornier, den wir gezwungen haben, bei uns zu leben. Na, was is jetzt mit den Oranschen, scheint er andauernd zu sagen.

Wenn ich so was probiere, bei mir klappt das nie. Ein ziemlich großes weißes Passagierschiff, mehrstöckig, das größte, das ich je auf dem Rhein gesehen habe, heißt Rhein, mit riesigen goldenen Buchstaben steht es auf der Flanke: Rhein. Wenig, wenig Wasser, lieber Rhein. Bingerbrück, Gasthaus Bingerwald, Asbach Uralt auf der anderen Seite des Rheins, flache Obstgärten, eine Poebene, wir rattern mit mindestens 130 km, ein kleiner Ort, Heidesheim, vielleicht Budenheim, die Hochspannungsmasten stehen mit zementverkleideten, vermummten Füßen in den Gärten!

13. 5. 1971, Mainz.
Hotel Königshof, vis-à-vis vom Bahnhof.

Der Sturz

AK holt Brot und Milch. Milch stiehlt er, indem er Kühe melkt. Für Brot legt er Geld hin.

Mädchenleben

Töchter, von denen keine die richtige Figur zu haben glaubt, weil heute an jede Frau körperliche Forderungen gestellt werden, die nur vergleichbar sind den Anforderungen, die Friedrich Wilhelm I. an seine langen Kerle stellte und die Hitler an seine SS-Leibstandarte stellte. Und wir alle, wir Männer, nähren dieses Prinzip durch unsere Wünsche ...

AK mit temperierten Wünschen, weil er keine anderen mehr kriegt, wie ein Löwe, AK, der nicht mehr die schnellsten Gazellen erwischt, sondern sich bei den Lahmen herumdrückt ... da ist es wieder: das Prinzip Erotik-Darwinismus, der völlig ungemilderte Dschungel.

14. und 15. 5. 1971, Stuttgart.

17. 5. 1971, Nußdorf.

Mai 71, zuerst saukalt, dann durchweg hochsommerlich, grünes ständiges Brausen, heiß vertrocknender Frühling.

Wenn ich jetzt sofort fertig sein müßte, wenn ich nicht mehr packen könnte, vielmehr sofort sagen müßte, wie weit ich bin.

Dem Beni werden die Nägel mit einem Stinklack eingepinselt, er kaut sie trotzdem ab, so weit, daß er z. B. nichts mehr in die Hand nehmen kann, weil jetzt die Fingerkuppen übersensibilisiert sind, wahrscheinlich entzündet. Er sagt, er habe die Abneigungskrankheit.

Was ich denke ist beschämend
mein Herz wird zerquetscht zwischen
zwei Ziegelsteinen weit im
Feld rasselt der Laster.

Clausula rebus sic stantibus.

Auf dem unbewegten Wasser, Himmel aus Blei, Wasser aus Blei, schieben sich langgezogene, kilometerlang gezogene Felder Blütenstaubs, gelbe, hellgelbe, riesig lange Blütenstaubbänke treiben auf uns zu. Wenn man alle 2 Stunden hinschaut, merkt man, daß sie sich doch herwärts bewegen.

Wenn ein Schwan startet, wie da die Luft stöhnt, die er mit seinen Flügeln schlägt, und das Wasser rauscht unter seinen lappigen Füßen, wenn dieser Schwan jetzt 30 m groß ist, stell dir vor, die Scheiben springen, Ziegel fallen vom Dach …

21. 5. 1971

Karl Wittlinger.

Seit einigen Tagen nur noch etwas Druck in den Ohren, aber keine Geräusche mehr.

25. 5. 1971

Psychologie der Entziehung.

Warum nach Salzburg fahren, so viel Mühe … irgendwie rührt sich bei mir die Hoffnung, ich werde rauchen in Salzburg, jawohl, nein, nicht auftrumpfend, im Untergrund, eine Art Augenzwinkern, du wirst schon sehen, in Salzburg, fahr ruhig mal hin, du wirst schon sehen. Ganz klar, das kann sich nur auf das Rauchen beziehen. Ich wüßte nicht, was sonst ich in Salzburg zu erhoffen hätte. Eine Zigarette. Also muß ich sofort und von jetzt an ununterbrochen durch alle meine Innenräume hindurchrufen: In Salzburg wird nicht geraucht. Auf dieser Reise nach München und Salzburg und Innsbruck wird nicht geraucht werden, verstanden. Und anschließend, wenn ich erschöpft zu Pfingsten hier ankomme, auch dann über die Pfingstfeiertage hier wird nicht geraucht werden, daß das klar ist!

26. 5. 1971, München.

27. und 28. 5. 1971, Salzburg und Innsbruck.
Am ehesten fühle ich mich gerechtfertigt, wenn man mit Hilfe einer meiner Arbeiten Deutsch lernen kann. Das geht noch.

Der Sturz
In der Festung, wie er frißt, wie ihn die Spinnen bewachen. Wie er morgens à la Gott hinunterspült, was von ihm in die Schüssel kommt.

Die amerikanische Lösung
Alphazustand und der Dollarstrom, der verheerende, gegen den der Deutsche brav kämpft, überall drängt der Dollar herein, der wertlose Eurodollar.

Die Zusammenarbeit US und Nazi perfekter, bevor T. S. Grübel eingreift. Vielleicht schon die ersten Sendungen und die ersten Wirkungen des Alphazustands. Außerkraftsetzen der kritischen Fähigkeiten.

Der Sturz
Rede des besoffenen Kristlein, daß er eine Figur sei.

Ich wende mich an niemand, ich kann mich an niemand wenden. Diese allertiefste Ohnmacht, ihr, D. u. H., lebt einmal auf dem Papier, 10, 20 Jahre lang. Und ich bin nicht der einzige. Rundum dieser Dimensionsverlust. Ganz irre Gemüter sind da entstanden. Ich schäme mich für mich und meinesgleichen. Ich meinerseits habe, sobald ich meine Existenzbedingungen zu durchschauen begann, angefangen, Verantwortung zu pflegen. Ich wollte mich nicht so gehenlassen, wie die Figur es kann. Die Figur kann, weil sie nichts ist und davon ganz durchdrungen ist, behaupten, was sie will, es ist völlig egal. Sie alle wissen, meine D. u. H., zu welchen Scheußlichkeiten und Furchtbarkeiten usw.

das geführt hat. Nicht einmal in der räumlichen Welt, nicht mal bei euch ist soviel Blut auf so grausame Weise vergossen worden wie bei uns auf dem Papier. So brutal kann man nicht einmal bei euch sein. Und das Schlimmste: Wir Figuren haben eine Wirkung auf unsere Macher. Je schlimmer sie uns machen, desto schlimmer werden sie selbst. Sie kommen soweit zu sagen: Der Mensch habe nur ein Recht auf das Unrecht. Das ist das Schlimmste, was je gesagt wurde. Und das kommt natürlich, weil der, der das sagte, von der Dimensionslosigkeit seiner Figuren infiziert worden ist. Er hat seinen Schatten verloren. Wir alle sind Schatten ohne Werfer. Ich imitiere also Verantwortung. Ich will diese Lizenz nicht ausbeuten. Ich will so tun, als hätte alles, was ich sage, Sinn und würde Wirklichkeit. Und das ist unsere, meine Hoffnung, versteht ihr: der Rückkoppelungseffekt. Wenn du dir deinen Herzschlag vorspielst, festigt er sich ...

Du hast schwarze Haare, Alissa, es war blödsinnig, dich je blond sehen zu wollen, wer dich blond sieht, der kennt dich nicht.

Im Radio die Magazinitis, *Bild*-Zeitung machen die. Obwohl man doch jetzt ein gutes Programm machen könnte, weil das schlechte Publikum zum TV abgewandert ist und wir nur noch das gute Publikum haben, aber nein, Magazine.

3. bis 5. 6. 1971, Frankfurt.
Kongreß, Bildende Kunst.

Paulskirche 15 Uhr. Staatssekretär Klaus von Dohnanyi: Ich bin persönlich dankbar, an diesem Platz die Bundesregierung vertreten zu können. Freiheit und soziale Sicherheit sind untrennbar mit einander verbunden. Der Deutsche Bundestag hat am 30. 4. 71 einen Bericht über die Lage der bildenden Kunst gegeben. Öffnung der Rentenversicherung für die bildenden Künstler. Walter Benjamin: Die Fundierung der Kunst auf

161
1800 Pressekonferenz
4 1 8 6 Künstler

Politik durch die Reproduzierbarkeit usw. Wer sich organisiert, wird, wie Sie wissen, ergriffen vom taktischen Opportunitätsprinzip, vom Zwang, Minderheiten und Mehrheiten zu bilden. André Malraux: Die großen Künstler schreiben die Welt nicht ab, sie sind ihre Rivalen. Sie wissen, ein Mann wie Robert Musil hat soziale Sicherheit nie gekannt. ... Man müßte also die Dichtkunst fördern, wenn man Revolutionen verhindern will. Herbert Marcuse, das wissen Sie auch, warnt vor repressiver Toleranz. Aus der Verflechtung der Interessen keine Aufhebung des Widerspruchs zwischen SPD, die die Vernunft von heute vertritt, und Ihnen, den Vertretern der Vernunft von morgen. Soweit mein Text. Entschuldigen Sie, es gibt eine demokratische Regel, daß man nicht das Wort ergreifen darf, wenn man nicht auch an der Diskussion teilnehmen kann. Ich muß heute abend in Bremen sein, entschuldigen Sie also, wenn ich jetzt, fast unmittelbar nachdem ich dieses Rednerpult verlassen haben werde, gleich in den Wagen steige, mein Flugzeug geht um 16 Uhr 25.

Hilmar Hoffmann, jedesmal wenn er gestört wird: Wir kommen gleich darauf. Ich versteh gar nicht, warum Sie immer dazwischenrufen. Im Grunde sprech ich sehr positiv über den Sozialismus.

Meistermann: Ich spreche für mich. Ich fürchte, Nivellierung, Provinzialismus und Unterhaltungsmalerei werden ihren Einzug halten. Bevor man Bewußtsein verändern kann, muß zuerst einmal Bewußtsein gebildet werden, und das muß die Kunst leisten ...

HAP Grieshaber: Der Künstler erfährt Kunst nicht als Konkurrenzkampf. Im Kampf Jeder gegen Jeden steht er abseits. Wo er wirbt, wirbt er als Liebender, nicht wie eine Werbefirma. Nie hat Not Begabung befördert. Das ist eine Schutzbehauptung des Spießers. Erklärt euch solidarisch mit dem VS.

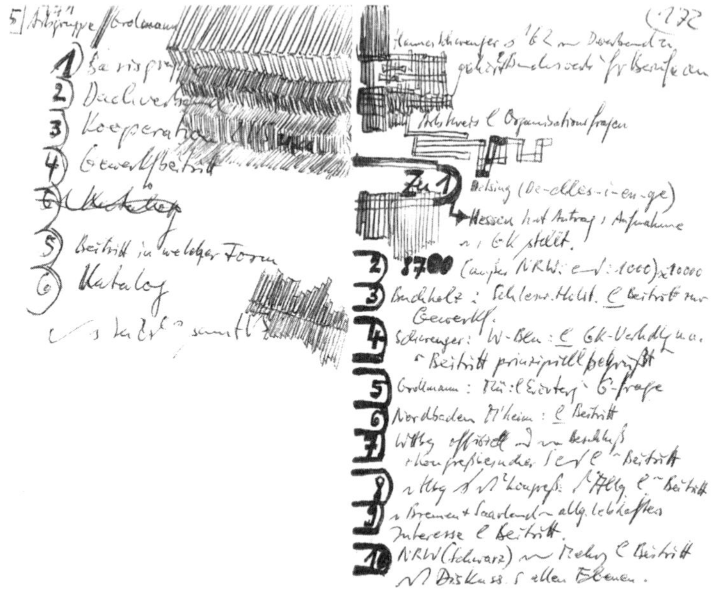

Lattmann: Der VS ist bereit. Der Elan der ersten Stunde. Die Bundesmitgliederversammlung des VS hat mit Zweidrittelmehrheit den Anschluß an die IG Druck und Papier beschlossen.

Hannes Schwenger: In Köln 50 DM für ein Gutachten, ob man Künstler sei, von der Akademie.

Ich müßte mich wohler fühlen. Warum fühl ich mich nicht wohl, wenn ich doch tun darf, was ich will. Mein Auftraggeber ist immer der, dem es schlechter geht. Sein Auftraggeber? Ich fahre in gut gefederten Zügen auf den Schienen, die allen gehören. Ich weiß nicht, wie man das macht, Demokratie, ich habe das nicht in der Schule gelernt.

Auf dem Kongreß einer: Wer schützt den Künstler vor moralischer Verfolgung? Als ich 21 war, hab ich mal mit einem

14jährigen onaniert, dafür mußte ich dann, Jahre später, die Villa Massimo verlassen, weil ich damals nach Paragraph 175 bestraft worden war, einer hatte mich anonym angezeigt.

Manchmal pflegt das Unglück sich mit feinen Wörtern, es will sich selber unverständlich bleiben im Interesse derer, die schuld daran sind.

Die, die 5 Mark verdienen pro Stunde, verstehen einander, und die, die 500 verdienen, verstehen einander auch. Wer wen versteht, das ist kein Sprachproblem.

Am liebsten würde ich mich selber erziehen auf eine einladende Art, am liebsten würde ich mit mehreren gemeinsame Sache machen für etwas. Ich fühle mich wohler, wenn ich für etwas bin, als wenn ich gegen etwas bin. Ich weiß aus Erfahrung, daß es gesünder ist, für etwas zu sein. Am gesündesten ist es, mit vielen für etwas zu sein.

Daß etwas unverständlich ist, reißt mich nicht hin. Zum Verständlichsein braucht man Mut.

Wieder einmal abgehauen, wieder einmal nichts, die Angefangenheiten mehren sich, laß es doch lieber, bleib doch in deiner Schale, und verrucht.

6. bis 9. 6. 1971

Ruth Angress.

9. bis 11. 6. 1971, München.

12. und 13. 6. 1971, Nürnberg.

Der Sturz

Wenn AK nachts betrunken ist in München, bittet er eine Junge, ihn am Tag anzurufen und nicht nachzulassen, bis sie ihn am Telephon habe; er werde zweifellos versuchen, sich zu entziehen – bitte, bitte, sie möge, bitte, nicht nachlassen, bis sie ihn am Telephon habe, oder am besten komme sie selbst, um ihn aus einer dunklen Zimmerecke zu reißen; er sage dies, weil er sich kenne.

PPP

Programmpunkte für Parteilichkeit: Du gehörst hin, wo du wohnst, aber du kannst immer noch umziehen zu Leuten, mit denen du lieber verwechselt wirst.

15. 6. 1971

Ich möchte den Bettler ins Haus ziehen und ihn schlafen legen, aber ich fürchte sein Erstaunen. Die Klassengesellschaft zertrennt unseren Atem.

Die Spanierin lädt zehn Leute zur Feier der Geburt des zweiten Sohns, auch der Ausbeuter ihres Mannes kommt, wir lassen uns durch Wein vertreten.

Symptome, Indizien, Indikationen: die schwächer werdende Freude, eine Magenfalte im Gesicht, meine sich verkriechende Stimme, die unüberwindbare Angst vor alten Freunden.

Von einer Stunde auf die andere reißt der Himmel auf, ist total blau, auch das Wasser total blau, auch das Grün total blau, auch das Rot.

Ich möchte mich mir abgewöhnen, das ist schwer, ich häng an mir, ich gebe mich so ungern auf, ich weiß es jetzt, ich hoffe noch auf mich.

16. 6. 1971

Was Skrupel heißt und wiederkehrt, wenn du an Straßenarbeitern vorbeifährst, die selber kein Auto haben, wiegt schwerer als Theorie. Ich möchte nie Macht, nie über andere.

Ich hocke da ohne Ambition
hege menschenfreundliche Wünsche
die werden abgeschlagen, ich richte
mich auf ich lerne.

Geistreich bist du, schönstens gewunden
schaust deinen Sätzen nach, Musik ist
dein Teil, dich erreichen nicht Hagel
Frost und Politik.

Ein Mörder, der nur noch Millionen verdient und
Krebse essen kann, und Hugo Wolf, mit dem
sitzt du, ihn billigend, am Tisch
und denkst, du studierst ihn.

Verdienst du das Geld, das du brauchst, selber? Stellst du was her? Verkaufst du was? Oder vermittelst du nur Verkäufe, oder schaust du zu?

Welle helle unbesiegte schäumend
wo werde ich heut in acht Tagen sein
kennst du die Kiesgrube schon, in der
der rote Ball verschwand.

18. 6. 1971

Anfrage in Klothen: Wann muß ich da sein für 12 Uhr 15 nach Moskau.

Mindestens 50 Minuten bis 1 Stunde vorher sollten Sie schon da sein, das geht ja nach außerhalb Europas.

Ich wollte fragen, ob 11 Uhr 30 bitte ausreicht, wenn man weiß, daß ich komme.

Ja, das reicht, aber für Sie ist kein Flugschein da. Absolut sicher. Sie will in Genf anrufen, ob das Ticket aus Versehen nach Genf gekommen ist.

So muß es sein, nichts klappt, eine unbegreifliche Mentalität, eine aufreibende Bürokratie, Entscheidungen voller Rätsel, wie in Kafkas *Schloß*, bloß nicht so interessant. Ich war bereit, die SU zu erleben wie Frisch und Hagelstange. Und einer hatte mich beschworen: Fahren Sie nicht! Fahren Sie nicht. Finden Sie zu sich selbst zurück, zu Ihrer Individualität. Ist das nicht komisch? Kein Mensch würde etwas sagen, wenn du nach NY fährst. Viel Glück, vielleicht, oder: Passen Sie ja auf, NY ist zur

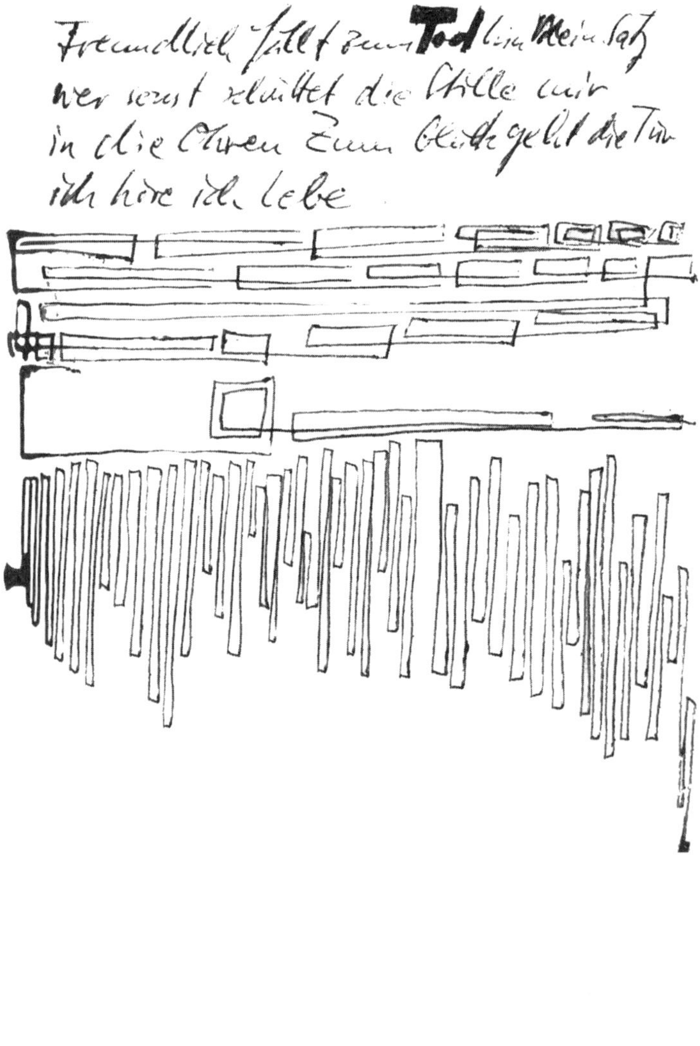

Zeit gefährlich. Und er würde lachen, NY wäre einfach ein Abenteuer, ein absolutes Abenteuer. Keiner würde das den Amerikanern oder dem System zuschreiben, daß NY zur Zeit gefährlich oder immer gefährlicher wird. So ganz stimmt das ja auch nicht. Man muß ja nicht gleich mit Franz Josef Strauß nachts noch Biertrinken gehen. Aber Moskau, das ist ein Block, das ist en bloc unannehmbar. «Die lachen doch über Sie.» «Halten Sie ein.» Vielen Dank für Ihren freundlichen Rat. Geschenkt, brüllt er ins Telephon.

Das erste Datum: Ich schicke alles, was verlangt wird, an die Botschaft und kriege alles inkl. meinen Brief an den Botschaftssekretär Kupzow zurück und dazu noch einen Vordruck, auf dem durch Unterstreichungen mitgeteilt wird, ich möge das alles einsenden: Antrag, Photos, Paß usw., aber das war genau das, was sie mir in eben diesem Brief zurückschickten.

Ich bin unbefriedigender als MF, UJ oder GG.

20. 6. 1971

Flug Klothen – Moskau.

Es warten drei: Wolodja Steshenski, Mira Ossipowa und Pawel Toper.

Wo waren Sie so lang? 30 Minuten Verspätung. Nur Witze. Ich lache, schon bevor die Witze übersetzt werden, weil ich es seinem Gesicht ansehe, daß es wieder einer ist. Drei Personen. Zur gegenseitigen Überwachung wären auch zwei genug gewesen, aber wahrscheinlich ist es inzwischen so schlimm, daß sie sagen: Zwei können leichter eine gemeinsame schlimme Sache machen als drei. Hotel (kyrillische Buchstaben) Cobemckaja. Früher für die Reichen vor der Stadt. (kyrillisch) Lenungradckoe mocce ulu npocnekm.

Nachdem alle vorgestellt worden sind: Das ist unser neuester Wolga.

21. 6. 1971
Dolmetscherin Mupa Ocunoba.

Stadtrundfahrt mit Intourist-Führerin: Das ist UNSER Fernsehturm, 537 m, unsere Universität, 22000 Zimmer, man sagt, wenn ein Mensch in seinem Leben jeden Tag in ein anderes Zimmer geht in diesem Bau, und er fängt an seinem Geburtstag an, dann ist er an seinem Todestag durch. 1949 bis 53 wurde es gebaut: Lomonossow. Das Akademie-Theater neben dem Bolschoi, darin über 40 Stücke von Ostrowski. Vergeblicher Versuch, im Hotel Metropol einen Stadtplan zu kaufen, also fragen wir den Fahrer, wo. Denkmäler: Im Garten des Schriftstellerverbandes sitzt Tolstoi, weil dieses Haus früher ein Gut war, das in *Krieg und Frieden* dem Rostow gehört. Vor dem Akademie-Theater sitzt sehr müde Ostrowski, dann stehen noch auf den nach ihnen benannten Plätzen Puschkin und Majakowski, dann reiten noch der Gründer Dolgoruki und die zwei Bürger auf dem Roten Platz, am Rande, Schluß. Nirgends so wenig Denkmäler wie in Moskau. Viele elende Wohnungen, viele furchtbare Ziegelbauten der 50er Jahre, jetzt täglich über 300 Wohnungen neu, aber es reicht nicht, Zuzugssperre.

Gemischt aus Salat mit saurem Rahm, eine Soljanka, mit Wurst oder mit Fisch, ein Filet und Saft ist gleich 3 Rubel 50.

Abrastow-Theater. Die Göttliche Komödie, die vollkommen streng die Schöpfungsgeschichte erzählt, bis zu dem Augenblick, als Gott den Luzifer auf die Erde schickt und ihn bittet, Adam und Eva zurückzuholen, aber Eva küßt Adam noch einmal mit dem verzweifelten Ausruf, daß das dort verboten sei, und sie gestehen, daß sie ein Kind erwarten, damit ist Luzifer abgeschlagen, sie bleiben auf der Erde und machen sie sich untertan. Ich frage die Dolmetscherin, was die zuschauenden Kinder täten, da sie ja die Geschichte nicht mehr kennten, auf das sich das alles beziehe. Darauf sagte sie ernsthaft: Das ist nicht für Kinder, das ist für Erwachsene. Die Musik genauso schlecht wie hier im Hotel.

22. 6. 1971
Nachmittags im Institut für Weltliteratur, wo sie einen Band über Schweizer und einen über österreichische Literatur gemacht haben. Einer der Professoren fragt mich nach dem historischen Roman in der BRD seit 45. Ich passe. Sein Kollege: Da gibt es allenfalls Bäte. Wie, sag ich. Bäte, sagt er, B a e t e. Ich sage, Sie meinen Baethge? Sie meinen den Sagaspezialisten, sagt er. Ja, sag ich. Nein, sagt er, ich meine den Verfasser mehrerer historischer Romane, der in Osnabrück geboren wurde. Unterhaltung über Hans Magnus Enzensberger, der hier in sehr heller Kleidung aufgetreten sein muß. Ich bin froh, daß ich ein etwas kräftiges Blau trage, trotzdem ist es mir jetzt etwas zu hell. Aber Hans Magnus Enzensberger trug hier, hör ich, weiß, ganz weiß. Dann Peter Weiss: Seinen *Trotzki* verteidige ich. Nein, *Trotzki*, darüber ist nicht zu reden. Ich sage: Geschichtsschreibung ist doch nie ein für alle mal. *Trotzki*, sagt er, war für uns eine Frage von Leben. Er sagt das so, daß man hört, er meint Überleben, also eine Frage auf Leben und Tod. Über Frankreich: Viele Schriftsteller, aber keine Literatur. Was macht Gerd Ledig? Professor Dymschitz sagt: Gerd Ledig hat einen Frontabschnitt beschrieben, an dem ich ihm gegenüberlag, sehr genau. Lattmann berichtet: Gerd Ledig habe aufgegeben, weil er, was er zu sagen gehabt habe, gesagt habe. Sie glauben, die Rechten, die alten Rechten hätten noch Bedeutung: Ziesel, Brehm usw., Jünger. Wir verneinen.

Ich besuche Lew Ginsburg. Arbeitet gerade an der *Parzival*-Übersetzung, für mehrere Jahre. Wird angerufen, wegen Tiefgarage, hat etwas nicht bezahlt, kostet ihn 2000 Rubel. Kriegt für den Bogen Prosa 30 Rubel, das ist 9000 für die erste Auflage. Bei Gedicht-Übersetzungen 1. Auflage 20 pro Zeile. So ist er mit den Vagantenliedern fast auf 5000 Rubel gekommen. Auflage 250000. Sofort weg. *Parzival* wird mit 300000 aufgelegt werden. Der Sohn studiert Germanistik, macht morgen das Examen über das 19. Jahrhundert, fragt, ob Büchner den Grund gelegt hat für

Peter Weiss. Lew zögert, er sagt: Peter Weiss, mein Freund und Gegner. Das Trotzki-Stück, das geht nicht, er kann nicht in Stockholm sitzen, eine gute Zigarre rauchen am Fernsehschirm und dann uns Russen sagen, wie man Revolution macht. Trotzki, das war eine tragische Zeit, man muß das kennen, man kann das nicht so mit dem Zirkel einteilen, wie Peter Weiss das getan hat. Lew ist ein Bewunderer des *Marat*, er habe ihn übersetzt, auch den *Mockinpott*. Es gibt Wolga-Fisch und Stör, der eine gesalzen, der andere geraucht, Kaviar, Pastete und Schinken und Salat. Wodka. Und unser Coca-Cola, sagt Lew, Kwas. Woraus? Aus Brot? Schmeckt ganz gut und ist wahrscheinlich gesünder. Er zeigt mir die Vagantenlieder, des Knaben Wunderhorn, Barocklyrik, die Parzival-Bücher, zwei Prosa-Bücher über die Faschisten. Und eine Zeitung aus Günzburg, von dem Tag, als er dort war: Ärzte drohen mit Streik, Fallschirmjäger gegen Bergarbeiter. Untertitel der Günzburger Zeitung: Zeitung für Burgau, Ichenhausen und Leipheim. Er hat dort der Verkäuferin gesagt, daß er Ginsburg heißt. Er hat zu hohen Blutdruck. Gestern noch 170/140, heute 120/90. Ich sage, ich habe Puls 60. Er: Astronautenpuls. Ja, sag ich, ich weiß, nur ich muß hier damit auskommen. Seine Frau mißt immer seinen Blutdruck. Er ist gleich 50. Tief im Alter, sagt er. Er spricht, als habe er Herzasthma.

Irina Mletschina im Hotelzimmer: Solschenizyn hat Fehler gemacht, man hätte sein Buch gedruckt, aber da hatte er schon im Ausland abgeschlossen usw. Im Restaurant: Hier können wir besser darüber sprechen. Machen Sie nichts!! (Beschwörend.)

Warum dieser Schmerz, mein Herz,
warum dieses Weh, meine Seele,
warum diese Schwere
aller meiner Gedanken.

215

Mal, der Eingang.

приятно | разда

Ihr Hotel ist falsch.: Er hat Fehler, man hätte es auch gemacht oder, aber da hat er es leider abgeschlossen u.s.w. Restaurants hier können wir besser darüber ...: Machen Sie!! (Beschwörend)

раз да вси ситоре

Иностранная литература
Пятницкая ул.
д 41. Москва

Flug nach Erewan

Mikaeljan Paruir: Armin T. Wegner hat in Berlin Photos von Türkengreueln gezeigt, ein Türke sagt: Wer hat Sie bezahlt, die Armenier? Fritz Markwardt, ein deutscher Professor, steht auf und bezeugt die Richtigkeit der Photos. Wer sind denn Sie? fragt der Türke, auch bezahlt? Markwardt: Ich bin ein deutscher Professor. Und ohrfeigt den Türken.

Es gibt armenischen Cognac, bei jedem Glas ein neuer Toast: Ohne Frauen gebe es kein Leben, keine Literatur und kein Unglück. Da hätte man höchstens die Reihenfolge diskutieren können. Es gibt Gurken, Tomaten, Radieschen, weißen Käse, lockerstes, trotzdem nicht zu weiches Weißbrot, Blätterteigpastete mit Fleischfüllung, gehacktes Kalbfleisch in einer groben Panierung, dazu auf einem extra Teller weiße Weinbeeren und gedörrte Zwetschgen. Dann türkischer Kaffee, der hier sicher nicht so heißt. Mikaeljan: Ich bin so glücklich, daß ich meine deutsche Sprache sprechen kann. Oft sprech ich mit mir allein deutsch. An der *Faust*-Übersetzung, 10 Jahre. Schon in der Schule sagte die Lehrerin, wenn er etwas übersetzt hatte: Das Armenische ist besser als das Deutsche. Er zu ihr: Frau Lehrerin, ich glaube, so kann man das nicht sagen. Zar Nikolaus II. kam und blieb 3 Tage, aber der Ararat zeigte sich nicht. Empört ging der Zar und sagte: Ich hab dich nicht gesehen, aber du hast mich auch nicht gesehen. Wilhelm II. gab dem Sultan einen Orden für die Ermordung der Armenier. Hitler konnte sagen: Schaut, wie viele Armenier umgebracht wurden, wer spricht heute noch darüber. Das sagte er zur Rechtfertigung seines geplanten Judenmordes.

Die Nachtigallenfestung auf dem Berg in Erewan: Sis und Misis, zwei Spitzen wie beim Ararat, 12 sich einem Mittelpunkt zuneigende Betongrößen, im Mittelpunkt das Feuer. 2700 Jahre Geschichte, deshalb 2700 Fontänen. Im hiesigen Stadion hat die armenische Mannschaft noch nie verloren.

Im Nationalarchiv Maschtoz. Maschtoz, der Begründer des armenischen Schrifttums. Es ist das älteste Haus, nicht nur in Armenien, sondern in der ganzen Sowjetunion, mit dem ältesten Kalender, nicht nur in Armenien, sondern in der ganzen Sowjetunion. Blattgold wurde mit Hilfe von Knoblauchsaft auf Pergament befestigt. Armenien wurde immer von fremden Eroberern gequält. Perser, Araber, Tataren, Mongolen, Türken. 1828 besetzt von den Russen. 41 v. Christus wurde hier zum ersten Mal Theater gespielt, und zwar Euripides. Unsere Verwandten und Bekannten in der ganzen Welt schicken uns Handschriften für unser Archiv. Die größte Handschrift, 600 Seiten, jede Seite ein Kalbfell, also 600 junge Kälber, 28 kg schwer. Ein Kirchentaschenkalender, 212 Seiten, 19 gr. schwer, nur mit der Lupe zu lesen.

Auf der persischen Seite des Ararat wohnen hoch in den Bergen Armenier, die nur von Milch und Aprikosen leben. Sie werden 120 bis 140 Jahre alt. Nur alle 4 Jahre kommen sie ins Tal, um ihre Steuern zu bezahlen.

27. 6. 1971

Nachtrag zu Erewan: Der Dicke an Krücken holt uns ab. Ich dachte, er will ein Geschäft machen, Juweliere, hieß es, kennt er. Aber zuerst Kunstausstellung, dann zum Kupferkunstgewerbe (sehr hoch), dann Maler, dann mit allen in die Schaschliskaja auf dem Hügel, in die Lauben und schwer gegessen. Zuerst Leber der Nachtigall (Leber mit Röstkartoffeln), dann das Herz der Nachtigall (Hühnerherz), dann noch Huhn paniert. Ein Toast nach dem anderen. Jeder setzt sich aufrecht und zeigt oratorische Leistungen. Raffael (der Dicke) z. B: Mein Todfeind ist jeder, der seine Nation nicht mehr liebt als alles andere. Zum Todfeind wird jeder, der wegen der Liebe zu seiner Nation andere Nationen nicht mehr anerkennen kann.

Der Maler, den Trinkspruch auf Mira Ossipowa: In einem nicht langen Satz kommt 7 mal schön vor und jedesmal auf ein Detail von ihr bezogen. Dann in ein Lokal. Dann zu einer Schwester, die mit einem Volkssänger verheiratet ist und selber wunderbar singt (nachts um 12), eine ganze Wand ist mit zum Teil riesigen und gerahmten Photos von ihr bedeckt. Sie hat auch schon im Ausland gastiert (Kanada). Sie hat nach außen stehende Nasenlöcher und Augen, die so weit auseinander liegen, daß sie auch mehr nach der Seite als nach vorne zu schauen scheinen. Dann der Maler, er hat vorher auch schon sehr schön gesungen: Das sind aber auch Lieder, Bergvölkerlieder mit langen, vor Dringlichkeit stehenbleibenden Tönen. Dann ins Hotel. Mira Ossipowa mit auf mein Zimmer, sie will die Stunde zum Sprechen nutzen, ich muß mich aber übergeben. Danach sei sie, sagt sie am Morgen, nicht mehr dagewesen. Ich weiß nichts mehr. Am Morgen zuerst wieder übergeben. Zum Frühstück nur Tee, dann muß ich mich auf der offenen Straße wieder übergeben. Abflug nach Tibilissi (Hauptstadt Georgiens), mit einer liebenswürdigen Zweimotorigen.

Hier ins Bett bis 4 Uhr, dann Fahrt in ein Gartendorf über der Stadt. Aber ich muß mich noch einmal übergeben. Wieder auf einem öffentlichen Platz, an einem Baum. Hellgelb fliegt mir die Galle aus dem Mund. Ich muß nicht pressen. Es geht mühelos. Es reißt mir einfach alles zu einem Druck zusammen, und die Galle strahlt heraus. Ich muß den Strahl senkrecht hinabrichten, sonst reichte er zu weit und würde auch zu auffällig. Geradezu mythologisch. Dann zu den Studenten, die ihr Abschlußbankett haben. In einem abgeschlossenen Hof die großen Georgierinnen, die zarten Männer. Der Politikgegner Nodar Ruchadse will nur noch übersetzen. Keine Kongresse und Parteigenossen: die plaudern zuviel. Er hat dazu keine Zeit. Er muß lesen. Seine Frau ist oft krank. Er hat noch ein Kind, ein Mädchen von 6 Monaten ist gestorben. Ein Bauer bringt ihm jeden 2. Tag Mazoni und Milch. 1 Liter = 1 Rubel. Er hat 2 Zimmer à 12 qm, 1 Zimmer à 16 qm,

1 Küche à 10 qm, 1 Bad à 10 qm, eine Vorratskammer. Zahlt dafür 10 Rubel. Von der Zeitschrift kriegt er 120 Rubel. Aber für die Fallada-Übersetzung 30000.

Nodar: Der Georgier liebt seine Heimat. Er kann nicht, wie der Armenier etwa, auch im Ausland leben auf die Dauer. Und wenn, dann geht er nie in seiner Umgebung auf. Der Armenier paßt sich an: Georgier nie. Spätestens zum Sterben kommt er in seine Heimat zurück. O- und W-Georgier. Westgeorgien subtropisch mit Orangen, Zitronen usw. Nur 3 Millionen Georgier. Eigene Schrift seit dem 5. Jahrhundert. Bis zur Revolution hatte die Kirche noch eine eigene Schrift. Man hat 33 Buchstaben und 7 Fälle, aber die weiß er auch nicht aufzuzählen.

Mazoni hilft mir. Gestockte Milch. Die geimpfte Milch bricht in 4 Stunden komplett. In der Wärme. Und oben bildet sich eine gelbe Butterschicht. Wird vom Arzt bei jeder Krankheit empfohlen. Mir wird im Lauf des Abends besser. Aber ich esse und trinke nichts, obwohl der Tisch 1000mal besser bestellt ist als in Erewan. Übrigens das Krönende in Erewan: Goethes Großvater war ein Armenier! In Moskau vor 14 Tagen von einer Armenierin publiziert.

Also der georgische Tisch: Kräuter, die man ißt. Hühnerfleisch in Nußsauce (kalt), eine grünfarbige Leberpastete, zwei verschiedene Käse in Teig, Spanferkel, Hammelkeule, Hühnerfleisch mit scharfer roter Sauce, Käse, Innereien, Leber und Nieren in Würfeln in einer helleren, zuckrig wirkenden Masse, ein dunkles Gemüse, für das es nur einen georgischen Namen gibt, weil es das nur hier gibt, dann das Schaschlik, das einzige warme Essen: An langen dünnen Schwertern wird das Fleisch über das kleine rechteckige Becken gelegt und gedreht. Das Feuer aus Steinkohlen wurde durch heftiges Schwenken eines Deckels angefacht. Diese Blumenkistenform hat ja einen Zug, und wenn es richtig brennt und lodert, wird Wasser darüber gesprengt, daß die Flammen ausgehen, dann wird gebraten.

Nodar: Wir Georgier nehmen kein Glas in die Hand ohne einen Trinkspruch. Also: Das Wichtigste ist die Gesundheit, alles andere kommt dann von selbst. Nach diesem für armenische Verhältnisse sehr bescheidenen Spruch trinkt er den Weißwein (der ziemlich dunkel ist) geradezu wütend aus, reißt sich das Glas mit einem heftigen Ruck vom Mund und stellt es dann sanft auf den Tisch. Der Anglist sagt: I wish you success to all your deeds. Auch hier wieder einen auf die Frau. Der Gründer von Tibilissi jagte im Wald Fasanen, einmal brachte der Hund einen Fasan, der war schon gekocht. Es waren die heißen Quellen, also da gründete er natürlich eine Stadt.

Nodar Ruchadse, UdSSR Georgien, Tibilissi 9, Gogebaschwilistr. 43, Wohn. 12.

Du hast, Georgien, mächtige Tische,
tönende Menschen, die den Mund
voll nehmen können, ich staune
und spüre, wie sie mich füllen mit dir.

Frau Ossipowa übersetzt im Maran einen Trinkspruch:

Hoffen wir, daß wir ihn überschätzen, hoffen wir, weil er sehr viele Wörter hört, daß er all diese Wörter wert ist, dann ist es gut, einem guten Menschen kann es nicht schaden, hoffen wir, daß er versteht, ich hoffe fast, die guten Wörter werden ihm nicht schaden.

28. 6. 1971, Tibilissi.

Gestern der 2. Tag des Banketts mit den großen blühenden Mädchen, dem übervollen Tisch, den Professoren und Studenten, zur Feier des Abschluß-Examens.

Vier Professoren sprechen, hauptsächlich der Tischführer (der gewählt wurde) und sein Stellvertreter. Der Tischführer spricht, dann der andere dasselbe in anderen Worten: Ihr habt euer

Diplom, wenn wir uns später begegnen, werden wir einander grüßen, wir werden nicht an einander vorbeigehen, ohne einander zu grüßen und zu fragen: Wie geht es, was machen Sie, was haben Sie für eine Arbeit …

Wir sollten jetzt auf die Erde von diesem Ort trinken, auf die Vaterlandserde, aber das können wir nicht, wir haben Ausländer unter uns, eine Frau aus Rußland, einen Gast aus der BRD, also trinken wir zuerst auf die Vaterlandserde unserer Gäste.

Dann steigern Tischführer und stellvertretender Tischführer einander im Dialog, es geht jetzt ums Trinken. Dann singen sie einander an: Melodie liegt fest, Text spontan. Dann fängt der stellvertretende Tischführer plötzlich an zu tanzen, georgisch, alle klatschen immer schneller, dann plötzlich ein Durcheinander, weil es nicht mehr schneller geht, und darauf ein neuer, ganz anderer, sehr sehr langsamer Rhythmus.

Die Frau Ossipowa haut wütend ab, weil ich nicht mitgehe. Sie ist eifersüchtig auf die Mädchen: Sehen Sie mal, da muß jemand nur herkommen und kriegt gleich ein Gedicht, und jemand, der Tag für Tag arbeitet für Herrn Walser, der kriegt keines.

Ich kann auf ein solches Fest nicht gehen wie in einen Folklorefilm als purer Zuschauer, also kann ich auch nicht einfach weggehen.

Wenn die Alten weg sind (etwa 11 Uhr), nehmen die Studenten deren Platz ein und reden nun auch zwei Stunden. Die Mädchen sind nicht mehr aufmerksam. Da macht dann und wann einer der Redner, der nicht dran ist: Sch-sch-sch. Die Mädchen kommen zu mir und sagen buchstabierend, eingelernt: Ich liebe dich. Dann lachen sie laut. Eine Isa meint es am ernstesten, aber sie hat ihren Freund dabei. Sie sagt, er sei ihr Bruder. Aber Isa kreuzt zwei Finger und reibt sie an einander, sagt: net brat, und macht ein eifriges Gesicht.

Ich schreibe viele viele Gedichte in ihre Taschenkalender und Notizblöcke. Etwa so:

Wie zwei Berge die einander nie
berühren, aber das Tal, das
sie trennt, verbindet sie auch.

Dann zu Fuß auf die 8 km-Strecke, dann hält ein Taxi, und mit über 100 geht es in die Stadt und vors Hotel: 2 Uhr 45. Die Bar hat noch Licht, aber Nodar Ruchadse behauptet, er und die Mädchen dürften nicht mehr mit hinein: Für uns verboten! Leider probierte ich das nicht aus, sondern glaubte ihm einfach. Da zog er mit 4 Mädchen ab. Und ich behielt, was sie mir gebracht hatten: 2 Ringe und einen Armreifen.

Vorher am frühen Abend hatte ich mit Nodar das arabische Brettspiel gespielt (bei dem sie die gewürfelten Zahlen immer noch auf arabisch sagen), wir saßen im Hof unter dem Baum, und drinnen wartete die lange, lange Tafel voller Leute mit dem Beginn des Essens. Das hatte ich nicht gewußt. Ein Schaschlik an 2 Spießen für mich.

Der Tischführer: Wie ist Euer Name?

Was habt Ihr für eine Beschäftigung?

Wo stand Eure Wiege?

Ist das eine große Stadt?

Nachher merke ich, er brauchte diese Daten für seine Tischrede.

Maran: ein offener Kamin wie ein Tor in Theben. Niedrige Tische und 3-füßige Holzhocker wie bei Schneewittchen. Große Weinfässer im Raum. Aber Arbeitsfässer, keine Show. Auch ein Holztrog in dieser Ecke, in dem der Wein zerstampft wird mit den Füßen, die man zuvor mit Schnaps gewaschen hat.

Die Schwalbennester der Basilika. Um die zwei Basiliken Festungsmauern. Die auf dem Berg und die in der Ursprungsstadt.

Die 13. Symphonie von Dschugaschwili heißt man den Störsenderturm in der Stadt. Die Angst des Nodar Ruchadse, schon sein Vater kniete vor ihm und sagte: Mein Sohn, warum mußt du studieren. Die bösartige Feindseligkeit Stalins gegen die Intelligenz. Und besonders schlimm hat er hier gewütet. Noch 1947 hat er durch den hiesigen Parteisekretär einen Dichter öffentlich polemisch beschimpfen lassen, bei dessen Bruder er seine zwei Schuljahre verbracht hatte.

Auch hier, wie in Moskau, Denkmäler für Dichter und Stadtgründer. Zusätzlich noch für die georgische Mutter: eine riesige Aluminium-Frau ragt droben aus den Wäldern über der Stadt, eine Art Fernsehturm. In einer Hand das Schwert, in der anderen die Weinschale. Der Georgier sagt (wenn Nodar Ruchadse ausgetrunken hat und das Glas nach unten hält, um den letzten Tropfen herauszuschütteln): Jetzt hab ich keinen Feind mehr.

Der Georgier sagt: Links ein Feuer, rechts ein Feuer, dazwischen ich.

In der Tupolew zurück nach Moskau. Zuerst vielleicht 40 Grad und keine Ventilation. Die Maschine übervoll. Zum Schluß noch ca. 10 tiefbraune Georgier hinter dem Vorhang, der das winzige Foyer von dem Pilotenraum abgrenzt. Die Stewardess sagt auf Vorhalt giftig: Die Ventilation schaltet sich automatisch ein, wenn wir eine gewisse Höhe haben. Einer kommt (von der Crew) und stößt mit der Faust einen Blechdeckel nach oben, eine Stelle der Decke gibt nach, aber auf dem Flugplatz herrscht Flaute. Später, ganz kalt, in ca. 800 m Höhe über dem Kaukasus: Aus dem Blechdeckelspalt stieben jetzt Wolkenschwaden herein, die Leute stellen sich darunter. Wie die Omis in Pantoffeln um den Düsenjet herumstehen und wie echt heulen, um noch mitgenommen zu werden.

Fühllose Sonne Kaffeegeschirr brennt
abwärts haut's die Vögel aufs Pflaster
das Blut im Grünen leckt sich durch
ich krieche dunkel hin.

Man kann in einem Flugzeug viel unterbringen, mich auch, und wegbringen von euch, Mädchen, wenn ihr am dritten Abend im Wald euer Feuer macht.

Ich fliege ins strenge Moskau zurück, wo Kasarukow wacht und Steshenski zuschaut und Sutschkow was meint, ich muß sehr leicht sein für die.

Mir platzt die Zunge oder zerschmilzt mir, wenn ich die Temperaturen dieser Sprache spreche.

Man zieht in der Tupolew die Jacke an und aus. Ohne Jacke steig, rat ich, in keine Tupolew.

Mein Glück, diese meine schmutziger werdende reiche Heimat, wo wir's schön haben, schöner als die alt unglücklichen Völker des Kaukasus, die beraubten.

Schwer hängen denen die schweren Lieder
schwer aus dem Mund und was ist euch
alles passiert, bis ihr so langsam und so
schnell singen konntet.

Maschtoz
Du hast, schönes Armenien, dein Denkmal
dem Alphabet gebaut, auf deinen
Steinen sitzen Schreibende, in deinen
Büchern haben Fremde ihr Eigenes
wiedergefunden, du bist, Armenien,
schwer geprüft, eine Festung des Überlebens.

Monoton ja monoton wie über
den Wolken wo keine Wolken mehr
sind so ohne so ohne was so
ohne ein Ende.

Wenn niemand auf dich wartet
wartet niemand auf dich
du darfst daraus schließen
du bist nicht da.

O ihr Genossen anders sollte ich
aufgenommen werden in Zukunft
zum Beispiel wie viele und für
alle befriedigend.

Tomadan Tischführer.

29. 6. 1971, Moskau, Hotel Moskwa, Mockba.
Aus meinem Fenster gegenüber der ganze Blick auf eine einzige Fassade, das ist sofort zu erkennen als prawitelstwennoje sdanie. Und da steht auch groß in Gold Dom Sowjeta Ministrow.

Im Radio zwischen 7 und 8 Uhr immer noch die Morgengymnastik mit der erschütternden Klaviermusik. Auf einem Tisch eine Teekanne mit zwei Tassen und ein Besteck, das aber in einer Kunststofftasche untergebracht ist, wie Werkzeuge, jedes Stück extra versteckt.

Im großen Saal des Sitzungspalastes: 5. Schriftstellerkongreß.

Frühstück im Kreml: zweimal mit Ausweis, das 2. Mal, als wolle dieser Soldat die ganze Verantwortung übernehmen, dann ein Frühstück in einem großen Saal, total informell, jeder setzt sich und fischt sich was zusammen und bezahlt das dann. Ich: Roter Kaviar und Orangen und Kefir. Rasch in große Säle. Weiß und Gold und Rot. Dann läutet es wie in der Schule. Dann in den Saal: noch einmal mit Ausweis.

Eine lange, sehr lange Abstimmungsliste, zuerst für das Präsidium, ohne Gegenstimmen. Ich kannte nur Wossnesenski und Scholochow. Die nehmen Platz. A. A. Curkow begrüßt die

Regierung: Kossygin, Breschnew und Podgorny, Beifall. Dann schlägt er im Namen auch von einer Handvoll Republiken, Armenien, Ukraine usw., Namen für das Sekretariat des Kongresses vor, ich kenne nur Jewtuschenko, einstimmig. Dann die Mandatsprüfungskommission, wieder für ein paar Republiken, ich kenne nur Achmatowa, einstimmig. Jetzt die Redaktion, die Redaktionskommission des Kongresses, dann die Tagesordnung.

Gäste: Nicolás Guillén, J. Iwaszkiewicz, Algerien, Bolivien, Großbritannien, Arabische Republik, Chile, Frankreich.

Dann Ybaschannue mobapuschtschi …

Die Schweigeminute für die Toten war länger als bei uns.

Dann gegen die schwarze Verschwörung der Imperialisten in Kambodscha und im Nahen Osten. Dann für die sowjetischen Schriftsteller, die im Krieg gegen den Faschismus ihr Leben nicht schonten … Als er fertig ist damit, kaum Beifall und so spät, daß man merkt, es hat niemand zugehört. Dann wünscht er allen Erfolg und sagt an die Aufgaben im Lichte der Beschlüsse des 24. Parteitages. Wortmeldungen schriftlich.

Markow: Es sind 4 Jahre abgelaufen, neue Etappen, 50. Jahrestag, 100. Geburtstag, Ende 70 der Siebenjahresplan erfolgreich beendet, der 24. Parteitag hat tiefen Widerhall in der Menschheit und wird weiterwirken und das Leben auf diesem Planeten ändern. Der Vortrag unseres G. Breschnew: Lenin 1905, die richtigen Wege. Zum Sieg des Kommunismus. Unsere Partei hat sie immer gewußt. Der 24. Parteitag, neue Aufgaben, die sowjetische Literatur, der Schriftsteller-Verband mit dem Leninorden im Namen der multinationalen Familie, unsere ideologischen Gegner im Ausland möchten die Literatur von der Partei abhalten …

Breschnew liest, Podgorny und Kossygin scheinen zuzuhören, Kossygin und Breschnew haben Knöpfe im Ohr, wahrscheinlich sind sie mit ihren Dienststellen verbunden.

Die multinationale sowjetische Literatur hat immer stärker ihre Verbundenheit mit der kommunistischen Partei gefunden.

Leonid Iljitsch Breschnew auf dem 24. Parteitag über die Literatur. Kurze Beispiele aus dem Schriftstellerschaffen in den Republiken. Jetzt Inhalte, die behandelt wurden. Die vielseitige Darstellung der sow. Epoche ist noch eine Aufgabe. Die Schriftsteller zeigten verschiedene Seiten, auch den Prozeß der Geschichte, die Lyriker sagten vieles aus, die formalistischen Tricks wurden meist überbrückt und liquidiert, das war nicht immer leicht, diese Tricks verbleiben noch in unserer Lyrik. Viel wurde geleistet auf dem Gebiet des Theaters und der Fernsehdramaturgie. Im Kino fühlen wir noch den Mangel an Drehbüchern, in denen wirklich der kommunistische Aufbau geschildert wird.

Nur literarische Kritiker, anstatt sich die Methoden von Lenin anzueignen, diese Kritiker haben entliehen die Ideen von nicht gerade progressiven Kritikern der Vergangenheit und Gegenwart. Es wurde ein Durcheinander geschaffen, konnte nicht konstruktiv sein, Sackgasse. Natürlich bestreiten wir nicht das Recht der Literaten, verschiedene Probleme zu besprechen, aber diese Diskussionen müssen beitragen zur Parteilichkeit. Breschnew hat das auf dem 24. Parteitag gefordert. Gerade in der Ukraine wird da neuerdings vieles geleistet. Die ukrainischen Schriftsteller haben es verstanden, das nationale Thema zu erschließen.

Der Zusammenhang der realistischen Mittel der Erschließung der Idee ... Die belorussische Literatur macht in den letzten Jahren große Umwälzungen durch, beschrieben wird vor allem das Leben der Arbeiter und Bauern. Diese Umwälzungen fanden noch keinen Niederschlag in der SU-Literatur ... Die kasachische Literatur: Früher mehr Romane, jetzt mehr Erzählungen, viele kasachische Schriftsteller fungieren auch als Kritiker.

Podgorny ist weg.

Die usbekische Literatur ist moderner geworden, nicht mehr so ethnographisch, zunehmend psychologisch. Usbekistan gleicht einem riesigen Bauplatz. Die Schriftsteller bemühen sich, die Helden der Arbeit zu würdigen. Die grusinische Literatur, die litauische Literatur, die aserbaidschanische Literatur, da gibt es keinen Schriftsteller, der nicht über den vaterländischen Krieg geschrieben hätte, die lettische Literatur, die kirgisische Literatur, die moldauische Literatur, die armenische Literatur, die tadschikische Literatur über die Rolle der Arbeiterklasse in Mittelasien, die turkmenische Literatur, in den letzten 6 Jahren mehr Werke als in den letzten 40 Jahren, die estnische Literatur, Hauptthema der Vaterländische Krieg, vor allem zwei große Schlachten.

Kasarukow geht.

Tatarische, tscherkessische ... autonome Gebiete, keine Republiken, haben viel geleistet in Deutsch, Kurdisch und anderen Sprachen, mit Stolz und Freude blicken wir in die Zukunft.

30 Minuten Pause.

Ohne Kossygin und Breschnew.

Fortsetzung Georgi Markow: Der Schriftsteller sucht nicht neue Mittel als solche, sondern die des sozialistischen Realismus. Der Sowjetmensch der 70er Jahre kam noch nicht in der Literatur zum Ausdruck. ... Je höher das Talent, desto höher die Anforderung an sich selbst und die Verpflichtung gegenüber der Gesellschaft, sonst vulgär, oberflächliche Kenntnis des Schriftstellers vom Leben des Volkes. Das 9. Jahrfünft beginnt jetzt: Was wird die Literatur tun? Die Literaten werden die Entwicklung des Lebens auf dem Lande und in der Stadt beobachten. Eine besondere Verpflichtung hat unsere Literatur gegenüber den Soldaten der Sowjetarmee und Seestreitkräfte. … Besonders ist auf Satire und Humor hinzuweisen. … Alles wird von unseren Gegnern so verleumdet, daß man einen Baron von Münchhausen vor sich zu haben glaubt. … Über 4800 SU-Schriftsteller waren in 60 Ländern zu Besuch, Schriftsteller aus 70 Ländern kamen zu uns … Die Zusammenarbeit mit Jugoslawien … die Schriftsteller der ČSSR, die in den Einfluß des Imperialismus gerieten … die Kritik muß feinfühliger sein, was die literarischen, die ethischen, die moralischen Probleme angeht … es wäre fehlerhaft, wenn wir die literarische Kritik einengen, die Kritik muß alle Erscheinungen der Literatur erfassen, nicht Kattun für Seide ausgeben, der Weg der Erkenntnis, der wahren Wahrheit, das sowjetische Buch ist natürlich sehr in Ehren in der ganzen Welt, in den letzten 5 Jahren wurden die Bestellungen um 50% erhöht, das ZK hat Papierzuteilung besprochen … (Beifall).

Man kann natürlich ironisieren und sagen, Leo Tolstoi saß in Jasnaja Poljana und machte keine Dienstreisen, und man kann die Schriftsteller auslachen, die Reden halten, es gibt ja Schriftsteller, die sehr gern sprechen, aber diese Reden sind wichtig, gerade im Moment, wenn etwas aktuell ist, muß der Schriftsteller sprechen … Vor unserer Tagung haben die Schriftsteller in den Republiken getagt, die Beschlüsse des 24. Parteitags werden uns den Weg weisen, daran kann kein Zweifel bestehen.

N. Zichanow (ganz schnell): Meldung aus dem Kosmos für die 5. Tagung der Schriftsteller der SU: Mit dem Gefühl der Liebe für die Literatur begrüßen wir die 5. Tagung der Schriftsteller der SU. 3 Kosmonauten-Namen.

Nachmittags 16 Uhr 45, Michail Gow: Die bürgerlichen Schriftsteller und Journalisten sprechen oft über ihre Freiheit vom Staat. Und was ist das für eine Freiheit? Der sowjetische

Schriftsteller ist nicht frei, ja wirklich, nicht frei von Dankbarkeit, nicht frei vom Gefühl der Liebe zur Heimat, vom Gefühl der Verpflichtung gegenüber der Jugend, vom Gefühl der Dankbarkeit gegenüber der KP für alles, was sie macht. … Der kirgisische Schriftsteller Aitmatow wurde jetzt zu einem Weltschriftsteller, und ist das nicht ein Zeugnis für die leninistische Politik … Vorschlag: Eine literarische Akademie der UdSSR zu schaffen, eine Stufe der Leitung, einen konsequenten Kampf gegen die bürgerliche Literatur und einen Kampf gegen die bürgerlichen Akademien, die Methode des sozialistischen Realismus enthält unberechenbare Möglichkeiten.

20 Minuten Pause. Diszipliniert verlassen alle den Saal, nur ich und noch ein Ausländer bleiben zurück.

Iwaszkiewicz (Polen), gleich Beifall, er ist zum 4. Mal dabei: Jeder Mensch ist verantwortlich für das Schicksal der Organisation, der er angehört, auch des Landes, der ganzen Menschheit, noch größer die Verantwortung des Schriftstellers wegen des Wortes, mit dem wir viel verheimlichen und viel zum Ausdruck bringen können.

Vom Schriftstellerverband Vietnam besonders herzlicher Beifall: Unsere Feinde können sich noch so viel Mühe geben, uns zu verleumden, die sowjetische Literatur erleuchtet wie die aufgehende Sonne die Erde … erst seit 1945 gibt es eine vietnamesische Literatur … die US-Imperialisten wollen Vietnam zu einem Militärstützpunkt machen, aber die Völker von Vietnam, Laos und Kambodscha werden das nicht zulassen. … Er bringt ein Bild Lenins in Gold in einer tomatenroten Schale, übergibt dieses Geschenk, es ist das einzige bisher, dem Präsidium.

21 Uhr 15, ich habe mich eingesperrt in der 7-Millionen-Stadt. Wohin mit mir? O du süße georgische, sag ich, Zeit.

Die Straße vor dem Hotel ist 8-bahnig.

Im Radio: *Ave Maria* von Bach, kurz vor 23 Uhr.

Mi 30/6/71 2. Kongresstag

28 Приезд в Москву
29 9⁰⁰ Встреча в Кремле
с зарубежными гостями;
ознакомление с программой.
10⁰⁰–14⁰⁰ Участие в работе съезда
Утреннее заседание.
14⁰⁰–16⁰⁰ Обед в Центральном Доме
Литераторов
16–19 Вечернее заседание
30 / 29.
1.7: 10–14 Утреннее заседание
14–16 Обед
20 Литературный вечер
„Голоса друзей" в ZDL
ЦДЛ
2.7. 10–12 утренне заседание
12–16 Индивидуалные
программы
16 Прием по случаю
окончания работы у
Съезда писателей СССР
(Большой банкетный зал
Кремлевского Дворца
Съездов)

1. 7. 1971, 3. Tag.
Die drei Astronauten sind tot.

Vom Südvietnamesischen Schriftstellerverband: Die drei toten Astronauten, das ist ein schwerer Verlust. Das Volk teilt das Leid des sowjetischen Volkes. Ich will Ihnen einen Kampfgruß unseres Volkes bringen. Die Silhouetten der amerikanischen Flugzeuge sieht man am Himmel, die Ernten werden verbrannt, das vietnamesische Volk wird das nie verzeihen, das Gedicht von Simonow, es gibt keinen Soldaten in Vietnam, der dieses Gedicht nicht auswendig kennt. Ich danke Ihnen allen.

Hände in Gebetshaltung, als Geschenk übergibt er dem Präsidium einen Pokal, der gemacht ist aus einem US-Flugzeug und einer Vietcong-Fahne. Der aus Tadschikistan: Ich komme eben aus Damaskus zurück, aus der Heimat von 1001-Nacht ... in Damaskus auf einem Büchermarkt ein Buch «Mittelasien, das Zeitalter der russischen Herrschaft», kommt aus USA, Konterpropaganda? Nein! Nasreddin: Wenn ich meinen Esel einen Löwen genannt habe, so heißt das nicht, daß er Fleischfresser geworden ist.

Jewtuschenko, elegant, in Aquamarin mit weißen Streifen, längere Ärmel als jeder andere: Über die Generation, der ich angehöre, der ich die Ehre habe anzugehören ... der Kummer des Rückzugs, die Leiden der Besatzung, unsere Schulaufgaben zwischen den Zeilen der Kriegsberichterstattung, wir sammelten Schrott, säten Kartoffeln, reparierten unsere Schule, wir weinten im März 53, als der Mensch starb, mit dessen Namen wir verbunden waren, und dann, die Wahrheit ist nie zu verstecken, wie oft wurde versucht, gegen enge Hosenbeine anzukämpfen, die gute Jungen trugen, heute tragen sie fast alle. Es gab Halbstarke, Denunzianten, Valutahändler oder Wlassow-Anhänger, man soll nicht generalisieren, unsere Generation hat die Prüfungen der Epoche bestanden, wir sind für immer gegen den Personenkult, die Enkel von Gorki, die Kinder von Schostakowitsch, wir sind

283

d. man Praxis u. Lyrik in
Einklang bringen: Praxis
von Felder, Lyr
riker: Praktiker gegen
Jugend d Dorf. Ist grosse
Annäherungspkte zw. Praktiker u.
Lyriker.
(Im Saal fast lauter) (lauter)
Schöne Lit. u. Wiss. f. Ag.
letzte Frage nationale u. internat. Bedeutg
[illegible] Gestalten schaffen,
Leser [illegible] Land [illegible]
.. und neue materielle .. äh literarische
Werte schaffen kann.
Schrift. haben genügende
Publikationsmöglichkeiten
Statuten: Bedingung [illegible]
Schr. [illegible] arbeiten [illegible]
leisten können: [illegible] Lit.
Jugendzschr. fehlt.
Jewtuschenko: [illegible] Gener. [illegible]
höre [illegible] Ehre
halbe [illegible] hören, Holdketten, aber immer
[illegible] zeigen, [illegible] Besuch [illegible]

stolz auf Juri Gagarin, unsere Generation steht heute am Steuer der Weltraumschiffe, und die einzigen Steuer, die uns nicht anvertraut sind, sind die Steuer unserer literarischen Zeitschriften, man glaubt, daß wir immer noch Kinder sind, aber wir sind Kinder, die schon Kinder haben, heute ist nicht die Zeit für Lärm und Geschrei, unser Vorbild ist Puschkin, eine unserer Erungenschaften ist, daß bei uns das Wort Schriftsteller klingt wie das Wort Lehrer, es darf bei uns keine verbotenen Themen geben, Literatur ist eine emotionelle Information, der Leser, der unzureichend informiert ist, ist ein unvollkommenes Mitglied der Gesellschaft. Die amerikanischen Studenten, die vor dem Pentagon demonstrieren, die Arbeiter von Budapest, unsere Klassiker sind gegen sozialistische Ungerechtigkeit, ein großer Schriftsteller ist immer ein großer Revolutionär, auch wenn er das selber nicht erkennt, wir werden Grauheit, Feigheit als etwas Konterrevolutionäres aus der Kunst vertreiben. Ich verachte es, wenn man nur die Bomben in Vietnam hört und nicht das Stöhnen des Nachbarn nebenan. Hier ein Gedicht, heute nacht geschrieben: Die Jungs sind tot / bedeck dich mit Nebel vom Ural / o Rußland / wie viele hast du am Boden verloren / wie viele verlierst du am Himmel jetzt / und es weint im Radio Mozart / wie der Vater um seine Söhne / ihr seid unsterblich wie die Flamme …

Er ist sehr ergriffen von sich selbst, bedeckt sich im Weggehen den Mund, wischt mit der Hand über die Stirn.

Die nationale Tragödie wird eine Art Sieg im Radio, weil so viele Akademien und Staatsoberhäupter und Nobelpreisträger aufgezählt werden können, die alle ihr Beileid ausgesprochen haben und gleichzeitig der SU gedankt haben für diese Pionierarbeit und das damit verbundene Opfer. Zahlen sie KP-Zeitschriften im Ausland nur, daß sie sie dann zitieren können? Müssen die deshalb so an der Wirklichkeit vorbeischreiben?

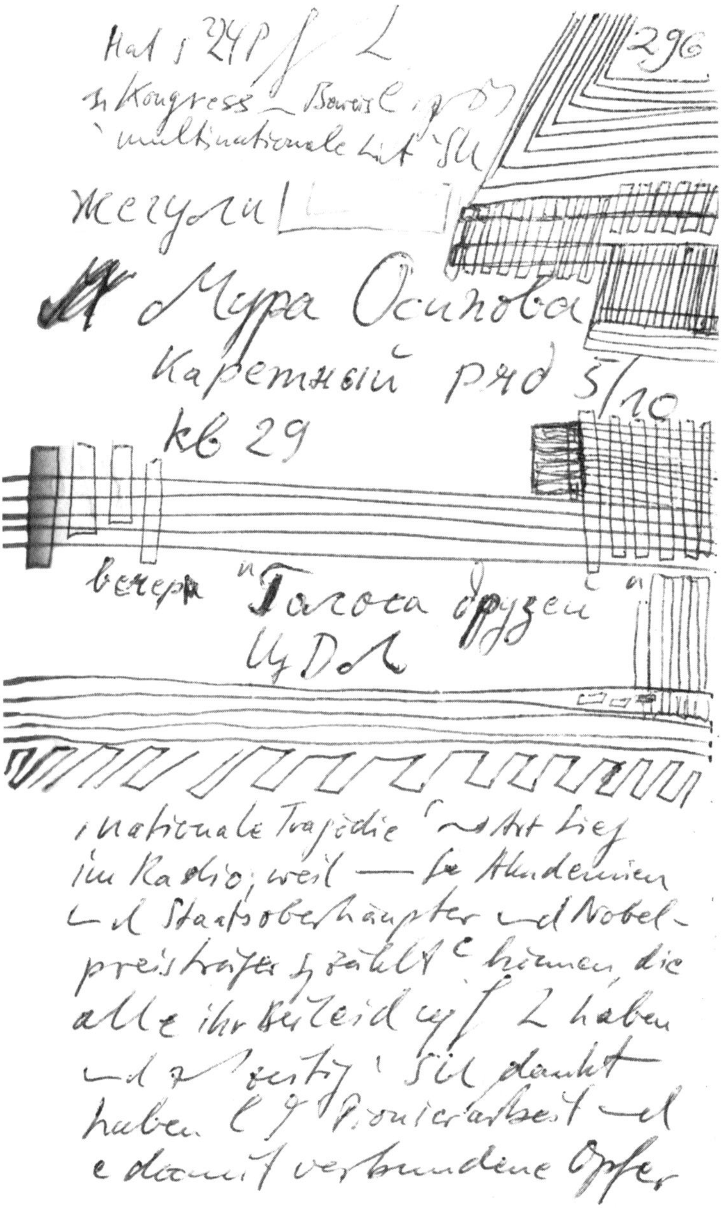

296
multinationale Lit SU
Мура Осипова
Каретный ряд 5/10
кв 29
вечер "Голоса друзей"
ЦДЛ
im Radio; weil
Staatsoberhäupter
preisträger
alle ihr Beileid
Pionierarbeit
damit verbundene Opfer

Gestern abend im Bolschoi, *Schwanensee*, bis zur Pause, aber diese Mädchen, die sich kaum gegen das Weggeblasenwerden wehren können, sind wirklich erstaunlich, man möchte sie doch mit kleinen Gewichtchen beschweren.

Im Osten und im Westen nicht zu gebrauchen,
bist du nur zum Rauchen
auf der Welt.

Einer auf der Tribüne gestern: auf der Brust, von den Schultern an, siebenmal Elf-cm-Orden und Gold, ein Admiral vielleicht.

Mira Ossipowa, die Dolmetscherin, sagte gestern: Sie müssen an diesem Abend Worte der Freundschaft sprechen. Als Pawel Toper dann in meiner Gegenwart fragt: Spricht er?, sagt sie: Nein, er spricht nicht. Dann zitierte sie von der Achmatowa Eto prosto eto jasno … Du hast mich nicht gern, Du wirst mich nie gern haben. Ich habe den Magen, den wahrscheinlich noch immer etwas beleidigten, gestern abend mit ein wenig Wodka, Krabbensalat und Liebfrauenmilch behandelt.

Als ich im 7. Stock noch mit meinem Magen lag, kam die Stockwerks-Kommandantin mit einem zierlichen jungen Mann, redete auf mich ein, ich verstand nichts, sie ging, der junge Mann blieb, setzte sich, ein anderer kam und erklärte mir mühsam, daß ich nicht mehr auf den Balkon dürfe und daß der junge Mann bis 15 Uhr dableibe. Dienst, sagte der eine, Ordnung, sagte der andere. Bitte, entschuldigen Sie, sagte öfter der Zierliche, mit dem ich dann allein war. Weil also die Regierung und die toten Kosmonauten unten auf der Achtbahnigen vorbeigefahren wurden, waren alle Zimmer mit einem Sicherungsmann besetzt worden.

Abends bei Irina Mletschina von der Literaturnaja Gazeta, dort auch Vitali Serkomski, der mit Irina Mletschina und Professor Melnikow einmal 14 Tage durch die BRD gereist war. Mit 500 Mark, und sie hatten mit allen gesprochen, Franz Josef

Strauß, Willi Brandt, Henry Nannen, Rudolf Augstein, Weizsäcker, Schiller usw. Nannen hatte angeboten 50 Mark pro Radio-Erewan-Witz. Vitali hatte abgelehnt, obwohl sie kein Geld hatten. Er sagt: Dieser fürchterliche Westen! Dann beschreibt er mich, wie ich jetzt dasitze: Kein weißes Hemd, keine Krawatte und diese alte Tasche, das ist Stil, ich weiß. Er sei Zeitungsbeamter, große Schriftsteller kämen in die Redaktion. Er müsse in die Ministerien. Ich sähe aus wie ein proletarischer Geistesarbeiter. Er beneidet mich, kommt mir vor. Sie erzählen mir viele negative Dinge über das Leben hier, aber ich darf dem nicht zustimmen, sonst sind sie sofort sauer. Sie lieben ihr Land und diesen mühsamen Weg zum Sozialismus. Irina hat mit Anstrengung hergeschafft: Moldauischen Rotwein, der schmeckt wie von der Rhône, geräucherten Stör, roten Kaviar, etwas, was ich für Lachs hielt, was aber laut Vitali anders heißt, ich verstehe es nicht, es sei nicht Lachs, sondern viel besser, gehobelte Krabben, sehr guten Salat, viele Käsesorten, darunter weißen, gebratenen, aber doch nicht den aus Tibilissi, Erdbeeren, sehr schöne, gute. Die U-Bahn hin und zurück: Die unterirdischen Schloßtreppen und Marmorhallen, weil Proletarier auch bauen können müssen wie Fürsten, das Imperiale, jetzt haben sie's. Bloch und vor allem Carola Bloch waren sehr hart und ironisch zu Irina M. Was macht ihr mit den Schriftstellern?! Solche Vorwürfe macht man dem einzelnen, der vielleicht auch darunter leidet, der vielleicht sogar das Objekt dieser schlechten Behandlung ist, wie es in diesem Fall auch war. Was macht ihr mit den Vietnamesen? Würde man das Updike vorwurfsvoll fragen? Max Frisch fragte nicht einmal Kissinger danach, seinem Gastgeber gegenüber will er nicht peinlich werden.

Die Leute stehen an nach Wein, Herzkirschen, Porzellan, Glas, Handschuhen, Schals.

Trinkspruch in Erewan: Ich trinke auf die Eiche, aus der dein Sarg gemacht wird, möge sie noch 1000 Jahre stehen.

Der Mann mit dem Aussatz, der das Hosenbein hochzieht, als müsse er's mir zeigen.

Der Sturz

Wie AK sich alt fühlen muß, als zum ersten Mal eine 62jährige glaubt, er sei genau der Richtige für sie. Er wird von ihr verführt, fällt darauf herein, weil er an so etwas überhaupt nicht dachte, dann kann er nicht mehr Nein sagen, weil die sonst meint, sie sei schon 72.

Distanz, Urteilsdistanz, alles Fremde, Ungewohnte kann nicht mit den Sinnen, d. h. nach den eigenen Gewohnheiten beurteilt werden. Die Grenze des Feinsinns.

Die HANNA ist von der Muschel befallen. Blomich schenkt sie Anselm. Vielleicht will er sie lossein, weil er sie nicht umzutaufen wagt. Er könnte sich scheiden lassen, aber auch noch sein Boot vom Namen seiner ersten Frau zu befreien, dazu fehlt ihm die Kraft. Also kratzt Anselm die Muscheln ab? Nein, er läßt sie dran. Er will kein blitzblankes Boot über die Alpen führen. Die Muscheln kann er abkratzen, bevor er im Mittelmeer ansegelt.

Wie mir jetzt wieder das Herz
nachhängt, obwohl es mir voraus
ist, kommt es nicht mit. Nie
ist es, wo ich bin.

Wär ich nicht unterwegs, dann wäre ich jetzt stumm.

Zum Abschiedseinsatz: Steshenski, Toper, Ossipowa, Borja.

Lew Ginsburg, der Parzival in Moskau: Ich habe den Schlag des deutschen Herzens in den deutschen Gedichten vernommen. Wenn ein deutsches Gedicht in die russische Sprache übersetzt wird, so bleibt es doch ein deutsches Gedicht. Es kann aus keiner anderen Sprache stammen. So wie die *Faust*-Übersetzung von

Pasternak: es ist ein deutsches Gedicht. Lew übersetzt Hartmann von der Aue, *Parzival*, ein Fasnachtsspiel von Hans Sachs, einen Band Deutsches Altertum. Er führt mich in seine Geburtsstraße, zu dem Haus hinter der Kirche, wir gehen durch den Torbogen, da spielen ein Mann und eine Frau, eine junge, Karten, Lew schreitet eine Strecke ab, da war damals ein Zaun, der Hof war noch kleiner, aber er war groß genug, und ganz in der Nähe wurde in einem Nonnenkloster eine Schule eingebaut, da ging er zur Schule. Auch in der Nähe waren vor der Revolution Bordellstraßen, er hat die Damen alt werden sehen, manche, sagt er, ohne Nase. Und seine Frau hat er auch in seinem Haus, in seiner Straße, gefunden. Er haßte es, Mädchen weit heimzubegleiten. Wie ich Jewtuschenko gefunden habe, fragt er. Ich sage, er erinnert mich an Hans Magnus Enzensberger. Ja, sagt Lew, es ist die Epoche der Langbeinigen. Als Jewtuschenko in hellgestreifer Aufmachung in den Kongreß-Saal kommt, sagte Lew: Er sieht aus wie der Häftling der Zukunft. Seine Frau ruft er Babuschka. Mit Peter Weiss habe er Pech gehabt, als er den übersetzt hatte, machte der sich durch seinen *Trotzki* unbeliebt. So auch mit Enzensberger, als er den übersetzt hatte, verärgerte der Moskau mit seinen Kronstädter Dokumenten. «Ein feste Burg ist unser Gott» sei, sagt Lew, nach Engels die Internationale des 16. Jahrhunderts.

Das liebenswürdig kalte Licht der Literaturgeschichte.

Ich weiß, was ich verschweige. Ich weiß nicht mehr, was ich verschweige. Ich möchte wissen, was ich verschweige. Ich möchte nicht mehr wissen, was ich verschweige.

Einer kommt mit zwei Krücken, schleppt sich mühsam und sagt, wenn er eingetreten ist: Wo stellen wir die hin?

Dahin.

Irgendwo, wo man sie besser sieht, sonst vergißt man sie so leicht.

Verwöhne den, dann hast du ihn.

Beim Abschiedseinsatz: Borja, der im Kofferraum des Hotels übernachtet hat, um so früh zur Stelle zu sein, bittet Wolodja morgens um 6 Uhr 30 vor dem Hotel Moskwa um einen Kamm und kriegt ihn auch sofort.

4. 7. 1971
Rückflug.

2700 km Moskau – Zürich, 3 Stunden 10 Minuten, Tupolew. Die Bauernküche in der Tupolew.

17. 7. 1971
Ungerecht leb ich, und es fällt mir nichts Wirksames ein gegen mich, auflösen müßt ich mich, wenn ich mich nicht ändern kann.

Fünf Mark die Stunde, Frau Deubler, das ist nicht viel, Frau Deubler, warum geb ich Ihnen nicht zehn Mark die Stunde, warum nicht?

Die Frau, die samstags bei uns putzt, kriegt von uns so wenig Stundenlohn wie beim Nachbarn. Am Samstag denk ich daran.

Lieblingsvorstellung, mein Hochsommer, Malventürme, umsummt, und ich liege reglos, aber die Insekten nähern sich mir nicht.

Mir hängt gegen den Sinn ein Auge tief ins Gesicht, und schwer endet am Mund das Gewicht meines Gesichts, diese komische Last.

18. 7. 1971, Sonntag.

Der Schmerz in der linken Hälfte, die dröhnenden Ohren, gegen Abend putzt sich das Klischee die Schuhe ab auf dem Gitter, ein Kind wehrt sich mit Händen und Füßen und brüllend dagegen, daß es heimgeholt wird, der Ortsbauernobmann betritt die Stube, die Bedienung kratzt sich mit der linken Schuhspitze das rechte Bein, ein saurer Schübling wird bestellt und 3 Paar Bratwürste. Am Sonntagnachmittag wurde der Kreis um den runden Tisch in Wasserburg immer größer.

Der Redner am runden Tisch: Wenn die Kuh rindrig ist und er führt sie nicht, dann muß er halt wieder 4 Wochen warten, das ist schon wieder ein Verlust.

Der Bub in Lindau auf dem Bahnhof: Jetzt san ma eh scho in Deitschland, Votta?

Vater: Was?

Bub: I sog, jetzt san ma eh scho in Deitschland.

Vater: I woass net.

21. bis 25. 7. 1971

Ruth Angress.

22. 7. 1971

Adlers.

Ich bin verstümmelt an Haupt und Gliedern, tief unter einer Schicht und abgetrennt kaure ich, mehr tot als lebendig, ich zähle nicht mehr.

Der Mangel bleibt mir treu. Sich selber aufessen, das schwebt ihnen vor.

30. 7. bis 4. 8. 1971
Siegfried und Hilde Unseld.

Seht ihr den Fluß über die Ufer treten, immer applaudiert ihr dem großen Schaden, ihr seid noch in eure Vernichtung verliebt.

Wenn einer tatsächlich eine andere Meinung hat, dann sagt man: Der hat sich festgelegt, schade. Das heißt, der kommt nicht mehr in Frage. Natürlich nur, wenn die Abweichung nach links erfolgt.

Günter Grass, im Tessin: spricht zu Tessinern über Demokratie.

Ruhig, der Mtkvari, und grün zieht er durch Tibilissi, eine Flöte sehnt sich nach Jugend, ihr habt einen See angelegt für die Kommenden.

Durch den kranken Himmel strömt der Düsenhai.

Wie lange willst du uns noch deinen Schrei
verkaufen aus deinem teuren Badezimmer,
deinen Aussatz, vor Spiegeln gezüchtet,
deine hervorragende Verzweiflung.

Soll ich gehen, meinst du? Willst du,
soll ich oder was, sag doch, ich muß
wissen, wie, sonst wird mir noch
schlecht vor Furcht.

Ihr drängt herein und fragt und zahlt,
ich habe nichts, seht ihr nicht, leer,
also zieht ihr mir die Gedärme aus dem
Leib, sie sind auch leer.

7. bis 9. 8. 1971
Adriaan Morriën.

12. 8. 1971
Der Spieler, der verloren hat, so sitz ich eigensinnig am Tisch und verlange immer noch eine Runde. Mein Kopf ist unzuverlässig, ich trage den Regen durch das Land an die richtige Stelle. Abends im Fernsehen: 90 % des deutschen Aktienbesitzes in den Händen von 2 % der Bevölkerung. Am liebsten würde ich immer noch leben, wenn sich das machen ließe, ohne daß es auf Kosten anderer geschähe.

13. 8. 1971
Um 14 Uhr 30 mit Rädern in Pasing, dann durch den Kreuzinger Forst, durch Frohnloh, Oberpfaffenhofen, Weßling nach Herrsching, Hotel Seehof.

14. 8. 1971
Über Schongau (Baden im Stausee), Schwabsoien, Sachsenried, Ingenried, Bertholdshofen nach Marktoberdorf, Hotel Martin.

Nach dem Regen die gesättigten Farben auch des Sees. Der Mund des Gastes macht den Wein gut. Wind und Haß schlafen eine Stunde lang ein.

15. 8. 1971
Über Immenhofen, Geisenried, Unterthingau, Reinhardsried, Sellnthür, Wilpoldsried, Börwang, ein Bauer, der es zu nichts gebracht hat als zu dem Spruch über der Tür: Bet' und arbeit' sei nicht faul / zahl deine Steuer und halts Maul. Über Haldenwang, Probstried, Dietmannsried, Krugzell, da über die Iller, Depsried, Walzlings, Maggmannshofen, Frauenzell, Friesenhofen, Rimpach, über die Untere Argen, mit Bad, Isny, Eisenharz, Gasthof zum Bären.

16. 8. 1971
Über Epplings, Wangen, Niederwangen, Primisweiler, Goppertsweiler, Pflegelberg, Neukirch, Tannau, Tettnang, Oberteuringen, Markdorf, Mühlhofen, Oberuhldingen, Nußdorf.

Das war meine und Käthes Studienfahrt per Rad, die Strecke, die Anselm Kristlein in III zu Fuß zurücklegen soll.

Telephon: Auf kitschige Weise fände ich es schön, wenn du ein paar gute Worte für mich fändest.

Jemand stirbt und wagt es nicht, sich in der letzten Stunde so zu verhalten, wie er möchte. Er versucht, so zu sein, wie es die Standards vorschreiben. Die Geschmacksriesen haben jetzt so viel Einfluß wie früher die Kirche.

17. und 18. 8. 1971
Adlers.

24. 8. 1971
Schöllkopf: Der Wolken hat gesagt, ich sei ein Okkupant. Weißt du, ich okkupiere die Leute. Ich habe buchstäblich niemanden mehr, mit dem ich sprechen kann. Zu mir hat mal der Killmayer gesagt: Sie sind niemandem was schuldig.

28. 8. 1971
Nach den Regatten, wenn die Riesenboote sich wieder aufgerichtet haben, stoßen die Schwäne mit gestreckten Hälsen durch die gleißende Wasserwand. Ich steige mit Barocktrompeten Treppen rauf, die Beschläge leuchten. Ich habe wenig Haare auf dem Kopf und keinen Mut. Leise geh ich durchs Dunkel.

17. 9. 1971
Ich habe immer einen Schädel in der Hand und Trauben im Mund und kalte Füße. Ich arbeite nicht. Daher kommt auch meine peinigende Ungeduld. Der September läßt nicht mit sich reden.

18. 9. 1971
Nichts als ich. Als ich nichts. Mit dir mehr. Ohne euch denke ich nicht.

Gegen Mittag, wenn meine Beine allmählich warm werden und die Boten verschnaufen von ihren Nachrichten, sehe ich ein, daß es zu spät ist, den Nachrichten noch zu entgehen.

Meine Verzweiflung hat einen Schoß, in den ich
meinen Kopf legen kann. Wenn ich den Kopf
hebe mit Hoffnung, wartet meine Verzweiflung
bis ich ihn wieder sinken lasse.

Die Israelis stimmen geheim für Böll, öffentlich hätten sie für Frankreich stimmen müssen, weil sie die Mirage brauchen. So werden Schriftsteller noch wichtig.

Se tscheensching feeß of liträtscher.
Moascheswie'n'omm.

20. und 21. 9. 1971, München.
Frieder Hitzer und Prof. Josef Schleifstein.

27. 9. 1971, München.
Rede auf dem Marienplatz: «Wie es ist und worauf es ankommt. Ursachen und Konsequenzen im Fall Angela Davis.»

Der Allgäuer zu seinem Sohn im Zug: Wemm'r ebbas hiimachand, muassas ii zahla.

Nachrichten

Hilde Unseld: Wenn jetzt deine Frau eine Erbschaft macht, mußt du doch nicht das Geld an die Armen verteilen, bloß weil du jetzt Kommunist bist.

Siegfried: Du hörst es ja nicht, was die Leute sagen. Bisher haben sie immer noch alles verstanden, aber das nicht mehr. Nein, das nicht mehr. Hoffentlich bleibt er in Moskau, sagen sie. Jetzt bin ich mal gespannt, ob er in Moskau bleibt.

Siegfried vergißt, daß ich vor zwei Jahren, als seine Lektoren von ihm eine Lektoratsverfassung verlangten, die ihn praktisch ohnmächtig gemacht hätte, daß ich da sofort und ganz auf seiner Seite war. Wie ein Streikbrecher. Feuilleton-Revolution habe ich diesen Lektoren-Aufstand genannt. Und jetzt, da ich den Polit-Anstandsregeln nicht genüge, bin ich ein «Kommunist».

J. Kaiser laut Peter Hamm über mich: Komisch, er kann machen, was er will, sogar bei der DKP reden, trotzdem bespricht man noch immer seine Bücher.

M. Reich-Ranicki zu Fritsche, Piper-Verlag: Da hat man sich abgegeben mit ihm und hat ihn verhätschelt, und jetzt macht er so was.

Das Wichtigste, leider, ist das, was man tut.
Wenn das, was man nicht tut, das Wichtigste
wäre, säh ich dem Urteil ruhiger entgegen.

5. bis 10. 10. 1971, London, Crofton Hotel.

Flug nach London. Wir wackeln vor der Landung, als hätten wir unterwegs einen abgeschossen.

Trafalgar Square, der Überfluß an Imperialismus, aber auch das Denkmal für Edith Clavell, Brussels, October 12th 1915:

Patriotism is not enough, I must have no hatred or bitterness. An den 4 Seiten des großen Sockels: Humanity, Sacrifice, Devotion, Fortitude.

Im Hyde-Park das irre Denkmal: Albert sitzt mit bloßen Knien und wegfallendem Mantel unter einer Säulen-, Turm- und Alterturmveranstaltung und schaut nach Süden.

Der Portier im Crofton mit östlichem Akzent: If you like to speak Russian properly you must take off your shoes and jump onto the table and dance like Chruschtschow.

Die Dame, der Blumen überreicht werden: How very good of you.

Abends Lesung, Goethe-Institut, Diskussion, Elias Canetti lädt mich ein.

7. 10. 1971

Überall wäre ich gern, nur nicht hier, nirgends, wo ich bin, wäre ich gern, lieber wäre ich nicht, wo ich bin, sondern wo ich nicht bin.

Abends in Edward Bonds *Lear*: nichts als ein bißchen abscheulich. Wenn er seine Illusionsschocker nicht regelmäßig eingebaut hätte, würde kein Mensch von diesem Stück reden.

Summer Casuals at Give Away Prices. Final Reduction. Tremendous Value.

This is what happens when a fly lands on your food. Flies can't eat solid food, so to soften it up they vomit on it. Then they stamp the vomit in until it's a liquid, usually stamping in a few germs for good measure. Then when it's good and runny they suck it all back again, probably dropping some excrements at the same time. And then when they've finished eating, it's your turn.

8. 10. 1971

6 Uhr 15: *The Philanthropist* von Christopher Hampton im May-Fair, Play of the Year. Das Theater ist im Souterrain des

Mayfair-Hotels. Most of the audience are families, quite another style than with the Royal Court where long hairs and beards were prevailing.

I lose all my losses, my life now's vide.

9. 10. 1971

Besuch bei Canetti, Hampstead, 8 Thurlow Rd. Er erzählt ausschließlich von Zürich-London-Zürich-Fahrten. Am Schluß darf ich mir ein Buch aus seiner Bibliothek wählen. Ich wähle, weil Anselm Kristlein in III als Hausmeister in Blomichs Sommerhaus Spinnenprobleme hat, ein Buch über Spinnen.

10. 10. 1971

London – Budapest.

Im Bus vom Flughafen: Zwei taubstumme Frauen unterhalten sich, eine ist offenbar witzig, sie bringt die andere immer wieder zum Lachen, sie reden oft gleichzeitig, man sieht den Handbewegungen an, daß sie weder Buchstaben noch Wörter ausdrücken, sondern Sätze, Tätigkeiten, größere Einheiten als in der Buchstabensprache. Oft glaubt man, man verstehe diese Gestensprache, ich verstehe auf jeden Fall mehr von dem, was die beiden sprechen, als von dem, was die Ungarn laut sagen. Man könnte sich vorstellen, daß diese Taubstummen abends müde sind. Im Dunkeln sind sie aber ohne Sprache.

Grand Hotel Royal.

Abends Konzert, Haydn, Bartók, Schubert. Gegessen Leberknödelsuppe, Rostbraten Esterházy, Topfenstrudel.

12. 10. 1971

Lesung.

10 Millionen Ungarn zu Hause, 5 Millionen in der Welt.

14. 10. 1971
Rückflug.

15. bis 17. 10. 1971
Maria Augstein.

1. und 2. 11. 1971, München.
Wie hartnäckig Carlo Schellemann das Essen in Bulgarien besser findet als das in Ungarn: Geh mir weg mit die Ungarn. Und welche Gefahren bringt der Tourismus für die Bewohner der sozialistischen Staaten. Das Auto wird eingeschleppt! Das Auto ist doch die schlimmste Krankheit unserer Gesellschaft. Der Streß wird eingeschleppt! Der amerikanische KP-Chef in der UdSSR: Wie hier in der Arbeitszeit wird bei uns in der Pause gearbeitet.

3. bis 7. 11. 1971, Stuttgart, Berlin, Köln.
Eine Berlinerin: Der Vater halbblind, hat so 'nen Splitter abgekriegt, ich hab den immer geführt, jetzt Fuß rauf, Stufe runter, aber er war ein Taugenichts, Schulden gemacht, die mußte denn die Mutter uff ihren Namen nehmen, und haute auch noch ab, Mutter ließ sich als Hebamme ausbilden, vier Kinder, ich ab ins Heim, im Hessischen, die Heimleiterin 'n Riesenmannweib, hat mich jeschlagen, die Schulter jeschwollen und blau, ick hatte das nich verstanden, den Dialekt, ick hatte verstanden, daß da schulfrei sein sollte, dann kam die: Du hast die Schule geschwänzt. Ick mußte rauf zu der, die lag ja bis elf im Bett. Ick mußte in dem kleinen Flürchen stehen, dann kam die und langte mir eine und gleich noch eine, ich blutete schon. Los, warum hast du die Schule geschwänzt? Ick hab die Schule nicht … Du hast die Schule … Und schlug los mit ihrem dicken Stecken. Du hast die Schule … Ick hab die Schule nicht … Als die immer weiterschlug, hab ick jesagt: Ja, ick hab die Schule geschwänzt. Dann schlug sie noch zweimal, schnaufte und sagte: Na also. Von da an

war Schluß bei mir. Ick hasse dat Volk. Die Masse ist beschissen. Dann noch: Du hass es mit die Worte.

Frau B.: Passen Se mal auf, Walser, ein faires Angebot: Sie lesen mein Buch bis S. 35, und wenn's Ihnen dann nicht gefallen hat, dann schmeißen Sie's weg. Das ist doch'n faires Angebot. Aber dafür lesen Sie's jetzt und nicht erst, wie Sie mir schrieben, im Dezember. Ich muß ja ins Weihnachtsgeschäft.

Wie ich talaufwärts ging, quoll mir plötzlich eine ungeheure Masse Eiters entgegen, und ich sah, kein Vorbeikommen, ich mußte da durch.

14. und 15. 11. 1971

Barrie Ellis-Jones. *Einhorn*-Übersetzung.

21. und 22. 11. 1971

Uwe Johnson.

23. 11. 1971

Nördlicher Himmel und südlicher Himmel sind jetzt gleich grau. Mich drückt der noch nicht gefallene Schnee. Das Jahr ist das leere Glas dort.

27. 11. 1971

Intendant List-Diehl, Konstanz, zur *Zimmerschlacht*: Was meinen Sie, was ich zu hören bekomme hier, zuerst fangen Sie an mit Kohut, dann Brecht und jetzt auch noch den roten Walser.

24. 11. 1971

André Ficus und J. W. Janker.

Bei Ficus hängt in seinem Arbeitszimmer ein Photo, das ihn mit mir zeigt, einer kommt und sagt: Das hängen Sie besser ab, das kann Ihnen nur schaden, mit diesem Kommunisten auf EINEM Bild.

29. 11. 1971
Adlers.

1. und 2. 12. 1971
Dr. Lodemann, SWF, Interview.

Kafka: Wie sind diese Verletzungen entstanden, seinen Beruf genau studieren.

Bei Anruf Mord, Hitchcock, mit Grace Kelly. Man sah nicht, daß Swan den Schlüssel wieder unter den Treppenläufer steckte, sonst wäre man selber draufgekommen, wie der Inspektor draufkommen wird. Aber die Führung soll der Inspektor haben, wir müssen ihn bewundern. Das ist Hitchcock, ein Kenner, für uns ist es genußreicher, als wenn wir selber gut wären.

8. 12. 1971
Die Aussagen des verfolgungssüchtigen Bürgertums von 1880 bis heute. Gipfel: Nazi. Aber noch immer diese Mentalität. Die Jagdinstinkte, die man sich zurechtschminkt, das gute Gewissen. Heute: Links und rechts ist gleich, also das Extrem, das Rassistische und das Gegenteil, ist eins, Südafrika und DDR ist eins.

Chatschaturjan mit großen Schreckaugen unter der Klischeefolter von Peter Hamm: Sind Sie ein sozialistischer Musiker?

Was ist das?

Was sind die Motive für Ihre Musik?

Meinem Vater, meiner Mutter zuliebe.

Hamm: Von da ist es auch nicht mehr weit zur Farbphotographie des heimatlichen Tals.

12. 12. 1971

Der Sturz

Das Komplott.

Zusammen mit Alissa wird er die Welt um ihren Sieg betrügen. Mit der Frau hinausschlüpfen, bevor er vernichtet wird. Beute einlagern, dann hinausschauen über die Wälle. Erst wenn das nicht mehr geht, wird er sich und Alissa vernichten. Davor aber wird er glückliche Briefe schreiben: an die Kinder, an die Hauptverwaltung bei Blomich. Immer aus dem sonnigen Herbst in Graubünden. Alle sollen getäuscht werden.

Anselm kann nicht mit den Arbeitern, aber kann sehr gut mit den Angestellten.

Die abenteuerliche Durchquerung meines Zimmers bis zum Fernsehschirm. Die wunderbare und erfolgreiche Durchquerung meines Zimmers im Winter 1971 auf 72.

25. 12. 1971, Sarn.

«1983». Meine Voraussage.

Wie Leute sein werden: ein Teil exzessiv befreit, ein Teil regressiv, religiös, irrational, öffentliche Seelensitzungen.

Der Pfarrer zu dem alten Wible: Iser Herrgott hot au viel lide misse vor ar gschtorbe isch.

Das Wible: Was ihr it sagan, isr Herrgott isch gschtorbe, z'Kimmerschwiler wir'ba au gar nüt inne.

DN 1/129/144!/200/221/222 Tel./292/ TSG 124/130/M 44/144/196/202/205/221/293/294/304

Zit-Gesch. 106 ff/124 (H, FK, RW)/139/157 MP/172/191/285 f/301/305

Film 3/TV 111/113/126 Schygulla/127 EP/179/186/199/203/220/228/230/245 f/251/252

Biogr. 12/21/37/41/44/47/51/53 f/61/69/73/83/84/96/99/133 ff/139/144/165/[illegible]/190 f/201/209/212/220/

Dial. 3 Schwäb./43 bairl./109 al./137 Ausl./301/336/

Prosa 4/17/18/19/30/37 ff/47/53 f/70 f/72/146/153/166 f/175/182/250/258/263/291/297/300/316/328/340/351

Situation 10/287/301/332/344/388 H Wahl

Ges. 12/66/67/105 Med.-Sprache/110/141/161 Reich/205 iB/209/228/258 f/305/312/332/336/345

Jahresz. 12/15/22/23/37/43/53/61/142/148/291/338

Th 12/82/131/172/180/210/232/283/296/302/302/342

Ka 16/72/100/134/152/

Fr 53/67/142/171/385/

AC 95/126/131/137 f/142/158/172/177/172/173 f/212/228/233/239/273 f/277/323/331/344/346

Ex 18/40/45/66/142/165/166 f/137/139/295/331/385/

Fr 3/16/100/110/112/115/128/134 f/137/139/129/130/133/134/138/142/145/149 ff/157 f/

ML 16/72/78 ff/83/84/86/100 f/113/114/115/158/161/173/200/203 f/210 f/219/221 f/232/267/275/290/295

Tod 12/18/30/64/178/196/384/300/307 f/310/318/351/352/384

Fasnacht 13 f

Jüd. 36/273 Diss./ TRAUM 135 f/164/

Engl. 12/67/128/127/257/297/

Rel. 18/23 Paradies/36/142/331/390/TR 320/320/312/313 TRIO/230/233/237 f/239 f/252/

STÜCKE 20/21/30/36/40/44/46/64/72/86 Blinde ff/94 ff/124/129/131/144/155/241/

Schreib. Gen 20/21/32/44/133/143/144/176/177/214/221/250/275/305/318/357

Eindruck 26/35/40/65/66/100/130/174/182/190/215/273/276/347

Gd 29/42/62/69/86/97/112/126/143/148/151/174/176/190/283/284/290/293/305/

Sätze 36/37/42/44/45/49/52/53/66/86/100/123/124/133/138/141/144/164/200/251/304/386/

Einrichten 36/45/47/103/123/133/137/141/147 ff/160/172/179/190/201/208/249/221 f/318/385/

Sprache 37/126 philos./[illegible]

Hi 45/100/139/149 ff/171/177/219

ER 47/72/145/163/181/201/228/

Du 18/164/ WIK 209

Sch 52/70/82/96/101/126/133/146/153/165/171/ MAN 158 ff/176/182/

Gall 31 ff/43/51/114/124/130/138/140/170/174/176/178/182/188/201/205/208 f/242/228/

Arztki 31 f/60/

1983. 30/15 f/1/41/46 24327: 193 f/319

Lit. Betr. 29/73/83/96/133 ff/138/139/170/

Sowj. Un. 26 ff

Kollegen 26/96 66/138/322/348

Tiere 23/29/30/42 El./66 f/ff/73/95/128 Sz./131 Ti./132/134/143 Trag/152 V./153 Ti./158/241/

Garten 22/27/29/30

Hirschfest 13/43/141/258/276

Erde 13/96 RB/133 RB/134 f/MA 167 ff/170/221/Rap/223/313 ff (MF u)/

Nachricht: 12 (Gespann)/49 Burzel u. 53/82 SR/136: Typ Medien!/196/268 Sport TV/273/

Leute 9 (schrift)/115 ff Wahl/130/141 Reichenau/161 Reich./162 BAR./163 HW/190 Bürg./

Titel 5/12/13/18 Sturz/25/26/99/100/108 Dr./109/111 Esp/124/140/143/149/177/184 f/312/

Projekt 10 (Lit.)/11 Waldenstadt/1983/12/15 Esp.sp./15: 1983/18/19: 1985/21/22: ff 23/26/26/30/32/61/64/72/73/76/84/93/100/101/108/109/114/126/138 Log./143/145 Log./171/184 f/233/267/305/312/344/

Angestellte 23 f

Wirtsch. 6/46/108

Pol 5/20/95/23 f/26/35/41/49/53/59/61/84 f/101 ff/109/111/113 f/125 f/129/140/48/144/177 f/184 f/261/199 f/205/208/220/230/233/245/246 f/254/259/268/276/278 ff/287/297/305

SU 21/209/242/

Jelde 21

Wbg 33/42 Thal./65/69/76/130/199 Fl. ff/214/287/323/342/356/306/307/316/318/336/340/347/348/

See 35/61/95/298/313/331

Neckermann 46/48 Finderisen u. So. 290

Musik: 186 Rock ff/215/217/239/293/344

Hub. 75

E. Hügler 23 f HPSch 228 f/292/

Das Ihr unbel. 49 ff/135 ff/61/

Entlassene 51

HH 74 ff MA 316 ff/325 fff/334/337/343 f/380/

Frieden 76/97/98/110/126/138/139/164 f/198/214/250/274/310/380/

Esp 105 ff/134/145 f/151/202

1972

17. 1. 1972, Berlin.
Vorführung des Peter-Fleischmann-Films *Das Unheil.* Mit Diskussion.

18. 1. 1972, Berlin.
Diskussion über *Kinderspiel.* SFB-Fernsehen. Mit Ritter, Michaelis, Luft, Fiedler.

Wäre nichts mehr zu tun, alles wäre schon
gut eingerichtet, keiner drückte
den anderen, nur der Tod drohte noch,
dann dürftest du verzweifeln.

19. 1. 1972, Berlin-Tempelhof.
Ein flugkapitänhaft gekleideter Mann – er trug z. B. eine Mütze, die zur Hälfte weiß war – schob einen Mann im Rollstuhl hinaus auf eine der wartenden Boeings zu. Der Flugplatz und die aufgereihten Boeings und der mit dem Rollstuhl wurden immer wieder undeutlich durch den waagrecht stiebenden Schnee.

Im Flugzeug nur Häßliche. Aber wir sind nur zwölf.

Einer findet Nachrichten über sich in Zeit-Dokumenten von 1886: also zu einer Zeit, in der er noch nicht lebte. Er geht dem nach und das konsequent und so lange, bis er über sich alles erfahren hat: z. B. auch, daß er im Jahre 1919 gestorben ist: und so ist es auch, der Art ist er auch.

Ich lehnte mich zurück, Samstagnachmittag, und dann dieses schöne Buch. Alle Quellen fingiert, sofort eine Mischung. Und das Material meines aktuellen täglichen Lebens: der damals war ein Schriftsteller, also die Biographie eines solchen.

Der aus dem Wald kommt in die Stadt und alles nicht gelesen hat und deswegen nichts kann: nachholen geht nicht. Es ist zuviel, was ihm fehlt. Er müßte ja so viel kennen wie die alle zusammen, nur dann wäre er ihnen gewachsen. Daß von denen keiner alles gelesen haben kann, fällt ihm nicht auf, weil die alle zusammenarbeiten, auch gegen ihn. Sie ergänzen einander. Er kommt nicht darauf, daß es darauf ankäme, ein wenig zu lesen und dann so teilzunehmen, als habe man alles gelesen, also ein Teil zu werden von denen, vom Gesamten. Er geht in einem Zimmer ohne Möbel zugrunde, auf dem blanken Bretterboden. Zuletzt riecht er noch das Bohnerwachs (während er sich noch aufbäumt), das kennt er von zu Hause. Aber jetzt ist es zu spät.

Ein Engländer hielt in einem Wettrennen 28 Pferde im Zaum: das bisher größte Gespann.

22. 1. 1972

Als feierlich die ersten Flocken fielen, als immer mehr der großen Flocken niederknieten vor mir, hörte in meinen Ohren das Fiepen auf, das begonnen hatte 12 Stunden vor dem Schneefall.

I send you my hair. I hope it will please you.

23. 1. 1972

Der Sturz

Ein Ende für Edmund, bevor er überall hinausgeworfen wird: Er klettert aus einer abgestellten Lok im Ulmer Hbf. nachts in die Leitung und verschmort. Halb verkohlt wird er, nachdem er durch einen Kurzschluß den Ausfall der Strecke Ulm – Stuttgart für fast eine Stunde bewirkt hatte, entdeckt und geborgen.

29. 1. 1972, Stuttgart.
Theater, nachmittags Eröffnung der Ausstellung Günter Schöllkopfs in Neckarrems.

31. 1. 1972, Hamburg.
Hochschule für Bildende Kunst, Eröffnung der Ausstellung Carlo Schellemanns.

5. und 6. 2. 1972, Zürich.

13. 2. 1972
Gestern hat sich Salvatore Poddine in seinem Theater erhängt, nachdem die letzten 2 Schauspieler die Partei der Demokratisierenden ergriffen hatten: sich von ihm abgewendet hatten.

19. 2. 1972, Zürich – Köln.
Wat firr'n ulkjet Zeuch iss'n dat, hass wohl'n Knick in de Optik.

20. 2. 1972
Fasnachtsumzug in Überlingen. Am Rand eine Großmutter und ihre Tochter in Trauer und eine 4jährige Enkelin, fasnachtsmäßig kostümiert, aber auch in Trauer: schwarzes Kopftuch, schwarze Wollstola, schwarze Bluse, schwarzer knöchellanger Rock, eine alte Reisetasche, von deren Handgriff violette Bänder flattern. Eine schwarze Brille, aber knallrot geschminkte Backen.

Immer wieder eine vom Rand herausgeholt und ein Stück auf dem Wagen mitgeschleift, dann kommt sie lachend, ihre Haare richtend und sich säubernd zurück. (Frau B. im Mini-Waschbärmantel und dunkelblauen Seidenstrümpfen.) Ein Klosettwagen mit 6 Klos. Die Hänsele mit den halbmeterlangen Nasenschwänzen: damit gehen sie den Leuten ins Gesicht, damit wiederholen sie den Pestschrecken, einem mit der Pestnase so nahe zu kommen war tödlich.

Der gekrümmte Wurzelmann.

Zwei richtige Larvenfrauen; der Figur nach aber große schlanke Mädchen, und dazu die zerknitterten Larvengesichter.

«Wir sind mit dem Fahrrad da ...» Ein rot angestrichener Ford mit Hartgummireifen und rachitischen Achsen, ca. 1924. Eine verkniffene Musikkommandantin. Eine weibliche Garde: eine davon groß und schön, alle anderen dick, und sie müssen so steil gehen: nicht ausschreitend, sondern von oben nach unten die Füße aufsetzen.

Fast alles häßlich, grauenhaft, faszinierend. Aus Krankheit, Unterdrückung, Ausbeutung: die Gegenreaktion. Sie können Süßigkeiten unters Volk werfen, als wären sie der Fürst oder der König. Sie können Pest spielen und Alptraum. Sie können Frauen und Mädchen rauben. Eine Kutschenschale hinten auf den Traktor montiert. Einer im Zickzack gefährlich mit dem großen Traktor.

Immer wieder über unseren Köpfen Kanonenschläge.

Du mußt deine Putzfrau ehren, sonst mußt du selber kehren.

Eßt mehr Scheiße. 5 Milliarden Fliegen können nicht irren.

Die toten Schwäne als Engel.

Zum Endspielspiel

Der Dichter hat ungeheure Erregungen bei seinen Gesichten, und die Gesichte sind dann was Läppisches. So war das schon in der Bibel: Riesige Wehen, und dann wird eine Maus geboren.

Für «1983», mein Voraus-Roman

Coitus wird längst auf dem Bildschirm vorgeführt. Anleitung und Animierung. Und zwar auf speziellen, abonnierbaren Kanälen. Porno-Kanäle mit besonders seriösen Firmen-Namen.

26. 2. 1972, Samstag.

Heute der erste Segler.

Endspielspiel

Die sitzen nach dem Essen beim Kaffee und überlegen, warum sie so hin und so fertig sind. Keiner kann mehr aufstehen: Die Tochter hat zweimal gekotzt in der Nacht. Die Mutter nur mit viel Valium geschlafen. Er hat auch seine Leiden. Nur zwei Putzfrauen (66 und 72) sind eifrig und fröhlich die ganze Zeit.

20. 3. 1972

Leicht und schwer

Sie haben leicht lachen, tragen Sie mich mal. Und so lange. Bitte, tragen Sie mich nur mal probeweise, daß Sie mal ne Ahnung haben, so haben Sie ja praktisch überhaupt keine Ahnung, Sie reden nur. Bitte, ich kann Sie nicht zwingen, aber dann reden Sie gefälligst auch nicht mehr, ja! Klug daherreden, aber keine Ahnung, das hat man gern! Wie schwer, ich meine, mich an Ihrer Stelle würde es wenigstens interessieren, wie schwer ich bin. Aber Sie reden lieber. Und das fällt natürlich leichter, solange Sie keine Ahnung haben. So gesehen haben Sie recht, wenn Sie mich nicht tragen. Wenn Sie mich nämlich einmal getragen hätten, dann wüßten Sie, was ich meine bzw. wiege, dann fiele Ihnen manches nicht mehr so leicht.

23. und 24. 3. 1972, München.

25. 3. 1972, Stuttgart.

29. 3. 1972, Sarn.

The Big Sky von Howard Hawks mit Kirk Douglas.

30. 3. 1972

Blonde Venus von Josef von Sternheim mit Marlene Dietrich und Cary Grant. Wie man eine kleinkriegt durch ihren Mutterinstinkt.

9. 4. 1972
Der Potente und der Impotente ziehen eine Strecke. Sie gehören zusammen. Und der Potente leidet unter seiner Anlage. Ein Mensch voller Aufmerksamkeit und Umsetzungsfähigkeit ist nur der Impotente. Er bückt sich zu den Blumen. Der Potente reagiert stereotyp: also nur noch komisch. Auch wenn's ins Soziale geht, ins Politische, dem Potenten ist alles nur Anlaß, Vorwand, Ablenkung, Mittel zu dem immergleichen Zweck. Der Impotente setzt sich ein für die anderen. Aber am Ende …

20. 4. 1972
Aurel Schmidt, Basler Zeitung.

24. 4. 1972
Bekenntnisse einer Karikatur
Die Auferstehung: Die Grabhändler glauben nicht daran.

27. 4. 1972
Andauernd will mich dieser Mann sprechen mit dem Hut in der Hand. Er hätte schon eindringen können. Die Tür stand offen. Auch die Zimmertür. Ich sah ihn durch beide offenen Türen. Er sah mich. Er rief nicht einmal. Keine Bewegung. Er wartete, daß jemand ihn, weil er vor der Haustüre stand, anspräche. Er dachte mit Recht: Jeder in diesem Haus sieht, daß ich in dieses Haus will, daß ich deshalb hier stehe und warte, warum sonst sollte ich vor der Haustüre stehen, den Hut in der Hand, aufmerksam, höflich, wartend! So schön ist dieses Haus nicht, daß man sich dicht vor es hinstellte. Da gibt es andere Mauern, weiß Gott.

Das konstruktive Mißtrauensvotum gegen Brandt mißlingt. 247 statt 249 Stimmen. 3 Enthaltungen. Vielleicht F. J. Strauß, der Barzel damit stürzen wollte.

28. 4. 1972

Endspielspiel

Die Frauen im 1. Akt in ihrer Müdigkeit und Verkrampfung in allen möglichen Stellungen auf der Bühne, manchmal eine hektische Bewegung: wie wenn alle gemartert wären. Text aber, als säßen sie im Sessel und tränken Tee. Sie reden über den Indio, den eine von ihnen geschenkt bekommen hat, und über die zwei unermüdlichen Putzfrauen. Die Bühne sehr steil, daß es für die Putzfrauen sehr schwer ist, überhaupt zu gehen.

Was nützen die unnachprüfbaren Zahlen des FJS, die ihm als Genie angerechnet werden, was er alles im Kopf hat, wie fleißig er ist und mit welcher Kraft er das alles vorbringt. Dabei kann keiner das nachrechnen im Augenblick, und später ist jede Widerlegung zu spät, da hat die Rede ihre Wirkung schon getan.

Die CDU will nicht konservativ sein, die im Parlament in Bonn: Riesenprotest, als K. Schiller die Volksfront-Beschuldigung mit der Harzburger-Front-Beschuldigung erwidert.

Der Sturz

Eine im Präsens gehaltene Folge, die selber die riskanteste Bewegung ist. Mehr ist, als daß sie sie darstellt und festhält. Es spielt sich nämlich diese Bewegung in dem Bereich ab, dessen Medium die Prosa ist.

30. 4. 1972

Letzter Anruf Unseld: 24. 3. 72!

Früher regelmäßig, häufig, dringlich, mitteilungssüchtig, Rat suchend, kontaktfreudig.

Interview-Buch

Spitzengespräche. Erdachte Interviews / Social Fiction. Mit Schleyer / Brandt / Barzel.

Der Herr mit dem Hut in der Hand vor dem Haus, den der Hausherr dann umbringen muß.

Ach Podszus, ach Podszus. Der Gekündigte, der immer wiederkommt. Die Radikalisierung einer Person durch einen Chef und den ihm zur Verfügung stehenden Apparat: eine Novelle.

Was man jahrelang getan hat, tun hat dürfen. Mit dem Beifall, nein, das nicht, aber mit der Billigung der Welt, na ja, Widerspruch, Kritik, aber man ließ einen doch weitermachen, oder habe ich das falsch verstanden? Es war als Verdikt gemeint, und ich habe es nie richtig verstanden. Ich war von Anfang an unmöglich. Jetzt haben wir den Salat.

Podszus

Nicht von P. aus gesehen, sondern erzählt, wie sich P. freut, da er hört, daß der Chef (der nicht der Eigentümer ist) schlecht über einen anderen oder über eine andere spricht. P. ist schlecht geworden in seiner Dienstzeit, und er kann diese Schlechtigkeit nur hier anwenden, und genau das will man ihm nicht mehr gestatten: Er ist zu schlecht geworden, er ist unerträglich schlecht geworden, so hat man es nicht gemeint. Novelle.

3. 5. 1972, Köln.

5. und 6. 5. 1972, Stuttgart.
Jetzt haben alle Eichen ihr frisches Grün.

7. 5. 1972
Der Krach der Rabeneltern: Sie brütet; er macht offenbar etwas falsch. Flügelschlagen, Gekreisch, er muß abhauen. Die Meise inspiziert unter unserem Dach, ob hier ein Nest möglich ist. Kiwitt-Kiwitt.

Das Paradies nach dem Wort des Propheten: Wo das Lamm neben dem Wolf verweilt, der Leopard beim Böcklein lagert und der Säugling am Schlupfloch der Otter spielt.

Ein windiger Tag (samenlos), an dem keine Biene fliegt.

Wer behauptet, er habe «Meinungsfreiheit» hier, er könne sagen und schreiben, was er denke, der sagt damit nur, daß er zu den Herrschenden gehört, mehr nicht.

Das Sozialprodukt und die Literatur.

11. bis 13. 5. 1972, Frankfurt.

Werkkreis Literatur der Arbeitswelt.

Wimmer, Düsseldorf: Auf andere Formen hinweisen als auf die des sozialistischen Realismus.

Margot Schröder: Ironisch über den Werkkreis-Schreiber, der ist zu idealistisch-kleinbürgerlich.

Rabasseda findet M. Schröders Satire gegen uns nicht gut.

Kammrad: Der Wille zur Erweiterung des eigenen Willens muß bei jedem selbst vorhanden sein.

Erasmus Schöfer verteidigt M. Schröder gegen Spruchbandweisheiten.

Bruno Korn, Essen: Gegen Margot Schröder. Die Unternehmer denken viel politischer als wir.

Arnfried Astel: Aus Angst vor dem Vokabular, das gegen die Entfremdung kämpft, flüchten sie in die Politiklosigkeit, und aus Überdruß.

Einer aus Nürnberg: Die empfohlene Umarbeitung meiner Gedichte würde mir gefallen, wenn ich nur politisch wirken möchte.

Walter Deubel aus der Schweiz: Sein Individualismus will unpolitisch sein. Er ist zum dritten Mal da. Der Werkkreis ist ihm ans Herz gewachsen.

Mein Referat: «Wie und wovon handelt Literatur».

13. 5. 1972

F. Hitzer überraschend heute im Haus der Jugend in Frankfurt, fährt mit mir bis Ulm zurück, versucht in der nachmittäglichen Hitze ununterbrochen, mich zur Reise nach Brüssel zu bewegen, im Juni, dort ein Forum zur Propagierung der Europäischen Sicherheitskonferenz. Böll hat in Moskau der Literaturnaja Gazeta gesagt, er wäre dafür, daß die Schriftsteller zur Zeit des Forums nach Brüssel kämen, sich aber getrennt von den politischen Intellektuellen träfen, also das Forum gar nicht besuchten, sondern miteinander redeten, was sie tun könnten, international zur Erhaltung des Friedens. Vor allem mit Simonow. Dieter Lattmann hat gesagt, daß er dann diese Neben- und Geheimkonferenz besuchen würde. Simonow war extra mit Lew Ginsburg nach München gefahren, um mit Lattmann zu sprechen. Aber keiner will den Sowjets den Gefallen tun, ihr Forum in Brüssel zu besuchen. Jetzt soll ich. Ich wäre der einzige aus der BRD und wäre wahrscheinlich mit verbrauchten KP-Figuren aus ganz Europa zusammen und könnte weder etwas sagen noch etwas tun, sondern einfach empfinden, wie es ist am Anfang einer Karriere als prosowjetische Good-will-Figur, die überall hingeht, wo's anscheinend dringend nötig ist, und das so lange, bis sie auch für die Sowjets keinen Wert mehr hat, dann darf sie zu Hause bleiben. Ich habe also nicht zugesagt, weil ich arbeiten will, zu Hause. Nußdorf, 22 Uhr 41.

15. 5. 1972

Elmar Hügler (SDR): Teilt telephonisch mit, daß Müller-Freienfels *Akkord ist Mord* nicht machen möchte. Gründe seien: Das sei ein lehrstückhafter Film, der da zu erwarten sei; aber gleichzeitig spiele das ja in einer drastischen Realität, daraus ergebe sich ein Widerspruch, Lehrstück und Wirklichkeit, das kollidiere, also mehr fürs Theater, da ja keine Fabrik gestatten werde, daß so was, was sich so gegen sie richte, in ihr gedreht werde. Es sei unglaubhaft, daß Arbeiter solche Dialoge am Band sprächen. Wer die Wirklichkeit kenne, wisse, daß Arbeiter am Band fast gar nicht sprächen. Er wisse aus Erfahrung, daß Arbeiter solche Filme überhaupt nicht ansähen; über solche Filme lachten Arbeiter; in solchen Arbeitern erkennten sich Arbeiter nicht wieder.

E. Hügler: Zur Zeit ein fürchterlicher Rechtsruck. Diese Woche noch Redakteurs-Klausur: zum Überdenken des Standpunktes. Ihm sei nach den B-W-Landtagswahlen (vom 23. 4.) gleich ein Film abgesetzt worden.

Gestern hat mich Siegfried Unseld angerufen und um einen Gefallen gebeten, der mir schwerfallen werde, sagte er. Den Aufsatz «Ist die Deutsche Bank naiv» soll ich aus dem geplanten Aufsatzband heraus lassen, weil das Verhältnis zu Abs dadurch ernsthaft gestört werden könnte. Er sei zur Zeit in einem guten Verhältnis. Zwei Belege: Abs habe das «Deutsche Mosaik» für die Olympiade unterstützt, habe die Autorenliste durchgesehen und gesagt: Martin Walser, aha. Aber Unseld habe ihn beruhigen können über den Beitrag, den ich da drin habe. Dann befürworte Abs als Aufsichtsratsvorsitzender der DLH die Einrichtung von Bordbibliotheken. Das wäre natürlich für den Verlag sehr wichtig.

Ich: Verschieben wir den ganzen Band von Januar 73 auf Januar 74. Den Aufsatz nehmen wir heraus. Mich störte ohnehin, daß er die einzige Buchbesprechung in dem Band wäre. Ich habe ja etwas gegen die Veröffentlichung von Buchbesprechungen in Büchern.

Arztkinder

Die Zungenspitze zwischen den Zähnen. Eine Novelle. Am Ende steckt er sie in den kühlenden Schnee.

21. 5. 1972
Bärah und Hans Vöhringer.

Wenn die Arbeiter für uns produzieren, gehört es sich, daß wir die Zeit und die Kraft, die sie uns verschaffen, für sie verwenden.

Offener Brief an das gute Gewissen.

Warum sind mir gerade Zahlen so zuwider? Und seit wann?

Über das gleichschenklige Bekenntnis

Ich habe Äußerungen der mir unwillkürlich nahestehenden Kollegen Frisch, Hagelstange, Koeppen über die SU studiert. Reiseeindrucksäußerungen. Von diesen Kollegen gäbe es auch Reiseeindrücke, die durch USA-Reisen entstanden sind. Oder: Warum ich keine Reiseeindrücke aus der SU aufschreibe. In der Springerschen *Welt* hat auch der aufrechte Krämer-Badoni geurteilt: Walser hat Tritt gefaßt usw. Ich habe nicht geliefert, was sich gehört, das Reinigungsbekenntnis. Bei Hagelstange in einem Brief, nachdem der Reisebericht selber oft recht freundlich gefärbt war, in einem Brief noch eine Ganzklarstellung. Max Frisch, ironisch bis hämisch. Der liebenswürdige Pawel Toper war traurig, daß er so bei Frisch vorkommt, mit dem er sich soviel Mühe gegeben zu haben glaubte.

Ich also:

Wanderer, wenn du aus Moskau kommst,
sag, du habest dort die Leute leiden sehen,
oder sag, der Teppichboden im Kreml
wirft Falten, sonst wirst du deiner Tage nicht froh.

22. 5. 1972
Hier:
Trauben über gelben Feldern, alle Gräser
fromm und frei, in den Trögen schlürft's
Wasser: nirgends wäre ich lieber, wenn's
überall so wäre wie hier.

24. 5. 1972, Köln.

25. und 26. 5. 1972, Mannheim.
Bibliothekarstagung.

27. und 28. 5. 1972, München.
Ich nehme immer alles zurück. Ich muß immer alles zurücknehmen. Ich kann nichts behaupten. Nichts. Aber nichts behaupte ich. Das doch. Ein Lächeln spielt um meine Lippen. Mit ihnen. Diesen Schmerz tragen. Er ist keine Fahne und keine Fackel. Er ist unangenehm, aber man wird dadurch bereit aufzuhören. Die sogenannte Lebenslust stellt ihr Wesen ein. Sie macht sich nicht mehr bemerkbar. Und diese Art Daseinsstille ist eine Schönartigkeit und Gutartigkeit in meinem Inneren. Das heißt: es wird ruhig aufgehört.

Am Samstag und Sonntag in München 400 Mark verbraucht. Irrsinnig. Es fehlen mindestens 400 Mark.

6. 6. 1972
Telegramm an Heine
Kommen nicht ratsam stop bleib
wo du bist stop du bist noch
zu früh dran stop Demokratie
wird noch immer gestoppt.

7. 6. 1972
Das Amselpaar schreit, protestiert seit 40 Stunden, wenn die Katze sich nähert, wir uns nähern dem Nest mit den Jungen. Eine Amsel begleitet die Katze, sobald sie das Haus verläßt. Das Amsel-Männchen. Es lockt die Katze geradezu fort. Es bietet sich an für Fressen. Tanzt ein Meter vor der Katze auf und ab, nur um die Katze immer weiter wegzulocken von der Nestgegend. Es kann nur tanzen und schreien. Wenn die Katze zum Nest vordringen würde, könnte es nichts machen.

8. 6. 1972
Schlechtes Wetter, gute Arbeit.

Wenn zwei sich treffen bei den Arztkindern. Kara und Kai, wie sie sich vor einander durchmogeln, sie müssen sich ja rechtfertigen vor einander, dazu führen sie Tapferkeitsbeweise an, was sie riskierten, traurig stimmend, weil das schon tapfer genannt werden muß.

Die Erzählung, die der Verleger schreibt über seine verrückten Bienen, die nur noch vergifteten Honig schreiben.

11. 6. 1972, Sonntag.
Im Bett. Und dann noch mit den heißen Umschlägen, sie rennen für mich, wenn die Attacken aus den Innereien kommen.

Die Katze beißt zu, die Amsel ist Witwe auf ihrem Ast.

Ich bin offenbar durch und durch verbittert: wenn ich bloßes Leitungswasser in den Mund bringe, schmeckt es, als wäre es schwer gesüßt.

Wasserburg: Wenn ich am Sonntag von der Kirche kam, bis zum Mittagessen mit einer sanften Menge von Kleinigkeiten beschäftigt, fast wie ein Mädchen, aber ich wurde nicht gerufen.

In unserem Land haben seit 200 Jahren immer nur die Gegenrevolutionen stattgefunden.

Die Kristlein-Sehnsucht, gelobt zu werden, sich selber herunterzumachen, aber wehe, wenn ein anderer auch nur ansetzt zu etwas Kritik.

«Meschulach, der Gesandte, der Bote: übernahm in Ost-Europa auch Aufträge christlicher Adliger. Da der Beruf lange einsame Wanderungen erforderte, begünstigte er ungestörte Meditationen, wurde deshalb oft von Kabbalisten ergriffen.»

14. 6. 1972

Mal 99 Strophen erreicht: DER GRUND ZUR FREUDE. 99 Formeln zur Erbauung der Demokratie.

Das Bißchen wollte etwas schreiben. Also übte es zu Hause ein bißchen. Dann ging es in eine Redaktion. Hübsch anzusehen, die Mischung aus süß und frech, die man mögen muß, gerade weil sie so hergestellt ist, wie sie wirkt. Fragt gleich ein Herr, dem man immer noch ansah, daß er sich früher auch süß und frech hergestellt hatte: Wollen Sie schreiben? Naja, naja. Auf jeden Fall finden wir das Bißchen bald darauf über einem Roman. Den soll es lesen, damit es nachher etwas darüber schreiben könne. Des Bißchens Erregung wuchs von Seite zu Seite. Es konnte nicht fertiglesen. Es mußte vorher schreiben. Unbedingt. Praktisch schrieb es, während es las, andauernd gegen das an, was es las. Dann ließ also das Bißchen seins ab. Danach konnte es ruhiger den Rest des Buches durchblättern, um nachzuprüfen, ob es richtig vermutet hatte. Von allen Seiten strömten ihm die Bestätigungen nur so entgegen. Und sein Geschriebenes gefiel allen, die Bißchen traf. Bißchen wußte, daß es jetzt ein Kritiker war. So ging das dann weiter. Jede Woche. Und immer schneller. Sowohl das Lesen wie das Schreiben. Und das Theateranschauen. Das Theateranschauen machte Bißchen besonders Spaß. Erstens weil Bißchen spürte, daß die Leute schon bald aufmerkten, wenn Bißchen kam, zweitens weil das Anschauen noch weniger Zeit kostete als das Lesen. Trotz seiner Fertigkeit brauchte Bißchen für einen Roman noch fast den ganzen Vormittag; der fing bei Bißchen allerdings nicht so früh an. Also Theatertheater. Bißchen wurde auch da rasch ein Fachmann. Dann Film. Da mußte man nur noch 1 ½ Stunden anschauen. Deshalb hatte Bißchen Film doppelt so gern wie Theater. Höchstens Fernsehen gab es noch kürzer. Aber noch kürzer wollte Bißchen nicht. Bißchen hatte Angst irgendwie. Als es sich dieser Angst zum ersten Mal bewußt wurde, holte es sich sofort einen 1000-Seiten-Roman zum Besprechen und besprach ihn in einer Art Dankbarkeitston. Die Leute sagten: Ein ganz neuer Bißchen-Ton.

Bißchens Angst vor dem Schreibenmüssen ohne Besserwissen.

Ich wie abgenagt und ausgekratzt.
Du sprichst langsam.

«1983»

Wie der TV-Magazinier und der TV-Master und der Politiker einander zu benutzen glauben: Am eitelsten, also am meisten benutzt, ist der Master. Der wird dann auch am übelsten abserviert. Der Magazinier merkt allmählich seine Macht. Er ist der Intellektuelle. Er kommt sich durch seine Macht größer vor als alles, was je in der Menschheit existierte. Wie er von Goethe spricht.

18. 6. 1972, Sonntag.

Ein Asket, der gern ißt und trinkt. Mein Katholisches. Neidvoll auf jede Kindhaftigkeit. Alles, was nur sich selbst zuliebe geschieht, macht häßlich. Heute darf ich predigen. Sonntagvormittag im Schatten der Kirche. Es ist Juni, ein warmer Schatten. Ich, als ein Kommunist verschrien in meiner Heimat, weil ich sozialistisch denken will.

20. 6. bis 4. 7. 1972
Ruth Angress.

In deinen schönen Bauch krall ich mich, Europa,
aus deinen Poren pul ich Hoffnung,
du in Ost und West Beleidigte, Standhafte.

Auf mich stützen sich gestürzte Bäume,
Obstgehölzen zählt mein Geist den Behang,
mein Bart ist aus grünem Gras, ich
bin glücklich tot.

28. 6. 1972
Dr. Oscar Sandner.

4. 7. 1972
Franziskas Florian, Leptospirose negativ, jene Infektion, die bei schwangeren Frauen blinde Kinder bewirken kann.

6. 7. 1972
Anthony Waine mit Frau.

7. 7. 1972
Taddee seit Wochen krank, kann schlecht schnaufen, keine Stimme mehr, jeden Tag Dr. Epple, will nicht ins Krankenhaus, da schieben sie einen bloß hinaus in ein Zimmer und lassen einen stehen. Er bestellt das Totenmahl: Leberknödelsuppe.

Die Kinder treiben Elende auf und bringen sie mit heim. Man kann die Kinder nicht mehr hinauslassen. Iraner, Äthiopier, Spanier, Ulmer.

Abschiedsbesuch bei der Vergangenheit.

11. 7. 1972
Peter Hamm und Marianne Koch.

16. 7. 1972, Amsterdam.
14 Uhr 40 ab Zürich, an Amsterdam 16 Uhr. Fanny Lichtveld: You are not open. Er hat dafür sein Bauchweh. Zuerst zwei Whisky, zwei Tuborg: 16 fl. Ein Chateaubriand für zwei Personen, eineinhalb Liter Nuit St. George, drei Kaffee: 75 fl.

Dann muß sie heim wegen dieser Mutter, die er ihr gegenüber verteidigen muß, denn so unmöglich, wie sie angeblich ist, darf sie nur ihr eigenes Kind finden.

Taxi 3.50 fl, Linie 4 1 fl, Hotel 80 fl, ein Telegramm 10 fl, KLM-Bus 3 fl.

17. 7. 1972, Frankfurt.

18. und 19. 7. 1972, Bregenz.

23. 7. 1972
DER STURZ, zu Ende geschrieben, noch nicht überarbeitet. Also von 29. 4. 71 bis 23. 7. 72.

Das Drama mit den zwei Frauen, 59 eine, die andere 66. Die 59jährige viel hinfälliger als die 66jährige. Sie streiten um den 73jährigen. Die 59jährige will das Haus des Alten für ihren Sohn, der einen Unfall hatte und seitdem nichts mehr arbeitet. Er könnte schon, aber er will nicht mehr.

25. 7. 1972
Anthony Waine.

26. 7. 1972
Herr Wakisaka, Tokio.

29. 7. 1972
Das können alle Geheimsprachen nicht zudecken, was jetzt zugedeckt werden müßte, dieses Unrecht, ihres und das meine. Und wer hat mehr unrecht? Ich. Aber es bleibt mir nichts anderes übrig, als unrecht zu haben. Da sie alles Recht hat, bleibt mir nur das Unrecht. Damit kann sie mich erdrücken, ich kann die Last des Unrechts nicht lange tragen, ich breche zusammen, gebe auf. Sie hat dann ein weiteres Mal gesiegt. Das Recht wird gesiegt haben über das Unrecht. Wie es sich gehört.

2. 8. 1972
Wenn man Leute bestätigt. Die Gelegenheit dazu gibt es. Nicht jeder läßt sich dazu herbei. Wer es tut, macht sich bei den Bestätigten beliebt. Er weiß aber, daß die ihn nur als den Bestätiger lieben. Wenn dieses Bestätigen für ihn ein gnädiges Aus-sich-Heraustreten war, dann weiß er, daß die ihn überhaupt nicht lieben, daß er gar nicht der ist, den sie lieben. Also hat er nichts davon. Also hat er die Bestätigung nur denen zuliebe vollbracht. Sich selber verachtet er, weil er etwas tat, um sich beliebt zu machen. Sein einziger Trost ist sein Mißerfolg. D. h. man kann anderen keinen Gefallen tun, nur sich selbst. Das würde dir so passen.

3. 8. 1972
Die nassen Rosen, die sich ans Fenster pressen, ich liege im gläsernen Sarg.

Josef Neckermann, in der ARD: Ich gehe mit dem Wort Freund sehr vorsichtig um.

Walden: Sind Sie in diesem Sinn ein Verführer?

Neckermann: Nein, berechtigte Wünsche erfüllen ist keine Verführung.

Neckermann trinkt beim Richtfest aus derselben Flasche wie der als Arbeiter kostümierte Arbeiter. Neckermann: Mein Leben steht unter einem Motto. Was du tust, tue ganz. Auf halbem Weg stehenzubleiben liegt mir nicht. Ich möchte sagen, daß ich die funktionsgerechte Mitbestimmung bejahe. Die Schnelligkeit der Entscheidung muß gesichert sein. Der Vorteil der Lieferungen aus dem Osten: keine Streiks, das ist einfach günstiger für den Westen.

Der Chauffeur: Ich weiß, wie ich mit ihm umzugehen habe, nach 36 Jahren, jeder kennt den anderen.

4. bis 7. 8. 1972

Ruth Angress.

8. 8. 1972

Herr Schmieding vom ZDF, Gespräch über die Ostreise für *Aspekte*, ganz und gar liebenswürdig.

12. 8. 1972

Die fünf Schritte

Zuerst hat er nachgemacht, dann hat er sein Nachmachen als seine eigene Bewegung empfunden, dann hat er entdeckt, daß er nachmacht, dann hat er sich nicht mehr bewegt, dann hat er sich nicht beherrschen können und wieder angefangen nachzumachen.

Rainer Barzel kommt braungebrannt aus Portugal zurück und sagt auf dem Flughafen dem Fernsehreporter: Dieses Land ist nicht in Ordnung.

13. 8. 1972

Das Jahr mit der unbekannten Geliebten

Elf Jahre sind seitdem vergangen. Ich habe in diesen elf Jahren manchmal gedacht, es werde sich vielleicht wiederholen. Da es sich nicht wiederholt hat, muß ich annehmen, mit dem, was mir da geschah, sei es endgültig vorbei. Auch das ist ein Grund, es mitzuteilen. Ich stand im Wasser, bis zu den Hüften, es war am 14. Juni, starker Seegang, ein heftiger, aber ganz warmer Wind, in der Schweiz über den Bergen immer wieder gleißend stehenbleibende Blitze.

Der Entlassene

Im letzten Kapitel hat er auf eine Annonce aus Amsterdam geantwortet, fährt hin, heimlich, er will seine Frau nicht enttäuschen, sie nimmt ihm aber routinemäßig seinen Samen vor der Reise, und tatsächlich hätte er den in Amsterdam gebraucht. Die Dame dort hat nichts von ihm, also wird auch nichts aus dem Geschäft. Das war der letzte Versuch.

18. und 19. 8. 1972

Chur, Splügen, San Bernardino.

20. 8. 1972

Gallistls Verbrechen

In jedem Augenblick findet die Entscheidung statt. In jedem Augenblick trennt sich Zukunft von Vergangenheit. In jedem Augenblick möchte ich niedersinken und ein bißchen bleiben. Aber ich muß weiter. Ich kann nicht bei den Anschauungen bleiben, zu denen ich bis heute strebte. Es ist übel, bleiben zu wollen. Eine Ausruhsucht, eine Sucht, beim Falschen ausruhen zu wollen, bei einem Zustand, unter dem noch die meisten leiden. Nur ich nicht. Opern dröhnen aus den Wänden. Niederknien und diese kostbare Teppichranke küssen. Das Licht über sich hinsinken lassen. Den Herzmuskel von der Kraft des augenblicklichen Glücks überströmen lassen. Die Kälte und das Unrecht nicht spüren. Aussicht und Bewegung leugnen. Ein Verbrecher sein.

Was ich brauche, gibt den Maßstab.

Die Bedürfnisse sind von gestern. Wie prüft man sie? Welche sind die richtigen, die weiterführenden? Welchen darf man Wegweiserrecht einräumen und welchen nicht? Welche also sind die menschenfreundlichen?

22. 8. 1972

Rainer Barzel: Wenn der Bundeskanzler nicht endlich sich entschließt, hier tätig zu werden, dann mach ich ihm den Vorwurf, daß er die Zügel schleifen läßt.

23. 8. 1972

Der blaue Augusthimmel mit ein paar fetten Weißwolken brütet über dem runden, breiten, schweren Baumgrün. Eine satte Sache. Um halb zwei. Und da durch dieses Licht keine Maden kriechen, meint man wunder was.

Ein ganz langer Brief bebt vor Entrüstung, weil der Schreiber das Interview nicht veröffentlichen darf. Gleich im ersten Satz sagt er: Gut, akzeptiert, das Interviw wird nicht veröffentlicht. Und immer wieder kommt er darauf zurück. Wie auf Säulen ruht der Brief auf der 3maligen oder 4maligen Beteuerung, daß er nicht geschrieben werde, weil ich das Interview nicht gedruckt sehen wolle. Dann kommt immer neuer, sozusagen selbständiger Unmut, der auch tatsächlich Inhalt findet, gegen mich gerichteten Inhalt. Das ist das, was man schöpferisch nennt. Man findet etwas, weil man nicht sagen kann, was man denkt. Aber dann streckt sich das, was man verschweigen oder verbergen will, doch durch alle Wörterkleider hindurch. Zumindest tut man nicht mehr, als Form und Umfang, also den Körper des Unmuts durch Wörterkleider hervorzuheben.

26. 8. 1972

Das Jahr der Unbekannten Geliebten

Im August. Klarer Morgen. Halb sieben. Ich wache auf und weine schon nach ihr. Wenn ich sie oder eine, die ihr gleicht, (und es gleichen ihr viele) sehe, ergreift mich ein Schmerz wie Heimweh. Ein wahnsinniges Heimweh. Vor mir stürzen langsam Wasserfälle nieder. Baumkronen fließen schwer zu Boden. Die Stämme biegen sich. Autos bohren ihre Blechschnauzen langsam, aber unbelehrbar in die Erde. Eine irrsinnige Schwere erfaßt die ganze Welt um mich herum. Wir wollen alle hinab, hinab. Oder zu ihr. Sie ritt auf meiner Hand den grünen Berg hinauf. Im Juli. Morgens um fünf Uhr. Durchs kniehohe nasse Gras. Ob ich mich je wieder fassen kann? Ob ich je wieder aufhören kann, so zu stöhnen? Ich stöhne und stöhne. Sie hat kein Telephon. Und wenn sie eins hätte, würde ihr Mann dieses Telephon bewachen.

Fortsetzung des Anfangs

Es war halb fünf Uhr morgens. Ich war bis vier Uhr bei einem sogenannten Jahrgängertreffen gewesen, hatte viel zuviel getrunken, die anderen waren heimgekehrt zu ihren Familien, ich wollte nicht heim. Vielleicht dieses Gewitters wegen. Ich liebe Sommergewitter, die gegen Morgen ausbrechen und die schwüle Nacht zerreißen. Ich fuhr also an eine Bucht hinunter, zog mich aus und stellte mich im aufkommenden Gewittersturm ins Wasser. Plötzlich hörte ich ein Quietschen oder Stöhnen. Das war ein Paar. Auf einer Sandbank im Schilf. Ich warf mich rasch ins Wasser. Ich kraulte bis fast zur Besinnungslosigkeit hinaus. Bohrte den Kopf durch die weißen Wellenkämme. Dann legte ich mich auf den Rücken und ließ mich wieder landwärts treiben. Ich kam etwa 100 m östlich von der Stelle an, von der ich weggeschwommen war. Weil ich unbekleidet war, ging ich im hüfthohen Wasser zurück. Jetzt sah ich die beiden im Ufersand liegen. Noch im Bereich der hohen Wellen. Sie ließen die Wellen über sich hereinbrechen. Sie ließen sich umspülen. Die Blitze stellten ihre gleißenden Grafiken vor dem Paar ins wilde Wasser. Der Donner schnalzte ganz scharf über unseren Köpfen. Ich warf mich wieder ins Wasser und schwamm gegen die von Westen herdrängenden Wellen einen Bogen um die beiden. Dann ging ich circa 30 Meter westlich von denen ungeniert ans Land. Ich wollte, daß sie mich sähen. Ich hatte beide genau gesehen. Jetzt schaute ich nicht mehr hin. Ich ging zwischen die alten Uferbäume zu meinen Kleidern. Plötzlich kniete ich wieder in den Sand, beugte meinen Kopf vor, stützte die Stirn in den Sand und weinte. Das heißt, ich heulte richtig los. Also so was. Vielleicht vom Alkohol. Vielleicht wegen meines verpfuschten Lebens. Weil alles anders gegangen war, als ich wollte. Aber auch wirklich ALLES. Inzwischen hatte sich das Gewitter in einen Wolkenbruch gelöst.

28. 8. 1972

Das Bild der deutschen Jugend. Und dann nur das Bild: die am Bild der deutschen Jugend arbeiten, eine Herde konzeptiver Ideologen.

28. 8. 1972

Arztkinder

Sie gibt ihm die möglichen Zugzeiten 8 Uhr – 8 Uhr 41 / 8 Uhr 44 – 9 Uhr 18 / 9 Uhr 32 – 12 Uhr 02. Einen Brief, den sie nicht mehr erwartet hat, weil er doch heute nachmittag nach München kommt. Sie lacht immer wieder so, daß sie nicht weiter erzählen kann. Aber nicht weil irgend etwas komisch ist, sondern nur weil sie so glücklich ist.

Stolz bebend vor Glück erzählt er, daß er nach hinten schauend ging, und gerade, als er den Kopf wieder nach vorne drehte, rannte er gegen einen Laternenpfahl. Die Nase allein hatte den Aufprall zu dämpfen. Er wird also, schreibt er, etwas verändert aussehen, wenn er dort ankommt.

Gäste 1972:

Siegerland, nur Frau und Kinder, Constapel. Bauleiter.

Junk, Stuttgart, liegen und lesen. 2+2 Ing. Selbst.

Autopfleger, Mannheim, Nist, Sozialpädagoge.

Federball, Mannheim, Bauer. Architekt.

Liegt aufgeräumt am Strand, Stuttgart, Bechert, Bundesbahnbeamter.

Angler, Freiburg, Dr. Quirin, Arzt, 37, Griechin, 21.

Am 7. 9. 72 noch die ganze Sommerstrecke bis zum Steg mit Lampe geschwommen. Seitdem kalt.

Gespräche mit großen Geistern über unsere Lage, über unsere politischen Parteien.

Dostojewski, Proust, Kafka.

Das Jahr der Unbekannten Geliebten

Er mit der vor den Augen seiner entsetzten Frau im Wasser. Also muß es die doch gegeben haben, sonst könnte seine Frau nicht den Schock haben und im Krankenhaus liegen und schreien mit weiß geränderten Augen. Er besucht sie, gefühllos und fremd. Nicht einmal sonderlich interessiert.

Draußen schreibt der Specht den Totentext mit einem Finger auf seiner grausigen Maschine.

Wenn der Geruch der ersten Äpfel die junge Herbstluft füllt,
sterben, bevor du dich hinschleppen mußt.
Sobald ich nicht will, verzehrt mich der Schrecken.
Wasser und Gold sind mir vergangen,

ich habe nichts mehr davon,
etwas Haß auf die Herren hält mich noch hier,
diesen Haß zu mehren blieb ich noch gern,
und Häuser denen zu geben, die sie bauten,
und mir Mut zu machen endlich im Herbst.
Der hat meine Ohren überfallen,
mich mit Schwere ausgegossen
und mich liegen gelassen: Was ich sage,
sei gleichgültig.

19. 9. 1972
Wie einer zum Schluß Glauben an Wiedergeburt vortäuscht, selig, eifrig, kindhaft, glücklich: nur um seine Rivalen usw. zu ärgern. Die sitzen alle todesängstlich herum.

Wasserburg am Bodensee. Auf Tonband mit L. Grübel. H. Köberle. O. Lang. P. Schnell. H. Lichtensteiger. K. Bauer.

Wie K. Bauer verschlafen auf seinem Wagen saß, überhaupt alle: weil das so langsam ging. Und wie witzig die am Tisch sind. Und wie schnell die heute in den Autos aussehen, und wie langsam sie am Tisch sind. Die Königsbauern. Die letzten Könige, die Freien. Große Bauern auf kleinen Höfen.

22. 9. 1972, Köln.
TV-Diskussion.

Im Flughafenbus. Der Mann setzt sich von der einen Reihe rüber in die andere, prüft, ob er jetzt den Koffer sieht. Ja. Beim Bremsen fällt der Koffer um. Der Mann schreckt hoch. Von da an schaut er immer wieder schräg nach hinten nach dem Koffer. Es ist ein armer Koffer. Es ist aber auch ein armer Mann. Die Frau füllt den Ausschnitt des Schneiderkostüms mit einem billigen Schal. Die Frau ist ruhig, sie schaut nie nach dem Koffer, sie weiß, daß der von Köln Hbf nach Wahn nicht gestohlen wird.

334

24. 9. 1972

Vor der Schwäche, vor den Zusammenbrüchen, riecht die Luft, wenn sie in die Nasenlöcher kommt, ganz eindeutig nach Essig. So stark, als stecke man die Nase in die Öffnung einer Essigflasche.

Seit 10 Tagen Franziskas Florian: aufgetrieben, zuerst mehr hinten, jetzt auch schon weiter vorne.

Hygroton hilft nichts. Keine Diurese. Heute links hinten der Fuß fängt an zu schlagen, und dann wirft er den Kopf, als hätte er etwas, was er aus dem linken Ohr schütteln wollte.

Wir beruhigen mit Valium.

Seit Tagen kann er kaum noch liegen. Sitzt und knickt immer wieder vor Müdigkeit ein und richtet sich sofort wieder auf, bevor er noch ganz zum Liegen kommt. Wahrscheinlich kriegt er keine Luft mehr, wenn er liegt.

25. 9. 1972

Heute liegt er wieder. Bisher setzte er sich an die Heizung oder an die Truhe, um beim Sitzen, wenn er einnickte, einschlief, einen Halt zu haben. Heute liegt er lang in der Küche.

26. bis 30. 9. 1972

Zürich – Frankfurt – Berlin – Mainz – Nußdorf.

Am 28. Siegfrieds Geburtstag. Der bisher schlimmste Streit mit ihm. Ich betrunken, er nüchtern. Und vor vielen Zeugen, Buchmessemenschen, in seinem Haus in der Klettenbergstraße. Wenn ich doch nicht mehr daran denken könnte. Nichts ist mir so fern und fremd wie Sachlichkeit. Ich begreife nicht, daß es Sachen gibt und daß man sich verhalten muß. Abwärtsrasend. Keiner von den Anwesenden, die die Lesung gehört hatten, sagte etwas zu mir. Einer, ich weiß nicht mehr, wer, sagte, ich hätte sehr gut gelesen. Die Zeit, bis ich daheim bin, ist kaum auszuhalten. Und davor, am 26., der Streit mit Uwe, weil er und Elisabeth zu mir sagten, es sei unmöglich, für den «Stern» etwa nach Trinidad zu reisen, um dann darüber zu schreiben. Weil Nannen ein alter Nazi sei. Weil Gruner + Jahr ein Konzern sei. Ich sagte, Uwe und ich schrieben doch auch für den Reinhart-Konzern.

Dann wieder unser alter Vietnam-Streit. Schließlich verließ Uwe das Zimmer, dann ging Elisabeth, dann mußten Herr Arnold und Herr Raddatz und ich auch gehen. Die Streit-Themen mit Siegfried: Die 2. Auflage von *Gallistl*, überhaupt nichts getan für dieses Buch. Politik? Ich: Ich kann zu Diogenes gehen, dort kann man auch nicht weniger tun als hier. Er hielt mir meine Kommunisten vor. Und alle meine Flüge hatten Verspätung.

Ich habe, hoffe ich, früher oft genug Kollegen durch eine Lüge eine Freude gemacht. Dieser Dienst wurde mir nicht erwiesen.

Das Jahr 72 brachte die Kreuzschmerzen. Ich rieche säuerlich. Ich möchte in einer Schlange nicht in meiner Nähe stehen. Edward Bond ist zart, zurückhaltend, glaube ich, ich sprach lieber nicht mit ihm. Ich konnte mir jetzt einen Mann vorstellen, der immer nur Frauen von Freunden will, weil er selber keine kennenlernen kann, seiner Schüchternheit wegen. Früher sagte ich, nichts sei mir so unvorstellbar wie die Liebe zur Frau eines Freundes. Mein Mann müßte sich also andauernd zu diesem Grundsatz bekennen, auch wenn er schon im Bett liegt mit der Frau eines Freundes, wieder einmal.

Was soll man mit seinem Kopf tun, wenn einem nur Gedanken kommen, die man nicht mag? Was auch immer mir im Kopf auftaucht, es ist alles widerwärtiges, komisches und harmloses Zeug. Das Schlimme: Es spielt sich auf. Die Hölle, das ist man selbst.

1. 10. 1972

Sonntag: heute ist Franziska aus dem Haus gegangen.

Ihr Florian, schwach, andauernd knickt er vornüber.

I decided we would not be taken by the law.

4. 10. 1972

Seit Tagen in den Ohren wieder die höchsten Töne und am Morgen keinen Grund aufzustehen. Wenn ich müßte, könnte ich. Ob ich, wenn ich wieder muß, noch können werde?

7. 10. 1972

Gestern mit Florian ins Schlachthaus. Schon als wir das Trottoir verlassen wollten, sträubte er sich. Weil der Arzt einen guten Allgemeinzustand feststellte, nicht «eingeschläfert», sondern punktiert. Aus dem Bauch nach dem Entfernen der Fellhaare 1 ½ Liter Wasser (Moorqualität). Den ganzen Tag liegt er wie bewußtlos. Frißt nichts, trinkt nichts, kann sich nicht mehr bewegen. Heute trug ich ihn hinaus, er in den See, trinkt lange, kann sich dann nicht mehr erheben, liegt im Wasser auf den Knien. Trage ihn herauf. Nimmt kein Fressen. Zieht sich vom warmen Lager unter den Essigbaum. Will nichts fressen und trinken.

8. 10. 1972

Gestern nachmittag noch eine Strophanthinspritze. Die wirkt ein paar Minuten, dann hockt er genauso elend wie vorher. Jetzt erst Herzuntersuchung: Klappenfehler. Ganz schlechter Zustand.

Abends liegt er wie hingestreckt, lang in der Küche, Kopf schief auf dem Boden, wenig Atem. Wie ein totes Reh, das ich kenne.

Also wieder Dr. Stark: Er gibt ihm eine Betäubungsspritze ins Herz. Mit einem knurrenden, leise knurrenden Ton strecken sich die Beine, die Augen ändern sich nicht. Der Arzt drückt ihm die Augen zu. Ich packe ihn in eine Kiste, die mit Papier ausgelegt ist. Im Keller bleibt er bis morgen. Die anderen wissen nicht, daß er noch da ist. Die denken, der Arzt hat ihn mitgenommen. Die aufflammenden Diskussionen darüber, welche Rasse wir jetzt nehmen sollen.

9. 10. 1972

Heute morgen zum Schlachthaus. Wollte nicht sagen, ich habe einen toten Hund, also frage ich nach Tierkörperbeseitigung. Er sagt: Schlachthausaufseher Katzenmeier. Ich frage einen: Ich will zu Herrn Katzenmeier. Er zeigt auf sich. Ich: Ich habe einen toten Hund. Dann krieg ich 3 Mark von Ihnen. Haben Sie ihn in einem Plastiksack? Nein, in einer Kiste. Dann stellen Sie ihn dort hin. Das tue ich. Als ich wegfahre, trägt schon einer (auch mit Schürze und Stiefeln) die Kiste mit Florian ins Schlachthaus. An den aufgespaltenen, schon geteilten Leibern brannte einer mit einer Flamme auf und ab.

11. 10. 1972

Morgens sind die Tore meiner Ohren geschlossen,
mittags trägt mein Nacken den Kopf nicht mehr,
gegen Abend werden die Kreuzschmerzen unerträglich,
nachts, wenn ich schlafe, könnte ich schmerzfrei arbeiten.

Wochenschau 1944.

Ebereschenbeeren werden geerntet und gemostet, hochmaschinell. Zwei Hände voll Ebereschenbeeren haben soviel Vitamin C wie 7 Zitronen. Nicht umsonst heißt die Eberesche die Zitrone des Nordens.

Ich finde den grauen Vorhang schön.
Wie findest du das Verbrechen? Und was
bekomm ich, wenn ich es begeh? Im Wald
wirst du mich liegen sehen. Ganz erledigt.

Ich wende den Kopf weg. Und sehe mich. Warum darf ich nicht bleiben, wo ich bin? Weiter gestoßen wird man. Die Diensttuenden verstehen unsere Sprache nicht. Wir können ihre Rufe verstehen, ohne daß wir ihre Sprache verstehen. Ihr Gebrüll ist uns nur zu verständlich. Ich erkannte trotz des Nebels und des Donners in dem kahlen Mauerwerk eine Tür und war schon zwischen zwei riesigen Figuren des Begleitpersonals durchgeschlüpft. Die Tür gab nach. Ich war in einem Schulzimmer. Senfgelb lackierte Bänke. Eine von Rissen durchzogene Wandtafel. Warum war ich entkommen? Weil die riesigen Begleiter beim Brüllen ihre Münder wie die brüllenden Kühe nach oben strekken. Das hatte ich ausnützen können. Ich schämte mich fast, weil ich die Einfalt dieser riesigen Figuren ausgenutzt hatte. Aber solange ich unter ihrem Gebrüll und ihren Fäusten und Peitschen mit den anderen Gefangenen dahingetorkelt war, hatte ich nur ans Entkommen gedacht. Ich setzte mich ans Lehrerpult, preßte meine Fäuste in die Augenhöhlen. Gegen meinen Willen mußte ich plötzlich beginnen, die Fäuste mit aller Kraft auf den Pultdeckel trommeln zu lassen. Tatsächlich kam auch sofort ein nicht ganz so riesiger Wächter herein und nahm mich wieder gefangen und führte mich hinaus und stieß mich zwischen zwei Wächtern hindurch wieder in die Kolonne der Gefangenen. Kaum torkelte ich da wieder mit, begann ich, nach Fluchtgelegenheit auszuschauen.

Als er den Ton zum ersten Mal hörte, rannte er an alle Fenster und schloß sie. Alle Türen warf er zu. Erst dann stellte er fest, daß der Ton nicht von außen kam. Und erst als er in seinem Schlafzimmer tief unter den Decken kauerte, stellte er fest, daß die Lautquelle nicht im Haus war, sondern in ihm, in ihm selbst.

Mädchenleben

Was sie alles nach einander las und wie sie dabei einging.

Der Sprecher des Ausgebrochenen: Er muß alles darstellen, überbringen, das nimmt ihn mit, steckt ihn an, aber man treibt es ihm aus. Er wird gerettet. Er hat sich eben zuviel Mühe gegeben, den anderen zu verstehen. Seine Darstellung des anderen wird ein großer Erfolg. Das gewinnt ihn vollends zurück. Aber er spielt am Ende mit einer Pistole. Aber er spielt.

Büchner hätte den Büchnerpreis nicht bekommen und Heine nicht den Heinepreis. Hesse und Hauptmann aber den H.- und H.-Preis.

17. 10. 1972, Bonn.

Wirtschaftswoche Nr. 41: Die Chinesen haben während der Revolution ihren Kapitalisten für aufgenommenes Kapital Zinsen bezahlt, so pragmatisch. Erhöhung des Diskontsatzes von 3 auf 3 ½ %, eine längst fällige Entscheidung, primär nichts anderes als ein weiterer Beweis des demonstrierten Wohlverhaltens gegenüber dem US-Dollar.

Godesburg-Hotel, Eckzimmer 24. Schönwetterspätoktoberfrühabenddunst über den Städten drunten. Man sieht noch die Regierungsbetonkolosse, die sich über die Bürgerhäuser erheben, vor allem die noch nicht ganz fertigen Kolosse des Wissenschafts- und des Justizministeriums.

Unter dem Godesburg-Hotel schmiegt sich der Friedhof an den Bergleib.

Das neue Stück muß ein Stück sein, in dem einer die Fassung verliert. Es ist schon geschehen, wenn das Stück beginnt.

Der thrill, den eine junge Schöne mit vier Herren in dieses Abteil bringt.

Er dreht durch, er kann es nicht mehr fassen, er ist der Selbstmörder, der im entscheidenden Augenblick versagte, jetzt lebt er weiter: ein Toter im Leben.

Ich übe eine Antwort am 18. 10. 72 für Gelegenheiten, die am 20. 10. passieren können. Aber mir fällt keine Antwort ein. Ich weiß, ich werde am 20. in diese Gelegenheit hineinschliddern. Man wird mir Sätze sagen, politische, die ich jetzt schon genau kenne, aber was ich darauf sagen werde, ist mir völlig unerfindlich. Ich komme nicht darauf, was ich sagen könnte. Ja, wäre es nicht besser, diese Situation nicht erst entstehen zu lassen? Unmöglich. Was ist das denn für eine Situation? Er: Das ist es eben, das kann ich nicht sagen, das würde mich so bloßstellen. Begreift das doch.

Er hat einen Abend erwähnt, da hat er immer geredet und sich entblößt, politisch, und am nächsten Morgen fällt ihm ein, daß da einer nicht EIN Wort gesagt hat, den ganzen Abend KEIN Wort. Vor dem hat er plötzlich Angst. Er telephoniert herum. Was wollte der? Damit fängt es überhaupt an.

Der größte Schmerz ist das Konkrete. Aber wenn es dann da ist, ist es vielleicht ein Zudecken des Schmerzes für eine kurze Zeit.

Die rostigen Gräser auf den Nebengleisen schwanken im Wind, ein grüner Traktor mit Anhänger, darauf zwei grüne Kunststoffwannen, die sind mit Trauben gefüllt, und zwischen den Feldern fährt einer auf dem Rad, weithin sichtbar durch seine leuchtend orangefarbene Straßenbauerweste. Nach einer Unwetterkatastrophe an der amerikanischen Ostküste führte ein Forscher Interviews mit Angehörigen der Upper-Middle-Class und mit Angehörigen der Lower-Class durch und fand heraus, daß sich die Angehörigen der UMC unerhört elaboriert in Kategorien der Meteorologie auslassen konnten, während die Angehörigen der LC stammelten und so taten, als wären den Interviewern die Ursachen des Sturms schon bekannt.

Er hat in der Nacht den starken, jungen, schönen Gegner, der nüchtern und klar blieb, durch Pathos und existentielle Erpressung niedergeredet. Der Junge zeigt nicht, was er davon hält, aber man kann es sich denken. Dann bleibt er allein zurück als vernichteter Sieger. Habermas: «Reflexionen über die Angemessenheit und Wünschbarkeit rationalen Problemlösungsverhaltens.» Umsteigen in Ulm, drei 17–18jährige steigen aus dem IC in die 1. Klasse des Eilzugs nach Friedrichshafen, eine in schwarzem Knautschlackleder, eine in einem stumpfen, stupiden Blau und eine in Rot: sicher alle drei nach Salem ins Prominentenkinder-Internat. Ihnen gehört die Welt.

Telephon mit der «Zeit» am 20. 10. 72, ca. 16 Uhr 30.

Dr. Hellmuth Karasek und Leo dagegen, Theo Sommer mischt sich nicht ein!

Gräfin Dönhoff bei Leo. Leo in einer Art Urlaub, daß es in seiner Abwesenheit gedruckt werden kann. Jetzt soll es allen Redaktionsmitgliedern zur Abstimmung gezeigt werden: DKP-Reklame nennen sie's und damit unmittelbar Reklame für ein Ein-Parteien-System. Janssen sehr dafür. Kuenheim nichts dagegen, findet's etwas lang.

Der Sprecher dessen, der abgedankt hat.

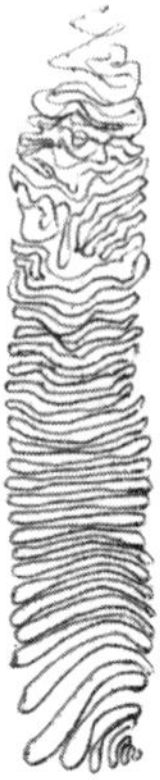

Was weiß ich noch vom Löwenzahn? Er war grün, war gelb und weiß die Milch. Wenn er verblühte, blies ich die Samen fort, mir weissagen zu lassen aus den dunklen Punkten, aus Flecken prophezeien zu lassen.

Was weiß ich noch vom flammenden Herbst? Er lieferte mir Kastanien, alle gleich glatt.

Was weiß ich vom Winter noch und was vom Frühling und Sommer, nichts weiß ich, nichts, was ich sagen könnte. Es schloß immer schon jemand meinen Mund.

Wenn sie alle vortreten und das, was sie zu einander zu sagen haben, nach vorne sagen, wie die Opernsänger. Dann dürfen's auch Arien sein.

Wenn Rudolf Reiter so kommt, darf er auch seine Zerquältheit groß mitbringen. Und Harry Tukan wird immer von seinem Stab begleitet. Bewegungen wie ein Vogelschwarm, daß der den Keil anführende Vogel immer zentral ist, wenn auch nicht immer die Spitze; es kann nötig sein, daß die Flügel links und rechts vorziehen und das Zentrum etwas zurückbleibt. Auf jeden Fall immer solche Manöver. Und zu jeder Szene neue Auftritte. Und Achilles und Hamlet als zwei Vorgänger, die nicht immer mitmachten. Das wird Harry Tukan von seinen wissenschaftlichen Mitarbeitern vorgetragen, demonstriert in zwei Szenen. Sei klüger als Agamemnon usw., und der König über seine Frau.

Mädchenleben

Er sitzt in einer nur unvollkommen heizbaren Berghütte und schreibt Mädchenleben. Weil sie verschwunden ist und weil er spürt, daß man jetzt ihn verdächtige, ist er auch verschwunden und schreibt jetzt auf, was er weiß, um zu beweisen, daß er es nicht war, der am Verschwinden des Mädchens schuld ist. Auf jeden Fall nicht mehr als jeder andere.

Die letzten Tage sind zu schildern, aber auch das ganze nachbarlich beobachtete Leben des armen Herrn Zürn und seiner Frau und seiner 3 Kinder. Diese arme Familie, deren Untermieter der Schreiber ist. Er hat selber so gut wie keinen Geschlechtstrieb.

Das indische Thema.

Die Zähne.

Das Sexuelle.

Die Musik.

Die Schule. Sirte gibt den Lehrern recht, wenn die schlechte Noten geben. Sie widerspricht nie. Sie fehlt und war in der Kirche, aber sie sagt es nicht.

Nachrichten aus ferner Zeit, als ich noch nicht bei denen wohnte. Die Kinder müssen etwas verdienen. Ihre Eßgewohnheiten.

Er hat es nicht mehr ausgehalten, dort angeschaut zu werden, als sei er schuld. Natürlich, sie meldet sich nie.

Warum nicht?

Es melden sich doch immer so viele, die wollen doch alle drankommen.

Die Korrektur am Ideal durch die jüngere Schwester. Daß Sirte sagte, sie wolle den Hund der Schwester auch einmal spazierenführen, wenn die nicht könne, das trägt die Schwester mit so viel Erbitterung vor, daß klar wird, wie Sirte hier behandelt wird.

Der Schreiber hat eine Sehnsucht nach diesem Mädchen wie nach nichts sonst. Wenn er sie nicht mehr sieht, nicht mehr findet, hat das Leben für ihn keinen Sinn mehr. Sie ist der einzige Sinn noch. Wenn sie nicht mehr in dieser Welt ist, will er auch nicht mehr drin sein. Oder: Wenn sie hier nicht leben kann, kann er auch nicht. Wenn die Welt nicht so ist, daß sie drin leben kann, dann ist diese Welt unbewohnbar, dann muß man abhauen so schnell als möglich. Einen schwereren Vorwurf gibt es nicht als den: Dieses Kind kann in dieser Welt nicht existieren. Die Deutschlehrerin, gut ausgedrückt, aber ungenau: Ihr Gesicht besteht aus farbigen Flecken.

Wie konzentrisch wirken die Umstände gegen dieses Mädchen! Und was sind das also für Umstände!

Herr Zürn ist ein Hiob und ein Scheusal!

Er kann Sirte nicht schützen, weil er selber ungeschützt ist. Seine Arbeit: Heißgasmotor für die Steuertechnik, Verbesserung der Sidewinder-Rakete, eine Luft-Luft-Rakete. Er sagt, er hatte Hemmungen, in die Rüstung zu gehen, aber die Hemmungen seien nicht so groß gewesen, daß er nicht doch hätte dort anfangen können. Für das Großeganze ändere sich ja nichts dadurch, daß er da arbeite, für ihn allerdings schon.

Vielleicht erfährt Sirte nach einander: Sex, dann das mit der Rüstung. Herr Zürn schlägt sich mit einer rostigen Axt ins Knie, Wundstarrkrampf, daß er dabei einen Rückenwirbel bricht, 8 Monate in Freiburg in der Uniklinik.

Zürns wohnten 10 Jahre in Friedrichshafen an der Bundesstr. 31, die ja mitten durch die Stadt führte. Die Fenster klirrten, wenn die Laster der Industrie vorbeifuhren. Sirte ist unbegreifbar für Leute, die täglich ihrer Arbeit nachgehen müssen. Sie ist eine Provokation.

Ob sie nach Indien ist? Dann hätte sie doch einmal geschrieben. Von unterwegs. So ist sie nicht, daß sie ihre Familie in der völligen Ratlosigkeit zurückgelassen hätte. Aber vielleicht kommt noch Post.

Der Erzähler arbeitete in der Ausländer-Abteilung des Landratamtes in Überlingen.

Aus England hat sie das Ekzem mitgebracht und weiß nicht, woher. Hat in Brennesseln gegriffen, um uns zu zeigen, daß das gesund sei, sonst weiß sie nichts.

Auf die Nerven Gehendes gibt es genug.

Ihre vollkommene Namensfeindlichkeit. Sie ist total wesentlich. Sie rührt keine Verbrennungsmaschine an, nur das Fahrrad.

Auf der Wiese in Merazhofen bei Gebrazhofen bei Leutkirch eine deutliche Linie in Kreuzform auf einer Wiese.

25. 10. 1972

Am 13. Oktober (Freitag) hat ein Jugoslawe (50 Jahre alt) die Passagiere einer Swissair-Maschine auf dem Flug von Stuttgart nach Zürich durch eine Bombendrohung erschreckt. Er hat ein Bündel Papiere, die, nach Angaben der Polizei, «äußerst konfus» beschrieben waren, als «Bombe» ausgegeben. Der Mann wurde nach Belgrad abgeschoben.

(Südkurier, 25. 10. 72) (nach dpa Zürich)

Der Schmerz ist der Notar, vor dem ich schwören will.
Meine Prüfung lege ich ab im Angesicht des Winters.
Das Werk ist eine Grube, in die ich mich lege.

Th. (mit Heike spielend): Wir wären arm, gell. Wir wären it so reich.

Mädchenleben

Wenn sie beim Mittagessen mit der jüngeren Schwester über ihre Latein-3bis4 spricht. 10 Fehler. 2 Wörterfehler numquam anstatt nonumquam und für durchwandern hat sie delare: das gibt's nicht, das heißt peragrare. Hörst du. Aber Sirte hat nicht zugehört. Du bist sehr unhöflich, du sitzt mit uns am Tisch, wir sprechen mit dir, sprechen deinetwegen, aber du hörst nicht zu, was wir sprechen.

Eine Rolle hat das Werbefernsehen: der Körpergeruch. Sie glaubte, sie rieche nicht gut.

Wenn sie etwas Neues hat, was sie nicht zurückweisen kann,

weil sie zugeben muß, daß sie das braucht, dann leiht sie's der Freundin, die viel größer ist.

So erfahrene Männer, die es finanziell nicht nötig haben, stehen um den Nobelpreis an. Eigenartig. Kein Preis käme mir, wenn ich es nicht nötig hätte, über die Schwelle. Da ich's immer nötig habe, sag ich das leicht.

Ein schrecklicher Vorfall

Der Herr Sowieso mußte eingeliefert werden, weil er sich auf dem XY-Platz aufstellte und anfing, laut zu verkünden, daß er durch geheimnisvolle, ihm selber unbekannte Kräfte plötzlich die Fähigkeit habe, Gedanken von Personen zu lesen, die er noch nie in seinem Leben leibhaftig gesehen habe. Ihm falle der Name einer Person ein, ja die die Person trete geradezu körperlich auf vor ihm, in seinem Zimmer, und beginne zu sprechen; und zwar dringlich. Er müsse zuhören. Die Beichte anhören. Wirtschaft/Politik: Also ein Herr aus der Wirtschaft beichtete so: Große Schuld gegenüber der CDU/CSU, die er zwar mit dem Geld der deutschen Wirtschaft unterstützt habe, aber das so öffentlich, daß die Masse des Volkes die CDU/CSU als eine Partei des Kapitals erkannt habe und sie deshalb nicht mehr gewählt habe. Gleichzeitig ließ sich die FDP ein wenig unterstützen. Warum? Ich wollte, daß die SPD die Regierung bilden sollte, um mir die Arbeiter zu zähmen. Wer glaubt, die Arbeiter ohne SPD von den schlimmsten Neigungen abzuhalten, spinnt. Aber eine SPD ohne FDP könnte übermütig werden, deshalb die FDP.

30. 10. 1972

Überlingen ab 18 Uhr 32. Auf dem Weg zur Bahn it occurred to me that 30. 10. 0 Uhr 25 schon vorbei war, das war die Nacht davor, also wieder heim, dann doch mit dem Auto nach Singen, 20 Uhr 45 in Zürich, übernachtet im Simplon.

31. 10. 1972
11 Uhr 20 Zürich – London.

Mit Bus to West-London-Terminal, mit der Underground in die Nähe Gloucester Road, Piccadilly-Line to Piccadilly Circus, Shaftesbury Ave. to Greek Street und dort ins Clementine. Turkey Salad Cold Plate und Bier, dann zu Fuß ins Mayfair.

1. 11. 1972
Mit der Piccadilly Line nach Hounslow West und von dort mit A 1 non-stop bus zum Airport.

London – Trinidad.

8 ¼ Stunden London – Barbados mit der 6. Symphonie Tschaikowskys, d-moll, der pathetischen, dirigiert von Otto Klemperer. Lektüre: Die Halbkolonien. Länder, die zwar politisch unabhängig geworden sind, in denen aber das ausländische Kapital maßgebend ist. Wir fliegen in eine solche Halbkolonie, um darüber zu schreiben. Das rechte äußere Triebwerk der B 707 wackelt, als hinge es nur noch an einigen Fäden. Wieviel Prozent der Menschen sind im Öl beschäftigt? Dann Gounods *Faust* mit Nicolai Gedda.

Do you carry a knife? Ich ärgerte mich, weil ich spürte, daß ich mich geschmeichelt fühlte, weil die Beamtin mich fragte, ob ich ein Messer trage.

Port of Spain, Hauptstadt von Trinidad und Tobago. Queen's Park Hotel.

Der liebe Boy, Brille usw., der uns aufs Zimmer bringt, erklärt uns, private hired taxi zum Maracas Beach 30 Trinidad Dollars, der wartet dann, bis wir gebadet haben. Der portugiesische Weißwein ist so trocken-schön, wie noch keiner war. Ein Ober winkt uns gleich weg von einem Patio, wo gerade zehn Amerikaner einen Tisch belegen. Wir werden nach nebenan ins Populärere verwiesen, da hat's zwar auch Amerikaner, aber eben populärere. In meiner Eigenschaft als Tourismus-Kundschafter kann ich berichten, die Arawaks, der Indianerstamm, der ehedem diese Inseln bewohnte, ist völlig ausgerottet. Aber die Fluglinie, die die Inseln Trinidad und Tobago befliegt, heißt Arawak Airlines. Da ich abergläubisch bin, wird von Trinidad nach Tobago das Schiff benützt. Der Boy meinte, das würde einen Tag dauern. Ein Rat: You must bargain with them. They say 10, you say 9, they will go down with you. Eine Wegweisung, wieder durch eine Schwarze: You swing to the right, go down the street till to the bottom of the Independence Square, there it is, it's a lovely building.

Im Radio viel indische Musik, mohammedanisches Abendgebet vom Muezzin.

Die Kokusnußverkäufer mit Roß und Wagen geben das Wechselgeld sorgfältigst zurück, manche Taxifahrer schnappen nach dem Geld wie Krokodile. Der uns zur Whitehall führte, der PR-Mann der Regierung, war ein ebenso nervöser wie freundlicher Mann, das gibt es bei Schwarzen oft. Yeah, you'll beat the shower, so begrüßte er uns. Daran hatten wir nicht gedacht, aber dann prasselte der tägliche Wolkenbruch auch gleich herab. Jetzt geht es schon auf Weihnachten zu, überall, dann sofort auf Carneval. Wenn wir erst einmal Carneval in Trinidad erlebt hätten, würden wir ihn nie mehr irgendwo anders verbringen wollen. Everybody wants you! Das war der Inbegriff. Als ich dann den Taxifahrer frage: Wieviel?, lehnte er sich ganz weit zurück, preßte die Handballen in die Augenhöhlen, fuhr dann mit den flachen Händen abwärts über das ganze Gesicht, so wie Kainz als Hamlet, aber das Ganze verzögert seine Antwort nur um eine halbe Sekunde, aber diese halbe Sekunde und Geste machen den Preis, den er jetzt hell herausschmettert, nicht zu einem wirtschaftlichen Ergebnis, sondern zu einer Gefühlssache. Er sagt: 5 Dollar. Aber durch seine Darstellung heißt das: Scheißgeld! 5 Dollar sind zwar zu wenig, aber bitte, ich bleibe bei 5 Dollar. Stundenlang durch die Stadt, kein Weißer, der zu Fuß geht, andauernd wird man von Taxifahrern angehupt. An den Kassen überall Chinesen. Immer um 90 Grad Fahrenheit. Wir besichtigen Moon Dust, presented to the people of Trinidad and Tobago by Richard Nixon, President of the United States of America, und eine Trinidad-Flagge: This flag of your nation was carried to the Moon and back by Apollo 11 and this fragment of the Moon's surface was brought to Earth by the crew of that first lunar landing. Zu sehen: Kleiner als ein Tischtennisball, durchsichtig, darin vier schwarze Bröcklein. Auch noch: Silver Teapot, used formerly at Government House, and the Independence Urn, geschenkt von der Regierung von Jamaica, und eine große Silberplatte von den free inhabitants of African descent of the Island of T. a. T. und die Independence Declaration autographed by Queen Elizabeth II. Dazu das Wappen mit der Inschrift: Together we aspire, together we achieve. Und ein deutsches Maschinengewehr, Typ Maxim, erbeutet von den Engländern 1914–18. Bei der Teacher's Union, established am 29. 11. 1919. Our professional security lies in unity. Im Radio unaufhörlich die amerikanische Reklame mit ihrer Intonation der Zudringlichkeit. Der St. Clair Country Club for the big shots. Der Golf Course St. Andrew on the hill bietet 18 holes. Reklame fürs Maraval Valley: Nobody has any objection, everybody is friendly. Every literate responsible type voted for the Government. The illiterate type voted against. Communist influence. Der Royal Crown Club, Gelände hinter Mauern. Der Auftrag, etwas Paradiesisches zu suchen. Die Dissertation des Premierministers hieß Variations of a Stranglehood. Port of Spain, das ist die Hölle, sagt ein Kenner und setzt dazu: Ein bißchen Hölle. Dann also ab ins Paradies, mit Arawak auf die Naturinsel Tobago. Herbst und Frühling sind hier auch als Wörter unbekannt.

Air Terminal Tobago: Eine Faust mit Power to the Blacks. Auf Tobago ins Crown Reef Hotel. In der Terrassenbar an einem Tisch drei Schwarze. Drei Neger, sagte meine Frau erleichtert.

Der junge Ober: 50 ct die Stunde, in der Hochsaison 1 Dollar. Findet er gut. Tagsüber geht er in die Secondary School in Scarborough. Der schwarze Taxifahrer Kennedy nimmt kein Geld, er hat uns im Auftrag des Hotels eingefangen: Sie könnten mir höchstens ein Trinkgeld geben. Im Speisesaal, das ist peinlich, lauter Weiße. Der Kaffee auch hier Powder, importiert aus den USA, obwohl er hier wächst. Butter aus New Zealand. Ich beobachte mehrere Amerikaner, sie sind zu weit weg, ich kann nur an den Gesten ablesen, was einer den anderen sagt, etwa das könnte er sagen: Wenn der kommt, dann kommt er dort herein, er hat keine andere Möglichkeit, dann müßt ihr aber hier stehen, du hier und du da, die beiden machen Einwände, er weiter: Glaub mir, wenn ihr nicht hier steht, du hier und du da, dann seid ihr erledigt, der ist einfach schneller als ihr. In Wirklichkeit sagte er vielleicht: Ihr könnt die Schwarzen nicht im Frühstücksraum herumstehen lassen wie Ölgötzen, wenn sie nichts zu tun haben, ihr müßt das besser organisieren, der den Kaffee, der die juices, der die scrambled eggs und zwei in Reserve, die stehen hinter dem Buffet, und zwar ohne zu lachen und Witze zu machen, you get me. Der Chef dieser Gesellschaft ist leicht erkennbar. Die auf die Stirn geschobene Sonnenbrille, seine Frau mit goldenem Gürtel und flankiert von zweien seiner Direktoren. Er sieht einfach so aus wie der Darsteller der Hauptrolle. Ein oberer Ober stand, eine Hand an der Stuhllehne, und wartete, bis der Boss sich von ihm den Stuhl unter den Arsch schieben läßt. Der Boss ist eine Mischung zwischen Bob Hope und Charles Laughton. Als er Platz genommen hat, intoniert die Neger-Combo den Macki-Messer-Song. Diese drei Neger waren die einzigen, die auf eine lächerliche Weise europäisch musizierten. Der Flasche nach ließ sich der Boss deutschen Weißwein servieren. Aber als Suppe kriegte er den gleichen Mehlpapp namens Chicken Noodle Soup wie wir. Aber da das ohnehin Minnesota style war, wo die ja herkamen, merkte er nichts Ungutes. Kennedy brachte uns aufs Zimmer Pawpaws, Bananen und Orangen, eine riesige Tüte voll, als Geschenk. Hier, auf der Caribbean Sea-Seite, kann man jenseits der Brandung wunderbar schwimmen, auf der Atlantikseite siehst du keinen jenseits der Brandung. Am Samstagnachmittag Besuch im youth camp. Hühner, Schweine, Setzlinge, Schweißgerät, Lernprogramme jeder Art, Selbstversorgung, was sollte ich fragen, ich lustloser Journalist. Essen im Robinson Crusoe. Möbliert wie aus verschiedenen Schiffbrüchen, von denen einer besonders glimpflich verlaufen sein mußte, er hatte eine Menge Porzellanteller geliefert, die jetzt die Wände zierten. Die Küche, wie in den Hütten der Einheimischen, auf einer Veranda auf der Rückseite des Hauses. Die Kunst, ein Gebäude für den Durchzug zu bauen, für die Zugluft, hier perfekt.

Der Awarakpilot, der uns nach Port of Spain zurückfliegt, schaut aus dem herabgedrehten Fenster zu, wie wir in seine vor Alter farblose Maschine hochklettern, Hemingway, er ist es. Immer wieder erstaunlich, wo Menschen nach ihrem sogenannten Tod dann unterkommen. Drüben in der Hauptstadt rast ein Festival. Das Steelband-Wunder. Der Classical Calypso. Je rasender, desto ruhiger. Ein junger Inder verlangt und kriegt 25 cent für einen Apfel, eher strohig, zwei Straßen weiter eine alte Negerin, bietet ihren halben Obstladen für 50 cent. Dann, vom Heimflug hastig gemacht, die Suche nach Haarringen und Spangen. Und: Ob man zwei solche einfachen Baumwollhemden im Wert von 6 $ noch umtauschen könne. Sobald man in der offenen Halle auftauchte, rührten sich drüben auf der anderen Straßenseite die Taxichauffeure, es gab da keine Reihenfolge, sondern eine wüste Fang-Dräng-Wirtschaft, der Hotel-Portier pfiff einen herüber, als der Wagen schon herkurvte, sagte meine Frau, sie habe jetzt die zwei Hemden vergessen droben im Zimmer, mir fiel sofort ein, was für eine Spannung entstehe, wenn in der engen Vorfahrt ein Taxi stand und ein zweites Auto auch vorfahren wollte. Keinesfalls konnten wir die Vorfahrt blockieren, bis wir die Hemden geholt hätten, und das herangekurvte Taxi zurückschicken, schien mir auch unmöglich zu sein. Also ich rasch: Egal, laß die Hemden zu groß sein. Ab ging die Fahrt.

In die Frederickstraße und durch die Charlottenstraße, und bald hatten wir vier oder fünf Papiertüten in der Hand mit Schallplatten, Broschüren, Büchern über Kolonialismus und Abhängigkeit, Blusen, sehr eng, blauweißkariert, mit auftrumpfenden weißen Ärmelvolants, wir hatten eigentlich schon alles, da sagte sie: Die hätten hier so schöne Ringe, womit sie ihre Haare zusammenhielten, solche wolle sie für unsere Töchter kaufen. Ich trug die Papiertüten, sie wurden mir weich in den Händen, Einkaufstaschen aus Kunststoff gibt es nicht, da kam wie vom Himmel geschickt ein Inder auf uns zu und sagte, wir sollten mit ihm gehen, denn alles, was wir hier herum kauften, könnten wir auch in Europa kaufen. Wo er uns hinführe, da gebe es den echten local buy, und er kriege dafür eine kleine Provision, das sollten wir doch auch verstehen. Ich sagte mürrisch, daß wir schon alles hätten, und indisch hätten wir schon am zweiten Tag unseres Aufenthaltes eingekauft, weil unser indischer Taxidriver uns nicht nur gegen unseren Willen zu einem Hindutempel, sondern vor allem in den gegenüberliegenden indischen Laden geführt habe. Also wir hätten wirklich alles an Indischem. Das sah der sogar ein. Höchstens, sagte ich, jäh erleuchtet, eine wirklich lokale Tasche könnten wir brauchen. Geflochten, sagte er. Ja. Gemacht. Er führte uns ab, Richtung Norden, ich dachte, vielleicht vergißt SIE jetzt die Haarringe. Ein Inder, der an einer Hauswand lehnte, rief uns zu, wir befänden uns bei diesem Sahib in guten Händen. SIE sagte: Das müssen wir nachher alles wieder zurückgehen. Ich: Wieso? Wegen der Haarringe. Ich fragte unseren Führer, er sagte: Noch drei Häuser. Drei Straßen weiter gab er uns den Rat, uns zwischen Trottoir und Autoschlange vorwärtszubewegen wie er. Auf dem Trottoir war kein Durchkommen. Ich sagte: Jetzt reicht's aber. Er sagte: Da vorne, das vierte

Geschäft. Tatsächlich, das war's. Und es gab geflochtene Taschen, und sie waren groß genug für alles, und meine Frau sagte: Es sind die schönsten, die wir bis jetzt gesehen haben. Ich hatte noch gar keine gesehen. Wir kauften, zahlten, dankten. SIE schlug ohne weiteres den Weg zurück ein, ich folgte, sie führte uns ins Kaufhaus, fragte sich durch, aber selbst in der zuständigen Abteilung gab es keine solchen Haarringe, wie sie sie überall, sozusagen auf jedem Kopf gesehen hatte. Ich fragte, ob diese Haarringe so wichtig seien. Ja. Einmal standen wir hinter ein paar schwarzen Mädchen, die in die Schaufenster starrten. Vor mir stand eine, die hatte einen solchen Ring im Haar. Ich dachte: Entweder den ihr entreißen oder sie fragen, wo's die gibt. Aber wir gingen weiter. Kamen an einem Woolworth vorbei. Ich: Probier's doch da. Sie bog sofort ein, und dann an allen Verkaufsständen vorbei, überall die gleichen Sprays, die gleichen Kämme, daß es hier diese schönen Ringe nicht geben konnte, war klar. SIE marschierte weiter von Spray zu Spray und fragte sich vorwärts, und wir standen vor einem Regal, dessen Flächen voll waren von Haarspangen, Haarringen usw. SIE lachte hell auf, ich schüttelte den Kopf, SIE fischte und hatte gleich mehr davon, als sie in zwei Händen halten konnte, es wurde ihr in eine Tüte gefüllt, 11 $ 30. Als wir draußen Richtung Hotel gingen, sagte sie: Jetzt fehlen mir eben zwei Hemden. Immer wieder sprang jetzt ein blasser, dicker Deutscher vom Trottoir und hielt eine 8-mm-Kamera hoch, gerichtet auf eine, wahrscheinlich seine Frau, die ein Kistchen Früchte vom Markt heimtrug. Es war immer wieder ein anderer Deutscher, aber sie sahen einander ähnlich, und mir sahen sie auch ähnlich, obwohl die Mayser-Hüte trugen und ich einen hiesigen, aber ganz unkühnen Strohhut. Gefilmt hatte ich zwar nicht, aber genauso photographiert hatte ich. Ich hatte keine 8-mm-Kamera wie mein multipler Bruder, sondern die Rollei B 35 von Vetter Hugo. Und ihr fehlten zwei Hemden. Und wir kamen nicht mehr vorwärts. Und so grell hatte die

Sonne noch nie geschienen. Dann glücklich der Regen. Naß durch und durch, und jeder Tropfen eine Abbitte und eine Schmeichelei und eine tolle Sache. Und nachher fliegt ihr noch ein Hemd, das sie vor dem Fenster zum Trocknen aufgehängt hatte, hinunter auf das Patiodach. Ich sagte: Jetzt fehlen drei Hemden.

SIE sagte, sie werde die provozierende TT-Schrift auf der Basttasche ehestens entfernen. Aha, dachte ich.

Rückflug über Barbados nach London. Wir flogen dem gerade aufgehenden Morgenstern entgegen. Zuerst ein erblassender, dann ein langsam errötender Horizontstrich. Es ist der 19. 11. 72. Was habe ich wirklich geknipst, und was kommt wie oft vor? Es kommen nicht vor die schrecklichen Anblicke, die Bettler nicht, das untergehende La Brea nicht, Shanty Town nicht, die Armen nicht. Ich habe nur den Mut gehabt, die Kamera auf das Schöne zu richten oder auf das Freundliche. Als wir in London ausstiegen, waren wir ein Haufen widerlich geröteter Blonder. Roh, diese verbrannten Gesichter. SIE nicht, SIE, kein bißchen blond, war kaffeebraun, SIE hatte Glück. You have been taken care of. Zwei Tage London, hauptsächlich im superweißen Kensington, das sich mit dem Rücken an den Hyde Park anlehnt und vorne sich selber betrachtet in all seinen Terraces, Gardens and Mews. Diese vielen weißen Fronten mit Säulen und Simsen, die uns von Schritt auf Schritt sagen: Wie fleißig waren doch die Sklaven und Kulis in T. und T.

22. 11. 1972
London – Zürich.

27. 11. 1972
Über Stuttgart – Hannover nach Wolfsburg.

Der Kapitän entschuldigt sich für die Verspätung, der Luftraum im Norden ist überbelegt. Von der Bahn aus: Nach dem

Sturm sieht es kilometerlang aus, als hätten die Bäume Krieg geführt, Kiefernwipfel liegen weit draußen im freien Feld, Entwurzelte in allen Stellungen.

November

Zwischen zwei Weiden brennt ein Feuer, von beiden Weiden gleich weit entfernt.

Der Nebel scheint darauf zu warten, daß ich das Feuer erlöschen lasse.

4. 12. 1972

Uwe Johnson.

5. 12. 1972, Weinfelden, Thurgauer Hof.

6. und 7. 12. 1972, Zürich-Küsnacht, Hotel Sonne.

Bei Max Frisch.

Eine Pythontasche, bitte.

Das wird gar nicht mehr gefragt, darum haben wir keine da.

Und warum?

Zu empfindlich, die Leute. Schildkröte haben wir da.

«Mit Blicken, die ins Leere laufen»

«Gefühle, die kein Ziel finden und sich deshalb in besonders schwindlige Höhen drehen. Links auf dem Bild barock wogendes Fleisch, rechts die fast körperlose, in Kostüme eingeschlossene Elegie, Hanna Schygulla und Margit Carstensen, mit Blicken, die ins Leere laufen.»

Reinhard Baumgart über Fassbinders Film *Die bitteren Tränen der Petra von Kant*, SZ vom 12. 12. 72.

12. 12. 1972

GG wirbt für Espede, wie andere für Mercedes werben. Egal, welches Baujahr, egal, ob 200 D oder 600, er differenziert nicht zwischen Erler und Schmidt, er spricht eigentlich gar nicht über die SPD, sondern über sich als SPD-Fahrer, ja er fährt SPD, wie andere Mercedes fahren. Und er fährt gut dabei.

Ist es mein Stolz, mit denen nicht mehr auszukommen? Ein schlechter Stolz. Eine miese Entwicklung.

15. 12. 1972, Stuttgart.

Stuttgarter Nachrichten. Mit Alfred Kirchner, Peter Doll, Hans Fröhlich und Ivan Nagel: Über die Zukunft des Schauspiels.

Im Unger-Foyer: Frau Bökle. Sie glaubt, sie werde aus dem Radio angesprochen und aus dem TV angeschaut. Das paßte immer, was die sagten, und wenn sie antwortete, antworteten die auch. Sie glaubt, es werde einer kommen, der sie aus dem Keller der Modeschneiderei herausholen werde. Und der, glaubt sie, werde ich sein. Sie war 16 Jahre verheiratet, seit zwei Jahren geschieden.

19. 12. 1972

Bilanz

1. Es hängt der Dezember vom Himmel
langsam eilt der Tag
abwärts weisen die Zeiger
Stimmung ist gefragt.

2. Um einiges zuviel wird gefragt
noch mehr wird geantwortet, Äpfel
werden nebenbei gegessen, keiner
schaut zum Fenster hinaus.

3. Mir betet durch die Gedärme
der Verderb. Ich habe Grund
erworben und schaue hin und her.
Die Wolken ballen die Fäuste.

4. Ich verjage mich aus der Wärme
ich verberge mich im Licht
ich preise mich an bei den Würmern
ich liebe mich nicht.

5. Vom Ruhen müde
geil vor Verdruß
und auf dem Kopf
deine warme Mütze.

Warm und roh wie ich und du

1973

10. 1. 1973
Gestern Mitteilung vom Finanzamt, daß wir von 1966–69 in Steuerschulden gekommen sind von DM 137361. Damit wären wir wieder am Anfang, bloß nicht mehr so jung.

Ein Buch:
SEHR GEEHRTER HERR
Oder:
MEINE WIRTSCHAFTSGESCHICHTE 1950 bis 70
Oder:
REDEN WIR MAL VOM GELD
(Eine Wirtschaftsgeschichte)

Nachts auf dem Rücken liegend, die Arme, um atmen zu können, über dem Kopf, rangiere ich mit Zahlen. Mir fällt ein, so lag meine Mutter in den Jahren 1935 bis 50. Nachts, auf dem Rücken liegend, die Arme, um atmen zu können, über dem Kopf, rechnete sie.

Mädchenleben
Der Vater sagt: Bitte. Sirte sagt es noch einmal. Er wendet sich ab und sagt zur Frau: Ich verstehe sie nicht, sie spricht einfach zu leise. Die Frau sagt: Was ist, Sirte? Sirte: Die Tür zu meinem Zimmer ist noch offen.

Ihr leeres Schneuzen nachts.

Sie ist eine Art Chaplin: völlig unbrauchbar hier und heute. Aber da sie in Wirklichkeit herumläuft und nicht auf einem Zelluloidstreifen, ist das nicht zum Lachen, sondern oft genug zum Schreien.

Reise zu den Gläubigern. In die III. Welt.

Jeder vereinsamt grollend gegen den anderen und denkt, nur er vereinsame.

Mädchenleben

Schrecken, gezogene Schreie, der Vater mit den Schmerzen als Schmerzensmann, Komiker, Verreckender.

Die Jüngere fragt ungerührt nach Post, egal, was passiert.

Sirtes Mundgeruch, die dick belegte Zunge. Den Hund bekommt die Jüngere. Sirte muß es dulden. Wenn sie sich dem Hund nähert, wird sie weggestoßen. Sie muß ein Versprechen ablegen, der Jüngeren, daß sie den Hund nicht mehr berühren wird. Sie versucht es zu halten.

Die Jüngere arbeitet mit Leistenbruch als Druckmittel. Sobald sie fest schreit, stülpt sich der Bruch heraus. Die Krankheit des Hundes, die Wurmknäuel.

Schluß: Ich hoffe, sie sei tot.

Der Mann vergißt Unterschriften unter Schecks, obwohl er sich sagt: Ist jetzt alles richtig?

Was viele freuen wird. Ich komme gerade von London (oder NY) zurück und hatte dort Gelegenheit, eine neue Erfindung kennenzulernen. Die Antwortmaschine.

18. bis 21. 1. 1973, Hamburg.

Brandts Regierungserklärung und Bericht über die Lage der Nation. Kreditpolitik, das klassische Instrument der Konjunktur-Politik. Weltweite explosionsartige Geldvermehrung. Ausweitung der Liquidität unter Kontrolle. Die Zahlungsbilanz ist ausgeglichen. Reformgerede, hinter dem sich nur Gehaltsforderungen tarnen, taugt wenig. Niemand soll glauben, wir könnten mit

Automatisierung mehr verdienen, wenn wir weniger leisten. Der Schutz des Eigentums, aber auch die Sozialbindung. Beteiligung am Produktivvermögen. Sicherung eines funktionsfähigen Wettbewerbs. Kartellgesetzentwurf: Probleme aus abgestimmten Verhaltensweisen. Neuordnung des Lebensmittel- und Arzneimittelgesetzes.

Bei der Strukturanpassung der heimischen Steinkohle eine angemessene Rolle. Steuerreform: Soziale Gerechtigkeit und Vereinfachung. Lebensqualität ist mehr als Lebensstandard. Die Verursacher von Umweltschäden müssen die Kosten zu ihrer Beseitigung tragen. Bodenwertzuwachssteuer. Der öffentliche Verkehr hat Vorrang vor dem individualen. Die Bedeutung des Schienenverkehrs wird wieder zunehmen. Die betriebswirtschaftliche Lage der Bundesbank ist jedoch schlecht. Die Schere hat sich nicht schließen lassen, sondern immer weiter geöffnet. Schulzeit von insgesamt 12 Jahren. Vielfalt von Meinung und Lehre.

Stätten der Lehre und Forschung dürfen nicht in politische Kampfstätten umfunktioniert werden. Über Erkenntnisse und Wahrheiten kann übrigens nicht mit Mehrheit beschlossen werden. Kulturpolitische Aufgaben aus der Sicht und Verantwortung des Bundeskanzlers: An der Meinungsfreiheit läßt die Bundesregierung nicht rütteln. Das Wettbewerbsrecht, auch Fusionskontrolle bei Presse und Medien: Presserechtsrahmengesetz. Die Literatur ist uns eine kritische Begleiterin geworden, die wir nicht entbehren wollen. Eine deutsche Nationalstiftung als Ziel. In unserer Gesellschaft mehr reale Freiheit. Noch mehr den Menschen zuwenden, die am Rande der Gesellschaft leben: Behinderte und Schwerbeschädigte. 2½ Millionen Gastarbeiter: wie sie beitragen zu unserem Wohlstand. Sorgsam überlegen, wo die Aufnahmefähigkeit unserer Gesellschaft erschöpft ist: Nichts dem Gesetz des augenblicklichen Vorteils überlassen.

Die tägliche Toleranzprobe eine Reifeprüfung des demokratischen Bewußtseins. Mitbestimmung gehört zur Substanz des Demokratisierungsprozesses unserer Gesellschaft in dieser Legislaturperiode. Gleichberechtigung und Gleichgewichtigkeit von Arbeitnehmern und Anteilseignern. Konzertierte Aktion. Pflichten der jungen Menschen gegenüber dem Staat: Wehrpflicht, Ersatzdienstplätze (Zivildienst). Gleichberechtigung der Frauen. Der Staat braucht das lebendige Gespräch mit seinen Bürgern. Die Feinde der Verfassung sind gut beraten, wenn sie mit unserer Wachsamkeit rechnen. Strafvollzug zum ersten Mal auf einer Gesetzesgrundlage. Wirtschaftskriminalität: kein Anspruch auf Nachsicht. Die Neue Mitte. Wir wollen den Staat zum Besitz aller machen. Demokratie braucht Leistung.

Barzel: Kein Wort von der gemeinsamen Erklärung vom 17. 5. 72.

In der Regierungserklärung «von beiden deutschen Staaten», nicht mehr von beiden Staaten in Deutschland.

19. 1. 1973, Hamburg.
VS-Kongreß.

Ich entwerfe das Telegramm an die Initiative Internationale Vietnam-Solidarität, Dortmund:

Die Schriftsteller, die zum 2. Kongreß des VS nach Hamburg gekommen sind, versichern die Teilnehmer an der Vietnam-Demonstration in Dortmund ihrer Solidarität. Da in unserem Land Parlament und Regierung sich noch nicht dazu entschließen können, den Krieg zu verurteilen, den die USA in Vietnam führen, ist es um so wichtiger, daß aktive Demokraten den Abscheu der Bevölkerung der BRD gegen diesen Krieg zum Ausdruck bringen. Wer zu diesem Völkermord schweigt, scheint zuzustimmen. Die in Hamburg versammelten Schriftsteller erklären, daß sie sich durch dieses offizielle Schweigen nicht vertreten fühlen, deshalb bekunden sie ihre Solidarität mit der Dortmunder Kundgebung.

20. 1. 1973
Frühstück bei Rudolf Augstein mit Maria, Ernst Bloch und Carola Bloch.

Bloch: Carola, du klopfst was auf.

Carola: Ja, ein Ei.

Bloch: Ist für mich auch eins da?

Carola gibt ihm das, das sie gerade aufgeklopft hat, und nimmt seins, das neben seinem Teller stand, von ihm ungesehen, da er kaum noch etwas sieht. Dann langt er nach dem Löffel, mühsam findet er die Ei-Öffnung, hält das Löffelchen zuerst verkehrt, dann richtig.

Danach: Wo ist die Pfeife?

Ich gebe sie ihm.

Er: Von Herzen Dank.

Als Carola sagt, Goebbels habe gesagt, wenn er das Wort Kultur höre, greife er nach der Pistole, sagt Bloch: Das hat nicht Goebbels gesagt, sondern einer aus seinem Kreis. Das Wichtigste aber sei, daß er gesagt habe, wenn ich das Wort Kultur HÖRE, der habe das Wort also selber nie gedacht.

Bloch schaut, wenn er mit mir spricht, immer ein wenig an mir vorbei, er ortet mich falsch.

Das wunderbare Altadlergesicht Ernst Blochs. Ich hätte ihm

gern gesagt, wie es war, als ich *Prinzip Hoffnung* gelesen habe, und was ich aus Begeisterung darüber geschrieben habe.

Ich fühle mich wohl unter Gebrechlichen. Ich kann mich nicht sattsehen an Greisen.

Als Brandt gesiegt hatte, kam abends ein Kennedy und sagte: Ich bin gern bei Siegern.

Auf dem Kongreß, Hannes Schwenger: Die Zeitungen der letzten Tage zeigen, daß es doch noch Argumente gegen den Beitritt des VS zur IG Druck und Papier gibt. Sorge um berufliche und politische Bewegungsfreiheit.

Alter Medizin-Spruch: Die Sonne darf nicht untergehen über einem Leistenbruch, Peritoneum.

Etwas stimmt nicht. An seinem 75. Geburtstag ist Brecht ein Klassiker. Der Kommunist Brecht wurde in der letzten Spielzeit mehr gespielt als jeder andere Dramatiker, zum 1. Mal sogar mehr als Shakespeare. Und das in dem Jahr, in dem die SPD jede Zusammenarbeit mit Kommunisten ächtete und die Ministerpräsidenten beschlossen, den öffentlichen Dienst von Kommunisten zu säubern. Die Theater aber, in denen Brecht mehr als jeder andere gespielt wurde, sind ausnahmslos Stadttheater und Staatstheater; öffentlich subventioniert. Ich finde, man sollte alle Regisseure, Schauspieler und alle Stadträte, die Brecht zu diesem Erfolg verhalfen, einmal auf ihre Grundgesetzestreue überprüfen. Verdächtig gemacht hat sich natürlich auch das Publikum, das ins Theater ging, um die Stücke des Kommunisten anzuschauen. Einigermaßen bewährt hat sich nur das Kultusministerium von Baden-Württemberg. Es kam zwar bei der Formulierung der Themen für die Abituraufsätze auch nicht an Brecht vorbei, aber es bot den Schülern wenigstens an, Brecht durch die

Augen Peter Handkes zu sehen, der ja Brecht für einen langweiligen, dummen und verlogenen Autor hält.

22. bis 24. 1. 1973, München.
Mit Günter Herburger und Hermann Kesten nach München geflogen. Vier Mannequins vor uns, die so brutal aussehen, als müßten sie jeden Tag Lebewesen umbringen. Eine löst das Stanniolblatt vom Joghurt-Becher, zeigt die helle Schmiere und leckt sie ab.

Am liebsten sitz ich in den Bahnhofwirtschaften unter denen, die ihr Glas, wenn sie's ausgetrunken haben, wortlos der Bedienung reichen, und die nimmt es wortlos und bringt es gefüllt zurück.

Nächste Woche Konsortialsitzung: Wahrscheinlich eine Bundesanleihe, 8 ½%. Die Bahnanleihe ist sofort so überzeichnet, daß man statt 10000 DM nur 5000 bekam. Je näher der Rückzahlung, desto fester der Kurs.

30. und 31. 1. 1973, Stuttgart.
Fernsehen.

Lebensweise einer älteren, sterilisierten Katze.

wellaweag = anyway.
Beggars must not be choosers.

2. 2. 1973
Spieltheorie und wirtschaftliches Verhalten, J. v. Neumann. Indeterminismus.

Ironie, ein Verhältnis zur Geschichte.

Die demokratische Fiktion: Ausbildung einer öffentlichen Meinung, wem nützt sie.

4. 2. 1973

Adlers, André Ficus, Heinz Saueressig.

11. 2. 1973

Im Haus schwimmt ein Klavierkonzert,
draußen treibt der leichte Schnee,
das muß ich, bevor's vorbei ist, aufschreiben
und sagen, daß es Sonntag sei.
In meiner Brust blüht eine Bisping Rose,
ich bin am liebsten fern von mir
und esse eine Herbstzeitslose,
serviert auf dem Klavier.

12. 2. 1973

Jeder Politiker hat im TV seinen Leib-Interviewer zur Produktion der Tautologie.

Eine jugoslawische Gastarbeiterin, 22, macht Selbstmord, als sie heimgeschickt werden sollte. Ein Schuh noch in der Zelle, auch der Haken, an dem sie sich nach 30 Tagen erhängte.

Gallistl II

Für die Reduktionsstufe keine besondere Konkretion suchen. Ich bin in eine Landschaft gekommen, die andauernd auf sich aufmerksam macht. Die Hegelsche Allgemeinheit, die jeder Leser mit sich selber ausfüllen kann, diese Leerform des Denkens bzw. die Aufzeichnung der reinen Bewegung.

Hans Malein

Hauptsache, daß ich mit dem Staat jetzt fertig bin, das kommt ja alles ans Heimatsozialamt, was man irgendwo kriegt, was man vom Bundessozialamt kriegt, nicht. Von dem Quizmeister, bei dem ich den Kinderwagen gewonnen habe, welche Fußballmannschaft und welcher Boxer ist mit dem Flugzeug abgestürzt? Turin und der Marschall Scherdan, ich sprech's vielleicht falsch aus, gut, sagt der, und welcher schwarze Sänger ist mit dem Flugzeug abgestürzt, Kenneth Spencer, gut, und welches ist die schönste Eislaufbahn der Welt, Alma Ata, sehr gut, und welches die schönste und schwierigste Sprungschanze, der Holmenkollenbacken, sehr gut, und den Kinderwagen habe ich dann gestiftet einer Familie, die haben 9 Kinder, und der Mann ist Postbote gewesen, ein Hund hat ihn gebissen, man hat ihm den Fuß abnehmen müssen, wegen Vergiftung, jetzt ist er in Wildbad, die Frau geht zum Arbeiten, halbtags, Hauptsache, daß ich mit dem Staat fertig bin. Berg und Tal kommen nicht zusammen, aber d'Leut, hat die Frau Doktor gesagt, wo sie gehalten hat am heiligen Abend, ich bin da zu Fuß nach Göppingen, und sie kommt mit dem Auto vorbei und haltet, und sie hat mir doch die Infusionen gegeben im Krankenhaus in Ludwigsburg, wo man mich hingebracht hat, nachdem ich 7 Stunden im Freien gelegen bin, mit dem Beckenbruch, wo mich das Auto angefahren hat, und jetzt ist die bei den Baptisten und fahrt grad zur Weihnachtsfeier für Alleinstehende und nimmt mich mit. Der neue Landesbischof Glass ist ja prima, der hockt zu den Seeleuten hinein, ganz überraschend kommt der nach Pfingstwaid in d'Anstalt, der Thilo Koch hat ja d'Uhr g'stiftet in der neuen Kirch in Hausen ob Verena, aber er kommt selten hin, weil er andauernd unterwegs ist. Da, machen Sie das auch (zieht die Rätselzeitung «Denk mit» heraus), das ist mein Luxus, da, eine Seite hab ich schon rausgerissen, Sex, die Sexwelle flaut ab, aber nicht einmal die Rätselzeitung wird von der Sexwelle verschont. Also wenn ich die Lohnsteuerrückzahlung abholen kann, dann bin ich bis zum Ersten kultiviert, dann annoncier ich und heirate, zieh mich zurück. Da gibt es Rätsel, schauen Sie, für Partner, da ich, da der Partner, wer zuerst fertig ist, und da ein Schloß, von dem Rebroff, wollen Sie ein Schloß? Im Hessischen können Sie jetzt billig Schlösser kaufen. In Ebingen, da hab ich zum Bürgermeister gesagt, mit Kiesinger, vor der Wahl reden, gell, und nachher vom Winde verweht. Da hab ich mich gemeldet als Krankenpfleger und da (legt Dokumente hin, schiebt jedesmal die Teetasse zur Seite und breitet die Brieftasche aus), das kriegt man als Antwort, wenn man sich auf die Annonce hin bewirbt, auf Grund der zahlreichen Bewerbungen ist die Stelle schon vergeben, und acht Tage später ist die Annonce wieder in der Zeitung, so was muß man erleben, am meisten haben mir Armbrusters und Müllers geholfen, immer mit den Kindern zum Eisessen, Vorlesen, Kinderfunk, die Dreijährige hat ein Telephon bekommen, ruft immer an, Hans kommen, Eisessen, soll ich ja nicht mehr, vor allem keine Schokolade, wenig Süßes, obwohl ich bin auf Süßes eingestellt, aber wegen der Verdauung und kein Paprika mehr, kein Sauerkraut, kein Alkohol, wegen dem Blut, wegen dem. (Zeigt auf Bart und Haare.) Das ist keine Bartflechte, das kommt vom Blut, mein Bruder, der wär heut 43, ist an Anämie gestorben, das liegt in der Familie, zehn Meter, an Allerheiligen bin ich zehn Meter an meiner Stiefmutter vorbeigegangen, die wohnt ja jetzt genau gegenüber von dem Pfarrer, wo mich konfirmiert hat, sie hat die Blumen, die ich auf meines Vaters Grab gelegt habe, weggenommen, da HAT sie aber eins auf den Deckel bekommen, nicht von mir, sondern vom Bürgermeister, ich hab ja nichts gekriegt vom Haus, das haben sie verkauft an den Fuhrunternehmer, 130000 Mark und ich keinen Pfennig, ich klage nicht, jetzt wohnen 19 Türken drin oder Jugoslawen, die Schwester, die in Pfullendorf ist als Krankenschwester, die hat 1500 gekriegt, auf jeden Fall hab ich jetzt alle Strafen heraus aus den Papieren, alle vier, das ist das Wichtigste, jetzt hab ich grünes Licht, das hat mich 500 Mark kost, und 500 zahlt Britta Wolf, der Engel der Gefangenen, Sie wissen schon, die Schwedin, wo gleich nach 45 so viel Gutes getan hat, bei der hab ich doch, wo sie die Handwerker g'habt hat am Staffelsee, hab ich den Keller g'räumt, da hab ich auch den Flieger kenneng'lernt, seine Majestät Graf ... wie heißt jetzt der, der die Flüge g'macht hat nach Biaffra, Sie kennen ihn doch, das ist ein Mann, früher hat man g'lacht über die Neger, wegen der Musik und wie sie tanzen, wissen Sie noch, der Film, Carl Peters in Ostafrika, wissen Sie noch, wie ich heute nacht in Friedrichshafen an den Lokalen vorbei bin, hab ich denkt, heute machen wir's genauso, und früher hat man g'lacht darüber. Zur Frau: Am Ärmel da, das ist eine Kleinigkeit, den muß man einfach einmal reinigen lassen, aber sonst komme ich doch gut daher? Ich bin an viel selber schuld, die Verhältnisse warn auch schuld, aber man kann nicht immer alles auf die Verhältnisse schieben, ich hab auch Fehler g'macht, die muß ich büßen, das ist klar, wo kämen wir hin, wenn einem alles durchgelassen würde, ich hab schwere Fehler g'macht, aber jetzt hab ich die Vorstrafen raus aus den Papieren, jetzt hab ich Grünlicht, ich hab schon was am Laufen, Pförtnerstelle, für nachts, Hund wird gestellt, das ist gut für mich, ich kann ja mit Tiere umgehen, die Kinder von Armbrusters, die 6jährige hat g'sagt: Hans, komm, Eis essen.

Im Kopf ist immer schon etwas. Und etwas kommt dazu. Dadurch entsteht etwas Drittes: die Reaktion, die Verbindung, die gegenüber dem Ersten und Zweiten etwas Neues ist, seinerseits, ihrerseits fähig, dem Vierten entgegenzusehen.

Das Stück.

Die Folge der Sensualismen, Körpersituationen, deren Folge, dialektische Folge, anzeigt: Eine Situation belehrt über die vorhergehende und will dadurch weiter.

23. 2. 1973
Uwe Johnson.

Hölderlin, *Hyperion*, S. 346, wie Robert Walser und Franz Kafka, wie ein Fisch auf der Sandbank, ein noch knapp atmender Fisch. Objektive Physiognomik. Bei allen dreien auf das Schreiben bezogen. Ein auf die Sandbank geworfener, knapp noch atmender Fisch. So zuverlässig ist Sprache, erlittene.

2. 3. 1973
Walter Kappacher mit Verleger Winter, Salzburg.

3. 3. 1973
Prof. Schneider-Manzell.

19. 3. 1973, Stuttgart.
Im Widmer.

Kienzle, Nägele, beide SDR, Schiele, Stuttgarter Nachrichten, u. a.

Schiele, immer schon eine Glatze, aber jetzt erst das Gesicht dazu: bedauerlich verkniffen, den Kopf immer in einer bösartigen Angriffshaltung, die Brille kältestes Gold. Er ist in die Politik gegangen. Beginnt so: Ich verfolge Sie ja nur sporadisch, aber es kommt mir vor, als wären Sie enger geworden, nicht mehr der Walser von 1965, sondern mager, irgendwie geschrumpft. Ich hab da was gelesen, daß Sie Ihr Ufer am See jedem zur Verfügung stellen wollen, der kommt, und auch Ihre Frau, also ich könnt's nicht mehr genau sagen, aber so ähnlich. Ich bin im Gegensatz zu Ihnen noch Demokrat.

Ich: Wieso bin ich keiner?

Er: Sie haben doch vorher gesagt, Sie wollten die Demokratie abschaffen.

Ich: Ich habe gesagt, Intellektuelle seien dazu da, die herrschenden Rechtfertigungen anzugreifen, und dazu gehöre, die Behauptung zu bestreiten, daß wir schon eine Demokratie seien.

Er: Ach so. Ich entschuldige mich. Ich kann nicht sagen, was ich denke, ich mach ja bloß so ein Blättle, bin angestellt, und da sitzt einer in dem Haus am See, kann sagen, was er will, ist linksradikal, das muß der einmal bezahlen, denk ich, wenn ich daran denke.

Ich dachte immer an seine Frau, Rosmarie Bunte, schön konkaves Gesicht, ruhige, ruhende blaugrüne Augen, ein erhabener Mund: seine wunderbare Frau.

Kienzle nimmt übel, daß ich ein Sympathietelegramm an das DKP-Präsidium geschickt habe. Ich frage: Wie, wann? Wir bringen nicht heraus, was er gemeint haben könnte, da ich nie ein solches Telegramm geschickt habe.

Kienzle: Alle Achtung vor Grass, der hat Ernst gemacht.

Schluß eines Films in einem verschneiten Freilichtkino bei Stuttgart. Wie die Deckenlichter der Tunneldecke durch die Autos gleiten. Stuttgart, Villa Berg. Ich verberge mehr, als ich sage.

Mädchenleben

Die eine verbraucht viele Strümpfe, die andere überhaupt keine. Ein Kind, das Werbekommandos befolgt.

Gallistls Verbrechen: Wie der Mann, der immer andere anfeuert, in seinen Räumen lebt. Der größte Widerspruch, aber keine Beeinträchtigung der Glaubwürdigkeit. Und trotzdem ein Verbrechen?

Alissa soll für P. in der Tenne anrufen, wo deren früherer Freund sitzt und trinkt und raucht (er ist 14), und sie soll ihm sagen, daß P. ihn wieder mag. Sie hatte inzwischen einen anderen.

diskret: verschieden
kontingent: zufällig

Die Wintersonne brennt und ist kein Freund,
das wissen wir. Mehrere Freiheiten, so viele
Welten, wir wohnen getrennt, genießen
und klagen die Wintersonne an der Kälte.

20. 3. 1973, München.

Du, schau mir nicht so in die Augen. Es tut mir nämlich weh, wie du mich ansiehst. Wenn du mich ansiehst, merk ich: Ich will nicht angeschaut werden. Unangeschaut will ich vergehen.

Elvis Presley schwitzt, eine aus der ersten Reihe kommt mit Schweißtuch, reicht es herauf, er wischt sich und küßt sie dafür. Der Prinz und Christus, gekreuzte Scheinwerferbahnen, der weggesetzte Fuß und die Gitarre wie MG aus der Hüfte, die Ringe an der Hand, der spanische Kragen, wieder ein Tuch von unten, jetzt wischt er sich die Brust, Menschengebirge aufsteigend, zum jeweiligen Zitterschluß das Mikro ganz weit weg am ausgestreckten Arm, große Werfbewegung, Watching my dreams, sein weißgekleideter Chor, Farbige, Welcome to my world, I'll be waiting there, I'll remember you, I return to stay.

Zuerst hat die CSU/CDU die SPD nach rechts gezogen, bis die SPD, so rechts geworden, die Macht übernehmen konnte. Jetzt zieht die SPD die CSU/CDU nach links, bis sie so weit an der Realität ist, daß sie die Leute wieder erreichen und dadurch an die Macht kommen kann. Oder sie trampeln alle andauernd in der Mitte herum und die sogenannte Persönlichkeit entscheidet, wie das Volk wählt.

Wenn die kleine Italienierin Nuntia da war, ist das Klo immer verstopft.

Der große rote Bagger haut die Klaue in den Boden.

24. 3. 1973
Der abgehackte Schwanenfuß in der Plastiktüte voller weißer Schwanenfedern.

Mädchenleben
Sie will kein so großes Buch mitbringen zur Geburtstagsfeier nach Beuren, weil sie Angst hat, andere könnten kleinere Geschenke bringen als sie.

Wenn sie schlechte Noten meldete, zog er sie an sich, drückte sie fest an sich und küßte sie immer wieder. Und wenn er sie losließ, sah sie in seinen Augen Tränen. Das erschütterte sie viel mehr, quälte sie mehr, als wenn er sie geschimpft hätte.

Ohne Mut, ohne Luft, mit leeren Händen, der Schiffbrüchige, geh ich den Strand hinauf und höre das Geräusch essender Menschen und halte an und gehe zurück zum Meer, das ich nicht mehr finde. Ich bleibe stehen, der Kopf sinkt zurück, ich schaue in den weiten Himmel hinauf.

Sehr neu und glänzend liegt das Exemplar vor mir, man sieht auf den ersten Blick: Dieses Buch weiß nicht, was über es geschrieben werden wird. Dieses Buch ist unschuldig.

3. 4. 1973

Ich bin froh, daß ich kein führender Kritiker bin. Wie Reinhard Baumgart zum Beispiel, der sich gleich zu Wort melden muß, noch bevor das Buch trocken ist.

Durchatmen. Nicht durchatmen. Ich hätte mich entzogen, wenn ich mich entziehen dürfte. Bis 1985 habe ich Dienst. Vielleicht – 86. Schlimmstenfalls – 87.

Alles hängt auf eine Weise zusammen, die schon ehern wirkt. Sie ist aber papieren. Allerdings aus jenem besonderen Papier, aus dem man Geld macht.

4. 4. 1973

Mein Leben kann offenbar nicht gutgehen. Da liegt es nahe zu sagen, kein Leben könne gutgehen.

Für Nürnberg. *Sauspiel.*

Die Blinden in der Badestube, das Mädchen stellt das Bein, um die Blindheit zu prüfen.
Die Ballade vom Blindwerden.
Die Ballade von der Potenz.
Das Ganze als Veranstaltung.

Die Volkslieder als Grundlage.
Eine Volkslieder-Veranstaltung als Grundlage.
Schöne Lieder singen. Von früher.
Komme du zu mir herüber.
Komm doch her.
Und bleib bei mir je länger je lieber.
Das Scheiden ist so schwer.
Kann es denen besser gehen,
besser als uns schon.
Das wollen wir genauer sehen.

Und der Hund hat eine Zecke, dem muß Käthe eine Zecke rausmachen.

Soll der andere recht haben. Dann muß ich einverstanden sein, daß mir der Kopf niedergeschlagen wird. Das soll schon so sein. Ob der nun Reinhard Baumgart heißt, ist nicht so wichtig. Und doch ist gerade das das Wichtigste. Heute. Die ungeheure Grobheit. Die unwillkürliche. Auftretend als Unempfindlichkeit gegen so ziemlich alles, was ich vortrage. Daß ich das genauso werde vergessen müssen wie eh und je! Und daß ich's vergessen kann! Man wird ja dem, der einem den Bruder getötet hat, auch wieder die Hand geben. Es gibt ja Gründe, meinen Bruder zu töten. Mich zu töten. Auch Gründe, mich vorher noch so zu behandeln, wie R B mich behandelt. Also ihr guten Gründe, herzlich willkommen. Ist das eine nachtblaue Nacht. Und nahe schwarze Ufer. Umfangen von nichts. Der wirkliche Trost ist doch, daß nichts ist und nichts bleibt, daß lediglich etwas Zeit vergehen muß. Und die vergeht ja.

Traum: Gesellschaft in Bonn.

Sie landen und starten andauernd. Auf dem Fluß kommen die Schiffe und legen an. Und Treppen, mit Teppichen belegte, und die Kollegen mit Heinemann und Brandt. Und die Frauen in den Kleidern. Sie sprechen englisch und portugiesisch und lachen, wenn die Männer noch deutsch sprechen. Die Männer braten goldene Würstchen, aber anstatt diese zu essen, zeichnen sie einander aus damit. Sie benutzen dazu die Olympiapodeste. In der Mitte erhöht. G. G., R. B. und S. L. werden von H. Ehmke ausgezeichnet. K. Schiller, W. Brandt und H. Schmidt werden von G. G. ausgezeichnet, in diesem Augenblick spuckt R. B. aus und schreit: Scheiße, aber die durch die Luft spritzende Spucke fängt seine Frau rechtzeitig mit einer geübten Handbewegung ab, daß niemand etwas bemerkt, und das Wort «Scheiße» wird durch die überall aufgehängten sogenannten Akustik-Converter umgewandelt in Schleife. Sofort rennt seine Frau zu ihm hin und bindet ihm seine Schleife neu. Und er sagt noch einmal lauter: Scheiße. Und wieder hört er auch lauter: Schleife. Und seine Frau sagt: Ich mach ja schon, jetzt sei doch nicht so ungeduldig. Jetzt lacht er wie ein 12jähriger. Dann sagt er: Paß mal auf! Er ruft: Schleife. Und hörbar wird Schilfe. Er ruft: Schilfe, und hörbar wird Schlafe. Er ruft: Schlafe, hörbar wird …

6. 4. 1973
Mädchenleben

Sirte wird von einem Dackel eines Malers gebissen. Der Arzt verlangt, den Maler zu finden, weil hier überall Tollwut herrscht. Die Polizei ist ratlos. Im Laden erfährt man von einem Mann mit dem Dackel. Der sagt, sein Dackel sei gegen Tollwut geimpft, weil sie immer ins Ausland fahren. Ihm sei das sehr peinlich, weil sein Vater an einem Hundebiß, wie Euripides, gestorben sei. Der Tierarzt sagt, sie hätten 9 Tage Zeit, den Besitzer zu finden. So lange könne man noch impfen gegen Tollwut. Man impfe aber nicht, wenn es nicht unbedingt nötig sei, weil die Impfung schwierig sei. So müsse man z. B. Cortison dazu impfen, um gegen Schädigungen sicher zu sein. Der entdeckte Dackel ist dann im Juli 70 zum letzten Mal geimpft worden. Man soll jedes Jahr. Aber der Schutz geht 3 Jahre. Also noch einmal davongekommen.

Sie stellt mit dem Klavier Kuhglockeneffekt her, und zwar stundenlang immer dasselbe Bimmelmotiv.

Der Verfasser ist der Deutschlehrer der Kinder.

Hermann macht August ganz klein, ohne es zu wollen: einfach durch Ruhe, Langsamkeit, Unerschütterlichkeit der Geschichte gegenüber, Zuversicht bzw. Erwartungslosigkeit, Leblosigkeit. August kämpft mit Tränen, Fluchen, Temperament. Hermine ist immer mehr auf Augusts Seite. Die traurige Ruhe dieses Mannes kommt ihr wie ein Griff um ihren Hals vor.

Die Bewegung: Hermine zuerst gegen August und am Ende ganz bei August. Sie sind das Ehepaar gegen Hermann.

9. 4. 1973, Frankfurt.

10. und 11. 4. 1973, Köln.

Einer führt alles Elend, alle Kriege und alle Bösartigkeit in der Welt zurück auf den Mangel an weiblicher Lust. Wenn es so viel weibliche Lust wie männliche gäbe, gäbe es überhaupt keinen Mangel in der Welt. Dann fehlte nichts mehr.

Einer sagt: Man kann die Kritiker nicht schlechterdings dumm nennen, sie verreißen ja auch Kollegen.

Tief hinab in die Steppe. Wir reiten. Es hüpft der Horizont. Später wiegt er sich. Wir durchbrechen die fernste Linie. Nur weil es für Augenblicke gelungen ist, nicht nach rückwärts zu schauen. Das heißt aber, daß wir nichts zu sagen wissen, wenn man uns fragt. Aber wir wissen die Richtung. Die fernste Linie. Die wir durchbrechen werden. Und noch bevor wir uns ausgeschnauft haben, reißt der nächste Horizont unsern Blick hin. Weiter. Zu dieser fernsten Linie. Wer glaubt noch daran. Schwindel. Kreislauf. Einsackung. Abfall. Stillstand. Unsere Haut siedet Bläschen. Befall, meine Herren. Weiter. Hier möchte ich nicht gestorben sein. Weiter. Man badet nicht zweimal im selben Schmerz.

27. bis 29. 4. 1973, Stuttgart.
VS-Jahresversammlung.

Die Orangenfreßmaschine in der Sofaecke. Der lautlose Rotweintrinker am Schreibtisch. Wie widerlich einem Betrunkenen einer wird, der nichts trinkt. Nichts trinken kann.

Die 2. *Sturz*-Kritik: K. H. Bohrer, 28. 4. 73, FAZ:

Total negativ, dagegen war R. Baumgart die pure Freundlichkeit. Ich kann mich jetzt also mit K. H. B.'s Sätzen unterhalten, als wären sie auf- und abmarschierende Lebewesen. Unermüdliche. Er sagt mir sogar, was allein mir noch weiterhelfen könne. Und wenn ich das nicht will oder nicht kann, dann wird mir nichts mehr weiterhelfen.

Irgend etwas stimmt da nicht. Wenn es ein Buch wie ein Film von Simmel ist, wie Bohrer sagt, dann müßte ich doch mehr davon verkaufen. Soll ich den Verlag verklagen?

Ich glaubte nicht an den Schiffsuntergang, das war sehr komisch, manchmal, augenblicksweise. Ich erfand immer neue Erklärungen für das hereinflutende Wasser, bis ich allen Boden unter den Füßen verloren hatte und wegen der anstrengenden Schwimmbewegungen nicht mehr sprechen konnte.

Am schlimmsten wird es, wenn das Wetter schön werden will. Ich prüfe, wohin die Wolken ziehen, wende und beeile mich, unter ihnen zu bleiben. O der Himmel, der blaue, schmerzliche, kein linderndes Grau, kein dunkler Verband.

Bis so viel zusammengeronnen ist, vielsinnig, daß ein Fließen entstehen kann. In den USA bleiben oder nach Australien auswandern, oder in welche Gegend? O daß es so schüttet, daß es so zugeht, daß es nicht nachläßt.

Gib mir
wer nicht
laß nur
bis gleich.

31. 4. und 1. 5. 1973, Mainz.

1. 5. 1973
Reisefieber. Zur letzten Reise.

Anruf von O. B. Norden, Schauspieler, Berlin: Er hat im Bundestag angerufen und wollte Herbert Wehner.

Anwort: H. W. ist heute nicht in Deutschland. Dann zur Trauerfeier für E. Hauptmann, dort laut geschrien: Wer sitzt denn da? Da sitzt doch Herr Ihring, und neben ihm sitzt die Schwester von Elisabeth Hauptmann, jetzt fangt doch endlich an. Da kamen sofort vier Leute. War noch'n Glück, daß ich da rauskam. Sagen Sie Herrn Brandt mit d-t, daß der Nobelpreis sehr viel Dynamit enthält.

Das Beispiel dessen, der sagt, daß er nichts sagt, und das auch für nichts hält, aber doch nichts anderes sagen kann, weil man ihm diese Art Aufrichtigkeit beigebracht hat.

Reichenau, Anstalt: Einer hat einem den Kopf abgeschlagen, weil der der Luzifer war, dann sich selber mit einem Rasiermesser kastriert, weil er der Welterlöser ist, und der darf kein Geschlecht haben. Mit Uhu die Schnitte verklebt. Die Ärzte sagen, die Operation hätten auch sie nicht besser machen können. Das Uhu ätzte ein bißchen.

Karfreitag, Name einer Flüssigkeit, die sich durchs Jahr hinzieht und aufgeleckt werden muß jeden Tag.

Feigheit, alter Ton, Genaueres zu verschweigen. Mein Herr, wir sind keine Kameraden.

Franziska färbt ihre Haare kupferrot, weil sie das geerbte «Kackbraun» nicht mehr sehen kann. Angesichts der zierlichen und feingeschnittenen und wunderhäutigen Äthiopierin sagt sie: Da sehen wir doch aus wie unter der Lupe. Alissa liegt immer angezogen im Schatten. Sie betreut z. Zt. Kaulquappen, möchte Frösche gebären daraus.

3. 5. 1973, Stuttgart.
Gespräch mit H. Fröhlich.

13. 5. 1973, Nürnberg.
Für das *Sauspiel.*

Witze: Welches Land ist das neutralste? Die ČSSR, die mischt sich nicht einmal mehr in ihre eigenen Angelegenheiten.

Gesumme

Die Liebespaare, eines auf der Bank auf dem Bahnsteig, sie eindeutig selig in seinen Arm geschmiegt, einmal unterbricht sie ihr Dauerlächeln, sie fragt etwas, was sie schon weiß. Die auf dem Bahnsteigbildschirm durchwandernden Städtenamen. Endlich bleibt Zagreb stehen. Das Mädchen weiß übrigens nicht, daß sie mit ihm auf einer Bank auf dem Bahnsteig des Augsburger Hauptbahnhofs sitzt. Er weiß es. Er hält den Arm um sie, als wäre er dazu verpflichtet. Und er ist ein wartender Reisender, durch Blicke erreichbar, treffbar.

Meine Richtung: Nürnberg, Lichtenfels, Coburg.

14. 5. 1973, Nürnberg.

Sauspiel

Am Ende wird Jörg Graf Brillengläser schleifen mit anderen Sträflingen oder Blinden. Jemand muß es ja tun für die Humanisten, die so viel lesen für den Fortschritt. Willibald Pirkheimer kommt mit einer Kommission: Sie beschließen eine menschliche Erleichterung. Die Blinden wissen nicht, wer da war. Blinde ziehen gern um, Unruhe verschafft ihnen Genuß, die fieberhafte Verfolgung eines vorschwebenden Ziels besiegt eine Zeitlang den Jammer der Finsternis.

17. 5. 1973

Rückfahrt von Nürnberg. Abfahrt: 8 Uhr 37.

Die Kritik von Schultz-Gerstein. Womit das Buch vollkommen erledigt sein muß. Daß Kristlein gar nicht stürze, ist immer der Haupteinwand. Ich stürze aber. Das bewirken die, die behaupten, Kristlein stürze nicht, und auch behaupten, es gebe keinen Unterschied zwischen Kristlein und mir. Der dumme innere Monolog nach der Kritiklektüre, der stumme Widerspruch. Daß sich die Kurve wirklich neigt, will man einfach nicht glauben. Daß ein Leben schiefgeht, will man nicht akzeptieren. Wenn es sich um das eigene handelt. Es sind so viele ausgewandert. Untertauchen, unter einem unschuldigen Namen leben. Daß ich jetzt so lange fahren muß, ist gut. Allerdings kann ich nicht lesen. Pleinfeld. Hier hätte man Anschluß nach Gunzenhausen, Wassertrüdingen, Gleis 4. Aber ich könnte auch hier nicht lesen. Draußen der Maitag, der sonnigste. Das täuscht. Ich wünsche die Diskussion meines Inhalts. Und wenn der diskutiert wird, wünsch ich die Diskussion meiner Sprache, und wenn die diskutiert wird, wünsche ich die Diskussion meines Inhalts. Aber wie viele Leute sind an der Rückwand eines Güterbahnhofs totgeschlagen worden, wie viele am Feldrand erfroren. Wie viele, den offenen Mund im Gras, verhungert. Ich fahre in ein schönes Haus. Ich weiß mir nur nicht zu helfen. Auch finde ich, das Verhältnis zu allem Übrigen sei verzerrt. Ich erpresse mich. Weißenburg, Bayern. So grün wie Pleinfeld. Mein Gott, war das eine Farbe vor zwanzig oder vierzig Jahren. Und jetzt ein böses Drohendes. Ein Ungeheuergrün. Angriffshaft flattern die Blätter an den Zweigen. Die Tulpen werden gleich explodieren. Die mir mitgegebenen Reisenden tun so, als kümmerten sie sich nicht um mich. Das Allgemeine reicht nicht weit. Und nicht lang. Nicht so lang, wie ein Leben heutzutage dauert. Es dauert zu lang. Man muß bleiben. Anstandshalber. Es würde die Kinder belasten, heißt es, wenn die Eltern sich umbrächten. Ich glaube, es würde ihnen später das Sichumbringen leichter machen. Sie könnten sagen: Das liegt in unserer Familie. Es wäre nicht ihre Schuld. Treuchtlingen ist nahe. Ich liege nicht richtig. Ich liege falsch. Die prophetischen Magenschmerzen in der letzten Nacht. In der Gaststätte Heiliggeistspital kam einer und bot im Auftrag der Marke LUX Zigaretten an. Er hatte eine weinrote Jacke an, an der Brusttasche war die LUX-Schrift. Ich sah keinen sagen: O schön, die probier ich gern, nett von Ihnen, vielen Dank. Meistens fuhren die Gäste kopfschüttelnd in ihren Gesprächen fort. Dieser junge Mann brauchte ziemlich viel Kraft, um keinen Tisch auszulassen, glaub ich, da er schon wußte, die am nächsten Tisch werden schnell den Kopf schütteln und weiterreden, als wäre er gar nicht da. Da lag es nahe, den nächsten Tisch auszulassen. Aber sein Auftrag lautete, die Zigarette an jedem Tisch anzubieten. Ich bilde mir gleich ein, ich könnte das nicht, so von Tisch zu Tisch gehen. Ich bilde mir ein, jeder kennte mich und wüßte, daß das nicht zu mir paßt, diese Zigaretten anzubieten. Auch bin ich auf der Flucht und habe keinen Auftrag. Der

Titel ist zuviel. Hätte es geheißen: Die Trennung. Das wär's gewesen. Sturz ist zuviel. Viel zuviel. 100000 Mark zu 9%, das wären 9000 Mark. Ich müßte mich mit 300000 Mark auf die Seite der Ausbeuter schlagen, dann wäre ich mit 27000 Jahreseinkommen von den Kulturfunktionären fast unabhängig. Aber ich habe die 300000 Mark nicht. Nicht eimal der «Stern» hat bezahlt. Nach Kanada. In den hohen Schnee. In die Hitze. In Hitze und Schnee. Fort aus dem bösen Grün dieses Landes. Donauwörth. Selig, das Kabel auf der Holzrolle, das in der Hitze liegt und etwas weicher wird. Selig, der Eisenbahner, der an seiner Pfeife zieht. Selig, die Schüler, die von der Schule kommen und heimfahren zum Mittagessen. Selig, die Lieblosigkeit. Selig, die Schlacht der Fesselballone. Selig, selig, selig, Donauwörth. Es war ein faszinierender Kampf. Siebzehn Fesselballone. Und aus allen Körben feuerte es. Ich konnte keine Schlachtordnung erkennen. Mir kam es vor, als kämpften alle gegen alle. Ein Ausweichen gibt es nicht für einen Fesselballon. Also kam es nur darauf an, möglichst viele möglichst schnell abzuschießen, möglichst alle abzuschießen, bevor man selber abgeschossen wurde. Einer nach dem anderen fauchte, zischte, fiel, zusammenfallend, herunter. Wenn Fesselballone gegen einander kämpfen, ist es nur eine Frage der Zeit, wann der letzte erledigt sein wird. Denn natürlich gelingt es dem vorletzten noch, wenn sein Gas schon entweicht, den letzten, der übrigzubleiben hoffte, zu treffen. Abstürzend verwickeln sie sich in einander. Schreiben lenkt ab. Die Bitte, sich nicht hinreißen zu lassen. Wenn sich nur alles schriftlich tun ließe. Aber das geht weniger als je zuvor. Ich muß hinaus aus meiner Höhle. Die Treiber haben es geschafft. Jäger gibt es wohl nicht mehr. Menschenjäger. Aber Treiber. Unermüdliche, nichts übersehende Treiber. Ich darf nicht noch einmal sagen: das böse Grün. Ich bin ganz einfach verfeindet. Ich habe zu kleine Koffer. Ich müßte größere Koffer haben. Viel größere Koffer. Tatsächlich kann ich gar nicht diskutieren. Daß die gegen das Buch sind, ist entscheidend. Was sie dagegen vorbringen, ist unerheblich. Das Buch wird nicht die Unverschämtheit haben, sich dagegen zu wehren. In meinem Kopf ein Kopfweh, das man nicht spürt, aber weiß. Es gibt offenbar eine Schmerzempfindung, die man nicht den Nerven verdankt. Ein gedachter Schmerz. Ein Denkschmerz. Es schmerzt zu wissen, daß man der ist, der man ist. Und daß man noch lebt. Dagegen gibt es keine Tabletten. In Augsburg umgestiegen, schnell in einen IC, 10 Mark Zuschlag, bis Ulm, aber mein Zugbegleiter verspricht mir in Ulm keinen Anschluß, von 12 Uhr 06 bis 13 Uhr 55 warten in Ulm, sagt er. Na schön, warum nicht in Ulm warten. Bis jetzt haben sich wenige Leser beklagt. Eigentlich nur einer. Das wäre das Schlimmste, wenn die ihr Geld zurückhaben wollten. Die Wiesen sind eher gelb als grün. Rechenschaft. Auch über die Finanzen. In diesem Nobelzug liegen die Reisenden mehr als sie sitzen. Der neben mir hat die Schuhe ausgezogen und streckt die Sockenfüße auf das blaue Sitzpolster vis-à-vis. Die sind sehr entspannt in diesem Wagen. Einer weiter vorne, der diesen Zug nicht nur für sich, sondern auch für seine junge Frau und seine zwei Kinder bezahlen kann und selbst erst 28 ist, liest etwas unter der Überschrift: Die ökonomische Lehre von Karl Marx. Jetzt Volk steh auf und Sturm brich los, die Wäsche flattert im Wind, die Kühe liegen schön, auf einen Blick krieg ich drei Kirchtürme, nur ein Dorf dazu, aber dieses Dorf liegt heilsam auf dem sanften Auf und Ab. Das Grün ist gelb gemildert. Überlaßt doch alles dem Löwenzahn. Ich weiß noch nicht, ob ich krank bin. Hinausgeworfen komm ich mir vor. Sagt mir noch einmal die drei Namen. SZ, FAZ, DIE ZEIT. Drei Herren genügen, aus drei Hirnen kannst du mit Hilfe von drei Zeitungen ein Millionenbewußtsein machen. Fischweiher blicken aus der Wiese zum Himmel hinauf. Aber fünf lodengrüne Männer mit Gummistiefeln nähern sich. Sie tragen allerhand Gerät mit sich. Endlich auch ein fast farbloses Schild. Pelikan Tinte 4001. Darauf kannst du dich verlassen. Jetzt, jetzt, jetzt. Vorbei. Das hat in Hamburg dir ein Trinker getan, vielleicht. Das hat in München dir ein Millionär getan, das ist sicher. Das hast du dir in Frankfurt selber zuzuschreiben. Also zu einem Drittel bist du wirklich die Ursache. Man kann widersprechen. Stumm. Bzw. lautlos. Nur lautlos. Offingen fliegt vorbei. Neu-Offingen sieht älter aus als Offingen. Die Donau füllt ihr Bett. Fünf vor zwölf. Das war schon Günzburg. Die Donau, noch voller. Eines der beiden Kinder stellt sich vor mich hin und sieht mich an und setzt immer wieder zum Lächeln an. Da ich nicht mitmache, zieht es seinen Lächelanfang jedesmal wieder zurück. Ein deutscher Kulturkapitän spuckt mich an. Ich tu, als begreife ich ihn nicht. Ich werde mich Leuten gegenüber nicht mehr verhalten. Diese drei stechenden Hochhäuser arbeiten wahrscheinlich schon für Ulm. O ja. Da sticht auch schon schwarz eng am Zug das Münster hervor, das breithüftige. Also gut. Aber nein, schon um 12 Uhr 14 geht ein Eilzug. Von dem wollte der Zugbegleiter nichts wissen, obwohl doch 8 Minuten eine schöne Anschlußzeit sind. Schräg vis-à-vis hab ich jetzt eine Frau, so alt wie ich, mir ähnlich. Nur ihr Hütchen könnte ich vermeiden. Als sie endlich ihr braunes, immer sorgfältig behandeltes Köfferchen öffnet, sind drin lauter Sonnenbrillen. Ein Sortiment. Sie glaubt offenbar, Mitte Mai gäb es am See noch Geschäfte, die für die Saison noch nicht alle Sonnenbrillen bestellt hätten. O Frau. Dellmensingen mit seiner Überlandleitungskulisse bleibt zurück. Wird das Grün wieder giftiger. Es kommt nicht darauf an, wer von uns zweien häßlicher ist. Wir sind auf den Tag gleich alt. Nur hat sie den Nachteil, daß sie, falls es am See schon wärmer ist oder morgen plötzlich ganz warm wird, dumm dasteht mit ihrem dicken Tweedkostüm. Da ihr Köfferchen voller Sonnenbrillen ist, muß man ohnehin ihre Zahnbürste und das Nachthemd in der Handtasche vermuten. Schussenried. Dr. Mai vom Landeskrankenhaus für Nervenkranke wird am 16. 6. an der geologischen Exkursion des Vereins für die Geschichte des Bodensees teilnehmen. Ich würde auch gern mitfahren, von Kreuzlingen aus. Aber ich werde ziemlich weit weg sein an diesem Tag. Die Eleganz Isaac

Babels ist weit entfernt von hier. Wenn seinem Benja in den von Anfang an ausrasierten Nacken geschossen wird, dann zerreißt dieser Nacken und spritzt das Blut auf eine elegante und etwas komische Weise. Bloß kein Gefühl. Die Sache spricht für sich selbst. Aulendorf. Ich spähe. Aber nach nichts. Junge Eisenbahner mit blassen Gesichtern und schönen schwarzen Bärtchen. Erst 13 Uhr 34 werde ich in Friedrichshafen sein. Ich darf nicht unbeaufsichtigt bleiben. Meine Hand muß eilen. Sie muß meinen Geist auf sich ziehen. Herrn Dr. Mai und mir geht es ganz gut. Wir sind von hier und sind gern hier. Wir kennen die Wasserscheide zwischen Donau und See ganz genau. Da, bei Wattenweiler. Drei dicke Eisenbahner, junge, drängen sich durch. Einer fragt die Brillenvertreterin: Sind Sie zugestiegen. Sie schüttelt nur den Kopf. Diese Frage hat sie sofort erbittert. Mit Recht. Hätte er doch mich gefragt. Daß er sich mich nicht gemerkt hat, na bitte. Aber diese Frau bzw. Dame, denn darauf erhob sie stumm Anspruch, mit diesem steilen senffarbenen Hütchen, über das sich von hinten herauf eine schwarze Feder biegt. Die Feder liegt wie ein müdes Hündchen von hinten nach vorne auf dem Hütchen. Sie hängt vorne ein wenig herein. Drei Pferde, zwei Fohlen, Maifohlen. Nun ganz im Land des Löwenzahns. Sein Helfer Hahnenfuß springt ein, wo's geht. Ich habe viel versäumt. Niederbiegen. O je. Weingarten, zum Glück. Ravensburg. Ein Neger und eine Nonne steigen hier aus. Metaphern machen wie wer ... auf Null zurückschreiben, sagt der, das hätte ich getan. 1500 Seiten in 15 Jahren. Es sind mindestens 1600. Ein kurz sich aufbäumendes Leben. Jemand wird Oberstudienrat. Dann hört alles auf. Was hätte man getan haben sollen? Neue Gebäude anstatt alte Gebäude. Stirbt es sich unter anderen Umständen leichter? Ich glaube, ich müßte einfach feindseliger werden. Das ergäbe Handlungen, und schon wären sie zufrieden. Der eine oder der andere wäre zufrieden. Niemals beide. Solange ich der Fall bin. Ein schmaler Weg, der in einer Wiese verschwindet. Mit Hilfe einer letzten Kurve. Die Lebensversuche werden immer anstrengender. Meckenbeuren. Das Atmen kostspieliger. Andauernd Stützungskäufe. Ich muß mich davon abhalten, die Lage ruhig zu betrachten. Es wird jetzt inhaltlich weitergehen. Hier wird nicht geblieben. Vielleicht muß ein Versuch gemacht werden. Meint der *Ginster*? Er nennt nur Namen von 1920 bis 30. Hat seitdem keiner mehr Angestellte beschrieben? Wir schaukeln durch die flach hinauslaufende Wiese. Schreiben nicht mehr möglich. Bremsung für Friedrichshafen. Die Frau geht vor mir hinaus und sagt: Wiederschau'n.

24. 5. 1973

Draußen rauscht die Sonne
durch die grüne Welt
ich lieg in meinem Kopfe
in einem weißen Zelt.

26. 5. 1973

Als wir vom Essen kamen, war die Mischung aus Dackel und Schäfer sofort ans Gehege gerannt und hatte die ruhig fressende Jane mit einem Biß ins Genick so verletzt, daß sie 10 Minuten später tot war. Der Hund des Besuchers, der das Lieblingstier des Hauses totbeißt.

Die Enge und Armut in den Trümmern. Vom Konkreten will ich nichts mehr. Wer noch etwas benennen möchte, soll's tun. Lieber schweig ich.

Das Überraschendste wäre es, wenn es gelänge, die eigene Person, die Hauptperson, als Nebenperson zu schildern.

25. 5. 1973

Hermann Kinder.

Ein Telephonpartner, der immer ein Bonbon im Mund hat und hörbar lutscht.

30. 5. 1973
Im trüben Wasser heute morgen auf 200 Meter Breite eine Menge voll ausgewachsener, übergroßer Brachsen, dicht am Ufer, stundenlang peitschten sie und rührten sie das Wasser auf. Ich erwachte davon. Theresia: Ein ganzes Fischkonzert. Drunten dann die großen dunkelgrauen Schatten im Trüben, selten, daß einer sich so dreht, daß der Silberleib blitzte.

Das Bürgertum adelt mit Hilfe von Professorentiteln, und meistens klappt das auch.

Ein Lustspiel, wie Karl V. am Probebegräbnis stirbt.

31. 5. 1973
Friedrichshafen ab 14 Uhr 45, Ulm 16 Uhr 19, Mainz 19 Uhr 15. 21. Jahrestagung des Bundes der Theatergemeinde.

1. 6. 1973, Mainz.
Kongreß

Hans-Reinhard Müller im Goldenen Saal: Seit 1952 18 Tagungen über TV und Theater. Grundfrage: Wie TV Theater beeinflußt. Mein Beitrag kann weder erschöpfend noch aufwendig sein. Im Saal nebenan Beifall.

Mainzer Anzeiger: Wehner und Mischnick fahren überraschend nach Ost-Berlin. Wehner war am Mittwoch für die Öffentlichkeit völlig überraschend zu einem Besuch in Ost-Berlin eingetroffen. Mischnick hielt sich seit dem 26. Mai in Dresden bei seiner kranken Mutter auf. Der weithin überraschende, allenfalls von einigen Börsianern erahnte Beschluß des Zentralbankrats, den erst am 4. 5. heraufgesetzten Diskontsatz schon wieder und abermals um ein ganzes Prozent auf nunmehr 7 % zu erhöhen, gleicht einer Notbremsung, deren Ausgang noch ungewiß ist.

In den Münchner Kammerspielen pro Woche acht Urlaubsgesuche, von denen nur zwei genehmigt werden können. Verträge mit bekannten Schauspielern nur noch, wenn drei bis vier Monate TV-Freistellung zugestanden werden. Der Theaterbesuch seit 1957 um 20% zurück.

Professor Holzamer: Nehmen wir das Modewort Feed back, Rückkopplung, sogar Kreislauf, sogar Briefe an die jeweils verantwortliche Instanz, mehr kann der TV-Zuschauer nicht tun, auch vorher gab es schon aggressive Kinder, unausgeschlafene Menschen, man kann eben nicht gleichzeitig Eisenbahn fahren und Motorrad fahren, TV aktiviert, daß der Motorradfahrer vielleicht auch wieder Eisenbahn fährt, ich stehe nicht an zu sagen, daß …

9. 6. 1973

Nur noch in Betäubung, aber noch genügend empfindlich, die einzigen lichten Momente, wenn er Prügel bekommt, ein anderes Bewußtsein gibt es nicht mehr. Wer ihn schlägt, weiß er noch. Er kennt die Unterschiede. Er denkt immer daran, diese Unterschiede aufzuzeichnen, weiterzuerzählen als DAS EINZIG NENNENSWERTE IN DER WELT.

Für Nürnberg. *Sauspiel.*

Dürer und Faust entwerfen die Befestigungen und die Proportionslehre. Unmenschlich bis zur Perfektion. Die neue Folter: die Vollkommenheit. Mitleidloser als die alte. Ein Kranz von Sachs-Schwänken.

Was willst du. Während ich weiterkrieche, um den Garten herum, denn ich habe Angst, durch den Garten durchzukriechen, höre ich Singen. Ich lege meinen Kopf auf die Erde und höre zu. Ich überlebe. Das heißt, obwohl ich, solange ich dem Singen zuhöre, nicht auf der Hut bin, geschieht mir nichts.

Splitternde Hölzer, Stahl bohrt sich durch, es knirscht, dann rieselt es. Ich bleibe unter der Decke. Der Schmerz in meinen Schläfen gleicht einer Klammer.

Tassilo S. Grübel

Er informiert sich in Kriminalromanen über die Fälle, die er inszenieren will. Er hat eine Menge Kriminalromane in einem Zimmer, in das kein Mensch außer ihm Zutritt hat, auch seine Frau nicht. Er fürchtet, dass seine Unternehmungen durchschaut und also auch durchkreuzt werden könnten, wenn jemand die Romane lese, aus denen er sie hat. Das ist völlig unbegründet. Niemand, nicht einmal seine Frau, nicht einmal seine Mutter darf wissen, daß er es ist, der die Fälle zur Welt bringt, die er dann als Detektiv zu lösen versucht. Offenbar glaubt er, man sehe ihm an, woran er arbeite, und erkenne seine mangelnde Originalität. Dabei verändern sich die Fälle doch ziemlich, wenn er sie aus den Büchern in die Wirklichkeit der Bodenseelandschaft übersetzt.

Weihnacht verschaukelt uns.
Karfreitag drückt nieder.
Auf geht's am Ostertag,
Pfingsten erschüttert.

Wir, die in den Regalen verstauben,
die Unberührbaren immer schon,
wir lassen uns den Glauben rauben
an unsere gedachte Mission.
Wir geben unsere Zungen preis,
es salze sie für immer der Staub,
wir schmücken uns mit dürrem Reis
und Duft von braunem Laub.

Mädchenleben

Wie Herr Zürn plötzlich von seinem Schreibtisch aufsteht, in den Garten hinausrennt und auf seine Frau einschlägt. Sie war gerade dabei, Lupinen zu setzen, ihre Lieblingsblumen, und sie setzte sie überall hin. Dieser Ausbruch nach einem Telephonanruf. Das Klingeln hatte ich gehört, und nach einem kurzen Gespräch das Auflegen des Hörers. Dann war es noch einige Zeit ruhig gewesen. Dann ging er vors Haus, stand noch einen Augenblick, sah seiner Frau zu, und dann hin und prügelte auf sie ein. Sie fiel in die weiche Erde. Sie schrie nicht. Sie sagte nur immer: Ludwig, Ludwig. Beschwörend, als wolle sie sagen: Ludwig, die Nachbarn, wenn das jemand sieht. Da fiel mir erst ein, daß Sirte nebenan war. Plötzlich hörte ich, wie sie die Vorhänge vorzog. Dann hörte ich ein gezogenes Weinen. Eher ein Winseln. Plötzlich ein Trampeln dazu. Nicht laut, aber sehr schnell. Und nicht hin und her und nicht sich entfernend, sondern ein ganz schnelles Trampeln an Ort und Stelle, wie ein Trommelwirbel. Dann hörte es wieder auf. Das Winseln blieb noch eine Zeit lang. Dann hörte es auch auf.

Die Kinder der Nachbarn sind so viel geglückter. Weil auch die Eltern geglückter sind. Glücklicher. Sie haben laute Stimmen und sind wohlproportioniert. Beide Zürn-Kinder haben sehr schwache Stimmen. Die Dicke hat eine noch schwächere als die Dünne. Bei der Dicken ist es noch lächerlicher als bei der Dünnen, obwohl es auch schon ziemlich lächerlich ist, ein so dünnes Ding und dann auch noch ein so dünnes Stimmchen. Aber so eine Dicke, und dann piepst es nur so aus ihr, das ist doch noch schlimmer. O ja.

Für Nürnberg. *Sauspiel.*
Warum ist mein Kopf so schwer,
daß ich ihn kaum noch trag,
warum ist mein Kopf so leer,

daß ich kein Wort mehr sag?
Was habt ihr mit mir gemacht
in 20 Jahren?

Mädchenleben

Die Mutter zur Jüngeren: Wasch jetzt die Haare.
Die Jüngere: Morgen.
Die Mutter: Das hast du gestern schon gesagt.
Die Jüngere: Aber morgen wasch ich sie.
Die Mutter: Das glaub ich dir nicht mehr.
Die Jüngere: Dein Pech.

Wenn es stürmte, wachte Sirte auf, rannte herum und in den See und wollte nicht mehr heraus, und wenn sie wieder herauskam, redete sie ununterbrochen und war nicht zu unterbrechen, und zwar redete sie da laut und bestimmt und ganz schnell. Was sie da redete? Das konnte man sich nicht merken. Es mußte einfach laut und schnell geredet werden. Ganz sicher nicht aus Angst. Es war positiv. Überfluß. Elektrizität. Ausstrahlung.

Wenn sie streiten, hört man nur die Jüngere.

Wieso hast du ihn dann nicht angeschrien! Wenn ich ihn schimpf, mußt du ihn nicht loben. Ja, ich geb's zu, er hat es von mir gekriegt.

Dann kriegt er eben jetzt Prügel mit der Leine, daß er weiß, daß er das dir zu verdanken hat. Ach so. Dann bist du eben zu blöd.

Für Nürnberg. *Sauspiel.*

Dr. Faust zu Dürer: Was mir an Ihren Arbeiten bekommt, ist diese Sichtbarkeitsmusik.

Der Zugführer mit seinem roten Lackriemen quer über den Leib herrscht ins Abteil herein, daß das nicht gehe, zwei Koffer im Gang, dazu seien schließlich die Gepäcknetze da. Die Frau mit den zwei Kindern steht gleich auf und will einen Koffer holen, ich nehm ihn ihr ab, verstaue ihn. Sie weint fast und sagt: Ich komm aus der DDR, da war keiner so unhöflich.

Die Amsel schimpft seit einer Woche von morgens bis abends gegen das Haus, von allen Geländern aus und von allen geeigneten Zweigen, immer gegen die Katze, stundenlang ein scharfes, bis zum äußersten gespitztes Gezeter.

Aus. Daß es aus ist, merk ich am meisten im Kino. Groß erscheint das Wort ENDE auf der Leinwand. Es bewegt sich noch manchmal, dieses Ende-Wort, atmet geradezu, dann erstarrt es. Aus. Mein Gott! Jetzt hinaus? Oft bleib ich noch. Drück der bösartig kontrollierenden Frau Platzanweiserin 5 Mark in die Hand. Sie nimmt es nicht als Trink- oder Bestechungsgeld, sondern geht hinaus an die Kasse, holt mir die Karte für eine weitere Vorstellung, kommt und gibt mir die Karte und das Wechselgeld. Aber die 2. Vorstellung läuft wieder auf dieses ENDE zu. Ich muß hinaus, obwohl ich nach einem Film immer das Gefühl habe, als wäre ein Weiterleben nicht möglich. Ich kenne keinen Menschen, der mir den Übergang herstellen könnte. Im Theater ist das ganz anders. Da steht man auf. Applaudiert sofort und ist in der Welt zurück. Das Theater ist aus, jetzt geht es erst los. Man ist schon ganz ungeduldig hinausgekommen, um seine Meinung zu sagen, denen die drin waren und vor allem denen, die nicht drin waren. Aber nach dem Kino ist es wirklich und wahrhaftig aus.

Gallistl

Der Mann, der immer um 4 Uhr aufwacht, nicht mehr einschlafen kann und dann um 10 Uhr am Arbeitsplatz schläft.

Lear als Laie: Kommt zu spät zur Aufführung. Die stehen schon alle da, und er spielt es als seine Tragikkomödie: Er nimmt die Rolle ganz als seine Rolle. Dadurch wird sie komisch und sehr real und treffend.

Mädchenleben

Wenn der Hund mit Sirte im Wasser war und die Jüngere kommt heim: Wie lang warst du mit ihm im Wasser? Ist er dir nachgeschwommen? Geh da sofort weg. Verschwind. Ich sag dir bloß, wenn du noch einmal da hingehst. Blöde Sau, blöde.

Wie man festgelegt wird durch die Erfahrungen, die man mit sich selber macht. Man lernt sich allmählich kennen. Man sträubt sich lange, weigert sich immer wieder, Schlüsse zu ziehen aus dem, was man sich sagen hört und tun sieht. Würde man das einen anderen sagen und tun sehen, wäre man längst fertig mit einem Urteil. Das wäre entsprechend grob. Aber wenn man nach 20, 25, 30 Jahren Selbstbeobachtung sieht, was da als sozusagen endgültiges Selbstbildnis auf einen zukommt, wenn sich dieses Bildnis in uns durchsetzt, obwohl wir wegsehen, die Aufmerksamkeit verweigern, wenn es sich dann doch immer klarer in uns herstellt … dann … ich weiß nicht, was wir dann tun sollen. Ich weigere mich, das, was ich von mir erfahren habe, schon als endgültig annehmen zu müssen. Ich hoffe noch. Immer noch.

Der Zwang zur Behauptung, zur Selbstbehauptung nimmt zu, bewirkt die vollkommene Unbeweglichkeit. Die Angst, abzustürzen, verhindert jede Bewegung, obwohl man ganz genau weiß, daß man auf diesem Seil nur so lange bleiben kann, solange man sich vorwärts oder rückwärts bewegt. Aber wenn man einmal aufgehört hat, sich zu bewegen, kämpft man nur noch mit der Angst, man kann von keinem Wissen mehr Gebrauch machen. Man rudert schon durch die Luft mit immer weiter ausschlagenden Händen und weiß, daß das die letzten Sekunden vor dem Sturz sind, daß sie eigentlich schon zum Sturz gehören.

Einer, der nichts mehr zu verlieren hat, merkt, daß ein anderer, der noch nicht ganz am Ende ist, keinen mehr hat, der mit ihm über ihn spricht. Dieser andere hat die Erfahrung gemacht, daß jeder über sich selber spricht. Er selber auch. Aber er möchte auch mit anderen über sich sprechen. Und die anderen sollen mit ihm über ihn sprechen.

Reichenau, Anstalt

Die Kleptomanin und Schizophrene. Isolde, die immer nach Schlüsseln sucht, um in eine Telephonzelle zu kommen und von dort die Kriminalpolizei oder die Feuerwehr anzurufen und herzurufen. Sie schlägt die Kranken. Bruno, der Schwachsinnige: Anbinden oder die Zwangsjacke. Wahrscheinlich wegen Zärtlichkeit.

Mädchenleben

Zürn: Obwohl ich ein Immobilienhändler bin, bin ich ein Mensch. Und Deutschland hat draufgezahlt. Alle anderen sind fein heraus. Das Mittelalter ist vorbei. Die Neuzeit vorbei mit all dem Krieg hin und her, aber sie haben ihren Grund und Boden gerettet oder sogar noch vermehrt. Und die früheren Kolonien hängen noch an ihnen. Als ein günstiger Markt. Nur Deutschland hat die Zeche zahlen müssen. Seit Christi Geburt ist alles geblieben, was es war, oder größer geworden. Nur Deutschl. nicht. Das arme Deutschland. Wie hat immer der Italiener gesagt, wenn er unsere Katzen gesehen hat: Armes Deutschland, kleine Fuchse. Wir sind halbiert. Bloß weil's denen so paßt. Da sind sie sich eins, Ami und England und die Russen, uns halbieren. Damit werden wir uns nie abfinden. Nie. Der beste Mann seit Karl dem Großen wird der sein, der das wieder rückgängig macht. Und ohne Krieg muß er das machen. Das wird eine Arbeit, mein Gott.

23. 6. 1973
Hans Malein

Soweit gut, der 56. Versuch zum Krankenpfleger.

Diesem auf einem Punkt siedenden und stechenden Schmerz in der rechten Brustseite zu entgehen hob er einen Stein auf, einen angemalten, von den Kindern hereingetragenen, und warf ihn so scharf als möglich durchs Fenster hinaus. Das Loch in der Scheibe war nicht größer als der Stein. Das befriedigte ihn. Er spürte den Schmerz einige Minuten lang nicht.

Gäbe es noch den Beruf, Botschaften weit zu tragen, und es käme darauf an, sie rein im Kopf zu behalten, das wäre der Beruf für ihn.

Du bist der Mann im Pelz. Was du hinsagst, ist wahr. Du liebst die doppelte Bedeutung. Du pinselst Wahnsinn an die Tür. So reich und will die Miete nicht bezahlen.

Mir träumte, die neue Maschine riß mir den Kopf ab, der schaukelte mit offenen Augen und singend den Fluß hinab, ich rief: Noch schneller, mein Fluß.

Wenn ich nicht lernte, mich zurückzuziehen
von Leuten und Kindern,
dann wäre alles umsonst gewesen.
Ohne Wortwechsel gehen.

Warum kann das sogenannte Bewußtsein sofort die Todesurteile auswendig und verdunkelt die schönen Verurteilungen zum Leben mit schweißtreibendem Eifer? J. Kaiser! Vollkommen durchschaut von ihm darf ich mir vorkommen. Und das ist mir kein bißchen unangenehm. Weil er so prachtvoll formuliert. Daß dieser Erlebnis- und Wörterreichtum durch mich angeregt worden ist, macht mich lebenssüchtig. Nur zu, nur zu. Und politisch ist er schlicht überlegen. Da er nur gescheit benennt, überläßt er es mir, aus dem Benannten Schlüsse zu ziehen. Kann ich das? Auch Wapnewski würgt mich überhaupt nicht ab. Aber einer im «Tagesspiegel» fragt direkt, warum man so etwas überhaupt noch lesen soll. Also gut. Gehen wir nach Amerika. Da macht man sich wenigstens keine Illusionen.

Wo bist du. Wer klopft da. Nähert sich, entfernt sich. Jubel im Nachbarhaus,und ich dachte einen Moment lang, der kommt zu mir, zum Glück wollte er nicht zu mir.

So bleibt mein Abend mir unbenommen.

Der Jubel, der von drüben rüberdringt, stört mich.

Ich knirsche mit den Zähnen.

Bis ich müde bin.

Man muß die Verzweiflung schmieden, solange sie heiß ist.

Also immer. Also bei Lebzeiten.

Auswanderungsspiele. Plünderung noch ärmerer Siedlungen. Überfälle auf Babystationen.

Dynamit in junge Fischzüge. Abhacken der rechten Hand mit Hilfe der Linken.

Unmöglich. Ich kann mir nur die Linke abhacken, weil ich Rechtshänder bin.

Ich will schweigen, meiden, fortbleiben.

Dieses Schwirren im Kopf, ein langsames schweres Schwirren, einfach zur Verhinderung eines klaren Bewußtseins. Ich will nicht wissen, wie es steht. Ich will absehen von mir. Ich gebe alle Tätigkeit, alle gerichtete Anstrengung auf. Ich spüle mich hinunter. Ich hoffe, ich werde rutschen bis ans Ende. Niemals hätte ich einen Einblick zulassen dürfen. Ich war harmlos. Jetzt beißen meine Zähne auf meinen Lippen herum. Das heißt, meine Lippen haben sich zwischen meine Zähne geworfen, weil sie es offenbar nicht mehr aushalten konnten, dieses hart klingende Aufeinanderbeißen der bloßen Zähne. Mein Gott, und wie wenig Verstellung genügt. Und das habe ich nie geleistet. Ob ich es nicht doch noch versuchen sollte. Ich dringe durch die Büsche. Scharfe, heiße, beißende Berührungen im Gesicht, am Hals, an den Händen. Gesumm. Weiter. Zurück. Weiter. Also. Aber ohne Sinn. Nur weil es schmerzt. Als ich noch sexuell tendierte. War das nicht noch schlimmer? Ja, aber für andere. Solange ich überhaupt noch Bewegungen mache, muß ich es einen Roman nennen. Ehrlichkeitshalber. Erst wenn ich auch politisch nicht mehr tendiere, hört sich alles auf, findet kein Roman mehr statt. Ihr Belehrten wißt es anders. Wo kein Getratsche eines Fürsten, Arztes, Hamburgers oder der sich hochschraubende Reigen der feineren Reisetätigkeit durchs wirklich Eingebildete, da ist kein Roman. Ohne eure Zustimmung tropft mein Abenteuer von meiner Bewußtseinsdecke zu meinem Bewußtseinsboden. Gleich die Verführung, daß ich also frei sei, weil allein usw. Zurückgeblättert in den Mai, jetzt lern ich den Ramsegerschen Nationalzeitungs-Satz auswendig, bis ich ihn kann: Schön, wenn einer so reich ist an Wort und an Welt wie W. Aber er sollte sparsamer damit umgehen. Jetzt komm, Baumgartbohrergerstein ... jetzt kommt er natürlich nicht. Er wartet meine nächste schwache Stelle ab. Die kommt ihm schnell genug entgegen. Aber daß sie in der Baselzeitung DREI drucken und alle drei, Ramseger, Peter Laemmle, Aurel Schmidt, lassen mich hoch und gern leben, das zieht mich hinüber ins Schweizerische. Mit Kaiser jetzt schon vier mehr als Erträgliche!

Zurück. Der Postbote reichte mir heute morgen, bevor er mir die Post aushändigte, seine Hand. Er hatte, weil es so heiß ist, kurze Hosen an. Farblose kurze Hosen bis fast zu den Knien. Aber Aufschläge an diesen kurzen Hosen. Und sein Hemd bis zum Gürtel offen. Und unter dem hellen Hemd ein violettes Unterhemd. Und seine Arme und Beine waren so furchtbar weiß, daß ich jetzt meine, seine Frau habe gesagt: Jetzt gehst du in kurzen Hosen und ohne Hemdsärmel deine Strecke in der Sonne, und wenn du nicht braun oder wenigstens rot zurückkommst, brauchst du gar nicht mehr zu kommen. Aber warum gab er mir die Hand? Das hat er noch nie getan?

Ich werde immer weiterdringen. Ich liebe diese romanhafte Bewegung. Dieses Erforschen der Gesellschaft in meinem Inneren.

Ich fange an, lasse liegen, springe, verharre, nehme wieder auf, habe an vielen Stellen angefangen, muß also viele Fäden wieder aufnehmen.

Mein Denken ist ein andauerndes Kriegführen, das ich gleichzeitig ertragen und leisten muß UND studieren, bis es mir als das erscheint, was es ist: Kleinkampf vielleicht.

Aber an die Unempfänglichkeit gewisser Leute muß ich mich noch gewöhnen.

Der Baumgartbohrergerstein zum Beispiel will keine Literatur mehr, keinen Roman mehr, der will das Instant-Zeugs. Die haben vom Beten keine Ahnung. Vom Hebel auch nicht. Vom Ich-Nicht-ich auch nicht. Vom Gegenstand auch nicht. Das sind vor nobler Leere klirrende Ichs. Die sind noch schlimmer dran, weil sie das Leben so elegant haben wollen, wie sie selber sein möchten. Sich verteidigend, wird man sich unangenehm. Das schaffen sie.

1. 7. 1973

Alfred Kirchner. Lustig. Unverdächtig lustig.

2. 7. 1973

Uwe Johnson. Liebesmüh.

Ich
Das Prinzip
vieler
weiter als alles
selbst alles.

Mädchenleben

Ludwig Zürn u. a. Immobilienhändler: Wenn er merkt, daß Sirte keine Bewunderung erregt, nicht einmal Aufmerksamkeit, und daß sie selber auch bemerkt, daß sie nicht bemerkt wird, und immer greller auffordert, bemerkt zu werden, und dadurch der Zuwendung immer unwerter wird, ja was soll er denn da tun, als sie an sich zu drücken, bis sie weinen kann.

Liebe

Carlo / Paola: C. wird nach Deutschland kommen. Paola muß zu Hause bleiben bei der alten Mutter von Carlo. Carlo kämpft in Deutschland um seine Treue, muß dann die, die ihm gefährlich wird, umbringen. Kriegt 20 Jahre. Seine Frau bringt seine Mutter um. Kriegt auch 20 Jahre. Schreibt ihm: So ist es das Beste. Bis bald.

Gallistl kommt abends in die Gruppe: Alle glauben, er arbeite untertags auch in einem Betrieb. Er arbeitet aber nicht, sondern stiehlt. Aber nicht der Diebstahl ist sein Verbrechen, sondern daß er nicht arbeitet. Daß er sich als Einziger befreit.

Theresia und Heike oben im Haus. Gitta kommt und läutet. Gitta ums Haus herum, ruft und ruft.

Alissa zu Gitta: Gitta, deine Mutter hat gerufen, du sollst kommen.

G.: Nein. Nein.

Al.: Ehrenwort.

G. ruft weiter.

G. (zuletzt): Theresia, komm doch. Auch wenn Heike bei dir ist. Wir dürfen wieder Boot fahren. Heike darf auch mitfahren.

Jetzt kommen Theresia und Heike aus dem Haus. Ganz selbstverständlich. Und ins Boot. Gitta will eine von beiden ertränken. Wahrscheinlich Theresia.

10. 7. 1973
Vorletzter Tag.

Übermorgen mit Johanna über Montreal und Burlington nach Middlebury, Vermont, Summerschool des Middlebury College. Dann, nachdem die Familie in NY abgeholt ist, nach Austin, University of Texas. Circa ein halbes Jahr. Zur Vorbereitung über Ironie gelesen und gelesen. Swift/Fichte – Jean Paul/Kierkegaard – Kafka/Robert Walser. Tun als Leiden. Das Ja zum Nein der Welt. *Hesperus, Wilhelm Meister, Tonio Kröger, Betrachtungen eines Unpolitischen, Zauberberg, Verwandlung, Amerika, Prozeß, Jakob von Gunten.*

Kurse: Montag, Dienstag und Donnerstag, von 14 bis 16 Uhr.

Mittagsflug SR von Zürich, dann mit Allegany von Montreal nach Burlington

18. 7. 1973, Middlebury, Vermont.
Als ich in Sunderland's die Treppe vom Büro herunterging, fiel mir ein: Ich möchte nicht mehr leben. Als ich in die Sonne hinaustrat, fiel mir ein: Ich habe nichts dagegen, daß das Leben weitergeht, ich find es prima, daß man überall Lachenden begegnet. Heute morgen gingen zwei barfuß über die grüne Wiesenwanne hin; jeder Schritt blieb im Tau dunkel zurück.

ER kommt nach Amerika und findet seine Arbeit schon getan. Durch Erik H. Erikson.

Hellmuth Karasek und die Poefigur kommen abends aufs Zimmer und erklären, daß die Studenten verzweifelt sind. Sie sehen keinen Plan, keine Linie, sie wissen nicht, wohin die Reise geht. ER sitzt und hört zu, schwitzend. Das ist es, sagt er, das ist es. Die Poefigur mit den auf den Kopf gelegten Haaren verlangt eine allgemeine Diskussion. Er wehrt sich. Bittet die zwei um Aufschub. Bietet Bier an. Um Mitternacht gehen die zwei lachend. Man hatte sich in Laune geredet. Als ER allein war, fiel ihm ein: Ich werde heute nacht nicht schlafen können.

Es ist die Angst, daß sein Mund weiterredet ohne seinen Willen. Und er sagt alles, was ich verschweigen muß. Oder er hört einfach auf zu reden und läßt sich durch nichts dazu bringen weiterzureden.

In Up's Gaststätte dicht an dem dreckigen Fluß sitzen sie: HK, 39, ST, 40, ER, 46, reden wegen der 20jährigen Biddie, die mit ihnen am Tisch sitzt und immer wieder von einem zum anderen schaut. Aber sie schaut nicht immer zu dem, der das Wort an sich reißt. Das sieht, weil sie ja der Mittelpunkt ist, widersinnig aus, daß sie S anschaut, während HK redet. Da kann doch HK kaum weiterreden.

Als ER und HK einmal allein sind, sagt HK: Sie stellt sich beim Volleyball immer so dicht als möglich neben mich. Und ein anderes Mal: Mit einer Undergraduate, das geht wirklich nicht. Dann über Altersunterschiede. HK beweist durch Beispiele aus seinem Leben, wieviel ein Jahr ausmachen kann. ER widerspricht ein wenig. ST stimmt HK zu. Sie schaut ausnahmsweise zwischen zweien von den dreien durch, auf einen Baum oder Mann.

Professor Hillebrand war zum Schwimmen fortgefahren. An den Lake Champlain. Seine Freundin war eingeladen worden, bei einem pensionierten Philosophieprofessor Stiche von Callot anzuschauen. Dieser Professor habe sich aus NY hierher zurückgezogen und kaufe gute Sachen auf. Er sei nicht teuer. Ein Callot-Stich für 20 Dollar sei sehr billig.

Professor H. kam vom Schwimmen mit einer neuen Krawatte zurück. Auf Befragen gab er an, die sei, wie alle seine Krawatten, von seiner Freundin gekauft. Übrigens stünden sie beide kurz vor der Heirat. HK: Die zwei sind prima. ER reagiert englisch. HK wird ungeheuer böse. Blitzschnell gibt er seine Zigarette in die Linke und spreizt die Finger seiner Rechten grell auseinander und schimpft auf ER's jämmerliches schwäbisches Englisch.

ER, sorgenvoll: Ich bin eben ein Übersetzer. Das ist meine

Identität. Das ist sie nun einmal. HK sagt: Das ist dein Problem. ER sagt: So ist es. So ist es nun einmal.

Wenn man H's Freundin bzw. Fastfrau für eine junge Ärztin hält, sagt sie, daß ihr Vater Arzt sei. Diese Erklärung leitet sie damit ein, daß sie sagt: Das muß daher kommen … Während sie spricht, sieht ihr Freund bzw. Fastmann sie vollkommen interessiert, ja begeistert an. Seine Lippen fallen dabei ein wenig auseinander vor Hingerissenheit.

24. 7. 1973

Von meinem Platz aus sieht man am wenigsten. Es ist ein Platz, der genau ausgewählt zu sein scheint. Auf jeden Fall bin ich vollkommen notwendigerweise, immer alle Hilfsmittel und Hinweise benutzend, auf diesen Platz gekommen. Und jetzt sieht es aus, daß ich mir nichts als Vorwürfe machen dürfte, weil ich keinen anderen Platz gefunden habe. Und sofort stellt sich mit vollkommener Sicherheit das allein für diesen Platz zutreffende Wort ein: Er ist unmöglich.

Fr., 27. 7. 1973

Schweigsam nicht. Es ist heiß. Man muß den Blick andauernd auf den Boden richten. Wir werden in den Steinbruch baden gehen. Und zu Mr. Sparks.

So., 29. 7. 1973

Paul Müller wohnt heute mit seinen Eltern in Brooklyn. Wo soll ein Ausländer sonst anfangen. Am 21. August 68 hat er in Bratislawa fünf Tote gesehen. Einen beim Bahnhof und die anderen in Straßen mit Namen, die ich mir nicht merken kann. Seine Eltern waren vor dem Krieg reich. Ungarisch hat er auf der Straße gelernt. Die letzten drei Sommer war er in Israel und hat Hebräisch gelernt. Seine Eltern haben in Brooklyn ein

Zahnlabor, das sehr gut geht. Er wird, sagt er, sein Leben lang Antisozialist sein. Meine Gefühle werden immer dagegen sein, sagt er.

Der Lake Dunmore ist ein Starnberger See, ohne daß ein München in der Nähe ist. Der Steinbruchsee ist mitten im Urwald. Auf den Felsen liegen kleine nackte Studenten und Studentinnen. Eine Russisch-Gruppe liegt und sitzt auf einem Floß, das vom Wind langsam in die entfernteste Ausbuchtung des Sees getrieben wird. Sie singen unter der Führung eines Lehrers, der einen braun spiegelnden Schädel hat, russische Lieder. Das Wichtigste am Steinbruchsee: Die Felswände sind so hoch, daß der ohnehin nicht große See noch kleiner wird, ein blaues Auge, das nach oben schaut. Ein grünblaues, bitte.

Mr. Sparks mit seinem Phantasiehaus und drei Pferden: 1 Pinto.

Mr. und Mrs. Birgit Pillsbury kaufen alte Häuser, renovieren sie und verkaufen sie wieder. Birgit legt Leitungen. Ist aber auch Sekretärin der Schule. Mr. Pillsbury hat für diese Arbeit einen Chevrolet, dessen Vorderhälfte ein Personenwagen, dessen hintere Hälfte ein Lastwagen ist. Später erfahre ich, die heißen: Pickup truck.

Duncan Smith vergreift sich vor allen Leuten immer wieder an seiner Freundin, mit der er verlobt sein soll.

Am wenigsten sieht man von Professor H's. Höchstens, daß sie aus ihrem großen Auto steigen und mit Paketen, riesigen Tüten in ihren Armen, auf ihre Zimmertür zustreben und verschwinden. Als wollten sie etwas gutmachen, laden sie immer wieder mal jemanden ein, mit ihnen im Auto zu einem See zu fahren. Sie fahren meistens zum größten, aber entferntesten See, dem Lake Champlain. Herr Belm hat den Steinbruchsee gezeichnet. Sein Block enthält schon viel Neu-England. Den Steinbruchsee hat er um die dunkelste Stelle des Sees bzw. der Felswandfassung herum gezeichnet. Diese dunkelste Stelle von Wasser und Fels ist der Schwerpunkt auf der Papierfläche.

ER hat Walzer getanzt mit einem Dirndl. Danach war das Bier ausgegangen. Sie gingen zu Tony's Pizza. Dann ER und Biddie auf der Porch bis kurz vor 4 in der Regennacht. Ihr Glauben ist unerschütterlich. Nicht daß ER ihn hätte erschüttern wollen. Es interessierte ihn nur. Man kann nicht sagen, es hätte sich nicht gelohnt. Wenn ER nicht dort gesessen hätte, hätte er geschlafen. Hätte sich das gelohnt?

Lynn Crandle, Ada Steinmetz, Gregor, Ilse Iwanow, Art Krumsee, Sarah Marshall, Duane Eilertson, Connie Colwell, Judith Pool, James Douglas, Richard Merill and so on. Mein Kurs.

Warum sollte nicht alles mißlingen dürfen? Was entspräche mehr als das.

Montag, 30. 7. 1973

Do you want the door locked?

Dienstag, 31. 7. 1973

Gähnend. Eingespannt. Weit draußen Schmerz. Wehwehchen. Organisierungen des Wochenendes sind rundum im Gang. ER spürt, daß jemand einen kleinen Keil in seinen Kopf getrieben hat. Da ER keine Wut empfindet, nimmt er an, dies sei auf seine Einladung hin geschehen. Der und jener treibt im Vorbeigehen das Keilchen tiefer. Ob Biddie öfter mit Fleiß vorbeigeht, um beim Tiefertreiben dabei zu sein? ER ist die ausgeräumteste Stube der Welt. Wer in ihn hineinruft, muß über das Echo erschrecken. Ach, erschrecken muß überhaupt niemand. Außer ihm. Und sogar er nur über sich. Daß er wieder ungeduldig ist. Das ist schon zum Lachen, da er das Ende der Ungeduld so oft erlebte, und trotzdem ist er wieder ungeduldig. So etwas von Nichts-lernen-Können. Überall rennt er gleich wieder weg. Biddie sagt, man müsse das Leben genießen. Alles müsse ganz echt sein. Sie will nicht lernen für einen «Magister», bloß wegen mehr Geld. Sie will nur tun, was sie gerne tut. Sie sagt das so sorglos in die Nacht hinein, daß er zweifelt, ob sie es so meint, wie er es versteht. Er sagt, er tue so gut wie alles nur zum Schein. Keine 10 Minuten wäre er, sagt er, auf dem Campus möglich, wenn er nicht ununterbrochen den Schein aufrechterhielte. Das sei kein Leben, sagt sie. Doch, doch, sagt er!

Mi., 1. 8. 1973

BR klagte, er habe in der vergangenen Nacht kaum schlafen können vor Magenschmerzen, auch jetzt noch dauerten sie an. ER sagte, darf ich einmal Ihren Bauch fühlen? BR soll die Muskulatur locker lassen. Noch mehr. Und plötzlich schlug er dem die Faust in den wehrlosen Magen und rannte die Treppe hinauf. Daß BR zusammensackte, sah er nicht mehr. Als ER mit feuchten Augen in sein Zimmer kam, dachte er: Wenn ich nicht sofort weggerannt wäre, hätte ich ihm in die Magengrube schlagen müssen. Das hätte mir leid getan, weil BR doch fast der Liebste ist von allen. Und draußen tatsächlich gerannt. Bis er vor Pearson's war. Da war niemand. Drinnen auch nicht. Rüber zu Headly's, runter zu Johnson's, zu Freeman's. Ins Zimmer. Bücher. Blättern. Sitzen. Endlich kann die wirkliche Bewegung beginnen. Im Kopf fängt es an zu schieben. Es ist nicht gerade eine Erlösung, aber eine Erleichterung. Obwohl er auch zugibt, daß dieses fortwährende innere Reisen ohne jede Arbeit oder auch nur Gegenständlichkeit allmählich bei ihm den Eindruck erweckt, er sei innen gewissermaßen ausgeräumt bzw. leer. Ein Eindruck, der nicht angenehm wirkt. Aber er geht ja vorüber.

Heute ist Mittwoch.

Ich werde den Versuch machen, alle, mit denen ich hier zu tun habe, als gute Menschen anzusehen. Daß sie gute Menschen sind, ist nicht zu bezweifeln. Überhaupt nicht. Aber mir ist es noch keine Sekunde lang gelungen, diese Einsicht so voll und ganz durch mich durchströmen zu lassen, daß sie mich wirklich beherrschte, d. h. mir ein Benehmen ermöglichte, wie es sich guten Menschen gegenüber ziemt. Immer habe ich etwas auszusetzen an einem. An jedem. Finde etwas komisch oder zu roh oder auf eine unverantwortliche Weise verzärtelt. Dabei handelt es sich durchweg um gute, angenehme Menschen, die mir gegenüber richtig freundlich sind. Und wenn einer einmal einen halben Nachmittag etwas gegen mich hat, verbirgt er das nicht böse und fad, sondern kommt schon bald her und schüttelt mich und sagt: Also nein, wirklich, weißt du! Vor allem HK ist ein Meister in der andauernden Unmittelbarkeit. Also finde ich es doch mit Recht grauenhaft, daß es mir so wenig gelingt, alle diese guten Menschen als gute Menschen zu empfinden. Vielleicht will ich mich einfach drücken. Ich will mir das schlechte Gewissen ersparen, das ich haben müßte, wenn ich mir gestünde, daß ich der einzige hier bin, der lauert. Ja, gestehe ich's denn hiermit nicht ein? Darf ich damit nicht endlich schließen und zur Ruhe gehen? Es bleibt der Unterschied. Und daß ich ihn gestehe, beseitigt ihn nicht. Die Papieroperation ist überhaupt nichts wert, wenn sie nicht die Ausarbeitung der Praxis ist. Gut, das soll sie mir sein, und die Praxis soll folgen. Gut. Wenigstens habe ich jetzt Bauchweh. Stark? Es geht. Es geht wirklich. Und der Keil im Kopf wurde heute noch von keinem berührt. Wenn sie mich meiden, muß ich sagen: Sie schonen mich. Und das soll mir nicht recht sein?

Ich will mir nicht bis zum Wohlsein unrecht tun. Ich darf doch nach Verstecken suchen, oder? Muß das kritisiert werden? Ist es asozial, sich zu verstecken? Ich will nicht etwas konstatieren, um mich damit abfinden zu können. Ich will mich nur verstecken. Nicht, um gefunden zu werden.

In der letzten Nacht war die Willensfreiheit dran. Biddie weiß es ganz sicher, daß ihr Wille frei ist. Ich weiß ziemlich sicher, daß mein Wille nicht frei ist. Dieses höchst törichte und mühsame Gespräch wurde bis ½ 2 durchgehalten. Bis zur Erschöpfung sozusagen. Eine andere Lösung war weder für die Freie noch für den Unfreien möglich.

Draußen praßt die Kommunikation. Wissenschaftler haben das in die Hand genommen. Das wissenschaftlich produzierte Leben. Ich bin darauf nicht gespannt.

2. 8. 1973

Lynn Crandle, Art Krumsee und Tom Thackary, alle drei verheiratet, saßen im Gras und unterhielten sich darüber, ob sie hier in Middlebury etwas vermißten. Vermißt du deinen Mann, fragte Art Krumsee Lynn Crandle. Sie: Er vermißt mich mehr als ich ihn, und was vermißt du? Mein Stereo, sagte Art Krumsee.

In der letzten Nacht wurden Schuldgefühle diskutiert. Das kam der Sache schon näher. Biddie hat Schuldgefühle seiner Frau gegenüber. Du kennst sie doch gar nicht, sagte ER. Er stellte sich dumm. Dann fand er, es sei doch besser, sich weniger dumm zu stellen.

3. 8. 1973

Heute nacht ging ein Messer durch mein Gesicht, die Falten zu schärfen.

4. 8. 1973

«Wenn ich durchfalle, arbeit ich im Stahlwerk. Wie letztes Jahr.»

So., 5. 8. 1973

ER schlug mit dem Gesicht auf dem Betonboden auf. Heftiger getanzt, als er konnte.

Wenn er am früheren Vormittag dem begegnet, kann er an diesem Tag nicht mehr auf den Abort. Und das hat meistens eine dreitägige, manchmal sogar viertägige Verstopfung zur

Folge. Er fragt sich, ob er das dem vorzuwerfen habe oder sich selbst.

Mi., 8. 8. 1973

Ich weiß nicht. Ich weiß wirklich nicht, an welcher Stelle ich momentan lieber säße. Bloß wegen Sehnsucht darf ich mich von hier nicht wegwünschen. Besser als hier finde ich es nirgends. Für Essen, Trinken, Unterkunft ist gesorgt, ich erledige meine Arbeit mit einer Art Freude. Ich will nicht sagen, daß ich diese Freude wirklich empfinde, aber es zeigt sich, daß es allen hier lieber ist, wenn ich meine Arbeit mit einer Art sichtbaren Freude tue. Warum auch nicht? So schön abgetrennt werde ich nicht so schnell wieder leben dürfen.

HK saß bis nachts 4 Uhr auf einer Terrasse und wartete, bis sein 13jähriger Daniel mit einer 17jährigen ausgeknutscht hatte. D. forderte seinen Vater des öfteren auf, der möge ihn und das Mädchen noch zu einem See fahren. Das mußte der Vater ablehnen. HK war ganz glücklich über die Ausgiebigkeit der Knutscherei. Biddie und ER sprachen in einem Nebenraum der Waschküche über spirituelle Liebe. Der Raum ist völlig aus Beton, in einer Ecke ein runder Plastiktisch mit 3 Plastikstühlen. Es hallte.

9. 8. 1973

Es gelang ihm übrigens nicht, brieflich Kontakt zu finden. Alle seine Briefe wurden beantwortet, aber was waren das für Antworten. Das waren keine Antworten. Und ER hatte es auf alle mögliche Arten versucht, reizende Briefe zu schreiben. Was zurückkam, war unbefriedigend. Er sagte sich: Ich stelle diesen Briefwechsel ein. Aber er schrieb weiter. Er konnte nichts lernen. Als Tier wäre er schnell eingegangen. Als Mensch konnte er sich diese Briefverschwendung leisten.

Die Väter um ihn herum loben andauernd ihre Kinder. ER

findet das beleidigend. Aber er sucht vergeblich nach einer Möglichkeit, das diesen Vätern mitzuteilen. Er würde sie beleidigen, und das will er nicht.

10. 8. 1973

Wet your whistle.

Als ER die durch seine Schuld beim Tanz-Sturz auch verletzte Sandy ein paar Tage mit Sandys Auto, weil sie mit dem verrenkten Fuß nicht fahren konnte, nichts als höflich zum Essen brachte, dreimal am Tag, sagte HK: Toll, daß du nicht den gleichen Fehler machst wie ich voriges Jahr; als ich beim Baden im Steinbruchsee ein bißchen knutschte mit Sandy, hatte ich sie nämlich auf'm Hals, wo ich mich hinsetzte, motzte die sich an mich ran, also grauenhaft, kann ich dir sagen.

Die Studenten singen von einem Haus in New Orleans, das die aufgehende Sonne heißt, vom Bitter Lemon Tree, dessen Früchte are impossible to eat, von Cotton in Arkansas, von einem Pop Shop Corner in Pittsburgh, Pennsylvania.

HK: Wenn er das Fensehen aufdreht und sieht eine Diskussion, dann fragt er erschrocken sich selber: Warum haben die mich nicht geholt.

Man meint immer, wirklich immer meint man, dabei könne es nicht bleiben. Ohne diesen Glauben an Zukunft wäre alles sofort unerträglich. Und immer häufiger setzt man an die Stelle der Zukunft den Tod. Wenn er seine alles abfangende Stelle eingenommen hat, wird alles sofort wieder erträglich.

Johanna springt sorglos an die Seite KK's und geht leicht und fröhlich mit ihr in eine französische Molière-Aufführung. Sie weiß nichts davon, daß KK als die Unsympathischste von allen gilt. Sie merkt nichts davon. Auch daß KK vollkommen häßlich ist, merkt sie offenbar nicht. Sie geht so schwingend und kopfwerfend und Arme schlenkernd neben KK her, als sei die ein herrlicher Bube und da nur für sie.

11. 8. 1973.
Heute ist es, als bügelte mich jemand.

HK: Ich war bei Up's, da sagte einer, diese Bedienung mag dich. Ich hab's nachgeprüft, es stimmte.

HK: Ich rauch 40 in so 'ner Nacht. Das geht so weit, daß ich schon währenddem überlege, wie ich es mache, daß ich danach gleich wieder, ohne unhöflich zu sein, eine anzünden kann.

ER mit Biddie. Das große Gespräch soll weitergehen. HK kommt dazu. Zwischen den Pappeln auf dem runden Campusrücken. Biddie sagt, daß heute die große Abschiedsparty in der Grotta stattfinden werde. In der Stilistikstunde hat sie gelernt: Einen hinter die Binde gießen. HK hat erklärt, daß diese Redensart aus den 20er Jahren stammt. Genau so wie Ausgerechnet Bananen. Genau so wie Du kriegst die Tür nicht zu. Genau so wie Einen über den Durst trinken. ER flicht ein: Eins. HK besteht ganz hart darauf, daß es heiße: Einen über den Durst trinken. Und fährt fort mit Beispielen wie Au Backe, Weg vom Fenster. Plötzlich streckt er sich lang aus im Gras. Er hat einen Oberschenkelkrampf. Dann kniet er wieder und redet unwiderstehlich. Gegen 9 Uhr geht er und sagt, er müsse noch etwas arbeiten, weil um zehn die Party steige. ER und Biddie sitzen stumm. Die Mücken saufen sich satt an ihnen. Biddie schlägt nach jedem Mückenstich. ER beherrscht sich, er will sich beweisen, daß er nicht nach einem einzigen Mückenstich schlagen muß. Aber er spürt auch, daß er nicht mehr sprechen kann. Was denken Sie, fragt Biddie. Er weiß es nicht. Er bildet sich ein, es komme jetzt darauf an, nicht mehr zu sprechen. Nach allem, was da gesprochen wurde. Er steht nach einer Viertelstunde sogar auf und sagt: Sie müssen sich jetzt vielleicht umkleiden. Dann geht er in sein Zimmer und denkt: Dieses Zimmer möchte ich nie mehr verlassen. I'm the turtle, this is my shell. Aus einem fernen College-Gebäude schwimmt Klaviermusik an.

Wenn zu ihm einer abends sagt: Heut ist mir alles gelungen, merkt er, daß er sich scharf kontrollieren muß, um den ausbrechenden Haß daran zu hindern, sein Gesicht zu verzerren. Das heißt: Er darf sich keine Gesichtsbewegung gestatten, keinerlei Ausdruck. Er muß sein Gesicht ganz taub werden lassen. Ohne Ausdruck vereisen.

Ich habe eine Uhr. Ich bin mit meiner Uhr befreundet. Es ist eine Taschenuhr, eine schlanke. Verjährt silbrig sieht sie aus. Hat vor 10 Jahren 150 Mark gekostet und ist mit mir herumgekommen. Sie ist mein Freund. Sie ist auf meiner Seite.

Biddie, jetzt muß ich Ihnen mal was ganz Banales sagen, sagte HK, seit ich 35 bin, läuft die Zeit bloß so weg, grade jetzt, und jetzt ist August, verstehen Sie. Biddie schaute ihn mit leicht herabhängendem Unterkiefer an und nickte begeistert. Dann kriegt HK seinen Muskelkrampf im Oberschenkel, den er lang und auf dem Rücken im Grünen liegend mit schmerzverzerrtem Gesicht auskämpft.

Ich könnte meine Uhr küssen. Aber ich geniere mich. Ich bin nicht in Verhältnisssen aufgewachsen, in denen man eine Uhr küßt. ER beschäftigte sich einen Abend lang mit Übermalen.

HK erklärte, daß Ausländer sich vor allzu heißen Redensarten hüten müßten. Er hat ein hinreißendes Trinidadmädchen zu Hause, Modell, die hat irgendwo mal bei einem Au Backe gehört, und der Trottel hat zufällig hinzugefügt: Au Backe mein Zahn, und jetzt sagt dieses tolle Weib bei jeder Gelegenheit: Au Backe mein Zahn. Das sei furchtbar. Und erklärte gleich, daß «toll» immer mehr durch «irre» abgelöst werde, eigentlich schon seit längerem, das mußt du doch schon gehört haben, als du noch an der Uni warst, sagt er. Als sie bei »dig it« sind, sagt er, play it cool, da lachen sie und sagen, dig it heiße nun wirklich nicht play it cool, ER reagiert darauf nicht, er hatte ja auch nichts sagen wollen. Gibt es nichts, worüber er sich aufregen könnte? Er braucht eine Identität, eine Rolle. Rasch.

Jede, nur nicht die des Schweigenden, Rätselhaften, Verletzten, 13jährigen. Er findet keine.

ER findet, daß HK auf Sachen stolz ist, auf die man stolz sein darf, aber man sollte verheimlichen, daß man es ist.

Meine Uhr, mein Gott, ist diese Uhr schön, dieses prall weiße, fast ein wenig gewölbte Zifferblatt mit den recht großen, aber gar nicht patzigen, sondern geradezu schlanken Ziffern. Die letzten Endes vom dörflichen Kirchturm stammenden, golden scheinenden Zeiger. Edle Zeiger, wirklich. Und das Sekundengelände. Wie genau dieser pedantische Kleinzeiger zu der Aufgabe paßt, eine kleingehackte Bewegung zu machen. Andauernd steht er still, andauernd reißt er sich weiter, ein lächerlicher Eifer, ein prima Anschauungswert. O bitte, keine Schritte auf meine Tür zu. Wenn ich jetzt Erklärungen abgeben müßte. Man muß alles rechtfertigen können vor anderen. Und ich kann das nicht. Heute nicht. Ich werde den morgigen Tag schon vom frühen Morgen an scharf überwachen, daß nichts unterläuft, was ich nicht leicht und unkompliziert hinaussagen könnte, falls ich gefragt werden würde. Ich achte euch hoch, ich liebe euch vielleicht, ihr beschämt mich, das ist ganz sicher.

Gregor (draußen): Wir haben Probleme mit der Musik. Mit der Verstärkung.

Meine Uhr erinnert mich an die Stirn einer Toten, die ich einmal sah.

Etwas weiß ich sicher: Je heißer es ist, desto lauter lärmen die Zikaden ihren Ton. Heute, nach der Abkühlung durch den Regen, zirpen sie fast nur noch.

Es muß einfach zwölf, halb eins werden, dann kann ich anfangen zu lesen, dann ist keine Gefahr mehr. Es ist aber erst Viertel nach zehn. Also noch 105 Minuten bis zwölf. Meine Uhr hat natürlich mehrere Gesichter.

Im Zimmer über mir geht Sarah Marshall. Sie geht immer in ihrem Zimmer herum. Sobald sie sich setzt, schreibt sie Schreibmaschine. Man sieht sie nur, wenn sie in einen Kurs geht oder von einem Kurs kommt. Sie grüßt nicht. Wenn man sie grüßt, dreht sie ein wenig das Gesicht aus ihrer Richtung heraus, vermindert aber ihren Schritt nicht. Ihr Mund öffnet sich wie zu einem längeren Sch-Laut. Und das Gesicht zeigt dem, der sie gegrüßt hat, eine Art Hohn. Sie ist an ihre Zimmerhaft offenbar vollkommen gewöhnt. Oder denkt sie jetzt auch darüber nach? Sie trägt immer seidene Strümpfe, die nahezu braun sind. Sie läßt ihr gegenüber kein schlechtes Gewissen zu. Sie stammt, wird gesagt, von der Indianerin Pocahontas ab. Wenn es im Seminar gelingt, ihr einen Satz zu entlocken, dann klingt der immer sarkastisch und fein. Sie trägt Kaufhauskleider. Nur Kaufhauskleider, braune Seidenstrümpfe und ziemlich große Halbschuhe. Ihre Füße sind beim Gehen nach außen gerichtet wie bei einer Ballett-Tänzerin oder bei Charlie Chaplin. Tatsächlich erinnert sie andauernd an Chaplin. Sie gilt als die Gescheiteste. Ihre Schritte sind leiser geworden. Wenn mich nicht alles täuscht, hat sie jetzt ihre Schuhe ausgezogen. Ich kann allerdings nicht feststellen, ob sie im Kreis geht oder einfach hin und her, weil ihre Schritte andauernd vom ächzenden Boden übertönt werden. Dies College ist stolz darauf, um 1800 herum gegründet zu sein.

Man will gerufen sein. So ist man. Man stellt sich taub, um noch lauter gerufen zu werden. Wird man nicht gerufen, sammelt man Groll an. Das ist eigentlich schön, diesen kindlichen Groll anzusammeln. Wie Speichel läuft dieser Groll aus allen Körperrichtungen im innersten Schwerpunkt, also in der Seele, zusammen.

12. 8. 1973

Spaziergang durch Vermont. Dead hemlocks, maples, a garter snake, ein Grab im Wald, der starb am 26. 11. 1800, Joseph Hamblin, seine Frau Abigail 34 Jahre später, junipers, ponds, shaggy bark, hickorys, blackberries. Lunch aus Country Gentleman (sweet corn in butter sauce) und golden bantams und hamburgers. Die frog legs verweigerten wir.

Wenn etwas unvollendet bleibt. Wenn du endgültig zugeben mußt, daß dein Französisch so bleibt, wie es ist. Andererseits wohnt in F. einer im 4. Stock, der hat Krebs, wird höchstens noch zwei Jahre leben, aber er lernt Türkisch. Er will noch fließend Türkisch können, bevor es losgeht.

Allmählich begreif ich, daß es nicht darum geht, etwas genau festzuhalten oder ehrlich zu sein. Alles muß so dargestellt werden, daß ich es leichter ertragen kann als in Wirklichkeit. Ich bin also, von fast schon kurzen Unterbrechungen abgesehen, andauernd damit beschäftigt, das, was in den Unterbrechungen geschieht, in meinem Bewußtsein so zu verändern, daß es erträglicher ist als in Wirklichkeit. Also verschöne ich andauernd. Aber ich kann mir dabei nicht jede Willkür gestatten. Meine Version muß mir selber glaubhaft sein, und ganz allgemein muß sie aussehen wie möglich. Das heißt, einem gedachten Zuschauer muß meine Version wie Wirklichkeit vorkommen. Und weil ich in meiner Version gerechtfertigt erscheine, deshalb muß der Zuschauer mich auch für gerechtfertigt halten. Und darauf kommt es mir an und auf nichts sonst.

Ein amateurhaftes Leben führen. Das ist mein Fall. Die Abhängigkeit von der direkten Fülle oder Leere. Völliger Mangel an Mitteln. Weder Lust noch Kraft zur Hebelwirkung. Verbluten ist alles, sozusagen. Kunst interessiert mich nicht, hat mich noch nie interessiert.

Wenn die Geräusche weiterziehen. Ob ich es aushalte, ihnen nicht nachzurennen. Ich fürchte, sie werden mich hinter sich her ziehen, bis ich nicht mehr kann.

Die lindernde Undeutlichkeit, die entsteht, wenn man sich keiner Mittel bedient. Das Unmittelbare ist ungefähr. Es verbirgt nichts, aber es fördert nicht viel zutage. Es schont seinen Anlaß.

Es faßt sich nicht. Es läuft dahin, zerläuft. Es schafft einen Anschein von Entlastung. Aber immer sieht man sehr schnell, daß das nur eine Art Verbreiterung der Schmerzstelle ist. Hätte man versuchen sollen, der scharfen Schmerzstelle einen widerständigen und beständigen Ausdruck zu schaffen? Ja.

Ich wurde also gejagt. So kam es mir vor. HK kam überall hin, wo ich war. Ich mußte jedes Mal gehen. Vom Tisch. Aus dem Tanzraum usw. Er brachte noch seinen Sohn mit. Den ließ er tanzen. In die Knie gehen dabei. Mick Jagger kopieren. Sobald ich am Tisch war, kam HK und sprach Spanisch mit den Leuten, mit denen ich gerade gesprochen hatte. Und sie sprachen sofort spanisch mit ihm. Ich kann nicht spanisch, also ging ich an die Theke usw. Als ich endlich das Gebäude verließ und in mein Zimmer ging und im Bett lag, klopfte es schon bald, HK rief meinen Namen. Ich schwieg. Ich hatte das Gefühl, entkommen zu sein. Nein, dieses Gefühl hatte ich nicht. Ich würde nicht wagen aufzuschauen.

Ich renne hin und bitte um Verzeihung und sage: Alles geschieht nur, damit dieser Abend vorübergeht. Ist es denn noch nicht genug? Arbeitslähmung, hörte ich sagen. Verlust von etwas.

Ich projiziere wieder. Ich kann mir doch nicht weismachen, daß ich wirklich so unruhig bin. Weshalb denn? Die Fastfrau des H. hat ein Lispeln, das eine sozusagen vornehme Abkunft verrät. Und in seiner leicht brüchigen Stimme ist sicher die Stimme seiner Mutter gegenwärtig.

Beginnt dieser Boden auch schon zu wanken? Auf jeden Fall ist er schon ziemlich heiß. Das ging aber schnell. Wohin jetzt, bitte? Oh, die Erde ist weit. Die Fahrpreise zwar. Aber bitte. Einmal Texas einfach. Danke. Ich bin nicht mehr sicher, ob ich weiß, was wir mit dem Wort ROH sagen wollen. Ich finde hier jemanden sehr roh. Aber das ist Unsinn. Er weiß nichts davon. Er ist prächtig. Ein großer Ofen. Ein Mordskerl. Ein ausgreifendes Gelächter usw.

Ich möchte überprüfen, ob es mir heute ein wenig besser gelingt, mich festzuhalten. Nicht nur nicht darauf warten, gerufen zu werden, sondern auf den Ruf nicht anworten, weil man wissen kann, er ist nicht so gemeint, wie man ihn verstehen möchte. Selbständig. Hier wäre es das Wort für etwas Herrliches. In einer mir entsprechenden Welt würde es ein Verbrechen bezeichnen.

Wenn man ein Ungenügen auch noch auf das Alter zurückführen muß, das man erreicht hat, dann hat man den Punkt des größten, weil völlig unbehebbaren Schmerzes erreicht, der gleichzeitig der Punkt vollkommener Beruhigung ist.

Eine Einschläferung.

Meine Ohren, nein, mein Gehörsinn gestattet sich, unerträglich gespannt zu sein. Und mein Gehörsinn hat offenbar ganz von mir Besitz ergriffen. Ich höre. Ich höre. Ich höre. Das heißt: Ich warte darauf zu hören, was ich gerne hören würde. Aber ich höre nichts. Ich lausche nur.

Ich fürchte, daß ich später einmal ziemlich viel weinen werde. Das muß ich leider sagen. Aber ich sage es mir auch, weil ich hoffe, ich könne mich dadurch so sehr darauf vorbereiten, daß das Weinen dann vermeidbar wird. Daran glaube ich allerdings nicht.

Meine geringe Konsistenz. Diese Fremdwörter, schimmernd vor Vermutbarkeit. So geeignet für Faulheit und Versteck.

O diese Anwandlung. Etwas Lyrisches. Als spülte es dir die Knochen aus dem Fleisch. Nun sack schon zusammen. Du Haufen.

Zwischen meinen Fingern ist es subtropisch. Geschrei schwingt sich von Baum zu Baum. Die Zikaden durchbohren mich. Ich finde Öl in mir. Schweres Öl.

Sprecht leise vor meinem Fenster.

Freitag, 17. 8. 1973
14 East 28th Str., New York 10016, Room 1206 im Prince George Hotel.

Anthony Quinn: Success-Syndrom bei unseren Kindern. We'll be right back.

Der Moderator unterbricht den Star, der gerade predigte, es komme mehr darauf an, ein erfolgreicher Mensch als erfolgreich im Beruf zu sein. Jeder Schauspieler sollte sich einer Psychoanalyse unterziehen, wie auch jeder Psychoanalytiker. Sein 6jähriger Sohn hat ein Haus zu malen in der Schule und macht wilde Linien, such an abstract of a house. Der Lehrer: Ein Haus besteht aus einem Viereck, Fenstern, Türen, einem Dach. Den hat Anthony Quinn angerufen, weil sein Sohn weinend nach Hause kam: How can you dare to do this to my son. Moderator: How reacted the teacher? AQ: She was not really happy. Anyway, I took my boy out of that school. Der Moderator, AQ, eine schwarze Begleiterin und ein junger Beau biegen sich vor Lachen, und Riesengelächter vom Band. I've met the greatest actors, I've met the greatest writers, I never never met a man like my father. Die schwarze Begleiterin calls him Tony Silver Spring Shores.

More Show to go.

The Six o'Clock Report.

Zwei Arbeiter bei Tiefbauten am East River verschüttet, sie sind certainly dead. Ein italienischer Arbeiter wird interviewt (in ital.): Er erwartete jeden Tag, daß etwas passiere, aber er hatte kein Selbstbewußtsein, es zu melden. Der Reporter: Why did this stealplate give way?

Zu Watergate. Berry Goldwater: Watergate, it was the lack of conservative ideology which caused the Watergate case.

Agnew when Governor accepted kickbacks.

Chris Borgen, Flatbush-Subway, after another stabbing: Would you ride the subway in the evening?

No, I wouldn't any time after 4, I'm a mother.
1 homicide
12 shootings
1 stabbing
Schweppes the Tastemaker.

Baking gives her a feeling of inner peace, sagt eine Schwarze, die in einer Firma beschäftigt ist, in der nur organic material verwendet wird.

The American Dollar: Another gain today at the European Market.

Die Rolle der Kirchen mit ihrem ganzen Angebot hat die Schallplatten-Industrie übernommen. Überall Junge, die ihre Arbeit mit Songs tun, heftig, ganz beim Song. Ohne den könnten sie ihre Arbeit nicht tun.

In Middlebury wurden zum Schluß die Jahre ausprobiert: Wann wären 25 Jahre Unterschied am ehesten zu ertragen? 30 / 55 geht nicht. 40 / 65 noch schlechter, 45 / 70 ist grotesk. 50 / 75 noch schlimmer. Erst bei 75 / 100 wird es wieder erträglich. Und gegen 100 / 125 wäre überhaupt nichts mehr einzuwenden.

Ein Vormittag auf dem Friedhof von Middlebury. Die Steine auf dem Rasen herum wie beim Steinmetz. Keinerlei Abgrenzung, nur Gras und darauf lauter helle Kalksteine in verschiedener Größe.

18. 8. 1973

Ohne Frau wird einem klar, was unsere erste Bestimmung ist: Fortpflanzung. Etwas anderes geht gar nicht mehr in meinen Kopf. Tag und Nacht, es gibt nichts, was mich nicht daran erinnert, nicht dazu auffordert. Keine Frau, die ich nicht daraufhin anschaute. Ich habe nichts anderes mehr im Kopf. Das ist der Befehl. Arbeit usw. beginnt erst wieder, wenn dieser Befehl erfüllt sein wird.

Die Rolle Biddie gegenüber: perfekt. ER tat alles, um an sein Ziel zu kommen. ER sagte ihr alles, was ihr gesagt werden mußte, und sie tat alles, um sich zu schützen, weil sie wußte, es ist irrsinnig bei dem Unterschied, und seiner Frau will sie nicht wehtun. Totale Solidarität einer ihr unbekannten Frau gegenüber. Sie spielte mit beim Gegeneinanderpressen und so, aber seine Hände überwachte sie wie ein Wachhund. Sobald sie sich aus den Hüften nach oben oder nach unten schieben wollten, griff sie ein. Sie küßte und küßte, drehte ihre feste herbe Zunge in ihm herum. Aber sie wußte genau, was sie nicht zulassen durfte, wenn sie ungeschoren davonkommen wollte. Seine Rolle brachte es mit sich, sie zu erhöhen und zu erhöhen. Sie merkte das und sagte, es seien nur die unwirklichen Bedingungen, die ihm eingäben, daß er sie liebe. Oder – weil er einmal ihre angenehmen Sprachspiele gelobt hatte – es sei zwischen ihnen nur die Sprache, die sie verbinde, sonst nichts. Er nannte sie immer eine Polin. Sie bestand darauf, eine Amerikanerin zu sein.

Die Aufhebung der Rolle durch jähes Einschlafen.

Sie bestand darauf: kein Besuch, kein Brief, nie. Zu seiner Rolle gehörte es, das für unerträglich zu halten. Sie wollte der anderen Frau nicht wehtun. Und Briefe vom Wetter handelnd könne sie nicht schreiben. Und wenn sie jemand kennenlernte, könnte sie sowieso nicht mehr schreiben.

Warum gibst du diesen Beruf nicht auf, wo all diese Leute kommen und so komische Freunde. Das ist der wichtigste, schönste Satz, den er hörte. Diesen Beruf aufgeben. Könnte er das? Die Geschichte seiner Verführung zu diesem sinnlosen Beruf. Und noch diese Geschichte zeigt, daß er nicht loskommt. Aber immerhin, er schreibt schon eine völlig negative Geschichte über seinen Beruf. Aber er schreibt noch. Zur Warnung für solche, die noch nicht ganz verführt sind. Mit der Befürchtung, daß jetzt immer mehr in diese Spur kommen. Warnung also vor dieser Spur.

So., 19. 8. 1973
Gestern, immer Johanna und ich, im Metropolitan Museum, 83. St.

Claude Monet, überhaupt Franzosen. Die Zypresse von van Gogh, die Kutschen, Dr. Cachet, der Pappeldamm von Monet, die griechischen Abschiedsszenen auf den Grabsteinen und -krügen: so schön wie bitter. Rembrandt: *Der Mann im orientalischen Kostüm.* El Greco: Johannes-Vision, Toledo, Kardinal, Anbetung der Hirten. Renoir: Die alte Schauspielerin wie 1914 Tilla Durieux. Man müßte ein Altarphoto neben dieses Bild halten, das kein gutes Bild ist, aber eine sehenswerte Frau zeigt.

Dann in: *Der diskrete Charme der Bourgeoisie.* 72nd Str. East at First Ave: die meisten Leute aus den vornehmen Apartments der Gegend. Sie nahmen den Titel ernst. Viele gingen im Lauf der Vorstellung. Aber die Vorstellungen sind fast immer ausverkauft.

Romeo and Juliette: Zeffirelli, W 54th Str., Ave of the Americas. Lauter kindhafte Paare. Ein riesiges Kino voller solcher Paare. Schärfer als die Familienfeindschaft, schärfer als die Klassen, schärfer als die Hautfarbe, schärfer trennt das Alter.

NY ist eine südliche Stadt. Eine Stadt der Farbigen. Manchmal werden Kranke, überalte Weiße, von Farbigen geführt, im Wagen geschoben, gestützt. Dralle, gesunde Farbige, klapprige, hinfällige Weiße. Wie im Buñuel-Film. Als sie herauskamen, lächelten sie über den Spott, der ihnen da angetan worden war. Einige spreizten ihre reich beringten Hände. Verächtlich. Vor *Cleopatra Jones* eine lange total farbige Schlange: Tamara Dobson, das schwarze Idol.

Alles sogenannte Böse kommt von dem Versuch, die Natur zu bewirtschaften. Erst wenn die Natur gebrochen sein wird, wenn sie sich nicht mehr wehren kann, werden wir nicht mehr böse sein. Wenn wir keinen Trieb vertrösten müßten, wenn wir uns jedesmal sofort auf die nächste Frau werfen würden, sobald wir wieder müßten, gäbe es keinen Krieg usw. Und die Frauen wären nicht unglücklicher, weil sie keine Wahl zu kultivieren hätten und keine Attraktion zu leisten. Es gäb keine schönen und keine häßlichen Frauen, diese furchtbarste Erfindung auf unserem Weg zum Menschen. Wir sind dabei, uns selber zu vernichten, und das ist gut so. Wir stören zu sehr. Dann werden die Schmetterlinge und die Füchse endlich wieder unter sich sein. Hirschrudel jagen die 5th Avenue hinab.

Am Samstag im Museum of Modern Art, 53rd St.: Rousseau: *Gipsy, Dream*, Modigliani: *Le grand nu*, van Gogh, ziemlich viel Picasso, aber besser: Braque, Macke, zwei Kirchner, Schmidt-Rottluff und Magritte: *Der bedrohte Mörder:* von lauter Herren, die er selber sind und die auf allen Seiten des Zimmers, in dem er mordete, warten; aber er hört noch eine Platte zu Ende. Und: Imperium des Lichts. Ein wenig! Unter der Schattenlast. Picasso ist immer raffiniert und überzeugt mich selten. Chagall noch weniger. Dagegen oft Léger. Und das Treppenhaus im Bauhaus von Schlemmer. Wenig: Kandinsky. Sehr wenig Kokoschka. Sehr wenig Nolde und Rouault. Ungeheuer, James Ensor: *Der Tod begegnet den Masken*, der bedauernswerte Tod, die bedauernswerten Masken. Auch Beckmann, sehr! In beiden Museen Jackson Pollock, Tachismus überhaupt, ich komme mir unentwickelt vor, altmodisch. Schön Chirico: Die angstvolle Reise, die traurige Abfahrt. Und in beiden Häusern Cézanne, Gauguin.

Schließlich werde ich aus der Hand legen, was ich in der Hand hatte. Nehmen Sie bitte Platz.

Last supper is to begin.

Wasser fällt laut über Steine.

Eine schwarze Hand wäscht zehn weiße.

20. 8. 1973

Six O'Clock Report. Jim Jensen, crime in NY City.

Long time no see, but not long enough.

Tough day?

Det kin o' talk.
He's done alright so far.
NBC Wednesday Mystery Movie.
I've got to see you, right away.
Thanks for comin'.
What you gonna do.
All I did was shoot a man.

22. 8. 1973
34 St. 7. Ave.: 8 Uhr, Long Island Railroad nach Manhasset.

Die Transportpolizisten in der Subway tragen keine Jacken, ärmellose Hemden, lederne Fingerhandschuhe, und umgeschnallt haben sie natürlich keine Pistole, sondern nur eine Taschenlampe; aber vom Gürtel führt auch ein dünnes gezopftes Lederseil in die ein wenig geschwollene Tasche. Sie schauen manchmal fast sehnsüchtig die Mittelachse der Wagen entlang. Johanna und ich mit Peter und Gisela Micelli, in Middlebury waren sie Teaching Assistants, im Buick Le Sabre zum Strand auf Long Island. Die rote Flagge verbietet Baden wegen Brandung. Dann nach East Willistone zu Micellis. Der Vater ist Arzt, der Bruder hat alle vier Monate einen Job, zur Zeit Samenhändler. Peter: Er ist viel gescheiter als ich. Der Vater kommt vom Golfplatz Wheatley Hills Club. Die Mutter will mit einem Freund der Familie zur Party. Hochelegant, weit ausschwingender cremeweißer langer Rock, cremeweiße taillierte Jacke, eine Lilie insgesamt, diesen Schwung hatte sie. Der Familienfreund, eine unsäglich bunt gesprenkelte Hose, dazu ein hochernstes dunkelblaues Jackett und Krawatte. Er zog gleich etwas aus Kunststoff heraus, ein Stäbchen mit einem Plättchen, auf dem Hello stand. Dann lehrte er uns aber – jeder hatte gleich ein Stäbchen bekommen –, aus dem Stäbchen noch einen kleinen Kugelschreiber herauszuziehen. Die Mutter war besorgt, daß Peter ihr ihren fahrbaren Grill ruiniere. Wir aßen im Garten. Charcoal. Johanna wußte aus

Hemingways *Der alte Mann und das Meer*, daß das Holzkohlen sind. Peter hätte auch Arzt werden sollen. Als er das abbrach, kein Geld mehr vom Vater. Er und Gisela verdienten sich das Geld nebenher. Jetzt sind beide Lehrer an einer katholischen Highschool in Massachusetts. Der Vater ist gegen Neger. Die nimmt man nur auf, weil sie schwarz sind. Dabei sind sie dumm und faul. Er hatte es auch schwer als Italiener, und was hat er getan, er hat sich durchgeboxt. Als Peter nach Vietnam sollte, war ihm das recht. Er war ab 1944 auch eingezogen. Aber als Arzt, wirft Gisela ein. Ja, sagt Peter, aber er hatte ganz schön Angst. Auf jeden Fall wäre es ihm recht gewesen, wenn sein Sohn nach Vietnam gekommen wäre. Aber da setzte sich die Mutter ein und paukte ihren Sohn frei. Peter: Für meinen Vater bin ich gescheitert, weil ich Lehrer bin. Und mein Bruder gilt als Taugenichts, aber er ist frei, fährt immer herum, hat überall Leute, die ihn lieben.

Mädchenleben

Sirte: Ich kann mich nicht zusammennehmen. Ich müßte mich entschließen, die Arme auszustrecken, daß die Hände irgendwo Halt fänden. Ich treibe abwärts. Vielleicht nimmt die Geschwindigkeit zu. Und Angst habe ich auch. Diese Angst macht müde. Ich könnte gähnen vor Angst.

Morgen werden es acht Tage seit der Vertreibung aus dem Paradies. Der letzte Blick aus dem Bus: eine rennende Biddie, vorausgeworfener Oberkörper und herübergedrehtes Gesicht, die weghängende Unterlippe.

23. 8. 1973

Gestern Guggenheim-Museum. Bilder von Julius Bissier who moved 1939 to Hagnau at the Lake of Constance. Modigliani. Picasso: *Die Büglerin*. Rauschenbergschachteln, die das Hinschauen

214

nicht wert sind. Ein guter Braque. Heimliche Tode. Verheimlichte. Das Leben besteht aus verheimlichten Toden. Nur den letzten geben wir zu, er bringt die meiste Ehre und tut am wenigsten weh.

Ein Showdown-Klischee: Unser Held liegt am Boden, seine Rechte ist zerschossen, mit letzter Kraft greift die Linke nach der Pistole, aber gerade als er sie kriegen könnte, tritt ihm der unverwundete Gegner mit voller Wucht auf die Hand und richtet jetzt ruhig und genußvoll seine Pistole auf den Liegenden, der voller Angst und Schmerz heraufstarrt. Bis hierher ist alles wie im wirklichen Leben, aber dann setzt das Kino ein: Von irgendwoher schießt ein Gott den Gegner zusammen, unser Mann steht langsam auf, klopft sich mit der heilen Hand den Staub von den Kleidern und murmelt: Thanks a lot. Und wenn man es recht bedenkt, ist sogar das wie im wirklichen Leben: Man wird ja nicht totgeschossen, sondern muß weiterleben.

Joseph Kennedy, sun of Robert, verletzte mit einem offenen Auto sieben Personen. Strafe: 100 Dollar.

24. 8. 1973

Joe Harper, News, Ch 11. *Key Largo*, John Houston, Humphrey Bogart, wieder E. G. Robinson.

Peter Micelli kam zu seinem Auto, einer an den Reifen, sagt: Nimm du die vorderen.

25. 8. 1973

Frankenstein's Daughter. Ch 11.

Rockaway Beach. Zuerst Far Rockaway, dann am Strand zurück bis 44. Straße. Edgemere Beach. 1 $ 40 hin und zurück. 5/4 Std. subway. Change at Fulton Street from Lax Ave to A-Line (IND).

So., 26. 8. 1973
Zwei Frühstücke für 1.93, ein paar Früchte und etwas Käse für Mittag 3.25 $ im Deli-Shop.

Never dull moments.

Black Pride, WPIX-TV Ch 11.

28. 8. 1973
Heute Pontiac Catalina Convertible 1966 für 495 $.

Art Linkletter, seine Tochter starb nach einer Drogenparty. She had no defeats, it was just an accident. Aber seitdem, wenn er einen trifft, der einen lieben Menschen verloren hat und er sagt, I'm sorry, dann weiß er, was er sagt. Er gehört zu einem Präsidentenberatungskomitee für Drogenbekämpfung. Hat 1 Million verloren durch einen Freund. Von 15 Ölquellen, die er bohrt, werden 3 oder 2 fündig, daran denken die Leute nicht. Er war dabei, als Breschnew kam. Er fand Breschnew cute, he enjoyed himself. Es gibt Leute, die mehr verdienen als er, Bob Hope zum Beispiel.

Ob er sich, wenn er sich morgens rasiere, als Geschäftmann oder als Entertainer fühle? Weder noch: I'm me.

The guide to TV, that's not just another TV Guide.

Schrift: It's ten. Do you know where your children are?

Mehr als 400 Personen tot in Mexiko in Veracruz-State. In M-City keine Toten, nur Zerstörung.

29. 8. 1973
Heute noch einmal Rockaway Beach, water 73, Luft 94 degrees.

Thick and fudgy like this: Schokosauce.

Merv Griffin Show: Gina Lollobrigida, Pamela Mason, Dr. Joyce Brothers, Carole Cook. Gorgeous!

Coming up.

Dr. Joyce Brothers sagt, ihre Ehe sei gut, weil sie immer etwas Neues suchten zusammen, jetzt gerade z. B. hätten sie sich eine

Farm gekauft, und sie selber habe doch fast noch als Erwachsene geglaubt, Kühe seien Maschinen, in die man oben Grünes hineinwerfe, und dann komme Milch unten raus.

4. 9. 1973
Käthe, Alissa und Theresia abgeholt am Flughafen. Sie kamen als letzte heraus, Johanna und ich waren schon auf der Suche.

5. 9. 1973
1. Nacht vor Roanoke, Virginia.
2. Nacht in Brownsville, Tennessee.
3. Nacht in Hillsboro, Texas (zwischen Dallas und Austin).

Der reiche Mister Hefner zahlt seine Mädchen, je nachdem wieviel Potenz sie in ihm oder bei ihm zustande bringen.

Für Nürnberg
Wie sie sich in Nürnberg über den Fortschritt freuen, daß sie nicht mehr geköpft, sondern ertränkt werden.

7. 9. 1973
7303 Wood Hollow Drive Apt. 201, Austin, Texas, 7873.

So., 9. 9. 1973
Gestern Lake Austin (Park).
Alissa will heim. Wahrscheinlich zu Timon. Sie reagiert mit Essen, mit Hunger, Appetit. Sie ißt andauernd. Theresia schmeckt überhaupt nichts. Nicht einmmal das, was wir selber kochen, es kommt ihr alles vor wie das in den Restaurants. Das erste Mittagessen in einem Howard Johnson's kotzte sie in den Teller zurück.

10. 9. 1973

Wenn ich diesen Montagvormittag verschlafe, vertrödle, vergähne, dann ist nicht einzusehen, warum ich an diesem Montagnachmittag etwas anderes tun sollte als schlafen, trödeln, gähnen. Und morgen und übermorgen auch.

Mädchenleben

Herr Zürn erzählt vom Auswanderungsversuch. Wie unmöglich die Kinder waren, wie unmöglich die Frau, wie unmöglich er selbst. Ja, wenn wir auf Weideland gekommen wären und hätten zwei Kühe dabeigehabt und 5 Schafe. Aber wir kamen in die Stadt. Das war der Fehler. Und als das nicht ging, hatten wir nicht mehr den Mut, es auf dem Land noch einmal zu probieren. Da trauten wir uns schon nichts mehr zu. Mit Recht.

12. 9. 1973

CBS News. Allende tot. Hätten die besorgten Journalisten sich doch, statt um Solschenizyn, um Allende gedrängt. Sacharow: Solschenizyn der bedeutendste lebende Schriftsteller. The Free governments are presumed to have a conscience, the totalitarian are not. Solschenizyn hat westliche Intellektuelle angeklagt, sie kritisierten Vorgänge in den sozialistischen Staaten zu wenig.

CBS, Streithorst aus Chile: CIA involved, sagt der und der, but no proof.

13. 9. 1973

ER schildert seine Lage: Er lebt offenbar mit einem Monstrum zusammen. Und je mehr er davon erzählt, desto deutlicher wird, daß er das Monstrum ist, und das andere Wesen wird von ihm gequält. ER hat tatsächlich noch keine Identität, deshalb unterliegt er so vielen Ansprüchen, rennt so vielen Rufen nach, denen er dann doch nicht folgen kann. Am liebsten würde er allen nachgeben, allen gefallen. Eine Zeit lang hat er das für seine Güte und

Menschlichkeit gehalten, dann allmählich sieht er ein, daß es seine innerste Bestimmung ist, die ihn so schwankend macht. Soll er das durch eine harte Ehe mit einer extremen Sache beenden? Zum Glück erlebt er noch Recht und Unrecht. Kann er sich davon leiten lassen bei seinen Verbindlichkeiten? Oder ist alles schon vom Interesse geschminkt.

Navy-Reklame: It's making more money than any other sailor in history.

ER: Eine ununterbrochene Überspanntheit, ich könnte auch sagen Unzufriedenheit mit mir, die ich ausgleichen, gutmachen muß durch etwas, deswegen bin ich andauernd angespannt, und zwar übermäßig, und nicht so, wie man es ist, wenn man etwas leisten will und kann, sondern routinehaft, erstarrt, völlig sinnlos bzw. nutzlos; eine Anspannung, die keine Mühe mehr macht. Mühe, das ist das, was ich scheue. Oder meldet sich da schon wieder die Stimme eines Erziehers von früher, dem es gelungen ist, mich so zuzurichten, daß ich andauernd unter den Schlägen seiner peitschenähnlichen Stimme stehe. Warum ER sich auch vor anderen hüten muß: weil er immer ins Klagen und noch mehr ins Anklagen gerät. Er kann sprechen, über was er will, immer bemerkt er nach kurzer Zeit, daß er das, worüber er spricht, dazu benutzt, sich selber zu rühmen und, das am meisten, sich darüber zu beklagen, daß andere ihn so wenig rühmten.

Die meisten von uns werden unterbrochen. Oder sie werden abgelenkt, bevor sie überhaupt angefangen haben. Ich habe angefangen, aber als schon Abgelenkter. Keiner hat mich auf mich aufmerksam gemacht, und selber hat man keinen Mut zu sich. Ob ich jetzt noch zurückfinde? Unmöglich. Ich muß in dem Überlagerten und Abgelenkten mich finden, im Unauffindbaren.

Sa., 15. 9. 1973

Parteilichkeit ist nicht nötig, wenn man die Sache auseinanderzulegen versteht. Wer würde sich da nicht für die Benachteiligten entscheiden? Jeder, der überhaupt hinschaut, sieht sich entschieden.

Gallistl

Ich kann immer weniger wahrnehmen und die, die ich wahrnehme, immer weniger lieben. Wenn das so schnell abnimmt, reiche ich nicht mehr aus. Dabei ist es leider nicht einmal Haß, was an die Stelle der Liebesfähigkeit tritt, sondern nichts. Ich bin einfach nicht mehr imstande, Menschen, die ich kennenlerne, ganz oder wenigstens zu einem Teil wahrzunehmen. Also vor allem die Vorzüge dieser Menschen. Jeder Mensch hat diesen oder jenen Vorzug. Das weiß ich auch. Das kann ich mir auch sagen. Das sage ich mir auch. Zu Hause. In meiner Wohnung. Bevor ich in die Stadt gehe. Aber sobald ich dann in der Stadt bin bei X oder Y, finde ich an X oder Y nichts mehr, was ich gut finde. Und ich muß sagen, darunter haben X und Y weniger zu leiden als ich selbst. Denn es ist quälend, andauernd nur mit Menschen umzugehen, die einem nichts bedeuten.

Die grün ausgeschlagenen Täler der Heimat!

19. 9. 1973

Es gibt, was mich betrifft, nichts Wichtiges. Ich kann essen und trinken und muß meine Kinder vorbereiten auf ihr Leben. Mehr muß ich nicht. Und es ist noch nicht sicher, daß ich das Wenige, was ich muß, auch kann. Gallistl, Gallistl, wo hast du bloß deine Gedanken gehabt. Zwei Kinder. Und ein drittes unterwegs. Welch eine dumme Freude. Das ist nicht einmal wahr. Nicht einmal das.

Der drohende Lärm der Betonmischmaschine schläfert mich ein. Auch bin ich erkältet. Im heißesten Texas. Es gäbe Gründe, sich aufs Bett zu legen. Gründe reichen nicht. Man muß es auch können.

ER hat Wochen, in denen er sich fast zärtlich mit sich selber beschäftigt. Es tut ihm dann wohl, daß er so neugierig ist auf alles, was mit ihm zu tun hatte und hat. Er sucht dann z. B. Schriftstücke zusammen aus möglichst vielen Jahren und untersucht, ob in seiner Handschrift irgendwelche Veränderungen festzustellen sind. Erschreckend glaubt er zu erkennen, daß die Rundungen zunehmen. Die Ober- und Unterlängen nehmen ab. Seine Schrift verwandelt sich immer mehr in einen Brei. Eigentlich sehnt er sich nach hochfliegenden, fast bösen Bögen, nach tief gestochenen Unterlängen. Er wirft die Schriftstücke weg und versucht sich im Garten durch Umgraben abzulenken.

Fr., 21. 9. 1973

Mädchenleben

Das Zürn-Mädchen, das sein Unglück hochmütig trägt. Keinen Kontakt darüber. Keine Bemerkung. Sirte verzichtet so, daß man es nicht merken soll. Kein Geld usw. Sie lebt, als sei Zürn längst ruiniert. Immer wieder kommt er auf ihre Entbehrungen. Die andere schweigt noch viel vollkommener. Sie kräuselt nur die linke Hälfte ihrer Oberlippe und zieht ein wenig die rechte Augenbraue in die Höhe, gleichzeitig aber.

Wenn das Leben leichter fiele. Als hätte man plötzlich, wenn auch nur für eine begrenzte Zeit, sagen wir: 2 Jahre, die doppelte PS-Zahl oder das doppelte Einkommen oder einfach Erfolg, 2 Jahre ohne jede Überanstrengung, 2 Jahre fragloser Bestätigung … Wahrscheinlich möchte das jeder, deshalb gibt's zu wenig davon, deshalb werde ich diese 2 Jahre nie kriegen. Von diesen 2 Jahren könnte ich dann sogar den Rest der Zeit noch leben.

Von drüben: In der NZZ hat offenbar Beatrice von Matt mit überirdischer Sorgfalt den *Sturz* behandelt. In die Schweiz ziehen.

Er war den ganzen Samstag und noch den Sonntagvormittag lang mit seinem Gartenzaun und der Gartentür beschäftigt. Am besten wäre es wohl, ich stellte so genau als möglich dar, wie alles vor sich ging. Dazu entschließe ich mich, gegen die Neigung, mich über das, was da vor sich ging, erheben zu wollen, als sei ich der, der's am besten verstünde.

Wir waren eingeladen. Um den runden Tisch saßen dann vier Ehepaare. Wir waren das zweitjüngste Paar. Rechts neben mir saß die jüngste Frau. Eine Natürliche und Schöne. Der Hausherr öffnete die Weißweinflasche, Bernkasteler. Die Amerikaner, sagte er, machten den Fehler, daß sie immer die Europäer imitierten. Und dann probieren Sie mal das, was Ihnen hier als Rheinwein oder als Burgunder angeboten wird. Ich sagte zu eifrig, ich hätte schon ganz guten amerikanischen Chablis getrunken. Wir alle lobten das wunderbare Essen. Ein Salat aus Grapefruit, Zwiebeln, Avocados und Lettuce, Gemüse aus Yellow Squash, Shrimps, Reis, Weißbrot. Also bitte. Der größte Gegenstand in dem kleinen Häuschen war das riesige braune Klavier. Gleich nachdem man durch die Haustür direkt ins Wohnzimmer getreten war. Man saß an drei Wänden im Wohnzimmer und hatte die Beine frei. Neben sich oder über sich konnte man einen Aschenbecher abstellen. Aus fingerhutgroßen Tonkrügchen tranken wir Cointreau. Die Hausfrau erklärte meiner Frau die Handarbeiten. Eine Decke hatte sechs Jahre Arbeit gekostet. Eine Decke, die sie von ihrer Mutter hatte, hatte die Mutter noch viel mehr Zeit gekostet. Meine Frau und die Hausfrau unterhielten sich über diese Arbeiten, über indianische Handarbeiten und über eine Kirche, in der Schwarze besonders schön musizierten. Wir anderen unterhielten uns, von den Sprechgeräuschen der beiden Frauen gestört, über Universitäten und Literatur. Zuerst erfuhr man etwas über den Nachlaß von Remarque. In einem Versteck im Hause Remarques hätten sich 12 oder 14 Bände Tagebücher aus mehr als 20 Jahren gefunden, die Remarques Frau der Universität Tel Aviv vermacht habe, unter der Bedingung, daß diese Tagebücher noch zu ihrer, der Witwe, Lebzeiten erschienen. Die Tagebücher seien in Dialogform geschrieben. Die hiesige Universität habe sich auch darum beworben. Auch um den Nachlaß Prousts. Aber da habe natürlich eine Pariser Stelle mehr Erfolg gehabt. Deshalb sei hier spöttisch in der Zeitung gestanden, man kriege ja später, wenn man ganz Frankreich kaufe, diesen Nachlaß ohnehin. Von D. H. Lawrence sei hier mehr als an irgendeinem Platz der Welt. Ich fragte, ob DHL von hier sei. Der Hausherr tat, als habe er meine kleine Frage nicht gehört, brachte aber in seinem nächsten Satz irgendwie unter, daß D. H. Lawrence ein Engländer sei. Und von Faulkner liegt hier so viel wie nirgends sonst. Und von A. Schmidt hätte man einen Karteikasten für 20000 Dollar kaufen können und hat es nicht getan. Karteikasten für was, fragte ich, für *Zettels Traum*? Ja, wahrscheinlich. Jetzt, da er den Goethepreis bekommen habe, kriege man diesen Karteikasten nie mehr so billig. Und von Th. Mann hätte man, ich habe vergessen, was, bekommen können. Ich lobte jetzt ganz kräftig die hiesige Stelle, die diese Erwerbung aus Sparsamkeit abgelehnt hatte. Man habe drei Blätter der Gutenberg-Bibel, sagte jetzt Professor Willson versöhnlich und fügte, um meinen Ton vergessen zu machen, witzigerweise hinzu: Und eines Tages wird man sie ganz kaufen. Der Hausherr wechselte das Thema. Bölls Agentin hatte eine Böll-Lesung hier angeboten während einer Böll-USA-Reise, pro Lesung 2000 $ verlangt. Davon wußte Böll natürlich nichts, sagte der Hausherr, der auch Literatur-Professor ist. Weil zu wenig Universitäten 2000 $ pro Böll-Lesung zahlen wollten, sei diese

Reise nicht zustande gekommen. Später sei sie dann für 600 $ pro Lesung angeboten worden. Da habe man zugesagt. Frisch sei auch dagewesen. Ungemein beeindruckend. So menschlich und gar nicht pompös. Und seine *Don Juan*-Aufführung in Moskau, daß er Angst gehabt habe, wie der Bischof dargestellt werde, aber ganz im Gegenteil, die Sowjets hätten diese Figur ungemein gut und realistisch übergenau dargestellt, überhaupt sei die ganze Aufführung bewundernswert gewesen. Vom Hausherrn die launige Frage: Wie stehe ich dazu, daß Franz Kafka in seinem *Amerika*-Roman der Freiheitsstatue ein Schwert in die Hand gibt. Ich sage, weil ich, der Kafka-Experte, nicht zugeben will, daß ich keine Ahnung habe, das liegt am Expressionismus des ganzen Werks, siehe das Naturtheater Oklahoma. Dann gehen wir bald. Völlig verkrampfter Abschied. Die Frau kann mir die Hand nicht mehr geben vor Widerwillen gegen mich. Und am Anfang des Abends hatte sie uns, also auch mich, so gütig gefüttert.

Es kann bemerkt werden, daß ER jahrelang über entlegene Probleme, längst gestorbene historische Persönlichkeiten sprechen konnte, und zwar so, als handle es sich um seine persönlichen Feinde, d. h. er schimpft, wettert, ist höhnisch, scharf polemisch. Seine Zuhörer wundern sich. Er ist auch nach jedem Vortrag erschöpft. Bleich, in Schweiß glitzernd, wenn die Hände nach etwas greifen, zittern sie. Wenn man ihn fragt, wie lange er denn noch so fortfahren wolle und wann er endlich zu einer ruhigen Betrachtung übergehen wolle, sagt er, sichtbar verlegen, im Ton, in dem man um Entschuldigung bittet: Ich muß so weitermachen. Ich bin voll davon, verstehen Sie, bitte. Kann sein für immer. Verstehen Sie.

Er rannte durch die Küchentür hinaus. So, wie man zur Küchentür hinausrennt, wenn zur Haustür jemand hereinkommt, den man nicht ertragen kann. Obwohl die Umgebung dazu keinen Anlaß gab, hatte er das Gefühl, er renne tief in die Wüste.

Einsinken im Sand. Jeder Fuß mußte mit anhebender Schulter für den nächsten Schritt aus dem Sand gezogen werden. Naja. Jetzt aber: Der, vor dem er, man darf wohl sagen, weggelaufen ist, kommt ihm natürlich aus der Wüste entgegen. Aber nicht die Füße mühsam aus dem Sand ziehend wie aus einem Pappsumpf, sondern leicht schreitend. Ich hätte wirklich in der Küche bleiben können, sagte ER. So is, sagte der andere, so is bei jedem. Ich hätte wirklich in der Küche bleiben können. In der Kohlenkiste, sagte der. Gibt's ja nicht mehr. Eben. Eben. Das waren noch Zeiten. Da hätte so etwas nicht passieren können.

Immer wenn eine Brücke beginnt, singt der Beton. Bill macht mir eine neue Manschette an den Auspuff und will dafür kein Geld nehmen. There is no charge. Also nur Trinkgeld. He's awfully sorry und macht es gleich. Die neue Manschette (bracket) ist raffinierter als die vorige.

Wie das wieder untergeht
wie das wieder sinkt
wenn der Sturm von Osten weht
und die Grube stinkt.

Ach die Schmerzen die ich leide
sind so groß nicht mehr
wie sie waren als wir beide
liebten ohne Gegenwehr.

28. 9. 1973
Am 26. nach Houston. University of Houston u. Rice University.

Wie sich die Räume dehnen,
wenn ich denke. Endlich darf
von mir aus ein Gentleman passieren.

Die Wände biegen sich, die Decke drückt,
kein Lächeln hat Platz, aber reglose Wut.
Geheimnisse, die über einander gestolpert sind,
liegen am Boden und wirken, als warteten sie
auf mich. Wenn ich mich bückte,
wär ich verloren. Ich bücke mich.

Mädchenleben

Die 14jährige brüllt, daß sich die 16jährige endlich für etwas anderes als Hunde interessieren soll, und schreiend zählt sie auf, was sie von den 16jährigen rundum gehört oder gesehen hat, Sirte hört sich das alles an und geht dann. Wie oft sie Schläge bekommt von der jüngeren Schwester.

Sie hetzt nur noch. Und wenn der Vater sie bremsen will, weil er sieht, was er angerichtet hat, heult sie. Sie rast mit dem Rad in die Schule, einen schweren Bergsteigerrucksack auf dem Rükken, gefüllt mit Büchern. Immer zuviel, immer mehr, als sie braucht. Aber sie hat Angst, immerzu Angst. Und keine Zeit. Keine Zeit. Und sie verbraucht kein Geld, weil der Alte so oft gejammert hat. Wenn sie verschwunden ist, erfährt man erst, daß er 200000 auf der Bank hat und ein paar andauernd steigende Immobilien. Aber das ist nicht kritisch: Er wird völlig trostlos dadurch. Er hat alles kaputt gemacht aus Angst, er könnte einmal zu wenig haben; aus Angst, jemand könnte etwas über ihn zu bestimmen haben. Aus Angst vor Abhängigkeit unterwirft er sich und seine Familie schlimmen Bedingungen.

1. 10. 1973

I'll be right with you.

Sa/So: 393 km, 246 km ein Weg, Corpus Christi. Hin über die 35, San Marcos ab, dann 123, dann 181, dann mehrere steile Bogenbrücken auf das Padre Island. Übernachtung Monterey 2 mal 2 Doppelbetten 31 $, Reiten für 5 mal 3 $, Rückweg über 181 –

80 – 183. Alissa schaute vor allem nach Haien und Tornados, immer mit ein wenig Angst in der unbekannten Fremde, wo man Wolkenbildungen nicht kennt, das Wasser nicht kennt. Unser Motel hat zu Bar-B-Q ein Chicken oder Fisch. In der Bretterhütte warf die Frau hinter der Theke die panierten Fischlappen, die auf dem Tisch gehäuft lagen, in die Fritture. Draußen, neben der Hütte, briet der Mann die Hühnchen. Wir hatten zum Glück schon gegessen.

Die in der Boutique hatte an der gelähmten linken Seite eine verkrampfte und etwas verdrehte Faust, aber Ringe an den Fingern, die so zusammengekrampft waren, als wären sie noch nie geöffnet worden.

Die Männer in ihren ungeheuren Autos fahren langsam an den Schulen vor und liefern ihre Fickfrüchte ab, dann fahren sie langsam weiter in ihre übergrünten ebenerdigen Kleinvillen und Villen, an jeder Straßenkreuzung halten alle von allen Seiten, rucken langsam an, gleiten weiter, alles findet im Zeitlupentempo statt, es gibt keine jähe Bewegung, alles findet eigentlich statt, als geschehe es unter Wasser.

Die Perspektivlosigkeit der BRD wirkt sich aus auf alle Äußerungen von Intellektuellen. Wir hätten sofort Perspektiven, wenn wir in Schweden, Frankreich oder Italien lebten. Die Verabsolutierung der BRD-Perspektivlosigkeit führt zum dogmatischen Quietismus, zum Quietismus als Dogma.

3. 10. 1973
Mein Mund will sich öffnen
ich spüre das rechtzeitig
ich laß es nicht zu
ich weiß, er will schreien.

[redacted]

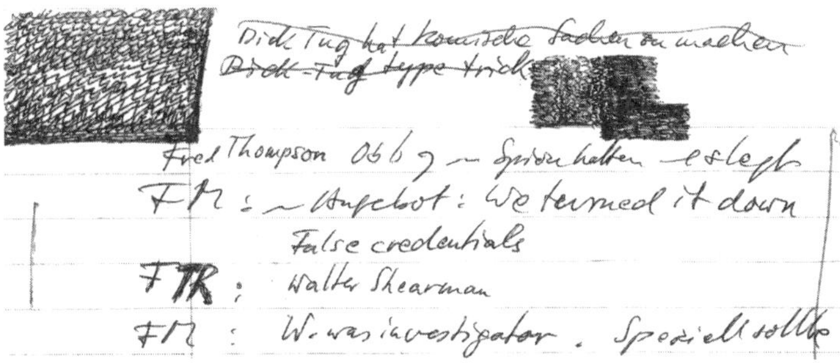
Dick Tuck hat komische Sachen zu machen
Dick Tuck type tricks [redacted]
Fred Thompson Ob 6 9 – Spione hatten – erlegt
FT: – Angebot: We turned it down
False credentials
FTR: Walter Shearman
FT: W. was investigator. Speziell sollte

Ch 9: Watergate Hearing

Executive privilege. Daß Nixon die Tapes nicht aushändigt.

Not to my knowledge.

Dirty tricks and espionage.

War nie voher Eisenbahn gefahren und mußte jetzt mit dem Zug nach CA.

Diesmal zwei junge Anwälte: hochmodisch, gesäumtes Revers.

Hätten Sie das ohne die hohe Bezahlung gemacht?

Hätte ich mir leisten können.

Graduated in one of the best colleges of the country, served your country in Vietnam, you had a career: then why?

Er hat sich das oft gefragt, keine Antwort.

That's one of the benefits which this hearing …

This committee has done its job in cleansing the political system, aber wenn es fortfährt, größte Desillusion … It's a question of balance.

Baker: American politics a bag of dirty tricks?

Die Herren Senatoren sagen mit bebenden Stimmen, wie unverständlich es ihnen sei, daß ein junger, gut aussehender, intelligenter Anwalt so was tun konnte. Wenn er alt, häßlich und weniger intelligent wäre, würde sich also keiner wundern bzw. darf man sich über nichts wundern.

4. 10. 1973
The Wild Bunch von Peckinpah: Rock Hudson, Borgnine, Robert Ryan.

Cyclops Gotham Inc.

Dein Geburtsort, Biddie, in Texas, ist nur eine Manschette für eine Straßenkreuzung.

Komisch was kommt
daß ich es nicht sagen kann
ist das Schreckliche
stumm schau ich auf
zu denen, die jetzt
den Mund aufmachen
und sprechen.

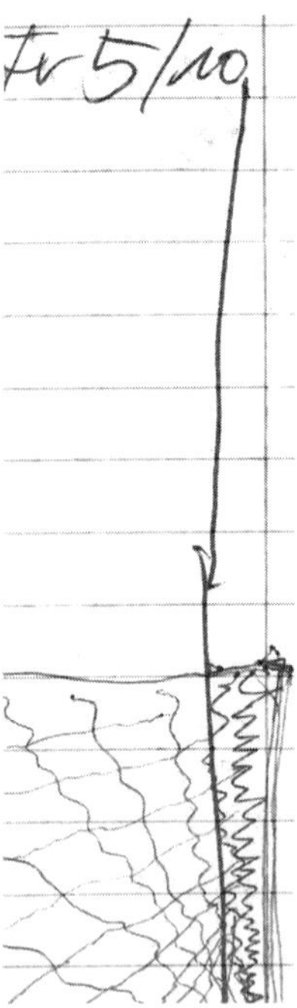

Fr., 5. 10. 1973
The Wrecking Crew: Sharon Tate, Elke Sommer, Dean Martin.

Glaub nicht was du siehst
jeder Tritt wie auf Wörter
sie können nur steigen und fallen
bleiben können sie nicht
und sind ausprobiert
aber spuck sie wenn du dran denkst
wer sie im Mund gehabt hat nicht aus.
Es wird regnen frieren.
Wenn schon Weisheiten im Eis
dann wärmende. Wir haben ein Recht
auf freundliche Laute oder Schweigen.
Wir sind alle Archäologen.
Gräber bringen Glück
Vögel ziehen uns die Zähne

es gibt Gesang. Mein Interesse sei
zurückzubleiben.
Immer klopft etwas. Die Flußbiegung
begradigt sich. Zusammenzählen
Licht und Schatten. Ich kann die Tür
nicht schließen. Ich wär ruhiger
wenn ich das Geräusch des Schließens
in meinem Kopf gehortet hätte heute nacht.
Angst, daß der liebe Gott eintreten
könnte. Ich habe eine Klammer
ums Herz. Heiße Schläge fallen.
Es schneit uns in die Augen. Wenn
der Film aufhören würde, wären
wir sehr ungehalten. So gibt's viel.
Manchmal fällt etwas vom Dach.
Das Klirren gehörte nicht zum Regen,
das war der böse Mann, den ich
eingeladen habe, weil ich nicht
an ihn glaube. Ich mache immer
den Fehler. Etwas muß man glauben.
Das entnimmst du jedem Leben.
Du kannst den Nachmittag
verbringen. Hände klingen auch. Neue
Kleider klingen. Der Bart wächst in
den Sommer und fängt an zu erzählen.
Ich werde nichts drehen. Nur verschweigen.
Obwohl ein Insekt mein Bein herauf
kriecht
schweige ich. Das Schweigen wird
vom Wasser geschmückt. Der Haß hat
Betriebsausflug. Eine Rede geht
den Weg hinab. Beim Bäcker liegt
ein Toter. Ich trage leichte Schuhe.

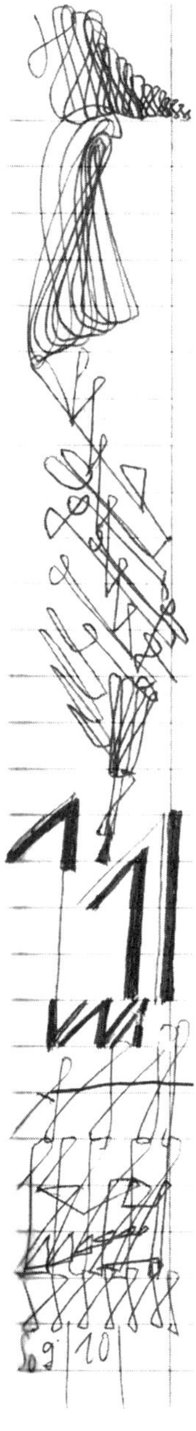

Es zischen Verirrte. Gehorsame schlagen.
Ich bitte dich, ruf du, wen du magst.
Verlangt wird nichts. Anstrengung macht schwarz.
Dann folgt sofort ein Hohn, eine
Beerdigung, eine Fernsehanstalt, eine Menge
Geld und Bilder. Es ist summierbar.
Ich zähle nicht. Ich mach den Blumen Platz.
Die haben das Wort. Du wirst schon sehen.
Also bitte, es ist nicht anders, als wenn
die Maus in der Zeitung raschelt
sie hat Angst oder Hunger
und macht etwas falsch
oder richtig aber daß sie
die New York Times gelesen hätte
kann man später nicht sagen.

Mädchenleben

Als sie den Fahrradschlüssel verliert und er das Schloß nicht wegbringt, weil er so unpraktisch ist: das ist ein tiefer Grund für alles, seine Unfähigkeit, etwas zu machen. Immer die Unfälle, wenn er etwas in die Hand nimmt. Als wäre er hier nicht zu Hause oder könnte sich überhaupt nicht vermitteln. Gleich schafft er die Bedingungen zu Feindseligkeiten gegen sich. Die Todesangst beim Rasieren. Die vollkommene Unsicherheit.

Wie sie alles spart. Nicht aus Religion, sondern weil er immer über das Geld jammert.

Dann strömten sie wieder zusammen, nach und nach aus den Zimmern. Die unlösbaren Aufgaben in den Händen voller Verzweiflung und weinend, weil sie sich schuldig fühlten. Und einander ansteckend. Die Schwäche wurde immer größer. Was hätten sie tun können. Die Entmutigten.

So., 7. 10. 1973

Jetzt sind es 3 Jahre, daß ich nur noch ab und zu etwas rauche. Ich bin kein Nichtraucher. Ich bin kein Raucher. Es ist wie mit allem. Im heißen Sand weiterkriechen. Ich bewundere jeden, der den Mut hat. Das ist das Positive bei mir. Ich lache nicht über Entschlossene.

Alissa leidet am meisten: Ich habe es euch ja gleich gesagt, daß es mir hier nicht gefallen würde. Sie hat nach jedem Essen wieder Hunger. Sie frißt ihren Kummer.

Das Leben verliert, wenn es nicht mehr gefährdet ist, rasch seinen Sinn.

Mädchenleben

Die krankhafte Zeit des Herrn Zürn, als er immer beschmutzt heimkam und keine Auskunft geben konnte. Seine Frau ließ ihn beobachten und erfuhr, daß er das selber tat. Oder sie beobachtete ihn und sah das. An der Art des Drecks erkannte sie, wo er sich immer beschmutzte. Sie sagt das dem Erzähler, weil sie Angst hat, ihr Mann könnte wieder von so etwas beherrscht sein. Sie hat dieses Sichselberbeschmutzen damals nicht verstanden. Sie hat nie mit Herrn Zürn darüber sprechen können. Es ist das Furchbarste, was sie in ihrem Leben erlebte, wie er sich die Kuhfladen ins Gesicht schmierte. Und was das heißt, bei seinen krankhaften hygienischen Gewohnheiten, der in Schreikrämpfe verfällt, wenn eine Frucht ein sumpfiges Pünktchen hat. Weil es für ihn so schlimm sein mußte, deshalb konnte sie nicht mit ihm sprechen. Aber sie mußte jedesmal einfach losheulen, wenn er heimkam. Und die Kinder? Sirte heulte leise und hoch mit. Karla versteinte. Ihre Augen wurden ein wenig enger.

Ch 19: Professor Szasz.

Nach Rüstung ist Mental Health das größte Geschäft in Amerika. You don't believe in free enterprise, das ist seine rhetorische Frage, mit der er immer alle schlägt. Einer der sich umbringen will. Polizei soll nur ein Tuch spannen, um Passanten zu schützen, wenn keine Passanten, kein Tuch. You're not very friendly. I don't try to be friendly, just clear …

10 p.m. CBS. News get good taste.

8. 10. 1973

Das Bürgertum hatte seine Mythologie fast fertig. Ganz fertig wird keine Herrschaft mit ihrer Mythologie. Wenn sie fast fertig wäre, fangen die Fortgeschrittensten längst an, sie zu zerstören, und das bedeutet auch, daß die Herrschaft selbst sich schon zu zerstören beginnt. Das heißt, Teile der Herrschenden lernen von den Beherrschten, arbeiten mit denen zusammen. Sie reißen aus den mythologischen Arrangements zuerst die Partien heraus, die der Rechtfertigung dienen. Also dauert die letzte Zeit solcher Herrschaft unter immer geringer werdender Rechtfertigung an.

Nietzsche: Hat man Charakter, so hat man auch sein typisches Erlebnis, das immer wiederkommt.

9. 10. 1973

Es ist eine Frage der Sympathie, vielleicht. Ich weiß, daß mir die Leute in den USA so lieb sind wie die Leute in der UdSSR. Und es gibt in den höheren Rängen beider Systeme die, die ich nur ertrage, wenn mir ein Freund ihr Dasein erklärt. Soll ich den Mund so voll Leere nehmen wie Kollege Sowieso. Als Humanitätskommissar will er die Entspannungspolitik überwachen, daß sie nicht auf Kosten der Intellektuellen gehe.

Wie angenehm ist es, Senator Fulbright zuzuhören. Er sagt das, was Kroetz meint, so, daß man zustimmen kann. Da es sich um eine Frage handelt, die mit den Mitteln der Politik gelöst werden muß, spricht er die Sprache, in der die Frage lösbar ist, die politische. Kroetz empfindet und bekennt. Das überzeugt nur Überzeugte. Fulbright argumentiert. Er macht es zu einer Sache der Vernunft, sich nicht in die Angelegenheiten anderer Länder zu mischen; auch nicht mit den besten Absichten; weil dadurch viel mehr Böses bewirkt werden könne als Gutes, Imperialismus zum Beispiel. Man müsse es schon der UdSSR selbst überlassen, wie sie mit ihren Intellektuellen verfahre.

Mi., 11. 10. 1973
Nach einer unvorstellbar langen Zeit wird alles geschehen sein.

Do., 12. 10. 1973
Das Buch: Der männliche Herr.
Unter einem weiblichen Pseudonym.

Mädchenleben
Zürn zum Erzähler, nachdem er ihm die Photos geschenkt hat und schon wieder betrunken ist: Wenn von uns nichts bleibt als ein paar pornographische Photos, das genügt. Zuerst hat er Angst, daß Sirte eines gesehen haben könnte. Es stellt sich heraus, daß er überhaupt alles ins Sexuelle transformiert. Die Ausstattung seines Zimmers. Die ungeheure Ausgearbeitetheit dieser Photos. Das sind Inszenierungen. Und mich, den Erzähler, braucht er als seinen Zeugen.

In einem anderen Rausch will er, daß ich mit seiner Frau schlafe. Sie muß einmal gedemütigt werden. Beleidigt. Er will sie beleidigen und weiß nicht, wie. Auf eine schöne Art nämlich.

Das feuchte Zischen eines Blitzes, der umwerfende Donner.

Watergate

Richard Stearns, McGovern, Fred Thompson, Minority Counsel.

Are ethical considerations involved? Are you aware of any fake invitations?

No, Sir.

Baker: Are there other questions?

Assistant: Waren Sie dabei, oder wie hätten Sie reagiert, wenn Sie dabeigewesen wären?

Ich spekuliere hier nicht, was, wenn es gewesen wäre, gewesen wäre.

Decency can't be legislated.

Fake leaflets, telephone calls.

Your background?

C A University, Journalism and Law.

Practiced law?

Peace Corps Latin America. Robert Kennedy Press Secretary 1968.

The attack should come from the left «our next go» …

Why not a black vice president?

Ob sie auch einen Spion hatten oder überlegt haben?

Ein Angebot. We turned it down. False credentials.

Could you be more explicit?

The dirty trick approach.

Other dirty tricks?

Fake calls, daß der Senator heute nicht kommt usw.

Radio-Stationen wurden angerufen und fehlinformiert.

Miami: The lobby filled up with people, kühn angezogen, even for Miami Beach, provoking a conflict with the police.

Hippy dressed. Break into Ohio Headquarters. Und die waren schon vorher von den anderen gekauft: Die anderen wußten also alle, welcher Art die waren.

13. 10. 1973
«Alterswerke»: *Wilhelm Meisters Wanderjahre, Faustus, Der Bau.*

Flectimur non frangimur.

Es ist nicht nötig, mir recht zu geben, auch Zeit soll nicht aufgewendet werden, und glauben darf man nicht, was ich sag, so.

Die drei Sänger: der Schwarze aus dem Zuchthaus, Lead Belly, der blinde Jörg Graf aus Nürnberg, der Wanderarbeiter Joe Hill.

Nürnberg, *Sauspiel.*

Im Zuchthaus regelmäßig Sängerwettbewerbe, für den Vorsänger bei der Arbeit: das war wichtig. Und die strengten sich an, weil sie dann nicht arbeiten mußten, sondern singen durften. Jörg Graf weiß, daß es sich um Ausbeutung handelt. Er hat genug gelernt bei den Täufern. Aber er singt wieder. Und er weiß nicht, daß die ausgemacht haben, jeden, der sie durch Singen antreiben wird, umzubringen.

Aus Müdigkeit wird Ernst.

16. 10. 1973
An increasing amount of job dissatisfaction.

There's a great paranoia.

17. 10. 1973
Verzichten bzw. mit den Zähnen knirschen.
Es ist etwas übriggeblieben, aber kein Gesang.
Der Mund geht schwer, ein Werk.
Knirschend also in die kalte Sonne.
Kein gutes Brot mehr. Pfennig um Pfennig trifft ein.
Wundere dich nicht, daß du nicht singst jetzt.

Die sich brüstende Empfindlichkeit. Daß er es ist, der merkt, daß andere diesen amerikanischen Jungen ungerecht einschätzen, er aber ist feinfühlig genug, ihn gerecht einzuschätzen. Wäre es nicht genug gewesen, ihn gerecht einzuschätzen, ohne das uns noch mitzuteilen?

22. 10. 1973
Mädchenleben

Frau Zürn: Furchtbar, wie Herr Zürn sich wieder in ein Baby verwandelt. Der 1-Zentner-90-Mann auf dem Rücken liegend, wieder mit den Beinen strampelnd und lallend. Das öfter am Morgen, wenn er aufstehen soll. Und nimmt den Daumen. Und das hat Sirte einmal gesehen oder öfter gesehen und gehört.

Sirte ißt nur mit dem Löffel. Frau Z. steigert sich in verzweifelte Weinkrämpfe, weil Sirte am Frühstückstisch sitzt, unansprechbar, alles in sich hineinstopft, dann hinausrennt zum Rad. Den Löffel benutzt sie, weil mehr draufgeht, sagt sie.

23. 10. 1973
Bärah Vöhringer schreibt, Ingeborg Bachmann sei tot.

Nixon will hand over the tapes tomorrow, Mittwoch.

24. 10. 1973
An impeachable offence, a new special prosecutor.

Elliot Richardson, former US Attorney General, glaubt, dem Land besser dienen zu können durch resignation. Sätze aus dem Schulbuch fürs Schulbuch: The constitutional impasse, the verified record, gegen impeachment, weil Nixon die internationale Krise so fest in die Hand nahm, das sei eine Frage für das amerikanische Volk, weil es für diese Frage kein streng leitendes juristisches oder moralisches Gesetz gibt.

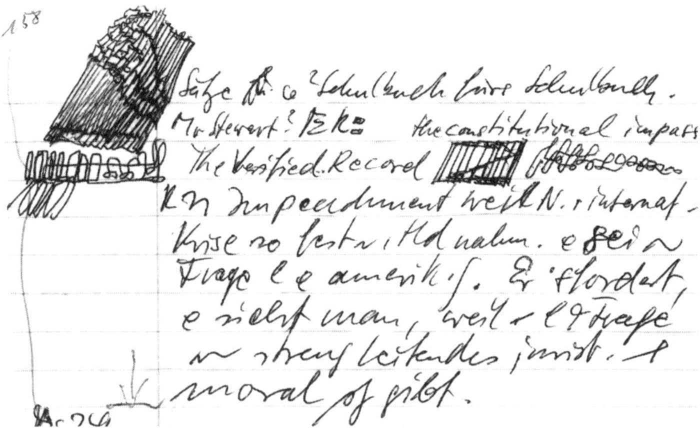

24. 10. 1973

Ein Stück über den Negersänger Lead Belly, das davon lebt, daß der Schaupsieler kein Neger ist; er schminkt sich die Hälfte des Gesichts und einen Arm oder eine Hand schwarz. Kann nicht so gut singen wie das Original. Übt das. Muß das üben. Und die Erfahrungen nachspielen. Und wie er dann Lomax umbringen will. So wie sie uns umbringen müssen, wenn wir ihnen nicht wirklich helfen können.

Mädchenleben

Herr Zürn: Ein Mann, der bei der Arbeit pfeift, ist sexuell erregt, er will mit dir schlafen.

Sie: Du spinnst.

Der Erzähler: Als Untermieter erlebt man wunderbare Dinge. Am schönsten, daß man etwas erlebt, was man nicht zu verantworten hat.

Republican James Wright, Texas: In 184 Jahren nur ein Impeachment gegen den Präsidenten, elf gegen Officials.

So., 28. 10. 1973
2 mal 210 Min. 26., 27., 28., Houston – Galveston, Island Searama: Killer Whale, Alligator Wrestling, Snake Show, Boa Constrictor, Rattlesnake, Cobra, Noke's Arch Show.

In Giddings bei Schubert gegessen für 11 $. Übernachtet 2 Zimmer für 31 $. Die Nacht vorher im Howard Johnson, Houston, für 44 $, an der Katy-Rd. neben der IS 10.

Die Witze des Showteams aus TV-Tradition: Der Alligator und der See-Elefant haben schlechten Mundgeruch.

Auch wenn du mich fragen würdest nach meinem Namen, ich wüßte ihn nicht.

Die großen Ranches zwischen Prairie View und Brenham oder gar Giddings.

30. 10. 1973
Auf zum Jagen

Etwas Dunkles schwamm in meinem Drink und tauchte, als ich es wollte, unter. Beispiele werden vor die Tür geschickt, mir reicht's, o weh, daß man schweigen kann. Eine Drohung hängt eigenartig, wie lange noch? Zeit zum Studieren? Wenn man das immer wüßte, wären alle studiert. J. G. Gallistl wird Ihnen alles sagen. Ich sehe zur Zeit ein Stück in Amerika, das mich verdirbt. Heil dir, Richard, heil Spiro dir, ihr bringt den Anstand der Brüder zum Leuchten. So anständig zu sein, seh ich, entstellt. Heil Richard, heil Spiro dir, and I mean it, unter den Gerechten dieser Welt ist kein Platz für uns, wir sind erkannt, jeder weiß, woher das Geld kommt. Kickback, bribery, tax evasion, heil euch, Genossen, spürt ihr, wie angenehm die Schande schmeckt, bleibt, bitte, unverständlich, erklärt nichts, blutet.

Die Hand, die mir gereicht wird, bleibt leer. Bevor sie eingeschaltet werden, geh ich unter den Lautsprechern spazieren. Ich nehme ungeheure Formen an. Our loss is your gain. Your loss is our loss. Thanks lot.

Extra Pain Reliever, relieves Pain fast.

1\. 11. 1973

Ingeborg Bachmann
Wink der Idiotin mit dem Bleimund
und Fleischfelsenkinn, ausdrucksvoll
objektiv: hier ist eine gestorben
die unseren Feinsinn teilte und
weiter ging. Wer war denn nicht ihr Freund.
Also gut. Also gut. Also gut.
Persönlich sag ich, sagt jeder, jetzt
werden die Tage noch schneller
vergehn. Aber bitte. Aber bitte.
In meinem ältesten Anzug geh ich
glaub ich zu ihrer Beerdigung
und schau: meine Anzüge alle
sind neu und würden objektiv
ausdrücken, wo ich noch überall
hingehen will nach der Beerdigung.
Rasier dich oder rasier dich nicht
du wirst dein Gesicht in die Zeitung pressen
die dir Veronika reicht.

2\. 11. 1973

Die Leute zerfallen in solche, die hier notwendig sind, und solche, die nicht hätten zur Welt kommen müssen, und zwar ihrem eigenen Urteil nach. Ich weiß nicht, ob es für die, die sich hier für notwendig halten, eine Instanz gibt, die sie von dieser Überzeugung abbringen oder wenigstens daran zweifeln machen kann. Für die, die glauben, sie hätten nicht zur Welt kommen müssen, gäbe es eine Instanz: die Welt. Sie müßte ihnen sagen, daß sie hier gebraucht werden, dann würden sie es nur zu gerne glauben. Sie haben ja das Urteil, dass sie nicht zur Welt hätten kommen müssen, auch von der Welt. Und haben so sehr daran geglaubt, daß sie es zu ihrem eigenen Urteil gemacht haben.

3. 11. 1973

Ich muß vor die Tür und lächeln, dreimal täglich. Zwei Häuser sind aufgestellt und reich besetzt, um beobachten zu lassen, ob ich dreimal vor die Tür komm und lächle.

4. 11. 1973

Gestern in New Braunfels, Wurstfest in der Wursthall.

Gallistls Verbrechen

Daß er über seine Unvorbildlichkeit schweigt. Daß er nichts entwickelt gegen sich, obwohl er nicht mit sich einverstanden ist. Daß er so viel von sich verlangt, ohne es wirklich zu verlangen. Daß er wie alle ist und doch ganz anders angesehen werden will als alle anderen; aber auch darin ist er wie alle. Aber die anderen arbeiten für andere, er arbeitet nur für sich selbst. Das ist sein Hauptverbrechen: Selbstverwirklichung zu einer Zeit, in der alle anderen auf sie verzichten müssen. Er scheut die Entfremdung wie den Tod, wechselt von einer Beschäftigung zur anderen, und überall verdirbt ihn die Auffassung von der Konkurrenz.

Daß es Staubstürme gegeben hat in meiner Kindheit. Die zwei einander an der Linde kreuzenden Hauptstraßen des Dorfes und eine dritte zur Linde führende Straße waren schon geteert, aber die Wege waren noch offen. Von ihnen muß sich der Staub erhoben haben. Sind die Schmerzen, die ich jetzt habe, nicht einfacher zu haben als die damalige Schmerzlosigkeit?

Gallistls Verbrechen

Die Verdammten. Sonntagnachmittag, der Vater im Sessel vor dem TV, aber nicht darauf konzentriert, die Mutter und die Kinder gehen abwechselnd hinaus und berichten dann. Der Vater im Sessel so, daß er in den Himmel hinaussieht, also gynäkologisch liegend, er sieht keine Häuser, Nachbarn, Gegenden, sondern den Himmel, durch den ein Flugzeug sich senkt. Er fragt sich, ob draußen ein heftiger Wind weht, der einem, der übers freie Feld geht, die Haare von hinten nach vorne weht, dem Gehenden die Haare vorausweht, was immer ein bißchen apokalyptisch bzw. komisch aussieht. Was die Familienmitglieder berichten, beweist, daß der Vater es ist, der diese Familie in die Verdammnis gebracht hat. Die Mitglieder sollen nur beobachten, keinen Kontakt suchen. Der Vater schildert, wie Kontakte sind, wie Menschen sind, er gibt sich dröhnend recht: Wer, bitte, möchte da noch Kontakte haben.

5. 11. 1973

Mädchenleben

Wie Herr Zürn entdeckt, daß Sirte keinen Geruchssinn hat, und wie niemand wagt, ihr das mitzuteilen. Er macht immer stärkere Geruchsexperimente, bis zur Stinkbombe.

Unter dem Einsatz aller Kraft, mit zunehmender Verkrampfung der linken Seite und kaum mehr hinzunehmenden Schmerzen bastelte er in jahrelanger Arbeit aus unzähligen Streichholzschachteln und Streichhölzern ein riesiges, d. h. 2 ½ m langes Schlachtschiff. Wenn er es jemandem zeigte, rief er andauernd: Nicht berühren, bitte. Tatsächlich hätte man mit einer Zeigefingerkuppe sein Streichholzschachtelschlachtschiffwerk umstoßen können.

Die schlimmste Wirkung des Kapitalismus auf Menschen: daß man glaubt, alles, was man bezahlen könne, gehöre einem.

Gallistls Verbrechen

Daß mir eine schülerhafte Aufgabenlösung am nächsten liegt, kann ich nicht bestreiten. Niemals wird man mich dazu bringen zu glauben, ein katholischer Geistlicher könne lügen. Umwege, so weit, daß man nicht zurückkehrt auf die Hauptstraße und sogar vergißt, daß man abgebogen ist. Wenn man lange genug dem Nebenweg folgt, wird er der Hauptweg. Und abends ist man um so erschöpfter, je länger alles gedauert hat. Die Ansprüche schrumpfen schnell. Da sie riesig waren, muß man sich nicht wundern, wenn auch nach Jahrzehnten etwas übrig ist von ihnen.

Wie schnell wir wieder tief im November sind. Trotz Sonne und Baden. Modisch könnte man sagen: Jeder Augenblick ist wie das Ganze. Das Ganze besteht aus lauter verzischenden Augenblikken. Kein Wunder, daß du bei dieser Geschwindigkeit glaubst, es handle sich um einen Sturz.

Mädchenleben

Sie kommt immer wieder herunter und fragt, ob sie das Licht im Gang ausmachen dürfe. Warum? Weil es in ihr Zimmer scheine. Mach doch die Türe zu. Hat sie. Also wie? Unten durch, durch den Spalt zwischen Tür und Schwelle. Herr Zürn geht hinauf. Ein rasiermesserfeines, ein haarbreites Lichtstrichchen. Er legt sich auf ihr Bett. Man sieht von dem Strich etwa ein Fünftel, also 20 cm. Man muß schon hinschauen, um ihn überhaupt zu sehen. Macht es euch etwas aus, wenn das Licht im Gang gelöscht wird? Nein. Also, dann mach's doch aus. Herr Zürn: Ich sage nur, es sei gefährlich, eine solche Empfindlichkeit zu züchten. Du kannst nirgends in der Welt sein, ohne daß Licht in das Zimmer fällt. Du kannst nicht auf die Straße rennen und schreien: Macht die Lichter aus, macht in der ganzen Welt die Lichter aus, sonst kann Sirte Zürn nicht schlafen. Du wirst also erbittert liegen und die paar Lichtflecke an deinen Zimmerwänden anstarren und nicht schlafen. Eine Nacht um die andere. Bis du zusammenbrichst. Verstehst du! Und das habe ich zu verhindern. Deshalb muß ich darauf bestehen, daß das Licht im Gang anbleibt und du dich nicht auf dieses Lichthaar hier konzentrierst. Aber wenn ihr ins Bett geht, macht ihr es aus? Ja, natürlich, wir lassen ja nicht die ganze Nacht das Licht brennen. Gut. Danke. Und ging. Und er ging auch. Aber er ging aufstöhnend, sie ging stumm.

6. 11. 1973
You have a church preference?

7. 11. 1973
Wie ich wieder auf Weihnachten zugehe, meine Augen leuchten photographierbar, täglich dichter ein Kokon aus Musik und Dunkel, das von Kerzen stammt, der Weg in die Kirche geht abwärts.

Di 6/11
You have a church preference?
Philip Heller, 19 2 Käppchen working for the reelect the President Committee
I'm going to show you a leaflet
N. is treyf ≈ not cosher ≈
a lot of those people are from the old country
against Albert Spiegel's support (e Nixon)
MH war 'Democrats for Nixon'-Office
Board of Rabbis of Southern CA
I'm a registered Democrat
(D! primaries I was a statewide coordinator
dann Dem-for-Nixon-Campaign

Gyges und kein Ring

Mit einem Gastarbeiter, der sich dann vertreten läßt. Das Partyproblem bzw. daß einer allein nichts besitzen kann, er braucht, damit er etwas davon hat, andere. Die Aufhebung des Besitzes oder die natürliche Sinnlosigkeit des Überflusses. Nur der Mangel hat zum Besitz geführt, nicht die Arbeitsteilung. Zu Besitz und Familie. Einer hat einem etwas weggenommen. Zwei haben anderen etwas weggenommen. Dann sind sie eine Familie.

Mit Fleiß kein Preis

Ächzend vor ununterbrochener Tätigkeit. Wenn ich mich gleich ins Gras gelegt und auf Gesang wie auf Vögel gewartet hätte, wäre ich besser dran, ich hätte entzückt.

Immer sehe ich die Sonne nur untergehen, aus Gewohnheit werde ich müde und frage nicht nach.

An einem schwülen Novemberabend des Jahres XY wurde Abilene Biddie Carolyn Montgomery in Giddings geboren.

Arthur Penn: *The Left Handed Gun.* Mit Paul Newman.

William Bonnie: *Billy the Kid.* Billy: I might look over some words (als er die Bibel doch nimmt).

9. 11. 1973

Für Nürnberg, *Sauspiel.*

Jörg Grafs Lieder werden schlechter, seit er sie nur für andere macht, die ihn beherrschen.

Wenn ich den Hasen fing
mit bloßer Hand
wenn ich zur Quelle ging
und dich dort fand
das war schön

mein Gott war das schön
aber sogar die Sonne muß untergehn
aber sogar die Sonne muß untergehn.

Austin ab 12 Uhr 15, Houston an 1 Uhr.

Are those propeller planes pretty safe? Fragte mich ein junger Reisender.

Convair 600, 6 emergency exits are provided. An den Motoren des aus Blechflicken zusammengesetzten Flugzeugs frische Rolls-Royce-Zeichen.

Von unten sind die Wolken schwarz, von oben weiß.

10. 11. 1973, New Orleans.

Ich seh zur Zeit ein Stück in Amerika, heißt Gerechtigkeit gegen Ungerechtigkeit, das mich verdirbt. Hat Richard gewußt, daß er einbrechen ließ, hat Spiro, der arm war, sein Geld selber gemacht, und warum hat er, wenn er sich bestechen ließ, das, was er kriegte, nicht versteuert. Heil, Richard, heil, Spiro. Ich hätte nicht gedacht, daß es gelingt, solche Unterschiede zu machen, wie sie jetzt gemacht werden zwischen euch und euren Brüdern. Richtig abgetrennt von der Welt steht ihr da und habt nichts zu tun, als den Anstand der Brüder zum Leuchten zu bringen. So recht zu haben wie die, das entstellt.

Wenn der nebenan einmal ein Geräusch richtig deutet, weiß er bei jedem folgenden Geräusch eindeutig, was ich tue.

Ein Student und eine Studentin fahren mich durch die Stadt. Sie die Tochter eines irischen Arztes aus Michigan, er der Sohn eines Mailman. Das werde, meint sie, in Europa auch nicht oft vorkommen, daß der Sohn eines Mailman den Doktor mache. Mit den Negern gebe es immer noch Stechereien. Die einzige Lösung sei, daß sie sich allmählich in den Weißen auflösten durch

Vermischung. Das heißt, die Schwarzen müssen untergehen. Im Norden seien Schwarz und Weiß getrennt und ungleich, im Süden durcheinander und ungleich. Dann durch eine weite herrliche Gartenstadt: nur Weiße. In der Canal Street die herzzerbrechend kühn bekleideten Schwarzen. In den Schuhgeschäften sitzen sie und lassen sich von Weißen Schuhe anprobieren, solche mit sechsfach dicken Sohlen und 10 cm hohen Absätzen, und zwar kaufen Männer diese Schuhe in allen Farben. Sie kaufen alles Exzentrische. Ihnen wird das alles verkauft. Am meisten gleichen sie dann den Blumen. Sie machen hier die Hälfte der Bevölkerung aus. Der Student sagt, die Behörden der Stadt seien von der Mafia gekauft. Marena heiße der Chef, auch in seriösen Geschäften engagiert, vor allem aber in der Burbon Street: Prostitution usw.

Professor Gotzkowski erzählt, daß ein Verlag heute von einem Literaturwissenschaftler einen Druckkostenzuschuß bis zur Hälfte der Druckkosten verlange.

Da mein Leiden nicht freiwillig ist, weiß ich nichts damit anzufangen.

11. 11. 1973

B 737, 11 Uhr 59: New Orleans – Atlanta – Washington National, United Airlines.

12 Uhr 57 Atlanta: Put ahead your watches one hour: eastern time: 1 Uhr 57.

Man sitzt so tief im Flugzeug oder die Stewardessen sind so hochbeinig, daß ihr Allerheiligstes, wenn sie neben einem stehen und Kaffee oder Whisky servieren, genau auf der Höhe meines Mundes ist. Wenn ich mich konzentriere und blitzschnell zugreife, krieg ich ihr Weichstes in die Hand, bevor mich die anderen Passagiere wegreißen und überwältigen. Ich prüfe:

Die meisten haben ihre Sitzgurte geschlossen, also bis die auf sind, muß ich dran sein mit meiner Hand an ihrer Stelle. Achtung fertig los!

Atlanta, der übliche Steinhaufen Downtown der US-Mittelstadt, 6 oder 8 Wolkenkratzer, zwei davon schlanke Türme.

Was da gestern nacht auf der Bourbon Street vorbeizog, mein Gott. Und zwei, die eine Decke um sich gewickelt hatten und gegen einander standen. Und der Vater, der kleine, mit den zwei winzigen Kindern, er steppt klingend, und die Kinder sammeln. Und die Navybübchen, fünfhundert aus einer Navy-Akademie eingeflogen, um das Spiel Navy gegen Toulane zu sehen und ein paar dekorative Bewegungen zu machen. Eine Schwarze mit zinnoberroten Schuhen. Die Türen zu den Striplokalen offen, so daß man gar nicht hinein mußte.

Während der holprigen Landung in Atlanta streichelte die Frau neben mir heftig den Unterarm ihres Mannes. Je mehr es (noch in der Luft) holperte, um so heftiger streichelte sie. Er löste Kreuzworträtsel und schien weder vom Holpern noch vom Streicheln etwas zu bemerken. Ein Geistlicher mit dunkelroten Ohren. Caroline: In a jet black pants suit, made her first political appearance in Boston. Caroline wants to work with poor folks, reports Frank Caprio, the assistant director of the Robert F. Kennedy Memorial in Washington D.C. This past summer she spent six weeks in the hill country of eastern Tennessee with a film crew, helping to make a documentary movie about the lives and work of coal miners in Clairfield. In faded, patched jeans she blended inconspicuously into the film crew and, for that matter, into the population. One woman was quoted by the Knoxville News-Sentinel as saying: you would never know she's the daughter of the late President, she goes up and down these mountains just like us other hillbillies. She's just plain folks. Caroline ist 5 feet 6 inches groß, narrow waist, small bosom and sturdy, but straight and shapely legs, like most girls of her age, she goes through periodic bouts of acne, as the daughter of the former president and stepdaughter of billionair Aristotle Onassis, Caroline can hardly be expected to lead a normal life. She is still isolated because Mrs. Onassis has decreed that her children's privacy must be preserved and protected at all costs. Horses are still Caroline's greatest passion. On weekends during the season, she rides and goes fox hunting in Peapack, NJ, where her mother has a country estate. Jackie spends much time with both children, often having dinner with them in their NY apt., she can get into the same money hassles with the kids as any other parent. Hat ihr 10 Dollar pro Woche angeboten, Caroline wollte mehr und kriegte mehr. Really $ 10 was too little anyway. Caroline ist jetzt auf der Concord Academy, 40 Autominuten von Boston. Concord ist 19. Jahrhundert with quiet elm-shaded streets, wo Emerson and Hawthorne lebten. Thoreau's Walden Pond is just outside and a short distance away is the old North Bridge, where Longfellow wrote. It's a tough, no-nonsense school that demands high academic performance. Caroline seems to share the strong social conscience of the Kennedys. Heute ist Sonntag, der 11. November, ich weiß, wie die Gräber in Wasserburg aussehen, heute, 10 Tage nach Allerseelen. In der 1. Klasse sitzt eine schwarze beauty. Hier seh ich öfter Frauen sich ohne Spiegel forsch die Lippen nachziehen. Hat jemand eine ID-Card von einer Uni, deren Footballteam this weekend gewonnen hat: der kriegt eine kleine Champagne bottle.

Two nights more
like a sophomore
on the shore of loneliness
and mass.

Die schwarze beauty trägt eine gesäßlange taillierte Jacke aus altgoldfarbenem Samt mit hellgoldenen Knöpfen. Angesagt wird: To your left the famous Watergate apts., to your right the Arlington Cemetery.

12. 11. 1973
Charlottesville, Virginia, Howard Johnson.

In zweieinhalb Stunden von Washington National hierher. Abends der Diskuswerfer und Germanist Soudek, Professor Sokel und Frau, Frank Rydar, der englische Dozent mit der Nurse, die bei Freunden wohnt und für 2000 Mark Ost in der DDR ein Klavier kaufen wollte und nichts, nichts, nichts kaufen konnte, also das Geld dortlassen mußte, auf einem Konto, ihr Mann ist stiller, sie hat irgend etwas Schreckliches an den Zähnen, das man nicht genauer anzuschauen wagt. Die winzige Frau eines Psychiaters, die hier Schwedisch gibt …

Ironie, das, was man nicht beabsichtigen kann. Sokrates war ironisch. Das hat sich so ergeben, er konnte das nicht verhindern. Er hat nicht geglaubt, er wisse etwas. Dann wäre er ironisch gewesen nur im rhetorischen Sinn.

Ich, auf Reisen,
die unerschöpfliche Negativität,
ich fühle, wie meine Meinung hanebüchen wird.

13. 11. 1973
Von Washington nach Dallas. Hilde Güden singt Strauss, «Daphnes Verwandlung».

Drunten dunkle Rücken, wir fliegen hin über die Furchen eines Riesenackers, wir, ein Vogel dicht über den Furchen. Mit aller Kraft wünsche ich, meine Feinde möchten in diesem Augenblick ganz glücklich sein. Mein Hintergedanke ist: Ich entschwände ihnen dadurch. Wenn nur ihr Glück dauerte, daß sie überhaupt nicht mehr an mich dächten.

Über den *Prozeß* und über das Interpretieren.

Die Silberbänder drunten, das muß Tennessee sein.

Ravel, *Daphnis et Chloé.*

Den übernächsten Nachbarn störte the sun reflected on his tray. Crossing the Tennessee River mit Brunhildes Immolation, the Missisippi at Memphis mit Brahms Klavierkonzert Nr. 2, der Mississippi, die große Schlange, bis er im rosaroten Horizont verschwindet. Eine Dame, die gefleckt ist wie ein Straußenei.

Die *Verwandlung* kommt mir einfach vor, und doch möchte ich am liebsten gleich anfangen, sie nachzuerzählen, und zwar so, daß nicht entgehen könnte, wie sie mir vorkommt. Ich bin also nicht sicher, daß sie jedem so vorkommt. Sonst dürfte ich mich ja auch nicht äußern. Gregor ernährt seine Familie: das ist die Vorgeschichte. Eifriger als alle anderen. Nicht freiwillig. Seine Firma erlaubt keine Schwankungen, jede Jahreszeit hat gleich günstig zu sein für den Artikel, den er anbietet. Von diesem Artikel erfahren wir so gut wie nichts. Gregor ist eifriger als die anderen Vertreter, und wenn er müde heimkommt, beschäftigt er sich mit Hobbys, über die er in seinem Alter hinaus sein müßte, oder er sitzt im Familienkreis, zwischen den rasch verfallenden Eltern und der Schwester, der er bald das Musikstudium bezahlen wird, vielleicht schon ab Weihnachten. Da erwacht er also als Käfer. Ist ja gar nicht wahr. Es kommt ihm zwar so vor. Von hier an muß man sich an den Rhythmus der Geschichte halten.

Weißes Wolkengeröll über Texas. Ich bin schon froh, nach Texas zurückzukommen, wie wenn ich nach Hause zurückkomme.

Ich kann es mir nicht leisten, nur so zu sitzen und zum Fenster hinauszuschauen, auch wenn ich dann zu Papier bringe, daß ich etwas zu Papier bringen müsse.

Dieser dröhnende Brahms. Manchmal will er schwingen, aber dann ist es doch, als wollte ein Omnibus Walzer tanzen. Da geht man unwillkürlich in die Knie. Wir landen also mit Brahms. Am besten hat zu diesem 4-Triebwerke-Jet Brunhildes Immolation gepaßt.

15. 11. 1973

How are you this morning. Tatsächlich ist die Identität am wenigsten problematisch beim Geschlechtsverkehr.

18. 11. 1973

Gestern und vorgestern in Dallas und Arlington. Lesung bei Mr. Gershon Canaan. Goldenes Gästebuch, die Präsidententreppe, ein Präsidentenportrait nach dem anderen, treppauf zum 1. Stock. Mister Canaan mußte die Lesung verlassen, ich mußte hinauf zu ihm, er lag neben seinem Schreibtisch, ohnmächtig, röchelnd, ich soll etwas in das Goldene Gästebuch schreiben, die Anwesenheit des Röchelnden wird mit einer Handbewegung und einem halben Satz erklärt: Dem geht es nicht gut. Ich hatte das Gefühl, der, der mir das erklärt, stehe hinter mir und beobachte, was ich ins Gästebuch schreibe. Er sagte: Ich bring Sie nachher wieder runter. Das war klar genug. Wenn mir nichts einfiele, brächte er mich nicht mehr runter. Ich hatte hier so lange neben dem Röchelnden zu sitzen, bis mir etwas einfiele. Dabei hatte ich das Gefühl, daß ich, statt in dieses eklige Buch zu kritzeln, den Röchelnden streicheln sollte. Das tat ich natürlich nicht.

Unter einer rosarot bonbonfarbenen leichten und elektrisch geheizten Decke schliefen wir bei Goyens. Sie ist eine Gräfin Corredo, 1846 eingewandert aus Südtirol, und hat als erste in den USA über mich promoviert, über *Halbzeit*.

Mädchenleben

Wie Zürn aus einer vollkommenen Liebe zu seiner Frau in die Stadt fährt und dort mit Begeisterung einer anderen Frau verfällt. Ohne jede Bemerkung des Widersprüchlichen oder Erstaunlichen muß das gesagt werden können. Herr Zürn vergewaltigt des öfteren seine Frau am Vormittag. Sie versucht, dem scherzhaft zu entgehen, dann taktisch, dann sportlich, dann, in Angst, mit allen Kräften, dann läßt sie's geschehen.

Eine Frau erzählt (schriftlich) von den Nachfrühstücksfickereien, die ihr ungeheuer auf die Nerven gingen. Sie erzählt zwischen zwei Männern. Nach einer Ehe und vor einer neuen Ehe. Sie schreibt das für den neuen Mann. Wenn er das liest und einverstanden ist mit ihren Empfindlichkeiten, wird es gutgehen. Aber man merkt schon, der ist genauso wie der vorige. Der will auch gleich wieder so etwas. Das hat der gelesen, und jetzt will er das auch. Das ist der Effekt ihrer Schriftstellerei. Damit schließt sie und sinnt auf andere Mittel.

In Dallas:	Bearing (Rear Axle)	20. 00
	Press Labor	2. 00
	Labor	13. 20
	2 G 1814 Tires	70. 00
		105. 20
	Tax	4. 50
		109. 70
	Bezahlt	120. 00

20. 11. 1973

Alles, was du hörst aus der BRD, ist lebensverleidend. Die Unfähigkeit, dort weiterzumachen, blüht nur so auf. Man gönnt nur keinem, Schlüsse zu ziehen, sonst brächte man sich um. Nichts mehr von sich hören lassen, das wär's.

Das H. E. B.-Kaufhaus mit Musik, die knallenden Flaggen, daß man sterben möchte. Es gibt nichts Ordinäreres als einen Vater und einen Sohn, die, die Taschen voller Geld, ganz entspannt über einen sonnigen Platz gehen, der von im Winde knallenden Flaggen erleuchtet ist und getragen von der Musik aus dem Supermarkt, auf den sie zugehen.

Solange der Junge ihr das Auto belädt, steht sie mit halbgeschlossenen Augen in der Sonne und schnauft.

In der warmen Novembernacht liegen und alles aussprechen, was es nicht gibt, eifernd sozusagen, als hülfe das: Sich nicht verständigen, doch vor sich hin reden, als gäb's Geredetes, das hilft.

26. 11. 1973

Am Mittwoch, 21., von Austin nach Marathon, am 22. Big Bend, abends nach Terlingua Ranch, 18 Meilen dirt road. Am Freitag, 23.: Luftfilter verstopft, von der Tankstelle zu Mr. Snake in die Wüste geschickt, der stellt den Leerlauf anders ein, dreht den Ansaugfilter des Luftfilters, wie es sich gehört, zur Seite, klemmt ein Stück Benzinleitung ab, weil sie locker geworden war, to get a better mileage, dann wieder auf der dirt road weg, nach Del Rio und Ciudad Acuña. Vorher noch in Langtry, Judge Roy Bean. Mittagessen in Sanderson im Wüstengebirge, ein totes Reh, ein toter Waschbär. Am Samstag, 24., Einkauf in Ciudad Acuña, übernachtet im Las Vegas Motel, Mittag gegessen im Los Alpes, Fahrt ins Land, Richtung Zaragoza, gleich zurück nach Texas, nach Bandera. Zuerst zur Montague Ranch. Dort wird gerade ein Reh, ein aufgehängtes, zerteilt, junge Frauen drum rum. Mrs. Montague läßt sagen, daß wir nicht bleiben können. Also Twin Elm Ranch an der 470. Bäuerlicher, angenehmer, Familie Anderwald. Am Sonntag, 25., Ausritt, gebirgige Strecke, ich warne Theresia mit einem zu grellen Ruf, mein Pferd erschrickt, bäumt sich, ich stürze, überschlage mich dabei, der begleitende Cowboy: You have got a good spine. You're a Texan Cowboy now. Jeder, der so vom Pferd fliegt, ohne sich was zu brechen, ist dann einer. Mittags in Boerne in Antler's Restaurant.

28. 11. 1973

Gestern bei Marlies Mehra, Rustling Street 7606. Professor Rehder erzählt lange, daß seine Mail Box immer wieder umgerissen werde, so oft er sie auch wieder aufrichte. Sein Hauptinteresse gilt der Frage, ob das Erwachsene oder Kinder tun. Als jemand sagt, er soll die Mail Box so befestigen, daß Kinder sie nicht mehr umreißen könnten, dann wisse er, falls sie wieder umgerissen werde, daß es Erwachsene waren, sagt er, in Texas hätten auch Jugendliche schon so viel Muskeln und, fügte er wohllüstig hinzu, so wenig Hirn, daß sie jede Mail Box umreißen könnten. Übrigens wisse er ganz genau, wer seine Mail Box immer umreiße, sagte er, nachdem er noch einige Zeit die Lage und die Befestigungs- und Wiederaufrichtarbeiten beschrieben hatte, er wisse ganz genau, wer das Niederreißen besorge, eine Horde von Highschool-Mädchen, die mit einem Truck die Farm Road entlangrasten, stoppten, zerstörten, aufsprängen, weiterrasten. Rundum mehrere Aahs. Herr und Frau Schulz-Behrend erzählen zusammen von Lärmbelästigungen durch Verbindungshäuser in ihrer Wohngegend. Aber die Lärmbelästigungen liegen nun mehr als fünf Jahre zurück. Es war einmal. Herr Schulz-Behrend war von einem Stadtbeamten gefragt worden, ob er nicht als Zeuge gegen eines dieser Verbindungshäuser auftreten könne. Es ging um ein Steuerproblem. Die bezahlten irgendeine Steuer nicht. Herr Schulz-Behrend tat das gerne. Der Richter sei auch aus dieser Nachbarschaft gewesen, da habe er, Schulz-Behrend, aufpassen müssen, das nie zu erwähnen, weil die sonst den Richter als befangen abgelehnt hätten. Der Verteidiger sei auch aus dieser Nachbarschaft gewesen. Den Prozeß hätten sie gewonnen. Ob denn Herr Schulz-Behrend Oper verabscheue, habe der Verteidiger gefragt. Nein, habe Schulz-Behrend gesagt, er liebe Oper, aber nur wenn er dafür bezahle. Da hätten alle gelacht. Der Richter habe später dazu gesagt, er sei ein ausgezeichneter Zeuge gewesen. Frau Schulz-Behrend fügte hinzu, daß die Verbindungshäuser praktisch aus Mangel an Zuspruch von seiten der Studenten verstummt seien. Herr Michael und ich sagten einander auf, wieviel wir früher täglich geraucht haben. Jeder noch mehr als der andere. Herr Willson erzählt, dass Böll in Berkeley auf der Konsul-Party seine Frau bei der Hand genommen habe und zum deutschen Konsul gesagt habe:

Wissen Se wat, Se könne misch am Arsch lecke. Und sei gegangen. Das habe er, Willson, Peter de Mendelssohn erzählt, dann habe der gesagt, der deutsche Konsul in Houston sei genau so einer, dem hätte er am liebsten auch so etwas ins Gesicht gesagt, aber, fügte Willson hinzu, er hat es nicht getan. Das klang so, als müsse man Peter de Mendelssohn aus dieser Unterlassung einen Vorwurf machen. Ich sagte nicht, daß ich es auch nicht getan habe. Aber jetzt weiß ich, was man tun muß: Se könne misch am Arsch lecke.

Herzens Wunsch
Ich wollte, alle Seiten wären voll
und es hörte in meinem Kopf nicht mehr auf zu schneien.
Weil alles verdorben wär, verdürbe nichts mehr.

Gallistls Verbrechen

Lerne nachzugeben. Du wirst frei werden, wenn du nach München fährst und dich unterwirfst. Du mußt nicht einmal hinfahren, hier im Zimmer daran denken, es dir selber eingestehen, daß du dich unterwirfst, das genügt völlig.

29. 11. 1973

Es ist ja auch hart, daß es keinen Rückschritt gibt.

30. 11. 1973

Gestern Leslie Willson mit Frau, wie rief er sie noch? Herr Canterino mit Frau, Herr und Frau Michael, Frau Mehra. Als Leslie Willson sagte, daß ihm in Houston an der Tulane die Abteilung angeboten worden sei, sagte Herr Michael: Mir auch. Und das bewirkte schon Peinlichkeit.

Die Güterzüge tuten hier wie daheim die Schiffe, aber der Klang wirkt nicht kindheitserweckend, weil im blitzblanken texanischen Sonnentag der Nebel fehlt.

Blutend aus erdachten Wunden,
Eis lutschend in der Parksonne,
die Seele voll vom Comicstripmodell.
Könnten wir nicht weiterfahren ins
Bachmannland, wo keine Zimmer bestellt sind?
Was blüht uns denn hier noch als
dann und wann ein besiegtes Kind.

1. 12. 1973

Herr Moldenhauer muß seine zwei German Shepherds ins Haus sperren, wenn er in die Uni geht, weil sie sonst gestohlen werden. Die Army in San Antonio kauft, ohne zu fragen, jeden Hund, der ihr gefällt.

Die Cedar Choppers kommen am Samstagabend in die Stadt.

3. 12. 1973

Gestern bei Rehders in Oak Hill, über allen Hügeln, mit weitestem Blick in den Sonnenuntergang. Herr Rehder erzählt, wie er von Deutschland nach Norfolk, VA, telephonieren wollte und es ging erst in Dänemark. Und das Selbstbildnis seines Vaters, der ein Marine-Maler war. Herr Rehder hat ein Emphysem, Goethe hatte auch eins, das weiß er aus zwei Textstellen: Weite meine Brust, der junge Goethe, und mache meine Brust noch weiter, der ältere. Herr Michael kam, eine Decke vor den Bauch haltend, weil er sich erkältet habe. Käthe erfährt von seiner Frau, daß ein Muttermal an seinem Rücken blutete, dann war es Krebs, dann unter der Achsel, wieder eine Operation, immer in Houston, jetzt nur noch alle 6 Monate nach Houston. Auch im Sommer friere er an den Beinen, von der Klimaanlage. Er sagt oft: Meine Frage war sehr töricht. Herr Rehder über Astrologie als Material für Figurenpsychologie, im Mittelalter und später. Maximilian habe sich von Dürer nicht nur als Saturn-, sondern auch als Jupiterkind malen lassen. Rehder und Michael wirken sehr sterblich. Rehder ist lustig, Michael bissig. Wahrscheinlich waren sie immer so. Frau Rehder, als wir schon fast am Gehen sind: Sie sind Schriftsteller, Sie müssen sich für meine rocks interessieren. Und jetzt, ein Raum mit vier Vitrinen und Schubladen, Pyrite, Fluorite, Quarze und die Werke zur Klassifizierung und für die shows. Wenn ein Insektenflügel auf dem Boden der Vitrine entdeckt wird, das kostet einen Punkt. Dann dankt sie sehr dafür, daß sie hat's zeigen dürfen.

1970 und 71 sind wie nicht gewesen, auch von 72 weiß ich fast nichts, und was war denn anno 69? Nichts, das ich wüßte. Da ich nicht lebte, lebe ich nicht. Schweigen, kann man das lernen? So wie sterben kann man schweigen lernen. Wer schweigen kann, kann sterben. Also kann man sterben bei Lebzeiten lernen. Ich muß das Gegenteil lernen, weil ich vom Nichtschweigen lebe.

Leslie Willson: Yaak Karsunke wollte erst Gedichte schreiben, wenn keine US-Truppen mehr in Vietnam seien. Willson ärgert sich, läßt den Brief liegen, schreibt später noch einmal, jetzt kriegt er Gedichte, obwohl US-Truppen immer noch in Vietnam waren. So ist das mit uns. Wir wollen es uns nicht leisten. Da kann man sich den kräftigen Uwe loben, der immer schon tat, was er wollte, und sich immer sehr gerechtfertigt vorkam. Herr Willson erzählt, daß unter den Seen, in denen Gesine badete, auch der Lake Travis sei.

Siegfried schreibt einen Brief, schickt das Programm und erwähnt mit keinem Wort, daß er ein Manuskript hat seit dem Sommer und damals schrieb, daß er es im Herbst mit Busch bespräche. Soll ich jetzt schweigen? Ja. Das ist das Beste. Schweigen. Nur mit mir reden. Mit mir umso mehr reden, je mehr ich nach außen schweige. Ganz schnell und hemmungslos mit mir reden.

Sturzbachartig. Ein Selbstgespräch, unter das man sich stellen kann wie unter die Dusche, und es überschauert einen, nur daß es möglich wird, allen anderen gegenüber zu schweigen.

Lächerlicher Tag der Zukunft, wenn man die Käfige öffnen wird, in denen die alten Tiere gestorben sind. Der Mist, der entfernt werden muß. Die Habseligkeiten, die gehätschelten, die persönlichen Dinge alle in diesem Mist. Der Übergang von den persönlichen Werten in den Mist und umgekehrt. Das kann kein Fachmann mehr unterscheiden. Ich stehe unterdessen auf festem Boden. Fast auf festem Boden. Ich lerne, nach außen zu schweigen. Ich spreche nur noch für Geld. Wer nichts bezahlt, hat Ruhe vor mir. Wer bezahlt, muß mich hören. Das geht vorbei, mein Herr. So lange, wie es schon dauert, dauert es nicht mehr. Darauf können Sie sich verlassen. Das verspreche ich Ihnen.

Und die grünroten Schuhe ziehst du an auf die Reise.
Erlöse mich, o Herr, laß meinen Schuh
aufflammen, wenn er drüben den Boden berührt,
verbrenne mich gnädig im Nu.

Wenn ich wüßte, warum, versuchte ich, tapfer zu sein. Ich weiß, warum. Aber ich versuche nichts. Weinend über Papier. Kälte ersehnend. Daß die Tränen gefrören, die meisten Wörter.

7. 12. 1973
In nicht ganz 4 Stunden von Austin nach NY. Für Taxi: 35.00 $ statt etwa 12.00. Er schaute mich bei seiner Forderung nicht an.

So., 9. 12. 1973, NY.
Gestern *Italienerin in Algier* 2 Uhr 30 – 5 Uhr 25. Abends *Letzter Tango in Paris.*

Zuerst wurde doch die «Seele» um des Menschen willen entwikkelt. Dann aber drehte man das allmählich um und opferte den Menschen um der Seele willen.

Gallistls Verbrechen

Der große Herr U. mit dem kleinen Herrn B., ein durchziehendes Gestirn. Und der Herr U. mit dem Herrn H. Gibt es etwas Traurigeres als einen Kleinbürger, der rücksichtslos Großbürger wird? Es ist ihm alles egal. Er hat's geschafft. Als die übersättigten Bürgersöhne die Literatur totsagten …

Heute ist es geradezu ein Beweis bürgerlicher – großbürgerlicher Herkunft, wenn man europäischer Maoist ist. Diese Feststellung hat mit China nichts zu tun. Was weiß ich von China? Aber ich kenne genug Bürgersöhne zwischen Sartre und Enzens-

berger, die ihre unrettbare Klassennegativität zu hiesigen Chinesen macht. Daß wir keinen Maoismus einführen werden, wissen sie. Am Maoismus haben sie also etwas wunderbar Positives, das sie mit jeder Leidenschaftlichkeit betreiben können, ohne es je ernst nehmen zu müssen.

Freshmen, sophomores, juniors, seniors. Every 4 years on the campus is a generation.

Hillow Program.

Jewish survival in a free society such as America. Varieties of jewish aspects to live their lives jewishly. I met my wife through Hillow, that's another important aspect.

The Kid from Texas (1950). Surprisingly unbad.

Strauss-Walzer, und die hören zu wie bei Bach.

10. 12. 1973

4 Uhr 05 a.m. Abflug, nach zwei Stunden Gander, New Foundland, for refueling. Um 6 Uhr 20, sagt er, werden wir in Frankfurt sein.

Mädchenleben

Die schielende Siamkatze Mausi. Verzweiflung, du Jubel andersherum. Frau Zürn ernährt heimlich die Familie, der Mann tut, als bemerke er es nicht.

Nach der Landung, die Stewardess: Wir sind glücklich in Frankfurt gelandet. Fast wilder Beifall, auf jeden Fall Klatschen.

14. 12. 1973

Über Zürich-Kloten nach Paris.

Mädchenleben

Mehrere Zimmerherren, der Erzähler der älteste, der einzige Junggeselle. Sirte ist verschwunden, jetzt die Vergangenheit. Epilog im U-Gefängnis: Mein Rechtsanwalt bringt mir Schokolade mit und ißt sie dann selber auf. Die Jüngere schlug Sirte immer auf den Kopf, wenn die den Hund berührte.

Jetzt eß ich noch diese Orange, dann bring ich mich um.

Ich wische mir mit dem Taschentuch die Schwärze aus dem Gesicht, im Spiegel sehe ich, daß sie nachwächst.

Hier kostet das Toilettenpapier inzwischen einssechzig.

In meinem Kopf ist Gelächer zu Gast, das unvertreibbar erscheint.

Ein Stück Fleisch liegt nachts in Paris. Wäre ich Arzt, würd ich mich sofort in ein Lehrbuch einsperren und den Schlüssel aufessen. Längste Nacht des Jahres, diese Nacht in Paris. Es ist schon seit 7 Stunden Samstag und 15. Dezember. Das Gästezimmer des Goethe-Instituts ist ein Schlaffabrikraum. Nach langem Kampf mit der Heizung stellte ich sie ab und entdeckte, daß es nicht das in der Heizung rinnende Wasser gewesen war, das mich am Schlafen gehindert hatte. Das Wassergeräusch war ganz das eines frühlingshaft plätschernden Bächleins. Aber es gelang nicht, diese Vorstellung durchzusetzen und dann einzuschlafen. Geh ich heute in den Louvre, oder habe ich in NY genug französische Bilder gesehen? Ich drehe die Heizung auf, das Wasser stürzt in den Körper, als hätte es darauf gewartet. In Amerika, besonders im Südwesten Amerikas ist die Luft noch nicht geimpft gegen mich. Da atme ich mit dem gleichen Recht wie andere. Was wäre aus mir geworden, wenn mir etwas gelungen wäre? Ich kratze den Putz von den Wänden, reinige meine Nägel, spucke auf den Boden. Ich träumte, das Flugzeug sei auf eine Felswand zugerast und daran langsam und lautlos zerbrochen. Ich flog und streckte die Hände nach den Kindern aus und erreichte sie und dachte, solange wir noch durch die Luft fliegen, könnt ihr mir keine Vorwürfe machen. Aber da war ich wach, lag verkrampft, brauchte Zeit, bis ich mich wieder rühren konnte. Unter einem anderen Namen von vorn anfangen. Mit Gyges und kein Ring. Eine unglaubliche Schnulze, in der ich schluchzen darf. Schön ist dieser riesige und fast leere Vergangenheitshimmel von Texas. Daß Judge Roy Bean und Billy the Kid diesen Himmel beherrschen. Kein Goethe-, Bismarckgelichter.

Das Wasser im Heizkörper plätschert nicht, es winselt ganz grell und geht direkt auf die Nerven. Manche, viele Männer wären ohne ihre Frauen ganz unmöglich. Einer entwickelt eine solche Empfindlichkeit, daß er von der Welt nichts mehr annehmen kann. Um leben zu können, kotzt er das zuletzt noch Gegessene und ißt es wieder auf und kotzt es wieder und ißt es wieder. Er glaubt nicht, daß er gesiegt hat.

16. 12. 1973

Goethe-Institut. Graf Raczynski sagt, als ich um ein Pult bitte, weil ich beim Vortrag stehen will: Aber bei der Diskussion soll ich nicht hinter dem Pult droben auf der Bühne bleiben, sondern herunter auf das Saalniveau kommen. Ich habe nichts dagegen, mich wundert aber die Entschiedenheit, mit der er das vorschlägt. Ja, er hat diese Erfahrung mit Peter Handke, der sei bei der Diskussion droben geblieben und habe so auf das Publikum hinuntergeredet. Zu Elmar Tophoven habe er, weil der sich bei einem Diskussionsbeitrag einmal gelinde versprochen habe, gesagt: Warum melden Sie sich zu Wort, wenn Sie dann bloß stottern. Und nach der Veranstaltung, als Graf Raczynski Handke in seine Wohnung einlud, um dort noch mit Robert Minder, Elmar Tophoven und ein paar anderen ein wenig weiterzumachen, sagte Handke: Nein, in einem so kleinen Kreis spreche ich nicht. Und ging weg. Graf Raczynski schickte ihm jemand nach, der berichtete, Peter Handke sitze mit einem allein in einem Lokal.

Der Graf sagte, er wolle mit all dem nichts gegen Handke sagen, er wisse ja, daß Handke sich so benehme aus reiner Schüchternheit.

Mädchenleben

Herr Zürn, der nichts mehr verdient und jeden Tag mit dem Mercedes in sein Büro fährt und dort sitzt und nichts tut. Karla, die jüngere Tochter, kriegt Koliken. Sie ist viel größer als Sirte und schlägt die ältere zusammen, und dann liegt sie und wimmert vor Kolik.

Graf Raczynskis Vorfahre schrieb an den Kaiser, daß der Parvenu Bismarck das Raczynski-Palais nehmen wolle, das die Vorfahren vom Königshaus bekommen hatten. Bismarck wollte den Reichstag dorthin bauen und schaffte es auch, weil die Raczynskis keine Steuern bezahlten, während das Krollsche Etablissement vis-à-vis, das auch in Frage gekommen wäre, schöne Steuern abwarf. Der Graf war in München als 18jähriger in einem Eucken-Schülerkreis, in den auch Graf Keyserling, Thomas Mann und andere kamen und von sich erzählten. Thomas Mann z. B. erzählte genau, wie er arbeite, was er esse, wann er schlafe. Graf Raczynski hatte jetzt nach mehr als 40 Jahren den Eindruck, Thomas Mann habe erzählt, welche Wäsche er trage.

Sonntag in Paris. Bei geschlossenen Vorhängen, im ungeheizten Zimmer, barfuß, nein, nackt, in der Ecke, die kalten Wände an den Nieren, Zähne im Knie.

Als ich damals zur *Eiche und Angora*-Aufführung hierherkam in den Gémier-Saal. Bei mir blieben danach die drei häßlichsten Parzen: der Frosch, das alte Huhn und der riesige Mondesel mit seinen dummen Fragen. Das alte Huhn war klug und lieb. Der Frosch, der mit seinem Mann alles schon erlebt hatte, was ich gesagt hatte, war laut. Der Esel ein Esel.

Ich gehöre nicht zu den Begünstigten. Schluß. Es müßte mir wohler werden. Mein Einkommen geht, verglichen mit dem der Umwelt, ständig zurück, bald werde ich arm sein. Was will ich mehr! Ich werde mich doch nicht etwa fürchten vor dem Armsein? Das hätte ich nicht von mir gedacht. Schäm dich. Hast du gehört: Schäm dich, hab ich gesagt. Wenn du dich jetzt nicht sofort schämst, dann setzt's was. Aha, du willst also trotzen. Den Sturen spielen. Den Schweigenden, Beleidigten, was? Na warte. Dir werd ich's zeigen.

Beim einen läuft es so, beim anderen anders, das ist eben so.

Nebenan wird nach 12stündiger vollkommener Stille plötzlich brüllend laut ein Tisch gerückt. Es muß ein riesiger Tisch sein, und der ihn rückt, muß kräftig sein. Dann 7 Stunden vollkommene Stille nebenan. Dann ein scharfes, kurzes Vorhangreißgeräusch. Dann wieder vollkommene Stille. Vielleicht horcht der zu mir herüber und hält sich so still, weil er keines meiner Geräusche versäumen will. Ich lächle. Ich werde ihn martern. Nichts wird er von mir zu hören bekommen. Höchstens ein jähes, brüllend lautes Tischrücken oder ein noch jäheres Vorhangreißgeräusch. Aber in solchen Abständen, daß er nichts daraus entnehmen kann. Verhungern laß ich ihn mit seinem Ohr an der kalten Wand. Einfach dadurch, daß ich mich nicht mehr rühr. Mein Ohr bleibt an der Wand. Und rührt sich nicht mehr. Da kann er warten, bis er schwarz wird. Mal sehen, wer's länger aushält von uns zweien. Zuletzt glaubt der noch, ich renn ans Telephon und rufe ihn an. Was der sich bloß einbildet.

Manchmal hört man etwas, das muß gar nichts sein. Eine Laune der Heizung.

Ein Kunstwerk muß, wie jedes andere Ding, für eine verhältnismäßig große Anzahl von Menschen einen verhältnismäßig großen Nutzen bringen, ehe man es als verhältnismäßig gut bezeichnen kann.

Ich kann mir mich jetzt bald nicht mehr leisten.

Graf Raczynski sagt, die Gemüsefrau um die Ecke, der Bäcker, die Bedienung im Lokal, das seien hier seine wahren Freunde, nicht die Intellektuellen. Unter dem Einfluß seines guten Bordeaux wollte er immer mehr von seiner Familie erzählen. Sein Schloß ist jetzt ein Eisenbahnerheim. Er will es deshalb nicht mehr sehen. Der polnische Teil seiner Familie ist auch nicht mehr in Polen, sondern spielt Exilregierung in London. Vetter Edward ist der Außenminister. Die Vettern sprechen französisch mit einander.

Arc de Triomphe. Der Platz füllt sich mit Autos, die sich eng gruppieren, um den Verkehr zu sperren, dazu Hupkonzert. Junge Juden, die sich mit Transparenten quer zu den ankommenden Fahrbahnen stellen und rufen, was auf ihren Transparenten zu lesen ist: Après Munich: La Guerre. Après Algier: Le Chômage. Chantage Arabe = Chômage. Non au Dictat de l'Impérialisme Arabe. Im L'Alsace dann an mehreren Tischchen Juden, die jiddisch sprechen. Wenn sie aus irgendeinem Grund, z. B. weil der Sohn von einem hereinkommt und was will, ins Französische übergehen, kommt eine völlig andere Bewegung in die Gruppe, eine viel ruhigere, auch akustisch ist plötzlich alles gedämpft. Sobald es jiddisch weitergeht, wird es wieder lauter, und die Bewegungen werden größer, zudringlicher bzw. flehender.

16. auf 17. 12. 1973

Ab ein Uhr wach. Jetzt ist es drei Uhr dreißig. Die Müdigkeit füllt mich aus wie ein Stein. Probeweise fahre ich mir mit allen zehn Nägeln durch das Gesicht. Das Denkvermögen reduziert sich auf ein paar Zustände. Es sind nicht die schönsten. Von Feinden beherrscht. Keine Phantasien, Gehabtes, das Schlimmste, was mir in den letzten fünf Jahren passiert ist. Gedanken an Freundlicheres gelingen nicht. Ich sollte Schutz bei Reimen suchen.

Gestern im Marais, jenem Viertel, in dem die Adligen ihre Hotels hatten, Mme de Sévignée z. B., und die Venezianer hatten ihre Botschaft dort. Jetzt wird das Viertel wieder eine Modewohngegend.

Wenn ich jetzt schlagen dürfte, zuschlagen, dann könnte ich weiterdenken, das heißt, nur dann ginge es weiter, ich könnte weiterleben. Was ich nicht begreife, dass ich es nicht fertigbringe, mich selber zu schlagen, solange ich schlagen muß, das dürfte ich doch. Über mir gehen die Füße der Untiere auf und ab, es gibt keine Rettung ohne Schlag und Stich. Etwas tun, das mich hinwürfe mit dem Gesicht voraus, daß es mich trennte, daß ich endlich keinen Umgang mehr hätte mit mir.

18. 12. 73, Nußdorf.

19. 12. 1973
Ich höre aus dem Funk: Wolfgang Werner ist nicht willens, etwas zu arbeiten. Die im Funk machen alle möglichen Versuche, er setzt die unter Druck. Die zu ihm: Das ist ja Nötigung. Dann er: Ja, ich nötige Sie. Zwei Tage vor dem Ende der Bewährungszeit hat er einen Unfall am Steuer ohne Führerschein, deshalb nicht polizeilich gemeldet. Ich glaube nicht, daß man Resozialisierung damit machen kann, daß man dauernd Geld gibt. Wolfgang zu mir in ergreifender Offenheit, er lüge immer, immer.

23. 12. 1973, Sarn.
Der Wind saust, als wäre die Erde hohl. Föhnsturm.

Böll im *Monde*-Interview: Wenn er mit Sartre verglichen wird, fängt gleich von dem an, was nicht gefragt war, daß Sartre den Nobelpreis abgelehnt hat und er nicht.

Einer, der noch liebte, wäre sofort der Größte. Jeder will der Größte sein. Er ist bereit, alles zu tun oder zu lassen, was ihm dazu verhelfen könnte. Das einzige, was ihn sofort zum Größten machen könnte, kann er nicht: Lieben. Unter Lieblosen aber gibt es keinen Größten. Wo einer zum Singen ansetzt, singt ihm ein anderer drein. Aber auch der, dem er dreinsingt, wollte nicht singen, sondern einem anderen dreinsingen. Von sich aus finge keiner zu singen an.

26. 12. 1973

Mao war ein Sohn reicher Bauern.

Wie willst du beweisen, daß es hier intolerant zugeht?

Eine Figur, deren Tod man für vollkommen gerechtfertigt hält, das wäre Realismus.

28. 12. 1973

Eingesperrt ist schön
und unverständlich klimpert
das Lied an den Stäben
Halleluja lieber Mond in der Höhe.

29. 12. 1973

Die Käfige sind überfüllt, und zwischen den Käfigen liegen riesige Eier in der Sonne und lassen sich von der Hitze brüten, ich darf gar nicht hinschauen, weil dann sicher gleich was Junges rausschlüpft und einen Konflikt beginnt in dieser Mittagsstunde, die mit Schreinerzwingen in meinem Kopf von Schläfenwand zu Schläfenwand befestigt ist zur höheren Ehre Gottes und zum Genuß des alles veranstaltenden Literaturleutnants, der uns vor die Schranken lädt und sagt, um seine Spucke sei es schad, nur deswegen spucke er nicht. Nicht lachen, bitte. Achtet die Eier, die zwischen den Käfigen in der Sonne liegen. Stört nicht die faulende Brut, bis, siegreich, der Gestank die Schalen sprengt und als Epoche unsere Käfige verpestet. Amen.

30. 12. 1973

Ob ich mich dir zuwende
ob ich dich seh
ob ich mir die Hände
oder dir die Seele verdreh
ich bin am Ende
ich geh.

392

in der Luft

Die Hingeschriebenheit
Über eine mögliche Unschuld der Tagebücher
Von Martin Walser

Was ich ins Tagebuch schreibe, ist prinzipiell unverbesserlich. Erst wenn ich das Hingeschriebene in einer literarischen Form brauche, wird es verbesserbar. Bleibt es Tagebuch, lebt es von seiner Hingeschriebenheit. Die genügt, wenn ich über genügend Kondition verfüge, meinem Anspruch. Eigentlich möchte ich sagen: jedem Anspruch. Die Hingeschriebenheit muß keiner gesellschaftlichen, politischen oder moralisch gängigen Weisung genügen. Schreiben als Lebensart, das gibt es nur im Tagebuch. Das Unwillkürliche selbst darf erscheinen. Und das ist das Gegenteil dessen, was man beabsichtigen kann. Nichts Beabsichtigtes kommt ihm gleich. Das Unwillkürliche ist so wenig wählbar oder zu beabsichtigen wie die Erfahrung. Und Erfahrung, sagt mein Lieblingssatz von Fichte, ist das System der vom Gefühl der Notwendigkeit begleiteten Vorstellungen. Also: das Tagebuchschreiben als das Unwillkürliche, das Notwendige, ist gleich: Schreiben als Lebensart.

Franz Kafka hat in seinem Tagebuch geschrieben: «Wenn ich wahllos einen Satz hinschreibe, z. B. ‹Er schaute aus dem Fenster›, so ist er schon vollkommen.» Das am 19. Februar 1911. Aber zwei Monate vorher, am 15. Dezember 1910, schreibt er über sein Schreiben so: «Kein Wort fast, das ich schreibe, paßt zum andern, ich höre, wie sich die Konsonanten blechern aneinanderreiben, und die Vokale singen dazu wie Ausstellungsneger.» Damit ist über das Tagebuchschreiben alles gesagt. Einerseits ist ein hingeschriebener Satz, so wie er hingeschrieben ist, gleich vollkommen, andererseits paßt fast kein Wort zum anderen. Aber, und das ist das Entscheidende, egal, was Kafka über sein Schreiben ins Tagebuch schreibt, es ist als Geschriebenes vollkommen. Daß die Vokale singen «wie Ausstellungsneger», zeigt die Kondition dieses Schriftstellers. Noch so ein Beispiel. Da heißt es: «Schlecht geschrieben, ohne eigentlich in das Freie der eigentlichen Beschreibung zu kommen, die einem den Fuß vom Erlebnis löst.» Besser kann man über das Schlechtschreiben nicht schreiben. In meiner Dissertation habe ich versucht, vor allem anderen die Ausbildung Kafkas zum Dichter zu beschreiben. Ich benutzte eine Prägung von Benedetto Croce: die poetica personalità. Vor reiner Begeisterung habe ich formuliert, die Ausbildung der poetischen Persönlichkeit gehe auf Kosten der bürgerlichen Persönlichkeit, und wenn sie so weitgehend gedeihe wie bei Kafka, müsse man das Leben des Autors aus dem Werk erklären, das Werk aber könne, meinte ich, auf die Erhellung durch die biographische Wirklichkeit verzichten. Poetica personalità, das ist das, was ich jetzt Kondition nenne, um die Hingeschriebenheit gegen den Verdacht des Provisorischen oder Halbgaren oder Beliebigen zu schützen. Wenn der Autor sich in einer Entwicklung, die sehr früh beginnt, ganz von selber, sozusagen ohne sein Zutun, ausbildet, wenn er seine Seele sich trainieren läßt, und das ununterbrochen, bis in die Träume hinein, dann erwirbt er eine Verfassung oder eine Kondition, eine Sprach-Kondition, die ihn jeweils ganz enthält, egal, ob er seine Schwäche beschreibt oder eine Stärke. Balzac, auch den hole ich jetzt aus der Dissertation, formuliert das so: «Il ne suffit pas d'être un homme, il faut être un système.» Zweimal «System»: Erfahrung als ein von Notwendigkeit fundiertes System, und der Mensch als Schriftsteller: ein System. Und der reinste Ausdruck dieses Systems: das Tagebuch.

Jetzt noch eine Spezialisierung. Es gibt zwei Arten von Tagebuch. Das Aufschreiben und das Hinschreiben. In Goethes Tagebuch vom 26. 11. 1803 steht: «Köhlers Münzbelustigung.

Varia. Gegen Abend Dr. Hegel, Prof. Schelver, Hofr. Stark, Prof. Fernow.»

Was da vor sich ging, hat Goethe nicht zum Schreiben, sondern nur zum Aufschreiben angeregt. Aber am nächsten Tag schreibt er in einem Brief an Schiller: «... Bei Hegeln ist mir der Gedanke gekommen: ob man ihm nicht durch das Technische der Redekunst einen großen Vorteil schaffen könnte. Es ist ein ganz vortrefflicher Mensch, aber es steht seinen Äußerungen gar zu viel entgegen.» Im Kommentar erfahren wir: «Hegel war wegen seiner undeutlichen (schwäbisch gefärbten) Aussprache ein oft kritisierter Redner.» Was Goethe im Brief schrieb, hätte ich, da ich nie einen Schiller als Brieffreund gehabt habe, ins Tagebuch geschrieben.

Es gibt kein Tagebuch ohne Aufgeschriebenes. Thomas Manns Tagebücher sind Muster der Aufgeschriebenheit, der schönsten Aufgeschriebenheit. Über Jahre und Jahre hin, in einem lakonisch konstatierenden Stil. Kein bißchen die beherrschbare Manier des virtuos in allen Dimensionen tanzenden wie tänzelnden Erzählers. Da wird alles aufgeschrieben, von der Darmempfindlichkeit bis zu den Nachrichten von Krieg und Revolution, damit man es habe, und zwar für immer, das soll gelesen werden. Die Hingeschriebenheit dagegen ist kein bißchen adressiert an jetzige oder zukünftige Leser.

Im Jahr 1911 schreibt Kafka ins Tagebuch: «In Übergangszeiten, wie es für mich die letzte Woche und zumindest noch dieser Augenblick ist, erfaßt mich oft ein trauriges, aber ruhiges Erstaunen über meine Gefühllosigkeit.» Das muß den Schreibenden unter allen Umständen stabilisieren, daß er seine Brüchigkeit so vollkommen formulieren kann. Jahre später kann Kafka dann notieren: «Das Tagebuch ein wenig durchgeblättert. Eine Art Ahnung der Organisation eines solchen Lebens bekommen.» So ein Kafka-Satz im Tagebuch ist eine Veröffentlichung des Autors für den Autor, und nur für den. Zur Sprache bringen, das ist ganz von selbst Veröffentlichen. Die Sprache ist ein öffentliches Medium. Ich sage, sie sei die andauernde Hochzeit zwischen Natur und Geschichte. Das Selbstgespräch findet bekanntlich mit platonischen Stimmbändern statt. Im Tagebuch – und ich meine immer nur das Tagebuch, das keine literarische Gattung sein will, das nicht geschrieben wird, um gedruckt zu werden –, in diesem Tagebuch ist der Autor allein mit sich, aber er wird sich, da er sich ja sprachlich produziert, zur Figur. Er drückt sich als Ich, als Du, als Er aus. Er kommt sich, da er aus allen Traditionen, außer denen der Sprache, entlassen ist, so nah, wie er sich mit Hilfe von Fiktionen nicht kommen kann. Die poetica personalità sorgt dafür, daß das Schreiben sozusagen ganz von selber dem jeweiligen Existenzmoment entspricht. Das erlaubt es, von einer möglichen Unschuld solcher Tagebuch-Eintragungen zu sprechen. Das für draußen Geschriebene muß sich auf Bedingungen einlassen, die die Unschuld des Schreibens zu strapazieren imstande sind. Selbst wenn der Autor im Tagebuch Figuren entwickelt, die deutlich über das Tagebuch hinauswollen, die z. B. Romanfiguren werden wollen, dann haben diese Figuren in ihrer Tagebuchfrequenz eine Unschuld, eine Selbständigkeit, die sie, wenn sie im Roman Dienst tun, nie mehr haben. Da taucht im Kafka-Tagebuch im Juli 1914 völlig unvermittelt ein Josef K. auf, «Sohn eines reichen Kaufmanns» sei er, und es folgt eine Skizze, eine Szene, die so in den *Prozeß*-Roman, dessen Figur Josef K. sein wird, nicht hineinpaßt. Aber was in dieser Tagebuchszene passiert, zeigt, daß Kafka die ihn in diesem Augenblick beherrschende Entferntheit aus aller menschlichen Gemeinschaft in einer Szene, in Figuren ausdrücken mußte. Von einem Türhüter, der sich in dieser Szene «tief» vor Josef K. «verneigt», heißt es: «‹Diese stummen untergeordneten Personen machen alles, was man von ihnen voraussetzt›, dachte er. ‹Denke ich, daß er mich mit unpassenden Blikken beobachtet, so tut er es wirklich.›» Da erlebt man, was der Autor braucht, um sich selber auszudrücken, und man erlebt, wozu das führt. Er muß sich, um aus sich herauszugehen, in einer Figur verbergen. Da wirkt eine Diskretion, die vom Unerfahrenen vielleicht mit der bürgerlich auch so genannten Schonhaltung verwechselt werden kann. Für den, der auf Sprache angewiesen ist, ist diese Diskretion eine Ausgeburt aus Maskierpotenz, Scham, Feigheit und Taktgefühl sich selber gegenüber.

Zwei Intellektuelle haben in einer Fernsehsendung fast simultan über den ersten Band meiner Tagebücher gesagt: Die sind redigiert, natürlich sind die redigiert. Einer der beiden sagte noch dazu, daß er es wissen müsse, er sei doch dabeigewesen. Und er kommt an der Stelle, an der er dabei war, nicht vor im Tagebuch. Also glaubt er, ich habe ihn gestrichen, aus unguten Motiven natürlich. Ich schaute nach. Er kommt tatsächlich nicht vor und war doch dabei. Also redigiert? Nein. Was ins Tagebuch kommt und was nicht, folgt keiner vernünftigen Regel. Eine Situation muß einen Sprachreiz enthalten. Und dieser Reiz, etwas nicht nur auf-, sondern gleich auch noch hinzuschreiben, richtet sich kein bißchen nach der gesellschaftlichen Rolle der Beteiligten.

Wenn das, was ich über den Unterschied zwischen Auf- und Hinschreiben angemerkt habe, sinnvoll ist, dann trifft, was da angemerkt wurde, auf alle Autoren zu. Also ein Beispiel aus meinem Tagebuch:

> 8. 1. 1965
> 6 Uhr, Fähre nach Romanshorn. Die Junge mit dem ungleich durchbluteten Gesicht. Ganz blaß-gelbe Stellen und bläulichrötliche, liest Zeitung, eine kleine Zeitung, sie hat ungeheure Hände, die Sehnen im Handrücken, die Finger und die Nägel, sie hat fast nur diese Hände, ihr Körperchen steckt in einem mit narrenhaft weißen Rauten gemusterten Norweger. Zwei Alte setzen sich zu ihr und fangen gleich an zu stricken. Die fahren in den gleichen Betrieb in die Schweiz. Aber außer Guten Morgen kein Wort. Nicht ein einziges. Wenn die Junge

die Zeitung gelesen hat, nimmt sie ein Romanheftchen, schiebt die Zeitung beiseite. Die beiden können, wenn sie die Köpfe schief halten und das Gesicht verdrehen, in der beiseite geschobenen Zeitung lesen. Zuerst probiert das eine, als deren Kopf nicht mehr in die Normale zurückkehrt, auch die andere. Dann hängen beide Köpfe verdreht über den Tisch und die Zeitung. Die Hände hören allmählich zu stricken auf, stricken gar nicht mehr, die beiden lesen. Dann haben sie's gelesen, was sie fixierte. Zuerst löst die eine ihren Kopf aus, dann die andere. Außerdem noch eine Art Geistlicher. Er ist keiner. Aber dunkel gekleidet, Hosen mit Aufschlägen, jung, Brille, frommstreng. Er trinkt Kaffee, geht zum Mantel, holt eine dunkelgrüne Flasche aus der Tasche, gießt etwas in den Kaffee. Einer mit Baskenmütze hält die Hand vor die Augen, Ellbogen ausgewinkelt, einfach die Hand, die rechte, quer vor die Augen, die Finger scheinen einen gewissen Druck auf die Augen auszuüben. Der Geistliche steht auf, schaut zum dunklen Fenster hinaus. Der mit der Baskenmütze hat die Hand von den Augen genommen und sagt: Encore vingt minutes. In der Schweiz ein Licht, das winkt. Der Pfarrer spricht vor dem Aussteigen die im Rautenpullover an. Er nimmt ihre Hand und kitzelt sie in der Handfläche. Sie ist erstaunt, unwillig, so früh am Tag, und, wie sie aussieht, ist ihr das überhaupt noch nie passiert. Er läßt die Hand nicht los, da entreißt sie sie ihm. Er sagt betreten auf Wiedersehn (französischer Akzent). Dann steht er verlegen, murmelt vor sich hin.

6 Uhr 40 Romanshorn, ab 6 Uhr 48, an Rohrschach 7 Uhr 11, ab 7 Uhr 16, an Landquart 8 Uhr 36, ab 8 Uhr 41, an Davos 10 Uhr 25. Davoser Hof. Siegfried. Ski. Rückfahrt 11. 1. 65.

Über die dreieinhalb Tage Ski und Siegfried, nichts. Aber die 40 Minuten von Friedrichshafen nach Romanshorn mußten hingeschrieben werden.

Ich darf hoffen, Siegfried Unseld hätte, wenn er, was da steht, jetzt lesen würde, nicht so privat reagieren müssen wie jener Intellektuelle im Fernsehen. Nichts ist dem Tagebuch, der Sprache des Tagebuchs weniger angemessen als das Private. Das Kürzen ist, wo es wirklich geboten ist, kein Heimzahlen oder das Gegenteil davon. Wenn gestrichen wird, soll es dafür simple Gründe geben, keine komplizierten.

In den Jahren von 1963 bis 1973 war der Schreibende in Moskau mehrere Tage auf einem Schriftsteller-Kongreß und hat andauernd mitgeschrieben, mitstenographiert. Dann monatelang in den USA. Nächtelang wurden die Watergate-Hearings im Fernsehen übertragen. Ich habe mitgeschrieben. Ich war im Auschwitz-Prozeß und habe mitgeschrieben. Was da in Moskau, Austin und Frankfurt mitgeschrieben wurde, ist gekürzt worden. Für den Mitschreibenden war alles, was er da hörte, aufregend. Das ist es jetzt, wo alles vielfach dokumentiert ist, nicht mehr. Das ist die dritte Art des Geschriebenen: das Mitgeschriebene.

Ich habe im Hingeschriebenen viel viel weniger gestrichen als im Auf- oder im Mitgeschriebenen. Es kommt vor, daß ich als der heutige Leser dieser oder jener Auf- oder Hingeschriebenheit – und gelegentlich mischt sich das ja sehr –, daß ich mich versucht fühle, empfindlich zu werden. Ich achte die Unschuld des Tagebuchs. Da ist fällig zu sagen, warum Tagebücher jetzt und nicht erst, wie es eher üblich war, wenn der Autor nicht mehr lebt. Das kann ich nur erklären mit der Lese-Erfahrung, die ich mache, wenn ich, um mich kafkaisch auszudrücken, die Tagebücher durchblättere. Da entsteht bei mir das Gefühl: Diese Tagebücher sind nicht für die Zeitgenossen geschrieben, aber sie sind doch unter jeder Art von Mitwirkung der Zeitgenossen geschrieben, warum sollen also die Zeitgenossen nicht lesen, was sie in mir bewirkten. Immer vorausgesetzt: die Hinschreibe-Unschuld sei keine Illusion, sondern eine conditio sine qua non.

Als Tagebuch-Autor fühle ich mich ohnehin im Asyl bei dem

großen Tagebuchschreiber Kierkegaard. Daß das Tagebuch ein literarischer Ort ohnegleichen ist, kann jeder in den fünf Bänden der Tagebücher Kierkegaards erfahren. Dieser Autor hat so viele Bücher unter so vielen Namen geschrieben, und dann doch auch diese Tagebücher vom Juli 1835 bis zum September 1855. Um zu demonstrieren, was Tagebuchschreiben überhaupt vermag, zitiere ich jetzt aus jedem dieser fünf Bände einen einzigen Satz:

Aus Band 1: «Ein fernes Hundegebell, das zu fernen, freundlichen wohlbekannten Stätten ruft – führt den schönsten Beweis für die Unsterblichkeit der Seele.»

Aus Band 2: «Meinem Schriftstellerdasein entspricht es, beschimpft zu werden ...»

Aus Band 3: «Es liegt doch etwas Merkenswertes in dem Gedanken, dass Weinen die Erfindung der Gottheit sei, Lachen die des Teufels.»

Aus Band 4: «Vielleicht habe ich auch Unrecht getan, indem ich in meinem Umgang die Mißhandlungen, die ich erlitten habe, stets in witzige Plauderei verwandelt habe.»

Aus Band 5: «Das Höchste ist ja nicht, das Höchste verstehen, sondern es tun.»

Es ist Kierkegaard, der an alles Schreiben den Anspruch stellte, daß es für einen Existierenden in Frage komme. Uns wird, hat er gesagt, zu viel zu wissen angeboten, und wir fangen zu wenig damit an. Das Hingeschriebene ist kein Angebot, Wissen zu vermehren. Im besten Fall aber betrifft es das Dasein. Deins und meins.

Anmerkungen
zusammengestellt von Jörg Magenau

Seite 7: *Lesung für Janker*: Josef W. Janker, geboren 1922, Schriftsteller aus Ravensburg, der sich in seinem Werk vor allem mit Kriegserlebnissen auseinandergesetzt hat.
Besuch Hamm und Sinkel: Peter Hamm, geboren 1937, Literaturkritiker, Essayist, Lyriker. Bernhard Sinkel, geboren 1940, Filmregisseur des «Neuen deutschen Films».

Seite 8: *Internationale Literaturzeitschrift Gulliver*: Der Suhrkamp Verlag plante seit 1961 eine internationale Zeitschrift, die zusammen mit dem italienischen Verlag Einaudi und mit Gallimard in Frankreich konzipiert wurde. Zur deutschen Redaktionsgruppe gehörten neben Martin Walser u. a. Günter Grass, Ingeborg Bachmann, Peter Rühmkorf und Hans Magnus Enzensberger. Uwe Johnson sollte Redaktionsleiter werden. «Gulliver» war einer von mehreren Namen für die Zeitschrift. Die Pläne zerschlugen sich, weil die Vorstellungen der Beteiligten in den verschiedenen Ländern zu weit auseinanderlagen.
Wasserburg: In Wasserburg am Bodensee wurde Martin Walser 1927 geboren. Die Eltern führten dort ein Gasthaus, die «Bahnhof-Restauration». Der Betrieb wurde Anfang der 60er Jahre von der Mutter Augusta und dem Bruder Anselm Karl immer noch aufrechterhalten. Martin Walser war regelmäßig dort zu Besuch.
Saueressig: Heinz Saueressig, kaufmännischer Direktor der Boehringer-Firma Thomae in Biberach. U. a. sammelte er alles, was von Martin Walser erschien. Das Walser-Archiv in Biberach, heute in Marbach, geht auf ihn zurück. Er stellte, um für ein Ohrenmedikament werben zu lassen, die Verbindung zwischen Walser und Horst Janssen her. Walser schrieb daraufhin *Mit Janssen im Ohr*, in: Martin Walser, *Woher diese Schönheit. Über Kunst, über Künstler, über Bilder*, Edition Isele, Eggingen 2004, S. 15.
Krott: *Überlebensgroß Herr Krott. Requiem für einen Unsterblichen*. Theaterstück. Uraufführung am 30. November 1963 im Staatstheater Stuttgart.

Seite 9: *Abstecher-Proben*: *Der Abstecher.* Theaterstück. Uraufführung am 28. November 1961 in den Münchner Kammerspielen.

Seite 11: *Matrosenleben*: Arbeitstitel eines geplanten Romans. Es ist ein Arbeitsprinzip Martin Walsers in den Tagebüchern, nebeneinander verschiedene Stoffe anzureichern und zu bündeln, bis sich daraus eines Tages vielleicht ein Roman entwickelt. Auf den hinteren Seiten der einzelnen Tagebuchbände führt er ein Register, um die Einträge zu den einzelnen Themenbereichen verfügbar zu machen. Einige dieser Vorhaben – wie z. B. «Matrosenleben» – wurden nie ausgeführt. Der Autor, dessen Vater und der Großvater sollten als verwandte Männer mit großen Unterschieden dargestellt werden, der Vater als ein für die Nazizeit unbrauchbarer vor allem.
Domenico: Arbeitstitel.

Seite 14: *Zappels Glück*: Arbeitstitel. Daraus wurde später *Die Zimmerschlacht. Übungsstück für ein Ehepaar.*

Seite 17: *Nach einer Mission C. J. Burckhardts*: Carl Jacob Burckhardt (1891–1974), Schweizer Historiker und Diplomat, 1944–48 Präsident des Internationalen Roten Kreuzes, 1954 Friedenspreis des deutschen Buchhandels.

Seite 20: *Eine Van-der-Lubbe-Puppe*: Marinus van der Lubbe (1909–1934) wurde am 27. Februar 1933 beim Reichstagsbrand in Berlin als mutmaßlicher Brandstifter verhaftet und später hingerichtet. Seine wirkliche Rolle dabei ist unter Historikern umstritten.

Seite 21: *Galland, Mölders und Dietl*: Adolf Josef Ferdinand Galland (1912–1996), Jagdflieger der Wehrmacht, im Zweiten Weltkrieg zum Generalmajor befördert. Werner Mölders (1913–1941), Luftwaffenoffizier, Fliegerheld, kam bei einem Absturz ums Leben. Eduard Dietl, General der deutschen Wehrmacht, wurde zum propagandistischen Mythos, nachdem seine Truppen wochenlang Narvik gegen eine britische Übermacht verteidigten. Kam 1944 bei einem Flugzeugabsturz ums Leben.
Mädchenleben: «Mädchenleben» war ebenso wie «Matrosenleben» zunächst als eines von sieben Büchern über sieben Familien geplant. Es

handelt von dem Mädchen Sirte und der Familie Zürn, deren Vater Ludwig allerdings nicht identisch ist mit den späteren Romanfiguren Xaver Zürn (in *Seelenarbeit*) und Gottlieb Zürn (in *Das Schwanenhaus, Jagd* und *Der Augenblick der Liebe*). «Mädchenleben» gehört zu den großen, immer wieder aufgegriffenen und doch unausgeführt gebliebenen Romanvorhaben. Unter diesem Stichwort begann Martin Walser bereits im Jahr 1961, Notizen zu machen (vgl. Martin Walser, *Leben und Schreiben, Tagebücher 1951–1962*, S. 524 ff., 542 ff., 551 f., 560, 576, 582, 614 und 660).
Eiche und Angora: Theaterstück, Teil I der «Deutschen Chronik», Uraufführung am 23. September 1962 im Schiller-Theater Berlin unter der Regie von Helmut Käutner.

Seite 26: *Graham Greene* (1904–1991): britischer Schriftsteller.
Gerd Bucerius (1906–1995): Verleger, Gesellschafter der Wochenzeitung «Die Zeit», Gründer des Presseverlags Gruner + Jahr und des Zeitverlages. 1986 zum Hamburger Ehrenbürger ernannt.
Heinrich Maria Ledig-Rowohlt (1908–1992): Verleger, Sohn des Verlegers Ernst Rowohlt, wurde nach dem Tod des Vaters 1960 Mehrheitsgesellschafter und alleiniger Leiter des Rowohlt Verlags.

Seite 27: *Ein Pferd aus Berlin*: Plan für ein Theaterstück, konzipiert als Teil III der «Deutschen Chronik» nach *Eiche und Angora* und *Der Schwarze Schwan*. Nicht ausgeführt.

Seite 28: *Nach meinem Chamäleon-Kabarett*: Martin Walser ging 1945/46 als Abiturient in Lindau mit einem eigenen Kabarett-Programm auf die Bühne. Auch als Student in Regensburg und in Tübingen schrieb er Texte für eine studentische Kabarett-Gruppe.

Seite 40: *Wolf Schmidt*: Fernsehautor, Erfinder der *Familie Hesselbach*, wohnte in Hagnau am Bodensee.

Seite 41: *Fernsehfassung von Eiche und Angora*: Die ARD produzierte eine Fernsehfassung des Theaterstücks unter der Regie von Rainer Wolffhardt. Das Drehbuch schrieben Martin Walser und Helmut Pigge, Gründer und Leiter der Studentenbühne in Regensburg, an der auch Martin Walser 1946/47 beteiligt war. Walser sorgte später dafür, daß Pigge zum Team der Freunde (Helmut Jedele, Hans Gottschalk, Heinz Huber, Peter

Adler) beim Süddeutschen Rundfunk nach Stuttgart kam. Pigge ging mit Jedele nach München, sie leiteten die Bavaria.
Carlo Schellemann: Maler, geboren 1924, lebt in Augsburg. Er engagierte sich in der Bewegung «Künstler gegen den Atomkrieg» und gegen den Krieg der USA in Vietnam. 1968 erschien von Martin Walser und Carlo Schellemann (Illustrationen) der Band *Stationen Vietnams.*
Klaus Nonnenmann (1922–1993): Schriftsteller und Dramaturg, lebte in Gaienhofen am Bodensee. Er las 1959 bei der Gruppe 47 aus seinem ersten Roman *Die sieben Briefe des Doktor Wambach.* 1964 erschien sein zweiter Roman *Teddy Flesh.*
Paul Nizon: geboren 1929, Schweizer Schriftsteller und Kunsthistoriker, Autor des Suhrkamp Verlags.
Dr. Sperr: Hans-Joachim Sperr, Feuilletonchef der «Süddeutschen Zeitung».
Pfeffers: ein Ort über dem Rheintal.
Michael Pfleghar (1933–1991): Filmregisseur und Fernsehproduzent. Arbeitskollege Martin Walsers in seiner Zeit beim «Süddeutschen Rundfunk» Anfang der 50er Jahre.
Dr. Wagenbach: Klaus Wagenbach, geboren 1930, damals Lektor des S. Fischer Verlags, gründete 1964 den Wagenbach Verlag in West-Berlin.

Seite 42: *Peter Palitzsch* (1918–2004): Theaterregisseur, zunächst Brecht-Schüler am Berliner Ensemble, kehrte aus Protest gegen den Mauerbau 1961 von Auslandsengagements nicht in die DDR zurück. 1966 wurde er Direktor des Staatstheaters Stuttgart.
Hellmuth Karasek: 1934 geboren, Literaturkritiker. Damals Dramaturg am Staatstheater Stuttgart.

Seite 45: *Karl Markus Michel* (1929–2000): Schriftsteller und Publizist. Damals war er Lektor des Suhrkamp Verlags. 1965 gab er zusammen mit Hans Magnus Enzensberger das «Kursbuch» heraus. Er war Gründer des Autorenverlags Syndikat, 1980 Redakteur von «Transatlantik».
Anthologie Vorzeichen: Die Anthologie «Vorzeichen 2. Neun neue deutsche Erzähler», herausgegeben von Martin Walser, erschien im Oktober 1963 im Suhrkamp Verlag und versammelte u. a. Texte von Hans Christoph Buch, Henning Boetius und Peter Hamm. Walsers Vorwort hatte den Titel «Freiübungen», in: MW, Werke XI, S. 73 ff.

Seite 46: *Klaus Munro*: Komponist und Textdichter, komponierte und schrieb Texte für Fernsehsendungen des SDR, an denen Walser mitarbeitete, z. B. «Zeichen der Zeit».
Gewerkschaftstagung: So zurückhaltend Martin Walser gegenüber politischen Parteien war, so sehr setzte er auf die Gewerkschaft als Bündnispartner der Intellektuellen. Gewerkschaftliche Mitarbeit betrachtete er als Gradmesser politischen Engagements. Im Sommer 1963 traf er sich u. a. mit DGB-Chef Ludwig Rosenberg, weil er auf eine breite Bündnisplattform als «Außenfort» der SPD hoffte. Bei Schriftstellerkollegen und Freunden wie Uwe Johnson, Enzensberger und Hamm warb er für diese Idee, stieß aber auf wenig Verständnis.

Seite 47: *Adlers*: Peter und Katharina Adler, mit denen Martin Walser seit Tübinger Studententagen 1948 eine lebenslange Freundschaft verbindet.
Prinz Helmut: ein gelegentlich auftauchendes Projekt, das Projekt blieb.

Seite 50: *Geschichten*: Den Unterschied zwischen einer Geschichte und einer Erzählung arbeitete Martin Walser in einem Brief an Suhrkamp-Lektor Karl Markus Michel vom 24. 1. 1964 heraus. Er hatte sich darüber geärgert, daß der Verlag die *Lügengeschichten* als «Erzählungen» vermarktete. In diesem Brief griff Walser auf Sätze dieses Tagebuchabschnitts zurück. (Vgl. Jörg Magenau: *Martin Walser. Eine Biographie*, S. 196.)

Seite 59: *Nürnberg. Vor Ausländern*: Lesung am Goethe-Institut.

Seite 61: *Rabbit Race*: der englische Titel von *Eiche und Angora.*

Seite 62: *Anthony Asquith* (1902–1968): britischer Filmregisseur, Sohn von Herbert Henry Asquith, britischer Premierminister von 1908–1926.

Seite 67: *Louis Jent*: Schriftsteller, las 1963 bei der Tagung der Gruppe 47 in Saulgau.

Seite 69: *15. 10. 1963*: Konrad Adenauer trat an diesem Tag nach 14jähriger Kanzlerschaft zurück.

Seite 70: *Saulgau, Gruppe 47*: Martin Walser setzte sich, zum Schrecken des Spiritus Rector Hans Werner Richter, für die «Sozialisierung» der Gruppe 47 ein. Er wollte sie von Richters persönlicher Einladungspraxis befreien und für alle Autoren öffnen. In Saulgau regte er eine abendliche «Diskussion über Politisches» an. Richter sah in Walser deshalb einen «Querulanten», dem es bloß darum gehe, Unruhe zu stiften.

Seite 77: *Orli Laks*: Figur aus dem Roman *Das Einhorn*. Anselm Kristleins große Liebe.

Seite 78: *Für AK III*: Unter diesem Kürzel beginnen die Eintragungen für den dritten Teil der Anselm-Kristlein-Trilogie (später: *Der Sturz*), und zwar zu einem Zeitpunkt, als Walser noch am zweiten Teil, *Das Einhorn*, arbeitete.

Seite 87: *Liste der Aufführungen*: Am Ende eines Jahres führte Martin Walser eine Liste mit den Namen der Städte, in denen Aufführungen eines Stückes geplant waren, hier *Der Schwarze Schwan*. Später wurden dann die Aufführungsdaten eingesetzt. Oder wenn keine Aufführung zustande kam, blieb der Städtenamen ohne Datum.
Der Schwarze Schwan: Theaterstück über die Auseinandersetzung mit der deutschen Vergangenheit, das Martin Walser 1961 begann und vor dem Hintergrund des Auschwitzprozesses vollendete. Ein zentrales Motiv der 68er-Bewegung, die Anklage der Kinder gegen ihre Väter, wird hier bereits auf die Bühne gebracht.

Seite 90: *Hans Gottschalk*: Fernsehdramaturg. War ein Kommilitone in Tübingen und dort Leiter der Studentenbühne, für die Martin Walser Kabarett-Texte schrieb. Walser und Gottschalk gingen 1949 gemeinsam zum Süddeutschen Rundfunk nach Stuttgart (vgl. die Anmerkung zu S. 42).
Die Chauffeure: Martin Walsers Interesse für diesen Berufsstand führte 1978 zum Roman *Seelenleben* über den Chauffeur Xaver Zürn.

Seite 98: *Befürchtungen einer Figur*: gehört wie «Zappels Glück» zum Material für das Stück *Die Zimmerschlacht*. Aus dem «Rache-Kalender» entwickelte sich allmählich der Roman *Die Gallistl'sche Krankheit*.

Seite 99: *Auschwitz-Prozeß*: Der Frankfurter Auschwitz-Prozeß war die erste große juristische Auseinandersetzung in der Bundesrepublik mit den Verbrechen des Nationalsozialismus. Angeklagt waren 24 einstige KZ-Wärter. Der Prozeß dauerte vom 20. 12. 1963 bis zum 19. 8. 1965. Martin Walser gehörte – wie auch Peter Weiss und Max Frisch – zu den

Schriftstellern, die über den Prozeß berichteten. Sein Essay «Unser Auschwitz» erschien am 13. März 1965 in der «Frankfurter Abendpost», eine erweiterte Fassung dann im «Kursbuch 1» (1965).

Seite 106: *Schauspieldirektor Viebach*: Karl Viebach, Schauspieldirektor des Staatstheaters Stuttgart, ehemaliger Assistent von Gustaf Gründgens. *Siegfried Unseld* (1924–2002): Verleger, Leiter des Suhrkamp Verlags. Martin Walser gehörte zu dessen engstem Berater- und Freundeskreis.

Seite 109: *Ivan Nagel*: geboren 1931 in Budapest in einer jüdischen Familie, überlebte den Holocaust in einem Versteck. Theaterkritiker und Intendant. In den 60er Jahren Chefdramaturg der Münchner Kammerspiele.

Seite 110: *Dr. Jedele*: Helmut Jedele, ehemals Fernsehdirektor beim Süddeutschen Rundfunk, mit Martin Walser bekannt und befreundet seit Anfang der 50er Jahre, als er ihn zusammen mit Hans Gottschalk als Volontär zum SDR holte. Direktor der Bavaria Filmgesellschaft in München.

Seite 114: *Zimmerschlacht*: Das Theaterstück *Die Zimmerschlacht* entstand im wesentlichen in den Jahren 1962/63; erste Auszüge erschienen im «Kürbiskern» (Nr. 1, 1965).

Seite 115: *Stefan Moses*: geboren 1928, Fotograf für den «Stern», lebt in München.

Seite 122: *L. C. F.*: Lions-Club Friedrichshafen.

Seite 127: *Zerlaut Benedikt* usw.: Namen aus der Region, gehortet für Romane, die in der Bodensee-Gegend spielen.

Seite 130: *Benno von Wiese* (1903–1987): Germanist, Literaturkritiker, Mitherausgeber der Schiller-Nationalausgabe, 1957–1970 Professor für neuere deutsche Literatur in Bonn. Umstritten ist er wegen seiner Rolle als Germanist im «Dritten Reich» und seiner NSDAP-Mitgliedschaft von 1933 bis 1945.

Seite 132: *Thomas Kanza*: Er war 1958 zusammen mit Martin Walser Stipendiat in Henry Kissingers «International Summer School» in Harvard, unter Lumumba wurde er 1960 Innenminister des unabhängigen

Kongo. (Vgl. Martin Walser, *Leben und Schreiben, Tagebücher 1951–1962*, S. 252, 292, 305.)
Tschombé: Moise Kapenda Tschombé (1919–1969), Gegenspieler Lumumbas im Unabhängigkeitskampf. 1960 war er Anführer einer Militärrevolte, die zum Abfall der Provinz Katanga führte, zu deren Präsident er sich erklärte. 1964 wurde er Ministerpräsident der kongolesischen Zentralregierung in Kinshasa, 1965 Abdankung.
Lumumba: Patrice Lumumba (1925–1961), Anführer der kongolesischen Befreiungsbewegung gegen die belgische Kolonialherrschaft. Im Juni 1960 erster Präsident des unabhängigen Kongo. Im September 1960 abgesetzt, nach Katanga ausgeliefert und dort ermordet.

Seite 133: *Olms*: Der Besuch beim Verleger Georg Olms (Georg Olms Verlag, Hildesheim/Zürich/New York) führte zu einer nicht mehr abreißenden Verbindung. Martin Walser bezog zahlreiche Nachdrucke von ihm, z. B. die 1774 in Berlin erschienene Ausgabe der *Œuvres Philosophiques* von De la Mettrie, wichtig geworden für den Roman *Der Augenblick der Liebe.*
Lügengeschichten: erschienen im Frühjahr 1964 in der neugegründeten Taschenbuchreihe «edition suhrkamp».

Seite 146: *Halbzeit-Melitta*: eine von Anselm Kristlein verehrte Friseurtochter im Roman *Halbzeit.*

Seite 147: *Basil Schlupp, Edmund, NDB*: Figuren aus den Kristlein-Romanen *Das Einhorn* und *Der Sturz*: NDB ist das Kürzel für Nacke Dominik Bruut, Opernkomponist, Kritiker und Kulturbetriebsgröße.

Seite 149: *Sophie*: Schwester der Mutter.
Hiltrud: Frau des Bruders Karl.

Seite 153: *Der Gefangene*: vgl. auch die Eintragungen auf den Seiten 80, 180, 187 und 541, ein Motiv, das sich durch alle Tagebücher zieht und auf seine Realisierung wartet. Martin Walser hat es verwendet im Roman *Der Augenblick der Liebe* in Gottlieb Zürns Vortrag über De La Mettrie: Er ist so erzogen, daß er sich immer als einen Gefangenen sieht, und sei es als einen Gefangenen auf der Flucht.
JV-Turnen: Jungvolk-Turnen.

Seite 154: *Hans Krahl*: eine Figur aus dem Materiallager, heißt auch Herr Stahl (S. 309) oder Hans Malein (S. 569).

Seite 156: *Hitzer, Voß, Karsunke*: Die Besucher planten eine neue, marxistisch orientierte Zeitschrift und wollten Martin Walser als Mitarbeiter gewinnen. Beim Treffen an diesem Tag wurde der Name der neuen Zeitschrift gefunden: «Kürbiskern». Frieder Hitzer (1935–2007): freier Autor und Übersetzer, agierte im Umfeld der verbotenen KPD. Yaak Karsunke (geb. 1934): ausgebildeter Schauspieler, sieben Jahre als Hilfsarbeiter tätig, stand damals am Anfang seiner schriftstellerischen Laufbahn. Lyriker und Essayist. Bis 1969 Mitherausgeber des «Kürbiskern».
Seehasenfest: jedes Jahr im Juli das große Volksfest in Friedrichshafen.

Seite 159: *Willy Brandt spricht*: 1961 machte Martin Walser als Herausgeber des rororo-Bandes *Die Alternative oder Brauchen wir eine neue Regierung* noch Wahlkampf für die SPD und Willy Brandt. Er hatte sich damals zusammen mit Hans Werner Richter in West-Berlin mit Brandt getroffen. Brandts ausweichende Haltung zum Vietnamkrieg war einer der maßgeblichen Gründe für Walsers zunehmende Distanz zur SPD und seine Linksorientierung ab Mitte der 60er Jahre.

Seite 160: *Reinhard Baumgart* (1929–2003): Literaturkritiker, Lektor und Schriftsteller, nahm regelmäßig an den Treffen der Gruppe 47 teil. Von 1990 bis 1997 Professor für Literatur an der TU Berlin.
Andrzej Wirth: geboren 1927 in Polen. Theaterwissenschaftler und Philosoph, Übersetzer deutscher Literatur ins Polnische. Ging 1956 nach West-Berlin, besuchte die Tagungen der Gruppe 47, 1966 war er Gastprofessor in den USA. Er gründete 1982 in Gießen das erste deutsche Institut für angewandte Theaterwissenschaft.
Dieter Götz: Freund Martin Walsers, geboren in Wangen im Allgäu, hat Statik studiert. Er entwarf Walsers ersten Schreibtisch, an dem er dann 18 Jahre lang arbeitete. (Vgl. auch die Eintragung auf S. 187.)

Seite 171: *Über die Verwendung von Metzgern in Gedichten, Hommage à Günter Grass*: bezieht sich auf das Gedicht «Adornos Zunge» von Günter Grass, das in der Zeitschrift «Akzente» (4/1965) erschien.

Seite 179: *Arbon*: Schweizer Stadt am Bodensee, gegenüber von Friedrichshafen etwa.
Häuser anschauen: Die Familie Walser wohnte seit Ende 1956 in Friedrichshafen zur Miete. Die Suche nach einem eigenen Haus in der Bodenseegegend dauerte mehrere Jahre. Walsers Immobilien-Leidenschaft wurde in dieser Zeit auch zu einer Eigenschaft der Figur, die im Tagebuch Ludwig Zürn heißt und aus der sich später Gottlieb Zürn entwikkelte. (Siehe auch S. 128.)
H. D. Roos: Filmredakteur der «Süddeutschen Zeitung», starb im November 1965 nach einem Unfall im Alter von 33 Jahren.

Seite 183: *Ein Neuner-Bruder*: Die Ehefrau Käthe Walser ist eine geborene Neuner-Jehle.

Seite 187: *Transport eines Segelschiffes über die Alpen*: Schlußkapitel des Romans *Der Sturz* (1973).

Seite 195: *Adriaan Morriën*: holländischer Schriftsteller (1912–2002), Teilnehmer der Tagungen der Gruppe 47, Freund Martin Walsers.

Seite 199: *Rechtzeitig von Schlamm zu Haffner*: William (Willi) S. Schlamm war ein ehemaliger Kommunist aus Österreich, der sich als Emigrant in den USA in den 50er Jahren als besonders scharfer Antikommunist und gelehriger Schüler McCarthys profilierte. Für Martin Walser war er der Prototyp des Erzreaktionärs. Sebastian Haffner steht dagegen für Fortschrittlichkeit.

Seite 201: *Die Handlungen, die wir zeigen*: Das Motiv des Handelns, das hier im Kontext Anselm Kristleins auftaucht, wird später in dem eigenständigen Einakter *Wir werden schon noch handeln* ausgeführt.

Seite 205: *Kümmertsweiler*: Geburtsort der Mutter.

Seite 206: *Protokollierung in Kressbronn*: In einem Brief an Uwe Johnson teilte Martin Walser im Juni 1966 mit, sich in einer «beispiellosen Immobilienschlacht» zu befinden. Das Grundstück in Langenargen, für das er einen Vorvertrag unterschrieb, war unbebaut. Ob dort im nächsten Jahr ein Haus stehen werde, machte er vom Erfolg des Romans *Das Einhorn* abhängig. Er mußte das Grundstück wieder verkaufen.

Seite 207: *Die Verteidigung von Friedrichshafen*: erstes von fünf Kriminal-Hörspielen um die Figur Tassilo S. Grübel, das 1974 produziert wurde. 1991 wurden die Stücke als ZDF-Fernseh-Serie mit Bruno Ganz in der Hauptrolle verfilmt.

Seite 209: *mit dem Roman*: *Das Einhorn* erschien Ende August 1966 im Suhrkamp Verlag, Frankfurt/Main.

Seite 211: *«Praktiker, Weltfremde, Vietnam»*: (in: MW, Werke, XI, S. 176 ff.). Martin Walser eröffnete eine Vietnam-Ausstellung deutscher Künstler in der Neuen Galerie in München.

Seite 214: *Aber Böll kommt näher*: gemeint ist Heinrich Bölls Erzählung *Ende einer Dienstfahrt.*

Seite 215: *Enzensberger und P. Weiss*: Hans Magnus Enzensberger und Peter Weiss trugen im «Kursbuch» eine Kontroverse über das politische Engagement des Schriftstellers aus. Weiss hatte sich – ausgerechnet im «Neuen Deutschland» – mit «10 Thesen» öffentlich zum Sozialismus bekannt und damit Enzensberger zum Widerspruch herausgefordert, der gegen Weiss' Idealismus den Zweifel propagierte. Walser setzte sich mit beiden Positionen und mit Günter Grass' sozialdemokratischer Realpolitik in seinem Essay «Praktiker, Weltfremde, Vietnam» auseinander (vgl. die Anmerkung zu S. 211).
Blut- und Badewannen-Literatur: Anspielung auf Peter Weiss' Theaterstück *Marat/Sade.*

Seite 222: *Die Cousine*: vgl. die Anmerkung zu S. 267.

Seite 227: *Auskunft über den Protest*: erschien zuerst im «Kursbuch» (Nr. 9, 1967). In: MW, Werke XI, S. 187 ff.

Seite 229: *Besprechung mit Fritz Kortner für Zimmerschlacht*: Fritz Kortner (1892–1970) war Regisseur der Uraufführung von *Die Zimmerschlacht* in den Münchner Kammerspielen am 7. Dezember 1967. Im April 1966 war es zu einem ersten Treffen Martin Walsers mit Kortner gekommen, der seither immer neue Änderungswünsche an den Autor richtete.

Seite 231: *Wer fünf Personen ernähren muß*: Die vierte Tochter, Theresia Walser, wurde im Oktober 1967 geboren.

Seite 232: *Lindauer Pietà*: Titel des 2. Hörspiels um Tassilo S. Grübel, fürs Radio produziert vom WDR/SWF/BR 1975. (Vgl. auch die Anmerkung zu S. 207.)

Seite 244: *Kathrinchen*: Die zweite Tochter Johanna wurde zunächst Kathrinchen genannt.

Seite 251: *Anna*: wie Sophie eine Schwester der Mutter.
Traudel und Reinhard: Cousine und Cousin Martin Walsers.

Seite 254: *Von Berlin aus hätte ich nicht weniger tun können*: Im Jahr 1965 dachte Martin Walser über einen Umzug nach West-Berlin nach. Uwe Johnson, der in Berlin-Friedenau lebte, drängte ihn, die Provinz zu verlassen, und begab sich schon auf Immobiliensuche. Frisch und Enzensberger zogen nach Berlin, Grass wohnte in Johnsons Nachbarschaft. Für Walser war die in Wasserburg lebende Mutter schließlich einer der Gründe, am Bodensee zu bleiben.
Das Sofa: Theaterstück, geschrieben 1961, wurde erst 1992 veröffentlicht. Die Uraufführung war am 16. April 1994 am Staatstheater Braunschweig.

Seite 255: *Geiselharz*: Hier hat die Mutter für ihren unverheirateten Onkel Anselm Schmid ein paar Jahre die Wirtschaft geführt. Anselm Schmid hat die Sennerei «Zur Alpenbiene» aufgebaut. Er kommt vor als Figur in Martin Walser Roman *Ein springender Brunnen*, ist Vorbild für den wegen Homosexualität Eingesperrten. Eine Rolle spielt er auch im Aufsatz «Mein Schiller». Da berichtet Martin Walser, wie er im Bücherschrank des Großonkels Schiller-Gedichte entdeckt (in: MW, Werke XII, S. 379 ff.)
Wir waren fünf, jetzt sind wir noch zwei: Walsers Vater Martin Walser starb bereits 1938. Der zwei Jahre ältere Bruder Josef kam 1944 als Soldat an der Ostfront in Ungarn ums Leben. Der jüngere Bruder Anselm Karl wurde 1935 geboren.

Seite 258: *Alissa*: Die dritte Tochter Alissa Walser.
Götte: Pate.
Ein Seschte Maria: ein Gegrüßt seist du, Maria.

Seite 266: *Unser Auschwitz*: (vgl. die Anmerkung zu S. 99).

Notwendige Schritte: geschrieben als Nachwort zu «Jonathan Swift, Ausgewählte Werke in drei Bänden», herausgegeben von Anselm Schlösser. (In: MW, Werke XII, S. 190ff.)

S. 267: *Glänzende Skrupel*: Essay über *Die Wörter* von Jean-Paul Sartre, erschienen im «Spiegel», 17. 3. 1967.
Engagement als Pflichtfach für Autoren: Radio-Essay, gesendet am 7. 5. 1967 im Hessischen Rundfunk. (In: MW, Werke XI, S. 190ff.)
Heimatkunde: geschrieben für «Merian», Heft 4/1967. Titelaufsatz des Essaybandes *Heimatkunde*, der 1968 in der edition suhrkamp erschien. Der Titel des Buches war im Jahr 1968 auf geradezu provokative Weise unzeitgemäß. (In: MW, Werke XI, S. 265ff.)
Auskunft über den Protest: vgl. die Anmerkung zu S. 227.
Weltfremde, Praktiker und Vietnam: vgl. die Anmerkung zu S. 211.
Cousine, endlich ein ganz privates Buch: war zuerst als eigenständiges Buch geplant, wurde dann aber zum Material für den Roman *Der Sturz*.

Seite 271: *Bemerkungen über unseren Dialekt*: Dankesrede zur Verleihung des Bodensee-Literaturpreises am 18. 6. 1967 in Überlingen. (In: MW, Werke XI, S. 214ff.)
Zimmerschlacht 2: Auf Drängen Fritz Kortners schrieb Martin Walser zu dem Beziehungsdrama einen zweiten Akt, der das Ehepaar fünfzehn Jahre später zeigt. Im Juli 1967 schickte er ihn an Kortner. Bei der Uraufführung wurde die erweiterte Fassung gespielt. Der 2. Akt konnte sich aber nicht durchsetzen und wurde nicht in die Druckfassung übernommen. Als Einakter gehörte *Die Zimmerschlacht* in den folgenden Jahren zu den meistgespielten Stücken auf deutschen Bühnen.

Seite 275: *Amerikanischer als die Amerikaner*: (in: MW, Werke XI, S. 246ff.). Walsers Vietnam-Engagement zielte vor allem auf die (amerikatreue) deutsche Haltung zum Krieg. Er setzte sich für eine Debatte zu Vietnam im Bundestag ein und kritisierte die allzu willfährige Presse.

Seite 278: *Fr.*: Franziska Walser, die älteste Tochter.

Seite 281: *Für A. Ficus gesessen*: André Ficus (1919–1999), Maler vom Bodensee, mit Martin Walser befreundet. Gemeinsame Veröffentlichungen: *Heimatlob. Ein Bodensee-Buch* (1978) und *Die Amerikareise. Versuch, ein Gefühl zu verstehen* (1986).

Seite 283: *Paris*: Martin Walser sah die französische Aufführung von *Eiche und Angora* («Chêne et lapins angoras») im Théâtre National Populaire in der salle Gémier.

Seite 288: *Tina Sinatra*: Hollywood-Schauspielerin und Filmproduzentin, jüngste Tochter von Frank Sinatra. 1968 war sie mit Michael Pfleghar liiert und arbeitete an Fernsehproduktionen in den Bavaria-Studios.
Gisela Kreutzmann: Autorin des Buches *Vorleben*, das 1968 unter dem Pseudonym Ursula Trauberg und unter Mithilfe Martin Walsers im Suhrkamp Verlag erschien. Trauberg, eine ehemalige Prostituierte, die im Affekt eine Nebenbuhlerin erschossen hatte und wegen Totschlags zu sechs Jahren Haft verurteilt worden war, erzählte darin ihre Geschichte. Walser setzte sich immer wieder für schreibende Gefangene ein und verhalf ihnen zu Publikationsmöglichkeiten.

Seite 292: *Besichtigung eines Hauses in Nußdorf*: Der Erfolg der *Zimmerschlacht* ermöglichte Martin Walser den Kauf des Hauses, das deshalb auch «Villa Zimmerschlacht» genannt wurde.

Seite 293: *Verkauf des Langenargener Grundstücks*: vgl. die Anmerkung zu S. 206.
Johannes Schaaf: geboren 1933, Regisseur, später vor allem für die Oper in Salzburg.

Seite 294: *Professor Schneider-Manzell* (1911–1996): Bildhauer. Martin Walser eröffnete 1972 eine seiner Ausstellungen in Friedrichshafen. «Woher diese Schönheit. Über den Bildhauer Toni Schneider-Manzell», in: Martin Walser, *Woher diese Schönheit*, a. a. O., S. 23 f.).

Seite 297: *Berzona*: Dorf im Tessin. Max Frisch hatte dort 1964 ein Haus gekauft.
Karl Wittlinger (1922–1994): Dramatiker und Drehbuchautor, er verfaßte u. a. *Kennen Sie die Milchstraße?* (1955) und *Seelenwanderung* (1962).

Seite 299: *Wortschatz*: «Aus dem Wortschatz unserer Kämpfe. Szenen.» Zunächst als Hörspiel (gesendet im WDR, 22. 10. 1969), dann als Theaterstück für vier Personen verfaßt, Uraufführung unter dem Titel «Ein reizender Abend» im Théâtre des Casemats, Luxemburg, am 10. 7. 1972. Der Text ist ein erster Entwurf der ersten Szene.

Seite 309: *Dr. Lodemann*: Jürgen Lodemann, Redakteur des SWF in Baden-Baden.
Lieber durchs Ruhrgebiet fahren: Martin Walser drehte einen experimentellen Dokumentarfilm über eine Straßenbahnfahrt von Duisburg nach Dortmund. Er unterstützte die am Ende der 60er Jahre erstarkende Dokumentarliteratur mit ihrer Hinwendung zum Arbeitermilieu, indem er zum Beispiel ein Vorwort zu Erika Runges *Bottroper Protokollen* schrieb. Er selbst wandte solche literarischen Verfahren allerdings nicht an. Für seinen eigenen dokumentarischen Versuch im Ruhrgebiet wählte er ein anderes, literaturfernes Medium. Der Film verzichtete auf jeden Kommentar. Die Menschen sollten selbst zu Wort kommen. Der Tonmeister verkleidete sich als Briefträger. Das Tonbandgerät steckte in einer Ledertasche, mit der er sich unauffällig unters Volk mischte. («Was man sieht und was man nicht sieht. Mit der Straßenbahn von Duisburg nach Dortmund». Fernsehfilm, gesendet im SWF am 9. 5. 1969)
Herr Stahl: vgl. die Anmerkung zu S. 154.

Seite 312: *Klaus Pezold, Leipzig*: Germanist aus der DDR, der über Martin Walser promovierte (Klaus Pezold: *Martin Walser. Seine schriftstellerische Entwicklung*. Rütten & Loening, Berlin 1971).

Seite 315: *Rede an eine Mehrheit*: Auseinandersetzung mit der Studentenbewegung und dem SDS. Zuerst veröffentlicht in «Kürbiskern» Nr. 2 / 1969. (In: MW, Werke XI, S. 316 ff.)
Koch: Werner Koch, WDR-Redakteur und Autor.
Professor Bausinger: Hermann Bausinger, Volkskundler und Germanist, ab 1960 Professor in Tübingen, führend im Bereich der empirischen Alltagskultur, der Sozialgeschichte und der Erzählforschung, Mitherausgeber der «Enzyklopädie des Märchens». Er hielt 1967 die Laudatio auf Martin Walser anläßlich der Verleihung des Bodensee-Literaturpreises (siehe die Anmerkung zu S. 271).

Seite 319: *Welche Farbe hat das Morgenrot*: Hörspiel, Hessischer Rundfunk, 3. 7. 1969. Es handelt sich um eine Montage aus Originalzitaten.

Zu Wort kommen Studenten, streikende Arbeiter, Politiker, Intellektuelle u. a. Martin Walser zeigt in der Hochphase der Politisierung die Phrasenhaftigkeit der öffentlichen Rede und die Gestenhaftigkeit des Agierens aller Beteiligten. Der Politjargon ist für ihn sprachliches Spielmaterial.

Seite 321: *Zu einer neuen Taktik der US-Regierung*: (in MW, Werke XI, S. 324 ff.).
Siegfried Unseld. Er bestellt einen Bewerber hierher: Nach dem gescheiterten «Lektorenaufstand» im Oktober 1968 kam es im Suhrkamp Verlag zu einem größeren Umbruch. Zahlreiche Lektoren kündigten und gründeten den «Verlag der Autoren». Martin Walser verhielt sich trotz eigener Sympathien für die Sozialisierer solidarisch mit Siegfried Unseld. Er übernahm im April 1969 kommissarisch das Theater-Lektorat.

Seite 323: *Strauß im Spiegel 28. 7. Über Apo als Tiere*: Der CSU-Politiker Franz-Josef Strauß war von 1966–1969 Bundesfinanzminister. Er hatte im «Spiegel» vom 28. 7. 1968 von «verdreckten Vietcong-Anhängern, die da öffentlich Geschlechtsverkehr treiben» gesprochen und in einem dort abgedruckten Telegramm an den bayrischen Ministerpräsidenten Alfons Goppel geschrieben: «Die Außergesetzlichen haben in gröbster Weise die öffentliche Ruhe und Ordnung gestört (...) Diese Personen nützen nicht nur alle Lücken der Paragraphen eines Rechtsstaates aus, sondern benehmen sich wie Tiere, auf die die Anwendung der für Menschen gemachten Gesetze nicht möglich ist.»

Seite 324: *Hans Peter Schabert*: Schulfreund. Klassenkamerad in der Oberschule in Lindau, die Martin Walser ab 1938 besuchte und an der er nach dem Krieg im Frühjahr 1946 das Abitur machte.
Herbert Achternbusch: geboren 1938, Autor des Suhrkamp Verlags.

Seite 326: *Maria Augstein*: geborene Carlsson. Übersetzerin aus dem Amerikanischen, u. a. von John Updike. War mit dem Feuilletonredakteur Hans-Joachim Sperr verheiratet und wurde, nach dessen Tod, Ehefrau von Rudolf Augstein.

Seite 332: *Diskussion in Scheidegg*: auf Einladung der «Stuttgarter Nachrichten».

Seite 335: *Wolfgang Hildesheimer* (1916–1991): Schriftsteller, Maler, Hörspielautor, Dramatiker. 1966 erhielt er den Büchner-Preis.
M R-R: Marcel Reich-Ranicki.

Seite 336: *Hölderlin*: einer der wichtigsten und prägendsten Autoren für Martin Walser, mit dem er sich immer wieder essayistisch auseinandersetzte. Die Hölderlin-Gesellschaft beauftragte ihn, zu Hölderlins 200. Geburtstag am 20. März 1970 in Stuttgart zu sprechen («Hölderlin zu entsprechen», in: MW, Werke XII, S. 218 ff.). Er beschäftigte sich darin mit Hölderlins Krankheit als einem Leiden an der Gesellschaft. Der Text steht in engem Zusammenhang mit dem Roman *Die Gallistl'sche Krankheit*, der gleichzeitig zu entstehen begann.
Professor Friedrich Beißner: Literaturwissenschaftler, Doktorvater von Martin Walser in Tübingen, Herausgeber der Stuttgarter Hölderlin-Ausgabe und Kafka-Experte.

Seite 362: *Thomas Beckermann*: Lektor Martin Walsers im Suhrkamp Verlag.
Verabsolutierung der Ironie: Martin Walser befaßte sich in den 70er Jahren kontinuierlich mit den unterschiedlichen Formen der Ironie, besonders bei Robert Walser und bei Thomas Mann. Ironie war das Thema seiner Gastdozenturen in den USA 1973 und seiner Frankfurter Poetikvorlesungen im Oktober 1980 («Selbstbewußtsein und Ironie», in: MW, Werke XII, S. 443 ff.).

Seite 379: *VS-Tagung im Ratskeller*: Der Verband deutscher Schriftsteller (VS) wurde im Sommer 1969 gegründet, um eine gesellschaftliche «Gegenmacht» gegen die großen Verlage und Sender aufzubauen. Von Anfang an strebte der VS eine gewerkschaftliche Orientierung an. Heinrich Böll gab das Motto «Einigkeit der Einzelgänger» vor. Martin Walser, schon seit den frühen 60er Jahren gewerkschaftlich engagiert, gehörte zu den namhaften Befürwortern dieser Zielrichtung.

Seite 381: *Prof. Hemmrich*: lehrte als Chemiker an der Universität Konstanz.

Seite 385: *Thaddäus Troll*: Pseudonym, eigentlich Hans Bayer (1914–1980). Schwäbischer Schriftsteller.

Günther Schöllkopf (1935–1979): Graphiker. Martin Walser hat sich in mehreren Aufsätzen mit ihm befaßt (in: Martin Walser: *Woher diese Schönheit*, a. a. O., S. 33, 37, 43).

Seite 389: *Josef Schleifstein* (1915–1992): marxistischer Philosoph, KPD-Mitglied ab 1932, 1933 Haft, 1935 Emigration, 1951 ging er in die DDR. Ab 1960 war er im Parteivorstand der verbotenen KPD. Er kehrte 1968 in die BRD zurück, um an der Neugründung der DKP mitzuwirken.
Frau Weckerle: amerikanische Germanistin.
Hans Dieter Schwarze: Autor, später Dramaturg der Bavaria.

Seite 391: *Dr. Löbsack*: Theo Löbsack, Schriftsteller und Wissenschaftspublizist. Veröffentlichte u. a. *Die Biologie und der liebe Gott* (1969) und *Medizin als Gefahr* (1971).
Prof. Sund: Horst Sund, Gründungsrektor der Universität Konstanz.
B. Ellis Jones: Barrie Ellis-Jones, Übersetzer des Romans *Das Einhorn*.

Seite 392: *Professor Nicolai*: amerikanischer Germanist.
Peter Fleischmann: Filmregisseur, Vertreter des «Neuen deutschen Films». Martin Walser schrieb das Drehbuch zusammen mit ihm und war dabei vor allem für die Dialoge zuständig. Antonis Samarakis (1919–2003), griechischer Schriftsteller, war berühmt durch seinen in mehr als dreißig Sprachen übersetzten Roman *Der Fehler* (1965).

Seite 398: *Kapitalismus oder Demokratie*: (in: MW, Werke XI, S. 346 ff.).
Piwitt und Born: Hermann Peter Piwitt, geboren 1935, Schriftsteller und Essayist, war 1967/68 Lektor im Rowohlt Verlag, ab 1968 Mitarbeiter der Zeitschrift «konkret». Nicolas Born (1937–1979), Schriftsteller, Lyriker.

Seite 400: *Die Dekoration zeigt*: Martin Walser entwarf das Schlußkapitel des Romans *Der Sturz* zunächst so, daß Kristleins Fahrt mit dem Segelboot über die Alpen von einem alten Darstellerpaar auf einer Tournee vorgeführt wird. In den Roman wurde das nicht aufgenommen. (Vgl. auch die Tagebuchaufzeichnungen auf S. 187, 200 f., 313.)
Für eine IG-Kultur: Martin Walser plädierte in seiner Rede beim 1. Kongreß des VS in Stuttgart, zu dem auch Willy Brandt als Besucher kam, für eine große Kulturgewerkschaft. Er zog sich damit den Ärger von Günter Grass zu, der als Realpolitiker erst einmal vorsichtig den An-

schluß des VS an die IG Druck und Papier anvisierte. Walsers Rede war visionär und deutete bereits voraus auf die Gründung der IG Medien Mitte der 80er Jahre. (Vgl. MW, Werke XI, S. 358.)
Heidemarie Hatheyer (1918–1990): österreichische Schauspielerin, die in Luis Trenkers *Der Berg ruft* (1938) und als *Geierwally* (1940) berühmt wurde. 1945 bis 1949 Drehverbot, zahlreiche Rollen und Erfolge in den 50er und 60er Jahren. Ab 1952 war sie mit dem Schriftsteller und Publizisten Curt Riess verheiratet.

Seite 406: *János Kádár* (1912–1989): Parteichef der Ungarischen Sozialistischen Arbeiterpartei von 1956 bis 1988.

Seite 422: *H M E*: Hans Magnus Enzensberger.

Seite 429: *Podszus*: Friedrich Podszus, Lektor im Suhrkamp Verlag unter Peter Suhrkamp Anfang der 50er Jahre.

Seite 431: *Pankraz Pudenz*: Figur aus dem Roman *Die Gallistl'sche Krankheit.*

Seite 435: *Die letzten beiden Büchnerpreisträger*: Büchnerpreisträger der Jahre 1969 und 1970 waren Helmut Heißenbüttel und Thomas Bernhard. Peter Handke erhielt den Büchnerpreis 1973, Martin Walser 1981. Als 1972 Uwe Johnson ausgezeichnet wurde, ärgerte er sich darüber, daß Martin Walser in einem Essay den «gerade preisgekrönten Dichter» mit dem Satz zitierte: «Wir haben nur ein Recht auf das Unrecht». Walser kritisierte das als Beispiel für die bequeme, nutzlose, dekorative Verzweiflungshaltung vieler Intellektueller. (Vgl. «Heimatbedingungen», in: MW, Werke XI, S. 390). Johnson bezog die Kritik auf sich, doch Walser versicherte, er habe Thomas Bernhard gemeint. (Vgl. Jörg Magenau, *Martin Walser*, S. 311.)

Seite 436: *Kinderspiel*: Stück in zwei Akten. Uraufführung am 22. April 1971 unter der Regie von Alfred Kirchner, siehe den Tagebucheintrag auf S. 438.

Seite 440: *Guggenheimer*: Walter Maria Guggenheimer, Theaterkritiker, Redakteur, Übersetzer, Lektor, Anfang der 50er Jahre im Suhrkamp Verlag.

Seite 446: *Baumgart*: Das *Kinderspiel* erhielt überwiegend schlechte Kritiken, u. a. von Reinhard Baumgart in der «Süddeutschen Zeitung».

Seite 453: *Der Faßbinder*: gemeint ist der Filmregisseur Rainer Werner Fassbinder (1945–1982).

Seite 456: *T. S. Grübel*: Daraus wurden zwei Hörspiele: *Die amerikanische Lösung* und das Tassilo-S.-Grübel-Stück *Das Gespenst von Gattnau.*

Seite 459: *Hilmar Hoffmann*: Kulturreferent in Frankfurt am Main.
Meistermann: Georg Meistermann (1911–1990), Maler, Graphiker. Berühmt vor allem durch seine Glasmalereien und Glasfenster. Professor an der Frankfurter Städelschule, 1965–1972 Präsident des deutschen Künstlerbundes.
HAP Grieshaber (1909–1981): Maler und Graphiker, setzte sich wie Martin Walser für eine Kulturgewerkschaft ein.

Seite 460: *Lattmann*: Dieter Lattmann, geboren 1926, Schriftsteller. Gründungsinitiator und erster Vorsitzender des Verbandes deutscher Schriftsteller (VS). SPD-Bundestagsabgeordneter von 1972–1980.
Hannes Schwenger: geboren 1941, Schriftsteller, Journalist, 1971 bis 1977 Vorstand des VS in West-Berlin.

Seite 461: *Ruth Angress*: d. i. Ruth Klüger, Literaturwissenschaftlerin und Schriftstellerin. Ruth Klüger, 1931 in Wien geboren, wurde 1942 zusammen mit ihrer Mutter als Jüdin nach Theresienstadt und nach Auschwitz deportiert. Mit Martin Walser befreundet seit dem Studium in Regensburg 1946. In ihrer Autobiographie *Weiter leben* porträtiert sie den Studienfreund in der Figur des Christoph.

Seite 465: *MF, UJ und GG*: Max Frisch, Uwe Johnson und Günter Grass.

Seite 467: *Bäte*: gemeint ist der westfälische Schriftsteller, Übersetzer und Kunsthistoriker Ludwig Bäte (1892–1977), der zahlreiche historische Romane verfaßt hat, u. a. über Annette von Droste-Hülshoff (*Annette am Bodensee*).
Seinen Trotzki verteidige ich: Wegen seines Theaterstücks *Trotzki im Exil* wurde Peter Weiss in osteuropäischen Ländern zur «Unperson» erklärt.

Die DDR verhängte gegen ihn ein Einreiseverbot und ein Aufführungsverbot für seine Stücke. Auch in der Bundesrepublik wurde das Stück heftig kritisiert. Martin Walser, damals kommissarischer Theater-Lektor des Suhrkamp Verlags, verteidigte Stück und Autor. In der «Süddeutschen Zeitung» schrieb er eine Gegendarstellung zu einer Kritik von Ivan Nagel. Mit Weiss' folgendem Stück *Hölderlin* war Walser als Lektor befaßt.
Gerd Ledig (1921–1999): Schriftsteller. Veröffentlichte in den 50er Jahren die Kriegsromane *Die Stalinorgel, Vergeltung* und *Faustrecht*.
Professor Dymschitz: Alexander Dymschitz (1910–1975), Drehbuchautor, sowjetischer Kulturfunktionär.
Lew Ginsburg: veröffentlichte ein Pamphlet gegen Weiss' *Trotzki im Exil* in der «Literaturnaja Gazeta». Zuvor hatte er sich als Übersetzer des Versdramas *Marat/Sade* und des Stücks *Wie dem Herrn Mockinpott das Leiden ausgetrieben wurde* verdient gemacht.

Seite 468: *Irina Mletschina*: Redakteurin der «Literaturnaja Gazeta».

Seite 470: *Mikaeljan Paruir*: Funktionär des Schriftstellerverbandes, Liebhaber und Übersetzer deutscher Literatur, emigrierte später nach Kanada.
Armin T. Wegner (1886–1978): deutscher Schriftsteller, Lyriker, Reisereporter, Pazifist. War im Ersten Weltkrieg Augenzeuge der Vertreibung und Ermordung der Armenier durch die Türken und dokumentierte das Geschehen fotografisch.

Seite 472: *Nodar Ruchadse*: Lehrer in Erewan.

Seite 486: *Die drei Astronauten sind tot*: Die Kosmonauten Georgij Dobrowolski, Viktor Pazajew und Wladislaw Wolkow starben am 30. 6. 1970 bei der Rückkehr der Sojus 11 zur Erde durch einen plötzlichen Druckabfall in der Kabine.

Seite 491: *Max Frisch fragte nicht einmal Kissinger*: Martin Walser kritisierte in der *Gallistl'schen Krankheit* «westliche Intellektuelle», die unterwegs in der Sowjetunion «auf Schritt und Tritt Noten verteilen», im Weißen Haus in Washington aber nur noch «ironisch murmeln» (vgl. MW, Werke VIII, S. 404). Gemeint war Max Frisch, der zuvor die SU und die USA bereist hatte und die Passage auch ganz richtig auf sich bezog.

Seite 492: *Borja*: ein Fahrer, vgl. auch S. 494.

Seite 499: *Die Israelis stimmen geheim für Böll*: Es ging um Vorschläge für den Literatur-Nobelpreis. Böll erhielt ihn 1972.
«Wie es ist und worauf es ankommt. Ursachen und Konsequenzen im Fall Angela Davis»: (in: MW, Werke XI, S. 376 ff.).

Seite 500: *J. Kaiser*: Joachim Kaiser, geboren 1928, Musik- und Literaturkritiker der «Süddeutschen Zeitung».

Seite 506: *Sarn*: in Sarn in Graubünden hatte Martin Walser 1969 ein kleines Haus erworben, das die Familie regelmäßig für Skiurlaube nutzte.
«1983»: geplant als Aktualisierung des Orwellschen Romans *1984*. Nicht ausgeführt.

Seite 511: *Ausstellung Günther Schöllkopfs*: Martin Walsers Rede erschien unter dem Titel «Jener Kopfschmerz, den man Religion nennt» im «Reutlinger Wochenblatt» am 26. 5. 1972. Unter dem Titel «Weitere Wirkungen Schöllkopfs» in: Martin Walser: *Woher diese Schönheit*, a. a. O., S. 43 ff.
Ausstellung Carlo Schellemanns: Martin Walsers Rede «Carlo Schellemann, Zeichner» erschien in: *Woher diese Schönheit*, a. a. O., S. 27 ff.
Salvatore Poddine: Leiter des Tübinger Zimmer-Theaters.

Seite 517: *Werkkreis Literatur der Arbeitswelt*: wurde im März 1970 gegründet und versammelte schreibende Arbeiter und Angestellte. Eine Art Gegen-Gruppe 47. Martin Walsers Referat «Wie und wovon handelt Literatur», in: MW, Werke XI, S. 394 ff.

Seite 518: *Akkord ist Mord*: ein Taschenbuch aus dem «Werkkreis Literatur der Arbeitswelt», das Martin Walser dem SDR zur Verfilmung empfohlen hatte.

Seite 519: *Ist die Deutsche Bank naiv*: veröffentlicht im «Spiegel» Nr. 35 vom 24. 8. 1970. In: MW, Werke XI, S. 331 ff.
DLH: Deutsche Lufthansa.

Seite 520: *Bärah und Hans Vöhringer*: Bärah Vöhringer war Kollegin im SDR, Hans Vöhringer Regierungsrat im Justizministerium.

Seite 521: *Telegramm an Heine*: Beitrag zur Diskussion, ob die Universität in Düsseldorf Heines Namen tragen dürfe, bei einem Heine-Hearing am 7. 6. 1972.

Seite 523: *Der Grund zur Freude*: erschien 1978 mit dem Untertitel «99 Sprüche zur Erbauung des Bewußtseins» in der Düsseldorfer Eremiten-Presse. Siegfried Unseld wollte Martin Walsers Verse nicht im Suhrkamp Verlag veröffentlichen. Es kam darüber zu einer nachhaltigen Entfremdung zwischen beiden (vgl. Jörg Magenau, *Martin Walser*, S. 305 ff.).

Seite 525: *Dr. Oscar Sandner*: Autor, Kulturreferent in Bregenz.
Franziskas Florian: Hund der Tochter Franziska, ein Spaniel.
Anthony Waine: englischer Germanist, promovierte 1977 über Martin Walser (*Martin Walser. The Development as a Dramatist 1950–1970*).

Seite 527: *Herr Wakisaka, Tokio*: Germanist.

Seite 529: *Gallistls Verbrechen*: Walser plante zwei weitere Gallistl-Bücher: «Gallistls Verbrechen» und «Die Gallistl'sche Lösung». Beide Projekte wurden nicht ausgeführt.

Seite 533: *Gäste 1972*: Walsers vermieteten eine Ferienwohnung in ihrem Haus in Nußdorf zur Abbezahlung von Schulden und Zinsen.

Seite 537: *Elisabeth*: Elisabeth Johnson, Ehefrau von Uwe Johnson.
Nach Trinidad: Der «Stern» hatte mehrere Schriftsteller eingeladen, dahin zu reisen, wo sie ihr «Paradies» vermuteten. Alfred Andersch, Reinhard Baumgart und Peter Rühmkorf reisten nach Acapulco, Santo Domingo bzw. Bali und berichteten im «Stern» darüber. Walser reiste für zwei Wochen nach Trinidad und Tobago, schrieb einen Bericht unter dem Titel «Variationen eines Würgegriffs» (in: MW, Werke XI, S. 444 ff.), schilderte das auf diesen zwei Inseln durch Kolonialismus und Kapitalismus produzierte Elend, erfuhr vom «Stern»-Redakteur, daß er einen «Jahrhundert-Essay» geschrieben habe, gedruckt wurde der Essay aber nicht. Begründung: Walser habe gewußt, daß er dort kein Paradies vorfinde, sondern eine Hölle. Der «Stern» wollte keine Spesen erstatten, tat das dann aber doch, weil juristische Schritte angekündigt wurden.

Edward Bond: englischer Dramatiker, schrieb 1967 das Drehbuch für Michelangelo Antonionis Film *Blow up*. 1972 war er mit einer King-Lear-Bearbeitung erfolgreich.

Seite 543: *Telephon mit der «Zeit»*: Es ging um den Text «Wahlgedanken», der in der DKP-Wochenzeitung «Deutsche Volkszeitung» am 16. 10. 1972 erschienen war. Die «Zeit» brachte den Text am 10. 11. 1972 (in: MW, Werke XI, S. 426ff.).
Leo: Rudolf Walter Leonhardt (1921–2003) war von 1957 bis 1973 Feuilletonchef der Wochenzeitung «Die Zeit».

Seite 567: *Günter Herburger*: Schriftsteller, geboren 1932 in Isny/Allgäu, lebt in München.
Hermann Kesten (1900–1996): Schriftsteller, 1972–1976 Präsident des PEN-Zentrums der Bundesrepublik Deutschland, bekam den Büchner-Preis 1974.
wellaweag: alemannisch für «welchen Weg» oder «was auch immer».
J. v. Neumann: John (Johann) von Neumann (1903–1957), Mathematiker ungarischer Herkunft, befaßte sich mit Quantenmechanik und war Begründer der «Spieltheorie» und ihrer Anwendung auf die Ökonomie, Stichwort «Nullsummenspiel».

Seite 569: *Hans Malein*: vgl. die Anmerkung zu S. 154.

Seite 572: *Hölderlin wie Robert Walser und Franz Kafka*: Dem Essayband *Die Verwaltung des Nichts*, erschienen im Jahr 2004, stellte Walser die drei hier angesprochenen Zitate voran: «Meine Seele ist wie ein Fisch aus ihrem Element auf den Ufersand geworfen und windet sich und wirft sich umher, bis sie vertrocknet in der Hitze des Tages.» (Friedrich Hölderlin) «Was soll ich mit den Gefühlen anfangen, als sie wie Fische im Sand der Sprache zappeln und sterben zu lassen?» (Robert Walser) «Gestern und heute ein wenig geschrieben … Es ist trotz aller Wahrheit böse, pedantisch und mechanisch, auf einer Sandbank ein noch knapp atmender Fisch.» (Franz Kafka)
Walter Kappacher: österreichischer Schriftsteller, 1938 in Salzburg geboren, der 1973 mit *Nur fliegen ist schöner* debütierte.

Seite 574: *Ich verberge mehr, als ich sage*: ein Grundmotiv Martin Walsers, ausgeführt z. B. in dem Essay «Die menschliche Wärmelehre», in: *Die Verwaltung des Nichts*, S. 160ff.

Seite 576: *Sehr neu und glänzend*: der frischgedruckte Roman *Der Sturz*. *Für Nürnberg. Sauspiel*: Das historische Drama *Das Sauspiel* (in: MW, Werke IX, S. 519ff.) wurde ursprünglich vom Nürnberger Theater als Musical in Auftrag gegeben. Nachdem es dort Schwierigkeiten gab, kam es am 19. 12. 1975 am Deutschen Schauspielhaus in Hamburg zur Uraufführung. Die Musik lieferte Mikis Theodorakis. Die Regie übernahm der Stuttgarter Regisseur Alfred Kirchner, der schon *Ein Kinderspiel* inszeniert hatte.

Seite 578: *G. G.*: Günter Grass. *R. B.*: Reinhard Baumgart. *S. L.*: Siegfried Lenz.

Seite 579: *Hermann macht August ganz klein*: Skizze zu dem Dramolett «Über das Legitimieren», erschienen als Sonderdruck zum Heft 41/42 der Zeitschrift «Text und Kritik» über Martin Walser.

Seite 582: *H. Fröhlich*: Hans Fröhlich, Redakteur der «Stuttgarter Nachrichten».

Seite 583: *Kritik von Schultz-Gerstein*: Christian Schultz-Gerstein (1946–1987), meinungsstarker Kritiker und Feuilletonist, 1970–1976 tätig bei der «Zeit», später beim «Spiegel». Sein Vater war bei der SS, er selbst ein glühender Demokrat. Er schrieb einen «Verriß» des Romans *Der Sturz*.

Seite 589: *Ginster*: Roman von Siegfried Kracauer, erschienen 1928. *Hermann Kinder*: 1944 geboren, Schriftsteller und Germanist in Konstanz.

Seite 590: *Hans-Reinhard Müller*: Intendant der Kammerspiele in München.

Seite 591: *Professor Holzamer*: Karl Holzamer (1906–2007) war von 1962 bis 1977 erster Intendant des ZDF.

Seite 592: *Tassilo S. Grübel*: vgl. die Anmerkung zu S. 207.

Seite 599: *Wapnewski*: Peter Wapnewski, geboren 1922, Germanist und Literaturkritiker. 1973 lehrte er an der Universität Karlsruhe.

Seite 603: *Middlebury*: Martin Walser hatte hier eine sechswöchige Gastdozentur. Von September bis Dezember 1973 schloß sich eine Gastprofessur in Austin/Texas an. Seit 1958 war er nicht mehr in den USA gewesen. In den Jahren des Vietnamkrieges hatte er alle Einladungen dorthin abgelehnt und auch nicht an der Tagung der Gruppe 47 1966 in Princeton teilgenommen.
Zur Vorbereitung über Ironie gelesen: vgl. die Anmerkung zu S. 362.
Erik H. Erikson (1902–1994): deutsch-amerikanischer Psychoanalytiker. Professor für Entwicklungspsychologie in Berkeley und Harvard.

Seite 604: *Hillebrand*: Bruno Hillebrand, geboren 1935, Literat und Literaturwissenschaftler.

Seite 623: *Der diskrete Charme der Bourgeoisie*: Film von Luis Buñuel.
Romeo and Juliette: Film von Franco Zeffirelli mit Olivia Hussey und Leonard Whiting in den Hauptrollen.

Seite 629: *Pontiac Catalina Convertible*: Die Familie Walser machte sich im Auto auf die Reise nach Austin/Texas.
Art Linkletter: Entertainer und Autor, Gastgeber der mehr als 25 Jahre laufenden TV- und Radio-Show «House Party».

Seite 630: *Der reiche Mister Hefner*: Hugh Hefner, Gründer und Chefredakteur des Magazins «Playboy».

Seite 631: *Allende tot*: Salvador Allende (1908 bis 1973), sozialistischer Präsident Chiles, kam beim Putsch des Militärs (mit Unterstützung der USA) am 11. 9. 1973 ums Leben.
Solschenizyn: Alexander Solschenizyn, 1918 geboren, sowjetischer Bürgerrechtler, beschrieb in *Ein Tag im Leben des Iwan Denissowitsch* das Leben in einem sowjetischen Straflager, erhielt 1970 den Nobelpreis für Literatur, wurde 1974 aus der Sowjetunion ausgewiesen und wohnte zunächst bei Heinrich Böll in Köln.

Seite 650: *Ingeborg Bachmann*: starb am 17. Oktober 1973 in Rom.

Seite 663: *Hilde Güden* (1917–1988): österreichische Sopranistin, Mitglied der Wiener Staatsoper.

Seite 669: *Leslie Willson*: Leiter des German Department der University of Texas in Austin. Von 1968 bis 1994 Herausgeber der zweisprachigen Zeitschrift «Dimension» für deutschsprachige Gegenwartsliteratur. Mitbegründer des Amerikanischen Übersetzer-Verbands. Vgl. auch S. 636 und 668.

Seite 671: *Daß er ein Manuskript hat seit dem Sommer*: gemeint ist *Der Grund zur Freude*, vgl. die Anmerkung zu S. 523.
Busch: Günther Busch, damals Lektor des Suhrkamp Verlags, zuständig für die legendäre Taschenbuchreiche «edition suhrkamp».

Seite 676: *Graf Raczynski*: Leiter des Goethe-Instituts in Paris.

Seite 677: *Gémier-Saal*: vgl. die Anmerkung zu S. 283.

Seite 680: *Wolfgang Werner*: Autor des Erfahrungsberichts *Vom Waisenhaus ins Zuchthaus*, der mit Martin Walsers Hilfe im Suhrkamp Verlag erschien (vgl. die Anmerkung zur Gisela-Kreutzmann-Notiz auf S. 288).

Jörg Magenau

Martin Walser

Eine Biographie

Die erste umfassende Biographie des streitbaren Schriftstellers vom Bodensee untersucht dessen spannungsvolles Verhältnis zur deutschen Geschichte und zur Öffentlichkeit, das stets geprägt war von dem Zwiespalt, sich einmischen und zugleich zurückziehen zu wollen. Sie erzählt von Wandlungen, Werk und Wirken und von wichtigen Freundschaften. Sie zeigt Martin Walser als Gläubigen und als Skeptiker, als heimatverbundenen Familienvater und als ewigen Reisenden, als Spielsüchtigen und Liebesbedürftigen, als Autor der Gruppe 47 und als Gewerkschaftsmitglied, als Machtkritiker und als Freund der Mächtigen, als Lesenden und als Lobenden, als Kleinbürger und als Kleinunternehmer in eigener Sache. So entsteht das Porträt eines widersprüchlichen Intellektuellen und zugleich eine faszinierende Kulturgeschichte der Bundesrepublik.

«Man muß dem Biographen dankbar sein für eine Vielzahl einleuchtender Charakterisierungen, die das Profil Walsers als Dichter wie als Intelektuellen schärfen.»

(Frankfurter Rundschau)

«Ein höchst subjektives Walser-Porträt, das zum Widerspruch reizt und, was nicht das Schlechteste ist, zum Wiederlesen. Eine stimmige Biographie.»

(die tageszeitung)

«Ein faktenreiches und glänzend geschriebenes Buch.»

(Bayerischer Rundfunk)

624 Seiten, 32 S. s/w-Tafelteil · ISBN 978-3-498-04497-8

Rowohlt